2018—2022年
东北老工业基地全面振兴
进程评价报告

易平涛 董乾坤 王露 张超 李伟伟 等／著

企业管理出版社

图书在版编目（CIP）数据

东北老工业基地全面振兴进程评价报告：2018—2022 年 / 易平涛等著. -- 北京：企业管理出版社，2024. 12. -- ISBN 978-7-5164-3185-6

I. F427.3

中国国家版本馆 CIP 数据核字第 20249VE193 号

书　　名：	东北老工业基地全面振兴进程评价报告（2018—2022 年）
书　　号：	ISBN 978-7-5164-3185-6
作　　者：	易平涛　董乾坤　王露　张超　李伟伟 / 等
策　　划：	侯春霞
责任编辑：	侯春霞
出版发行：	企业管理出版社
经　　销：	新华书店
地　　址：	北京市海淀区紫竹院南路 17 号　　邮编：100048
网　　址：	http://www.emph.cn　　电子信箱：pingyaohouchunxia@163.com
电　　话：	编辑部 18501123296　　发行部（010）68417763、（010）68414644
印　　刷：	北京厚诚则铭印刷科技有限公司
版　　次：	2024 年 12 月第 1 版
印　　次：	2024 年 12 月第 1 次印刷
开　　本：	787mm×1092mm　　1/16
印　　张：	21.75 印张
字　　数：	449 千字
定　　价：	99.00 元

版权所有　翻印必究·印装有误　负责调换

编 委 会

专家委员会成员（按姓氏笔画排序）：

王小鲁　王满传　刘世锦　刘尚希　张文魁　张占斌

张宇燕　张燕玲　范恒山　金维刚　周放生　赵昌文

赵晋平　倪红日　曹远征　常修泽　银温泉　薛　澜

课题组主要成员：

易平涛　董乾坤　王　露　张　超　李伟伟　李玲玉

赵　球　王士烨　王胜男　宋雪峰

前　言

东北地区，素有"共和国长子"与"新中国工业摇篮"之美誉，承载着维护国家国防安全、粮食安全、生态安全、能源安全及产业安全的重大使命，其稳定与发展对国家整体战略布局具有深远且重大的影响。然而，随着中国经济步入新常态，以及全球政治经济格局的日趋复杂多变，东北地区亦面临着一系列挑战，如经济增长动力不足、产业转型升级压力加剧、体制机制改革需求迫切等问题日益凸显。在此背景下，东北地区的发展之路既充满挑战亦蕴藏机遇，道路曲折而前景光明，任务艰巨且使命光荣。

为应对东北地区的发展挑战，国家实施了东北振兴战略，并陆续制定了一系列专项政策和支持措施。在"十四五"规划全面且深入贯彻执行的背景下，新质生产力的提出为东北振兴指明了新的发展方向。一场以科技创新为引领，以产业升级为核心，依托区域开放合作新契机，践行绿色发展理念，注重提升民生福祉，推动经济高质量发展转型的新征程，正在国家及区域新时代发展的宏伟蓝图中蓬勃推进，成为推动东北振兴取得新进展的关键所在。

在党和国家的深切关怀与殷切期望之下，自2003年东北地区老工业基地振兴战略正式启动并逐步实施，至新时期全面振兴、全方位振兴的战略规划得以全面部署，该重大战略实践已历经二十余载，如何科学而及时地评估振兴成效，并客观、全面地反映振兴进程的实际情况，以及如何准确识别东北地区发展中的薄弱环节，精准制定并有效执行相关政策措施，已成为当前亟待解决的问题。鉴于此，在中国东北振兴研究院的积极推动下，对东北老工业基地全面振兴进程的评估工作持续进行。该工作旨在构建科学合理的指标体系，利用统计数据形成振兴指数，以衡量振兴效果、分析问题并提出解决方案，从而实现以评促建、评建结合的目标。

自2016年起，本课题组已成功编制并公开发布了多期《东北老工业基地全面振兴进程评价报告》，此举引起了社会各界同行的高度关注，并收获了积极的反馈。基于前期工作的坚实基础，本年度我们进一步聚焦于东北地区所承载的区位使命及其振兴发展所面临的关键制约因素，对原有的振兴评价指标体系进行了深入的优化与重构。我们从经济发展、政市治理、科技创新、区域开放、绿色质效、社会民生以及安全保障等多个维度，对东北振兴的进展进行了全面而系统的评估，旨在充分展现东北地区的独特优势与魅力，同时精确剖析其在发展过程中存在的短板与挑战，为东北地区在新时代背景下实现更高水平的全面振兴提供有力支持。

本书是众多专家学者集体智慧的结晶。其早期框架是在国家发展和改革委员会地区振兴司的指导下，由中国东北振兴研究院、东北大学、中国（海南）改革发展研究院等多个单位中优秀的科研团队紧密合作而完成的。本报告在继承先前整体框架的基础上，对指标体系进行了深入的重构与优化，旨在全面反映近年来党和国家对东北地区最新发展实践的指导思想与战略部署。

本期报告的编写工作由东北大学、辽宁大学、南昌大学、沈阳工业大学等多所高等院校的研究团队携手完成。除课题组核心成员外，博士研究生于海婷、贾菲悦（辽宁大学），硕士研究生崔文龙、蒋凌、李晨、安梓阳、赵梓涵、张佳慧、迟雅婷、左九勺、徐天宇、陈俊秀、陈泰丞、张高绪、王君、王灿、吴鹏宇、黄习员、师帅帅、甘合雨、孙诗宇、田佳林、杨明航、刘春旭、刘志超（南昌大学），以及本科生郑舟涵（辽宁大学）、张浩天、林培、谢欣然、李泽芃等也积极参与了本期评价报告的数据收集、校验及部分章节初稿的撰写工作。此外，东北大学东北振兴研究中心的刘海军主任、辽宁大学经济学院副院长张丹宁教授在框架设计与政策建议等方面也给予了重要支持，对此我们深表感谢。

在本报告即将出版之际，我们衷心感谢国家发展和改革委员会地区振兴司、东北大学、中国（海南）改革发展研究院、中国东北振兴研究院的各位领导和同仁对本工作的长期支持与指导。本报告的研究工作得到了东北大学基本科研业务费"东北振兴研究专项"的资助，所采用的评价理论方法也获得了国家自然科学基金（项目号：72171040、72171041、72301062）和辽宁省自然科学基金优秀青年基金（项目号：2024JH3/10200008）等项目的支持。

鉴于受到资料数据的全面性、可操作性、时效性等因素的限制，客观上本书难免存在一些不足及疏漏之处，恳请广大专家与读者在阅读过程中提出宝贵的意见与建议，以期进一步完善和提升我们的工作。

东北评价中心　课题组
2024 年 10 月

目　录

Ⅰ 总报告

一、宏观背景与研究意义 ··· 1
　（一）宏观背景 ··· 1
　（二）研究意义 ··· 2
二、东北老工业基地全面振兴进程评价系统设计 ················· 3
　（一）总体思想 ··· 4
　（二）内在逻辑 ··· 5
　（三）指标选择 ··· 5
　（四）指标标准化处理方法 ··· 8
三、东北老工业基地全面振兴的进展与挑战 ······················· 8
　（一）东北振兴呈稳中有进与相对落后态势 ··················· 8
　（二）区域开放与经济发展是东北全面振兴的制约因素 ··· 9
　（三）经济基础是东北经济发展的薄弱环节 ·················· 10
　（四）政务水平是东北政府治理的主要着力点 ·············· 11
　（五）激发活力是提升东北科技创新水平的关键聚焦点 ··· 13
　（六）全面开放是助推东北区域发展的施策重点 ·········· 14
　（七）绿色生产是提升东北绿色质效的关键抓手 ·········· 15
　（八）公共服务是东北社会民生水平提升的瓶颈 ·········· 16
　（九）产业安全是东北筑牢安全保障基线的薄弱领域 ··· 17
四、东北老工业基地全面振兴的思路与对策 ····················· 18
　（一）强化经济基础建设，推动地区经济结构优化与升级 ··· 19
　（二）提升政府治理效能，优化营商环境建设 ·············· 20
　（三）聚焦核心技术突破，促进产业链创新链深度融合 ··· 21
　（四）强化区域开放基础，便利跨境投资和贸易发展 ··· 22
　（五）推动产业绿色转型，实施资源再利用与低碳策略 ··· 23

1

（六）优化社会保障体系，增强公共服务供给能力 ……………………… 24
（七）巩固粮食安全优势，提升能源和产业安全保障能力 …………… 25

Ⅱ 评价报告

一、东北老工业基地全面振兴进程综合评价报告 ……………………………… 27
  （一）东北振兴指数总体分析 …………………………………………… 27
  （二）全国视角下东北地区振兴进展分析 ……………………………… 30
  （三）东北振兴分项指数分析 …………………………………………… 36
  （四）主要结论 …………………………………………………………… 40

二、东北老工业基地全面振兴进程评价分项报告 ……………………………… 41
  （一）经济发展评价报告 ………………………………………………… 41
  （二）政市治理评价报告 ………………………………………………… 74
  （三）科技创新评价报告 ………………………………………………… 106
  （四）区域开放评价报告 ………………………………………………… 144
  （五）绿色质效评价报告 ………………………………………………… 182
  （六）社会民生评价报告 ………………………………………………… 217
  （七）安全保障评价报告 ………………………………………………… 255
  （八）东北地区地市级振兴进程评价报告 ……………………………… 293

Ⅲ 附 录

一、东北老工业基地全面振兴进程评价指标选择依据 ………………………… 309
  （一）经济发展评价指标选择依据 ……………………………………… 310
  （二）政市治理评价指标选择依据 ……………………………………… 311
  （三）科技创新评价指标选择依据 ……………………………………… 313
  （四）区域开放评价指标选择依据 ……………………………………… 314
  （五）绿色质效评价指标选择依据 ……………………………………… 315
  （六）社会民生评价指标选择依据 ……………………………………… 315
  （七）安全保障评价指标选择依据 ……………………………………… 316

二、往期评价报告回顾与总结 …………………………………………………… 325
  （一）评价指标体系 ……………………………………………………… 325
  （二）主要评价结论 ……………………………………………………… 327

主要参考文献 ……………………………………………………………………… 337

Ⅰ 总报告

一、宏观背景与研究意义

(一)宏观背景

当前,全球新一轮科技革命和产业变革蓄势待发,创新多极化趋势日益明显,大国关系发生转折性变化,传统的生产方式、社会结构和生活方式正在发生巨大变化。创新驱动成为各国实现经济再平衡、打造国家竞争新优势的核心,正在深刻影响和改变国家力量对比,重塑世界经济结构和国际竞争格局。在全球经济社会格局大调整、大变革、大重组继续纵深发展的挑战下,中国正处于经济转型的历史关键节点。传统的经济社会格局不断重塑,新的增长力量还在孕育中,并且与全球化新趋势呈现历史交汇(迟福林,2017)。为了适应全球化新趋势,应对世界百年未有之大变局,破解经济社会发展中的各种难题,发达国家已加紧进行新的战略部署,将突破关键核心技术作为抢占未来发展战略制高点的重要路径。中国也正在积极推动并深化"一带一路"倡议,以经济转型为目标强化结构性改革,兼顾稳定经济增长和防范经济风险,加大改革力度,激活微观市场主体活力,实现增加有效供给和刺激有效需求双轮驱动,推进经济转型升级,释放经济增长潜力,稳定经济发展预期,适应结构优化、动力转化的经济发展新常态。全球化新趋势和中国经济转型不断深入为东北老工业基地全面振兴、全方位振兴提供了难得的战略机遇和巨大挑战。

东北地区是中国重要的工业和农业基地,在维护国家国防安全、粮食安全、生态安全、能源安全、产业安全中具有重要的战略地位。着力推动经济发展质量变革、效率变革、动力变革,实现东北地区经济社会高质量发展,增强区域发展的竞争力、创新力、抗风险能力,关乎国家发展大局。国家一直以来都比较重视东北地区的发展,党的十八大以来,就东北老工业基地振兴工作提出了一系列新的战略判断和重要指示要求,指出当前东北地区面临的矛盾和问题,归根结底是体制机制问题,是产业结构、经济结构问题。为此,2015年7月17日,习近平总书记在长春召开的部分省区党委主要负责同志座谈会上明确提出"四个着力"的总体要求,即着力完善体制机制、着力推进结构调整、着力鼓励创新创业、着力保障和改善民生。

2016年4月26日，中共中央、国务院发布实施《关于全面振兴东北地区等老工业基地的若干意见》（以下简称中发〔2016〕7号文件），提出"要以知难而进的勇气和战胜困难的信心坚决破除体制机制障碍，加快形成同市场完全对接、充满内在活力的新体制和新机制"。一场旨在以科技创新为引领，以安全保障、经济建设为基础，以政市治理为依托，以区域开放为桥梁，以绿色质效为关键，以社会民生为前提的新一轮东北老工业基地全面振兴攻坚战盛大启幕。新一轮振兴目标非常明确，概而言之就是：到2030年，东北地区实现全面振兴，走进全国现代化建设前列，成为全国重要的经济支撑带。2018年9月28日，习近平总书记在深入推进东北振兴座谈会上强调："新时代东北振兴，是全面振兴、全方位振兴，要从统筹推进'五位一体'总体布局、协调推进'四个全面'战略布局的角度去把握，瞄准方向、保持定力、扬长避短、发挥优势、一以贯之、久久为功，撸起袖子加油干，重塑环境、重振雄风，形成对国家重大战略的坚强支撑。"2021年9月13日，国务院发布了《东北全面振兴"十四五"实施方案》，明确未来五年东北全面振兴的总体思路、主要目标和重点任务。该方案以推动高质量发展为主题，以深化供给侧结构性改革为主线，着力破解体制机制障碍，激发市场主体活力，推动产业结构调整优化。2023年9月7日，习近平总书记在新时代推动东北全面振兴座谈会上强调："东北三省及内蒙古在推动东北振兴方面取得新进展新成效，国家粮食安全'压舱石'作用进一步夯实，产业安全基础不断巩固，能源安全保障作用不断强化，生态安全屏障不断筑牢，国防安全保障能力稳步提升，改革开放呈现新气象。"东北要想实现全面振兴，根基在实体经济，关键在科技创新，方向是产业升级。在内外环境发生深刻变化的大背景下，面向新形势、新机遇、新问题，东北老工业基地新时期的振兴发展蓝图已然绘制，政策不断供给，全面振兴、全方位振兴进程正在不断深化。

（二）研究意义

东北全面振兴、全方位振兴是国家总体战略布局，东北各级政府围绕"振兴蓝图"进行了积极的顶层设计，希冀在新一轮振兴中有所作为。此外，学术界也对东北振兴问题进行了理论层面的探讨，提炼并总结了老工业基地发展的障碍性因素与动力机制、振兴路径与方向、不同利益相关者的作用等（张虹，2011；吕政，2012；刘凤朝和马荣康，2016）。研究中也尝试对诸如东北老工业基地振兴绩效、竞争力等进行评价，但尚缺乏能够系统、全面反映东北振兴进程的评价指标体系，并据此展开东北振兴进程评价，这已成为一个重要的理论缺口。在此背景下，综合考虑东北振兴的时代背景，构建体现时代需求的东北老工业基地全面振兴进程评价指标体系，并依据公开数据评价与判断东北振兴的发展阶段，刻画东北振兴的进程，描述东北发展中的短板、优势和潜力，具有重要的现实意义，主要体现在以下四个方面。

1. 促进区域经济平衡发展

东北地区是中国的重要经济区域，对东北地区的振兴进程进行科学评价有助于促进区域经济的均衡发展。构建涵盖多维度的东北振兴指标体系，对该地区振兴进程进行深入评价分析，有助于深入了解东北地区在经济、社会、开放和安全等方面的特点，找寻制约其发展的关键因素，并提出相应的解决方案，这对于推动东北地区的全面发展，缩小与其他地区的发展差距具有重要的现实意义。

2. 推动东北地区经济增长

东北地区拥有丰富的自然资源和雄厚的工业基础，在东北振兴进程评价中通过与其他地区的比较分析可以充分挖掘这些优势资源的潜力，提高资源利用效率，进一步促进东北地区经济增长。同时，通过全国范围内的发展比较，以期发现新的经济增长点，为东北地区的振兴发展注入新的活力。

3. 优化东北地区产业结构

东北地区在产业结构方面存在一定的优势，但也存在较大的问题。在东北振兴进程评价中，通过对科技创新相关指标的考虑，有助于增强对地区通过科技创新实现产业结构优化调整的支撑力度，促进新兴产业的培育与发展，为东北地区现代化产业体系的构建注入新活力。同时，通过政市治理水平的科学衡量，有利于营商环境的优化建设，进而有助于激活市场主体的活力与创造力，推动传统产业向高端化、智能化、绿色化方向转型升级。

4. 提升东北地区国际竞争力

在全球化背景下，提升国际竞争力是实现东北地区全面振兴的重要途径。东北振兴进程评价有助于更好地了解东北地区的短板、优势和潜力，通过产业升级与转型、科技创新与人才培养、开放合作与国际化等方面的测度分析，可为推动东北地区全面融入全球经济体系、增强其国际竞争力与影响力提供基于数据事实的决策支撑。

二、东北老工业基地全面振兴进程评价系统设计

老工业基地的改造与振兴是世界各国经济发展过程中所遇到的共同课题。美国的"锈带"地区、德国的鲁尔地区、英国的"雾都"、日本的"京、阪、九工业带"、法国的洛林地区等世界著名的老工业基地，都曾经历这一过程。历史地看，老工业基地的形成既有一般共性原因，也夹杂着特定的社会、经济、区域原因。为此，东北老工业

基地全面振兴进程评价同样必须要考虑其自身的特殊性。

（一）总体思想

推动全面振兴，前提要清楚自己的长项和短板。东北振兴的思维前提是什么？逻辑起点在哪里？溯本求源，对东北老工业基地全面振兴进程评价的关键在于探索其衰落的本质原因。当前，关于老工业基地衰落的本质主要有三种理论：循环累积因果理论、生命周期理论及路径依赖理论。循环累积因果理论认为，当地区经济开始衰退时，衰退本身可产生一种自我强化机制，该机制通过区域的乘数效应可迅速扩散，使区域的衰落陷入恶性循环累积过程。研究发现，这种循环累积效应在制造型企业密集的区域更为显著（马国霞等，2007），且区域的发展也可能受到区域开放度的影响。生命周期理论则认为老工业区内的主导专业化产品正处于生命周期中的成熟后期和衰退阶段，丧失了创新的特质，无法及时退出产品生命循环进程。在技术不变的前提下，由成本因素决定的价格优势不能被无限扩大，会导致老工业区主导产品的市场竞争力不断下降，进而引致区域经济下滑。路径依赖理论是在前两种理论的基础上形成的，也是目前解释老工业基地衰落的主流理论。该理论认为老工业基地的发展存在着路径依赖，它们被锁定在传统的制度上，不愿参与到未来经济规划中，具体表现就是落后的制度无法也不愿为老工业基地的革新提供动力，使其在长期发展过程中逐渐落后。由路径依赖所带来的锁定效应可以划分为功能锁定（例如，大企业和小企业之间的长期联系限制了小企业的创新能力）、认知锁定（例如，认为衰退是经济周期导致的，而不是结构性因素导致的）和政治锁定（例如，既得利益阶层反对变化）。

为了克服锁定，重新振兴老工业基地，学术界提出了"学习型区域"（Learning Region）的概念，并提倡利用区域网络化所带来的经济利益，实施去工业化。然而，从实践来看，美国匹兹堡、英国伯明翰、法国北部-加莱海峡和德国鲁尔等老工业基地虽具有很多相似点，但去工业化模式也存在巨大差异。因此，分析不同的老工业基地需要结合具体情况，对振兴进程的评价亦然。东北老工业基地的形成有其历史原因，振兴路径也必然不同，评价重点要反映出这种特性。2021年9月13日，中共中央部署"十四五"时期东北全面振兴工作，会议讨论通过了《东北全面振兴"十四五"实施方案》《辽宁沿海经济带高质量发展规划和东北振兴专项转移支付资金管理办法》。近年来，在以习近平同志为核心的党中央的领导下，东北地区奋发努力，经济社会发展取得积极进展。但当前东北振兴仍处于爬坡过坎的关键阶段，要坚持以习近平新时代中国特色社会主义思想为指导，落实党中央、国务院部署，按照立足新发展阶段、贯彻新发展理念、构建新发展格局、推动高质量发展的要求，进一步发挥东北地区的积极性与创造性，攻坚克难，继续加大中央财政支持，加强金融服务，做好地区间对口合作，形成强大合力，在新台阶上推动东北振兴取得更大进展。

（二）内在逻辑

东北老工业基地全面振兴的题中之义在于"激发并增强东北新活力"。基于此，对东北老工业基地全面振兴进程进行评价，首先需要明晰的是评价的目标和意义，立足于此，需要审视东北老工业基地振兴的内在逻辑，确定评价脉络。研究认为，东北老工业基地的核心问题是产业结构问题（黄继忠，2011；肖兴志，2013；刘凤朝和马荣康，2016），产业结构相对单一、第一、第二、第三产业比重不合理，接续产业对经济发展还不能形成有效支撑，内生发展动力仍然不足、不稳、不强是其中的关键。为此，在充分发挥比较优势的基础上实现区域产业结构优化升级，是破解当前困局的关键（李向平等，2008）。

深入分析不难发现，东北老工业基地产业结构存在着"传统资源型产业丧失比较优势"和"新兴产业发展缓慢"等问题，亟待进行面向合理化与高级化的调整。就成因而言，东北老工业基地产业结构是国家及地方政府"调控"与"布局"及"非均衡发展战略"实施的结果，本质上是"行政型治理"（资源配置行政化、治理机制行政化与治理行为行政化）所致。从发展的逻辑来看，制约东北老工业基地产业结构调整的要因是支撑产业发展的政府、国有企业、民营企业、中介机构、科技人才等利益相关者"价值共创意愿"严重不足。例如，政府权力过大、市场化程度不高，国有企业活力仍然不足，民营经济发展不充分；科技与经济发展融合不够，偏资源型、传统型、重化工型的产业结构和产品结构不适应市场变化，新兴产业发展偏慢；资源枯竭、产业衰退、结构单一地区（城市）转型面临较多困难，社会保障和民生压力较大；思想观念不够开放，基层地方党委和政府对经济发展新常态的适应引领能力有待进一步加强；等等。上述问题更为深层次的原因是东北地区内各利益相关者因"行政型治理"导致体制与机制僵化，解决问题的关键是以"创新驱动"为突破口。

因循上述思路，东北老工业基地全面振兴的关键是：通过诸如理顺政府和市场关系，解决政府直接配置资源、管得过多过细以及职能错位、越位、缺位、不到位等问题，营造良好营商环境，激发区域创新活力，构建对外开放新格局，深入推动绿色化、低碳化发展，夯实"五大安全"基础防线等具体措施，实现"区域治理"由"行政型治理"向"经济型治理"转型。根据上述逻辑与东北区情，东北老工业基地全面振兴进程评价的关键与核心就是深入贯彻落实新发展理念，有机结合东北实际特色，筑牢国家安全基础防线，优化政市治理建设，实现东北地区经济活力新增长。

（三）指标选择

1. 以数据可得为评价前提

数据的可获得性是评价的基础，是评价过程中不可或缺的重要因素（郭亚军，2007）。在进行某种活动的评价或分析工作前，首先需要确保数据的有效获得。数据可获得性是评价工作得以进行的重要前提，直接关系到评价的客观性和公正性（易平涛等，2019）。东北老工业基地全面振兴进程不是"一次性"、单一指标可以评价的，而是"连续性"、多指标综合评价的。需要系统性审视东北老工业基地振兴关键点、重点与难点，才能达到以评促建、评建结合，动态把握东北老工业基地全面振兴进程的目的。从理论角度来看，指标设计越完备，越有助于真实反映东北老工业基地全面振兴的进度，越容易厘清与辨明振兴中存在的问题。然而，现实中经常是一些指标虽然具备了科学性与合理性，但却无法持续收集相关数据。基于此，东北老工业基地全面振兴进程评价指标体系设计的原则是在强调科学性的同时，注重数据的可获得性。

本研究所有数据均为公开数据，且来源于具有权威性的《中国统计年鉴》等数据资料。因统计数据中不可避免会出现部分数据缺失的情况，本研究对于缺失数据遵循"就近原则"进行补充处理，具体为：若缺失数据为最新年份数据，将采用前一年数据进行补充；若缺失数据为往年数据，将采用前后最近两期数据的平均值进行补充。

2. 将"全面振兴"作为评价出发点和立足点

如今东北地区在经济总量、产业基础、社会环境、民生保障体系等方面和2003年相比均有较大提升。当前主要面临的是，在经济新常态下如何优化经济发展布局，改善政市环境，激发创新活力，调整新型开放格局，关注社会民生，厚植绿色发展理念，维护"五大安全"防线，推动经济高质量、新质性、绿色化发展等问题。因此，新一轮振兴中的重点工作是"着力优化经济发展布局""着力加强政市治理""着力激发科创活力""着力调整开放格局""着力提升绿色质效""着力改善社会民生"及"着力稳护安全防线"。

围绕"着力优化经济发展布局"，聚焦经济总量基础的稳定性与增长性，注重产业协调发展及企业活力的激发与释放；围绕"着力加强政市治理"，聚焦"深化改革"，处理好政府与市场的关系，充分发挥政府效能，丰富市场主体，优化法治环境，形成一个政府与市场"双手"稳控、以"法"维护市场秩序的良性政市治理环境；围绕"着力激发科创活力"，坚持科学技术是第一生产力，重视创新驱动作用，助力创新要素由旧质、低质向新质、高质转变，稳步推进技术更新步伐；围绕"着力调整开放格局"，推动形成创新要素（资金、人才、技术等）引入与创新成果（新产品、新技术等）输出的"双向"融通新格局；聚焦"着力提升绿色质效"，深入贯彻绿色发展理念，强调绿色生产生活，营造绿色、安全的可持续生产生活空间；聚焦"着力改善社会民生"，牢记社会主义社会发展的根本目标是实现人民的共同富裕，时刻关注民生基础，做到惠民富民；聚焦"着力稳护安全防线"，明晰东北地区在维护"五大安全"上的战略角色，承担好维护国家领土完整的重要责任，强化粮食保障与能源储备，优化巩固特色工业体系，保护自然生态空间。综上所述，东北老工业基地全面振兴进程的评价指标要兼顾东北地区的发展现状与区域特色，重点衡量"七个着力"，以此诠释"全面振兴"的核心实施要点。

3. 东北老工业基地全面振兴进程评价指标体系

根据前述研究，本研究认为，东北老工业基地全面振兴进程评价中，评价指标选择主要是以"优化经济发展布局、加强政市治理、激发科创活力、调整开放格局、提升绿色质效、改善社会民生以及稳护安全防线"为着眼点，以《中共中央 国务院关于全面振兴东北地区等老工业基地的若干意见》等政策为依据，以综合反映东北地区的经济、资源、社会、环境状况为基准，既突出正确的价值导向，又体现合理的科学要求，强调指导性、针对性与实效性，并通过科学论证而确定。最终，针对东北老工业基地全面振兴进程评价这一总目标，选择并构建出"经济发展、政市治理、科技创新、区域开放、绿色质效、社会民生以及安全保障"7个二级指标、22个三级指标以及74个四级测度指标。与此同时，为了反映东北三省各市的振兴进程，也依托该指标体系进行评价，但由于各市级指标缺失比较严重，仅运用可获得数据的指标进行分析。具体指标体系如表1.1所示，指标详细论证及说明见本书附录。

表1.1 东北老工业基地全面振兴进程评价指标体系

一级指标	二级指标	三级指标	定义
东北老工业基地全面振兴进程	经济发展	经济基础	区域在宏观经济总量、中观产业发展及微观企业活力上的综合发展体现
		产业发展	
		企业活力	
	政市治理	政务水平	市场主体在准入、生产经营、退出等过程中涉及的政务水平、市场环境、法治基础等的总和
		市场环境	
		法治基础	
	科技创新	科创基础	在进行科技创新活动时涉及的研发基础、投入与产出情况
		研发投入	
		技术产出	
	区域开放	区位支撑	区域经济的对外开放水平，以区位支撑为基础，强调投资与贸易的开放程度
		投资开放	
		贸易开放	
	绿色质效	绿色生产	进行一系列经济社会活动时所产生的绿色发展质效成果
		绿色治理	
		绿色生活	
	社会民生	民生基础	一系列社会民生与服务问题的解决
		社会保障	
		公共服务	
	安全保障	粮食安全	维护国家与区域安全的基础性保障
		生态安全	
		能源安全	
		产业安全	

（四）指标标准化处理方法

构建东北老工业基地全面振兴指数对东北地区的发展进行综合评价，数据处理是评价前的基础环节，其中指标值的标准化处理是核心步骤，旨在统一指标极性（如将指标统一转化为效益型指标）、消除量纲并确定取值范围。本研究中采用了一种新的指标标准化处理方法——分层极值处理法（李伟伟等，2018），主要原因如下：分层极值处理法能够对指标值中的"异常值"进行妥善处理，避免了因某几个"异常值"造成的其他数据被挤压聚堆的情况，确保了指标的区分功能，有助于提升评价质量；振兴指数的发布具有连续性、稳定性的内在要求，从技术角度看，单个指标在标准化处理后应具备取值区间稳定、值总和大致稳定等特征，而分层极值处理法能很好地满足这些要求。

三、东北老工业基地全面振兴的进展与挑战

为了精确反映东北老工业基地全面振兴进展、找到全面振兴短板并打破多重困局，本研究依据东北振兴指数对此进行了深入剖析[①]。分析发现，2018—2022年，尽管东北三省振兴稳步前行，但振兴速度明显低于全国平均水平，处于相对落后状态。具体表现为：经济发展水平较低，政府治理有待加强，科技创新活力不足，区域开放下行明显，污染排放问题突出，社会民生发展不均衡，产业升级相对滞后等。整体来看，东北全面振兴，持续改进压力较大，亟待通过体制机制创新，规避可能由相对能力下降而引发绝对能力衰退的现象的发生。

（一）东北振兴呈稳中有进与相对落后态势

2018—2022年，东北地区振兴指数得分从56.77分上升至62.50分，5年间上升了5.73分，说明振兴取得一定效果。但与全国平均水平相对比，指数得分仍有一定差

---

① 运用东北振兴指数对全国各省市区进行测度"似有不妥"，但该分析取向是在反复摸索、充分考虑后的选择，现将主要理由陈述如下。第一，逻辑上：①东北振兴指数构建的基础是全面振兴进程评价指标体系，而该体系的结构源自对东北振兴相关政府文件的解读，这些文件是融合了战略规划与具体事项实施的智慧成果，其整体视野与逻辑框架亦可指引全局；②指标体系中的各项指标设置不能立足于具体事项，首先是依据具体事项而设置的指标时效性有限（达成后即失效），并且不便于横向比较，因而对于全面评价的意义十分有限，其次是依据具体事项而设置的指标数据采集难度大、可靠性不高，没有稳定的来源，因而综合评价的质量、权威性无法保证，而本报告最终采用的指标体系具有较高的通用性，且并不妨碍对于东北振兴问题特殊性与导向特殊性的刻画，更不影响对东北振兴进程所取得成果的测度。第二，客观需求上：①只有将东北地区置于全国的大背景下进行测度，才易于得到丰富的对比数据，定位东北振兴进程中各时期的状态水平，从而在全局视野上把握轻重缓急、归纳成败得失；②对于具有连续观测需求的东北振兴指数而言，数据的充分性尤其重要，只有纳入全国31个省市区多年的数据，才能保证评价过程中数据处理的细腻性及结论的稳定性得以持续提升，从而确保评价的最终质量。

距，且差距有进一步扩大的趋势。分省来看，辽宁省整体优于东北地区的平均水平，在 2018 年超过全国平均水平，2019—2022 年低于全国平均水平，且在 2022 年指数值出现小幅度的下降；黑龙江省呈稳定上升趋势，与东北地区平均水平的差距逐渐缩小；吉林省整体呈波动上升趋势，2018—2021 年稳定上行，但在 2022 年出现明显回落。总体而言，东北地区全面振兴水平呈现稳中向好态势，但与全国平均水平相比，仍然处于相对落后状态，且就 2022 年的指数得分来看，与全国平均水平的差距正在拉大。具体如图 1.1 所示。

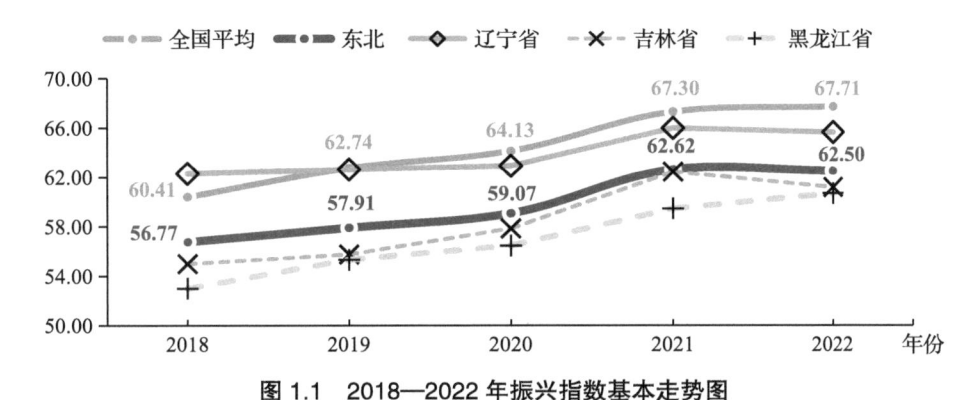

图 1.1 2018—2022 年振兴指数基本走势图

注：①全国平均指 31 个省市区的平均水平；②全国范围内（可采集到的数据），振兴指数得分最大值为 2021 年江苏省的 81.18，最小值为 2018 年西藏自治区的 37.99。

（二）区域开放与经济发展是东北全面振兴的制约因素

对东北地区振兴评价的 7 个维度而言，"社会民生""安全保障"与"科技创新"自 2018 年普遍呈现稳步上升的态势；"绿色质效"与"经济发展"整体呈波动上升趋势，其中"经济发展"在 2021 年上升幅度明显，但随后又出现一定程度的下滑；"政市治理"总体呈波动下降趋势；"区域开放"整体发展较为平稳，但指数得分明显小于其他维度，且差距较大。通过维度分项指数对比来看，"区域开放"俨然成为当前东北振兴的短板之一，亟待改进。具体如图 1.2 所示。

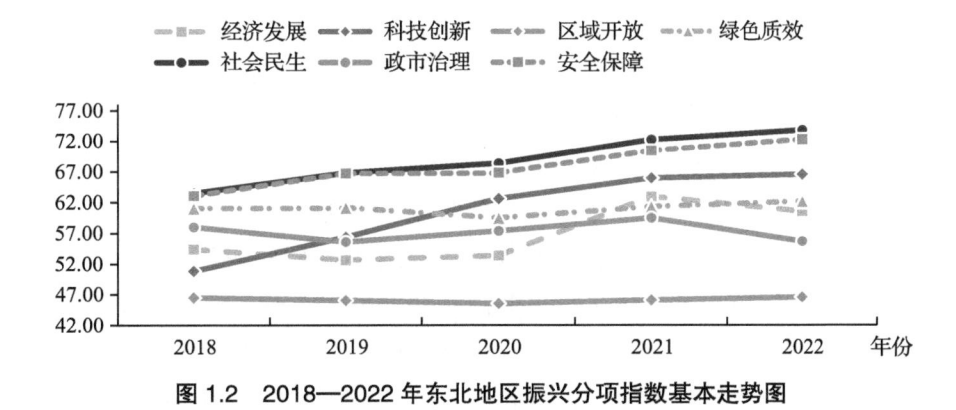

图 1.2 2018—2022 年东北地区振兴分项指数基本走势图

就东北三省而言，2018—2022年，辽宁省在"政市治理""科技创新""区域开放"方面的发展相对较好，尤其在"政市治理"方面的优势明显；吉林省的"社会民生"表现相对较好，"经济发展""政市治理""科技创新""区域开放"等方面总体水平不高（平均指数得分尚未突破60分），有待进一步提升；黑龙江省在"安全保障"方面优势明显，位于全国前列，且高于东南三省与全国平均水平。总体来看，东北三省除"安全保障"高于全国平均水平外，其他方面均低于全国平均水平，"区域开放"的发展水平最低，"政市治理"与"经济发展"均相对较差（平均值低于60分），尤其是"经济发展"，与全国平均水平差距最大，指数平均值差距超过10分。通过区域分项指数对比来看，"经济发展"是制约东北地区竞争力提升的一项关键因素。具体如表1.2所示。

表1.2 2018—2022年6省二级指数的平均值

	经济发展	政市治理	科技创新	区域开放	绿色质效	社会民生	安全保障
辽宁省	59.26	67.23	68.79	60.86	56.53	70.84	63.73
吉林省	56.42	52.38	55.41	45.13	62.99	70.22	66.52
黑龙江省	54.66	52.03	57.19	32.42	63.58	65.72	73.30
江苏省	87.72	79.83	84.92	85.77	76.26	83.54	53.25
浙江省	82.07	77.17	86.51	80.39	82.67	84.34	55.27
广东省	72.31	72.08	90.22	88.22	84.98	81.08	52.60
东北三省平均	56.78	57.21	60.46	46.14	61.03	68.93	67.85
东南三省平均	80.70	76.36	87.22	84.79	81.30	82.99	53.71
全国各省平均	68.40	60.55	64.65	56.08	65.83	71.95	63.74
全国各省最高	88.34	85.00	90.22	88.22	85.77	86.98	81.53
全国各省最低	42.46	38.46	25.28	19.13	50.40	53.77	47.93

（三）经济基础是东北经济发展的薄弱环节

2018—2022年，全国和东北地区的经济发展平均水平均呈波动上升趋势，但后者明显低于全国平均水平，且差距整体上有微弱扩大趋势。就东北三省而言，均呈波动上升趋势，黑龙江省在2018—2020年呈持续下降趋势，2020—2022年呈平稳上升趋势；相对而言，辽宁省较好，吉林省次之，黑龙江省较弱。具体如图1.3所示。

2018—2022年，东北三省在"经济基础""产业发展"和"企业活力"3个分项指数下，指数平均值均低于东南三省平均水平和全国平均水平。就东北三省而言，仅辽宁省在"产业发展"方面的指数平均值略高于全国平均水平，发展相对较好；吉林省的"经济基础"相对较好，但远低于全国平均水平，"企业活力"相对较弱；黑龙江省的"企业活力"相对较好，略低于全国平均水平，"经济基础"和"产业发展"相对较

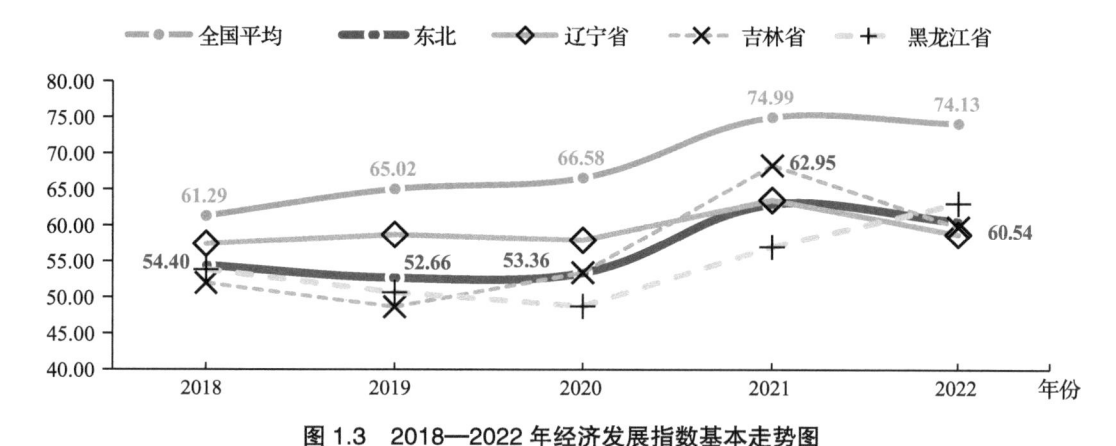

图 1.3　2018—2022 年经济发展指数基本走势图

注：①全国平均指 31 个省市区的平均水平；②全国范围内（可采集到的数据），经济发展指数得分最大值为 2021 年江苏省的 94.23，最小值为 2018 年甘肃省的 31.15。

弱。东南三省 3 个分项指数的发展较好，平均值显著高于全国平均水平和东北三省平均水平，优势明显。总体来看，东北三省 3 个分项指数的平均值与东南三省存在差距，尤其在"经济基础"方面差距较大。具体如表 1.3 所示。

表 1.3　2018—2022 年 6 省经济发展方面分项指数的平均值

	经济基础	产业发展	企业活力
辽宁省	44.60	72.09	61.10
吉林省	53.50	63.63	52.14
黑龙江省	40.58	57.83	65.56
江苏省	95.28	87.90	79.99
浙江省	92.33	70.88	82.99
广东省	82.20	71.12	63.62
东北三省平均	46.23	64.52	59.60
东南三省平均	89.94	76.63	75.53
全国各省平均	67.56	68.19	69.46
全国各省最高	95.28	89.93	84.52
全国各省最低	32.27	42.68	35.74

（四）政务水平是东北政市治理的主要着力点

2018—2022 年，全国政市治理指数整体呈波动上升趋势，与之相反，东北地区政市治理指数整体呈波动下降趋势，且明显低于全国平均水平。就东北三省而言，辽宁省和黑龙江省整体均呈下降趋势，吉林省呈波动上升趋势，并于 2020 年超越黑龙江省；辽宁省表现较好，吉林省次之，黑龙江省较弱。具体如图 1.4 所示。

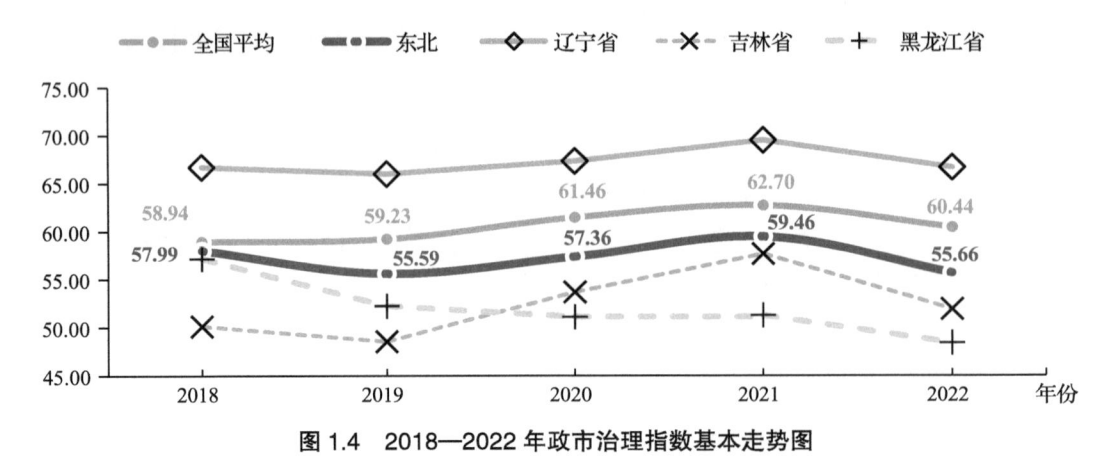

图 1.4 2018—2022 年政市治理指数基本走势图

注：①全国平均指 31 个省市区的平均水平；②全国范围内（可采集到的数据），政市治理指数得分最大值为 2020 年上海市的 87.55，最小值为 2019 年西藏自治区的 36.18。

2018—2022 年，东北三省在"政务水平"和"市场环境"2 个分项指数下，指数平均值均低于东南三省平均水平和全国平均水平，在"法治基础"方面高于全国平均水平，略低于东南三省平均水平。东北三省中，辽宁省 3 个分项指数的平均值均为最高，其中，"法治基础"高于东南三省及全国平均水平，但"政务水平"和"市场环境"明显低于东南三省；吉林省仅"法治基础"指数平均值高于全国平均水平，但低于东南三省；黑龙江省在 3 个方面均表现较差，"政务水平"和"市场环境"与全国平均水平差距较大。总体来看，东北三省在"政务水平"和"市场环境"方面与东南三省之间存在的差距较大（得分均低于 50 分），尤其是"政务水平"方面，与东南三省的差距在进一步拉大，这成为东北地区政市治理最显著的问题。东北、东南 6 省政市治理分项指数得分具体如表 1.4 所示。

表 1.4 2018—2022 年 6 省政市治理方面分项指数的平均值

	政务水平	市场环境	法治基础
辽宁省	61.59	54.80	85.30
吉林省	38.85	44.00	74.29
黑龙江省	44.33	44.93	66.83
江苏省	94.90	68.39	76.19
浙江省	76.97	77.41	77.13
广东省	80.46	60.59	75.18
东北三省平均	48.26	47.91	75.47
东南三省平均	84.11	68.80	76.17
全国各省平均	58.24	52.03	71.39
全国各省最高	94.90	77.41	100.35
全国各省最低	13.67	32.24	40.93

（五）激发活力是提升东北科技创新水平的关键聚焦点

2018—2022年，东北三省与全国科技创新平均水平均呈平稳上升趋势，但东北三省一直低于全国平均水平，且差距呈先缩小后扩大的趋势。就东北三省而言，辽宁省均优于全国平均水平，其中2019年出现较大下降，水平降至全国平均水平；吉林省和黑龙江省均低于全国平均水平，但黑龙江省2018年之后呈现较好的增长势头，达到了东北三省平均水平。具体如图1.5所示。

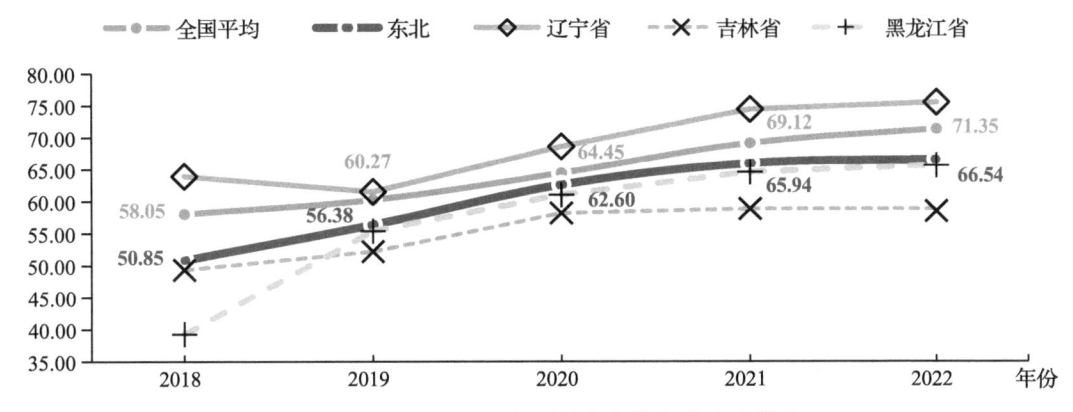

图1.5 2018—2022年科技创新指数基本走势图

注：①全国平均指31个省市区的平均水平；②全国范围内（可采集到的数据），科技创新指数得分最大值为2021年广东省的91.82，最小值为2018年西藏自治区的19.78。

分析2018—2022年东北三省在"科创基础""研发投入""技术产出"3个分项指数下的平均值可知，辽宁省整体表现最佳，三个指标均高于全国平均水平；吉林省和黑龙江省整体表现较差，呈现不均衡发展的态势，但吉林省"科创基础"指数表现较好，黑龙江省在"技术产出"方面较为突出。值得一提的是，东北三省在"科创基础""研发投入""技术产出"方面的整体表现不尽如人意，三项指标均低于全国平均水平，整体存在科技创新活力不足的问题。科技创新分项指数得分具体如表1.5所示。

表1.5 2018—2022年6省科技创新方面分项指数的平均值

	科创基础	研发投入	技术产出
辽宁省	76.21	63.71	66.47
吉林省	67.87	40.47	57.88
黑龙江省	59.30	48.93	63.34
江苏省	90.59	83.58	80.60
浙江省	91.66	82.99	84.89
广东省	85.57	95.21	89.88
东北三省平均	67.79	51.04	62.56

续表

	科创基础	研发投入	技术产出
东南三省平均	89.27	87.26	85.12
全国各省平均	69.15	59.26	65.53
全国各省最高	96.02	95.21	89.88
全国各省最低	31.89	18.20	25.74

（六）全面开放是助推东北区域发展的施策重点

2018—2022 年，东北地区的区域开放指数呈现缓慢波动上升的趋势，但与全国平均水平的差距较大。就东北三省而言，辽宁省区域开放水平较高，其区域开放指数高于全国平均水平；吉林省呈现持续上升的趋势，2020 年超过东北三省平均水平；黑龙江省最弱，且与其他两个省份差距较大。具体如图 1.6 所示。

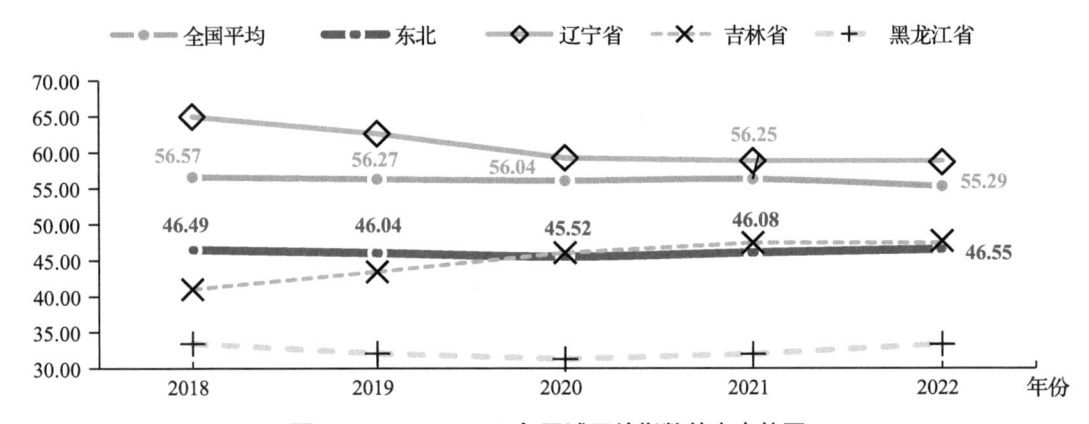

图 1.6 2018—2022 年区域开放指数基本走势图

注：①全国平均指 31 个省市区的平均水平；②全国范围内（可采集到的数据），区域开放指数得分最大值为 2020 年广东省的 89.42，最小值为 2021 年青海省的 18.62。

2018—2022 年，东北三省在"区位支撑""投资开放""贸易开放" 3 个分项指数下的平均值均低于东南三省平均水平。辽宁省仅"贸易开放"低于全国平均水平，表现相对较好；吉林省仅"投资开放"高于全国平均水平；黑龙江省的分项指数得分均低于全国平均水平，表现较弱。东南三省的平均值显著高于东北三省和全国平均水平，优势明显。具体到分项指数上，可以看出：辽宁省的"投资开放"相对较强，"贸易开放"相对较弱；吉林省的"投资开放"相对较好，"区位支撑"较为薄弱；黑龙江省的"投资开放"相对较好，"区位支撑"最为薄弱。总体来看，除辽宁省外，东北地区区域开放水平偏低，仍有较大的提升空间。具体如表 1.6 所示。

Ⅰ 总报告

表 1.6 2018—2022 年 6 省区域开放方面分项指数的平均值

	区位支撑	投资开放	贸易开放
辽宁省	61.65	68.72	52.22
吉林省	38.42	55.81	41.16
黑龙江省	26.48	37.94	32.82
江苏省	83.44	84.59	89.29
浙江省	76.22	73.25	91.71
广东省	82.86	85.03	96.76
东北三省平均	42.18	54.16	42.07
东南三省平均	80.84	80.96	92.59
全国各省平均	57.13	53.33	57.80
全国各省最高	104.57	95.59	96.76
全国各省最低	13.03	12.42	24.70

（七）绿色生产是提升东北绿色质效的关键抓手

2018—2022 年，东北地区的绿色质效指数呈现波动上升的趋势，但与全国平均水平的差距有逐渐拉大的态势。就东北三省的表现而言，黑龙江省表现最好，发展较为平稳；吉林省次之，整体呈现波动下降的态势，2018 年吉林省的绿色质效指数在东北三省中表现最好，随后出现跌落，但整体依旧优于东北三省平均水平；辽宁省最弱，且与其他两个省份的差距较大。具体如图 1.7 所示。

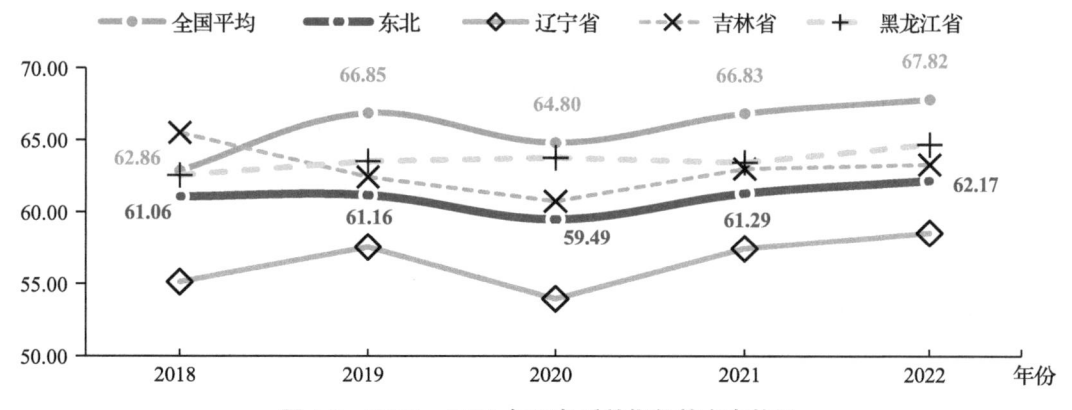

图 1.7 2018—2022 年绿色质效指数基本走势图

注：①全国平均指 31 个省市区的平均水平；②全国范围内（可采集到的数据），绿色质效指数得分最大值为 2019 年福建省的 87.72，最小值为 2018 年西藏自治区的 44.84。

2018—2022 年，东北三省在"绿色生产"分项指数下的平均值低于全国平均水平，在"绿色治理"和"绿色生活"两方面略高于全国平均水平。东北三省中，吉林省在"绿色生产"方面的指数平均值最高,但远低于全国平均水平;黑龙江省在"绿色治理"和"绿色生活"方面表现比较突出,高于全国平均水平;辽宁省仅在"绿色生产"方面表现优于黑龙江省,其他两方面均不及东北及全国平均水平。整体而言,东北地区在"绿色生产"方面的表现相对较差,与全国平均水平及东南三省平均水平存在较大差距,绿色生产是制约东北地区绿色质效发展的关键因素。具体如表1.7所示。

表1.7 2018—2022年6省绿色质效方面分项指数的平均值

	绿色生产	绿色治理	绿色生活
辽宁省	51.88	54.45	63.25
吉林省	55.91	57.54	75.51
黑龙江省	46.69	67.55	76.51
江苏省	96.09	66.17	66.51
浙江省	101.81	66.68	79.52
广东省	97.67	68.13	89.14
东北三省平均	51.49	59.84	71.76
东南三省平均	98.52	67.00	78.39
全国各省平均	70.19	57.44	69.86
全国各省最高	101.81	69.81	93.55
全国各省最低	33.75	30.32	36.17

(八)公共服务是东北社会民生水平提升的瓶颈

2018—2022年,东北地区社会民生水平总体呈上升趋势,但持续低于全国平均水平,且差距基本保持稳定。就东北三省而言,辽宁省和吉林省略高于东北地区平均水平,发展相对较好;黑龙江省较弱,普遍低于东北地区平均水平。具体如图1.8所示。

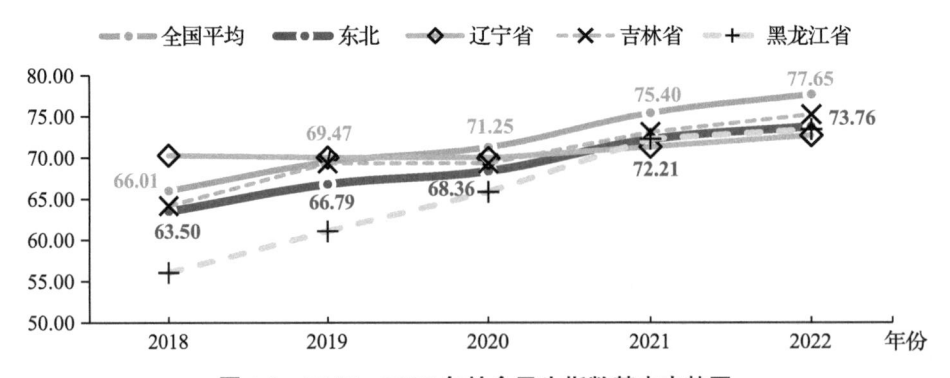

图1.8 2018—2022年社会民生指数基本走势图

注:①全国平均指31个省市区的平均水平;②全国范围内(可采集到的数据),社会民生指数得分最大值为2022年上海市的91.76,最小值为2018年西藏自治区的45.94。

2018—2022年，东北三省"民生基础"水平超过全国平均水平，表现相对较好；其余各项均低于全国平均水平，"公共服务"差距最为明显，表现较差。就东北三省而言，辽宁省的"民生基础"远高于全国平均水平；吉林省的"社会保障"高于全国平均水平；黑龙江省整体表现较弱。比较而言，辽宁省"民生基础"水平相对较强，吉林省"社会保障"水平相对较强，黑龙江省除了"民生基础"外其他方面的表现均不理想。总体来看，东北三省在"民生基础"方面表现较为稳定，但"社会保障"和"公共服务"水平均相对较低，尤其在"公共服务"方面劣势明显，有待进一步提升。具体如表1.8所示。

表1.8 2018—2022年6省社会民生方面分项指数的平均值

	民生基础	社会保障	公共服务
辽宁省	85.86	66.71	59.94
吉林省	73.27	74.74	62.65
黑龙江省	73.39	67.13	56.64
江苏省	88.82	86.95	74.85
浙江省	92.51	85.18	75.34
广东省	88.08	80.52	74.63
东北三省平均	77.51	69.53	59.74
东南三省平均	89.81	84.22	74.94
全国各省平均	75.34	73.12	67.40
全国各省最高	102.07	91.66	82.26
全国各省最低	44.79	52.68	42.17

（九）产业安全是东北筑牢安全保障基线的薄弱领域

2018—2022年，全国安全保障指数和东北地区安全保障指数整体均呈上升趋势；东北地区安全保障指数明显高于全国平均水平。就东北三省而言，辽宁省（2018—2020年除外）、吉林省（2020年除外）、黑龙江省的安全保障指数均超过全国平均水平，其中吉林省呈波动上升趋势（2020年略有下降），辽宁省和黑龙江省整体均呈上升趋势；就安全保障指数而言，黑龙江省较好，吉林省次之，辽宁省较弱。具体如图1.9所示。

2018—2022年，东北三省在"粮食安全""生态安全"分项指数上的表现优于东南三省平均水平和全国平均水平，在"能源安全"和"产业安全"方面均低于东南三省平均水平和全国平均水平。东北三省中，黑龙江省"粮食安全"指数平均值最高，为全国最高水平；吉林省在"生态安全"方面的表现较为突出，高于全国平均水平，在"能源安全"方面的表现仅次于6省中的广东省。具体到分项指数来看，黑龙江省"粮食安全""产业安全"指数平均值均高于吉林省和辽宁省，吉林省"生态安全""能

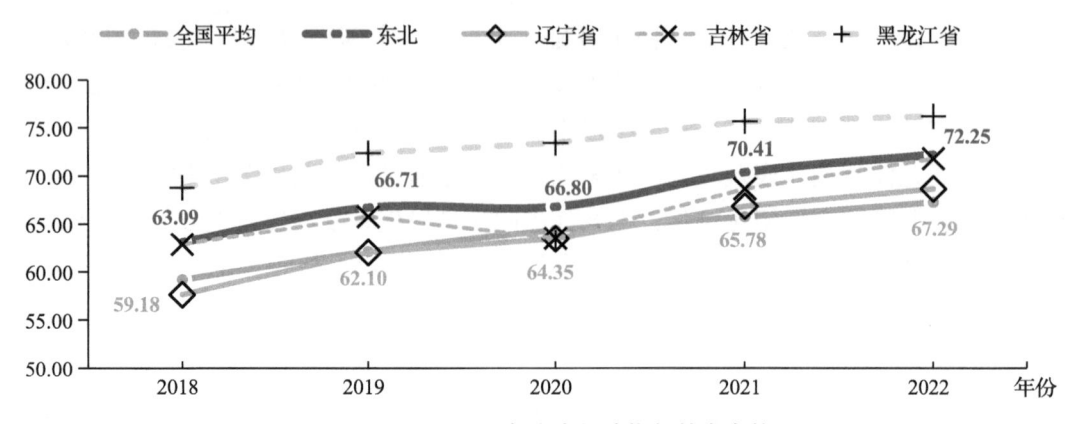

图 1.9　2018—2022 年安全保障指数基本走势图

注：①全国平均指 31 个省市区的平均水平；②全国范围内（可采集到的数据），安全保障指数得分最大值为 2022 年贵州省的 85.65，最小值为 2019 年天津市的 45.37。

源安全"指数平均值均高于辽宁省和黑龙江省。东北三省 4 个分项指数中，"粮食安全""生态安全"方面优势明显，高于全国平均水平，三省"产业安全"与全国平均水平差距较大。具体如表 1.9 所示。

表 1.9　2018—2022 年 6 省安全保障方面分项指数的平均值

	粮食安全	生态安全	能源安全	产业安全
辽宁省	70.80	70.10	61.68	52.35
吉林省	73.63	75.30	61.98	55.19
黑龙江省	101.67	63.11	60.48	67.94
江苏省	58.52	35.62	59.70	59.16
浙江省	38.09	59.29	61.88	61.84
广东省	27.38	61.79	66.07	55.17
东北三省平均	82.03	69.50	61.38	58.50
东南三省平均	41.33	52.23	62.55	58.72
全国各省平均	62.11	60.07	63.45	69.34
全国各省最高	101.67	85.61	79.15	89.09
全国各省最低	13.36	14.24	49.13	51.08

四、东北老工业基地全面振兴的思路与对策

东北地区是我国重要的工业和农业基地，维护国家国防安全、粮食安全、生态安全、能源安全、产业安全的战略地位十分重要，关乎国家发展大局。东北振兴是一个复杂长久的过程，从评价结果来看，相较于过往，东北地区在"社会民生"与"安全

保障"等多个方面均表现出一定的改善与提升。然而，从横向比较的视角审视，东北地区与东南沿海地区乃至全国的整体发展水平之间仍存在着较大差距，并且东北三省内部的发展差异也在逐渐扩大。另外，部分指标的表现还反映出东北振兴面临着"基础不稳固、发展不平衡、覆盖不全面、协调不充分"问题，意味着东北全方位振兴发展的深层次体制性、机制性、结构性矛盾仍未根本消除。要实现东北地区全面、全方位振兴，需从统筹推进"五位一体"总体布局、协调推进"四个全面"战略布局的角度去把握，以科技创新、区域开放、绿色发展为内生动力，以政市治理、经济发展、区位使命为发展支撑，将提升民生福祉作为根本目标，瞄准方向、发挥优势，为东北地区振兴发展持续注入新活力。

（一）强化经济基础建设，推动地区经济结构优化与升级

根据上述东北老工业基地全面振兴进展与挑战分析，东北地区经济发展的显著制约因素在于其相对薄弱的经济基础。为此，东北地区应将强化经济基础建设作为核心策略，从宏观战略布局、中观产业调整及微观市场激活三个层面协同发力，加速推动地区经济结构优化与转型升级。

1. 积极拉动消费与吸引投资，强化区域经济基础

一方面，积极拉动消费，释放东北地区内需潜力。通过提高最低工资标准、扩大就业、支持小微企业等措施，增加居民可支配收入，提升居民消费能力；加强商业基础设施建设，打造特色商业街区和消费集聚区，同时推动线上线下融合，发展新零售、智慧商圈等新型消费模式；加强市场监管，打击假冒伪劣商品，营造安全、放心的消费环境；关注消费趋势，及时捕捉消费热点（如新能源汽车、智能家居等），通过举办购物节、旅游节等活动引导居民消费升级。另一方面，吸引投资，激发东北经济活力。围绕东北地区优势产业和新兴产业，通过举办投资洽谈会、项目推介会等活动，吸引国内外优质资本和项目落户；鼓励社会资本参与基础设施建设、产业升级等重大项目，加强项目监管，确保投资效益最大化；加强金融基础设施建设，提升金融服务覆盖面和普惠性，打造东北地区优质金融服务环境。

2. 推动传统优势产业升级，构筑现代化产业体系

推动重工业、农业等传统产业转型升级，培育新兴产业与未来产业，构筑东北地区现代化产业体系。具体地，依托大数据、云计算、人工智能等前沿科技，对传统产业实施智能化与绿色化改造，引领制造业迈向高端智能制造与绿色发展的新阶段；聚焦新能源、新材料、生物医药、高端装备等战略性新兴产业领域，打造一批具有竞争力的新兴产业集群；提升服务业的规模与质量，培育数字经济、共享经济、平台经济等新兴服务业态与模式，推动服务业与新技术、新业态、新模式的深度融合与协同发

展，为服务业转型升级注入新动力；强化农业科技创新与应用推广，加大农业科技研发投入，广泛推广先进适用的农业技术与装备，积极发展东北现代化农业。

3. 健全现代企业制度体系，激发企业活力与内生动力

一是推进国企改革与混合所有制改革，鼓励国有企业通过引入社会资本参与混改工作，实现股权多元化和治理机制创新，同时加强混改后企业的整合与融合工作，提高整体运营效率和市场竞争力。二是完善法人治理结构、市场化经营机制和风险防控体系，加强国有企业党的建设工作和党风廉政建设工作，确保国有资产保值增值和国有企业健康发展。三是鼓励金融机构加大对中小企业和民营企业的信贷支持力度，为中小企业和民营企业提供更多融资渠道，发展多层次资本市场体系。四是加强产学研用合作机制建设工作，推动科技成果向现实生产力转化，同时加强人才引进和培养工作，为企业创新发展提供人才保障。

（二）提升政府治理效能，优化营商环境建设

在当前政策趋同、规划并进的背景下，优化营商环境建设是推动东北地区振兴发展与全方位转型升级的关键突破口。面向未来，东北地区需将政府治理作为核心任务，着力补齐既有短板，为打造一流营商环境奠定坚实基础。为此，东北地区应以提升政务水平为施策重点，深化政府改革，加速向服务型、智慧型政府转型，推动有为政府与有效市场更好结合，具体策略聚焦于以下三个方面。

1. 深化简政放权，提升政府管理效能

东北地区应积极响应国家关于深化简政放权的号召，优化政府服务，提升行政效能。在行政审批方面，要大幅削减不必要的行政审批事项，简化审批流程，降低企业和群众办事的门槛和成本，通过制定清晰、透明的审批标准和时限，提高审批效率。其次，优化政府与市场间、政府内部层级间的关系，通过负面清单制度明确政府监管边界，赋予市场主体更多自主权。在权力下放过程中，充分考虑地方承接能力，确保放权精准有效，同时加强部门间的协调配合，形成改革合力。此外，建立健全服务机制，推动政府职能从"管理者"向"服务者"转变，以企业和群众的需求为导向，加快"互联网＋政务服务"推进步伐，力求提供更加优质、高效的服务。

2. 强化法治建设，构建智慧型监管体系

在法治建设方面，应进一步细化相关法律法规（包括但不限于市场监管、环境保护、安全生产等领域）的制定与修订工作，明确政府监管的职责、权限和程序，为政府监管提供坚实的法治基础；通过举办培训班、讲座、在线课程等形式，加强对市场主体的法律教育和引导，提升其法律意识和法律素养；建立健全投诉举报机制，营造

公平、公正、透明的法治环境，保护市场主体的合法权益。另外，充分利用大数据、云计算等现代信息技术手段，构建智慧监管体系。通过数据分析，对市场主体的行为进行预测和评估，及时发现潜在风险和问题，提高监管的精准性和有效性；对各项改革举措的实施情况进行跟踪评估，并将其纳入政府绩效考核体系，强化监管效能。

3. 对标国内外一流标准，打造高水平营商环境

以提升东北地区竞争力为目标，积极借鉴国内外先进经验（特别是发达地区的营商环境建设成功案例），结合东北地区的实际情况，制定并实施具有针对性、前瞻性和可操作性的优化措施；紧密围绕国家评价体系，细化营商环境标准，突出地方特色，形成具有东北特色的营商环境标准体系，为投资者提供清晰、可比的决策依据；针对评估中发现的问题，实施精准整治，同时建立"以评促建、评建结合"的长效机制，形成持续改进、不断提升的良性循环；在借鉴先进经验、细化标准、精准整治的基础上，营造"全员参与、全方位优化"的营商环境氛围，加速构建东北地区营商环境最优区域，为东北全面振兴注入持续动力。

（三）聚焦核心技术突破，促进产业链创新链深度融合

目前，东北地区在推进创新创业进程中面临一系列挑战，主要表现为科技创新绝对水平较低。具体而言，东北地区国有企业占比较高，对新兴产业的引领和带动作用尚显不足。同时，产业结构不尽合理，传统产业比重偏大，新兴产业和高新技术产业发展相对滞后，难以形成有效的创新驱动发展格局。为此，聚焦核心技术突破，以科技创新推动产业链创新链深度融合为目标，提出以下三点关键举措。

1. 深化核心技术研发，强化企业创新主体地位

企业作为市场经济的核心参与者，不仅是科技创新的主力军，而且是连接实验室成果与市场需求的关键纽带。为了进一步强化企业的创新主体地位，应当明确企业主体核心技术研发的重点领域与方向，着重加大对关键共性技术、前沿引领技术、现代工程技术以及颠覆性技术的研发投入力度。在明确核心技术研发方向的基础上，构建以企业为主导的产学研协同创新体系，推动东北地区"大校、大院、大所、大企"资源整合和优化配置，如鼓励中国一重集团、一汽集团等有能力的龙头企业整合汇聚核心技术创新资源，联合产业链上下游企业、国内外知名高校和科研院所开展产学研深度合作，围绕前沿技术领域和关键共性技术开展联合攻关。

2. 优化创新创业生态系统，全方位赋能核心技术孵化与成长

创新创业生态系统不仅是新技术、新业态、新模式的摇篮，而且是推动产业升级、经济转型的关键力量。为了全面优化创新创业生态系统，东北地区需全方位赋能核心

技术的孵化与成长。首要任务是减少政府对市场的非必要干预，以此降低创新创业过程中的行政成本和制度性交易成本。为此，政府应着手优化现有的审批流程，力求提升审批效率，并推行更加简捷高效的市场准入制度，从而显著降低创新创业的进入门槛。在简化前置审批的同时，加强事中事后的监管工作，确保市场维持规范且有序的状态，为创新创业活动搭建起一个公平竞争的市场舞台。在此基础上，构建一个贯穿创新创业全生命周期的综合性服务体系，该体系应涵盖融资、技术、市场、法律及咨询等多个维度，旨在为中小企业和初创企业提供全面而有力的支持。

3. 推动产业链创新链深度融合，不断培育产业增长点

科技创新是推动产业创新的重要动力，关键在于促进产业链创新链的深度融合。一是围绕产业链部署创新链，全面审视并系统梳理产业链断点堵点，围绕产业链短板和关键共性技术加大研发投入，确保技术创新的精准对接与有效突破。二是围绕创新链布局产业链，推动产业向高端化、智能化、绿色化方向发展。在此过程中，应结合国家战略导向和市场需求，充分利用东北地区高校和科研院所的创新资源优势，大力推动相关领域的原创性成果就地就近产业化，打造科技成果转移转化的"育苗圃"，前瞻布局一批未来产业，如人工智能、生物医药、新能源等，持续培育新的产业增长点。

（四）强化区域开放基础，便利跨境投资和贸易发展

从区域开放表现来看，东北地区在"区位支撑""贸易开放"方面明显落后于东南地区及全国平均水平，在"投资开放"方面略好于全国平均水平，但明显落后于东南地区。面向未来，东北地区不仅要强化其区位支撑体系，拓宽外资引入的多元化渠道，还要深化国际贸易合作，充分释放东北地区丰富资源与产业基础所具有的潜力。在开放中寻求合作，在合作中推动创新，以开放为引领，推进东北老工业基地全面振兴发展。

1. 加强区位支撑，构建高效现代物流网络与国际化旅游中心

东北地区地处东北亚经济圈中心地带，拥有得天独厚的地理优势。为充分发挥这一优势，应重点加强物流基础设施建设，特别是加强铁路、公路、港口及航空等交通网络的互联互通，加快形成贯通东北、辐射全国、联结东北亚乃至全球的高效现代化物流网络。同时，依托独特的冰雪资源、丰富的生态景观及深厚的文化底蕴，打造一批具有国际影响力的旅游品牌，如冰雪旅游、生态旅游、文化旅游等，吸引国内外游客，促进旅游业与相关产业深度融合，构建国际化旅游中心，为区域经济的开放与繁荣奠定坚实的区位与产业基础。

2. 拓宽外资引进路径，优化外资利用结构

鉴于东北老工业基地在装备制造、石油化工、农产品加工等领域具有坚实的产业

基础，应积极吸引外资力量，助力传统产业转型升级与新兴产业培育。通过制定更具吸引力的外资激励政策，如税收优惠、土地供应优先、研发支持等，为外资企业提供更加便利的投资环境与更加优惠的投资待遇，引导国际资本向高新技术、绿色环保等具有战略意义的新兴产业领域汇聚。同时，鼓励外资企业在东北地区设立区域总部、研发中心等功能性机构，促进先进技术的引进与本土人才的培养，形成外资与本土企业协同发展的良好生态。此外，还应推动产业链的全球化布局，深化制造业企业与国际顶尖企业在产业链上下游的合作，提升企业国际化经营能力和全球市场影响力。

3. 深化贸易合作，提升国际进出口竞争力

针对贸易开放领域，东北地区应主动融入全球经济体系，深化与各国的贸易合作，持续优化出口产品结构，增强国际竞争力。具体而言，应灵活调整贸易策略，在保持对外部市场合理依赖的同时，提升应对国际市场风险与波动的能力；加大对出口企业的支持力度，激励企业增加研发投入，推动技术创新与产业升级，不断提升出口产品的技术含量与附加值，从而塑造具有核心竞争优势的出口品牌；进一步优化出口退税、出口信用保险等支持政策，有效降低企业出口成本，提升出口企业的盈利水平和市场竞争力。最终，通过深化贸易合作与出口结构优化，助力东北地区实现更高水平的对外开放与更加繁荣的经济发展。

（五）推动产业绿色转型，实施资源再利用与低碳策略

东北地区作为老工业基地，长期面临着产业结构相对单一、能耗偏高及环境污染较重的挑战。对此，应将"绿色生产"理念作为核心驱动力，着力推进资源的高效循环利用，并积极落实低碳发展战略，加速传统产业的绿色转型步伐，从而推动地区经济、社会与环境的全面、协调、可持续发展。

1. 优化产业结构，推动绿色生产转型

推动绿色生产转型是东北地区应对环境压力的必然选择，更是实现高质量发展的必由之路。首要举措是深度布局清洁能源产业，特别是在风电、光伏等绿色能源领域加大投入，逐步减少对煤炭等传统高污染能源的依赖，同时积极探索煤炭的清洁高效利用路径，实现能源结构的优化升级。在此基础上，加强技术创新与推广应用是提升绿色生产能力的关键。钢铁、化工等高耗能、高排放行业应作为能效提升工程的重中之重，通过引入智能化、数字化技术，深度优化生产流程，实现资源消耗与污染物排放的双重减少，提升行业整体能效水平。此外，政府应鼓励企业构建闭环产业链，实现资源的高效循环利用，推动传统产业向绿色低碳方向转型升级。同时，应积极吸引企业投资清洁能源项目，通过税收优惠、价格机制等手段，促进清洁能源产业实现规模化、集群化发展。

2. 强化环境多元共治，提升资源利用效率

东北地区环境治理的关键在于构建多元共治体系，实现政府、企业、社会三方的紧密协同。政府层面需发挥引领作用，不仅要加大环保领域的资金投入，还需不断完善环保法律法规体系，并严格执行监管，确保各项环保政策能够落地生根。企业层面应自觉承担社会责任，积极开展环保技术研发，尤其要提升污染治理水平和资源循环利用能力。与此同时，鼓励公众广泛参与环保活动，营造全社会共同关注、共同参与环保的良好氛围，进一步凝聚环境治理合力。在提升资源利用效率方面，东北地区应重点推进工业固体废物资源化利用技术的研发与应用，如采用生物降解、物理分离等技术提高废物利用率，采用新技术、新工艺对现有传统工业生产线进行改造升级，提高资源利用效率。

3. 倡导绿色生活，实施绿色低碳行动

一是加强绿色生活理念宣传与教育。通过媒体、社区、学校等多种渠道，广泛宣传绿色生活的重要性和具体实践方法，开展绿色低碳生活主题教育活动，如举办环保知识讲座、绿色生活技能培训班等，引导居民节约环保。二是推广绿色低碳生活方式。鼓励居民使用节能家电和新能源汽车，减少能源消耗和碳排放。推广垃圾分类和回收利用，提高资源利用率，减少垃圾处理压力。倡导绿色出行，鼓励居民步行、骑行或使用公共交通工具。三是完善绿色低碳生活支持体系。政府应加大对绿色低碳生活相关产业的扶持力度，如节能家电、新能源汽车等，降低居民使用成本。建立健全绿色低碳生活监管体系，确保相关政策措施得到有效落实。对绿色低碳生活实施效果进行定期评估，及时调整和完善政策措施。

（六）优化社会保障体系，增强公共服务供给能力

相比于全国平均水平，东北地区在"社会保障"和"公共服务"方面表现较差，尤其在"公共服务"方面落后明显。对此，东北地区部署民生发展战略时，在宏观上应致力于构建稳固的民生基础，在微观层面着眼于民生改善的具体路径。通过不断优化和完善社会保障体系，增强公共服务供给效能，进而推动东北地区民生水平的整体提升。

1. 针对老、幼、残、贫等特殊群体，优化与健全救助保障体系

一是创新养老服务模式，加速居家养老服务体系建设。积极探索和实践新型养老服务举措，加快构建功能完善、服务优质的居家养老服务体系。持续关注养老服务产业，通过政策引导和市场机制相结合，推动养老服务向专业化、产业化方向发展。二是强化特殊群体关爱保障，完善救助制度体系。全面落实残疾人保障政策，包括康复

服务、教育支持、就业扶持、设施建设等，为残疾人提供全方位保障。建立健全孤儿及困境儿童保障制度，从生活保障、教育支持、医疗救助、心理疏导等多方面提升关护效率与质量。三是持续推进扶贫工作，助力贫困群众脱贫致富。加强扶贫项目的精准施策和有效管理，确保扶贫资金和资源切实惠及贫困群众。通过产业扶贫、教育扶贫、健康扶贫等多种方式，帮助贫困群众增强自我发展能力，实现稳定脱贫和可持续发展。

2. 聚焦就业、教育、医疗三大民生支柱，加快补齐公共服务短板

第一，必须坚持就业优先战略不动摇，致力于构建和完善高质量充分就业促进机制。通过加大政策扶持力度、优化职业技能培训体系、拓宽就业渠道、促进产业升级与就业结构相匹配等措施，为高校毕业生、农民工、退役军人等不同群体提供精准有效的就业支持。第二，持续扩大教育投入，特别是加大对农村和边远地区教育的支持力度，确保城乡、区域间教育资源的均衡配置，缩小城乡、学校间的教育差距。注重提高教育质量，深化教育教学改革，加强教师队伍建设，为每个孩子创造更加公平、优质的学习环境。第三，持续深化医疗改革，完善医疗保障体系，提高医疗服务水平。加强基层医疗卫生服务体系建设与医疗监管，提升基层医疗服务能力，真正实现人民群众病有所医。

3. 致力于实现公共服务普惠化、均等化和优质化"三位一体"战略目标

一是实现公共服务普惠化，确保全民共享。加强公共服务设施建设，特别是在偏远地区和农村地区，扩大服务覆盖面。完善公共服务政策体系，打破身份壁垒，确保不同社会群体均能享受到公平、公正的公共服务。二是推进公共服务均等化，促进城乡融合与区域协调发展。加大财政投入力度，优化财政支出结构，确保公共服务资金向农村和边远地区倾斜。构建覆盖城乡、功能完善、制度畅通的公共服务网络，以缓解并消除城乡间在教育资源、医疗资源、就业机会等方面的不均衡现象。三是促进公共服务优质化，提升服务效能。建立健全公共服务绩效评估体系，激励相关机构持续优化服务流程、创新服务模式。加强公共服务信息化建设，提高公共服务的智能化、便捷化水平。加大公共服务监管力度，建立健全监管机制，确保公共服务机构依法依规提供服务，保障群众合法权益。

（七）巩固粮食安全优势，提升能源和产业安全保障能力

在东北老工业基地全面振兴进程中，构建新安全保障格局不仅是确保区域稳定与发展的基石，而且是实现国家战略宏图、维护国家整体安全的重要一环。为巩固东北地区在粮食安全方面的显著优势，弥补能源安全和产业安全领域的不足，提出以下三点关键举措。

1. 大力发展现代化农业，巩固东北粮食安全"压舱石"作用

土地资源是发展现代化大农业的根本，提升农田的综合生产能力是首要任务。要不断扩大黑土地保护范围，持续加大投入力度，配套实施河湖连通、大型灌区续建改造工程，继续扩大高标准农田面积，加快建设适宜耕作、旱涝保收、高产稳产的现代化良田。优良的种子资源是发展现代化大农业的关键"芯片"，要加快构建以农业产业化龙头企业为引领、产学研深度融合、繁育推广一体的现代种业科技创新体系，打造种源自主可控的种子"芯片"，与时俱进育新种、制良种，为现代化大农业筑牢种业基石。此外，加强农业职业教育和技能培训，提高农民专业技能水平，同时引进和培育一批具有创新精神和实战经验的农业人才，为农业现代化提供智力支持。

2. 推动能源结构调整，确保能源安全发展

东北地区拥有丰富的煤炭、石油、天然气等化石能源资源，但同时也面临着能源结构单一、环境污染严重等问题。为了解决这些问题，一要加速传统能源产业转型升级。鼓励企业、高校和科研机构加大在煤炭、油气等资源勘探、开采、加工、转化及环保等方面的研发投入，提升传统能源产业的技术水平和生产效率。以市场需求和环保要求为导向，合理布局煤炭、油气等产业项目，推动传统能源产业向高端化、智能化、绿色化转型升级。二要大力发展新能源。充分利用东北地区丰富的风能资源，推动风电装备制造业升级，形成风电产业链闭环。鼓励太阳能与农业、畜牧业等产业融合发展，形成多能互补的综合能源体系。推动生物质能发电、生物质成型燃料等产业化发展，提高能源利用效率。此外，要加强能源基础设施建设，完善能源运输和储存体系，确保能源供应的安全可靠。

3. 发挥科教资源优势，提升产业安全保障力

应充分发挥东北地区科教资源丰富、创新底蕴深厚的优势，释放相关主体的活力和创造力，将科教优势转化为维护国家产业安全的能力。具体而言，一是加强基础研究，提升原始创新、集成创新、开放创新能力，力求在关键核心技术上实现突破，创造更多前瞻性、原创性成果，提升服务国家产业安全的硬核能力；二是注重国内外科技交流合作，深化与京津冀、长三角、粤港澳大湾区等地区的合作，积极吸纳优质资源和创新要素，疏通产业链堵点，补齐短板，切实提高产业链韧性和安全水平；三是加快破除影响和制约科技核心竞争力提升的体制机制障碍，实行关键核心技术"揭榜挂帅""赛马"等制度，推动关键核心技术攻关，提升产业安全保障能力。

Ⅱ 评价报告

一、东北老工业基地全面振兴进程综合评价报告

（一）东北振兴指数总体分析

东北地区[①]老工业基地全面振兴进程评价涵盖了经济发展、政市治理、科技创新、区域开放、绿色质效、社会民生、安全保障等7个方面（二级指标），下设22个三级指标及74项测度指标。汇集中国31个省市区2011—2022年的综合评价信息[②]，并通过科学的评价流程，得到2018—2022年连续5年的振兴指数[③]，在此基础上，形成多年连续排序和单年排序。其中，多年连续排序用于反映各省市区绝对发展水平随时间动态变化的情况（31个省市区5年共155个排位，最高排序为1，最低排序为155），单年排序用于反映各省市区在全国范围内某个单年的相对发展水平（31个省市区每年31个排位，最高排序为1，最低排序为31）。具体而言，31个省市区在振兴指数得分上的总体情况如表2.1所示。

进一步考虑东南三省（江苏、浙江、广东）为国务院确定的东北三省对接合作省份[④]，作为学习的标杆，将东北三省与其进行了对标，具体如表2.2所示。2018—2022年，6省振兴指数由高到低依次为江苏、浙江、广东、辽宁、吉林、黑龙江；东南三省总体呈现上升的发展态势，其中江苏省的上升势头优于浙江省和广东省；东北三省总体呈现上行发展趋势，但只有辽宁省在5年内的平均发展水平突破了60分，吉林省在2021年和2022年发展水平突破60分，黑龙江省仅在2022年突破了60分，相比东

---

① 本评价报告中，"东北地区"仅特指东北三省，两个概念等同使用。
② 为确保与往期报告中结果的统一连续性，本报告直接对2011—2022年数据进行评价，并以2011—2015年指数平均值与"50分临界线"的差值为基础，对2011—2022年指数结果进行了平移处理。囿于篇幅，除特别强调之处，本报告仅呈现并分析2018—2022年的信息。
③ 为了找出全面振兴进程的缺口，本研究引入东北三省之外其他省份的评价结果作为"参照系"，所用指标依然是东北老工业基地全面振兴进程评价指标体系，为避免概念过多而导致理解不便，在此一并称为"振兴指数"。
④ 在本研究中被重点引入与东北三省进行对比分析。

表 2.1　2018—2022 年 31 个省市区振兴指数得分、连续及单年排序

省市区	2018年 值	2018年 总	2018年 年	2019年 值	2019年 总	2019年 年	2020年 值	2020年 总	2020年 年	2021年 值	2021年 总	2021年 年	2022年 值	2022年 总	2022年 年
江苏	75.9	25	1	77.1	17	1	78.7	8	2	81.2	1	1	80.8	2	1
浙江	75.6	28	2	77.1	18	2	78.8	7	1	79.9	4	2	80.4	3	2
福建	73.3	37	4	75.8	27	4	77.4	16	4	79.0	5	3	78.9	6	3
广东	75.4	30	3	76.6	21	3	77.7	14	3	78.6	9	4	78.4	10	4
上海	72.8	40	5	73.5	36	7	76.3	23	5	77.5	15	7	77.9	13	5
北京	71.3	46	7	75.0	31	5	74.4	32	6	78.0	12	6	77.0	19	6
重庆	71.7	44	6	74.2	33	6	74.2	34	7	78.1	11	5	76.7	20	7
山东	68.8	56	8	69.7	54	8	71.3	47	9	75.9	26	9	76.5	22	8
安徽	65.7	75	11	68.5	59	10	72.6	42	8	76.0	24	8	75.5	29	9
湖北	65.7	74	10	68.6	58	9	70.2	52	10	73.2	38	10	73.8	35	10
湖南	62.0	92	13	66.0	71	14	69.6	55	11	71.6	45	12	72.8	41	11
江西	61.6	93	14	66.3	68	13	68.4	61	12	72.9	39	11	72.6	43	12
陕西	60.7	100	16	65.2	77	15	66.0	70	15	70.6	50	13	71.1	48	13
天津	67.1	65	9	68.0	62	11	67.8	63	13	70.5	51	14	70.8	49	14
四川	60.9	98	15	66.3	67	12	66.2	69	14	68.7	57	15	69.9	53	15
河南	59.2	107	18	62.8	86	16	65.0	78	16	68.5	60	16	67.6	64	16
河北	59.5	104	17	60.6	103	18	60.8	99	19	65.9	73	18	67.1	66	17
辽宁	62.3	91	12	62.6	87	17	62.9	85	17	66.0	72	17	65.6	76	18
广西	54.2	130	23	57.0	116	21	59.4	106	20	64.1	80	19	64.7	79	19
宁夏	54.8	128	21	58.2	111	20	57.1	115	24	62.3	90	23	63.9	81	20
海南	54.5	129	22	56.7	117	22	61.5	95	18	63.1	83	20	63.9	82	21
贵州	55.7	124	19	58.5	110	19	59.1	108	21	62.6	88	21	63.0	84	22
山西	53.4	135	25	55.8	122	24	58.2	112	22	61.6	94	24	61.5	96	23
吉林	55.0	127	20	55.8	123	25	57.8	113	23	62.4	89	22	61.2	97	24
云南	52.7	139	27	55.9	121	23	55.9	120	26	58.6	109	26	60.7	101	25
黑龙江	53.0	137	26	55.3	125	26	56.5	118	25	59.5	105	25	60.7	102	26
内蒙古	53.6	134	24	53.9	133	27	53.0	138	27	56.4	119	27	57.6	114	27
甘肃	46.2	149	29	49.0	144	28	50.8	142	28	53.9	131	28	55.3	126	28
新疆	44.6	152	30	47.4	148	30	48.7	145	30	52.3	140	29	53.9	132	29
青海	47.4	147	28	48.2	146	29	49.6	143	29	52.2	141	30	53.3	136	30
西藏	38.0	155	31	39.4	154	31	42.3	153	31	45.2	151	31	46.0	150	31
平均	60.4	96.5	16	62.7	85.3	16	64.1	79.5	16	67.3	64.9	16	67.7	63.8	16

注：①对于表中的字段名称，"值"表示各省市区对应年份的指数得分，"总"表示各省市区 2018—2022 年多年连续总排序，"年"表示各省市区 5 个单年的排序；②表中 31 个省市区按照 2022 年的指数得分由高到低（降序）排列。

南三省中发展水平稍低的广东省，差距依然很大；东北三省的整体增幅高于东南三省，其中吉林省振兴指数的增长幅度[①]为 2.80%，黑龙江省的增幅为 3.62%，辽宁省的增幅在东北三省中最低（1.34%），且低于东南三省中的江苏省与浙江省。

表 2.2　2018—2022 年 6 省振兴指数值

年份	辽宁省 值/序	吉林省 值/序	黑龙江省 值/序	江苏省 值/序	浙江省 值/序	广东省 值/序	全国平均 值
2018	62.30/12	55.00/20	53.01/26	75.94/1	75.61/2	75.44/3	60.41
2019	62.63/17	55.76/25	55.33/26	77.14/1	77.09/2	76.63/3	62.74
2020	62.92/17	57.84/23	56.46/25	78.69/2	78.75/1	77.68/3	64.13
2021	65.98/17	62.43/22	59.45/25	81.18/1	79.89/2	78.62/4	67.30
2022	65.64/18	61.17/24	60.68/26	80.82/1	80.39/2	78.41/4	67.71
平均	63.89/16.2	58.44/22.8	56.99/25.6	78.76/1.2	78.35/1.8	77.36/3.4	64.46

2018—2022 年，全国平均水平呈平稳上升趋势，东北地区亦呈平稳上升趋势，但上升相对缓慢；东北地区的发展水平（2020 年未超过 60 分）低于全国平均水平，且差距有进一步扩大的趋势。辽宁省整体优于东北地区平均水平，在 2018 年超过全国平均水平，2019—2022 年低于全国平均水平，且在 2022 年指数值出现小幅度的下降；黑龙江省呈稳定上升趋势，与东北地区平均水平的差距逐渐缩小；吉林省 2018—2021 年稳定上升，但在 2022 年出现明显回落。相对其他两省，辽宁省起点较高，表现相对较好，吉林省的整体发展水平优于黑龙江省。具体如图 2.1 所示。

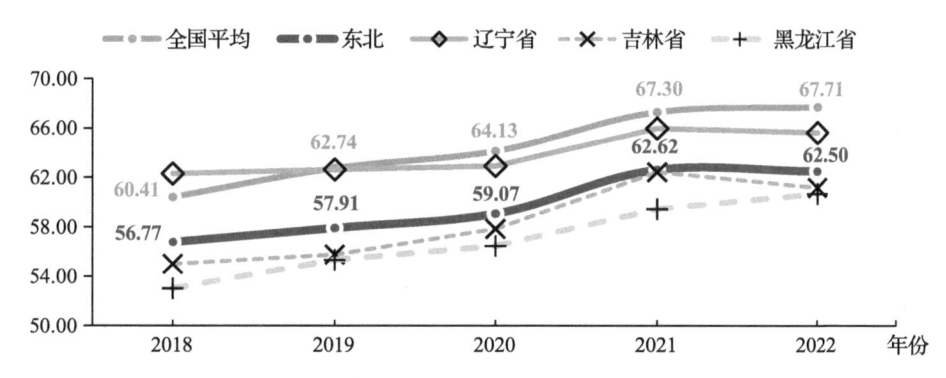

图 2.1　2018—2022 年振兴指数基本走势图

注：①全国平均指 31 个省市区的平均水平；②全国范围内（可采集到的数据），振兴指数得分最大值为 2021 年江苏省的 81.18，最小值为 2018 年西藏自治区的 37.99。

2018—2022 年，东北三省振兴指数在全国 31 个省市区连续 5 年数据集（共 155 个指标值）中的相对位置分布情况如图 2.2 所示。可见，东北三省 5 年（共 15 个数据）

---

① 在本报告中特指年均增长幅度。

振兴指数的百分比排位高于 50% 的仅有 2 个，处于 25% 以下的有 5 个；排位的最大值是 2021 年的辽宁省（53.8%），最小值是 2018 年的黑龙江省（11.6%）。可见，东北三省的整体发展位次亟待提升。

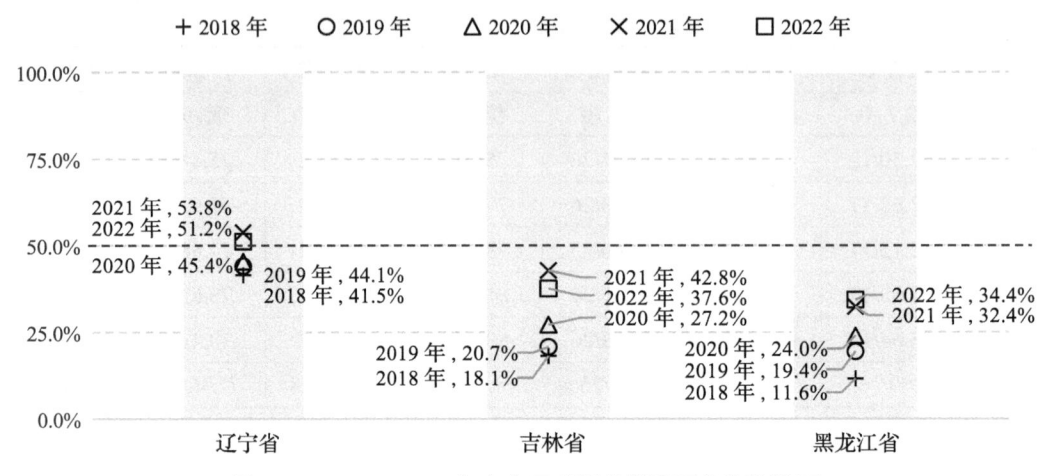

图 2.2　2018—2022 年东北三省振兴指数百分比数值图

（二）全国视角下东北地区振兴进展分析

整体来看，2018—2022 年，全国 31 个省市区发展总体水平持续提高，成效显著，东部沿海地区发展优势较内地更加明显，中部及东北部优于西部，整体呈现出由东部向中部再向东北部及西部逐渐下降的趋势。图 2.3 给出了 2018 年与 2022 年 31 个省市

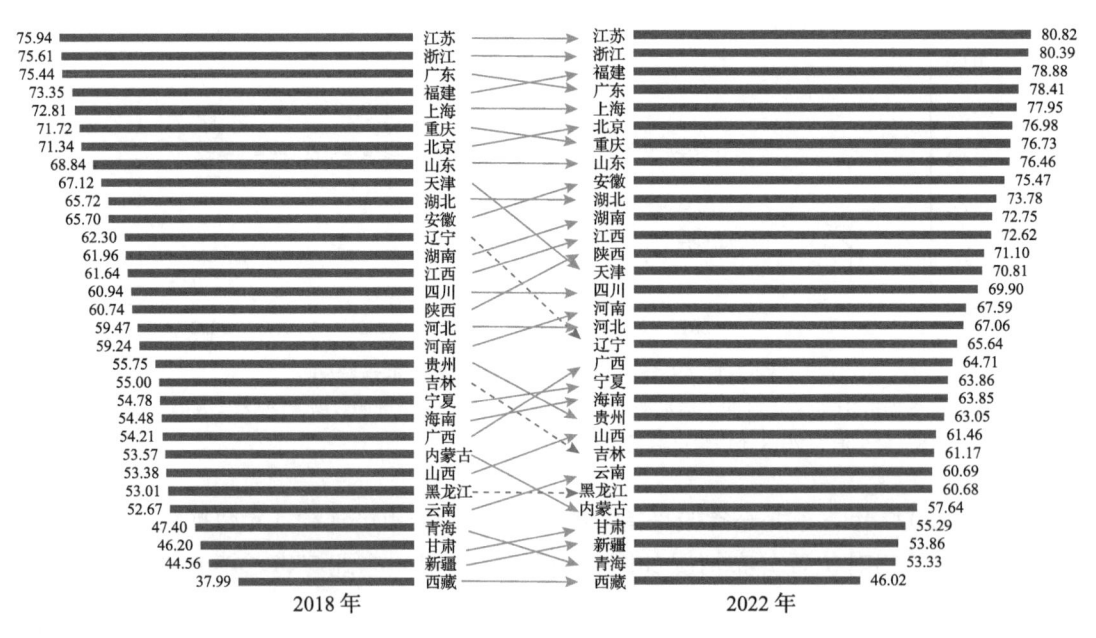

2018 年		2022 年	
江苏	75.94	江苏	80.82
浙江	75.61	浙江	80.39
广东	75.44	福建	78.88
福建	73.35	广东	78.41
上海	72.81	上海	77.95
重庆	71.72	北京	76.98
北京	71.34	重庆	76.73
山东	68.84	山东	76.46
天津	67.12	安徽	75.47
湖北	65.72	湖北	73.78
安徽	65.70	湖南	72.75
辽宁	62.30	江西	72.62
湖南	61.96	陕西	71.10
江西	61.64	天津	70.81
四川	60.94	四川	69.90
陕西	60.74	河南	67.59
河北	59.47	河北	67.06
河南	59.24	辽宁	65.64
贵州	55.75	广西	64.71
吉林	55.00	宁夏	63.86
宁夏	54.78	海南	63.85
海南	54.48	贵州	63.05
广西	54.21	山西	61.46
内蒙古	53.57	吉林	61.17
山西	53.38	云南	60.69
黑龙江	53.01	黑龙江	60.68
云南	52.67	内蒙古	57.64
青海	47.40	甘肃	55.29
甘肃	46.20	新疆	53.86
新疆	44.56	青海	53.33
西藏	37.99	西藏	46.02

图 2.3　2018 年与 2022 年 31 个省市区振兴指数及排序情况对比

区振兴指数得分及排序位次的对比情况，可以看出，东北三省整体排序呈明显下降的趋势。具体而言，辽宁省排序下降最为明显，其次是吉林省，黑龙江省排序保持不变。

2018—2022年，四大经济区振兴指数由高到低依次为东部、中部、东北、西部；四大经济区均呈现上升的发展趋势，仅东北地区在2022年出现小幅度的下滑，但东北地区与西部地区的整体发展水平有待进一步提升（区域平均值均未超过70分）；相对而言，东部地区优势明显，中部和西部地区的发展势头较好（增幅较大，分别为3.81%和3.73%），东北地区的增幅为2.52%；东北地区的发展水平较东部地区而言，有明显差距。具体如表2.3所示。

表2.3 2018—2022年四大经济区振兴指数的平均值

年份	东北		东部		西部		中部	
	平均值	年排序	平均值	年排序	平均值	年排序	平均值	年排序
2018	56.77	19.0	69.44	8.0	53.38	22.4	61.27	15.2
2019	57.91	22.7	71.02	8.1	56.10	21.8	64.67	14.3
2020	59.07	21.7	72.45	8.0	56.87	22.7	67.34	13.2
2021	62.62	21.3	74.97	8.4	60.41	22.3	70.62	13.5
2022	62.50	22.7	75.16	8.1	61.35	22.2	70.61	13.5
平均	59.77	21.5	72.61	8.1	57.62	22.3	66.90	13.9

注：为确保区分度，对于具有平均意义的排序，本研究保留一位小数，以下各表同。

2018—2022年，七大地理区振兴指数由高到低依次为华东、华中、华南、华北、西南、东北、西北；七大地理区普遍呈现平稳上升趋势，但整体发展水平有待提升，除华东地区外，其他地区的振兴指数得分均未超过70分，东北与西北地区更是未超过60分；相对而言，华东地区优势明显，但发展增幅最低（2.18%），华中、西北、西南地区发展势头较好（增幅较大，分别为3.84%、4.31%和3.34%）；在七大地理区中，东北地区排序相对靠后，与表现最优的华东地区相比差距明显。具体如表2.4所示。

表2.4 2018—2022年七大地理区振兴指数的平均值

年份	东北	华北	华东	华南	华中	西北	西南
	值/序	值/序	值/序	值/序	值/序	值/序	值/序
2018	56.77/19.3	60.97/16.4	72.04/5.2	61.38/16.0	62.14/13.8	50.74/24.8	55.81/19.6
2019	57.91/22.7	62.65/17.0	73.63/5.3	63.44/15.3	65.92/13.0	53.59/24.4	58.87/18.2
2020	59.07/21.7	62.83/17.4	75.84/4.8	66.18/13.7	68.29/12.3	54.45/25.2	59.56/19.8
2021	62.62/21.3	66.48/17.8	78.26/5.0	68.62/14.3	71.53/12.3	58.25/24.6	62.63/19.6
2022	62.50/22.7	66.79/17.4	78.33/4.7	68.99/14.7	71.68/12.3	59.49/24.0	63.28/20.0
平均	59.77/21.5	63.94/17.2	75.62/5.0	65.72/14.8	67.91/12.7	55.30/24.6	60.03/19.4

为便于直观分析,将指数信息按空间分类、时间排列、优劣序化等方式整理后,形成多年振兴指数的可视化集成图(见图 2.4 至图 2.6),结合表 2.1 的信息,以全国四大经济区为划分标准,对东北三省全面振兴进程综合评价如下。

1. 中部地区平均得分发展增速较快,超过全国平均水平,2018—2022 年整体优于东北地区

从西部、中部、东北、东部四大经济区振兴指数平均得分曲线的变化情况(见图 2.4)可以看出,中部地区的起点高于东北地区和西部地区,增速位居四大经济区首位,整体全面优于西部地区和东北地区,且从得分增长情况看仍有较大发展空间;西部地区基础相对薄弱,振兴指数直至 2021 年才达到 2018 年的全国平均水平(60.4 分),但整体水平稳中有增,其中重庆的发展已远超全国平均水平,每年增长明显;东部地区发展较为成熟,遥遥领先于其他三个地区;东北地区的指数得分年均增幅在四大经济区中排序最末,发展相对乏力。

2. 东北地区指数得分虽持续增长,但增幅相对较低

2018—2022 年,中国各经济区综合发展状况总体良好,保持平稳的增长势头;四大经济区振兴指数均呈上升趋势,指数得分的年均增幅由高到低依次为中部(2.3 分)、西部(2.0 分)、东部(1.4 分)、东北(1.4 分);东北地区的指数得分略高于西部地区,但西部地区最优水平明显高于东北和中部地区;西部地区的指数得分直至 2021 年才实现 60 分的突破,中部地区的起点(2018 年)高于 60 分,东北地区于 2021 年实现 60 分的跨越。

3. 相对于全国绝大部分省份的大踏步前行,东北三省均有起伏,中部地区表现最优的安徽省整体优于东北地区表现最优的辽宁省,且差距逐年增大

如图 2.5 所示,2018—2022 年,四大经济区的振兴指数连续排序均呈上升趋势,年均排序改进幅度由高到低依次为中部(11.2 名)、西部(7.8 名)、东部(7.2 名)、东北(6.7 名);中部地区排序提升最快的是湖南省、江西省和安徽省(5 年间分别提升 51 位、50 位和 46 位),中部地区最优水平(安徽省)连续排序优于东北地区最优水平(辽宁省);西部地区排序提升最快的是陕西省(从 2018 年的 100 名提升至 2022 年的 48 名)和广西壮族自治区(从 2018 年的 130 名提升至 2022 年的 79 名),西部地区最优水平(重庆市 2021 年的 11 名)优于中部地区最优水平;东部地区排序提升最快的是海南省(从 2018 年的 129 名发展至 2022 年的 82 名),但与东部地区大部分省份的差距依然明显;在东北三省中,黑龙江省从 2018 年的 137 名持续上升至 2022 年的 102 名,为东北地区排序提升最大的省份,吉林省从 2018 年的 127 名升至 2021 年的 89 名,在 2022 年又下降至 97 名,辽宁省整体排序优于吉林省、黑龙江省,从 2018 年的

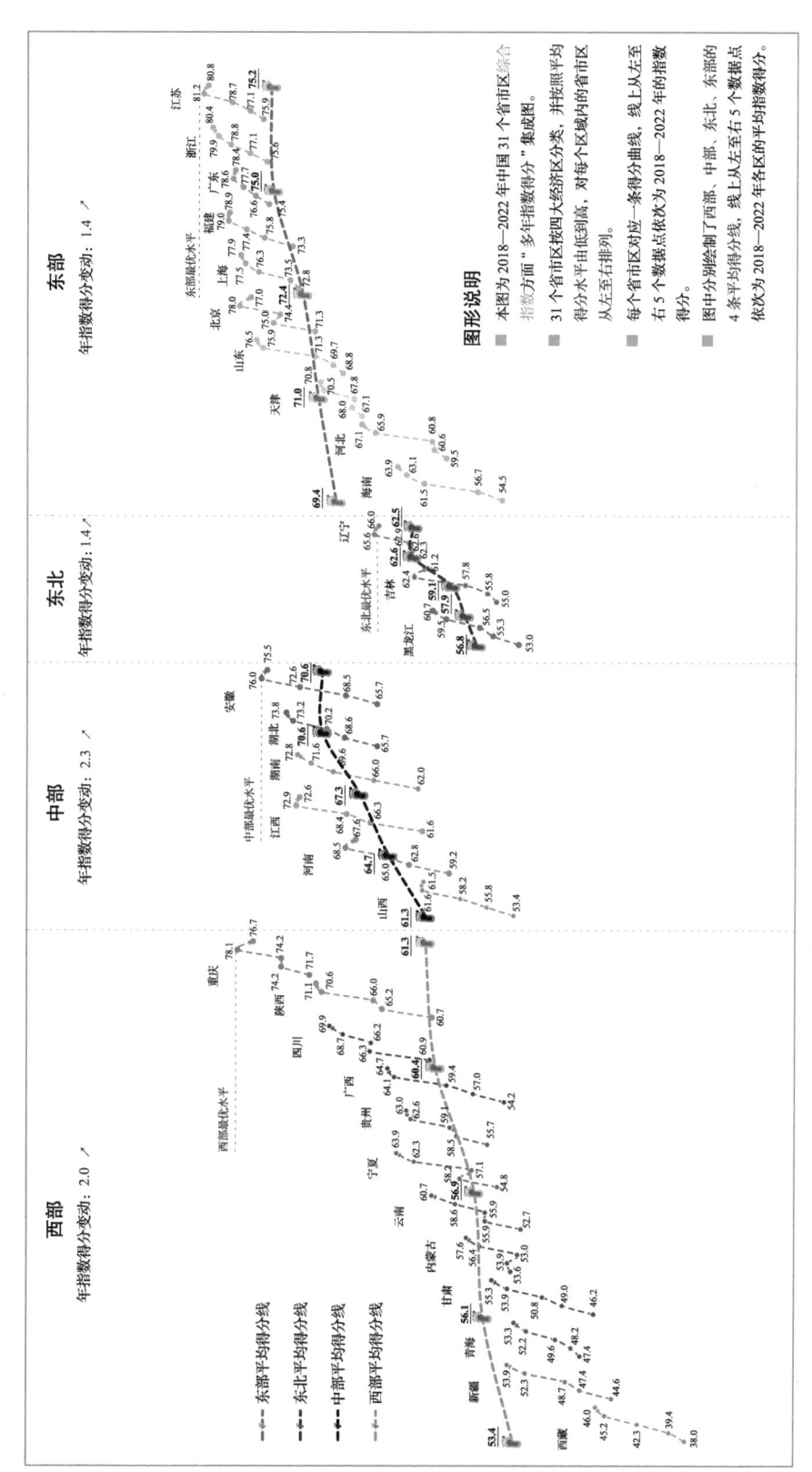

图 2.4 2018—2022 年 31 个省市区振兴指数得分变动情况

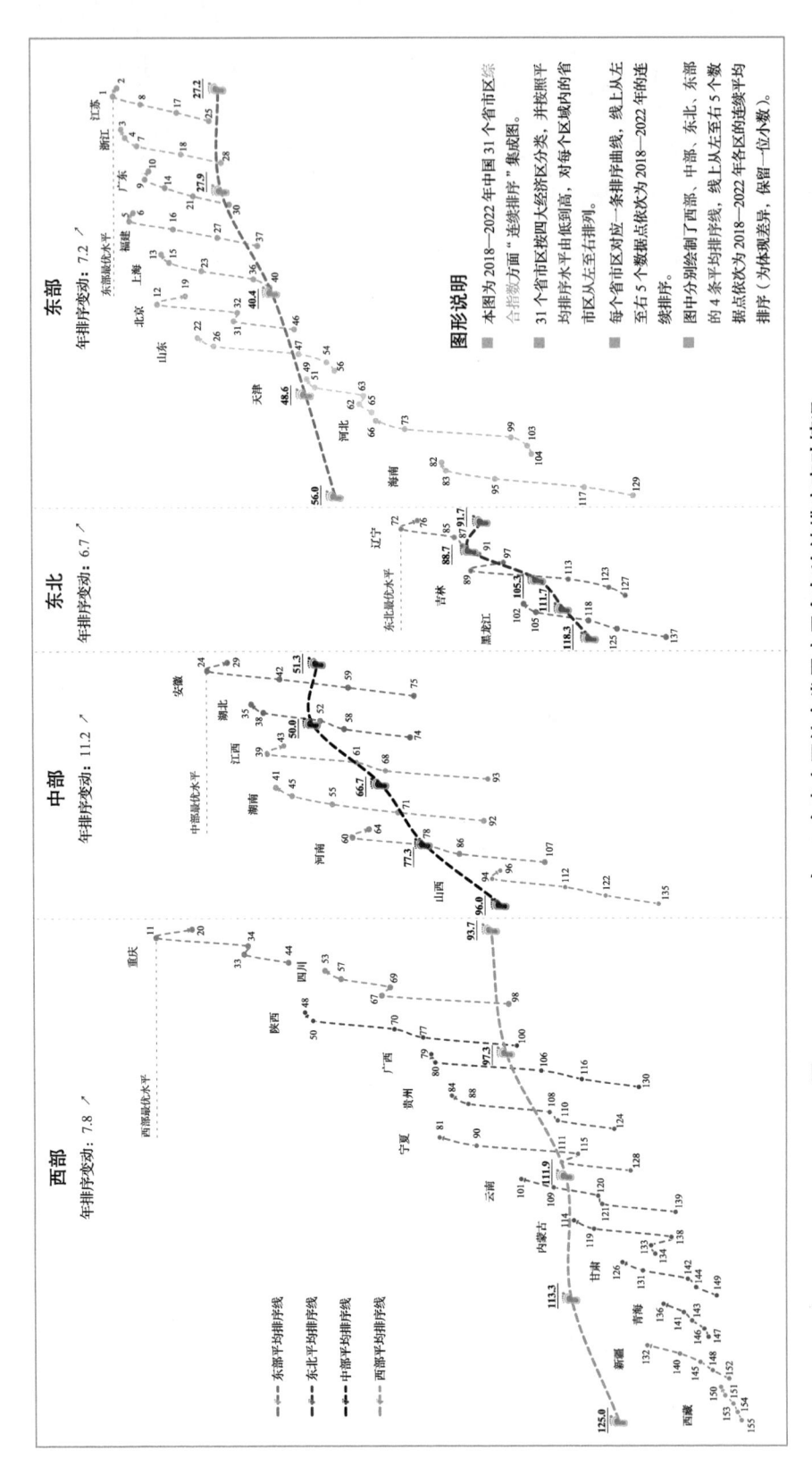

图 2.5 2018—2022 年 31 个省市区综合发展水平多年连续排序变动情况

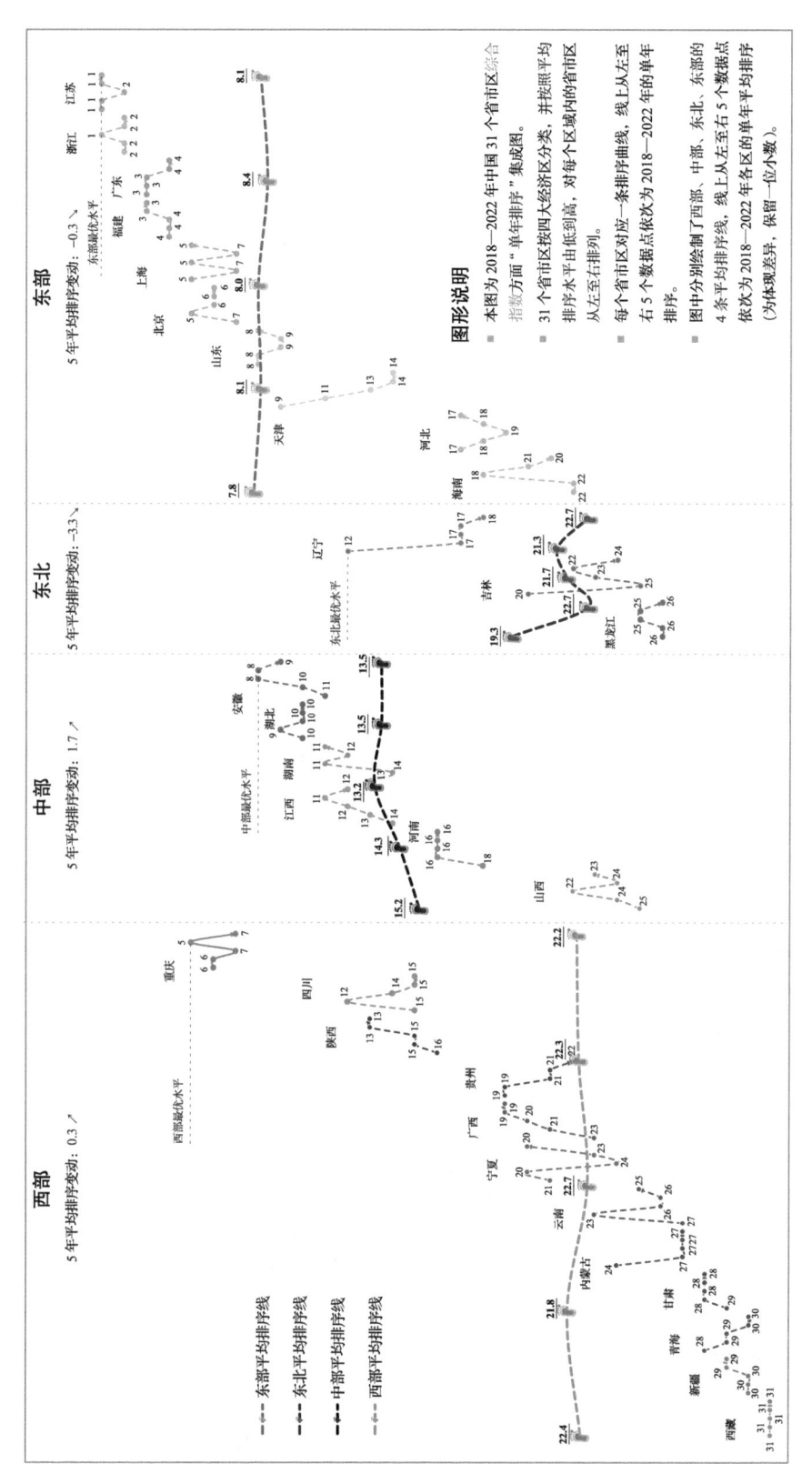

图 2.6 2018—2022 年 31 个省市区综合发展水平单年排序变动情况

91名上升至2021年的72名，最终下跌至2022年的76名。

4. 东北地区持续改进压力较大，相较于全国其他地区，相对优势退失明显

单年排序的变化体现了此消彼长的相对竞争能力。如图2.6所示，2018—2022年，在西部地区12个省份中，单年排序波动较大，排序维持不变的有2个（占16.67%），排序退后的有4个（占33.33%），排序提升的有6个（占50.00%），其中广西壮族自治区和陕西省分别提升4名和3名，贵州省和内蒙古自治区分别下降3名和3名，分别为西部地区上升与下降最快的四个省份；在中部地区的6个省份中，单年排序提升的有5个（占83.33%），排序不变的有1个（占16.67%），其中湖北省单年排序在经历波动发展后维持不变，其他省份均上升了2名；在东部地区的10个省份中，单年排序维持不变的有5个（占50.00%），排序退后的有2个（占20.00%），排序提升的有3个（占30.00%），其中海南省上升2名，天津市下降5名，分别为东部地区上升与下降最快的两个省份；在东北地区，辽宁省单年排序倒退6名（起点为12名），吉林省和黑龙江省排序波动性较强，吉林省排序倒退4名，黑龙江省维持不变。东北地区平均排序下降幅度最大（5年平均排序下降3.3名），与中部地区形成强烈反差（5年平均排序上升1.7名），虽然东北地区于2020年、2021年略有回升，但总体来说，相对优势退失明显。

5. 在东北地区整体发展缓慢，相对优势下滑明显的共同背景下，需警惕由相对能力下降而引发绝对能力衰退的可能

从中部、西部、东部及东北的四条发展曲线可以看出，2018—2022年，四大经济区的绝对能力均有程度不一的提升（见图2.4和图2.5），但部分区域（东部和东北）的相对能力出现下降（见图2.6）。由于东部地区大部分省份普遍处于前列，基础夯实，发展水平高，出现微弱下滑（5年平均排序下滑0.3名）是正常的调整，与东北地区的大幅下跌性质迥异，中部地区处于持续提升、加速发力的良好状态中，西部地区基础偏弱，但整体处于稳定发展的过程中，因而在全国四大经济区里，东北地区的衰退特征相对明显。比较省份之间的发展，辽宁省和吉林省的相对优势退失较为明显，虽然指数得分出现了缓慢提升，但单年排序均呈下降态势，相比之下，黑龙江省在指数得分及连续排序持续上升的同时，相对优势基本保持稳定。因此，就综合发展水平而言，东北地区在相对能力上的改善依然不显著，仍需警惕引发实质性倒退的可能（表现为单年排序得分出现负增长）。

（三）东北振兴分项指数分析

振兴指数及7个二级分项指数得分的描述统计信息如表2.5所示。由表2.5可知，振兴指数及7个二级分项指数得分的算术平均值分布在64分附近；7个二级分项指数中,"区域开放"的最小值得分最低(为18.62),"经济发展"的最大值得分最高(为94.23),"科技创新"的差值(极差)在7个分项指数中最大,说明全国31个省市区在"科技创新"方面的差异最大,其次是"区域开放"(极差为70.81),相反,在"安全保障"方面差异最小(极差为40.28),其次是"绿色质效"(极差为42.88)。

表2.5 振兴指数及7个二级分项指数得分的描述统计信息

	经济发展	政市治理	科技创新	区域开放	绿色质效	社会民生	安全保障	振兴指数
平均值	68.40	60.55	64.65	56.08	65.83	71.95	63.74	64.46
中位数	69.01	58.68	68.21	56.88	64.68	72.23	63.98	65.01
标准差	12.32	11.67	17.87	20.20	10.05	8.89	8.89	9.92
峰度	−0.0072	−0.6820	−0.6382	−1.0700	−0.5161	−0.2696	−0.5683	−0.6340
偏度	−0.2928	0.2243	−0.5270	−0.1432	0.2966	−0.1217	−0.0579	−0.3018
最小值	31.15	36.18	19.78	18.62	44.84	45.94	45.37	37.99
最大值	94.23	87.55	91.82	89.42	87.72	91.76	85.65	81.18
极差	63.08	51.37	72.04	70.81	42.88	45.82	40.28	43.20
观测数	155	155	155	155	155	155	155	155

依据2018—2022年的数据,东南三省的发展水平明显高于全国平均水平,在"科技创新"方面的平均发展水平相对较好(平均值高于85分),其次是"区域开放""社会民生""绿色质效""经济发展","安全保障"的发展水平有待进一步提升;东北三省的发展水平与东南三省差距较大,"区域开放"的发展水平最低,"政市治理"与"经济发展"均相对较差(平均值低于60分),除"安全保障"高于全国平均水平外,其他方面均低于全国平均水平,可见,东北地区的全面振兴势在必行。

除了"安全保障"方面外,东南三省在其他6个方面发展相对较均衡,而东北地区发展的均衡性较差。具体而言,东南三省中,江苏省在"经济发展""政市治理""科技创新"及"区域开放"方面发展较好,均位于全国各省的前三名;浙江省在"科技创新""绿色质效"方面表现较优;广东省在"科技创新""区域开放""绿色质效"等方面优势明显,尤其是"科技创新",表现为全国最高水平。东北三省中,辽宁省在"政市治理""科技创新""区域开放"方面的发展相对较好,尤其在"政市治理"方面优势明显;吉林省的"社会民生"表现相对较好,"经济发展""政市治理""科技创新""区域开放"等方面总体水平不高(平均指数得分尚未突破60分),有待进一步提升;黑龙江省在"安全保障"方面优势明显,位于全国前列,且高于东南三省与全国平均水平。总体来看,辽宁省发展水平相对高于吉林省和黑龙江省,但三个省在振兴指数的大多数方面得分低于65分,因而东北地区的发展水平亟须进一步提升。具体如表2.6所示。

表 2.6 2018—2022 年 6 省二级分项指数的平均值

	经济发展	政市治理	科技创新	区域开放	绿色质效	社会民生	安全保障
辽宁省	59.26	67.23	68.79	60.86	56.53	70.84	63.73
吉林省	56.42	52.38	55.41	45.13	62.99	70.22	66.52
黑龙江省	54.66	52.03	57.19	32.42	63.58	65.72	73.30
江苏省	87.72	79.83	84.92	85.77	76.26	83.54	53.25
浙江省	82.07	77.17	86.51	80.39	82.67	84.34	55.27
广东省	72.31	72.08	90.22	88.22	84.98	81.08	52.60
东北三省平均	56.78	57.21	60.46	46.14	61.03	68.93	67.85
东南三省平均	80.70	76.36	87.22	84.79	81.30	82.99	53.71
全国各省平均	68.40	60.55	64.65	56.08	65.83	71.95	63.74
全国各省最高	88.34	85.00	90.22	88.22	85.77	86.98	81.53
全国各省最低	42.46	38.46	25.28	19.13	50.40	53.77	47.93

2018—2022年，对于构成振兴指数的7个方面，全国在"科技创新""社会民生""安全保障"方面的平均水平呈现逐年稳定上升的发展趋势，进展明显；在"经济发展""政市治理""绿色质效"方面呈现个别年份下降、整体上升的发展趋势；在"区域开放"方面呈现波动下行态势。东南三省在"安全保障"方面的发展明显较差，其他6个方面的发展水平均处于全国前列（从年排序可以看出），明显高于全国的平均发展水平；在"经济发展"方面，东南三省均呈波动上升趋势；在"政市治理"方面，江苏省与广东省呈波动下降趋势；在"科技创新"方面，东南三省位于全国前三位，整体发展呈稳定上升态势；在"区域开放"方面，虽然东南三省指数得分较高，但下行发展趋势明显；在"绿色质效"方面，江苏省与浙江省呈波动上升趋势，广东省则表现为波动下降趋势；在"社会民生"方面，东南三省整体上升势头强劲，发展较好；在"安全保障"方面，东南三省均处于全国末位，但发展势头较好，指数得分均表现出上升态势。东北三省在"经济发展""科技创新""社会民生""安全保障"方面的发展势头相对较好，整体呈波动上升趋势；在"政市治理"方面，辽宁省与黑龙江省呈现波动下行趋势；在"区域开放"方面，仅吉林省呈现持续上升趋势；在"绿色质效"方面，吉林省呈现波动下降趋势。比较而言，辽宁省在"政市治理"方面的优势相对明显，高于全国平均水平；吉林省2021年的"经济发展"提升较高；黑龙江省在"安全保障"方面的优势相对明显，高于全国平均水平。具体如表2.7所示。

进一步统计升降符（▲或▽）的数量，对不同地区的持续发展态势及稳定性进行分析和对比可知，2018—2022年，全国在7个方面的平均发展水平在不同年度

表 2.7 2018—2022 年 6 省二级分项指数

指数	年份	辽宁省 值/序	吉林省 值/序	黑龙江省 值/序	江苏省 值/序	浙江省 值/序	广东省 值/序	全国平均 值
经济发展	2018	57.42/19	51.96/29	53.82/24	85.68/1	81.51/2	68.78/7	61.29
	2019	58.70/23 ▲	48.65/29 ▽	50.65/28 ▽	83.02/2	78.38/4	69.66/11 ▲	65.02 ▲
	2020	57.93/26 ▽	53.41/28 ▲	48.75/29 ▽	84.40/2 ▲	78.19/6 ▽	69.40/13 ▽	66.58 ▲
	2021	63.52/28 ▲	68.32/24 ▲	57.00/29 ▲	94.23/1 ▲	85.99/6 ▲	76.02/15 ▲	74.99 ▲
	2022	58.75/29 ▽	59.79/28 ▽	63.07/26 ▲	91.28/2 ▽	86.28/3 ▲	77.72/13 ▲	74.13 ▽
政市治理	2018	66.69/9	50.13/24	57.15/17	77.96/2	75.26/4	72.29/6	58.94
	2019	65.99/10 ▽	48.54/27 ▽	52.24/21 ▽	81.36/1 ▲	77.72/4 ▲	72.52/6 ▲	59.23 ▲
	2020	67.32/11 ▲	53.67/23 ▲	51.10/27 ▽	82.04/2 ▲	78.13/4 ▲	74.52/6 ▲	61.46 ▲
	2021	69.48/10 ▲	57.65/21 ▲	51.25/26 ▲	80.60/2 ▽	78.94/3 ▲	72.33/7 ▽	62.70 ▲
	2022	66.66/11 ▽	51.90/24 ▽	48.41/27 ▽	77.18/2 ▽	75.80/4 ▽	68.72/9 ▽	60.44 ▽
科技创新	2018	63.94/14	49.35/20	39.27/26	79.13/3	81.68/2	87.20/1	58.05
	2019	61.53/16 ▽	52.21/22 ▲	55.41/19 ▲	80.82/3 ▲	83.60/2 ▲	89.98/1 ▲	60.27 ▲
	2020	68.60/16 ▲	58.17/22 ▲	61.04/19 ▲	86.41/3 ▲	87.04/2 ▲	90.72/1 ▲	64.45 ▲
	2021	74.41/16 ▲	58.83/22 ▲	64.58/20 ▲	89.15/3 ▲	89.37/2 ▲	91.82/1 ▲	69.12 ▲
	2022	75.49/16 ▲	58.47/24 ▽	65.65/20 ▲	89.10/3 ▽	90.87/2 ▲	91.38/1 ▽	71.35 ▲
区域开放	2018	65.00/12	41.02/22	33.44/27	86.57/3	80.58/4	88.55/2	56.57
	2019	62.62/13 ▽	43.44/22 ▲	32.06/26 ▽	86.47/3 ▽	80.39/5 ▽	87.50/2 ▽	56.27 ▽
	2020	59.24/15 ▽	46.06/22 ▲	31.27/27 ▽	86.26/3 ▽	80.34/4 ▽	89.42/1 ▲	56.04 ▽
	2021	58.82/16 ▽	47.43/22 ▲	31.97/26 ▲	85.38/3 ▽	81.04/4 ▲	88.47/1 ▽	56.25 ▲
	2022	58.63/15 ▽	47.69/22 ▲	33.33/25 ▲	84.17/3 ▽	79.61/4 ▽	87.14/1 ▽	55.29 ▽
绿色质效	2018	55.13/25	65.49/13	62.54/16	72.02/7	77.12/3	84.89/1	62.86
	2019	57.55/27 ▲	62.42/21 ▽	63.51/20 ▲	75.98/5 ▲	84.00/3 ▲	84.68/2 ▽	66.85 ▲
	2020	53.96/25 ▽	60.74/18 ▽	63.75/13 ▲	77.42/5 ▲	87.41/1 ▲	85.65/3 ▲	64.80 ▽
	2021	57.45/25 ▲	62.99/19 ▲	63.43/18 ▽	78.13/5 ▲	82.49/3 ▽	85.51/2 ▽	66.83 ▲
	2022	58.54/25 ▲	63.29/22 ▲	64.68/17 ▲	77.76/6 ▽	82.32/3 ▽	84.18/2 ▽	67.82 ▲
社会民生	2018	70.27/10	64.18/18	56.04/28	80.33/3	81.45/2	76.35/4	66.01
	2019	70.02/15 ▽	69.32/17 ▲	61.05/27 ▲	81.41/3 ▲	82.25/2 ▲	80.82/4 ▲	69.47 ▲
	2020	69.93/16 ▽	69.30/20 ▽	65.85/25 ▲	81.20/4 ▽	84.10/2 ▲	81.01/5 ▲	71.25 ▲
	2021	71.29/25 ▲	73.09/19 ▲	72.25/22 ▲	85.93/3 ▲	85.49/4 ▲	82.84/6 ▲	75.40 ▲
	2022	72.68/25 ▲	75.21/20 ▲	73.41/23 ▲	88.85/3 ▲	88.44/4 ▲	84.37/7 ▲	77.65 ▲
安全保障	2018	57.63/21	62.86/11	68.78/3	49.91/27	51.70/25	50.04/26	59.18
	2019	62.01/20 ▲	65.76/12 ▲	72.37/4 ▲	50.93/28 ▲	53.29/25 ▲	51.23/26 ▲	62.10 ▲
	2020	63.47/20 ▲	63.50/19 ▽	73.44/4 ▲	53.11/27 ▲	56.07/25 ▲	53.01/28 ▲	64.35 ▲
	2021	66.87/16 ▲	68.68/15 ▲	75.69/3 ▲	54.87/27 ▲	55.93/25 ▽	53.39/28 ▲	65.78 ▲
	2022	68.69/16 ▲	71.83/13 ▲	76.24/4 ▲	57.43/26 ▲	59.38/25 ▲	55.36/27 ▲	67.29 ▲

注：表中符号"▲"表示本年的数据相对于前一年是增长的，符号"▽"表示本年的数据相对于前一年是减少的。

呈现上升（▲）的数量明显多于下降（▽）的数量；东北地区在"区域开放"和"绿色质效"方面的上升（▲）数量多于东南地区；在"经济发展""政市治理""社会民生"方面的上升（▲）数量少于东南地区；在"科技创新"和"安全保障"方面的上升（▲）数量等于东南地区。总体而言，东北地区发展水平呈现上升（▲）的总数量略多于东南三省，东北地区为55个，占升降符总数的65.48%，东南三省为54个，占64.29%。

在东北三省中，辽宁省在7个方面呈现上升（▲）的数量为16个，占升降符总数的57.14%，在"经济发展""科技创新""绿色质效""社会民生""安全保障"方面普遍呈波动上升态势；吉林省在7个方面呈现上升（▲）的数量为19个，占升降符总数的67.86%，除"绿色质效"外，在其他方面均呈波动上升态势；黑龙江省在7个方面呈现上升（▲）的数量为20个，占升降符总数的71.43%，在"科技创新""社会民生""安全保障"方面整体呈逐年稳定上升的发展态势。但总体来看，东北三省的发展水平较东南三省有着明显差距。

（四）主要结论

首先，根据振兴指数测度结果，东北地区的发展水平低于全国平均水平，整体上虽有上升，但就2022年的指数得分来看，东北地区与全国平均水平的差距正在拉大。

其次，在全国绝大部分省份取得长足进步而持续发力的大背景下，东北三省虽有进步，但增幅相对较低。2018年中部地区的基点高于东北地区，发展势头更加强劲，中部地区安徽省（中部地区最优）的表现优于辽宁省（东北地区最优），并在之后差距逐年增大。

再次，相对于全国其他地区，东北地区的相对排序下滑明显，意味着相对优势的急速退失，结合近年来在指数得分上的微弱增幅，可以判断东北地区的问题不仅表现为综合水平提升缓慢，而且表现为相对发展速度大幅落后于全国整体进程，2021—2022年，辽宁省、吉林省和黑龙江省的相对发展水平均呈现不同程度的下降。因此，需警惕东北地区由相对能力趋弱而引发绝对能力衰退的可能。

最后，在反映综合发展水平的7个方面，东北三省中，辽宁省在"政市治理""科技创新""区域开放"3个方面的优势相对明显，吉林省在"社会民生"方面稍好一些，但水平不高，黑龙江省在"安全保障"方面的优势相对明显。比较而言，东北三省的发展水平与东南三省差距显著，主要体现在"经济发展""政市治理""科技创新""区域开放""绿色质效""社会民生"等方面。着眼于全国，除"安全保障"高于全国平均水平外，东北地区其他6个方面均低于全国平均水平，其中"经济发展"与"区域开放"方面的劣势最为突出。可见，东北地区的全面振兴任重而道远。

二、东北老工业基地全面振兴进程评价分项报告

（一）经济发展评价报告

1. 经济发展指数总体分析

对经济发展的测度包括经济基础、产业发展、企业活力3个方面，共10项关键指标。汇集中国31个省市区2018—2022年经济发展方面的指标信息，可以得到连续5年的经济发展指数得分。在此基础上，形成多年连续排序和单年排序。其中，多年连续排序用于反映各省市区经济发展的绝对发展水平随时间动态变化的情况（31个省市区5年共155个排位，最高排序为1，最低排序为155），单年排序用于反映各省市区在全国范围内某个单年的相对发展水平（31个省市区每年31个排位，最高排序为1，最低排序为31）。具体而言，31个省市区经济发展指数的总体情况如表2.8所示。

表 2.8 2018—2022 年 31 个省市区经济发展指数得分、连续及单年排序

省市区	2018年 值	总	年	2019年 值	总	年	2020年 值	总	年	2021年 值	总	年	2022年 值	总	年
福建	80.2	31	3	85.1	12	1	90.8	5	1	92.6	3	2	93.0	2	1
江苏	85.7	11	1	83.0	20	2	84.4	15	2	94.2	1	1	91.3	4	2
浙江	81.5	26	2	78.4	38	4	78.2	39	6	86.0	10	6	86.3	9	3
山东	78.8	37	4	75.8	46	6	79.0	35	4	87.8	8	5	84.8	13	4
湖北	73.3	56	5	81.0	28	3	78.9	36	5	88.6	6	3	84.7	14	5
陕西	59.3	118	17	75.6	47	7	73.8	54	10	80.4	29	10	84.2	16	6
重庆	68.3	85	8	77.8	40	5	82.8	21	3	87.9	7	4	83.3	19	7
四川	54.4	135	22	69.4	74	12	68.9	79	15	74.0	51	16	82.5	22	8
湖南	63.3	102	13	70.2	70	10	74.5	49	7	83.5	18	8	82.5	23	9
安徽	63.8	100	12	69.2	76	11	73.3	53	9	83.9	17	7	81.8	24	10
江西	59.3	117	16	67.7	86	15	69.1	77	14	81.5	25	9	81.4	27	11
内蒙古	66.8	90	9	72.5	58	9	70.6	65	12	80.3	30	11	79.5	34	12
广东	68.8	81	7	69.7	73	11	69.4	75	13	76.0	44	15	77.7	41	13
天津	70.4	68	6	66.0	95	17	68.7	82	16	76.2	42	14	76.1	43	14
北京	60.6	112	15	72.9	57	8	74.4	50	8	79.9	32	12	75.9	45	15
河北	63.9	99	11	61.4	109	21	61.5	108	20	71.9	59	17	74.7	48	16
新疆	52.1	144	28	57.3	128	25	58.6	122	24	70.1	72	22	73.8	52	17
河南	53.7	138	25	69.0	78	14	70.9	62	11	79.5	33	13	73.6	55	18

续表

省市区	2018年 值	总	年	2019年 值	总	年	2020年 值	总	年	2021年 值	总	年	2022年 值	总	年
上海	64.0	98	10	66.4	92	16	66.6	91	17	71.2	61	19	70.7	63	19
贵州	55.2	132	21	64.6	97	19	61.6	107	19	67.3	88	25	70.6	66	20
宁夏	57.3	127	20	61.1	110	22	60.0	114	22	71.3	60	18	70.3	69	21
云南	58.7	120	18	65.9	96	18	66.1	94	18	70.5	67	21	70.1	71	22
青海	62.6	105	14	62.4	106	20	58.3	123	25	66.9	89	26	68.9	80	23
山西	54.2	136	23	54.6	134	26	56.7	130	27	70.7	64	20	67.5	87	24
广西	53.5	139	26	58.1	124	24	60.5	113	21	68.4	83	23	63.1	103	25
黑龙江	53.8	137	24	50.7	147	28	48.7	148	29	57.0	129	29	63.1	104	26
海南	52.5	142	27	51.0	146	27	59.5	116	23	66.3	93	27	60.9	111	27
吉林	52.0	145	29	48.6	149	29	53.4	140	28	68.3	84	24	59.8	115	28
辽宁	57.4	126	19	58.7	121	23	57.9	125	26	63.5	101	28	58.8	119	29
甘肃	31.1	155	31	32.8	154	31	40.9	152	31	52.6	141	31	54.8	133	30
西藏	43.6	151	30	38.7	153	30	45.5	150	30	56.4	131	30	52.3	143	31
平均	61.3	105.3	16	65.0	89.2	16	66.6	84.8	16	75.0	54.1	16	74.1	56.6	16

注：①对于表中的字段名称，"值"表示各省市区对应年份的指数得分，"总"表示各省市区2018—2022年多年连续总排序，"年"表示各省市区5个单年的排序；②表中31个省市区按照2022年的指数得分由高到低（降序）排列。

东北地区的经济发展指数处于全国比较靠后的位置，总体上落后于东南三省的发展水平。2018—2022年，6省经济发展指数由高到低依次为江苏省、浙江省、广东省、辽宁省、吉林省、黑龙江省；东南三省和东北三省均呈波动上升态势，东南三省中水平较低的广东省优于东北三省中表现最优的辽宁省；经济发展指数年均增幅最大的是黑龙江省（4.30%），增幅最小的是辽宁省（0.58%），吉林省的增幅为3.76%。就2022年而言，黑龙江省经济发展相对较好，在31个省份中的单年排序为26，辽宁省和吉林省相对较差，排序分别为29和28。具体如表2.8和表2.9所示。

表2.9　2018—2022年6省经济发展指数值及单年排序

年份	辽宁省 值/序	吉林省 值/序	黑龙江省 值/序	江苏省 值/序	浙江省 值/序	广东省 值/序	全国平均 值
2018	57.42/19	51.96/29	53.82/24	85.68/1	81.51/2	68.78/7	61.29
2019	58.70/23	48.65/29	50.65/28	83.02/2	78.38/4	69.66/11	65.02
2020	57.93/26	53.41/28	48.75/29	84.40/2	78.19/6	69.40/13	66.58
2021	63.52/28	68.32/24	57.00/29	94.23/1	85.99/6	76.02/15	74.99
2022	58.75/29	59.79/28	63.07/26	91.28/2	86.28/3	77.72/13	74.13
平均	59.26/25.0	56.42/27.6	54.66/27.2	87.72/1.6	82.07/4.2	72.31/11.8	68.40

2018—2022年，全国经济发展的平均水平呈波动上升趋势，东北地区亦呈波动上升趋势，但东北地区明显低于全国平均水平，且差距整体上有微弱扩大趋势；就东北三省而言，均呈波动上升趋势，黑龙江省在2018—2020年呈持续下降趋势，随后呈平稳上升趋势；相对而言，辽宁省较好，吉林省次之，黑龙江省较弱。具体如图2.7所示。

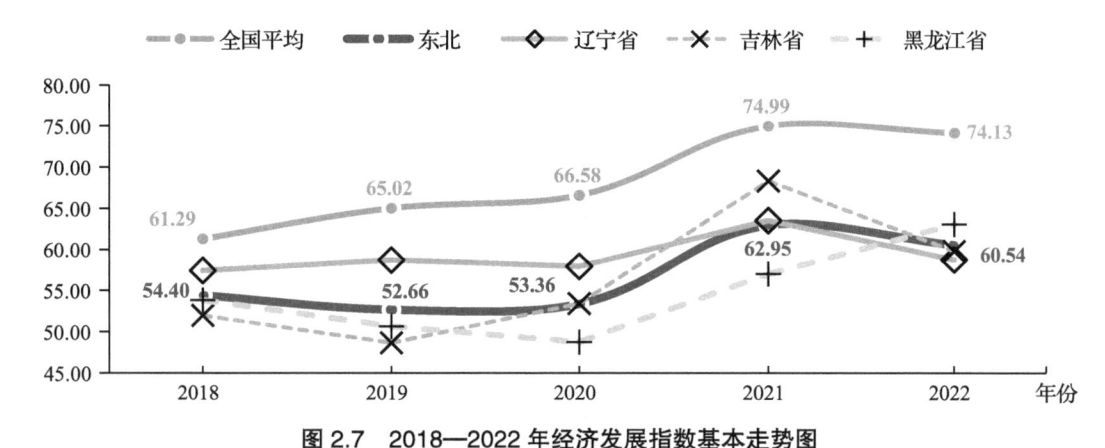

图2.7 2018—2022年经济发展指数基本走势图

注：①全国平均指31个省市区的平均水平；②全国范围内（可采集到的数据），经济发展指数得分最大值为2021年江苏省的94.23，最小值为2018年甘肃省的31.15。

2018—2022年，东北三省经济发展指数在全国31个省市区连续5年数据集（共155个指标值）中的相对位置分布情况如图2.8所示。可见，东北三省5年（共15个数据）经济发展指数的百分比排位均处于50%以下，其中11个处于25%以下；排位的最大值是2021年的吉林省（46.1%），最小值是2019年的吉林省（3.8%）。

图2.8 2018—2022年东北三省经济发展指数百分比数值图

2. 全国视角下东北地区经济发展进展分析

2018—2022年，四大经济区经济发展指数由高到低依次为东部、中部、西部、东北；东部、中部和东北地区整体呈波动上升趋势，西部地区呈稳定上升态势；其中，西部地区上升幅度最大（7.18%）；东北地区经济发展指数与表现最优的东部地区相比，存在较大差距。具体如表2.10所示。

表2.10　2018—2022年四大经济区经济发展指数的平均值

年份	东北 平均值	东北 年排序	东部 平均值	东部 年排序	西部 平均值	西部 年排序	中部 平均值	中部 年排序
2018	54.40	24.0	70.62	9.0	55.25	20.3	61.28	15.7
2019	52.66	26.7	70.97	11.3	61.36	18.5	68.61	13.5
2020	53.36	27.7	73.24	11.0	62.31	19.2	70.65	12.2
2021	62.95	27.0	80.22	11.8	70.51	19.8	81.28	10.0
2022	60.54	27.7	79.14	11.4	71.12	18.5	78.58	12.8
平均	56.78	26.6	74.84	10.8	64.11	19.3	72.08	12.8

注：为确保区分度，对于具有平均意义的排序，本研究保留一位小数，以下各表同。

2018—2022年，七大地理区经济发展指数由高到低依次为华东、华中、华北、西南、华南、西北、东北；华东、华中、华北、华南和东北地区整体呈波动上升趋势，西南和西北地区呈稳定上升趋势；其中，西北地区增幅最大（8.55%），东北地区增幅最小（2.82%）；就七大地理区而言，东北地区排序靠后，与表现最优的华东地区相比，存在较大差距。具体如表2.11所示。

表2.11　2018—2022年七大地理区经济发展指数的平均值

年份	东北 值/序	华北 值/序	华东 值/序	华南 值/序	华中 值/序	西北 值/序	西南 值/序
2018	54.40/24.0	63.16/12.8	75.66/5.3	58.25/20.0	62.43/14.8	52.47/22.0	56.06/19.8
2019	52.66/26.7	65.47/16.2	76.32/7.0	59.60/20.7	71.98/10.5	57.84/21.0	63.30/16.8
2020	53.36/27.7	66.37/16.6	78.80/6.5	63.13/19.2	73.35/9.3	58.32/22.4	65.00/17.0
2021	62.95/27.0	75.80/14.8	85.95/6.7	70.24/21.7	83.27/8.3	68.26/21.4	71.23/19.2
2022	60.54/27.7	74.74/16.2	84.66/6.5	67.23/21.7	80.53/10.8	70.42/19.4	71.76/17.6
平均	56.78/26.6	69.11/15.3	80.28/6.4	63.69/20.6	74.31/10.7	61.46/21.2	65.47/18.1

为便于直观分析，将指数信息按空间分类、时间排列、优劣序化等方式整理后，形成多年指数得分、连续排序及单年排序的可视化集成图（见图2.9至图2.11），结合表2.8的信息，以全国四大经济区为划分标准，对东北三省经济发展方面的振兴进程评价如下。

（1）东北地区经济发展指数得分有所提升，但提升幅度较小。

从四大经济区平均得分曲线的变化情况（见图2.9）可以看出，中国的经济发展有

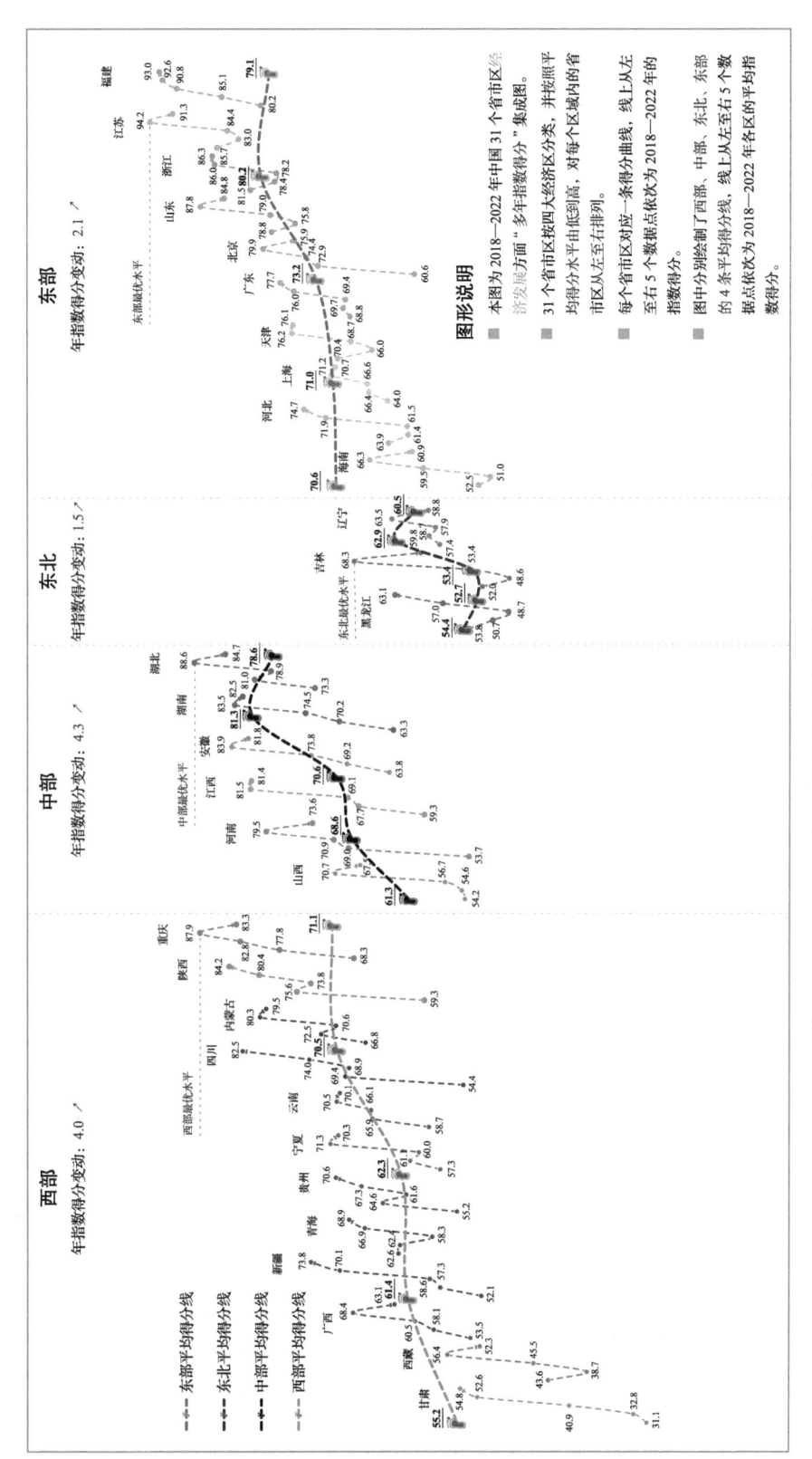

图 2.9 2018—2022 年 31 个省市区经济发展指数得分变动情况

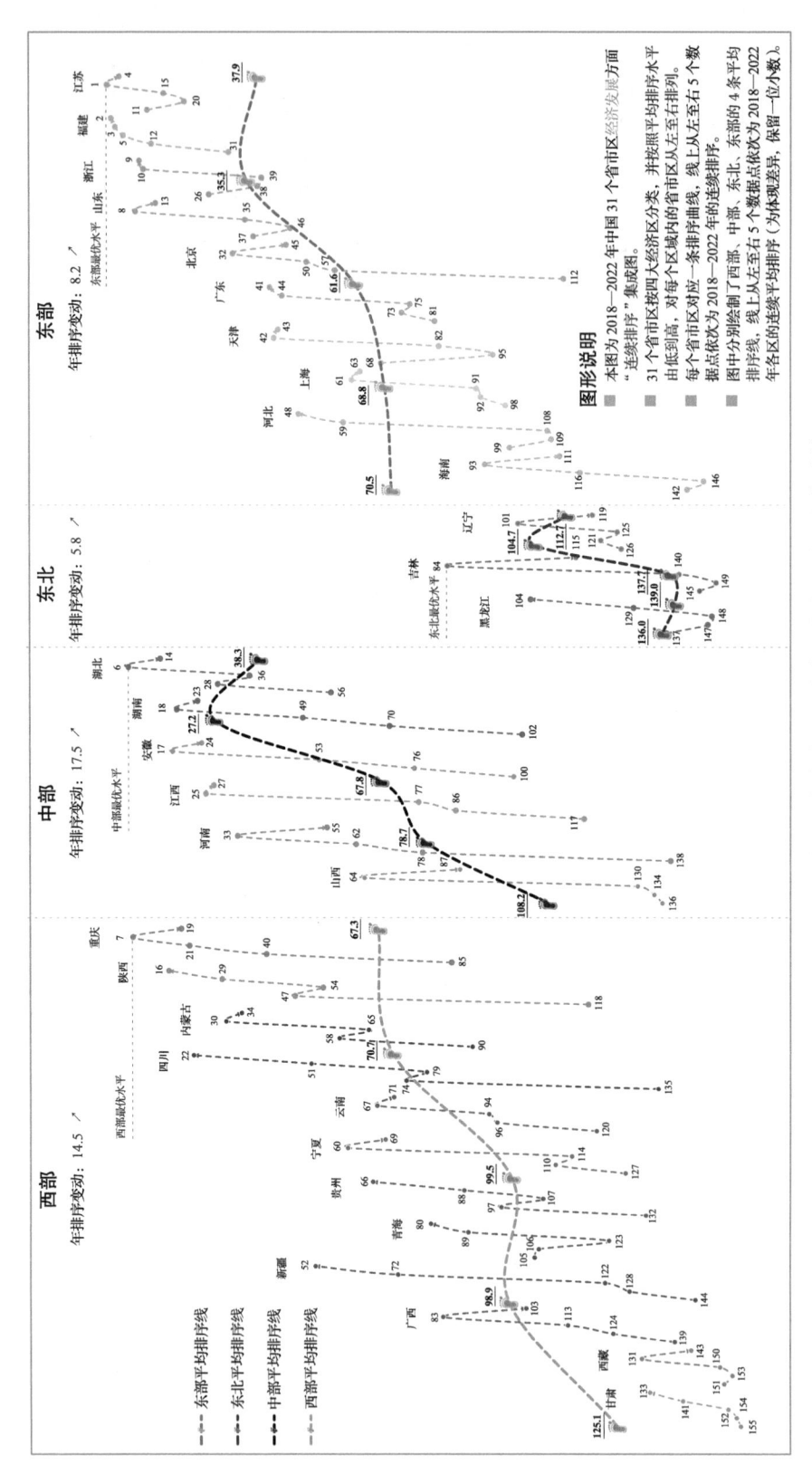

图 2.10 2018—2022 年 31 个省市区经济发展多年连续排序变动情况

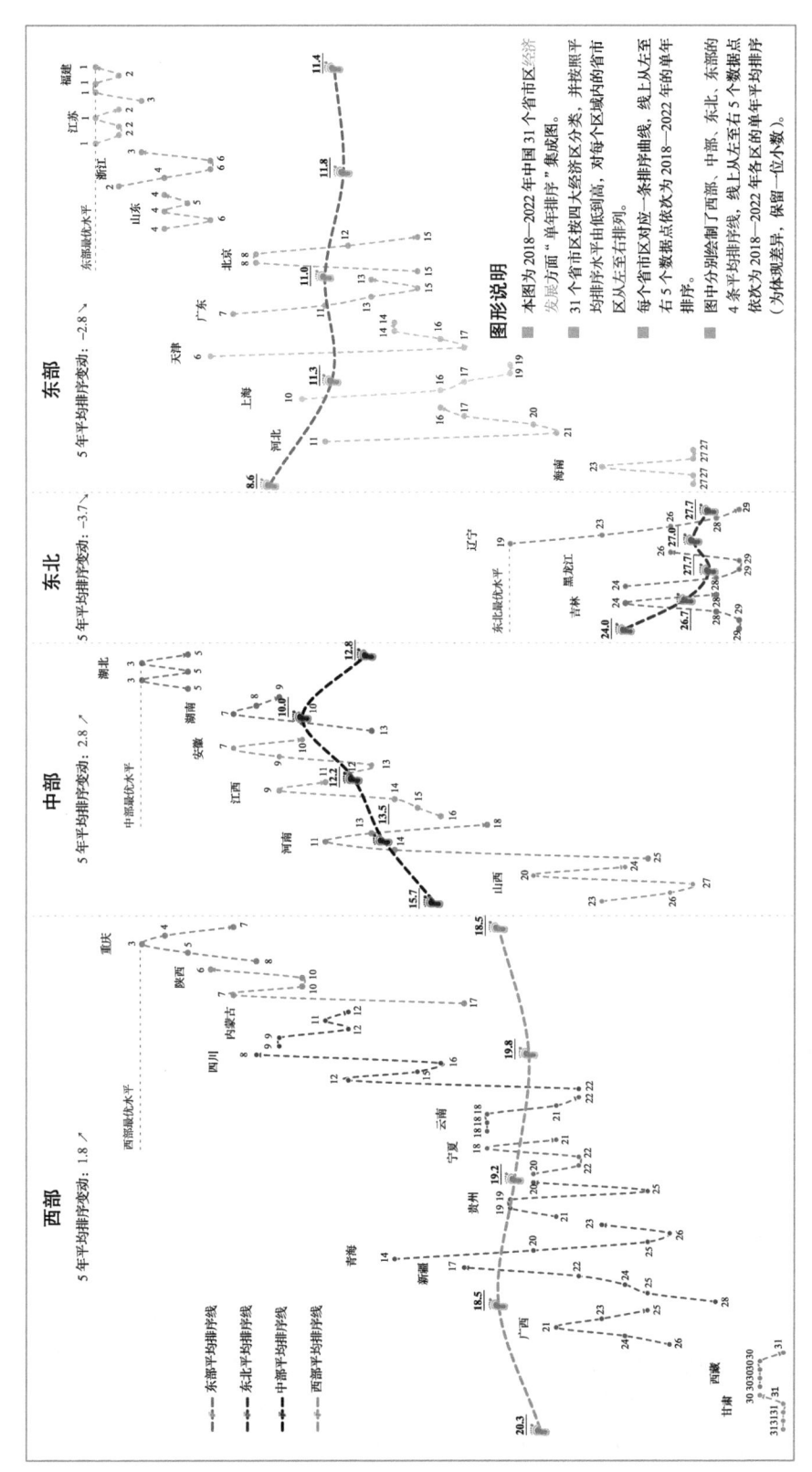

图 2.11 2018—2022 年 31 个省市区经济发展单年排序变动情况

一定成效，四大经济区整体均呈上升趋势，其中上升幅度最大的是中部地区，年均提升4.3分，东北地区提升幅度最小，年均仅提升1.5分。东部地区发展相对成熟，基础夯实（2018年为70.6分），而东北地区发展相对落后，基础薄弱（2018年为54.4分）。东北地区的经济发展水平虽有所提高，但年指数得分均未超过65分，东北地区以2018年为基点（54.4分）至2019年经历短暂的下滑后，在2019—2021年出现了一定程度的上升，但在2022年又出现了一定程度的下降，与东部、西部和中部地区相比，东北地区发展动力不足，且差距整体呈扩大态势。

（2）东北地区经济发展绝对水平呈波动上升趋势，但整体水平较为落后。

从四大经济区多年连续排序曲线的变化情况（见图2.10）可以看出，四大经济区整体均呈波动上升趋势，其中中部地区上升最快，年排序变动为17.5，其次为西部地区，年排序变动为14.5，东部和东北地区年排序变动分别为8.2和5.8，可以看出东北地区的提升速度相对较慢。东北三省中，辽宁省整体表现相对较好，从2018年的第126名上升到2022年的第119名，整体上升7个位次；吉林省次之，从2018年的145名下降至2019年的149名，之后表现较好，到2021年排序上升至84名，但在2022年排序回落到115名，整体上升30名；黑龙江省表现较差，从2018年的137名波动上升至2022年的104名，整体上升33名。东北地区的连续排序上升幅度较大，但与发展最好的东部地区相比仍有较大差距。

（3）东北地区经济发展相对水平出现倒退，且倒退幅度较大。

从四大经济区单年排序曲线的变化情况（见图2.11）可以看出，在相对位次的排序竞争中，西部和中部地区呈上升趋势，年均排序变动分别为1.8和2.8，东北和东部地区呈下降趋势，年均排序变动分别为-3.7和-2.8，东北地区下降幅度最大。就东北地区而言，辽宁省倒退10名（由第19名退到第29名），吉林省上升1名（由第29名上升到第28名），黑龙江省倒退2名（由第24名退到第26名），东北三省经济发展相对水平整体上呈波动下降趋势，且下滑幅度较大。

3. 经济发展分项指数分析

2018—2022年，东北三省在"经济基础""产业发展""企业活力"3个分项指数下，指数平均值低于东南三省平均水平和全国平均水平。东北三省中，吉林省在"经济基础"方面的指数平均值最高，但远低于全国平均水平；辽宁省在"产业发展"方面的指数平均值最高，略高于全国平均水平；黑龙江省在"企业活力"方面的指数平均值最高，略低于全国平均水平。辽宁省的"产业发展"相对较好；吉林省的"经济基础"相对较好，"企业活力"相对较弱；黑龙江省的"企业活力"相对较好，"经济基础"和"产业发展"相对较弱。东南三省3个分项指数的水平较高，平均值显著高于东北三省和全国平均水平，优势明显。就东北三省整体而言，与东南三省和全国平均水平均有较大差距。具体如表2.12和图2.12所示。

Ⅱ 评价报告

表 2.12 2018—2022 年 6 省经济发展方面分项指数的平均值

	经济基础	产业发展	企业活力
辽宁省	44.60	72.09	61.10
吉林省	53.50	63.63	52.14
黑龙江省	40.58	57.83	65.56
江苏省	95.28	87.90	79.99
浙江省	92.33	70.88	82.99
广东省	82.20	71.12	63.62
东北三省平均	46.23	64.52	59.60
东南三省平均	89.94	76.63	75.53
全国各省平均	67.56	68.19	69.46
全国各省最高	95.28	89.93	84.52
全国各省最低	32.27	42.68	35.74

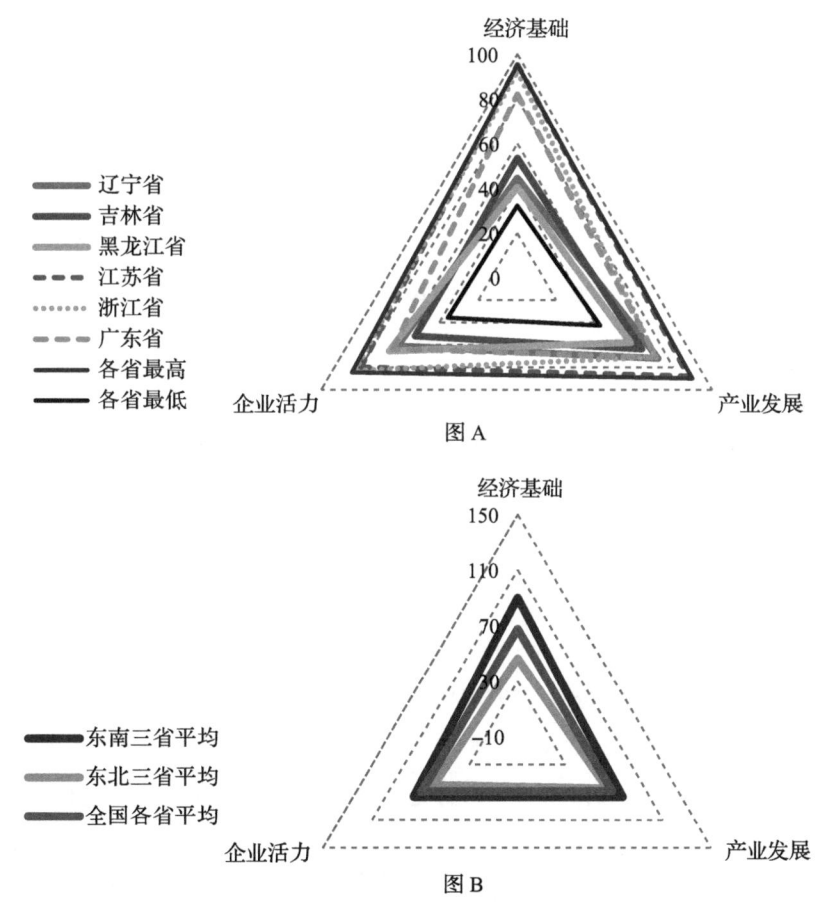

图 2.12 2018—2022 年 6 省经济发展方面分项指数平均值雷达图

东北老工业基地
全面振兴进程评价报告（2018—2022年）

2018—2022年，全国在反映经济发展的3个分项指数方面的整体进展良好，其中，"经济基础"和"产业发展"整体呈稳定上升趋势，"企业活力"呈波动上升趋势。就东南三省而言，"产业发展"分项指数均呈稳定上升趋势，发展前景良好，其中江苏省的"产业发展"在全国处于领先位置；除广东省外，江苏省和浙江省在"经济基础"方面亦呈稳定上升趋势，且处于全国领先位置，广东省在2022年出现微弱下降；浙江省和广东省的"企业活力"分项指数均呈波动上升趋势，江苏省则呈波动下降趋势。就东北三省而言，辽宁省在"产业发展"上的表现较好，呈稳定上升趋势，排序较为靠前，除此之外，整体的发展相对落后，辽宁省在"经济基础"和"企业活力"上均呈波动下降趋势，排序出现一定程度的下降，分别从2018年的26名下降至2022年的30名和从2018年的20名下降至2022年的30名；吉林省和黑龙江省在3个分项指数上均呈波动上升趋势，其中，吉林省在"产业发展"上的排序从2018年的11名下降至2022年的24名，黑龙江省在"产业发展"上的排序从2018年的17名下降至2022年的30名，两省在该分项指数上的排序下滑明显。具体如表2.13所示。

表2.13 2018—2022年6省经济发展方面分项指数

分项指数	年份	辽宁省 值/序	吉林省 值/序	黑龙江省 值/序	江苏省 值/序	浙江省 值/序	广东省 值/序	全国平均 值
经济基础	2018	46.96/26	52.77/19	34.73/30	91.12/1	88.25/2	76.68/9	61.54
	2019	45.10/26 ▽	47.72/24 ▽	39.29/30 ▲	93.66/1 ▲	90.48/3 ▲	80.72/9 ▲	65.74 ▲
	2020	41.21/29 ▽	53.96/23 ▲	39.07/30 ▽	95.31/1 ▲	92.17/2 ▲	83.66/8 ▲	67.69 ▲
	2021	44.52/29 ▲	58.12/22 ▲	44.32/30 ▲	97.81/1 ▲	94.59/2 ▲	85.35/10 ▲	71.03 ▲
	2022	45.23/30 ▲	54.94/24 ▽	45.47/29 ▲	98.48/1 ▲	96.17/2 ▲	84.58/11 ▽	71.82 ▲
产业发展	2018	65.37/12	66.70/11	60.14/17	82.58/3	68.32/7	66.75/10	60.79
	2019	66.75/13 ▲	54.47/23 ▽	53.38/26 ▽	84.86/2 ▲	69.98/9 ▲	68.61/10 ▲	64.05 ▲
	2020	69.13/13 ▲	61.98/21 ▲	54.82/29 ▲	87.02/2 ▲	70.15/12 ▲	70.73/10 ▲	67.01 ▲
	2021	77.77/10 ▲	67.64/22 ▲	58.82/30 ▲	90.92/2 ▲	72.21/15 ▲	73.47/14 ▲	73.02 ▲
	2022	81.42/11 ▲	67.37/24 ▽	62.02/30 ▲	94.11/1 ▲	73.74/19 ▲	76.05/15 ▲	76.06 ▲
企业活力	2018	59.94/20	36.43/30	66.58/11	83.33/3	87.95/1	62.91/14	61.55
	2019	64.23/20 ▲	43.74/28 ▲	59.28/25 ▽	70.53/15 ▽	74.67/9 ▽	59.64/24 ▽	65.27 ▲
	2020	63.45/22 ▽	44.28/30 ▲	52.35/27 ▽	70.88/10 ▲	72.25/8 ▽	53.80/26 ▽	65.05 ▽
	2021	68.27/27 ▲	79.20/19 ▲	67.86/28 ▲	93.97/3 ▲	91.17/8 ▲	69.24/26 ▲	80.94 ▲
	2022	49.61/30 ▽	57.05/29 ▽	81.73/8 ▲	81.24/9 ▽	88.92/2 ▽	72.52/23 ▲	74.50 ▽

注：表中符号"▲"表示本年的数据相对于前一年是增长的，符号"▽"表示本年的数据相对于前一年是减少的。

进一步统计升降符（▲或▽）的数量，对不同地区的发展态势及稳定性进行分析和对比可知，全国3项指数中升符▲的数量远远大于降符▽的数量，6个省份的3项指数中升符▲的数量为51，降符▽的数量为21，升符▲的数量约为降符▽的2.5倍；东北三省3个分项指数中有1项升符▲的总数高于东南三省的总数，有2项低于东南三省，具体来说，东北三省和东南三省的"经济基础"分别有7个和11个升符▲，"产业发展"分别有9个和12个升符▲，"企业活力"分别有7个和5个升符▲，东北三省升符▲的数量低于东南三省，分别为23个和28个升符▲，东北地区总体发展劣于东南三省。

2018—2022年，辽宁省升符▲的数量为8个，占辽宁省升降符总数的67%，吉林省升符▲的数量为7个，占58%，黑龙江省升符▲的数量为8个，占67%，江苏省升符▲的数量为10个，占83%，浙江省升符▲的数量为9个，占75%，广东省升符▲的数量为9个，占75%，东北三省的上升势头均弱于东南三省；就东北三省而言，辽宁省和黑龙江省的发展势头较好，吉林省较弱。

（1）经济基础。

①人均GDP（单位：元/人）。人均GDP反映一个国家或地区每个居民的平均贡献或平均收入水平，是衡量地区经济基础的重要指标，计算公式为地区GDP与地区年末总人口的比值。2018—2022年，全国人均GDP呈平稳上升态势，东北地区整体呈波动上升趋势；东北地区明显低于全国平均水平，且这种差距呈逐渐增大的趋势；辽宁省呈上升趋势，黑龙江省与吉林省均呈波动上升趋势；就东北三省而言，辽宁省较好，吉林省次之，黑龙江省较弱。总体而言，东北地区人均GDP明显低于全国平均水平，且差距逐渐增大。具体如图2.13所示。

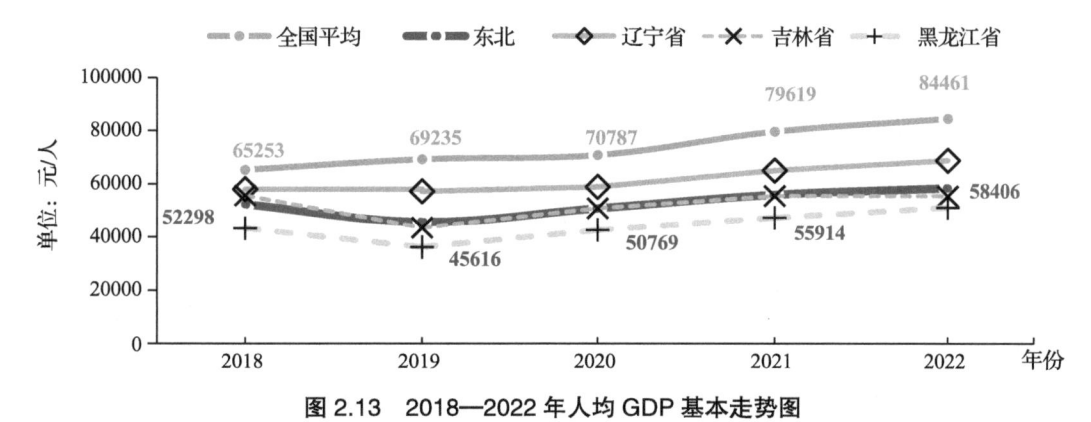

图2.13 2018—2022年人均GDP基本走势图

注：①全国平均指31个省市区的平均水平；②全国范围内（可采集到的数据），人均GDP最大值为2022年北京市的190313元/人，最小值为2018年甘肃省的31336元/人。

2018—2022年，东北三省人均GDP在全国31个省市区连续5年数据集中的相对位置分布情况如图2.14所示。可见，东北三省5年（共15个数据）人均GDP的百分比排位处于 50% 以下的有 13 个，其中有 7 个位于 25% 以下；此外，排位的最大值是 2022 年的辽宁省（61.0%），最小值是 2019 年的黑龙江省（1.9%）。

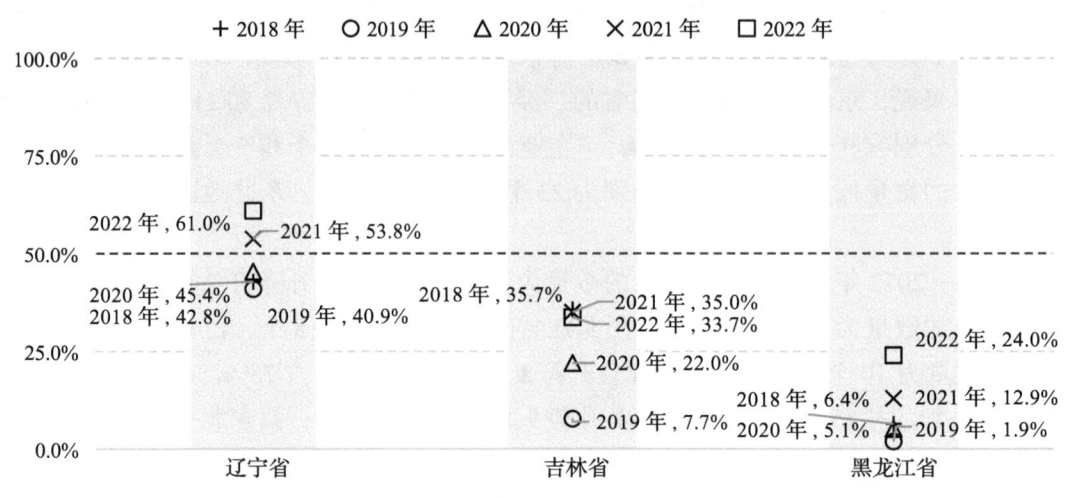

图 2.14　2018—2022 年东北三省人均 GDP 百分比数值图

2018—2022 年，6 省人均 GDP 由高到低依次为江苏省、浙江省、广东省、辽宁省、吉林省、黑龙江省；东南三省均呈波动上升的态势，2020 年均出现不同程度的下降，东北三省亦呈波动上升的态势，以 2019 年为主要下降年份；东南三省中水平较低的广东省优于东北地区水平最高的辽宁省；人均 GDP 增幅最大的是浙江省（5.03%），辽宁省、吉林省与黑龙江省的增幅分别为 4.64%、−0.12%、4.52%。具体如表 2.14 所示。

表 2.14　2018—2022 年 6 省人均 GDP 的原始值

年份	辽宁省 值/序	吉林省 值/序	黑龙江省 值/序	江苏省 值/序	浙江省 值/序	广东省 值/序	全国平均 值
2018	58008/13	55611/14	43274/27	115168/4	98643/5	86412/7	65253
2019	57191/15	43475/28	36183/30	123607/3	107624/4	94172/6	69235
2020	58872/15	50800/25	42635/30	121231/3	100620/6	88210/7	70787
2021	65026/16	55450/26	47266/30	137039/3	113032/6	98285/7	79619
2022	68775/18	55347/27	51096/30	144390/3	118496/6	101905/7	84461
平均	61574/15.4	52137/24.0	44091/29.4	128287/3.2	107683/5.4	93797/6.8	73871

2018—2022 年，四大经济区人均 GDP 由高到低依次为东部、中部、西部、东北；中部、西部地区均呈稳定上升态势，东部与东北地区呈波动上升趋势；中部地区增幅最大相比（10.94%），东北地区增幅最小（2.92%）；东北地区人均 GDP 与表现最好的东部地区相比仍有一定差距。具体如表 2.15 所示。

表 2.15 2018—2022 年四大经济区人均 GDP 的平均值

年份	东北 平均值	东北 年排序	东部 平均值	东部 年排序	西部 平均值	西部 年排序	中部 平均值	中部 年排序
2018	52298	18.0	96332	7.4	49371	21.1	51699	19.2
2019	45616	24.3	101792	8.0	53568	20.3	58117	16.7
2020	50769	23.3	101400	8.4	55373	20.4	60600	16.2
2021	55914	24.0	113624	8.5	62353	20.8	69328	15.0
2022	58406	25.0	119068	8.6	67204	20.5	74327	14.8
平均	52601	22.9	106443	8.2	57574	20.6	62814	16.4

2018—2022 年，七大地理区人均 GDP 由高到低依次为华东、华北、华南、华中、西南、西北、东北；华中、西北、西南三个地区均呈稳定上升态势，其他地区呈波动上升态势；西南地区增幅最大（9.97%），东北地区增幅最小（2.92%）；就七大地理区而言，东北地区排序靠后，与表现最优的华东地区相比差距较大。具体如表 2.16 所示。

表 2.16 2018—2022 年七大地理区人均 GDP 的平均值

年份	东北 值/序	华北 值/序	华东 值/序	华南 值/序	华中 值/序	西北 值/序	西南 值/序
2018	52298/18.0	84465/11.8	93995/7.8	59952/17.3	54288/17.0	49214/20.0	47319/23.2
2019	45616/24.3	82903/14.4	104133/6.2	64548/17.0	61120/15.0	51424/20.8	54976/19.8
2020	50769/23.3	87531/14.0	103169/6.3	62550/18.3	62412/14.5	52245/21.6	57377/19.4
2021	55914/24.0	100425/12.0	115448/6.5	70399/18.3	70207/15.0	59416/21.8	63306/20.2
2022	58406/25.0	107338/10.6	121538/6.7	73557/19.2	74672/15.5	65378/20.6	66183/21.2
平均	52601/22.9	92533/12.6	107657/6.7	66201/18.0	64539/15.4	55535/21.0	57832/20.8

②人均固定资产投资额（单位：元/人）。人均固定资产投资额反映一个地区中每个人平均分摊到的固定资产投资规模，是衡量地区经济基础的重要指标，计算公式为固定资产投资额与地区年末总人口的比值。2018—2022 年，全国人均固定资产投资额呈平稳上升态势，东北地区整体呈波动上升趋势；东北地区明显低于全国平均水平，且这种差距有逐渐增大的趋势；黑龙江省呈平稳上升趋势，辽宁省亦呈平稳上升趋势，吉林省呈波动上升趋势；就东北三省而言，吉林省较好，黑龙江省次之，辽宁省较弱。总体而言，东北地区人均固定资产投资额明显低于全国平均水平，且差距逐渐增大。具体如图 2.15 所示。

2018—2022 年，东北三省人均固定资产投资额在全国 31 个省市区连续 5 年数据集中的相对位置分布情况如图 2.16 所示。可见，东北三省 5 年（共 15 个数据）人均固定资产投资额的百分比排位处于 50% 以下的有 12 个，其中有 8 个位于 25% 以下；此外，

东北老工业基地
全面振兴进程评价报告（2018—2022 年）

图 2.15　2018—2022 年人均固定资产投资额基本走势图

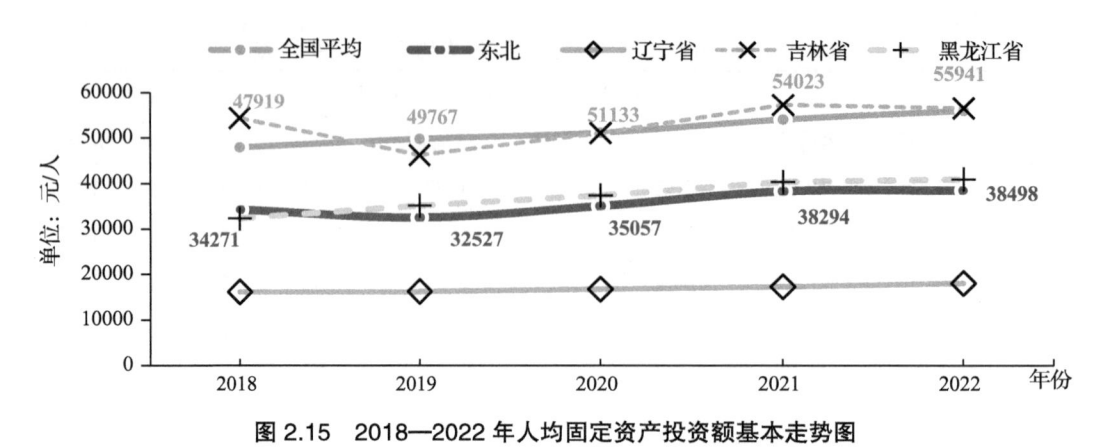

注：①全国平均指 31 个省市区的平均水平；②全国范围内（可采集到的数据），人均固定资产投资额最大值为 2021 年天津市的 94758 元/人，最小值为 2018 年辽宁省的 16136 元/人。

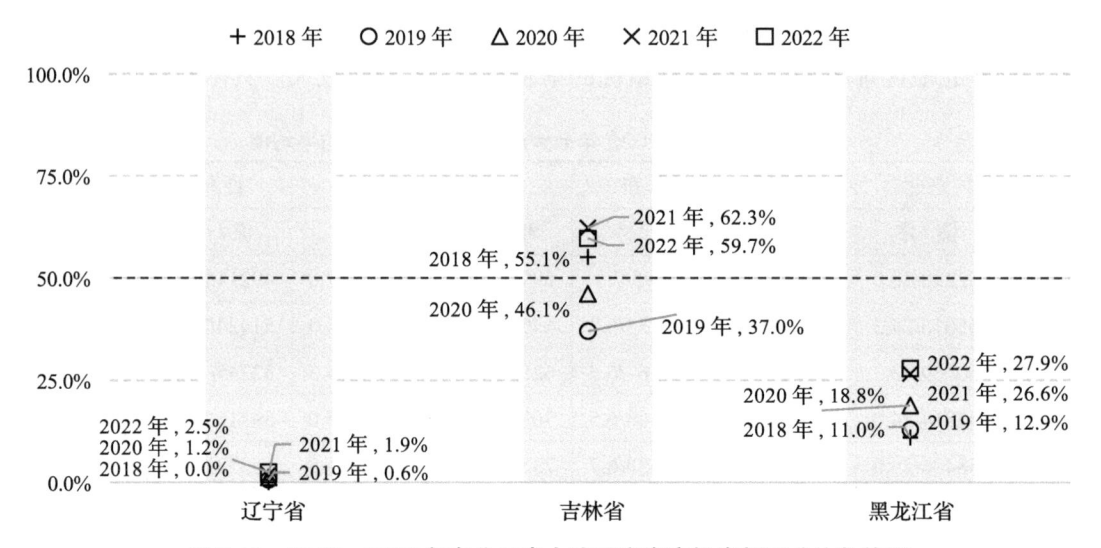

图 2.16　2018—2022 年东北三省人均固定资产投资额百分比数值图

排位的最大值是 2021 年的吉林省（62.3%），最小值是 2018 年的辽宁省（0.0%）。

2018—2022 年，6 省人均固定资产投资额由高到低依次为江苏省、浙江省、吉林省、广东省、黑龙江省、辽宁省；东南三省中江苏省与浙江省呈平稳上升态势，广东省呈波动上升态势；东北三省中辽宁省与黑龙江省呈平稳上升态势，吉林省呈波动上升态势；东北三省中水平最高的吉林省优于东南三省中水平较低的广东省，但与表现最优的江苏省仍有一定差距；人均固定资产投资额增幅最大的是浙江省（8.42%），辽宁省、吉林省与黑龙江省的增幅分别为 2.96%、1.00%、6.64%。具体如表 2.17 所示。

2018—2022 年，四大经济区人均固定资产投资额由高到低依次为中部、东部、西部、东北；东部、中部、西部地区均呈稳定上升态势，东北地区呈波动上升趋势；中部地区增幅最大（8.40%），西部地区增幅最小（2.50%），东北地区的增幅为 3.08%；东北

表 2.17 2018—2022 年 6 省人均固定资产投资额的原始值

年份	辽宁省 值/序	吉林省 值/序	黑龙江省 值/序	江苏省 值/序	浙江省 值/序	广东省 值/序	全国平均 值
2018	16135/31	54334/11	32345/27	66549/5	54115/12	33853/26	47919
2019	16237/31	46201/19	35144/26	69753/4	58574/11	37187/23	49767
2020	16743/31	51053/18	37374/25	69894/4	60847/11	39439/24	51133
2021	17286/31	57247/13	40350/24	73707/3	66679/9	41724/23	54023
2022	18045/31	56515/17	40933/24	76418/4	72338/9	40726/25	55941
平均	16889/31.0	53070/15.6	37229/25.2	71264/4.0	62511/10.4	38586/24.2	51757

地区人均固定资产投资额与表现最好的中部地区仍有一定差距。具体如表 2.18 所示。

表 2.18 2018—2022 年四大经济区人均固定资产投资额的平均值

年份	东北 平均值	年排序	东部 平均值	年排序	西部 平均值	年排序	中部 平均值	年排序
2018	34271	23.0	51276	14.6	48429	16.0	48129	14.8
2019	32527	25.3	53218	15.0	49782	15.9	52607	13.2
2020	35057	24.7	54779	15.3	50928	15.8	53506	13.2
2021	38294	22.7	58177	15.0	51990	17.3	59030	11.8
2022	38498	24.0	59362	14.8	53273	17.7	64298	10.7
平均	35730	23.9	55362	14.9	50880	16.5	55514	12.7

2018—2022 年，七大地理区人均固定资产投资额由高到低依次为华中、华东、西南、西北、华北、华南、东北；华北、华东、华中、西北四个地区均呈稳定上升态势，其他地区呈波动上升态势；华中地区增幅最大（8.13%），西南地区增幅最小（1.27%），东北地区增幅为 3.08%；就七大地理区而言，东北地区排序靠后，与表现最优的华中地区相比，差距较大。具体如表 2.19 所示。

表 2.19 2018—2022 年七大地理区人均固定资产投资额的平均值

年份	东北 值/序	华北 值/序	华东 值/序	华南 值/序	华中 值/序	西北 值/序	西南 值/序
2018	34271/23.0	44109/18.6	55688/11.5	39195/22.3	54169/11.5	47799/16.2	50952/14.2
2019	32527/25.3	47446/18.4	57815/11.5	40348/22.0	59255/9.8	48134/16.6	52472/14.2
2020	35057/24.7	48746/18.8	59369/11.3	42374/22.7	59348/10.0	48507/16.4	54593/14.0
2021	38294/22.7	51754/19.2	63595/10.5	45494/21.3	65712/8.3	49659/18.2	54372/16.2
2022	38498/24.0	53166/17.4	67508/10.2	44507/23.7	71790/6.8	51885/18.4	53541/17.2
平均	35730/23.9	49044/18.5	60795/11.0	42384/22.4	62055/9.3	49197/17.2	53186/15.2

③人均社会消费品零售总额（单位：元/人）。人均社会消费品零售总额反映一个地区中每个人平均分摊到的社会消费品零售额，是衡量地区经济基础的重要指标，计算公式为社会消费品零售总额与地区年末总人口的比值。2018—2022年，全国人均社会消费品零售总额呈波动上升态势，东北地区整体亦呈波动上升趋势；东北地区明显低于全国平均水平，且这种差距整体趋于平稳；辽宁省与黑龙江省呈波动上升趋势，吉林省呈波动下降态势，吉林省与黑龙江省的发展水平相差不大；就东北三省而言，辽宁省较好，黑龙江省与吉林省较弱。总体而言，东北地区人均社会消费品零售总额明显低于全国平均水平。具体如图2.17所示。

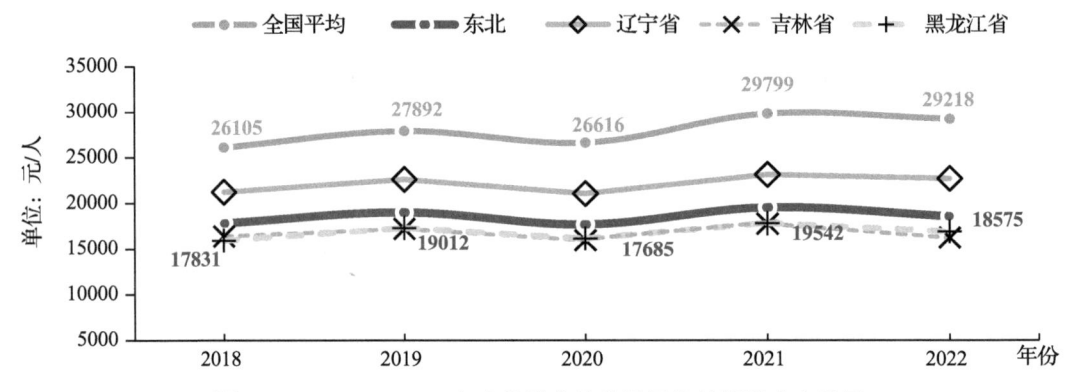

图2.17　2018—2022年人均社会消费品零售总额基本走势图

注：①全国平均指31个省市区的平均水平；②全国范围内（可采集到的数据），人均社会消费品零售总额最大值为2021年上海市的72637元/人，最小值为2020年新疆维吾尔自治区的11822元/人。

2018—2022年，东北三省人均社会消费品零售总额在全国31个省市区连续5年数据集中的相对位置分布情况如图2.18所示。可见，东北三省5年（共15个数据）人均社会

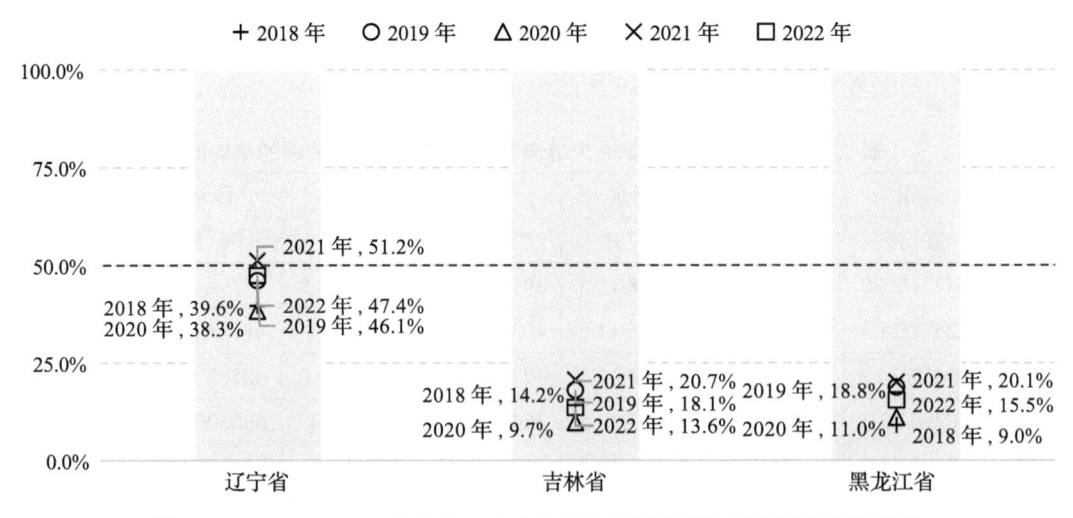

图2.18　2018—2022年东北三省人均社会消费品零售总额百分比数值图

消费品零售总额的百分比排位处于50%以下的有14个，其中有10个位于25%以下；此外，排位的最大值是2021年的辽宁省（51.2%），最小值是2018年的黑龙江省（9.0%）。

2018—2022年，6省人均社会消费品零售总额由高到低依次为江苏省、浙江省、广东省、辽宁省、黑龙江省、吉林省；东南三省均呈波动上升态势，东北三省中辽宁省与黑龙江省呈波动上升态势，吉林省呈波动下降态势；东南三省中水平较低的广东省明显优于东北地区水平最高的辽宁省；人均社会消费品零售总额增幅最大的是江苏省（4.89%），最小的是吉林省（-0.28%），辽宁省与黑龙江省的增幅分别为1.72%、1.51%。具体如表2.20所示。

表2.20　2018—2022年6省人均社会消费品零售总额的原始值

年份	辽宁省 值/序	吉林省 值/序	黑龙江省 值/序	江苏省 值/序	浙江省 值/序	广东省 值/序	全国平均值
2018	21237/16	16400/25	15855/27	41999/3	40111/5	32205/8	26105
2019	22611/16	17210/27	17216/26	44483/4	42892/5	34392/8	27892
2020	21057/17	15938/27	16059/26	43748/4	41170/5	31851/7	26616
2021	23135/18	17754/26	17737/27	50209/3	44664/5	34837/9	29799
2022	22698/18	16217/28	16812/27	50208/4	46324/5	35461/8	29218
平均	22148/17.0	16704/26.6	16736/26.6	46129/3.6	43032/5.0	33749/8.0	27926

2018—2022年，四大经济区人均社会消费品零售总额由高到低依次为东部、中部、西部、东北；四大经济区均呈波动上升趋势；中部地区增幅最大（5.59%），东北地区增幅最小（1.04%）；东北地区人均社会消费品零售总额与表现最好的东部地区仍有一定差距。具体如表2.21所示。

表2.21　2018—2022年四大经济区人均社会消费品零售总额的平均值

年份	东北 平均值	东北 年排序	东部 平均值	东部 年排序	西部 平均值	西部 年排序	中部 平均值	中部 年排序
2018	17831	22.7	37492	8.9	19699	21.0	24074	14.5
2019	19012	23.0	39655	9.0	21014	21.2	26482	13.8
2020	17685	23.3	37937	9.0	20163	21.0	25120	14.0
2021	19542	23.7	42216	8.9	22403	21.5	29025	13.0
2022	18575	24.3	41134	9.1	21830	21.3	29455	12.8
平均	18529	23.4	39687	9.0	21022	21.2	26831	13.6

2018—2022年，七大地理区人均社会消费品零售总额由高到低依次为华东、华北、华中、西南、华南、东北、西北；除华北地区外，其余六个地区均呈波动上升态势，华北地区呈波动下降趋势；华中地区增幅最大（5.20%），华北地区增幅最小

(−0.15%)，东北地区增幅为 1.04%；就七大地理区而言，东北地区排序靠后，与表现最优的华东地区相比仍有明显差距。具体如表 2.22 所示。

表 2.22　2018—2022 年七大地理区人均社会消费品零售总额的平均值

年份	东北 值/序	华北 值/序	华东 值/序	华南 值/序	华中 值/序	西北 值/序	西南 值/序
2018	17831/22.7	30235/15.6	39655/5.8	22188/19.0	24807/13.3	17105/24.8	23068/16.2
2019	19012/23.0	31539/15.2	42532/5.8	23487/19.3	27367/13.0	18074/25.0	24885/16.2
2020	17685/23.3	28932/16.4	42086/5.3	22324/19.0	25339/13.0	16698/25.6	24611/15.0
2021	19542/23.7	31373/16.8	47407/5.2	25425/18.0	29190/12.3	18071/25.8	28090/15.6
2022	18575/24.3	30058/16.8	46842/5.3	24823/17.7	29971/11.8	17419/25.8	27449/15.6
平均	18529/23.4	30427/16.2	43704/5.5	23649/18.6	27335/12.7	17473/25.4	25621/15.7

④社会融资规模增量（单位：亿元）。社会融资规模增量是指一定时期内、一定区域内实体经济从金融体系获得的资金总额，是衡量地区市场活力的重要指标。2018—2022 年，全国社会融资规模增量呈波动上升态势，东北地区整体则呈波动下降态势；东北地区明显低于全国平均水平，且这种差距有逐渐扩大的态势；辽宁省呈持续下降趋势，吉林省与黑龙江省均呈波动上升态势；就东北三省而言，吉林省较好，黑龙江省次之，辽宁省较弱。总体而言，东北地区社会融资规模增量明显低于全国平均水平，且差距呈逐年增大的态势。具体如图 2.19 所示。

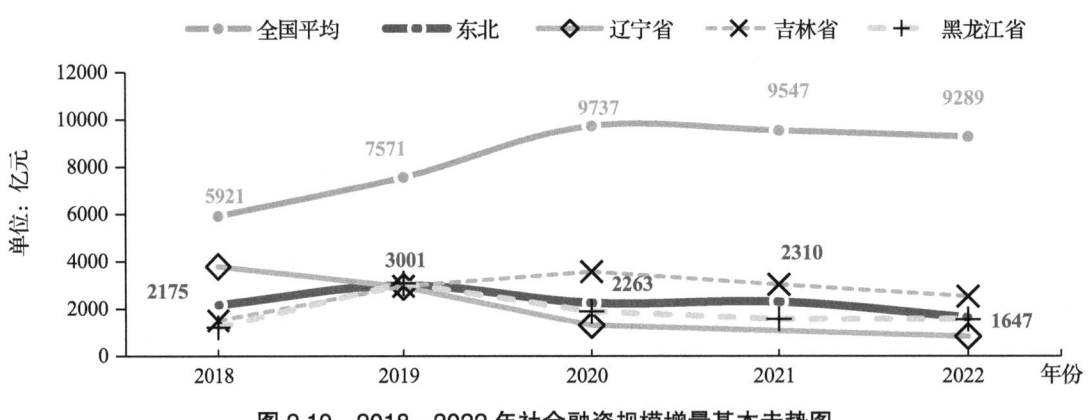

图 2.19　2018—2022 年社会融资规模增量基本走势图

注：①全国平均指 31 个省市区的平均水平；②全国范围内（可采集到的数据），社会融资规模增量最大值为 2020 年广东省的 40692 亿元，最小值为 2022 年青海省的 −395 亿元。

2018—2022 年，东北三省社会融资规模增量在全国 31 个省市区连续 5 年数据集中的相对位置分布情况如图 2.20 所示。可见，东北三省 5 年（共 14 个数据）社会融资规模增量的百分比排位均处于 50% 以下，位于 25% 以下的有 8 个；此外，排位的最大值是 2018 年的辽宁省（33.9%），最小值是 2022 年的辽宁省（9.1%）。

＋ 2018年　○ 2019年　△ 2020年　× 2021年　□ 2022年

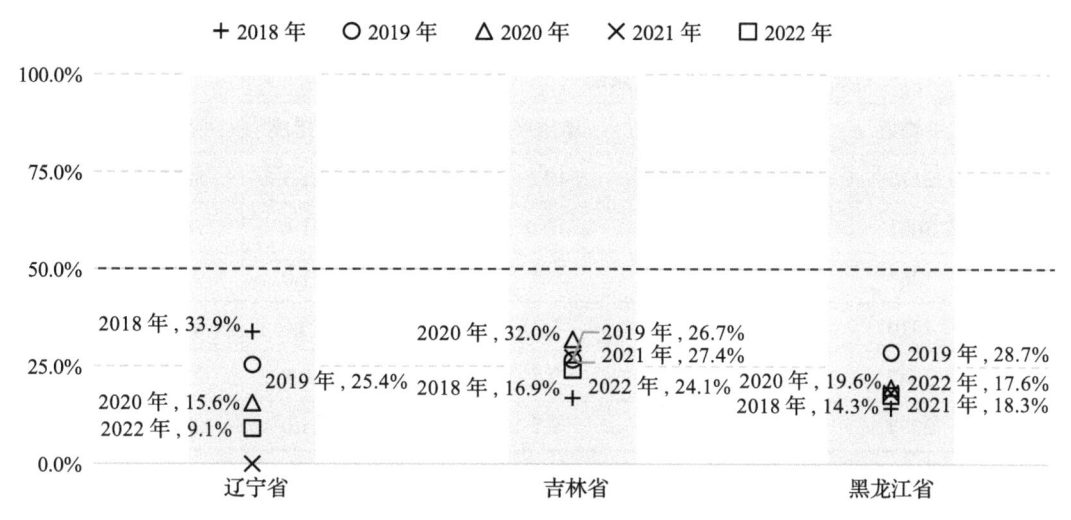

图2.20　2018—2022年东北三省社会融资规模增量百分比数值图

2018—2022年，6省社会融资规模增量由高到低依次是广东省、江苏省、浙江省、吉林省、黑龙江省、辽宁省；东南三省中，广东省与江苏省呈波动上升的趋势，2022年均出现不同程度的下降，浙江省呈持续上升的态势，且2020年增速最快；东北三省中，辽宁省呈持续下降的态势，吉林省和黑龙江省呈波动上升的态势；东南三省中水平较低的浙江省优于东北地区水平最高的吉林省；社会融资规模增量增幅最大的是江苏省（22.68%），降幅最大的是辽宁省（-19.50%），吉林省和黑龙江省的增幅分别为17.00%、7.20%。具体如表2.23所示。

表2.23　2018—2022年6省社会融资规模增量的原始值

年份	辽宁省 值/序	吉林省 值/序	黑龙江省 值/序	江苏省 值/序	浙江省 值/序	广东省 值/序	全国平均 值
2018	3796/18	1510/25	1218/26	17699/4	19499/2	22502/1	5921
2019	2942/24	2965/22	3097/21	24104/2	22162/3	29190/1	7571
2020	1310/26	3579/24	1899/25	33611/2	32155/3	40692/1	9737
2021	—	3038/23	1581/26	34453/2	34021/3	37843/1	9547
2022	835/28	2537/23	1569/26	33754/3	34921/2	35104/1	9289
平均	2221/24.0	2726/23.4	1873/24.8	28724/2.6	28552/2.6	33066/1.0	8406

2018—2022年，四大经济区社会融资规模增量由高到低依次是东部、中部、西部、东北；东部、中部、西部三个地区均呈波动上升趋势，东北地区则呈波动下降态势；东部地区的增幅最大（15.31%），东北地区的降幅最大（-6.07%）；总体来看，东北地区社会融资规模增量与其他三个地区差距较大。具体如表2.24所示。

表 2.24 2018—2022 年四大经济区社会融资规模增量的平均值

年份	东北 平均值	年排序	东部 平均值	年排序	西部 平均值	年排序	中部 平均值	年排序
2018	2175	23.0	10772	10.1	2872	21.3	5806	11.8
2019	3001	22.3	13369	10.0	3742	21.4	7852	12.0
2020	2263	25.0	18035	9.5	4960	21.0	9196	12.3
2021	2310	24.5	17772	9.2	4446	20.6	8451	12.8
2022	1647	25.7	17368	9.5	4525	20.8	9176	12.5
平均	2277	24.1	15463	9.7	4109	21.0	8096	12.3

2018—2022 年，七大地理区社会融资规模增量由高到低依次为华东、华南、华中、华北、西南、西北、东北；华东地区呈持续上升趋势，华南、华中、华北、西南、西北五个地区呈波动上升趋势，东北地区则呈波动下降态势；华东地区的增幅最大（23.28%），东北地区的降幅最大（-6.07%）；就七大地理区而言，东北地区排序靠后，与表现最优的华东地区相比，存在着较大的差距。具体如表 2.25 所示。

表 2.25 2018—2022 年七大地理区社会融资规模增量的平均值

年份	东北 值/序	华北 值/序	华东 值/序	华南 值/序	华中 值/序	西北 值/序	西南 值/序
2018	2175/23.0	6377/15.8	10532/8.3	9021/15.7	6554/9.0	1487/25.8	4246/17.2
2019	3001/22.3	6310/17.6	14161/7.0	11876/15.3	8908/9.8	2399/25.2	5188/17.6
2020	2263/25.0	7418/17.2	19439/6.7	16250/15.0	10309/10.3	3194/24.4	7073/17.4
2021	2310/24.5	6651/16.8	20193/6.0	15096/14.7	9339/11.3	2720/24.0	6225/17.4
2022	1647/25.7	6578/16.6	20340/6.2	14423/14.3	9850/11.8	2640/24.0	6446/17.8
平均	2277/24.1	6667/16.8	16933/6.8	13333/15.0	8992/10.4	2488/24.7	5836/17.5

（2）产业发展。

①人均工业增加值（单位：元/人）。人均工业增加值反映了一定时期内每人在工业生产过程中所创造的增加值，是衡量地区产业发展的重要指标，计算公式为工业增加值与年末人口数的比值。2018—2022 年，全国人均工业增加值呈先下降后上升的趋势，东北地区整体亦呈先下降后上升的趋势，均在 2019 年出现下降态势；东北地区明显低于全国平均水平，且这种差距整体呈扩大的态势；辽宁省和黑龙江省呈先下降后上升的趋势，吉林省呈波动下降的态势，且在 2019 年出现较大幅度的下降；就东北三省而言，辽宁省较好，吉林省次之，黑龙江省较弱。总体而言，东北地区人均工业增加值明显低于全国平均水平，且差距有扩大的趋势。具体如图 2.21 所示。

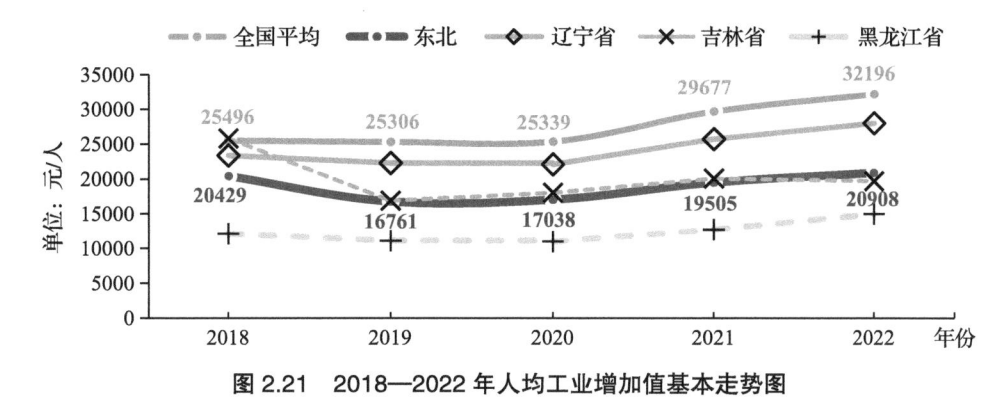

图 2.21 2018—2022 年人均工业增加值基本走势图

注：①全国平均指 31 个省市区的平均水平；②全国范围内（可采集到的数据），人均工业增加值最大值为 2022 年江苏省的 65636 元／人，最小值为 2020 年海南省的 10428 元／人。

2018—2022 年，东北三省人均工业增加值在全国 31 个省市区连续 5 年数据集中的相对位置分布情况如图 2.22 所示。可见，东北三省 5 年（共 15 个数据）人均工业增加值的百分比排位处于 50% 以下的有 12 个，其中有 7 个位于 25% 以下；此外，排位的最大值是 2022 年的辽宁省（57.7%），最小值是 2020 年的黑龙江省（0.6%）。

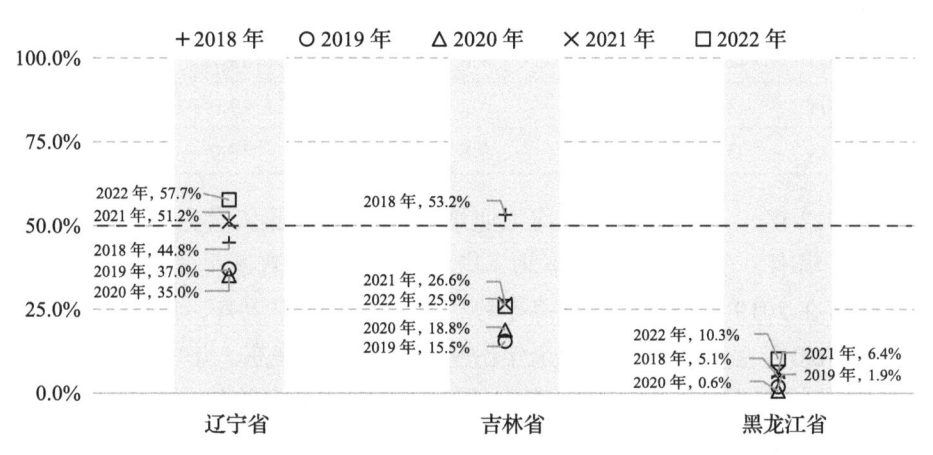

图 2.22 2018—2022 年东北三省人均工业增加值百分比数值图

2018—2022 年，6 省人均工业增加值由高到低依次是江苏省、浙江省、广东省、辽宁省、吉林省、黑龙江省；东南三省均呈波动上升态势，均在 2020 年出现小幅下降，随后出现较大幅度的上升；东南三省中水平较低的广东省优于东北地区水平最高的辽宁省；人均工业增加值增幅最大的是浙江省（8.68%），增幅最小的是吉林省（-5.91%），辽宁省和黑龙江省的增幅分别为 4.97%、5.95%。具体如表 2.26 所示。

2018—2022 年，四大经济区人均工业增加值由高到低依次是东部、中部、西部、东北；东北、东部地区呈先下降后上升的趋势，中部地区呈波动上升的态势，西部地区呈稳定上升的趋势；中部地区增幅最大，为 9.78%，东北地区增幅最小，为 0.59%；东北地区人均工业增加值与表现最优的东部地区存在较大差距。具体如表 2.27 所示。

表 2.26　2018—2022 年 6 省人均工业增加值的原始值

年份	辽宁省 值/序	吉林省 值/序	黑龙江省 值/序	江苏省 值/序	浙江省 值/序	广东省 值/序	全国平均 值
2018	23363/14	25809/12	12116/29	48838/2	37472/5	32957/7	25496
2019	22285/17	16891/25	11107/30	52274/1	41673/3	34868/6	25306
2020	22094/18	18033/25	10986/30	52172/1	40836/4	34419/6	25339
2021	25716/18	20077/26	12721/30	60876/1	47689/3	39593/6	29677
2022	28010/19	19712/26	15001/30	65636/1	50487/3	41750/7	32196
平均	24294/17.2	20104/22.8	12386/29.8	55959/1.2	43631/3.6	36717/6.4	27603

表 2.27　2018—2022 年四大经济区人均工业增加值的平均值

年份	东北 平均值	年排序	东部 平均值	年排序	西部 平均值	年排序	中部 平均值	年排序
2018	20429	18.3	34751	9.1	20236	20.8	23124	16.8
2019	16761	24.0	33937	9.8	20463	20.2	24882	14.0
2020	17038	24.3	33518	9.9	20865	19.9	24803	14.2
2021	19505	24.7	39136	9.6	24615	19.7	29120	15.0
2022	20908	25.0	40880	10.6	27797	19.0	32167	14.5
平均	18928	23.3	36444	9.8	22795	19.9	26819	14.9

2018—2022 年，七大地理区人均工业增加值由高到低依次为华东、华北、华中、西北、西南、华南、东北；东北、华北、华南、西北地区普遍呈先下降后上升的趋势，其中东北地区在 2019 年出现明显下降态势，其余年份稳定上升，华北、华南和西北地区在 2018—2020 年呈下降趋势，其余年份呈上升趋势，华东、华中地区呈波动上升态势，在 2020 年均有小幅度的下降，西南地区则呈稳定上升趋势；就七大地理区而言，东北地区排序落后，与表现最优的华东地区相比，差距较大。具体如表 2.28 所示。

表 2.28　2018—2022 年七大地理区人均工业增加值的平均值

年份	东北 值/序	华北 值/序	华东 值/序	华南 值/序	华中 值/序	西北 值/序	西南 值/序
2018	20429/18.3	30148/13.2	37298/6.0	20145/21.0	23929/15.8	21213/19.6	18470/23.0
2019	16761/24.0	25956/13.8	39733/5.7	20040/21.7	25700/13.0	20457/19.6	20165/21.2
2020	17038/24.3	25908/14.0	39506/5.7	19670/21.7	25289/13.3	20010/20.0	21518/20.2
2021	19505/24.7	33819/11.6	45104/6.0	22664/21.7	28422/15.5	24439/19.2	23573/21.0
2022	20908/25.0	36822/11.6	47848/6.3	24075/22.0	30725/15.8	28901/17.6	24905/21.6
平均	18928/23.3	30531/12.8	41898/5.9	21319/21.6	26813/14.7	23004/19.2	21726/21.4

②人均服务业产值（单位：元/人）。人均服务业产值反映了一定时期内人均层面上服务业的生产能力和经济效益水平，是衡量地区产业发展的重要指标，计算公式为服务业产值与年末人口数的比值。2018—2022年，全国人均服务业产值呈稳定上升的态势，东北地区整体呈先下降后上升的趋势，在2019年出现一定程度的下降，其余年份呈稳定上升趋势；东北地区明显低于全国平均水平，且这种差距呈逐步扩大的态势；辽宁省和黑龙江省呈先下降后上升的趋势，其中辽宁省在2019年出现微弱下降，黑龙江省在2019年出现大幅下降，其余年份则均呈稳定上升趋势，吉林省呈波动下降的态势；就东北三省而言，辽宁省较好，吉林省次之，黑龙江省较弱。总体而言，东北地区人均服务业产值明显低于全国平均水平，且差距呈现逐年扩大的趋势。具体如图2.23所示。

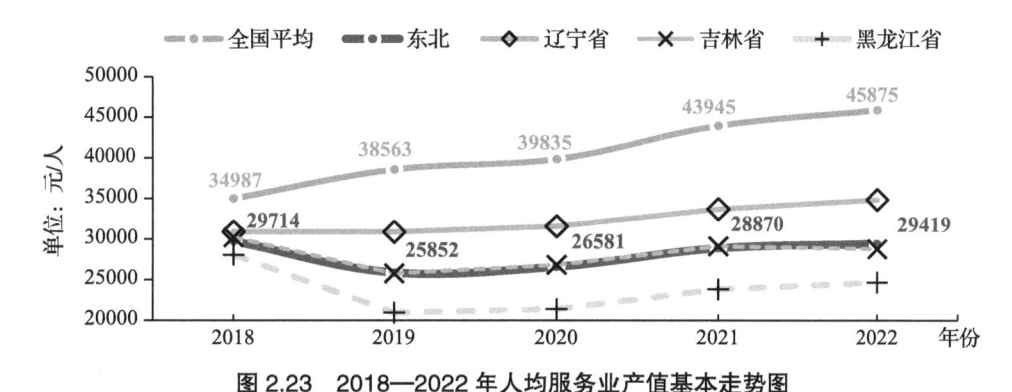

图 2.23 2018—2022年人均服务业产值基本走势图

注：①全国平均指31个省市区的平均水平；②全国范围内（可采集到的数据），人均服务业产值最大值为2022年北京市的159772元/人，最小值为2018年云南省的17914元/人。

2018—2022年，东北三省人均服务业产值在全国31个省市区连续5年数据集中的相对位置分布情况如图2.24所示。可见，东北三省5年（共15个数据）人均服务业产值的百分比排位处于50%以下的有12个，其中有5个位于25%以下；此外，排位的最大值是2022年的辽宁省（60.3%），最小值是2019年的黑龙江省（4.5%）。

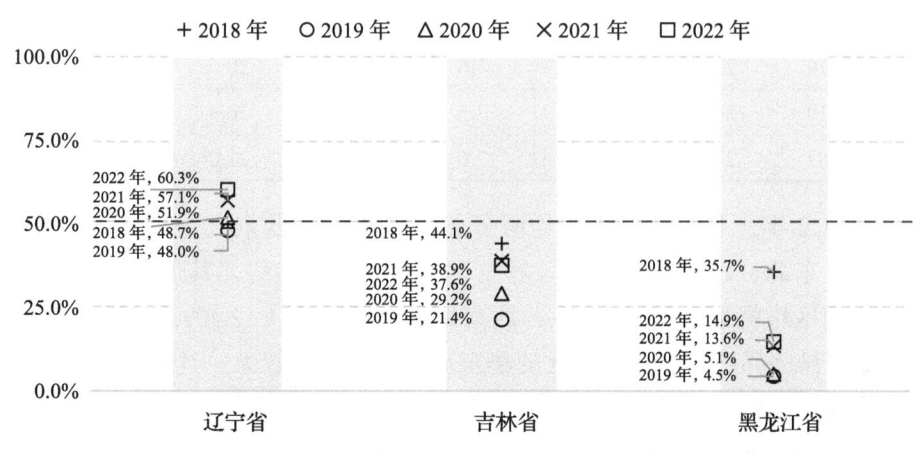

图 2.24 2018—2022年东北三省人均服务业产值百分比数值图

2018—2022年，6省人均服务业产值由高到低依次是江苏省、浙江省、广东省、辽宁省、吉林省、黑龙江省；东南三省均呈稳定上升趋势；东南三省中水平较低的广东省优于东北地区水平最高的辽宁省；人均服务业产值增幅最大的是广东省（7.80%），增幅最小的是黑龙江省（-3.02%），辽宁省和吉林省的增幅分别为3.19%、-1.20%。具体如表2.29所示。

表2.29 2018—2022年6省人均服务业产值的原始值

年份	辽宁省 值/序	吉林省 值/序	黑龙江省 值/序	江苏省 值/序	浙江省 值/序	广东省 值/序	全国平均值
2018	30895/12	30205/13	28042/15	55891/4	48979/5	42720/6	34987
2019	30864/15	25754/23	20937/30	60296/4	52844/5	47861/6	38563
2020	31562/16	26812/22	21371/30	63650/4	55707/5	49541/7	39835
2021	33689/17	29109/24	23811/30	70390/3	61343/5	54515/7	43945
2022	34838/17	28760/25	24660/30	72845/4	64141/5	56044/7	45875
平均	32370/15.4	28128/21.4	23764/27.0	64614/3.8	56602/5.0	50136/6.6	40641

2018—2022年，四大经济区人均服务业产值由高到低依次是东部、中部、西部、东北；东北地区呈先下降后上升的趋势，东部、中部和西部地区均呈稳定上升的态势；东北地区增幅最小，为-0.25%，中部地区增幅最大，为10.61%；东北地区人均服务业产值与表现最优的东部地区相比差距较大。具体如表2.30所示。

表2.30 2018—2022年四大经济区人均服务业产值的平均值

年份	东北 平均值	年排序	东部 平均值	年排序	西部 平均值	年排序	中部 平均值	年排序
2018	29714	13.3	55893	7.4	23717	22.1	25321	19.5
2019	25852	22.7	61168	7.8	27281	20.8	29805	16.8
2020	26581	22.7	63310	7.7	28175	20.8	30657	16.8
2021	28870	23.7	69783	7.6	30955	20.6	34400	17.0
2022	29419	24.0	73286	7.5	32050	20.8	36069	16.7
平均	28087	21.3	64688	7.6	28436	21.0	31250	17.4

2018—2022年，七大地理区人均服务业产值由高到低依次为华东、华北、华南、华中、西南、东北、西北；东北地区呈先下降后上升的趋势，其他地区均呈稳定上升趋势；东北地区增幅最小（-0.25%），西南地区增幅最大（12.40%）；就七大地理区而言，东北地区排序靠后，与表现最优的华东地区相比差距较大。具体如表2.31所示。

③人均第一产业增加值（单位：元/人）。人均第一产业增加值反映了一定时期内每人在第一产业中通过生产活动所创造的新增价值，是衡量地区产业发展的重要指标，

表 2.31 2018—2022 年七大地理区人均服务业产值的平均值

年份	东北 值/序	华北 值/序	华东 值/序	华南 值/序	华中 值/序	西北 值/序	西南 值/序
2018	29714/13.3	55170/10.6	49411/8.2	29767/16.7	25999/19.0	22951/22.4	23019/23.2
2019	25852/22.7	56803/13.6	56609/7.0	33645/16.0	30714/15.3	25666/22.0	28419/19.8
2020	26581/22.7	57982/13.4	59036/6.8	35151/16.0	31399/15.5	26408/22.0	29585/20.0
2021	28870/23.7	62654/13.8	65518/6.5	39482/15.7	35360/16.0	28625/22.6	33259/18.6
2022	29419/24.0	65990/13.2	68855/6.8	40602/15.7	37228/15.5	29580/23.4	34436/18.2
平均	28087/21.3	59720/12.9	59886/7.1	35729/16.0	32140/16.3	26646/22.5	29744/20.0

计算公式为第一产业增加值与年末人口数的比值。2018—2022 年，全国人均第一产业增加值呈稳定上升的态势，东北地区整体亦呈稳定上升趋势；东北地区明显高于全国平均水平；辽宁、吉林和黑龙江三省均呈稳步上升趋势，其中辽宁省在 2020—2022 年略低于全国平均水平，黑龙江省远高于全国平均水平；就东北三省而言，黑龙江省较好，吉林省次之，辽宁省较弱。总体而言，东北地区人均第一产业增加值与全国平均水平相比存在显著优势。具体如图 2.25 所示。

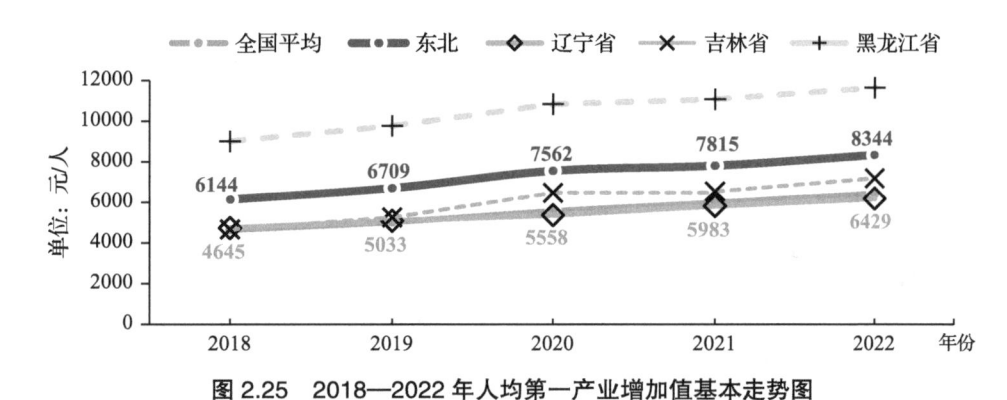

图 2.25 2018—2022 年人均第一产业增加值基本走势图

注：①全国平均指 31 个省市区的平均水平；②全国范围内（可采集到的数据），人均第一产业增加值最大值为 2022 年海南省的 13805 元/人，最小值为 2022 年上海市的 392 元/人。

2018—2022 年，东北三省人均第一产业增加值在全国 31 个省市区连续 5 年数据集中的相对位置分布情况如图 2.26 所示。可见，东北三省 5 年（共 15 个数据）人均第一产业增加值的百分比排位处于 50% 以下的有 5 个；此外，排位的最大值是 2022 年的黑龙江省（98.7%），最小值是 2018 年的吉林省（30.5%）。

2018—2022 年，6 省人均第一产业增加值由高到低依次是黑龙江省、吉林省、辽宁省、江苏省、广东省、浙江省；东南三省和东北三省均呈稳定上升趋势；东北三省的增幅相对较大，江苏省和浙江省的增幅相对较小；东南三省中水平最高的江苏省劣于东北地区水平较低的辽宁省；人均第一产业增加值增幅最大的是吉林省

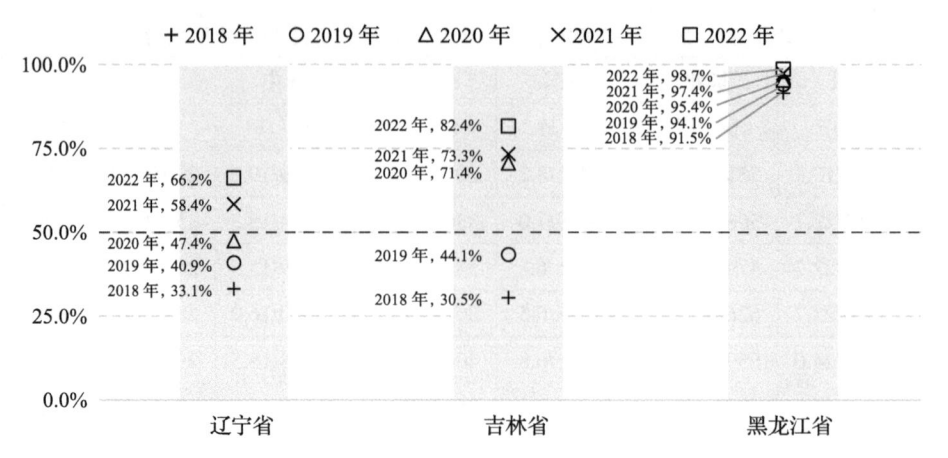

图 2.26 2018—2022 年东北三省人均第一产业增加值百分比数值图

（13.49%），增幅最小的是浙江省（3.18%），辽宁省和黑龙江省的增幅分别为 7.65%、7.28%。具体如表 2.32 所示。

表 2.32 2018—2022 年 6 省人均第一产业增加值的原始值

年份	辽宁省 值/序	吉林省 值/序	黑龙江省 值/序	江苏省 值/序	浙江省 值/序	广东省 值/序	全国平均值
2018	4739/13	4673/14	9020/2	4904/12	3136/26	3103/27	4645
2019	5092/14	5259/12	9777/2	5073/15	3290/27	3484/26	5033
2020	5369/17	6474/11	10843/2	5352/18	3354/27	3776/26	5558
2021	5821/17	6542/11	11087/2	5553/19	3378/28	3945/26	5983
2022	6189/17	7194/10	11648/2	5824/21	3535/28	4219/26	6429
平均	5442/15.6	6028/11.6	10474/2.0	5341/17.0	3338/27.2	3706/26.2	5530

2018—2022 年，四大经济区人均第一产业增加值由高到低依次是东北、西部、中部、东部；东北、西部、中部和东部地区均呈稳定上升的态势；西部地区增幅最大，为 10.98%，东部地区增幅最小，为 7.12%，东北地区的增幅为 8.95%；东北地区人均第一产业增加值表现最优。具体如表 2.33 所示。

表 2.33 2018—2022 年四大经济区人均第一产业增加值的平均值

年份	东北 平均值	东北 年排序	东部 平均值	东部 年排序	西部 平均值	西部 年排序	中部 平均值	中部 年排序
2018	6144	9.7	3875	19.2	5101	13.5	4268	18.8
2019	6709	9.3	4104	20.3	5546	13.1	4717	18.0
2020	7562	10.0	4317	21.2	6216	12.5	5308	17.3
2021	7815	10.0	4599	21.1	6788	12.4	5763	17.7
2022	8344	9.7	4978	21.0	7341	12.2	6066	18.5
平均	7315	9.7	4375	20.6	6198	12.7	5224	18.1

2018—2022年，七大地理区人均第一产业增加值由高到低依次为华南、东北、西南、华中、西北、华东、华北；七个地区均呈稳定上升趋势；华北地区增幅最大，为12.34%，华东地区增幅最小，为5.86%，东北地区增幅为8.95%；就七大地理区而言，东北地区排序靠前，与表现最优的华南地区相比差距较小。具体如表2.34所示。

表2.34　2018—2022年七大地理区人均第一产业增加值的平均值

年份	东北 值/序	华北 值/序	华东 值/序	华南 值/序	华中 值/序	西北 值/序	西南 值/序
2018	6144/9.7	3128/21.6	3919/18.0	6464/11.0	4788/16.0	4709/16.8	4864/14.0
2019	6709/9.3	3331/22.0	4151/19.3	7047/10.7	5289/15.3	5044/16.2	5364/13.6
2020	7562/10.0	3669/22.2	4364/20.8	7363/11.3	5980/14.0	5700/15.6	6116/12.4
2021	7815/10.0	4106/22.2	4613/20.5	8072/11.3	6345/14.8	6328/15.4	6514/12.4
2022	8344/9.7	4672/21.6	4838/21.2	8828/11.3	6703/15.5	6856/14.4	6861/12.8
平均	7315/9.7	3781/21.9	4377/20.0	7555/11.1	5821/15.1	5727/15.7	5944/13.0

（3）企业活力。

①万人新增企业数（单位：个/万人）。万人新增企业数反映一个地区的企业增加情况，是衡量地区企业活力的重要指标，计算公式为当年新增企业单位数与地区人口（万人）的比值。2018—2022年，全国万人新增企业数呈波动上升趋势，东北地区亦呈波动上升趋势；东北地区明显低于全国平均水平；辽宁省呈波动下降趋势，尤其在2020—2021年下滑明显，吉林省和黑龙江省呈波动上升趋势。总体而言，东北地区万人新增企业数明显低于全国平均水平，但差距呈逐渐缩小的趋势。具体如图2.27所示。

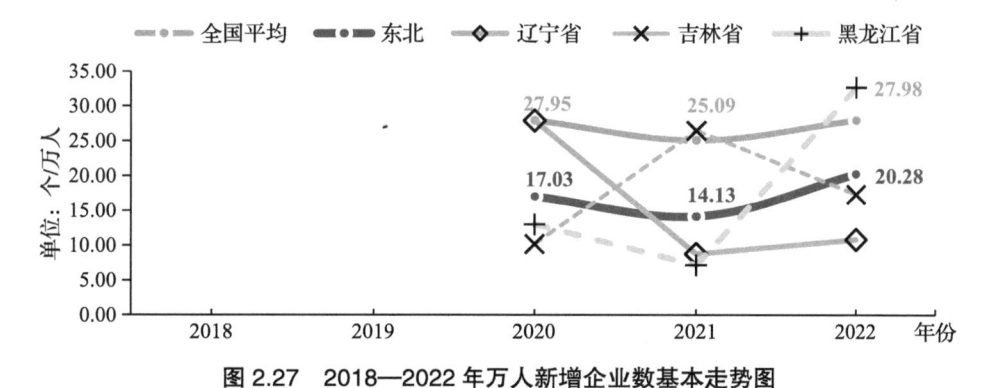

图2.27　2018—2022年万人新增企业数基本走势图

注：①全国平均指31个省市区的平均水平；②全国范围内（可采集到的数据），万人新增企业数最大值为2020年北京市的117.36个/万人，最小值为2020年西藏自治区的1.42个/万人。

2018—2022年，东北三省万人新增企业数在全国31个省市区连续5年数据集中的相对位置分布情况如图2.28所示。可见，东北三省5年（共9个数据）万人新增企业数的百分比排位处于50%以下的有6个，其中有5个位于25%以下；排位的最大值是2022年的黑龙江省（71.7%），最小值是2021年的黑龙江省（4.3%）。

图2.28　2018—2022年东北三省万人新增企业数百分比数值图

2018—2022年，6省万人新增企业数由高到低依次为浙江省、江苏省、吉林省、黑龙江省、辽宁省、广东省；东南三省中的江苏省与广东省呈波动上升趋势，浙江省呈下降趋势；东北三省中，辽宁省呈波动下降趋势，吉林省和黑龙江省均呈波动上升趋势；黑龙江省增幅最大（75.89%），辽宁省增幅最小（-30.61%），吉林省增幅为35.14%；东北三省相比于东南三省，仍存在较明显的差距。具体如表2.35所示。

表2.35　2018—2022年6省万人新增企业数的原始值

年份	辽宁省 值/序	吉林省 值/序	黑龙江省 值/序	江苏省 值/序	浙江省 值/序	广东省 值/序	全国平均 值
2018	—	—	—	—	—	—	—
2019	—	—	—	—	—	—	—
2020	27.92/12	10.17/30	12.99/27	25.34/13	56.90/2	13.18/26	27.95
2021	8.76/28	26.47/13	7.15/29	65.66/1	34.00/8	9.13/27	25.09
2022	10.82/28	17.32/21	32.69/10	26.80/16	29.12/12	16.76/23	27.98
平均	15.83/22.7	17.99/21.3	17.61/22.0	39.26/10.0	40.01/7.3	13.02/25.3	27.01

2018—2022年，四大经济区万人新增企业数由高到低依次为东部、中部、西部、东北；除东部地区呈下降趋势外，其他地区均呈波动上升趋势；东部和西部地区的增幅分别为-11.88%和16.69%，中部和东北地区的增幅分别为2.77%和9.56%；东北地区万人新增企业数与表现最优的东部地区相比，差距明显。具体如表2.36所示。

2018—2022年，七大地理区万人新增企业数由高到低依次为华北、华东、华中、西北、华南、西南、东北；华北和华东地区整体呈下降趋势，其他地区均呈波动上升趋

表 2.36　2018—2022 年四大经济区万人新增企业数的平均值

年份	东北 平均值	东北 年排序	东部 平均值	东部 年排序	西部 平均值	西部 年排序	中部 平均值	中部 年排序
2018	—	—	—	—	—	—	—	—
2019	—	—	—	—	—	—	—	—
2020	17.03	23.0	40.01	12.4	18.88	20.3	31.45	9.8
2021	14.13	23.3	35.95	11.4	17.64	19.9	27.39	12.2
2022	20.28	19.7	30.50	12.6	25.19	18.7	33.20	14.5
平均	17.14	22.0	35.48	12.1	20.57	19.6	30.68	12.2

势；西南地区增幅最大（29.13%），华北地区增幅最小（-17.17%）；就七大地理区而言，东北地区处于最末位，与表现最优的华东地区相比有一定差距。具体如表2.37所示。

表 2.37　2018—2022 年七大地理区万人新增企业数的平均值

年份	东北 值/序	华北 值/序	华东 值/序	华南 值/序	华中 值/序	西北 值/序	西南 值/序
2018	—	—	—	—	—	—	—
2019	—	—	—	—	—	—	—
2020	17.03/23.0	45.88/11.2	39.58/8.2	15.47/24.0	28.89/11.5	21.30/17.6	16.01/23.2
2021	14.13/23.3	32.29/11.2	37.84/10.7	24.92/16.3	25.90/12.8	18.95/19.2	14.76/22.0
2022	20.28/19.7	30.12/13.4	27.54/14.3	19.18/21.7	40.74/10.5	28.68/15.8	25.34/19.6
平均	17.14/22.0	36.10/11.9	34.99/11.1	19.86/20.7	31.85/11.6	22.98/17.5	18.71/21.6

②民企数量占比（单位：%）。民企数量占比反映一个地区的民企数量情况，是衡量地区企业活力的重要指标，计算公式为地区当年私营企业法人单位数与企业法人单位数的比值。2018—2022 年，全国民企数量占比整体呈波动上升趋势，东北地区也呈波动上升趋势；东北地区略落后于全国平均水平，但差距在逐渐缩小；就东北三省而言，辽宁省和吉林省呈现持续上升趋势，黑龙江省呈现波动上升趋势；在 2018—2021 年，黑龙江省民企数量占比最高，辽宁省次之，与全国平均水平有略微差距，吉林省民企数量占比最低；在 2021—2022 年，吉林省上升幅度较大，且超过全国平均水平，辽宁省次之，上升趋势平稳，黑龙江省呈下降趋势。总体而言，东北地区民企数量占比以较小的差距低于全国平均水平，且差距水平趋于稳定。具体如图 2.29 所示。

2018—2022 年，东北三省民企数量占比在全国 31 个省市区连续 5 年数据集中的相对位置分布情况如图 2.30 所示。可见，东北三省 5 年（共 15 个数据）民企数量占比的百分比排位均处于 50% 以下，其中有 6 个位于 25% 以下；排位的最大值是 2022 年的吉林省（48.0%），最小值是 2018 年的吉林省（7.1%）。

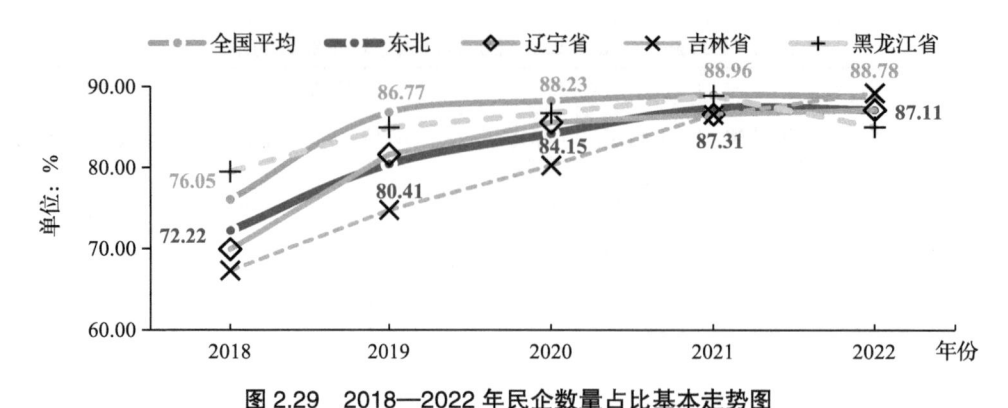

东北老工业基地
全面振兴进程评价报告（2018—2022年）

图 2.29 2018—2022 年民企数量占比基本走势图

注：①全国平均指 31 个省市区的平均水平；②全国范围内（可采集到的数据），民企数量占比最大值为 2022 年重庆市的 97.67%，最小值为 2018 年海南省的 47.20%。

图 2.30 2018—2022 年东北三省民企数量占比百分比数值图

2018—2022 年，6 省民企数量占比由高到低依次为浙江省、江苏省、黑龙江省、辽宁省、广东省、吉林省；辽宁省、吉林省、江苏省整体呈持续上升趋势，其余省份呈波动上升趋势；民企数量占比增幅最大的是吉林省（8.15%），增幅最小的是浙江省（0.76%），辽宁省和黑龙江省的增幅分别为 6.16% 和 1.74%。具体如表 2.38 所示。

表 2.38 2018—2022 年 6 省民企数量占比的原始值

年份	辽宁省 值/序	吉林省 值/序	黑龙江省 值/序	江苏省 值/序	浙江省 值/序	广东省 值/序	全国平均 值
2018	69.91/19	67.28/25	79.47/14	89.31/6	92.33/1	63.62/28	76.05
2019	81.58/25	74.76/29	84.90/22	92.42/9	94.92/3	84.53/23	86.77
2020	85.53/24	80.24/27	86.68/23	94.06/8	95.34/3	85.15/25	88.23
2021	86.54/24	86.51/25	88.88/21	94.88/7	95.31/5	84.88/26	88.96
2022	87.12/22	89.22/20	84.99/24	94.98/6	95.12/5	84.02/26	88.78
平均	82.14/22.8	79.60/25.2	84.98/20.8	93.13/7.2	94.60/3.4	80.44/25.6	85.76

2018—2022年，四大经济区民企数量占比由高到低依次为中部、西部、东部、东北；东部、西部及东北地区呈波动上升趋势，中部地区呈稳定上升趋势；中部地区增幅最大（5.39%），西部地区增幅最小（3.47%），东北地区增幅为5.15%；东北地区民企数量占比与表现最优的中部地区存在一定差距。具体如表2.39所示。

表2.39　2018—2022年四大经济区民企数量占比的平均值

年份	东北 平均值	东北 年排序	东部 平均值	东部 年排序	西部 平均值	西部 年排序	中部 平均值	中部 年排序
2018	72.22	19.3	75.42	16.1	76.95	15.6	77.24	15.0
2019	80.41	25.3	86.91	15.7	86.28	15.6	90.68	12.7
2020	84.15	24.7	87.67	16.4	87.28	16.2	93.13	10.7
2021	87.31	23.3	87.80	17.0	87.90	16.2	93.85	10.3
2022	87.11	22.0	87.60	17.0	87.62	16.7	93.91	10.0
平均	82.24	22.9	85.08	16.4	85.20	16.0	89.76	11.7

2018—2022年，七大地理区民企数量占比由高到低依次为华东、华中、华北、西北、西南、东北、华南；七大地理区中，华东地区呈稳定上升趋势，其他地区呈波动上升趋势；就七大地理区而言，东北地区民企数量占比排序处于下游水平，与表现最优的华东地区相比，差距明显；华中地区的增幅最大（6.89%），西南地区的增幅最小（2.40%），东北地区增幅为5.15%。具体如表2.40所示。

表2.40　2018—2022年七大地理区民企数量占比的平均值

年份	东北 值/序	华北 值/序	华东 值/序	华南 值/序	华中 值/序	西北 值/序	西南 值/序
2018	72.22/19.3	77.73/14.8	82.99/10.5	66.93/20.7	73.72/18.3	75.21/17.2	76.53/16.0
2019	80.41/25.3	89.07/15.2	89.53/12.7	81.95/20.3	91.37/12.0	87.91/15.8	83.03/16.0
2020	84.15/24.7	90.00/16.4	91.40/11.3	82.45/21.7	93.37/10.0	88.59/17.2	84.13/16.2
2021	87.31/23.3	90.62/16.2	91.85/11.5	82.30/22.3	94.10/9.8	89.32/17.6	84.37/16.4
2022	87.11/22.0	90.45/16.6	92.17/11.3	81.35/22.7	94.05/9.5	89.23/18.2	83.86/16.4
平均	82.24/22.9	87.57/15.8	89.59/11.5	79.00/21.5	89.32/11.9	86.05/17.2	82.38/16.2

③国企主营业务收入增长率（单位：%）。国企主营业务收入增长率可以用来衡量企业的产品生命周期，判断企业发展所处的阶段，是衡量企业活力的重要指标。计算公式为本年主营业务收入与上一年主营业务收入的差与上一年主营业务收入的比值，是正向指标。总体而言，东北地区国企主营业务收入增长率在2018—2019年高于全国平均水平，但在其他年份低于全国平均水平；2018—2022年，全国国企主营业务收入增长率整体呈波动上升趋势，东北地区呈波动下降趋势；黑龙江省呈波动上升趋势，吉林省和辽宁省均呈波动下降趋势。具体如图2.31所示。

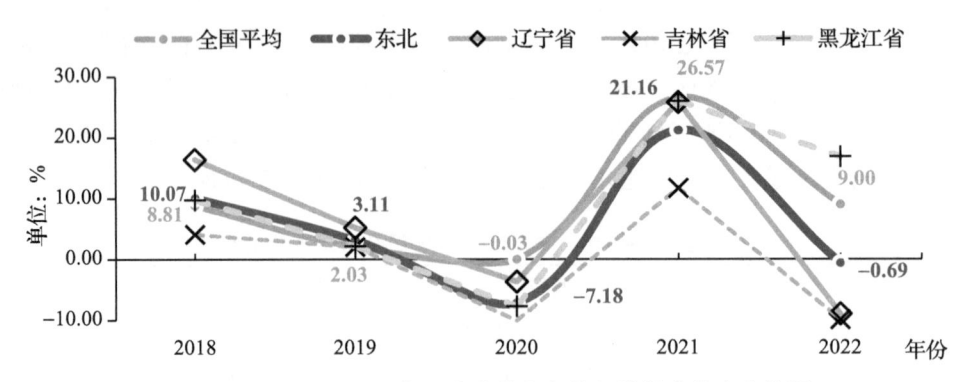

图 2.31　2018—2022 年国企主营业务收入增长率基本走势图

注：①全国平均指 31 个省市区的平均水平；②全国范围内（可采集到的数据），国企主营业务收入增长率最大值为 2020 年海南省的 60.98%，最小值为 2019 年甘肃省的 –20.81%。

2018—2022 年，东北三省国企主营业务收入增长率在全国 31 个省市区连续 5 年数据集中的相对位置分布情况如图 2.32 所示。可见，东北三省 5 年（共 15 个数据）国企主营业务收入增长率的百分比排位处于 50% 以下的有 9 个；排位的最大值是 2021 年的黑龙江省（88.9%），最小值是 2020 年的吉林省（3.8%）。

图 2.32　2018—2022 年东北三省国企主营业务收入增长率百分比数值图

2018—2022 年，6 省国企主营业务收入增长率由高到低排序依次为广东省、黑龙江省、江苏省、浙江省、辽宁省、吉林省；东南三省中，浙江省和广东省均呈波动上升趋势，江苏省呈波动下降趋势；东北三省中，辽宁省和吉林省均呈波动下降趋势，黑龙江省呈波动上升趋势；东北三省相比于东南三省，仍存在一定差距；国企主营业务收入增长率增幅最大的是黑龙江省（18.13%），最小的是吉林省（–85.76%），辽宁省的增幅为 –38.71%。具体如表 2.41 所示。

2018—2022 年，四大经济区国企主营业务收入增长率由高到低排序依次为西部、东部、中部、东北；西部地区呈波动上升趋势，其他地区均呈波动下降趋势；东北地

表 2.41 2018—2022 年 6 省国企主营业务收入增长率的原始值

年份	辽宁省 值/序	吉林省 值/序	黑龙江省 值/序	江苏省 值/序	浙江省 值/序	广东省 值/序	全国平均 值
2018	16.37/5	4.09/24	9.76/15	11.64/11	13.46/7	9.92/14	8.81
2019	5.22/11	2.01/17	2.12/16	−1.69/25	−1.00/23	−0.44/21	2.03
2020	−3.71/20	−10.09/28	−7.74/25	−1.47/16	−9.72/27	−1.71/18	−0.03
2021	25.78/15	11.67/30	26.01/14	23.58/19	21.36/25	35.42/5	26.57
2022	−8.98/30	−9.93/31	16.84/4	6.35/20	13.68/12	13.22/13	9.00
平均	6.94/16.2	−0.45/26.0	9.40/14.8	7.68/18.2	7.56/18.8	11.28/14.2	9.27

区的增幅最小，为 −26.71%；东北地区国企主营业务收入增长率表现相对较差，与表现最优的西部地区差距较大。具体如表 2.42 所示。

表 2.42 2018—2022 年四大经济区国企主营业务收入增长率的平均值

年份	东北 平均值	年排序	东部 平均值	年排序	西部 平均值	年排序	中部 平均值	年排序
2018	10.07	14.7	10.41	13.4	9.04	16.3	5.08	20.5
2019	3.11	14.7	−2.18	21.8	6.17	10.4	0.21	18.2
2020	−7.18	24.3	3.39	16.8	1.11	11.8	−4.44	19.0
2021	21.16	19.7	24.69	18.0	28.24	13.8	29.07	15.3
2022	−0.69	21.7	8.02	17.1	14.21	10.7	5.04	22.0
平均	5.30	19.0	8.87	17.4	11.75	12.6	6.99	19.0

2018—2022 年，七大地理区国企主营业务收入增长率由高到低依次为华南、西北、西南、华北、华东、华中、东北；华北、西北和西南地区呈波动上升趋势，其余地区均呈现波动下降趋势；就七大地理区而言，东北地区排序最末。具体如表 2.43 所示。

表 2.43 2018—2022 年七大地理区国企主营业务收入增长率的平均值

年份	东北 值/序	华北 值/序	华东 值/序	华南 值/序	华中 值/序	西北 值/序	西南 值/序
2018	10.07/14.7	8.70/16.0	9.74/14.5	10.63/14.0	3.36/22.5	10.67/13.2	8.47/17.4
2019	3.11/14.7	2.18/15.6	−3.12/23.7	0.29/20.0	1.54/15.8	4.28/11.2	6.57/10.6
2020	−7.18/24.3	−1.54/15.4	−2.85/18.8	20.03/9.7	−5.45/19.5	−2.87/18.8	4.30/6.4
2021	21.16/19.7	29.21/15.0	23.10/20.7	31.87/8.3	24.92/17.5	32.17/8.2	23.87/20.4
2022	−0.69/21.7	11.61/12.2	6.70/18.7	5.01/21.0	2.45/25.5	17.36/8.4	14.20/10.2
平均	5.30/19.0	10.03/14.8	6.71/19.3	13.57/14.6	5.37/20.2	12.32/12.0	11.48/13.0

4. 主要结论

首先，总体而言，东北地区的经济发展指数明显低于全国平均水平。在反映经济发展水平的 3 个方面（经济基础、产业发展、企业活力），东北三省全面落后于东南三省，其中，"经济基础"方面，东北三省和东南三省之间存在的差距最大，其余两个方面也存在明显差距。

其次，动态来看，2018—2022 年，东北地区经济发展指数得分的增长速度较低，与东部、西部和中部地区存在一定差距；东北地区的连续排序变动在全国四大经济区之中较低，与其余三个地区的差距在逐渐拉大；东北地区的单年排序变动在全国四大经济区之中也是较低的，说明东北地区的经济发展相对水平有所下降。

再次，分省来看，辽宁省经济发展水平较高，吉林省次之，黑龙江省较弱。在全国各省相对排序的竞争中，辽宁省和黑龙江省均出现了退步，其中辽宁省的倒退幅度最大。辽宁省的"产业发展"相对较强；吉林省的"经济基础"相对较强，"企业活力"相对较弱；黑龙江省的"企业活力"相对较强，"产业发展"和"经济基础"相对较弱。

最后，单项指标方面，东北地区"人均第一产业增加值"相对于全国平均水平具有一定的优势；其他各项指标，特别是"人均 GDP""人均固定资产投资额""人均社会消费品零售总额""社会融资规模增量""人均工业增加值""人均服务业产值""万人新增企业数"等发展比较落后。

（二）政市治理评价报告

1. 政市治理指数总体分析

对政市治理的测度包括政务水平、市场环境、法治基础 3 个方面，共 9 项关键指标。汇集中国 31 个省市区 2018—2022 年政市治理方面的指标信息，可以得到连续 5 年的政市治理指数得分。在此基础上，形成多年连续排序和单年排序。其中，多年连续排序用于反映各省市区政市治理的绝对发展水平随时间动态变化的情况（31 个省市区 5 年共 155 个排位，最高排序为 1，最低排序为 155），单年排序用于反映各省市区在全国范围内某个单年的相对发展水平（31 个省市区每年 31 个排位，最高排序为 1，最低排序为 31）。具体来说，31 个省市区政市治理指数的总体情况如表 2.44 所示。

东北地区的政市治理指数处于全国较靠后的位置，且整体上远落后于东南三省的发展水平。2018—2022 年，6 省政市治理指数由高到低依次为江苏省、浙江省、广东省、辽宁省、吉林省、黑龙江省；东南三省的政市治理指数普遍呈先上升后下降的发展态势，东北三省中除吉林省的政市治理指数呈波动上升趋势之外，其余两省均呈波动下降趋势，其中，黑龙江省的下降幅度较大；东北三省整体下降幅度高于东南三省

表 2.44 2018—2022 年 31 个省市区政市治理指数得分、连续及单年排序

省市区	2018年 值	总	年	2019年 值	总	年	2020年 值	总	年	2021年 值	总	年	2022年 值	总	年
上海	84.2	4	1	81.2	7	2	87.5	1	1	87.3	2	1	84.8	3	1
江苏	78.0	14	2	81.4	6	1	82.0	5	2	80.6	8	2	77.2	17	2
北京	76.8	18	3	78.7	11	3	78.2	12	3	78.7	10	4	76.2	19	3
浙江	75.3	21	4	77.7	16	4	78.1	13	4	78.9	9	3	75.8	20	4
重庆	73.8	25	5	72.7	26	5	74.8	22	5	77.8	15	5	72.2	32	5
山东	66.4	51	10	68.6	44	8	70.7	37	8	72.1	33	8	71.6	35	6
福建	66.9	48	8	65.4	54	11	69.6	39	9	70.8	36	9	70.2	38	7
安徽	64.1	59	11	66.2	52	9	72.5	28	7	73.8	24	6	69.3	42	8
广东	72.3	31	6	72.5	27	6	74.5	23	6	72.3	30	7	68.7	43	9
天津	71.9	34	7	72.3	29	7	67.4	46	10	69.4	41	11	68.1	45	10
辽宁	66.7	49	9	66.0	53	10	67.3	47	11	69.5	40	10	66.7	50	11
陕西	57.6	85	16	56.0	94	16	60.0	72	14	63.9	60	14	64.4	56	12
湖南	59.5	74	14	61.5	65	13	62.5	64	12	65.0	55	12	64.1	58	13
湖北	63.1	62	12	62.9	63	12	60.4	68	13	64.3	57	13	63.6	61	14
广西	52.1	117	22	53.8	106	19	57.1	88	19	60.2	69	16	60.6	67	15
河南	53.4	110	20	54.3	102	18	58.7	78	17	60.6	66	15	58.7	79	16
宁夏	54.0	104	19	52.2	115	22	53.7	108	22	56.8	89	22	57.1	87	17
江西	50.8	125	23	50.8	126	24	54.1	103	21	58.1	82	20	56.5	91	18
河北	59.9	73	13	56.6	90	15	58.3	81	18	58.4	80	19	56.4	92	19
四川	58.1	83	15	60.2	70	14	59.5	75	15	60.0	71	17	54.4	99	20
新疆	47.1	139	27	51.9	120	23	59.4	76	16	59.1	77	18	54.3	101	21
内蒙古	54.5	98	18	55.8	95	17	53.0	112	25	56.3	93	23	54.0	105	22
云南	49.0	131	25	49.9	129	25	51.9	119	26	50.8	124	27	52.4	113	23
吉林	50.1	127	24	48.5	132	27	53.7	109	23	57.7	84	21	51.9	118	24
贵州	47.5	136	26	49.2	130	26	55.4	97	20	55.6	96	24	51.2	122	25
山西	52.1	116	21	53.7	107	20	53.4	111	24	54.4	100	25	50.1	128	26
黑龙江	57.2	86	17	52.2	114	21	51.1	123	27	51.2	121	26	48.4	133	27
甘肃	42.0	149	30	43.7	144	28	47.3	137	28	48.1	134	28	47.7	135	28
青海	43.5	145	28	40.7	150	30	46.5	140	29	44.9	142	30	43.8	143	29
海南	42.7	148	29	43.4	146	29	46.5	141	30	47.3	138	29	43.4	147	30
西藏	36.5	154	31	36.2	155	31	40.1	151	31	39.7	153	31	39.9	152	31
平均	58.9	84.4	16	59.2	83.2	16	61.5	75.0	16	62.7	69.0	16	60.4	78.4	16

注：①对于表中的字段名称，"值"表示各省市区对应年份的指数得分，"总"表示各省市区 2018—2022 年多年连续总排序，"年"表示各省市区 5 个单年的排序；②表中 31 省市区按照 2022 年的指数得分由高到低（降序）排列。

整体下降幅度，东南三省中水平较低的广东省依然明显优于东北地区表现最优的辽宁省；6省中，政市治理指数年均增幅最大的是吉林省（0.88%），降幅最大的是黑龙江省（-3.82%），辽宁省的降幅为0.01%。就2022年而言，东北三省中，辽宁省表现相对较好，在31个省份中的单年排序为11，吉林省和黑龙江省相对较差，排序分别为24和27。具体如表2.44和表2.45所示。

表2.45　2018—2022年6省政市治理指数值及单年排序

年份	辽宁省 值/序	吉林省 值/序	黑龙江省 值/序	江苏省 值/序	浙江省 值/序	广东省 值/序	全国平均 值
2018	66.69/9	50.13/24	57.15/17	77.96/2	75.26/4	72.29/6	58.94
2019	65.99/10	48.54/27	52.24/21	81.36/1	77.72/4	72.52/6	59.23
2020	67.32/11	53.67/23	51.10/27	82.04/2	78.13/4	74.52/6	61.46
2021	69.48/10	57.65/21	51.25/26	80.60/2	78.94/3	72.33/7	62.70
2022	66.66/11	51.90/24	48.41/27	77.18/2	75.80/4	68.72/9	60.44
平均	67.23/10.2	52.38/23.8	52.03/23.6	79.83/1.8	77.17/3.8	72.08/6.8	60.55

2018—2022年，全国政市治理指数整体呈波动上升趋势，与之相反，东北地区政市治理指数整体呈波动下降趋势；东北地区政市治理指数低于全国平均水平，差距在2019年之后基本保持不变；就东北三省而言，吉林省呈波动上升趋势，并于2020年超越黑龙江省，辽宁省在2018—2021年呈平稳上升趋势，但在2022年出现小幅度下降，黑龙江省整体呈下降趋势，东北三省平均水平始终处于全国平均水平之下；就政市治理指数而言，辽宁省较好，吉林省次之，黑龙江省较弱。具体如图2.33所示。

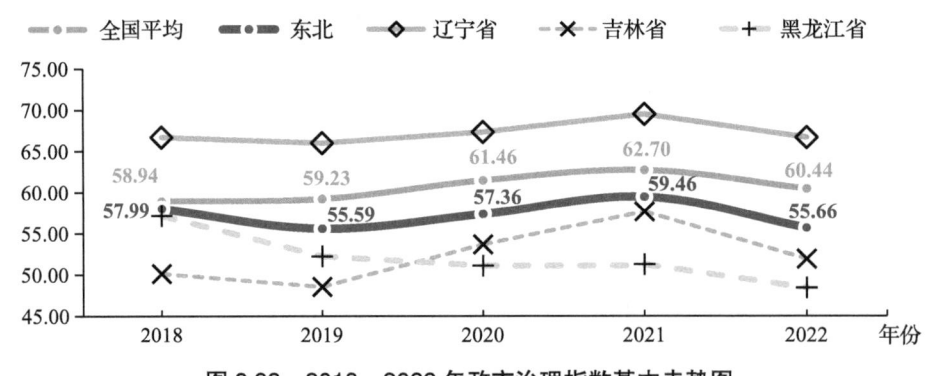

图2.33　2018—2022年政市治理指数基本走势图

注：①全国平均指31个省市区的平均水平；②全国范围内（可采集到的数据），政市治理指数得分最大值为2020年上海市的87.55，最小值为2019年西藏自治区的36.18。

2018—2022年，东北三省政市治理指数在全国31个省市区连续5年数据集（共155个指标值）中的相对位置分布情况如图2.34所示。可见，东北三省5年（共15个数据）政市治理指数的百分比排位处于50%以下的有10个；排位的最大值是2021年的辽宁省（74.6%），最小值是2022年的黑龙江省（14.2%）。

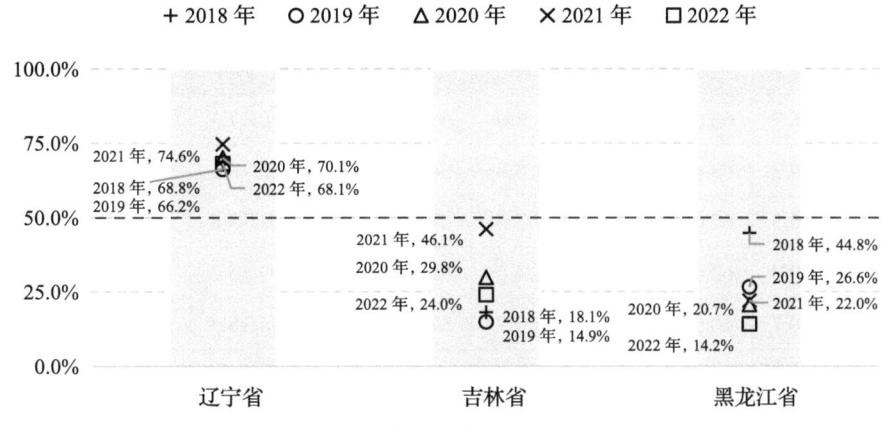

图2.34　2018—2022年东北三省政市治理指数百分比数值图

2. 全国视角下东北地区政市治理进展分析

2018—2022年，四大经济区政市治理指数由高到低依次为东部、中部、东北、西部；中部地区和西部地区政市治理指数呈波动上升趋势，增幅分别为1.40%、1.47%，东部地区和东北地区整体呈下降趋势，其中，东北地区下降幅度最大（-1.00%）；就政市治理指数而言，东北地区排序靠后，与表现最优的东部地区相比差距较大。具体如表2.46所示。

表2.46　2018—2022年四大经济区政市治理指数的平均值

年份	东北 平均值	东北 年排序	东部 平均值	东部 年排序	西部 平均值	西部 年排序	中部 平均值	中部 年排序
2018	57.99	17.0	69.43	8.0	51.32	21.8	57.17	16.8
2019	55.59	19.3	69.78	8.6	51.85	21.3	58.23	16.0
2020	57.36	20.3	71.29	9.1	54.88	20.8	60.27	15.7
2021	59.46	19.0	71.58	9.3	56.11	21.3	62.70	15.2
2022	55.66	20.7	69.23	9.1	54.33	20.7	60.38	15.8
平均	57.21	19.2	70.26	8.9	53.70	21.2	59.75	15.9

注：为确保区分度，对于具有平均意义的排序，本研究保留一位小数，以下各表同。

2018—2022年，七大地理区政市治理指数由高到低依次为华东、华北、华中、华南、东北、西南、西北；除东北地区与华北地区外，其他地区普遍呈波动上行发展态势；其中，西北地区上升幅度最大（2.36%），东北地区下降幅度最大（-1.00%），华北地区降幅为0.83%；就政市治理指数而言，东北地区处于七大地理区的中下游水平，与水平最佳的华东地区相比，差距较大。具体如表 2.47 所示。

表 2.47 2018—2022 年七大地理区政市治理指数的平均值

年份	东北 值/序	华北 值/序	华东 值/序	华南 值/序	华中 值/序	西北 值/序	西南 值/序
2018	57.99/16.7	63.05/12.4	72.48/6.0	55.70/19.0	56.70/17.3	48.85/24.0	52.98/20.4
2019	55.59/19.3	63.42/12.4	73.41/5.8	56.57/18.0	57.36/16.8	48.88/23.8	53.64/20.2
2020	57.36/20.3	62.06/16.0	76.74/5.2	59.35/18.3	58.94/15.8	53.37/21.8	56.34/19.4
2021	59.46/19.0	63.43/16.4	77.26/4.8	59.94/17.3	61.99/15.0	54.57/22.4	56.78/20.8
2022	55.66/20.7	60.95/16.0	74.79/4.7	57.56/18.0	60.74/15.3	53.45/21.4	54.02/20.8
平均	57.21/19.2	62.58/14.6	74.94/5.3	57.82/18.1	59.15/16.0	51.83/22.7	54.75/20.3

为便于直观分析，将指数信息按空间分类、时间排列、优劣序化等方式整理后，形成多年指数得分、连续排序及单年排序的可视化集成图（见图 2.35 至图 2.37），结合表 2.44 的信息，以全国四大经济区为划分标准，对东北三省政市治理方面的振兴进程评价如下。

（1）东北地区政市治理指数得分明显低于东部地区，略高于西部地区。

从四大经济区平均得分曲线的变化情况（见图 2.35）可以看出，东部地区政市治理发展相对成熟，基础夯实（2018 年为 69.4 分），在经历了小幅度的上升之后（2021 年为 71.6 分），2022 年出现了一定程度的下滑。西部、中部地区与东部地区的发展曲线类似，2018—2021 年呈稳定上升态势，随后表现出下行态势。东北地区呈明显的波动下降态势，2019 年和 2022 年下降幅度显著。就指数得分而言，东北地区最优水平位列末位，东北地区的平均指数得分位于 55~60 分之间，东部地区和中部地区的基础相对较好，平均指数得分分别位于 69~72 分和 57~63 分之间。以 2018 年为基点（得分为 58.0 分），东北地区起步条件高于西部和中部地区，但平均年指数得分变动降幅最大（–0.6），在 2019 年之后被中部地区超越，且未来有进一步下降的趋势。

（2）东北地区政市治理多年连续排序下降幅度明显，整体水平较为落后。

从四大经济区多年连续排序曲线的变化情况（见图 2.36）可以看出，2018—2022 年，东部地区整体表现最优，基础较好（2018 年平均排序为 44.2），2021 年平均排序上升至 38.7；东北地区呈波动下降趋势，下降幅度最大（–3.3）；中部地区整体呈上升趋势，上升幅度最大（3.6），其中安徽省在 2021 年连续排序一度上升至 24 位；西部地区整体呈波动上升趋势，其中重庆市表现较好，广西壮族自治区排序连续 5 年稳定上升。东北地区平均水平低于东部和中部地区，其中黑龙江省跌幅显著，从第 86 名持续跌至第 133 名，辽宁省和吉林省发展的波动较大，连续排序不稳定。就最优水平而言，东部地区表现突出，西部和中部地区其次，东北地区最优排序水平最低。

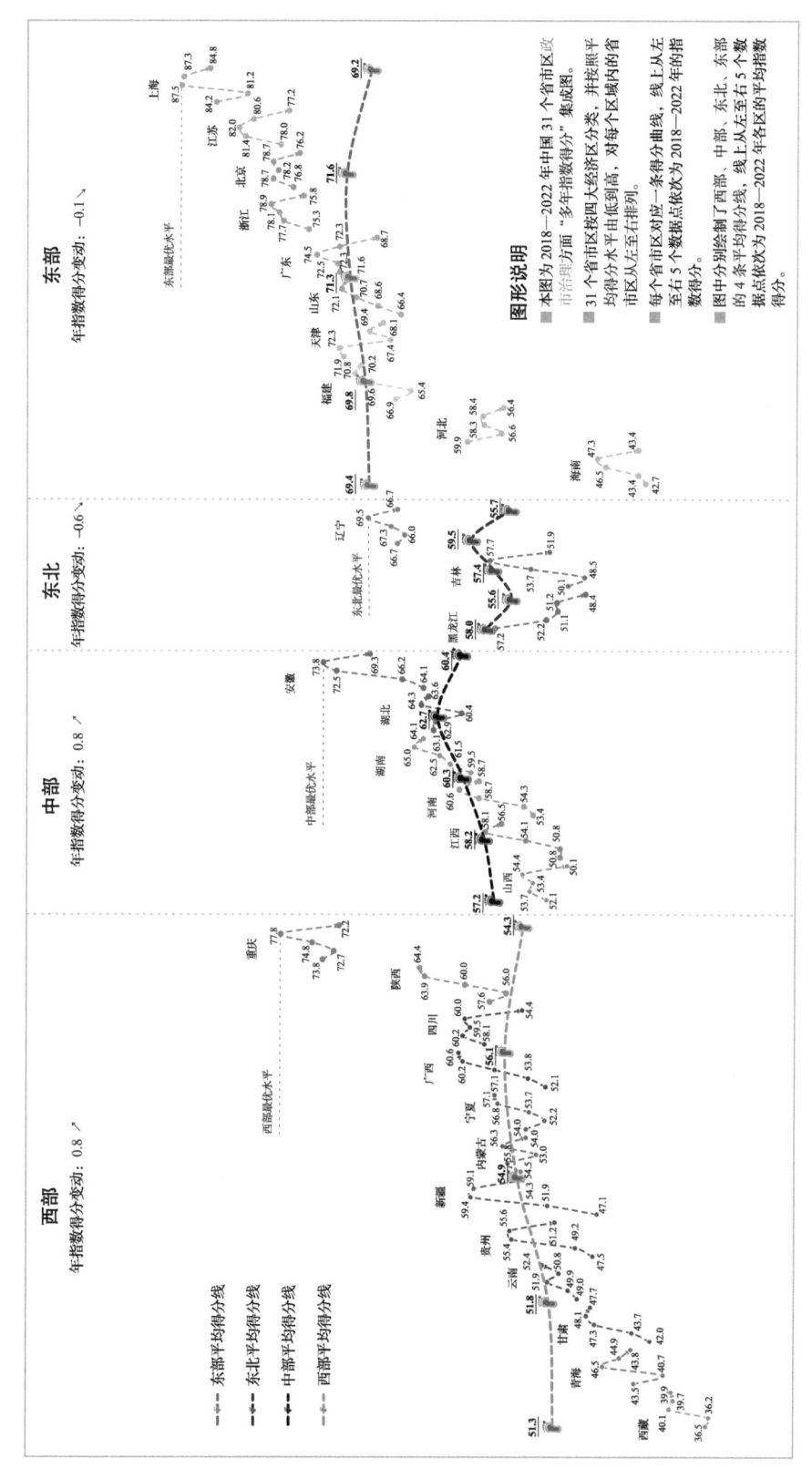

图 2.35 2018—2022 年 31 个省市区政市治理指数得分变动情况

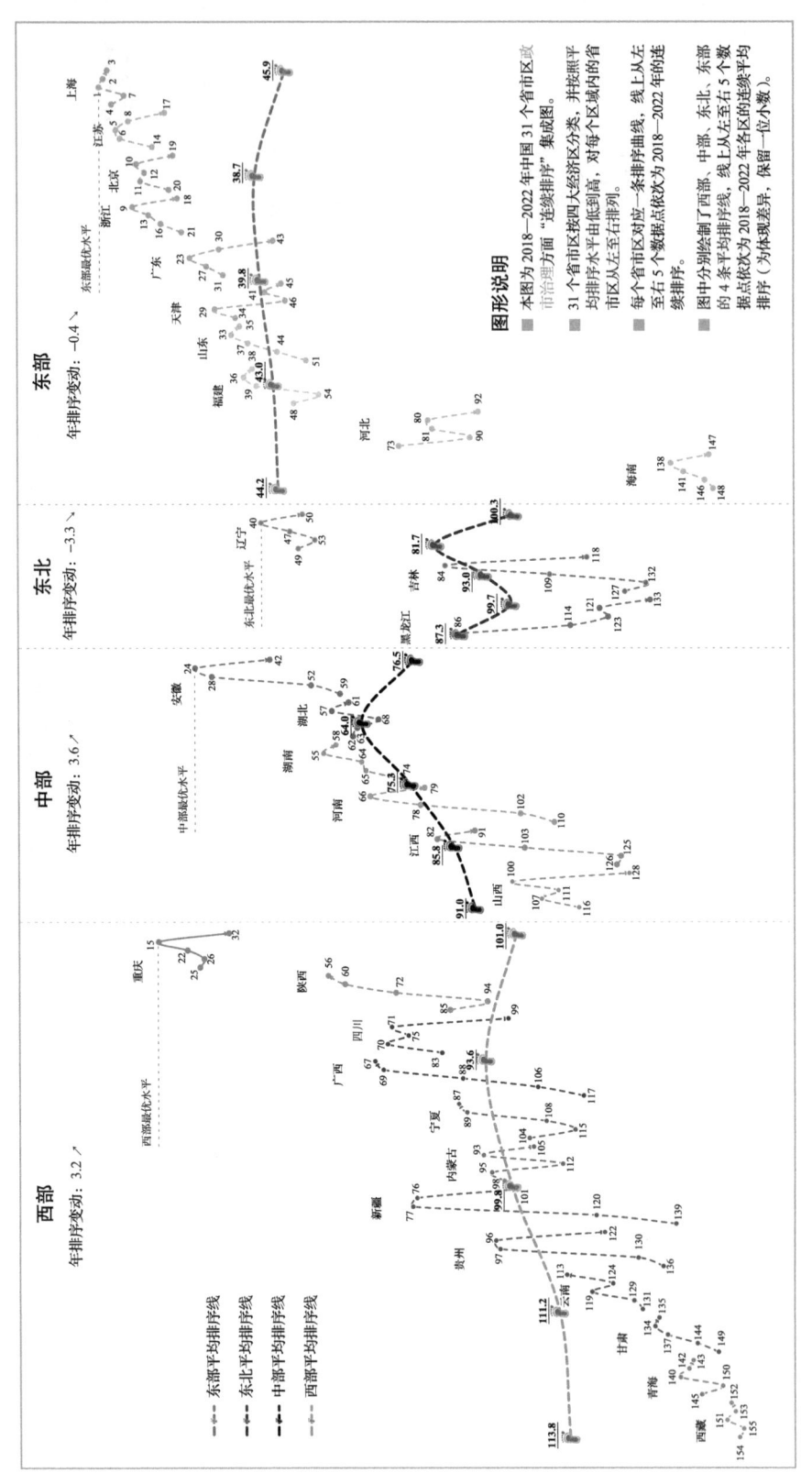

图 2.36 2018—2022 年 31 个省市区政市治理多年连续排序变动情况

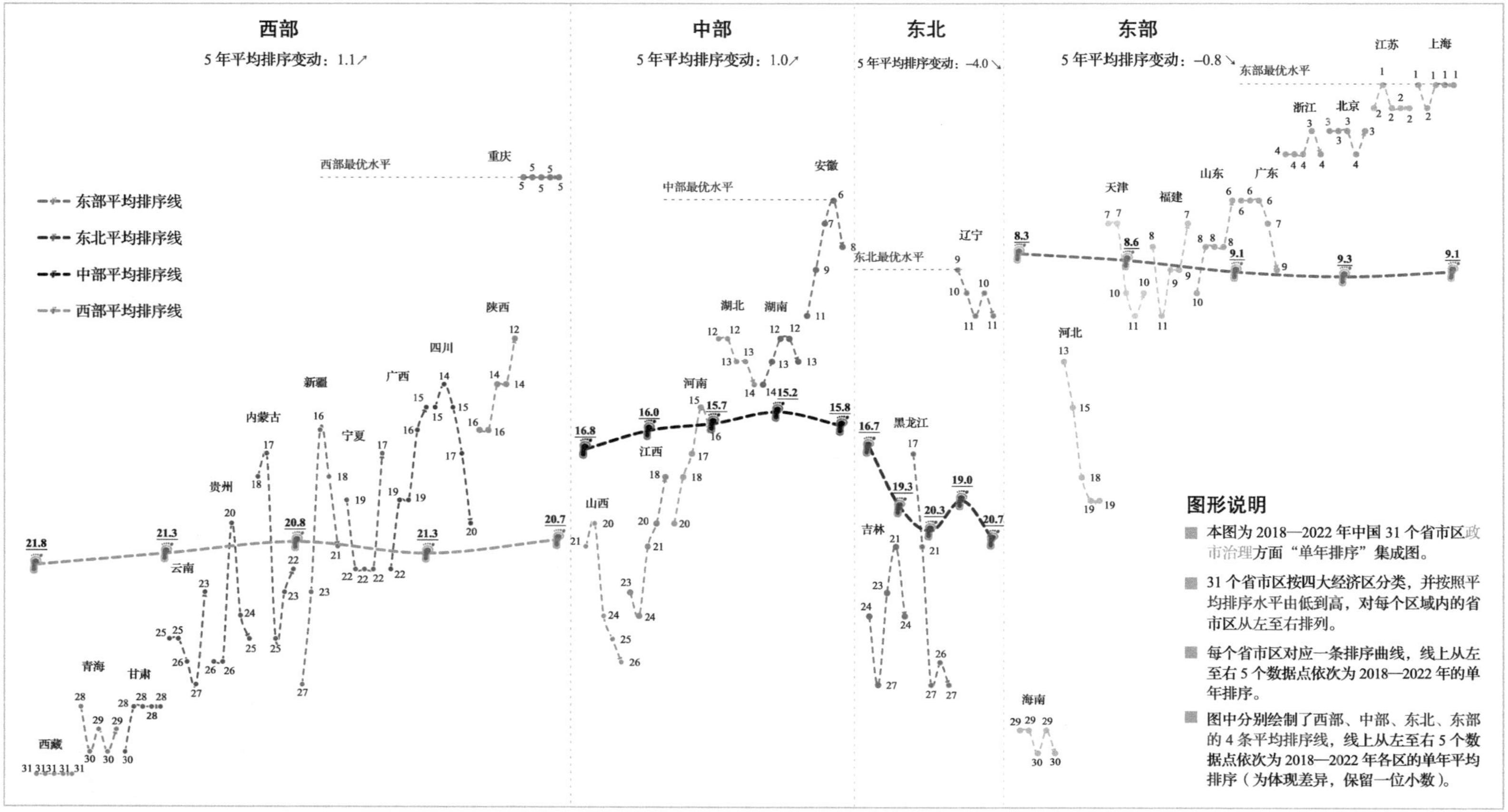

图 2.37 2018—2022 年 31 个省市区政市治理单年排序变动情况

（3）东北地区政市治理相对水平降幅明显，未来发展呈持续下行态势。

从四大经济区单年排序曲线的变化情况（见图2.37）可以看出，在相对位次的排序竞争中，2018—2022年，东部和东北地区均呈下降趋势，年均排序下降幅度分别为0.8和4.0，而中部和西部地区均呈上升趋势，其中西部地区的提升幅度最大（1.1）。东北地区仅在2021年表现出一定程度的上升，其他年份普遍呈下行趋势，且下降幅度较大，其中黑龙江省从第17名下跌至第27名，辽宁省从第9名下跌至第11名，整体单年平均排序与东部地区相比，差距较大，与西部地区相比，优势已逐年消失。就区域最优排序而言，东北地区与其他三个地区相比仍有一定差距，且远低于表现最优的东部地区。

3. 政市治理分项指数分析

2018—2022年，东北三省在"政务水平"和"市场环境"2个分项指数下，指数平均值均低于东南三省平均水平和全国平均水平，在"法治基础"方面高于全国平均水平，略低于东南三省平均水平。东北三省中，辽宁省3个分项指数的平均值均为最高，其中，"法治基础"高于东南三省及全国平均水平，但"政务水平"与"市场环境"明显低于东南三省；吉林省仅"法治基础"指数平均值高于全国平均水平，但低于东南三省；黑龙江省在3个方面均表现较差，"政务水平"和"市场环境"与全国平均水平差距较大。东南三省3个分项指数的发展较好，平均值显著高于东北三省和全国平均水平，优势明显。就东北三省整体而言，与东南三省有较大差距。具体如表2.48和图2.38所示。

表2.48　2018—2022年6省政市治理方面分项指数的平均值

	政务水平	市场环境	法治基础
辽宁省	61.59	54.80	85.30
吉林省	38.85	44.00	74.29
黑龙江省	44.33	44.93	66.83
江苏省	94.90	68.39	76.19
浙江省	76.97	77.41	77.13
广东省	80.46	60.59	75.18
东北三省平均	48.26	47.91	75.47
东南三省平均	84.11	68.80	76.17
全国各省平均	58.24	52.03	71.39
全国各省最高	94.90	77.41	100.35
全国各省最低	13.67	32.24	40.93

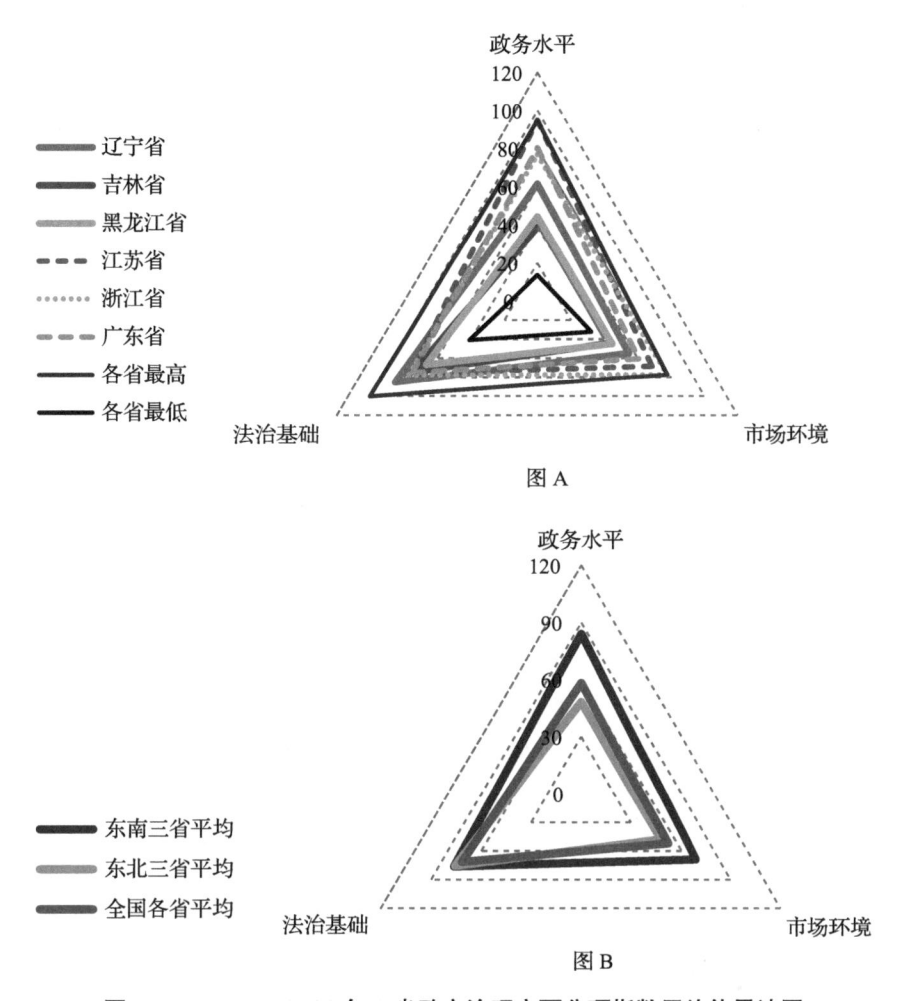

图 2.38　2018—2022 年 6 省政市治理方面分项指数平均值雷达图

　　2018—2022 年，全国在反映政市治理的 3 个分项指数方面的整体发展较为波动，其中，"政务水平"在 2019 年之后呈现稳定上升趋势，"市场环境"发展相对平稳，波动幅度最小，"法治基础"呈先上升后下降的发展态势，波动幅度相对较大。东南三省的"政务水平"和"市场环境"表现较为突出，分项指数均处于全国前列（从年排序得出），尤其是江苏省的"政务水平"连续 5 年均位于全国首位。就东北三省 3 个分项指数而言，整体排序相对靠后，仅辽宁省的"法治基础"连续 5 年排序全国前十。辽宁省"政务水平"指数得分整体呈波动下行趋势，"市场环境"下行趋势明显，全国排序由第 10 名逐渐跌至第 19 名，"法治基础"则呈波动上升发展态势，2021 年全国排序升至第 3 名；吉林省"政务水平"整体呈下降趋势，"市场环境"和"法治基础"在经历了稳定上升发展后，在 2022 年均出现一定程度的下滑，尤其是"市场环境"，全国排序下跌了 5 名；黑龙江省"政务水平"和"市场环境"表现相对较差，均呈明显的下行趋势，"法治基础"整体发展则呈波动上升态势，全国排序在 2022 年上升至第 12

名。具体如表 2.49 所示。

表 2.49　2018—2022 年 6 省政市治理方面分项指数

分项指数	年份	辽宁省 值/序	吉林省 值/序	黑龙江省 值/序	江苏省 值/序	浙江省 值/序	广东省 值/序	全国平均 值
政务水平	2018	66.17/11	51.39/21	62.63/15	96.01/1	76.42/9	85.27/5	58.42
	2019	56.43/15 ▽	34.49/24 ▽	46.43/20 ▽	93.35/1 ▽	73.84/9 ▽	74.20/7 ▽	54.40 ▽
	2020	56.90/15 ▲	34.17/25 ▽	38.43/21 ▽	93.95/1 ▲	75.47/8 ▲	78.01/5 ▲	55.62 ▲
	2021	64.62/16 ▲	38.81/26 ▲	39.93/24 ▲	95.08/1 ▲	79.66/8 ▲	81.92/6 ▲	61.27 ▲
	2022	63.82/16 ▽	35.39/26 ▽	34.22/27 ▽	96.10/1 ▲	79.46/8 ▽	82.90/6 ▲	61.50 ▲
市场环境	2018	54.56/10	33.80/31	48.20/16	63.31/5	72.50/3	63.01/6	51.67
	2019	57.00/10 ▲	40.23/25 ▲	47.60/18 ▽	67.44/4 ▲	78.56/1 ▲	64.61/5 ▲	51.33 ▽
	2020	56.51/11 ▽	50.60/15 ▲	45.53/22 ▽	68.32/4 ▲	73.43/3 ▽	62.86/6 ▽	51.68 ▲
	2021	55.12/13 ▽	53.34/15 ▲	41.33/28 ▽	71.70/4 ▲	82.44/1 ▲	58.06/9 ▽	53.27 ▲
	2022	50.80/19 ▽	42.05/26 ▽	42.01/27 ▲	71.20/2 ▽	80.11/1 ▽	54.41/13 ▽	52.20 ▽
法治基础	2018	79.33/7	65.20/15	60.63/20	74.55/9	76.86/8	68.59/12	66.73
	2019	84.55/7 ▲	70.91/17 ▲	62.69/23 ▲	83.29/8 ▲	80.76/9 ▲	78.74/10 ▲	71.96 ▲
	2020	88.55/4 ▲	76.25/17 ▲	69.32/26 ▲	83.84/10 ▲	85.50/7 ▲	82.70/11 ▲	77.08 ▲
	2021	88.68/3 ▲	80.81/8 ▲	72.49/20 ▲	75.02/15 ▽	74.71/17 ▽	77.00/11 ▽	73.56 ▽
	2022	85.37/3 ▽	78.26/5 ▽	69.02/12 ▽	64.23/19 ▽	67.84/15 ▽	68.86/13 ▽	67.61 ▽

注：表中符号"▲"表示本年的数据相对于前一年是增长的，符号"▽"表示本年的数据相对于前一年是减少的。

进一步统计升降符（▲或▽）的数量，对不同地区的发展态势及稳定性进行分析和对比可知，2018—2022 年，全国 3 项指数中升符▲的数量为 7，降符▽的数量为 5，6 个省份的 3 项指数中升符▲的数量为 38，降符▽的数量为 34，升符▲的数量略微大于降符▽的数量；东北三省和东南三省的"政务水平"分别有 4 个和 8 个升符▲，"市场环境"分别有 5 个和 6 个升符▲，"法治基础"分别有 9 个和 6 个升符▲，东北三省仅"法治基础"的升符▲总数高于东南三省，整体发展水平低于东南三省。

2018—2022 年，辽宁省升符▲的数量为 6 个，占辽宁省升降符总数的 50.0%，吉林省升符▲的数量为 7 个，占 58.3%，黑龙江省升符▲的数量为 5 个，占 41.7%，江苏省升符▲的数量为 8 个，占 66.7%，浙江省升符▲的数量为 6 个，占 50.0%，广东省升符▲的数量为 6 个，占 50.0%，东北三省中上升势头强劲的吉林省的表现弱于东南三省中的江苏省；就东北三省而言，吉林省的上升势头较好，辽宁省次之，黑龙江省较弱。

（1）政务水平。

①政府分配资源的比重（单位：%）。政府分配资源的比重反映一个地区对市场资源的支配程度，是衡量地区政管规模的核心指标，计算公式为扣除教科文卫和社会保障后的财政支出与地区GDP的比值。该指标为逆向指标，比重越大意味着政府对市场资源分配的干预越多。2018—2022年，全国政府分配资源的比重呈波动下降态势，东北地区整体呈波动上升趋势；东北地区在2018年和2019年低于全国平均水平，在2020年至2022年均略高于全国平均水平；辽宁省呈波动下降趋势，吉林省与黑龙江省均呈波动上升态势，2019年升幅明显；就东北三省而言，辽宁省较好，吉林省次之，黑龙江省较弱。总体而言，东北地区政府分配资源的比重在2018年和2019年优于全国平均水平，2020年至2022年劣于全国平均水平，但差距有明显缩减的趋势。具体如图2.39所示。

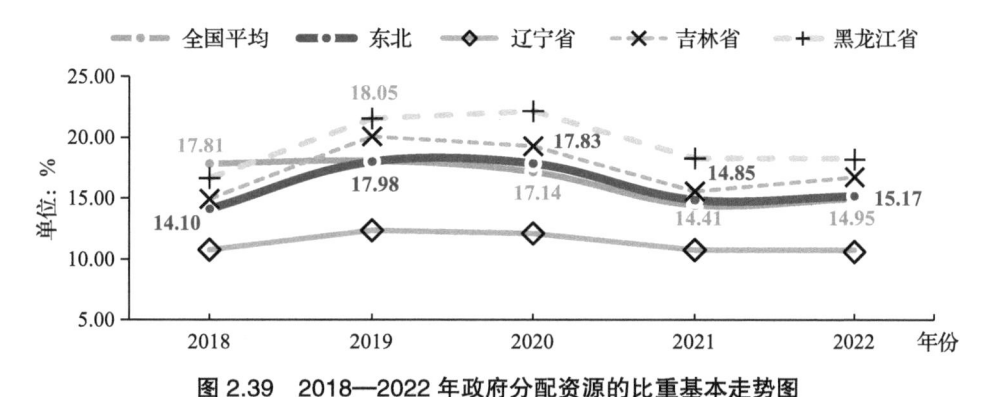

图2.39 2018—2022年政府分配资源的比重基本走势图

注：①全国平均指31个省市区的平均水平；②全国范围内（可采集到的数据），政府分配资源的比重最大值为2018年西藏自治区的99.45%，最小值为2022年福建省的5.42%。

2018—2022年，东北三省政府分配资源的比重在全国31个省市区连续5年数据集中的相对位置分布情况如图2.40所示。可见，东北三省5年（共15个数据）政府分配

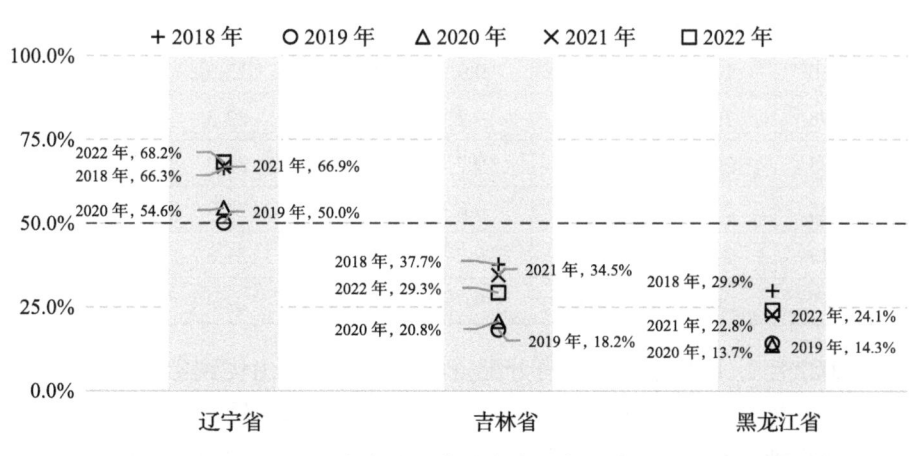

图2.40 2018—2022年东北三省政府分配资源的比重百分比数值图

资源的比重的百分比排位处于50%以下的有10个，其中有6个位于25%以下；此外，排位的最大值是2022年的辽宁省（68.2%），最小值是2020年的黑龙江省（13.7%）。

2018—2022年，6省政府分配资源的比重表现由优到劣依次是江苏省、广东省、浙江省、辽宁省、吉林省、黑龙江省；东南三省中，江苏省、广东省和浙江省均呈下降的态势；东北三省中，吉林省和黑龙江省呈波动上升的态势，辽宁省呈波动下降的态势；东南三省中水平较低的浙江省优于东北地区水平最高的辽宁省；政府分配资源的比重增幅最大的是吉林省（3.04%），降幅最大的是广东省（-5.23%），辽宁省降幅为0.36%，黑龙江省增幅为2.30%。具体如表2.50所示。

表 2.50 2018—2022年6省政府分配资源的比重的原始值

年份	辽宁省 值/序	吉林省 值/序	黑龙江省 值/序	江苏省 值/序	浙江省 值/序	广东省 值/序	全国平均值
2018	10.76/9	14.92/20	16.63/22	7.27/1	8.83/4	8.91/5	17.81
2019	12.35/13	20.06/23	21.54/26	7.23/2	9.24/5	8.62/4	18.05
2020	12.10/12	19.25/24	22.15/26	7.39/2	8.56/5	8.10/4	17.14
2021	10.75/13	15.55/24	18.26/27	6.82/2	8.04/5	7.28/4	14.41
2022	10.60/13	16.73/24	18.17/27	6.50/2	8.02/5	7.04/4	14.95
平均	11.31/12.0	17.30/23.0	19.35/25.6	7.04/1.8	8.54/4.8	7.99/4.2	16.47

2018—2022年，四大经济区政府分配资源的比重表现由优到劣依次是东部、中部、东北、西部；东部、中部、西部三个地区整体均呈下降趋势，东北地区呈波动上升态势；东北地区的增幅最大（1.89%），东部地区的降幅最大（-5.02%）；东北地区政府分配资源的比重与东部地区差距较大。具体如表2.51所示。

表 2.51 2018—2022年四大经济区政府分配资源的比重的平均值

年份	东北 平均值	东北 年排序	东部 平均值	东部 年排序	西部 平均值	西部 年排序	中部 平均值	中部 年排序
2018	14.10	17.0	11.42	9.9	26.90	23.0	12.11	11.7
2019	17.98	20.7	11.43	9.7	26.56	22.3	12.13	11.5
2020	17.83	20.7	10.85	9.7	24.79	22.2	11.98	11.8
2021	14.85	21.3	9.59	9.8	20.51	21.8	10.01	12.0
2022	15.17	21.3	9.13	9.2	22.12	21.8	10.19	13.0
平均	15.99	20.2	10.48	9.7	24.18	22.2	11.28	12.0

2018—2022年，七大地理区政府分配资源的比重表现由优到劣依次为华东、华中、华北、华南、东北、西北、西南；华东、华中两个地区呈持续下降趋势，华北、华南、西北、西南四个地区均呈波动下降趋势，东北地区则呈波动上升趋势；东北地区的增

幅最大（1.89%），华南地区的降幅最大（-5.38%）；就七大地理区而言，东北地区排序靠后，与表现最优的华东地区相比，差距较大。具体如表2.52所示。

表2.52 2018—2022年七大地理区政府分配资源的比重的平均值

年份	东北 值/序	华北 值/序	华东 值/序	华南 值/序	华中 值/序	西北 值/序	西南 值/序
2018	14.10/17.0	13.72/15.6	9.91/6.8	14.85/16.0	11.63/10.5	25.28/25.4	32.83/21.8
2019	17.98/20.7	15.08/16.8	9.23/5.8	15.01/15.7	11.48/10.3	25.68/25.6	31.11/19.8
2020	17.83/20.7	14.49/17.2	8.85/5.3	14.53/16.0	11.32/11.0	25.07/25.4	27.63/19.4
2021	14.85/21.3	11.85/16.4	8.02/6.2	12.28/15.7	9.73/11.0	20.64/25.4	23.15/19.0
2022	15.17/21.3	11.55/15.4	7.94/6.7	11.66/15	9.73/11.5	21.21/26	26.52/18.8
平均	15.99/20.2	13.34/16.3	8.79/6.2	13.67/15.7	10.78/10.9	23.58/25.6	28.25/19.8

②政府人员规模（单位：%）。政府人员规模反映了一个地区政府机构的精简情况，是衡量该地区政管规模的重要指标，计算公式为公共管理部门年底职工人数与地区人口的比值，是逆向指标。总体而言，2018—2021年东北地区的政府人员规模低于全国平均水平，意味着东北地区的政府机构较为精简，但这种优势有明显削弱的趋势。2018—2022年，全国政府人员规模整体呈波动上升趋势，东北地区呈平稳上升趋势；东北三省水平明显优于全国平均水平；东北三省中，辽宁省政府人员规模呈先上升后下降的趋势，其他两省政府人员规模均呈持续上升趋势；吉林省与全国平均水平的差距呈缩小趋势并在2021—2022年超过全国平均水平，辽宁省与全国平均水平的差距呈先缩小后扩大的趋势，黑龙江省与全国平均水平的差距呈缩小趋势并在2022年超过全国平均水平。具体如图2.41所示。

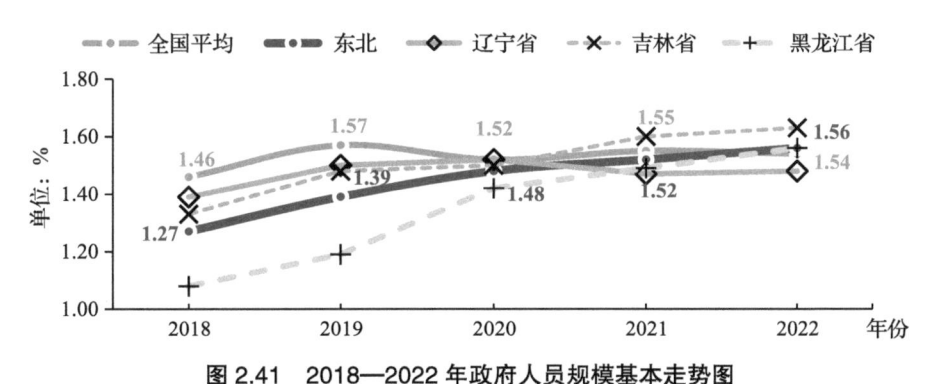

图2.41 2018—2022年政府人员规模基本走势图

注：①全国平均指31个省市区的平均水平；②全国范围内（可采集到的数据），政府人员规模最大值为2018年西藏自治区的4.71%，最小值为2022年上海市的0.75%。

2018—2022年，东北三省政府人员规模在全国31个省市区连续5年数据集中的相对位置分布情况如图2.42所示。可见，东北三省5年（共15个数据）政府人员规模的百分比排位处于 50% 以下的有 13 个；此外，排位的最大值是 2018 年的黑龙江省（87.7%），最小值是 2022 年吉林省（26.0%）。

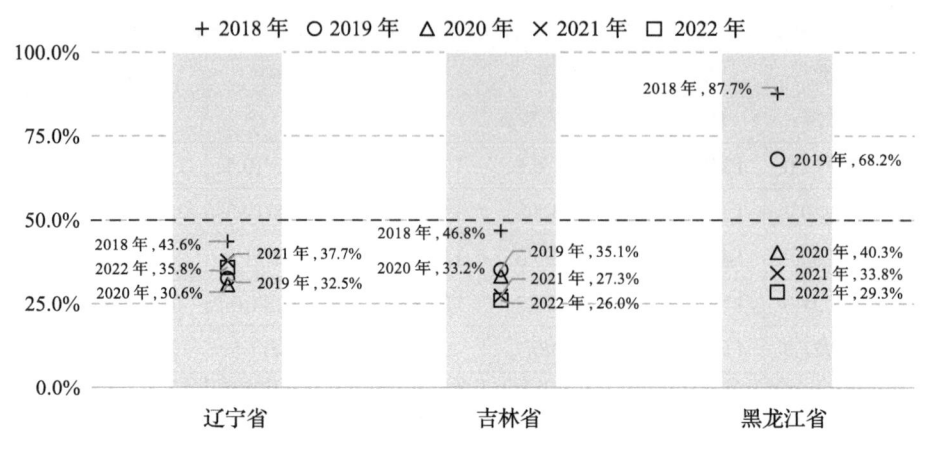

图 2.42　2018—2022 年东北三省政府人员规模百分比数值图

2018—2022 年，6 省政府人员规模表现由优到劣排序依次为江苏省、广东省、浙江省、黑龙江省、辽宁省、吉林省；东南三省中，江苏省和广东省呈波动上升趋势，浙江省呈先上升后下降的趋势；东北三省中，辽宁省呈波动上升趋势，吉林省和黑龙江省呈稳定上升趋势；东北三省相比于东南三省，仍有明显的差距；政府人员规模增幅最大的是黑龙江省（11.14%），降幅最大的是浙江省（-0.37%），辽宁省和吉林省的增幅分别为 1.67%、5.51%。具体如表 2.53 所示。

表 2.53　2018—2022 年 6 省政府人员规模的原始值

年份	辽宁省 值/序	吉林省 值/序	黑龙江省 值/序	江苏省 值/序	浙江省 值/序	广东省 值/序	全国平均 值
2018	1.39/20	1.33/19	1.08/8	0.92/3	1.21/17	1.03/4	1.46
2019	1.50/20	1.48/19	1.19/9	1.03/2	1.24/17	1.20/1	1.57
2020	1.52/23	1.50/22	1.42/19	1.00/3	1.22/10	1.16/5	1.52
2021	1.47/20	1.60/23	1.49/21	1.05/3	1.19/8	1.18/7	1.55
2022	1.48/21	1.63/23	1.56/22	1.05/3	1.19/8	1.19/7	1.54
平均	1.47/20.8	1.51/21.2	1.35/15.8	1.01/2.8	1.21/12.0	1.15/6.6	1.53

2018—2022 年，四大经济区政府人员规模表现由优到劣排序依次为东部/中部、东北、西部；东北、中部地区整体呈稳定上升趋势，东部、西部地区呈现波动上升趋势；东北地区的增幅最大（5.71%），西部地区的增幅最小（0.52%）；东北地区的政府人员规模与表现最优的东部、中部地区仍有差距。具体如表 2.54 所示。

表 2.54　2018—2022 年四大经济区政府人员规模的平均值

年份	东北 平均值	东北 年排序	东部 平均值	东部 年排序	西部 平均值	西部 年排序	中部 平均值	中部 年排序
2018	1.27	15.7	1.22	12.6	1.86	20.8	1.15	12.3
2019	1.39	16.0	1.32	12.7	1.98	20.8	1.23	11.8
2020	1.48	21.3	1.22	10.7	1.91	20.8	1.28	12.7
2021	1.52	21.3	1.26	11.1	1.92	20.5	1.29	12.5
2022	1.56	22.0	1.25	11.0	1.90	20.7	1.29	12.0
平均	1.44	19.3	1.25	11.6	1.92	20.7	1.25	12.3

2018—2022 年，七大地理区政府人员规模表现由优到劣排序依次为华东、华中、华南、东北、华北、西南、西北；七大地理区中，东北、华中、华北地区呈平缓上升趋势，华东和西北地区呈波动上升态势，华南和西南地区呈波动下降趋势；东北地区的增幅最大（5.71%），西南地区的降幅最大（-0.52%）；就七大地理区而言，东北地区排序居中，与表现最优的华东地区相比，差距较大。具体如表 2.55 所示。

表 2.55　2018—2022 年七大地理区政府人员规模的平均值

年份	东北 值/序	华北 值/序	华东 值/序	华南 值/序	华中 值/序	西北 值/序	西南 值/序
2018	1.27/15.7	1.55/20.6	1.00/7.5	1.24/12.0	1.14/12.5	1.97/25.8	1.91/17.2
2019	1.39/16.0	1.66/19.6	1.12/8.3	1.33/12.3	1.21/11.5	2.09/26.2	2.01/17.2
2020	1.48/21.3	1.66/20.0	1.07/6.7	1.22/9.0	1.25/12.0	2.05/25.4	1.85/18.0
2021	1.52/21.3	1.70/21.6	1.06/5.5	1.23/9.7	1.26/12.0	2.07/25.4	1.87/17.4
2022	1.56/22.0	1.70/22.0	1.06/5.3	1.21/9.0	1.27/11.3	2.03/25.0	1.87/18.2
平均	1.44/19.3	1.66/20.8	1.06/6.7	1.25/10.4	1.23/11.9	2.04/25.6	1.90/17.6

③行政成本比重（单位：%）。行政成本比重反映政府一般财政支出中公共服务的支出强度，是衡量地区政管规模的重要指标，计算公式为财政支出中的一般公共服务支出与地区 GDP 的比值，是逆向指标。总体而言，东北地区行政成本比重明显低于全国平均水平，但差距在逐渐缩小；2018—2022 年，全国行政成本比重整体呈平稳下降趋势，东北地区行政成本比重呈波动上升趋势（整体升降幅度较为平稳）；辽宁省、黑龙江省和吉林省均呈波动上升态势；就东北三省而言，辽宁省较好，黑龙江省次之，吉林省较弱；东北三省明显优于全国平均水平，但优势有逐渐削弱的趋势。具体如图 2.43 所示。

2018—2022 年，东北三省行政成本比重在全国 31 个省市区连续 5 年数据集中的相

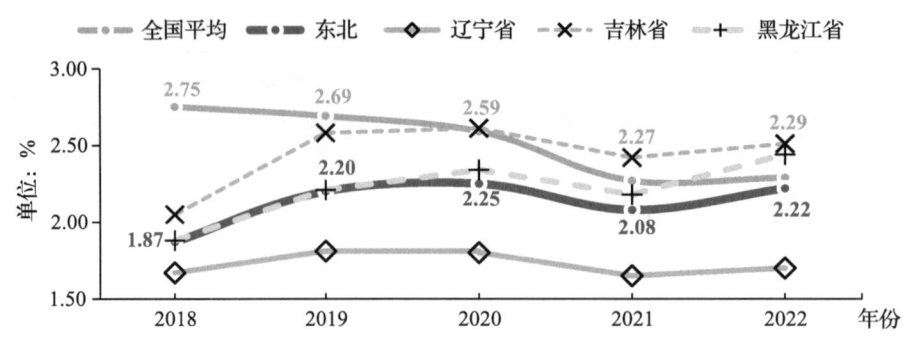

图 2.43　2018—2022 年行政成本比重基本走势图

注：①全国平均指 31 个省市区的平均水平；②全国范围内（可采集到的数据），行政成本比重最大值为 2018 年西藏自治区的 19.16%，最小值为 2021 年上海市的 0.88%。

对位置分布情况如图 2.44 所示。可见，东北三省 5 年（共 15 个数据）行政成本比重的百分比排位处于 50% 以下的有 9 个；排位的最大值是 2021 年的辽宁省（68.9%），最小值是 2020 年的吉林省（18.9%）。

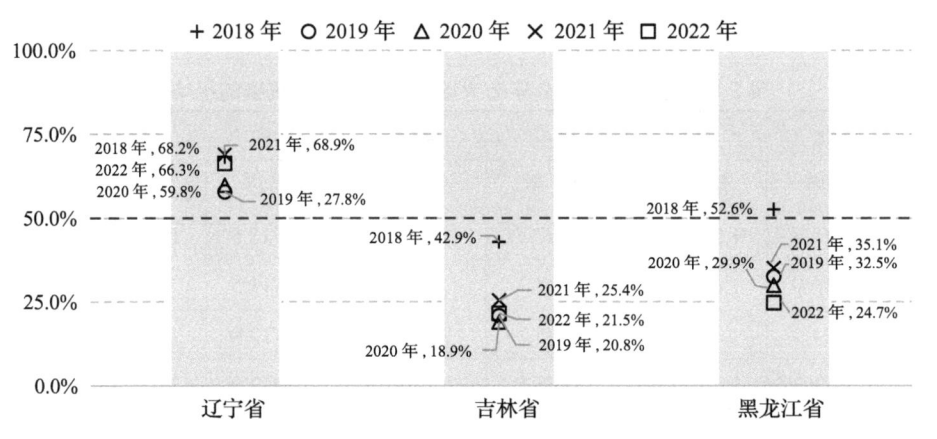

图 2.44　2018—2022 年东北三省行政成本比重百分比数值图

2018—2022 年，6 省行政成本比重表现由优到劣排序依次为江苏省、浙江省、广东省、辽宁省、黑龙江省、吉林省；东南三省均呈波动下降的趋势；东北三省均呈先上升后下降再上升的趋势；东北三省相比于东南三省，仍存在较明显的差距；行政成本比重增幅最大的是黑龙江省（7.50%），最小的是广东省（-3.53%），辽宁省和吉林省的增幅分别为 0.47% 和 5.62%。具体如表 2.56 所示。

2018—2022 年，四大经济区行政成本比重表现由优到劣排序依次为东部、中部、东北、西部；东北地区呈波动上升趋势，其他地区均呈波动下降趋势；东北地区的增幅最大（4.71%），西部地区的降幅最大（-5.71%）；东北地区的行政成本比重与表现最优的东部地区相比，存在一定差距。具体如表 2.57 所示。

表 2.56　2018—2022 年 6 省行政成本比重的原始值

年份	辽宁省 值/序	吉林省 值/序	黑龙江省 值/序	江苏省 值/序	浙江省 值/序	广东省 值/序	全国平均值
2018	1.67/9	2.05/17	1.88/13	1.21/3	1.56/6	1.60/8	2.75
2019	1.81/12	2.58/22	2.21/18	1.22/3	1.62/9	1.72/10	2.69
2020	1.80/12	2.61/25	2.34/20	1.20/3	1.63/9	1.71/10	2.59
2021	1.65/12	2.42/26	2.18/24	1.11/3	1.49/10	1.47/8	2.27
2022	1.70/12	2.51/27	2.44/26	1.07/3	1.50/11	1.37/7	2.29
平均	1.73/11.4	2.43/23.4	2.21/20.2	1.16/3.0	1.56/9.0	1.57/8.6	2.52

表 2.57　2018—2022 年四大经济区行政成本比重的平均值

年份	东北 平均值	年排序	东部 平均值	年排序	西部 平均值	年排序	中部 平均值	年排序
2018	1.87	13.0	1.57	7.9	4.29	23.3	2.05	16.5
2019	2.20	17.3	1.62	8.7	4.03	22.3	2.02	14.8
2020	2.25	19.0	1.62	9.0	3.80	22.0	1.95	14.2
2021	2.08	20.7	1.45	9.5	3.30	21.8	1.67	12.8
2022	2.22	21.7	1.45	9.5	3.31	21.2	1.69	13.7
平均	2.12	18.3	1.54	8.9	3.75	22.1	1.87	14.4

2018—2022 年，七大地理区行政成本比重表现由优到劣排序依次为华东、华北、华中、东北、华南、西北、西南；东北地区呈波动上升态势，其他地区均呈波动下降态势；东北地区的增幅最大（4.71%），西南地区的降幅最大（-6.92%）；就七大地理区而言，东北地区与表现最优的华东地区相比，有一定差距。具体如表 2.58 所示。

表 2.58　2018—2022 年七大地理区行政成本比重的平均值

年份	东北 值/序	华北 值/序	华东 值/序	华南 值/序	华中 值/序	西北 值/序	西南 值/序
2018	1.87/13.0	1.82/13.2	1.34/4.5	2.36/19.0	2.12/17.5	3.39/25.0	5.98/22.4
2019	2.20/17.3	1.94/13.4	1.32/4.7	2.44/19.7	2.08/15.5	3.37/25.0	5.33/20.6
2020	2.25/19.0	1.98/14.4	1.29/4.5	2.32/19.3	1.99/14.5	3.38/25.2	4.80/19.6
2021	2.08/20.7	1.73/15.4	1.16/4.5	1.96/18.0	1.70/13.3	2.89/24.2	4.26/20.4
2022	2.22/21.7	1.77/16.2	1.20/5.0	1.83/15.0	1.71/14.0	2.87/25.0	4.32/18.8
平均	2.12/18.3	1.85/14.5	1.26/4.6	2.18/18.2	1.92/15.0	3.18/24.9	4.94/20.4

（2）市场环境。

①民间固定资产投资增速（单位：%）。民间固定资产投资增速反映一个地区民间

投资的发展速度，是反映地区政市治理与市场活力的重要指标，计算公式为本年和上年民间固定资产投资额的差值与上年民间固定资产投资额的比值。2018—2022年，全国民间固定资产投资增速呈波动上升趋势，东北地区亦呈波动上升态势；2018—2019年，东北地区民间固定资产投资增速落后于全国平均水平，2020—2021年东北地区民间固定资产投资增速领先于全国平均水平，而2022年东北地区又以较大的差距落后于全国平均水平；辽宁省和黑龙江省整体呈波动上升态势，吉林省则呈波动下降趋势，且波动幅度较大；就东北三省而言，辽宁省较好，黑龙江省次之，吉林省较弱。具体如图2.45所示。

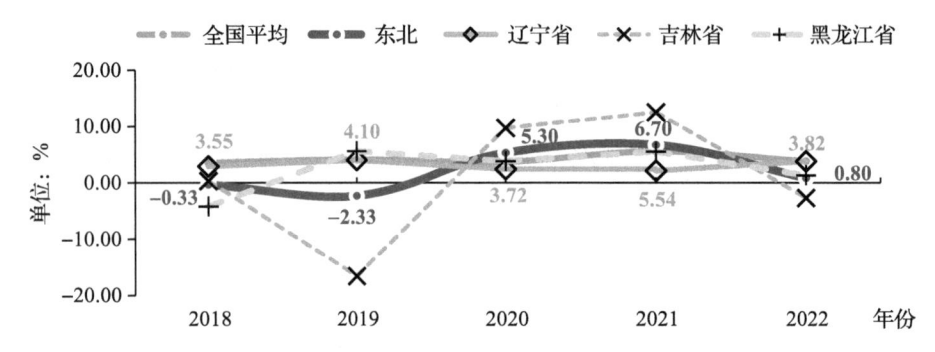

图2.45　2018—2022年民间固定资产投资增速基本走势图

注：①全国平均指31个省市区的平均水平；②全国范围内（可采集到的数据），民间固定资产投资增速最大值为2021年湖北省的20.10%，最小值为2018年内蒙古自治区的−28.30%。

2018—2022年，东北三省民间固定资产投资增速在全国31个省市区连续5年数据集中的相对位置分布情况如图2.46所示。可见，东北三省5年（共15个数据）民间固定资产投资增速的百分比排位处于50%以下的有13个，其中有5个位于25%以下；排位的最大值是2021年的吉林省（94.8%），最小值是2019年的吉林省（3.2%）。

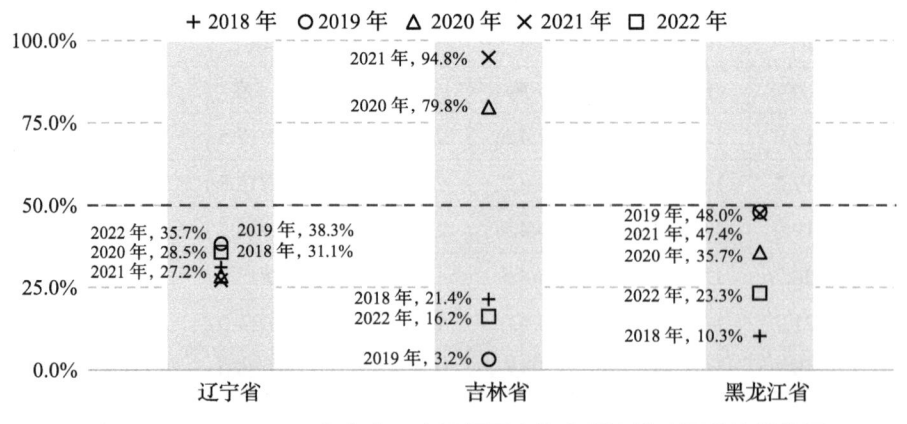

图2.46　2018—2022年东北三省民间固定资产投资增速百分比数值图

2018—2022年，6省民间固定资产投资增速由高到低排序依次为浙江省、广东省、江苏省、辽宁省、黑龙江省、吉林省；东南三省中，江苏省民间固定资产投资增速呈先下降后上升的趋势，浙江省呈波动上升趋势，广东省呈先上升后下降的态势；东北三省中，辽宁省和黑龙江省整体呈波动上升态势，吉林省呈波动下降趋势，且波动幅度相对较大；民间固定资产投资增速增幅最大的是黑龙江省（32.74%），降幅最大的是吉林省（-250.00%），辽宁省增幅为7.76%。具体如表2.59所示。

表2.59　2018—2022年6省民间固定资产投资增速的原始值

年份	辽宁省 值/序	吉林省 值/序	黑龙江省 值/序	江苏省 值/序	浙江省 值/序	广东省 值/序	全国平均值
2018	2.90/22	0.30/23	-4.20/26	6.00/20	7.30/17	11.90/5	3.55
2019	4.00/21	-16.60/31	5.60/16	5.40/17	10.00/6	12.10/2	4.10
2020	2.40/23	9.70/3	3.80/17	-1.20/28	4.80/13	9.20/5	3.72
2021	2.10/25	12.50/3	5.50/19	5.60/18	11.30/4	5.40/20	5.54
2022	3.80/19	-2.70/25	1.30/21	5.10/18	9.40/6	-2.90/26	3.82
平均	3.04/22.0	0.64/17.0	2.40/19.8	4.18/20.2	8.56/9.2	7.14/11.6	4.15

2018—2022年，四大经济区民间固定资产投资增速由高到低排序依次为中部、东部、西部、东北；东北和西部地区呈波动上升态势，东部和中部地区则呈波动下降趋势；东北地区增幅最大（85.00%），东部地区降幅最大（-9.97%）；东北地区民间固定资产投资增速与表现最佳的中部地区相比存在较大差距。具体如表2.60所示。

表2.60　2018—2022年四大经济区民间固定资产投资增速的平均值

年份	东北 平均值	东北 年排序	东部 平均值	东部 年排序	西部 平均值	西部 年排序	中部 平均值	中部 年排序
2018	-0.33	23.7	3.86	17.7	1.03	15.3	10.00	10.2
2019	-2.33	22.7	3.61	16.2	3.38	18.3	9.57	6.8
2020	5.30	14.3	3.83	17.6	3.71	16.3	2.78	12.5
2021	6.70	15.7	5.43	17.2	3.02	18.2	10.20	9.2
2022	0.80	21.7	2.32	18.6	3.32	15.4	8.82	9.8
平均	2.03	19.6	3.81	17.5	2.89	16.7	8.27	9.7

2018—2022年，七大地理区民间固定资产投资增速由高到低排序依次为华中、华东、华南、西南、华北、东北、西北；东北、华北和西北地区呈波动上升趋势，华东和华中地区呈波动下降趋势，华南地区呈先上升后下降的趋势，西南地区则呈平稳下降态势；东北地区增幅最大（85.00%），华南地区降幅最大（-40.34%）；就七大地理区而言，东北地区排序相对靠后，与表现最优的华中地区相比，差距较大。具体如表2.61所示。

表 2.61　2018—2022 年七大地理区民间固定资产投资增速的平均值

年份	东北 值/序	华北 值/序	华东 值/序	华南 值/序	华中 值/序	西北 值/序	西南 值/序
2018	−0.33/23.7	−4.52/23.8	8.43/13.0	3.97/13.7	10.30/9.8	−5.72/21.8	11.68/7.2
2019	−2.33/22.7	7.04/12.6	4.02/16.5	4.03/12.0	9.63/6.3	0.54/21.8	4.30/18.0
2020	5.30/14.3	3.54/18.8	3.28/18.0	6.90/9.7	0.13/15.5	3.92/14.4	4.26/16.4
2021	6.70/15.7	4.26/18.8	7.77/12.0	7.20/14.0	10.73/9.8	3.90/17.6	−0.04/22.0
2022	0.80/21.7	4.98/15.6	6.30/13.3	−2.43/25.3	9.53/8.8	6.24/10.4	−1.76/21.8
平均	2.03/19.6	3.06/17.9	5.96/14.6	3.93/14.9	8.06/10.0	1.78/17.2	3.69/17.1

②银行不良资产比率（单位：%）。银行不良资产比率反映的是一个地区银行的不良资产情况，是衡量地区政市治理与市场活力的重要指标，计算公式为银行不良资产期末余额与总资产期末余额的比值，是逆向指标。2018—2022 年，全国银行不良资产比率呈波动下降趋势，东北地区呈先下降后上升的趋势；东北地区的表现落后于全国平均水平；辽宁省 2019 年银行不良资产比率较 2018 年有所上升，吉林省和黑龙江省均呈先下降后上升的趋势；就东北三省而言，从可采集到的数据来看，黑龙江省表现较好，吉林省次之，辽宁省最弱。总体而言，东北地区银行不良资产比率高于全国平均水平，仅 2019 年黑龙江省的银行不良资产比率低于全国平均水平。具体如图 2.47 所示。

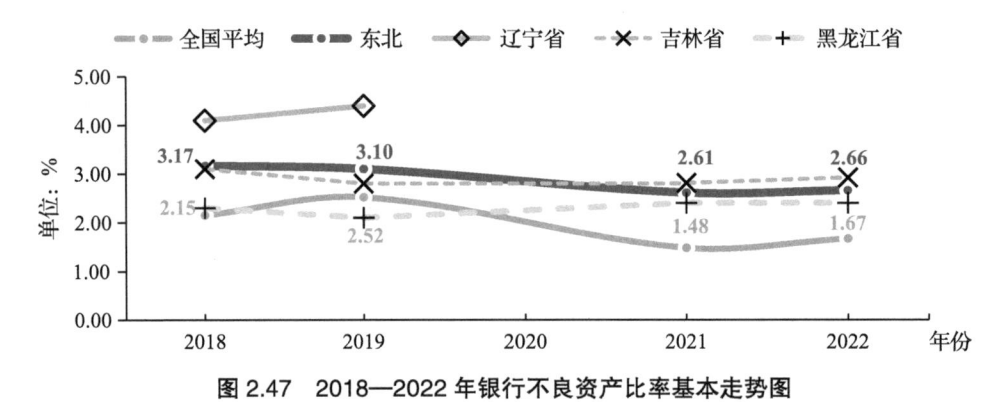

图 2.47　2018—2022 年银行不良资产比率基本走势图

注：①全国平均指 31 个省市区的平均水平；②全国范围内（可采集到的数据），银行不良资产比率最大值为 2019 年海南省的 8.70%，最小值为 2018 年北京市的 0.40%。

2018—2022 年，东北三省银行不良资产比率在全国 31 个省市区连续 5 年数据集中的相对位置分布情况如图 2.48 所示。可见，东北三省 5 年（共 10 个数据）银行不良资产比率的百分比排位均处于 50% 以下，位于 25% 以下的有 6 个；排位的最大值是 2019 年的黑龙江省（34.8%），最小值是 2019 年的辽宁省（6.4%）。

图 2.48　2018—2022 年东北三省银行不良资产比率百分比数值图

2018—2022 年，6 省银行不良资产比率表现由优到劣排序依次为浙江省、江苏省、广东省、黑龙江省、吉林省、辽宁省；东南三省中，江苏省和浙江省呈持续下降的趋势，广东省呈先下降后上升的趋势；东北三省中，辽宁省 2018—2019 年呈上升趋势，吉林省和黑龙江省均呈先下降后上升的趋势；辽宁省 2018—2019 年的增幅为 7.32%，黑龙江省的增幅为 1.09%，吉林省的降幅为 1.45%；东北三省相比于东南三省，存在一定劣势。具体如表 2.62 所示。

表 2.62　2018—2022 年 6 省银行不良资产比率的原始值

年份	辽宁省 值/序	吉林省 值/序	黑龙江省 值/序	江苏省 值/序	浙江省 值/序	广东省 值/序	全国平均值
2018	4.10/30	3.10/25	2.30/19	1.30/6	1.20/5	1.30/6	2.15
2019	4.40/27	2.80/22	2.10/21	1.10/5	1.00/4	1.20/6	2.52
2020	—	—	—	—	—	—	—
2021	—	2.81/16	2.40/14	0.74/1	0.74/1	0.94/4	1.48
2022	—	2.92/17	2.40/16	0.70/2	0.63/1	1.07/5	1.67
平均	4.25/28.5	2.91/20.0	2.30/17.5	0.96/3.5	0.89/2.8	1.13/5.3	2.07

2018—2022 年，四大经济区银行不良资产比率表现由优到劣排序依次为东部、中部、西部、东北；东北地区呈现先下降后上升的趋势，东部地区呈现先上升后下降的趋势，西部地区呈现波动上升的趋势，中部地区呈现持续下降的趋势；其中，增幅最大的是西部地区（1.08%），增幅最小的是中部地区（-9.43%），东北地区的增幅为 -4.00%；东北地区银行不良资产比率与表现最佳的东部地区相比，差距较大。具体如表 2.63 所示。

表 2.63　2018—2022 年四大经济区银行不良资产比率的平均值

年份	东北 平均值	东北 年排序	东部 平均值	东部 年排序	西部 平均值	西部 年排序	中部 平均值	中部 年排序
2018	3.17	24.7	1.73	11.6	2.22	15.9	2.18	17.3
2019	3.10	23.3	2.36	13.0	2.82	15.7	1.88	16.0
2020	—	—	—	—	—	—	—	—
2021	2.61	15.0	1.33	6.9	1.22	7.8	1.42	8.3
2022	2.66	16.5	1.14	6.5	2.31	11.4	1.36	9.7
平均	2.93	20.7	1.70	9.9	2.33	14.2	1.82	14.1

2018—2022 年，七大地理区银行不良资产比率表现由优到劣排序依次为华东、西南、华中、华南、华北、东北、西北；东北、华中和西南地区呈先下降后上升的趋势，华北地区呈先上升后下降的趋势，华东地区呈现持续下降趋势，华南地区呈现波动下降趋势，西北地区呈现波动上升趋势；其中，西北地区增幅最大（8.88%），华东地区降幅最大（−12.90%）；就七大地理区而言，东北地区排序靠后，与表现最优的华东地区相比，差距显著。具体如表 2.64 所示。

表 2.64　2018—2022 年七大地理区银行不良资产比率的平均值

年份	东北 值/序	华北 值/序	华东 值/序	华南 值/序	华中 值/序	西北 值/序	西南 值/序
2018	3.17/24.7	2.30/17.8	1.77/11.7	1.47/9.0	2.23/17.5	2.66/19.0	1.66/12.0
2019	3.10/23.3	2.54/18.2	1.57/10.5	3.70/14.3	1.90/15.8	4.18/20.4	1.40/10.4
2020	—	—	—	—	—	—	—
2021	2.61/15.0	2.19/13.3	0.93/4.0	1.12/7.0	1.19/6.5	1.23/7.0	1.18/7.0
2022	2.66/16.5	1.56/11.3	0.86/3.8	1.29/8.5	1.25/8.0	3.61/12.0	1.43/10.5
平均	2.93/20.7	2.18/15.6	1.36/8.2	2.03/10.1	1.78/13.5	3.28/17.5	1.47/10.5

③民企与国企资产负债率比。民企与国企资产负债率比反映一个地区的企业风险承担能力，是衡量市场环境的重要指标，计算公式为民企资产负债率与国企资产负债率的比值。2018—2022 年，全国民企与国企资产负债率比呈波动上升趋势，东北地区亦呈波动上升趋势，且高于全国平均水平；东北三省中，辽宁省呈波动上升趋势，吉林省呈先上升后下降的趋势，黑龙江省呈波动下降态势；就东北三省而言，吉林省整体发展较好，辽宁省次之，黑龙江省较弱。总体而言，东北地区民企与国企资产负债率比高于全国平均水平。具体如图 2.49 所示。

2018—2022 年，东北三省民企与国企资产负债率比在全国 31 个省市区连续 5 年数

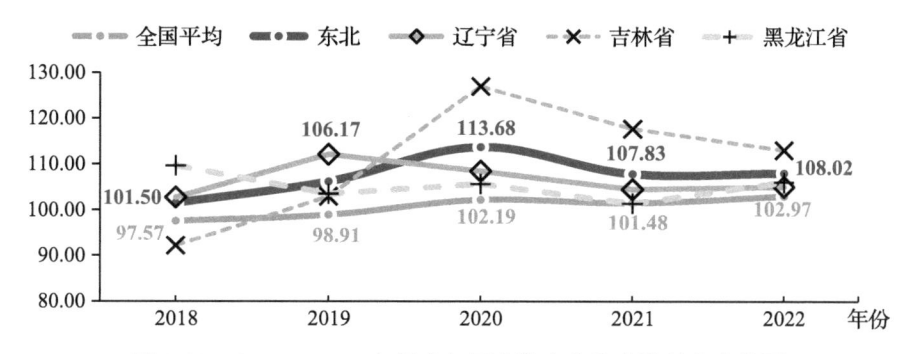

图 2.49　2018—2022 年民企与国企资产负债率比基本走势图

注：①全国平均指 31 个省市区的平均水平；②全国范围内（可采集到的数据），民企与国企资产负债率比最大值为 2022 年西藏自治区的 154.53，最小值为 2018 年河南省的 56.56。

据集中的相对位置分布情况如图 2.50 所示。可见，东北三省 5 年（共 15 个数据）民企与国企资产负债率比的百分比排位处于 50% 以下的有 2 个；此外，排位的最大值是 2020 年的吉林省（94.8%），最小值是 2018 年的吉林省（27.2%）。

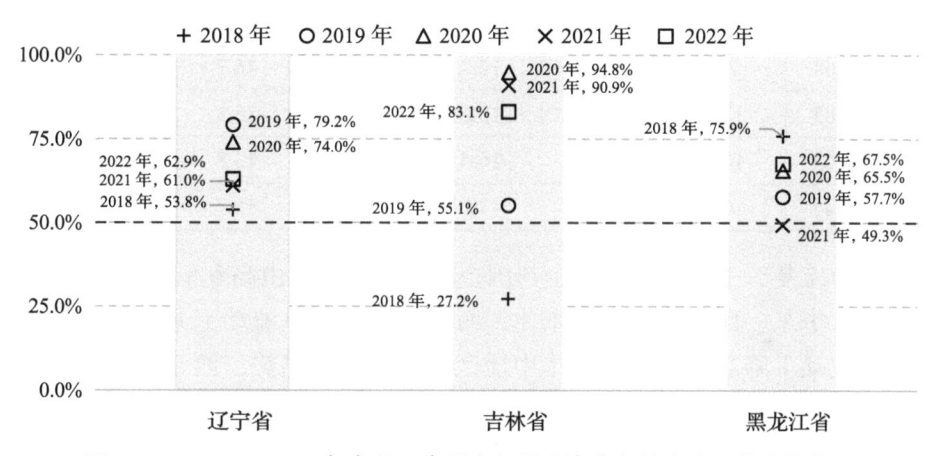

图 2.50　2018—2022 年东北三省民企与国企资产负债率比百分比数值图

2018—2022 年，6 省民企与国企资产负债率比由高到低依次为广东省、浙江省、吉林省、辽宁省、黑龙江省、江苏省；东南三省中，江苏省呈波动上升趋势，浙江省和广东省整体上均呈波动下降态势；民企与国企资产负债率比增幅最大的是吉林省（5.66%），增幅最小的是广东省（-1.93%），辽宁省的增幅为 0.56%，黑龙江省的降幅为 0.82%。具体如表 2.65 所示。

2018—2022 年，四大经济区民企与国企资产负债率比由高到低依次为东北、东部、西部、中部；东北和西部两个地区整体呈波动上升趋势，东部地区呈先上升后下降的态势，中部地区呈持续上升趋势；其中，中部地区增幅最大（4.41%），东部地区增幅最小（-1.09%），东北地区的增幅为 1.61%；东北地区民企与国企资产负债率比表现较好。具体如表 2.66 所示。

表 2.65　2018—2022 年 6 省民企与国企资产负债率比的原始值

年份	辽宁省 值/序	吉林省 值/序	黑龙江省 值/序	江苏省 值/序	浙江省 值/序	广东省 值/序	全国平均 值
2018	102.73/10	92.15/20	109.62/9	99.42/12	112.87/7	115.96/6	97.57
2019	112.07/8	102.93/14	103.50/12	102.72/15	112.59/7	119.68/3	98.91
2020	108.44/8	126.96/2	105.66/13	102.01/19	112.32/7	117.16/5	102.19
2021	104.47/13	117.64/3	101.38/17	102.01/16	113.71/5	105.76/11	101.48
2022	105.03/14	113.00/4	106.04/12	102.27/16	107.84/9	107.01/10	102.97
平均	106.55/10.6	110.53/8.6	105.24/12.6	101.69/15.6	111.86/7.0	113.11/7.0	100.62

表 2.66　2018—2022 年四大经济区民企与国企资产负债率比的平均值

年份	东北 平均值	年排序	东部 平均值	年排序	西部 平均值	年排序	中部 平均值	年排序
2018	101.50	13.0	106.15	11.8	98.21	16.0	80.05	24.5
2019	106.17	11.3	107.79	11.0	98.27	16.8	81.76	25.2
2020	113.68	7.7	106.78	12.7	103.45	16.7	86.26	24.3
2021	107.83	11.0	106.38	13.0	103.18	15.3	86.76	24.8
2022	108.02	10.0	101.51	16.5	107.32	13.8	94.16	22.5
平均	107.44	10.6	105.72	13.0	102.08	15.7	85.80	24.3

2018—2022 年，七大地理区民企与国企资产负债率比由高到低依次为华南、东北、西南、华北、华东、西北、华中；东北、西南两个地区呈波动上升趋势，华北、华南两个地区呈波动下降趋势，华东、华中地区呈持续上升趋势，西北地区呈先下降后上升的趋势；其中，华中地区增幅最大（4.81%），华南地区增幅最小（-2.70%）；就七大地理区而言，东北地区排序靠前，与表现最优的华南地区相比差距较小。具体如表 2.67 所示。

表 2.67　2018—2022 年七大地理区民企与国企资产负债率比的平均值

年份	东北 值/序	华北 值/序	华东 值/序	华南 值/序	华中 值/序	西北 值/序	西南 值/序
2018	101.50/13.0	104.33/12.2	98.10/15.8	113.90/7.3	74.13/27.3	96.62/16.4	97.73/17.6
2019	106.17/11.3	105.82/13.2	101.96/13.8	111.95/8.3	74.46/28.5	92.41/20.0	102.23/14.8
2020	113.68/7.7	102.53/17.2	102.90/14.3	115.42/7.3	79.06/28.3	98.86/18.6	107.96/14.6
2021	107.83/11.0	102.62/15.2	103.04/14.8	115.90/6.7	79.32/29.0	101.00/17.0	104.22/15.4
2022	108.02/10.0	101.92/16.2	103.56/14.5	101.60/16.7	88.40/27.5	102.69/15.2	113.02/12.4
平均	107.44/10.6	103.44/14.8	101.91/14.7	111.76/9.3	79.07/28.1	98.32/17.4	105.03/15.0

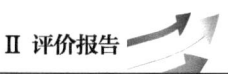

④亿元以上商品交易市场成交额占比（单位：%）。亿元以上商品交易市场成交额占比反映一个地区经济的活跃程度，是衡量地区市场环境的重要指标，计算公式为亿元以上商品交易市场成交额与GDP的比值。2018—2022年，全国亿元以上商品交易市场成交额占比呈持续下降趋势，东北地区呈先上升后下降的趋势；东北地区整体水平低于全国平均水平；东北三省中，辽宁省呈先上升后下降的趋势，吉林省呈波动下降趋势，黑龙江省则呈持续下降的趋势；就东北三省而言，辽宁省发展较好，黑龙江省次之，吉林省较弱。总体而言，东北地区亿元以上商品交易市场成交额占比低于全国平均水平，且这种差距有缓慢扩大的趋势。具体如图2.51所示。

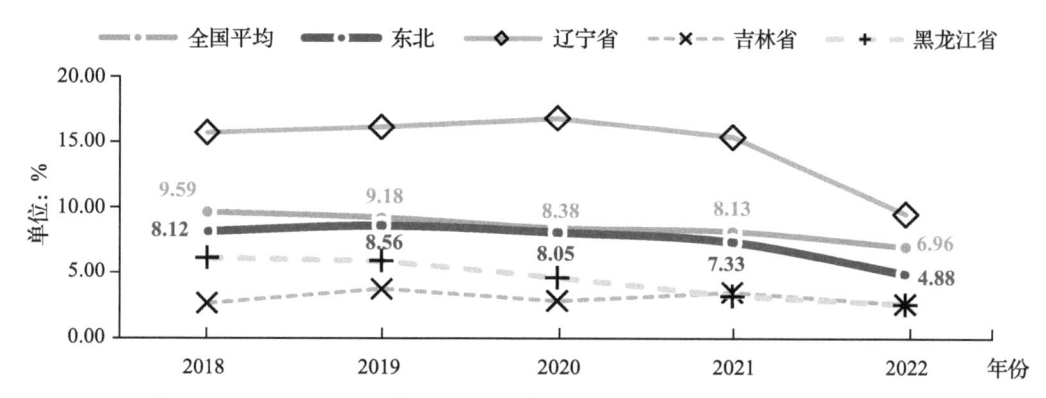

图2.51　2018—2022年亿元以上商品交易市场成交额占比基本走势图

注：①全国平均指31个省市区的平均水平；②全国范围内（可采集到的数据），亿元以上商品交易市场成交额占比最大值为2018年浙江省的31.96%，最小值为2018年海南省的0.76%。

2018—2022年，东北三省亿元以上商品交易市场成交额占比在全国31个省市区连续5年数据集中的相对位置分布情况如图2.52所示。可见，东北三省5年（共15个数据）亿元以上商品交易市场成交额占比的百分比排位位于50%以下的有9个，其中有6个位于25%以下；此外，排位的最大值为2020年的辽宁省（88.3%），最小值是2022年的黑龙江省（12.3%）。

图2.52　2018—2022年东北三省亿元以上商品交易市场成交额占比百分比数值图

2018—2022年，6省亿元以上商品交易市场成交额占比由高到低依次为浙江省、江苏省、辽宁省、广东省、黑龙江省、吉林省；东南三省中，江苏省和广东省呈持续下降趋势，浙江省整体呈波动下降趋势；东北三省中，辽宁省呈先上升后下降的趋势，吉林省呈波动下降趋势，黑龙江省则呈持续下降的发展趋势；亿元以上商品交易市场成交额占比降幅最小的是吉林省（-0.52%），降幅最大的是黑龙江省（-14.45%），辽宁省的降幅为9.84%。具体如表2.68所示。

表2.68 2018—2022年6省亿元以上商品交易市场成交额占比的原始值

年份	辽宁省 值/序	吉林省 值/序	黑龙江省 值/序	江苏省 值/序	浙江省 值/序	广东省 值/序	全国平均值
2018	15.62/7	2.64/27	6.11/18	22.39/3	31.96/1	5.46/20	9.59
2019	16.06/5	3.73/25	5.88/19	21.34/3	29.34/1	5.10/20	9.18
2020	16.73/4	2.83/27	4.59/21	20.73/3	25.72/1	4.85/19	8.38
2021	15.30/5	3.49/22	3.21/26	20.06/3	25.80/1	4.45/18	8.13
2022	9.47/9	2.59/24	2.58/25	17.57/3	22.10/1	4.01/19	6.96
平均	14.64/6.0	3.06/25.0	4.47/21.8	20.42/3.0	26.99/1.0	4.77/19.2	8.45

2018—2022年，四大经济区亿元以上商品交易市场成交额占比由高到低依次为东部、东北、中部、西部；东北地区呈先上升后下降的趋势，东部地区呈波动下降趋势，西部和中部两个地区则呈持续下降趋势；其中，中部地区降幅最小（-5.39%），东北地区降幅最大（-9.99%）；东北地区亿元以上商品交易市场成交额占比与东部地区相比差距较大。具体如表2.69所示。

表2.69 2018—2022年四大经济区亿元以上商品交易市场成交额占比的平均值

年份	东北 平均值	东北 年排序	东部 平均值	东部 年排序	西部 平均值	西部 年排序	中部 平均值	中部 年排序
2018	8.12	17.3	14.06	12.0	7.15	19.0	7.74	16.0
2019	8.56	16.3	13.70	11.7	6.61	19.4	7.13	16.2
2020	8.05	17.3	12.08	12.4	6.28	18.7	6.56	16.0
2021	7.33	17.7	12.24	11.8	5.73	19.2	6.51	15.8
2022	4.88	19.3	10.49	11.6	4.98	19.0	6.07	15.7
平均	7.39	17.6	12.51	11.9	6.15	19.1	6.80	15.9

2018—2022年，七大地理区亿元以上商品交易市场成交额占比由高到低依次为华东、华北、华中、东北、西北、西南、华南；七大地理区中，东北、华南地区呈先上升后下降的趋势，华北、华中和西北地区呈波动下降趋势，华东和西南两个地区呈持续下降趋势；其中，华中地区降幅最小，为3.34%，东北地区降幅最大，为9.99%；就

七大地理区而言，东北地区排序较为靠后，与表现最优的华东地区相比差距较大。具体如表 2.70 所示。

表 2.70 2018—2022 年七大地理区亿元以上商品交易市场成交额占比的平均值

年份	东北 值/序	华北 值/序	华东 值/序	华南 值/序	华中 值/序	西北 值/序	西南 值/序
2018	8.12/17.3	8.62/16.4	18.16/8.2	4.03/23.3	8.16/14.8	7.52/18.8	7.68/18.0
2019	8.56/16.3	8.82/14.8	16.77/9.0	4.66/22.0	7.71/15.3	6.80/19.6	7.09/18.8
2020	8.05/17.3	7.25/16.4	15.34/9.2	4.23/22.0	7.05/15.0	7.04/17.6	6.24/18.6
2021	7.33/17.7	7.69/15.4	15.11/9.3	3.53/22.7	7.24/14.0	6.83/17.4	5.46/19.8
2022	4.88/19.3	6.63/15.8	12.68/9.3	3.47/22.0	7.07/13.3	5.64/17.0	4.99/19.8
平均	7.39/17.6	7.80/15.8	15.61/9.0	3.98/22.4	7.45/14.5	6.77/18.1	6.29/19.0

（3）法治基础。

①律师和公证员占就业人员比重（单位：%）。律师和公证员占就业人员比重反映了一个地区在法律服务行业的发展状况、就业结构的变化情况以及社会法治化水平等多个方面的信息，是衡量地区法治基础的重要指标，计算公式为律师和公证员数与就业人数的比值。2018—2022 年，全国律师和公证员占就业人员比重呈持续上升趋势，东北地区整体亦呈持续上升趋势；东北地区整体落后于全国平均水平，且有不小的差距；就东北三省而言，辽宁省、黑龙江省和吉林省均呈上升态势；相对而言，辽宁省表现较好，吉林省次之，黑龙江省较弱。总体而言，东北地区律师和公证员占就业人员比重低于全国平均水平，且存在不小的差距。具体如图 2.53 所示。

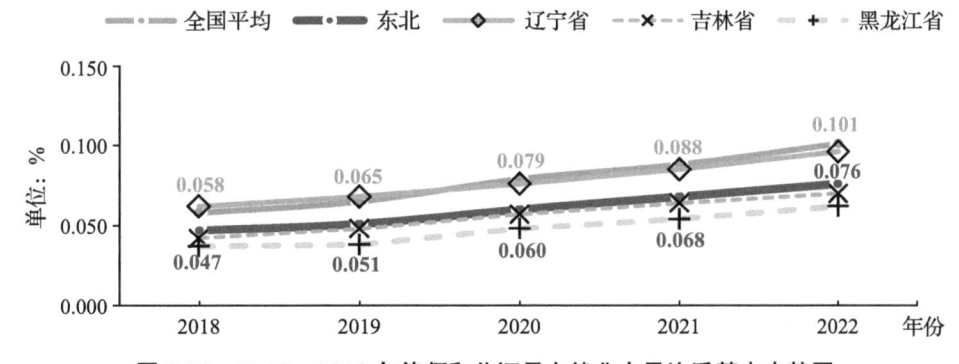

图 2.53 2018—2022 年律师和公证员占就业人员比重基本走势图

注：①全国平均指 31 个省市区的平均水平；②全国范围内（可采集到的数据），律师和公证员占就业人员比重最大值为 2022 年北京市的 0.419%，最小值为 2018 年西藏自治区的 0.014%。

2018—2022 年，东北三省律师和公证员占就业人员比重在全国 31 个省市区连续 5 年数据集中的相对位置分布情况如图 2.54 所示。可见，东北三省 5 年（共 15 个数据）律师和公证员占就业人员比重的百分比排位处于 50% 以下的有 7 个，其中有 4 个位于 25% 以下；

排位的最大值是 2022 年的辽宁省（85.7%），最小值是 2018 年的黑龙江省（7.1%）。

图 2.54　2018—2022 年东北三省律师和公证员占就业人员比重百分比数值图

2018—2022 年，6 省律师和公证员占就业人员比重由高到低依次为广东省、辽宁省、江苏省、浙江省、吉林省、黑龙江省；东南三省和东北三省普遍呈现平稳上升的趋势；东南三省中水平最高的广东省略优于东北地区水平最高的辽宁省；律师和公证员占就业人员比重增幅最大的是浙江省（17.86%），增幅最小的是辽宁省（13.73%），吉林省和黑龙江省的增幅分别为 16.16% 和 17.08%。具体如表 2.71 所示。

表 2.71　2018—2022 年 6 省律师和公证员占就业人员比重的原始值

年份	辽宁省 值/序	吉林省 值/序	黑龙江省 值/序	江苏省 值/序	浙江省 值/序	广东省 值/序	全国平均 值
2018	0.062/8	0.042/18	0.037/25	0.058/9	0.056/10	0.063/7	0.058
2019	0.068/8	0.048/18	0.038/26	0.068/9	0.062/10	0.070/7	0.065
2020	0.076/10	0.057/19	0.048/27	0.076/9	0.072/11	0.080/7	0.079
2021	0.085/9	0.064/17	0.054/26	0.082/10	0.081/11	0.089/7	0.088
2022	0.096/10	0.070/22	0.062/26	0.093/11	0.097/9	0.104/7	0.101
平均	0.077/9.0	0.056/18.8	0.048/26.0	0.075/9.6	0.074/10.2	0.081/7.0	0.078

2018—2022 年，四大经济区律师和公证员占就业人员比重由高到低依次为东部、西部、东北、中部；四大经济区普遍呈现上升趋势；其中，西部地区上升幅度最大（18.75%），东北地区上升幅度最小（15.33%）；东北地区律师和公证员占就业人员比重与表现最优的东部地区相比，存在一定的差距。具体如表 2.72 所示。

2018—2022 年，七大地理区律师和公证员占就业人员比重由高到低依次为华北、华东、华南、西北、东北、西南、华中；七大地理区整体呈上升趋势；其中，华南地区增幅最大（26.00%），东北地区增幅最小（15.33%）；就七大地理区而言，东北地区处于中下水平，与表现最优的华北地区相比，差距明显。具体如表 2.73 所示。

表 2.72 2018—2022 年四大经济区律师和公证员占就业人员比重的平均值

年份	东北 平均值	东北 年排序	东部 平均值	东部 年排序	西部 平均值	西部 年排序	中部 平均值	中部 年排序
2018	0.047	17.0	0.088	9.8	0.045	17.9	0.039	22.0
2019	0.051	17.3	0.099	9.7	0.052	17.8	0.043	22.3
2020	0.060	18.7	0.120	9.0	0.062	18.4	0.055	21.5
2021	0.068	17.3	0.134	9.1	0.068	18.8	0.060	21.3
2022	0.076	19.3	0.154	9.1	0.079	18.1	0.069	21.7
平均	0.060	17.9	0.119	9.3	0.061	18.2	0.053	21.8

表 2.73 2018—2022 年七大地理区律师和公证员占就业人员比重的平均值

年份	东北 值/序	华北 值/序	华东 值/序	华南 值/序	华中 值/序	西北 值/序	西南 值/序
2018	0.047/17.0	0.101/8.0	0.069/13.7	0.047/16.7	0.037/23.3	0.049/16.8	0.041/19.2
2019	0.051/17.3	0.111/8.0	0.079/13.7	0.054/16.0	0.041/23.5	0.054/17.2	0.048/18.8
2020	0.060/18.7	0.136/8.6	0.095/12.3	0.067/14.7	0.052/23.0	0.066/17.8	0.056/19.6
2021	0.068/17.3	0.150/8.8	0.104/12.7	0.079/13.3	0.057/23.5	0.072/18.4	0.063/19.8
2022	0.076/19.3	0.171/9.4	0.119/12.3	0.096/13.0	0.066/23.5	0.085/16.8	0.072/20.0
平均	0.060/17.9	0.134/8.6	0.093/12.9	0.069/14.7	0.051/23.3	0.065/17.4	0.056/19.5

②每万人民事诉讼案件数（单位：件/万人）。每万人民事诉讼案件数可以在一定程度上反映公民和企业通过法律途径解决纠纷的意愿和能力，是衡量地区法治基础的重要指标，计算公式为民事诉讼案件数量与年末人口数量的比值。2018—2022 年，全国每万人民事诉讼案件数呈先上升后下降的趋势，东北地区整体亦呈先上升后下降的趋势；东北地区整体明显高于全国平均水平，且这种差距呈先扩大后缩减的态势；辽宁省、吉林省和黑龙江省均呈先上升后下降的趋势，其中吉林省和黑龙江省在 2019 年出现微弱上升，辽宁省在 2020 年出现上升趋势，涨幅较为明显；就东北三省而言，辽宁省较好，吉林省次之，黑龙江省较弱。总体而言，东北地区每万人民事诉讼案件数明显高于全国平均水平，且差距在逐年增大的基础上有明显缩减的趋势。具体如图 2.55 所示。

2018—2022 年，东北三省每万人民事诉讼案件数在全国 31 个省市区连续 5 年数据集中的相对位置分布情况如图 2.56 所示。可见，东北三省 5 年（共 15 个数据）每万人民事诉讼案件数的百分比排位处于 50% 以下的有 2 个；排位的最大值是 2020 年的辽宁省（95.4%），最小值是 2022 年的黑龙江省（27.9%）。

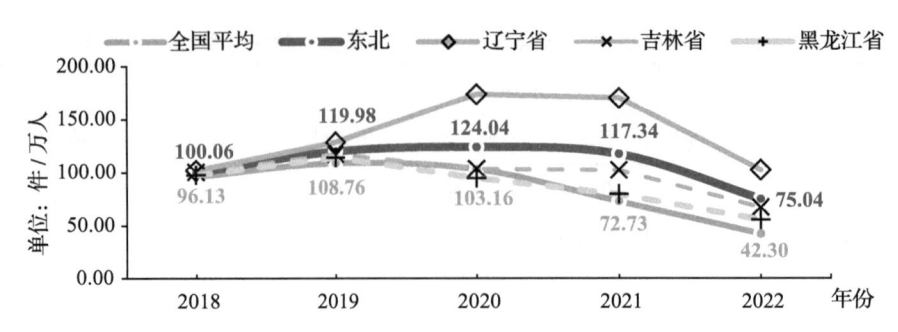

图 2.55　2018—2022 年每万人民事诉讼案件数基本走势图

注：①全国平均指 31 个省市区的平均水平；②全国范围内（可采集到的数据），每万人民事诉讼案件数最大值为 2018 年北京市的 308.93 件 / 万人，最小值为 2022 年河北省的 9.16 件 / 万人。

图 2.56　2018—2022 年东北三省每万人民事诉讼案件数百分比数值图

2018—2022 年，6 省每万人民事诉讼案件数由高到低依次为辽宁省、吉林省、浙江省、黑龙江省、江苏省、广东省；东南三省中，江苏省和广东省均呈先上升后下降的趋势，浙江省呈持续下降趋势；东北三省中，辽宁省和黑龙江省均呈先上升后下降的趋势，吉林省呈波动下降趋势；每万人民事诉讼案件数增幅最大的是辽宁省（0.10%），增幅最小的是浙江省（-18.21%），吉林省与黑龙江省的增幅分别为 -8.31% 和 -10.77%。具体如表 2.74 所示。

表 2.74　2018—2022 年 6 省每万人民事诉讼案件数的原始值

年份	辽宁省 值/序	吉林省 值/序	黑龙江省 值/序	江苏省 值/序	浙江省 值/序	广东省 值/序	全国平均 值
2018	102.03/9	100.54/10	97.62/12	77.72/19	125.74/7	52.40/26	96.13
2019	128.60/7	117.24/9	114.11/10	106.13/14	123.27/8	68.02/27	108.76
2020	173.80/3	103.51/14	94.81/18	87.90/19	120.19/8	78.53/23	103.16
2021	170.34/2	102.09/5	79.60/10	55.88/22	55.16/23	60.95/18	72.73
2022	102.42/3	67.13/5	55.57/7	24.67/22	34.17/16	36.27/15	42.30
平均	135.44/4.8	98.10/8.6	88.34/11.4	70.46/19.2	91.70/12.4	59.23/21.8	84.62

2018—2022年，四大经济区每万人民事诉讼案件数由高到低排序依次为东北、东部、西部、中部；四大经济区整体呈现下降趋势；东北地区的增幅最大（-6.25%），中部地区的增幅最小（-17.40%）；东北地区每万人民事诉讼案件数表现最好，可见东北地区居民维权意识较强，且相关部门案件处理速度快、质量高。具体如表2.75所示。

表2.75 2018—2022年四大经济区每万人民事诉讼案件数的平均值

年份	东北 平均值	东北 年排序	东部 平均值	东部 年排序	西部 平均值	西部 年排序	中部 平均值	中部 年排序
2018	100.06	10.3	116.67	13.6	86.25	18.1	79.68	18.7
2019	119.98	8.7	125.13	14.1	99.92	18.1	93.52	18.7
2020	124.04	11.7	112.46	13.9	98.28	16.8	87.00	20.0
2021	117.34	5.7	79.79	15.7	65.22	16.6	53.69	20.5
2022	75.04	5.0	52.97	14.6	34.27	17.3	24.22	21.3
平均	107.29	8.3	97.41	14.4	76.79	17.4	67.62	19.8

2018—2022年，七大地理区每万人民事诉讼案件数由高到低排序依次为华北、东北、华东、西北、华中、西南、华南；华北地区整体呈持续下降趋势，其余六个地区均呈先上升后下降的趋势；其中，东北地区增幅最大（-6.25%），西南地区增幅最小（-18.25%）；就七大地理区而言，东北地区与表现最优的华北地区相比，存在一定差距。具体如表2.76所示。

表2.76 2018—2022年每万人民事诉讼案件数的平均值

年份	东北 值/序	华北 值/序	华东 值/序	华南 值/序	华中 值/序	西北 值/序	西南 值/序
2018	100.06/10.3	149.88/10.4	106.80/11.7	44.34/28.0	78.79/19.0	91.55/15.8.0	76.74/20.8
2019	119.98/8.7	143.08/11.6	126.34/11.5	57.55/28.7	93.58/18.8	112.34/15.0	85.87/21.4
2020	124.04/11.7	122.02/14.4	116.64/10.7	56.40/27.3	85.95/20.5	110.76/12.4	89.84/19.8
2021	117.34/5.7	85.35/16.2	76.26/15.5	39.17/24.3	55.74/19.5	76.67/11.2	58.91/19.6
2022	75.04/5.0	48.70/18.4	49.33/14.2	23.96/21.0	29.56/18.5	50.61/10.2	20.73/23.2
平均	107.29/8.3	109.81/14.2	95.07/12.7	44.28/25.9	68.73/19.3	88.39/12.9	66.42/21.0

4. 主要结论

首先，总体而言，东北三省的政市治理指数明显低于全国平均水平。在反映政市治理水平的3个方面（政务水平、市场环境、法治基础），东北三省全面落后于东南三省，其中，"政务水平"与"市场环境"方面，东北三省和东南三省之间存在的差距较大。值得关注的是，东北三省的"政务水平"与东南三省的差距在进一步拉大，这成为东北地区政市治理方面最显著的问题。

其次,动态来看,2018—2022年,东北地区的指数得分、多年连续排序、单年排序的增长速度均落后于东部、西部、中部地区,意味着东北地区政市治理的绝对发展水平在逐年下降的同时,相对能力也在不断下滑,而且与表现较好地区的差距在逐渐拉大。东北三省中仅辽宁省表现较好,指数得分、多年连续排序及单年排序相对稳定,吉林省与黑龙江省仍处于全国中下游水平,且各项表现波动幅度较大。

再次,分省来看,辽宁省的政市治理水平较高,吉林省次之,黑龙江省较弱。辽宁省在"法治基础""政务水平""市场环境"方面均优于东北其他两省,但与东南三省相比,在"政务水平"与"市场环境"方面仍有较大差距;吉林省与黑龙江省的"法治基础"相对较强,"政务水平"与"市场环境"均较为薄弱。

最后,单项指标方面,东北地区仅有"政府分配资源的比重""政府人员规模""民企与国企资产负债率比"与全国平均水平较为接近;其他各项指标,特别是"银行不良资产比率""律师和公证员占就业人员比重"等指标的发展均比较落后。

(三)科技创新评价报告

1. 科技创新指数总体分析

对科技创新的测度涵盖了科创基础、研发投入、技术产出3个方面,共12项关键指标。汇集中国31个省市区2018—2022年科技创新方面的指标信息,可以得到连续5年的科技创新指数得分。在此基础上,形成多年连续排序和单年排序。其中,多年连续排序用于反映各省市区科技创新的绝对发展水平随时间动态变化的情况(31个省市区5年共155个排位,最高排序为1,最低排序为155),单年排序用于反映各省市区在全国范围内某个单年的相对发展水平(31个省市区每年31个排位,最高排序为1,最低排序为31)。具体而言,31个省市区科技创新指数的总体情况如表2.77所示。

表2.77 2018—2022年31个省市区科技创新指数得分、连续及单年排序

省市区	2018年 值	总	年	2019年 值	总	年	2020年 值	总	年	2021年 值	总	年	2022年 值	总	年
广东	87.2	12	1	90.0	5	1	90.7	4	1	91.8	1	1	91.4	2	1
浙江	81.7	30	2	83.6	21	2	87.0	13	2	89.4	6	2	90.9	3	2
江苏	79.1	42	3	80.8	33	3	86.4	15	3	89.1	7	3	89.1	8	3
安徽	70.0	71	9	73.2	61	8	80.6	36	7	86.6	14	5	87.7	10	4
北京	78.4	47	4	80.7	34	4	83.1	24	4	87.8	9	4	87.5	11	5
湖北	68.6	77	12	73.2	62	9	78.9	45	9	81.5	31	10	84.9	16	6
上海	76.5	52	5	80.2	38	5	82.1	28	5	84.5	17	6	84.3	18	7

续表

省市区	2018年 值	总	年	2019年 值	总	年	2020年 值	总	年	2021年 值	总	年	2022年 值	总	年
山东	71.5	68	8	72.6	64	11	78.8	46	10	82.8	25	9	84.2	19	8
福建	75.3	54	6	77.6	50	7	80.5	37	8	83.5	22	8	83.4	23	9
湖南	61.8	90	15	65.5	82	15	71.6	67	15	81.2	32	11	82.6	26	10
天津	74.5	57	7	78.9	44	6	80.7	35	6	83.9	20	7	82.6	27	11
陕西	66.3	80	13	69.9	72	13	71.9	66	14	79.6	40	12	81.9	29	12
江西	61.0	95	16	68.2	78	14	74.2	60	12	78.2	49	14	79.8	39	13
四川	69.6	73	10	72.7	63	10	75.3	55	11	79.1	43	13	79.4	41	14
重庆	68.6	75	11	70.4	70	12	72.5	65	13	77.3	51	15	78.4	45	15
辽宁	63.9	87	14	61.5	93	16	68.6	76	16	74.4	59	16	75.5	53	16
宁夏	56.7	107	17	59.4	98	17	59.5	97	21	69.5	74	18	75.2	56	17
河南	55.0	112	18	59.1	99	18	64.7	85	17	70.5	69	17	74.4	58	18
河北	53.9	114	19	55.2	110	20	61.6	91	18	64.8	84	19	67.2	79	19
黑龙江	39.3	138	26	55.4	109	19	61.0	94	19	64.6	86	20	65.7	81	20
贵州	49.1	122	21	53.9	115	21	60.3	96	20	62.5	89	21	64.8	83	21
海南	43.0	133	24	43.4	132	25	48.7	123	25	56.6	108	25	63.0	88	22
广西	38.1	140	27	42.6	135	26	46.2	128	26	57.0	106	24	61.5	92	23
吉林	49.4	121	20	52.2	117	22	58.2	103	22	58.8	100	22	58.5	101	24
山西	48.6	125	22	48.6	124	23	53.3	116	23	57.3	105	23	58.3	102	25
甘肃	45.2	130	23	47.0	127	24	49.5	120	24	54.2	113	26	57.4	104	26
云南	38.1	141	28	39.3	136	27	44.5	131	27	49.7	119	27	55.1	111	27
青海	42.6	134	25	36.6	143	28	38.8	139	28	45.4	129	28	52.1	118	28
内蒙古	36.1	144	29	28.2	150	29	34.6	145	29	39.3	137	29	47.4	126	29
新疆	31.0	147	30	27.5	152	30	28.1	151	30	32.4	146	30	37.4	142	30
西藏	19.8	155	31	21.0	154	31	26.1	153	31	29.6	149	31	30.0	148	31
平均	50.6	114	16	57.2	97.7	16	65.4	74.5	16	73.2	58.5	16	82.6	45.5	16

注：①对于表中的字段名称，"值"表示各省市区对应年份的指数得分，"总"表示各省市区2018—2022年多年连续总排序，"年"表示各省市区5个单年的排序；②表中31个省市区按照2022年的指数得分由高到低（降序）排列。

东北地区的科技创新指数处于全国较靠后的位置，且总体上远落后于东南三省的发展水平。2018—2022年，6省科技创新指数由高到低依次为广东省、浙江省、江苏省、辽宁省、黑龙江省、吉林省；东南三省科技创新指数基本呈平稳上升趋势，2022年江苏省和广东省出现小幅下降；东北三省中除黑龙江省科技创新指数呈平稳上升趋势外，其余两省均呈波动上升趋势；东南三省中水平较低的江苏省依然明显优于东北地区最优的辽宁省；6省中，科技创新指数年均增幅最大的是黑龙江省（16.80%），增幅最小的是广东省（1.20%），辽宁省的增幅为4.52%，吉林省的增幅为4.62%。就2022年而言，东北三省中，辽宁省科技创新表现相对较好，在31个省份中的单年排序为16，吉林省和黑龙江省相对较差，排序分别为24和20。具体如表2.77和表2.78所示。

表 2.78 2018—2022年 6 省科技创新指数值及单年排序

年份	辽宁省 值/序	吉林省 值/序	黑龙江省 值/序	江苏省 值/序	浙江省 值/序	广东省 值/序	全国平均 值
2018	63.94/14	49.35/20	39.27/26	79.13/3	81.68/2	87.20/1	58.05
2019	61.53/16	52.21/22	55.41/19	80.82/3	83.60/2	89.98/1	60.27
2020	68.60/16	58.17/22	61.04/19	86.41/3	87.04/2	90.72/1	64.45
2021	74.41/16	58.83/22	64.58/20	89.15/3	89.37/2	91.82/1	69.12
2022	75.49/16	58.47/24	65.65/20	89.10/3	90.87/2	91.38/1	71.35
平均	68.79/15.6	55.41/22.0	57.19/20.8	84.92/3.0	86.51/2.0	90.22/1.0	64.65

2018—2022年，全国与东北地区科技创新指数均呈平稳上升趋势；东北地区科技创新指数明显低于全国平均水平，差距呈先缩小后扩大的态势；就东北三省而言，黑龙江省和吉林省均呈平稳上升趋势，5年内始终低于全国平均水平，辽宁省整体呈先降后升的趋势，5年内始终高于全国平均水平；东北三省平均水平始终处于全国平均水平之下；就科技创新指数而言，辽宁省较好，黑龙江省次之，吉林省较弱。具体如图2.57所示。

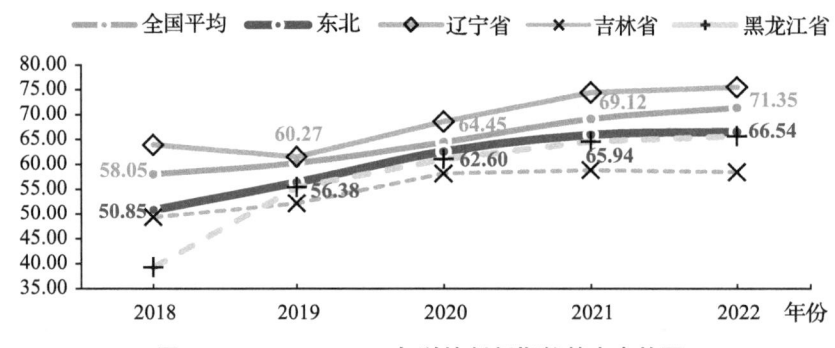

图 2.57 2018—2022年科技创新指数基本走势图

注：①全国平均指31个省市区的平均水平；②全国范围内（可采集到的数据），科技创新指数得分最大值为2021年广东省的91.82，最小值为2018年西藏自治区的19.78。

2018—2022年，东北三省科技创新指数在全国31个省市区连续5年数据集（共155个指标值）中的相对位置分布情况如图2.58所示。可见，东北三省5年（共15个数据）科技创新指数的百分比排位处于50%以下的有12个，处于25%以下的有3个；

图 2.58　2018—2022 年东北三省科技创新指数百分比数值图

排位的最大值是 2022 年的辽宁省（66.2%），最小值是 2018 年的黑龙江省（11.0%）。

2. 全国视角下东北地区科技创新进展分析

2018—2022 年，四大经济区科技创新指数由高到低依次为东部、中部、东北、西部；四大经济区均呈平稳上升趋势；其中，东北地区上升幅度最大（7.71%），东部地区上升幅度最小（3.55%）；就科技创新指数而言，东北地区排序落后，与表现最优的东部地区相比差距较大。具体如表 2.79 所示。

表 2.79　2018—2022 年四大经济区科技创新指数的平均值

年份	东北 平均值	东北 年排序	东部 平均值	东部 年排序	西部 平均值	西部 年排序	中部 平均值	中部 年排序
2018	50.85	20.0	72.12	8.0	46.76	22.1	60.80	15.3
2019	56.38	19.0	74.29	8.4	47.38	22.3	64.65	14.5
2020	62.60	19.0	77.96	8.2	50.61	22.8	70.54	13.8
2021	65.94	19.3	81.41	8.4	56.30	22.8	75.89	13.3
2022	66.54	20.0	82.36	8.7	60.05	22.8	77.98	12.7
平均	60.46	19.5	77.63	8.3	52.22	22.6	69.97	13.9

注：为确保区分度，对于具有平均意义的排序，本研究保留一位小数，以下各表同。

2018—2022 年，七大地理区科技创新指数由高到低依次为华东、华中、华南、华北、东北、西南、西北；七大地理区基本均呈平稳上升趋势，其中东北地区上升幅度最大（7.71%），华东地区上升幅度最小（3.61%），华中、华南、华北、西南、西北地区的上升幅度分别为 7.67%、7.09%、4.42%、6.37%、6.43%；就科技创新指数而言，东北地区处于七大地理区的倒数第三位，与水平最佳的华东地区相比，差距较大。具体如表 2.80 所示。

表 2.80 2018—2022 年七大地理区科技创新指数的平均值

年份	东北 值/序	华北 值/序	华东 值/序	华南 值/序	华中 值/序	西北 值/序	西南 值/序
2018	50.85/20.0	58.30/16.2	75.69/5.5	56.08/17.3	61.57/15.3	48.35/21.6	49.04/20.2
2019	56.38/19.0	58.32/16.4	77.99/6.0	58.66/17.3	66.52/14.0	48.08/22.4	51.47/20.2
2020	62.60/19.0	62.64/16.0	82.57/5.8	61.89/17.3	72.33/13.3	49.56/23.4	55.74/20.4
2021	65.94/19.3	66.60/16.4	85.98/5.5	68.46/16.7	77.85/13.0	56.23/22.8	59.64/21.4
2022	66.54/20.0	68.60/17.8	86.62/5.5	71.99/15.3	80.46/11.8	60.79/22.6	61.53/21.6
平均	60.46/19.5	62.89/16.6	81.77/5.7	63.41/16.8	71.75/13.5	52.60/22.6	55.49/20.8

为便于直观分析，将指数信息按空间分类、时间排列、优劣序化等方式整理后，形成多年指数得分、连续排序及单年排序的可视化集成图（见图 2.59 至图 2.61），结合表 2.77 的信息，以全国四大经济区为划分标准，对东北三省科技创新方面的振兴进程评价如下。

（1）东北地区科技创新指数得分明显低于东部和中部地区，略高于西部地区。

从四大经济区平均得分曲线的变化情况（见图 2.59）可以看出，东部地区发展相对成熟，基础夯实（2018 年为 72.1 分），且与其他地区的差距还在进一步拉大（2022 年为 82.4 分）。东北地区和西部地区的总体水平较为相近，且均呈平稳上升趋势。就指数得分而言，东北地区最优水平位列末位。从地区平均指数得分来看，东北地区的平均指数得分位于 50~67 分之间，中部地区和东部地区的基础相对较好，平均指数得分分别位于 60~81 分和 72~83 分之间；以 2018 年为基点（得分为 50.9 分），东北地区起步条件低于水平最优的东部地区，2018—2021 年呈平稳上升趋势，但 2022 年在四大经济区中仍处于较低水平（得分为 66.5 分），平均年指数得分变动为 3.9，高于西部和东部地区的平均年指数得分变动。

（2）东北地区科技创新绝对水平较低，在四大经济区中排序落后。

从四大经济区多年连续排序曲线的变化情况（见图 2.60）可以看出，四大经济区的连续排序均呈现上升趋势，其中提升最大的是中部地区，年均提升 13.3 名，东北、东部和西部地区的年均提升幅度分别为 9.3 名、8.3 名和 7.3 名，东北地区与年均排序提升最高的中部地区相比，差距较大；2018—2022 年，东部、中部、西部、东北地区的最优排序分别为 1、10、29、53，东北地区最优排序在四大经济区中处于末位。具体而言，东北三省中，辽宁省表现较好，从 2018 年的 87 名上升至 2022 年的 53 名（有 34 名的位次改进）；黑龙江省次之，但发展势头最好，从 2018 年的 138 名升至 2022 年的 81 名（有 57 名的位次改进）；吉林省相对较差，从 2018 年的 121 名持续升至 2022 年的 101 位（有 20 名的位次改进），呈较为明显的上升趋势，但排序依然靠后。

（3）东北地区科技创新相对水平排序基本稳定，但与东部地区相比仍有较大差距。

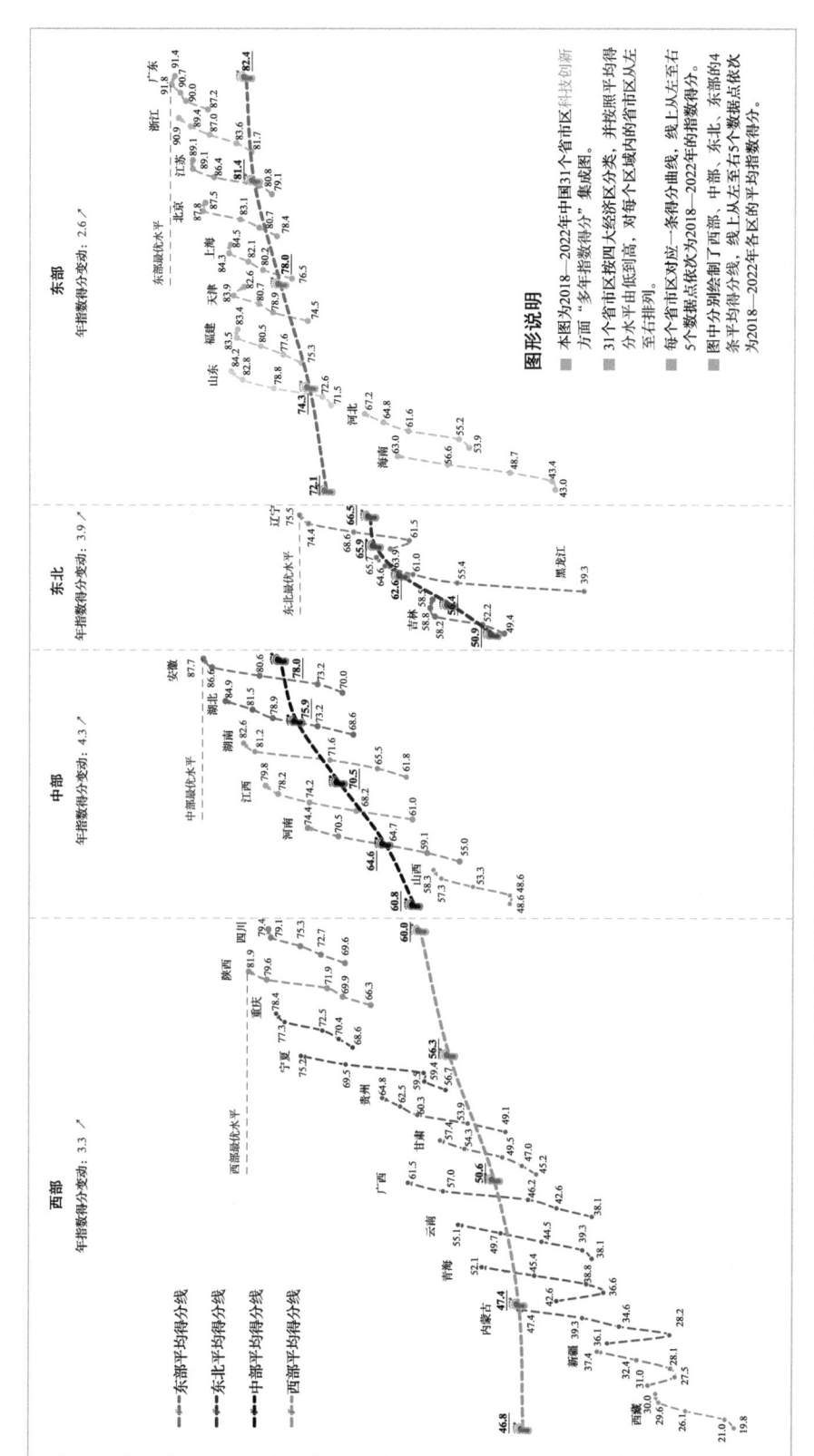

图 2.59 2018—2022 年 31 个省市区科技创新指数得分变动情况

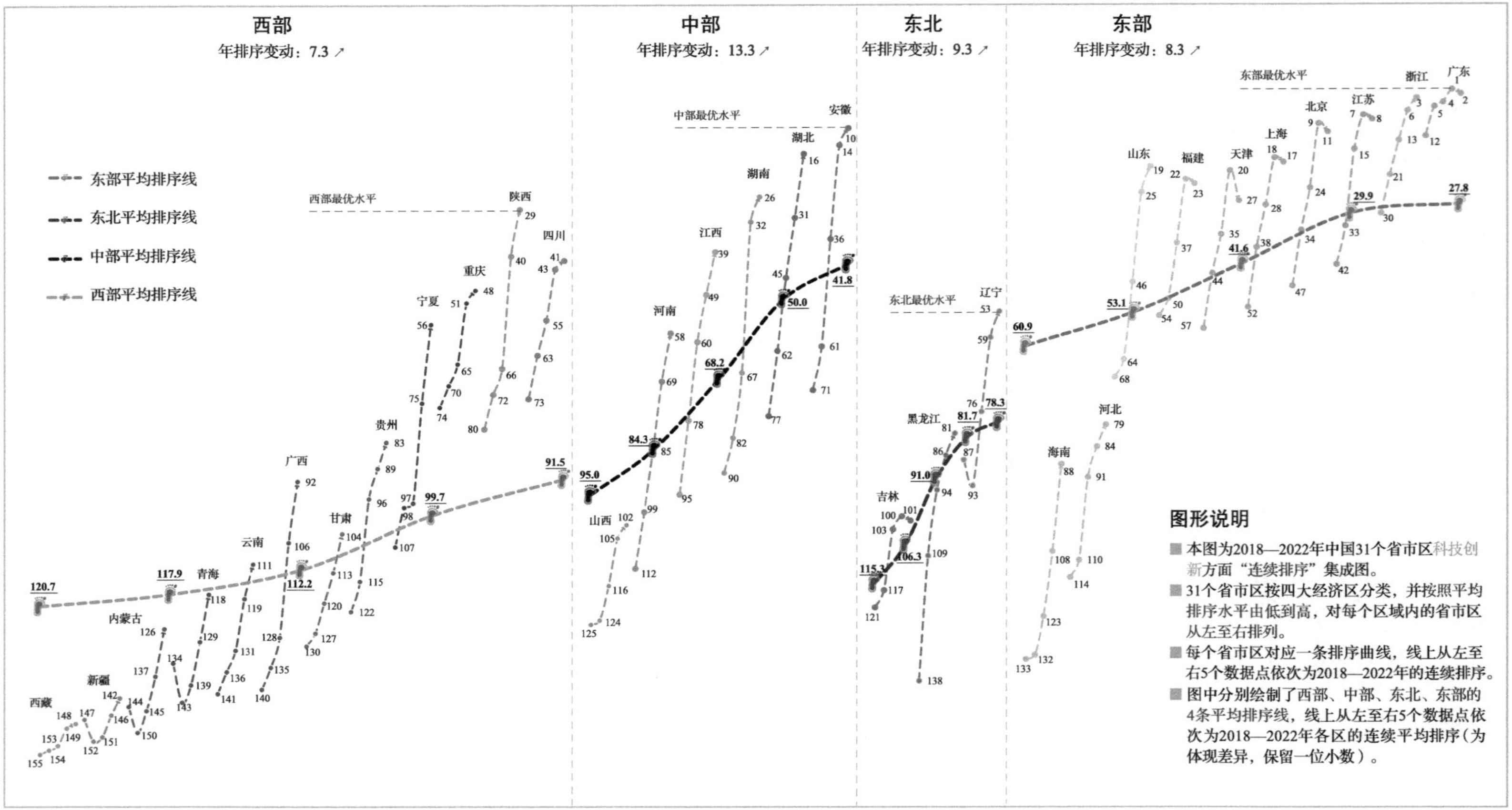

图 2.60 2018—2022 年 31 个省市区科技创新多年连续排序变动情况

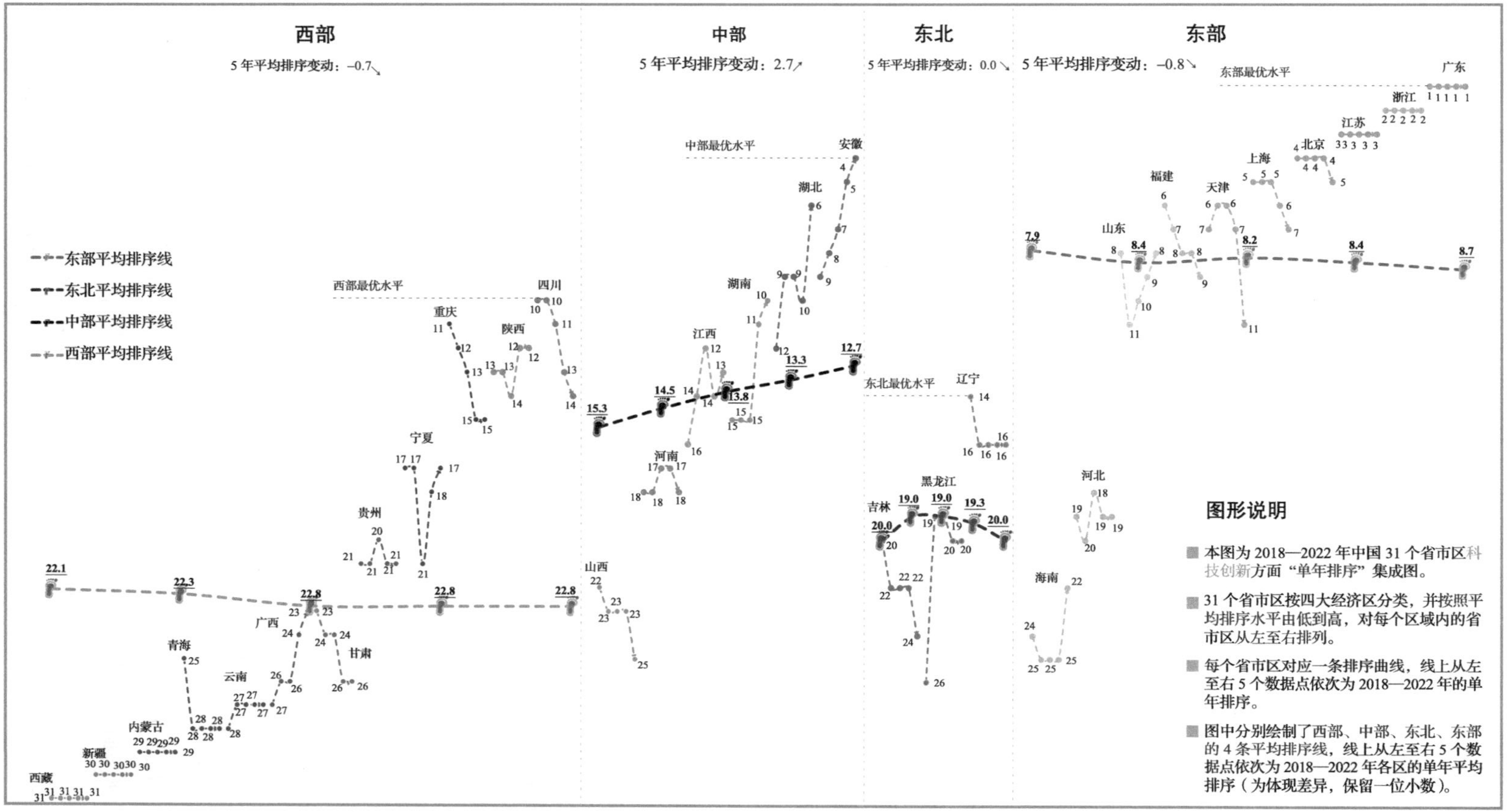

图 2.61　2018—2022 年 31 个省市区科技创新单年排序变动情况

从四大经济区单年排序曲线的变化情况（见图2.61）可以看出，在相对位次的排序竞争中，2018—2022年，东部和西部地区均呈下降趋势，下降幅度分别为0.8和0.7，中部地区呈上升趋势，且提升幅度最大（2.7），东北地区单年排序基本稳定，变化幅度为0.0。东北地区在2019年排序有所回升，但仍然明显低于东部和中部地区。就区域最优排序而言，东北地区与其他三个地区相比仍有一定差距，且远低于表现最优的东部地区。就东北三省而言，辽宁省单年排序由14名降至16名，黑龙江省由26名升至20名，吉林省由20名退到24名，三个省份整体呈现下降趋势。

3. 科技创新分项指数分析

2018—2022年，东北三省在"科创基础""研发投入""技术产出"3个分项指数下，指数平均值均显著低于东南三省平均水平，略低于全国平均水平。东北三省中，辽宁省在"科创基础""研发投入""技术产出"方面的指数平均值均高于吉林省和黑龙江省，略高于全国平均水平；黑龙江省在"技术产出"方面表现比较突出，但低于全国平均水平；吉林省在"研发投入"和"技术产出"方面的指数平均值均低于辽宁省和黑龙江省，且低于全国平均水平。东南三省3个分项指数的发展较好，平均值显著高于东北三省和全国平均水平，优势明显。就东北三省整体而言，与东南三省和全国平均水平有较大差距。具体如表2.81和图2.62所示。

表2.81　2018—2022年6省科技创新方面分项指数的平均值

	科创基础	研发投入	技术产出
辽宁省	76.21	63.71	66.47
吉林省	67.87	40.47	57.88
黑龙江省	59.30	48.93	63.34
江苏省	90.59	83.58	80.60
浙江省	91.66	82.99	84.89
广东省	85.57	95.21	89.88
东北三省平均	67.79	51.04	62.56
东南三省平均	89.27	87.26	85.12
全国各省平均	69.15	59.26	65.53
全国各省最高	96.02	95.21	89.88
全国各省最低	31.89	18.20	25.74

2018—2022年，全国在反映科技创新的3个分项指数方面的整体进展较为良好，其中，"科创基础""研发投入""技术产出"整体呈平稳上升趋势，"技术产出"的增幅相对较高。除广东省的"科创基础"和江苏省的"技术产出"以外，东南三省各分项指数均处于全国前列（从年排序得出），尤其是广东省"研发投入"连续5年均位于

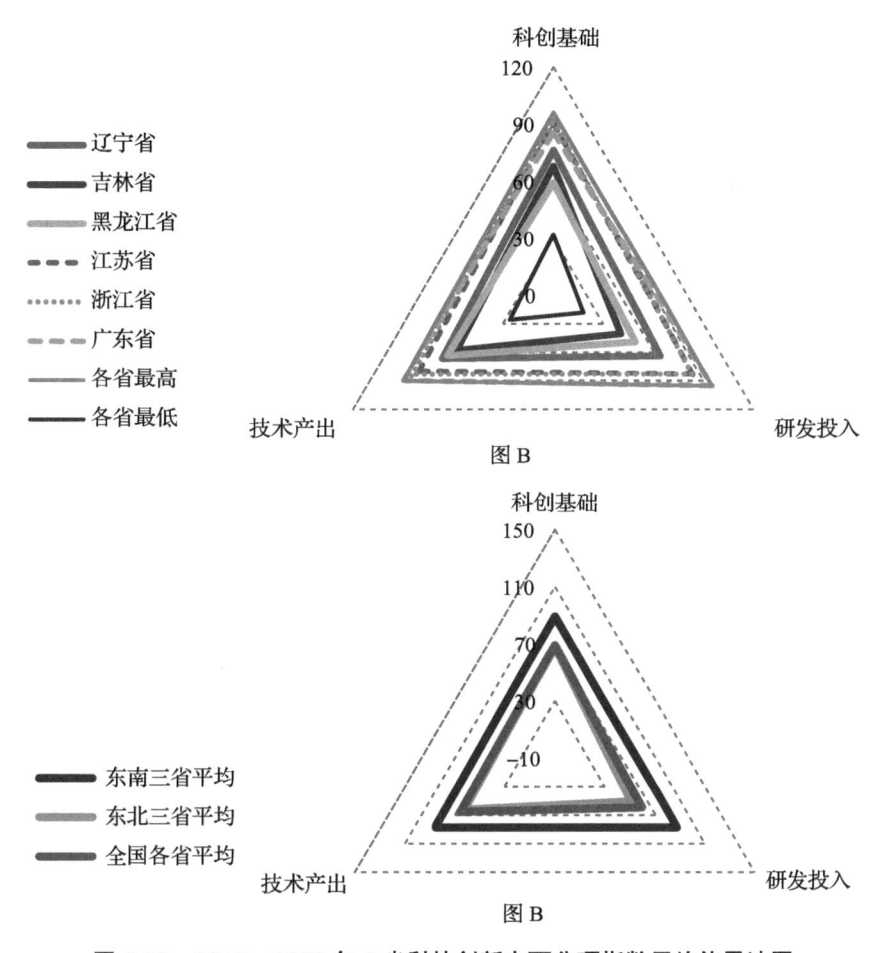

图 2.62 2018—2022 年 6 省科技创新方面分项指数平均值雷达图

全国首位。就东北三省 3 个分项指数而言，排序均较为靠后，仅辽宁省的"科创基础"在 5 年内均处于全国 15 名以内。辽宁省的"科创基础"呈持续上升趋势，从 2018 年的 67.18 稳步上升至 2022 年的 83.70，"研发投入"呈波动上升趋势，"技术产出"呈先下降后上升的趋势；吉林省的"科创基础"连续 5 年呈上升趋势，但排序略有下降，从 2018 年的 17 名下降至 2022 年的 20 名，"研发投入"呈波动上升趋势，但连续排序居于末位，"技术产出"呈先上升后下降的趋势；黑龙江省的"科创基础"呈稳步上升的趋势，但连续排序居于末位，"研发投入"呈先上升后下降的趋势，"技术产出"近年来表现较好，连续排序从 2018 年的 27 名上升至 2022 年的 18 名。具体如表 2.82 所示。

进一步统计升降符（▲或▽）的数量，对不同地区的发展态势及稳定性进行分析和对比可知，2018—2022 年，全国 3 项指数中升符▲的数量为 12，6 个省份的 3 项指数中升符▲的数量为 58，降符▽的数量为 14，升符▲的数量约为降符▽的 4 倍；东北三省 3 个分项指数中升符▲的总数低于东南三省，东北三省和东南三省的"科创基础"分别有 12 个和 12 个升符▲，"研发投入"分别有 7 个和 7 个升符▲，"技术产出"分

表 2.82 2018—2022 年 6 省科技创新方面分项指数

分项指数	年份	辽宁省 值/序	吉林省 值/序	黑龙江省 值/序	江苏省 值/序	浙江省 值/序	广东省 值/序	全国平均 值
科创基础	2018	67.18/13	58.51/17	48.23/24	86.49/4	88.95/3	83.00/6	60.88
	2019	71.98/15 ▲	64.67/17 ▲	56.60/22 ▲	89.62/4 ▲	90.45/3 ▲	84.51/7 ▲	66.31 ▲
	2020	77.80/13 ▲	69.15/17 ▲	58.29/22 ▲	90.42/4 ▲	91.54/3 ▲	85.09/8 ▲	69.11 ▲
	2021	80.39/14 ▲	72.88/19 ▲	64.30/23 ▲	92.33/4 ▲	92.73/3 ▲	86.99/8 ▲	73.17 ▲
	2022	83.70/14 ▲	74.14/20 ▲	69.07/23 ▲	94.10/4 ▲	94.62/3 ▲	88.27/8 ▲	76.26 ▲
研发投入	2018	65.02/11	39.14/24	29.34/27	83.89/2	80.75/3	95.84/1	56.18
	2019	55.42/18 ▽	38.37/24 ▽	51.67/19 ▲	82.08/2 ▽	80.99/3 ▲	96.89/1 ▲	56.96 ▲
	2020	61.58/17 ▲	38.44/24 ▲	55.10/19 ▲	82.77/3 ▲	82.02/4 ▲	94.96/1 ▽	57.27 ▲
	2021	69.41/15 ▲	43.87/23 ▲	55.64/20 ▲	85.58/3 ▲	84.40/3 ▲	94.42/1 ▽	61.94 ▲
	2022	67.10/15 ▽	42.54/26 ▽	52.90/23 ▽	83.56/6 ▽	86.77/3 ▲	93.93/1 ▽	63.97 ▲
技术产出	2018	59.63/15	50.40/22	40.23/27	67.00/7	75.33/3	82.76/1	57.10
	2019	57.20/20 ▽	53.58/22 ▲	57.95/18 ▲	70.75/7 ▲	79.34/3 ▲	88.56/1 ▲	57.55 ▲
	2020	66.41/19 ▲	66.92/18 ▲	69.74/16 ▲	86.05/4 ▲	87.55/2 ▲	92.12/1 ▲	66.96 ▲
	2021	73.43/19 ▲	59.75/25 ▽	73.81/18 ▲	89.53/5 ▲	91.00/3 ▲	94.05/2 ▲	72.26 ▲
	2022	75.67/17 ▲	58.73/25 ▽	74.99/18 ▲	89.66/4 ▲	91.21/2 ▲	91.94/1 ▽	73.81 ▲

注：表中符号"▲"表示本年的数据相对于前一年是增长的，符号"▽"表示本年的数据相对于前一年是减少的。

别有 9 个和 11 个升符▲，2 项持平，1 项低于东南三省，故东北地区总体发展水平低于东南三省。

2018—2022 年，辽宁省升符▲的数量为 9 个，占 75%，吉林省升符▲的数量为 8 个，占 67%，黑龙江省升符▲的数量为 11 个，占 92%，江苏省升符▲的数量为 10 个，占 83%，浙江省升符▲的数量为 12 个，占 100%，广东省升符▲的数量为 8 个，占 67%，东北三省中黑龙江省和辽宁省的上升势头超过了东南三省中的广东省，但与发展势头最优的浙江省相比存在较大差距；就东北三省而言，黑龙江省和辽宁省的发展较好，吉林省较弱。

（1）科创基础。

①研发（R&D）人员占比（单位：%）。研发（R&D）人员占比反映一个地区的研究与开发人员实力，是衡量地区科创基础的重要指标，计算公式为地区研发人员的总数与年末人口数的比值。2018—2022 年，全国研发（R&D）人员占比呈上升趋势，东北地区总体发展呈缓慢上升趋势；东北地区明显低于全国平均水平，且差距呈扩大的趋势；辽宁省、吉林省和黑龙江省均呈缓慢上升趋势；就东北三省而言，辽宁省表现相对较好，吉林省次之，黑龙江省较弱。总体而言，东北地区研发（R&D）人员占比与全国平均水平的差距呈进一步扩大的趋势。具体如图 2.63 所示。

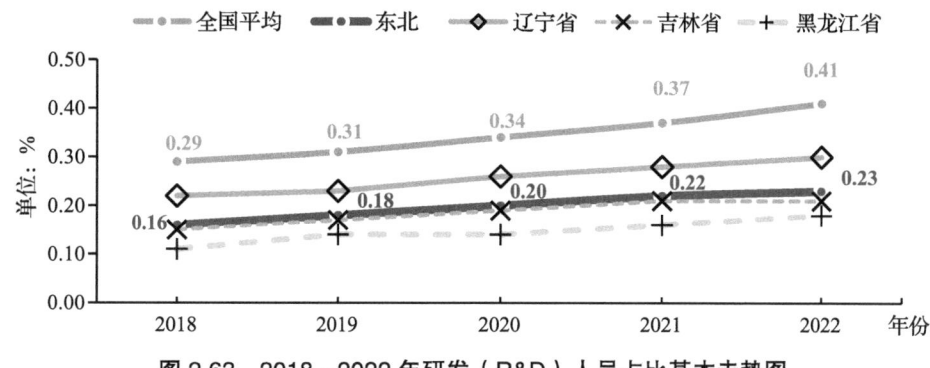

图 2.63 2018—2022 年研发（R&D）人员占比基本走势图

注：①全国平均指 31 个省市区的平均水平；②全国范围内（可采集到的数据），研发（R&D）人员占比最大值为 2022 年北京市的 1.71%，最小值为 2021 年西藏自治区的 0.04%。

2018—2022 年，东北三省研发（R&D）人员占比在全国 31 个省市区连续 5 年数据集中的相对位置分布情况如图 2.64 所示。可见，东北三省 5 年（共 15 个数据）研发（R&D）人员占比的百分比排位处于 50% 以下的有 11 个；此外，排位的最大值是 2022 年的辽宁省（64.2%），最小值是 2018 年的黑龙江省（20.7%）。

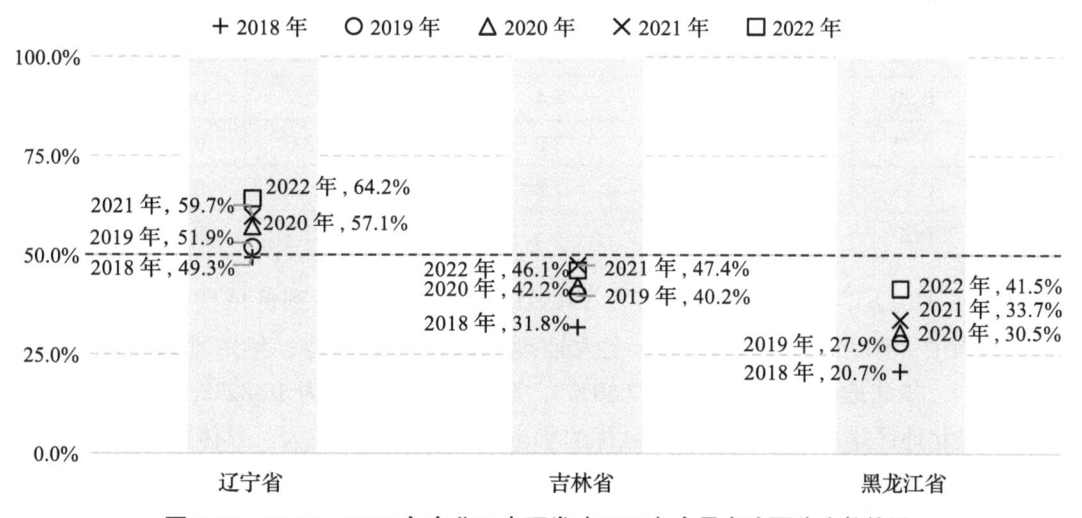

图 2.64 2018—2022 年东北三省研发（R&D）人员占比百分比数值图

2018—2022 年，6 省研发（R&D）人员占比由高到低依次为浙江省、江苏省、广东省、辽宁省、吉林省、黑龙江省；东南三省和东北三省均呈上升趋势，东南三省明显优于东北三省；东南三省中水平较低的广东省明显优于东北地区水平较高的辽宁省；研发（R&D）人员占比增幅最大的是黑龙江省（16.13%），增幅最小的是广东省（6.10%），辽宁省的增幅为 8.30%，吉林省的增幅为 10.59%。具体如表 2.83 所示。

2018—2022 年，四大经济区研发（R&D）人员占比由高到低依次为东部、中部、东北、西部；东部、中部、东北和西部地区均呈平稳上升趋势；其中，中部地区增幅

表2.83　2018—2022年6省研发（R&D）人员占比的原始值

年份	辽宁省 值/序	吉林省 值/序	黑龙江省 值/序	江苏省 值/序	浙江省 值/序	广东省 值/序	全国平均 值
2018	0.22/13	0.15/19	0.11/22	0.66/5	0.73/3	0.62/6	0.29
2019	0.23/15	0.17/18	0.14/21	0.75/4	0.84/2	0.64/6	0.31
2020	0.26/15	0.19/18	0.14/22	0.79/4	0.90/3	0.69/5	0.34
2021	0.28/15	0.21/19	0.16/22	0.89/3	0.88/4	0.70/6	0.37
2022	0.30/14	0.21/20	0.18/21	0.97/4	0.98/3	0.77/5	0.41
平均	0.26/14.4	0.19/18.8	0.15/21.6	0.81/4.0	0.87/3.0	0.68/5.6	0.34

最大（15.18%），东部地区增幅最小（9.44%），东北地区的增幅为10.82%；东北地区研发（R&D）人员占比与表现最优的东部地区差距较大。具体如表2.84所示。

表2.84　2018—2022年四大经济区研发（R&D）人员占比的平均值

年份	东北 平均值	东北 年排序	东部 平均值	东部 年排序	西部 平均值	西部 年排序	中部 平均值	中部 年排序
2018	0.16	18.0	0.56	8.3	0.13	22.4	0.20	15.0
2019	0.18	18.0	0.61	8.9	0.14	22.3	0.23	14.3
2020	0.20	18.3	0.65	8.4	0.15	22.7	0.26	14.2
2021	0.22	18.7	0.70	8.0	0.16	23.0	0.29	14.0
2022	0.23	18.3	0.78	7.8	0.18	23.2	0.32	14.2
平均	0.20	18.3	0.66	8.3	0.15	22.7	0.26	14.3

2018—2022年，七大地理区研发（R&D）人员占比由高到低依次为华东、华北、华南、华中、东北、西南、西北；七大地理区均呈上升趋势；华中地区的增幅最大（15.27%），华北地区的增幅最小（7.69%），东北地区的增幅为10.82%；就七大地理区而言，东北地区排序靠后，与表现最优的华东地区相比差距较大。具体如表2.85所示。

表2.85　2018—2022年七大地理区研发（R&D）人员占比的平均值

年份	东北 值/序	华北 值/序	华东 值/序	华南 值/序	华中 值/序	西北 值/序	西南 值/序
2018	0.16/18.0	0.46/14.0	0.52/6.2	0.26/20.3	0.21/14.3	0.12/22.6	0.14/20.8
2019	0.18/18.0	0.50/14.6	0.56/6.5	0.28/20.7	0.24/13.3	0.14/22.2	0.16/20.8
2020	0.20/18.3	0.52/14.4	0.62/5.8	0.29/20.0	0.27/13.3	0.14/23.2	0.17/21.0
2021	0.22/18.7	0.55/15.0	0.68/5.7	0.31/19.0	0.30/13.3	0.17/22.4	0.18/21.8
2022	0.23/18.3	0.60/14.4	0.76/5.7	0.36/17.7	0.34/13.3	0.18/23.2	0.20/22.6
平均	0.20/18.3	0.53/14.5	0.63/6.0	0.30/19.5	0.27/13.5	0.15/22.7	0.17/21.4

②高校研发（R&D）人员平均强度（单位：人/个）。高校研发（R&D）人员平均强度反映一个地区高校参与科研人员数量的平均水平，是衡量地区科创基础的重要指标，计算公式为高校研发（R&D）人员总数与高校总数的比值。2018—2022年，全国高校研发（R&D）人员平均强度呈缓慢上升趋势，东北地区高校研发（R&D）人员平均强度亦呈缓慢上升趋势；东北地区持续优于全国平均水平；东北三省中，辽宁省呈波动上升趋势，在2021年下降后于2022年回升，吉林省呈上升趋势，黑龙江省呈波动上升态势，在2020年下降后于2021年回升；就东北三省而言，吉林省发展较好，辽宁省与黑龙江省的状况相近。总体而言，东北地区高校研发（R&D）人员平均强度整体高于全国平均水平，但优势在逐渐减弱。具体如图2.65所示。

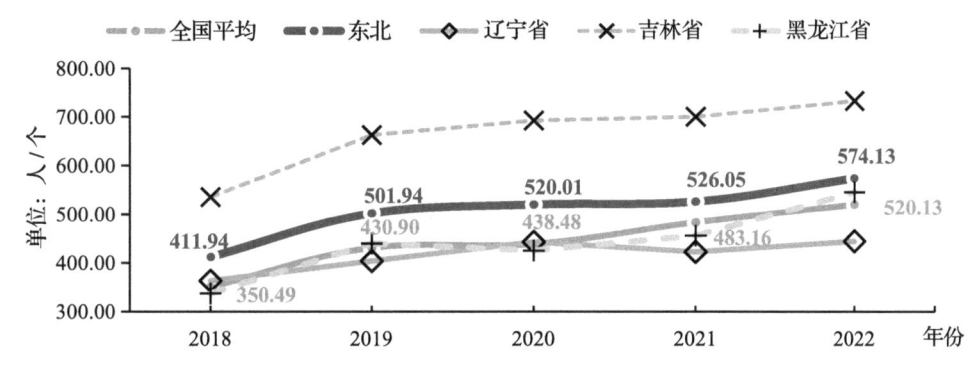

图2.65 2018—2022年高校研发（R&D）人员平均强度基本走势图

注：①全国平均指31个省市区的平均水平；②全国范围内（可采集到的数据），高校研发（R&D）人员平均强度最大值为2022年北京市的1590.90人/个，最小值为2018年青海省的130.42人/个。

2018—2022年，东北三省高校研发（R&D）人员平均强度在全国31个省市区连续5年数据集中的相对位置分布情况如图2.66所示。可见，东北三省5年（共15个数

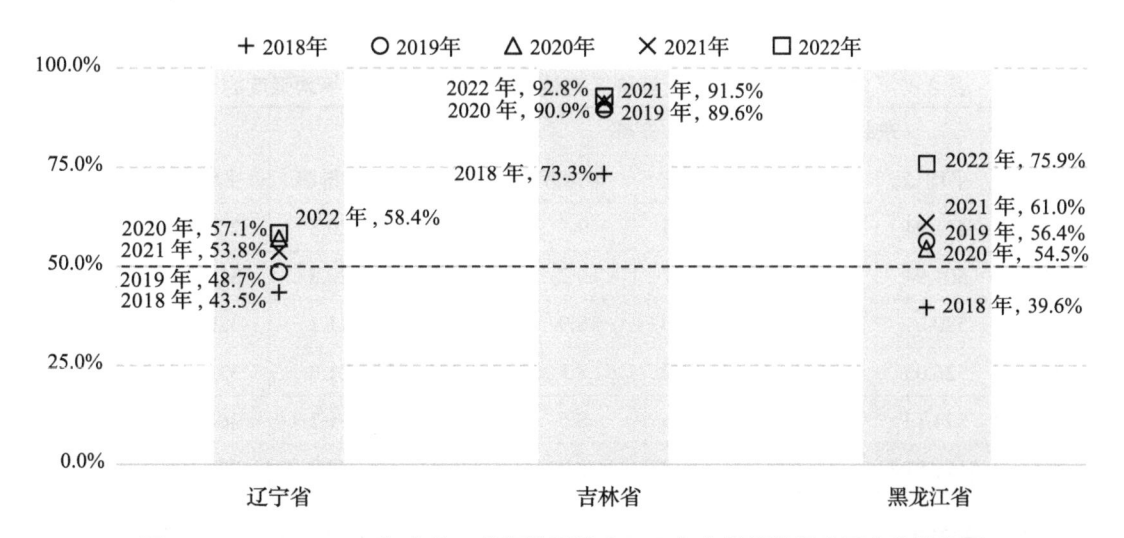

图2.66 2018—2022年东北三省高校研发（R&D）人员平均强度百分比数值图

据）高校研发（R&D）人员平均强度的百分比处于50%以下的有3个，处于90%以上的有3个且皆为吉林省的数据；此外，排位的最大值是2022年的吉林省（92.8%），最小值是2018年的黑龙江省（39.6%）。

2018—2022年，6省高校研发（R&D）人员平均强度由高到低依次为吉林省、浙江省、广东省、江苏省、黑龙江省、辽宁省；东南三省中，江苏省呈波动上升趋势，浙江省和广东省呈稳定上升趋势；东北三省中，辽宁省和黑龙江省呈波动上升趋势，吉林省呈稳定上升趋势；东北三省中水平较低的辽宁省相较于东南三省中水平较低的江苏省差距悬殊；高校研发（R&D）人员平均强度增幅最大的是黑龙江省（15.43%），增幅最小的是辽宁省（5.59%），吉林省的增幅为9.21%。具体如表2.86所示。

表2.86　2018—2022年6省高校研发（R&D）人员平均强度的原始值

年份	辽宁省 值/序	吉林省 值/序	黑龙江省 值/序	江苏省 值/序	浙江省 值/序	广东省 值/序	全国平均 值
2018	363.09/13	535.44/3	337.28/14	414.75/9	534.74/4	450.72/7	350.49
2019	403.68/17	662.48/3	439.67/13	567.40/6	624.19/5	541.24/7	430.90
2020	442.70/14	692.31/3	425.01/15	552.05/7	635.34/4	556.71/6	438.48
2021	422.46/18	699.98/4	455.71/16	602.65/7	714.11/3	610.24/6	483.16
2022	444.34/18	732.61/4	545.45/14	623.09/6	777.30/3	647.51/5	520.13
平均	415.25/16.0	664.56/3.4	440.62/14.4	551.99/7.0	657.14/3.8	561.28/6.2	444.63

2018—2022年，四大经济区高校研发（R&D）人员平均强度由高到低依次为东部、东北、中部、西部；四大经济区均呈稳定上升趋势；其中，中部地区增幅最大（15.65%），东北地区增幅最小（9.84%）；东北地区高校研发（R&D）人员平均强度的相对优势在减弱。具体如表2.87所示。

表2.87　2018—2022年四大经济区高校研发（R&D）人员平均强度的平均值

年份	东北 平均值	东北 年排序	东部 平均值	东部 年排序	西部 平均值	西部 年排序	中部 平均值	中部 年排序
2018	411.94	10.0	490.93	9.1	267.69	20.3	251.30	21.8
2019	501.94	11.0	627.61	9.2	304.77	20.8	319.79	20.2
2020	520.01	10.7	638.40	8.9	306.18	21.1	329.12	20.3
2021	526.05	12.7	700.20	8.5	347.11	21.3	372.10	19.7
2022	574.13	12.0	740.26	8.5	378.93	21.2	408.63	20.2
平均	506.81	11.3	639.48	8.8	320.94	20.9	336.19	20.4

2018—2022年，七大地理区高校研发（R&D）人员平均强度由高到低依次为华东、

华北、东北、华南、西南、华中、西北；华北、华中、西北地区整体呈波动上升态势，东北、华东、华南、西南地区整体呈上升态势；华中地区的增幅最大（14.54%），西南地区的增幅最小（8.16%），东北地区的增幅为9.84%；就七大地理区而言，东北地区处于中上水平，但与表现最优的华东地区的差距逐渐拉大。具体如表2.88所示。

表2.88　2018—2022年七大地理区高校研发（R&D）人员平均强度的平均值

年份	东北 值/序	华北 值/序	华东 值/序	华南 值/序	华中 值/序	西北 值/序	西南 值/序
2018	411.94/10.0	410.56/16.0	467.09/9.7	365.76/12.7	258.28/21.5	220.12/23.8	308.62/17.0
2019	501.94/11.0	551.33/15.4	587.42/9.0	403.74/15.3	329.39/20.0	275.39/23.0	333.04/18.2
2020	520.01/10.7	546.85/15.0	615.62/8.7	421.73/14.3	325.50/20.5	265.82/23.6	341.70/18.8
2021	526.05/12.7	607.63/15.2	665.44/8.3	482.10/12.7	368.03/19.8	317.36/23.2	372.79/19.8
2022	574.13/12.0	641.38/15.6	710.90/8.2	523.55/12.7	408.48/20.3	335.62/23.0	409.32/19.8
平均	506.81/11.3	551.55/15.4	609.30/8.8	439.38/13.5	337.94/20.4	282.86/23.3	353.10/18.7

③科创基地密度（单位：个/万平方千米）。科创基地密度是一个衡量地区科技创新活力和潜力的指标，它反映了单位面积内科技创新资源的集中程度，是衡量地区科创基础的重要参考。其计算公式为地区内科技企业孵化器、高新技术企业、众创空间、国家大学科技园以及研发机构数的总和与地区面积的比值。2018—2022年，全国科创基地密度呈稳定上升趋势，东北地区呈缓慢上升趋势；东北地区明显低于全国平均水平；辽宁省呈稳定上升趋势，吉林省与黑龙江省呈缓慢上升趋势；就东北三省而言，辽宁省较好，吉林省次之，黑龙江省较弱。总体而言，东北地区科创基地密度与全国平均水平相比存在较大差距，且差距呈逐渐扩大的态势。具体如图2.67所示。

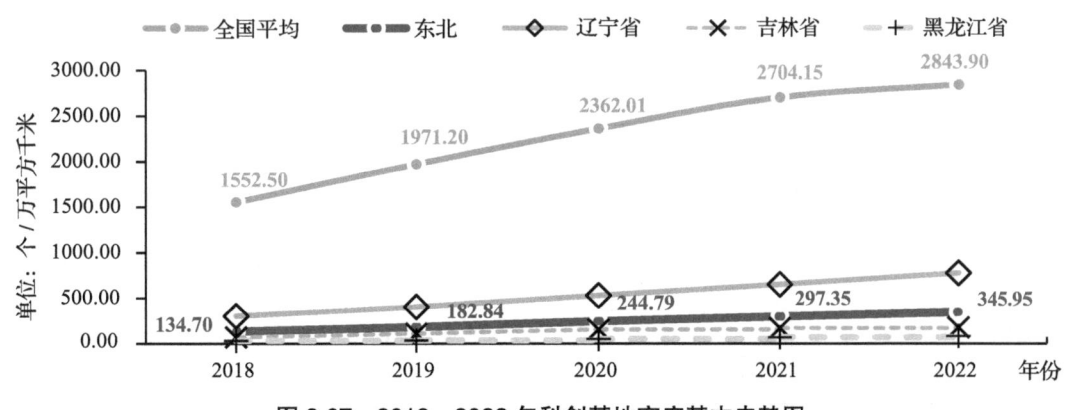

图2.67　2018—2022年科创基地密度基本走势图

注：①全国平均指31个省市区的平均水平；②全国范围内（可采集到的数据），科创基地密度最大值为2022年上海市的37760.43个/万平方千米，最小值为2018年西藏自治区的0.58个/万平方千米。

2018—2022年，东北三省科创基地密度在全国31个省市区连续5年数据集中的相对位置分布情况如图2.68所示。可见，东北三省5年（共15个数据）科创基地密度的百分比排位处于50%以上的有3个，处于50%以下的有11个；此外，排位的最大值是2022年的辽宁省（68.8%），最小值是2018年的黑龙江省（12.9%）。

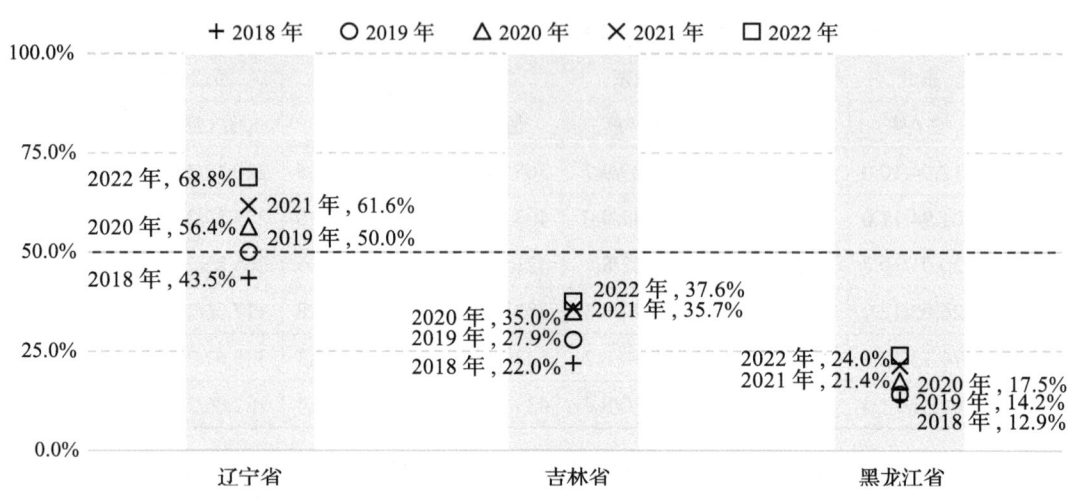

图 2.68　2018—2022 年东北三省科创基地密度百分比数值图

2018—2022年，6省科创基地密度由高到低依次为江苏省、广东省、浙江省、辽宁省、吉林省、黑龙江省；东南三省呈波动上升态势，且2022年均比上一年出现明显降幅，东北三省均呈持续上升趋势；东北三省中水平最优的辽宁省与东南三省中水平最低的浙江省相比仍存在一定差距；科创基地密度增幅最大的是黑龙江省（41.33%），增幅最小的是广东省（4.03%），辽宁省和吉林省的增幅分别为39.14%和38.58%。具体如表2.89所示。

表 2.89　2018—2022 年 6 省科创基地密度的原始值

年份	辽宁省 值/序	吉林省 值/序	黑龙江省 值/序	江苏省 值/序	浙江省 值/序	广东省 值/序	全国平均 值
2018	302.89/16	70.06/23	31.14/27	3903.54/4	2230.24/6	3787.88/5	1552.50
2019	403.83/16	109.98/23	34.69/27	4537.69/4	2945.97/6	4329.76/5	1971.20
2020	529.86/15	154.70/21	49.81/26	5011.38/4	3890.52/6	4623.69/5	2362.01
2021	651.92/16	170.70/22	69.43/25	5343.47/4	4775.55/6	5258.06/5	2704.15
2022	777.07/12	178.18/21	82.62/25	4716.98/4	3768.72/6	4397.89/5	2843.90
平均	533.11/15.0	136.72/22.0	53.54/26.0	4702.61/4.0	3522.20/6.0	4479.45/5.0	2286.75

2018—2022年，四大经济区科创基地密度由高到低依次为东部、中部、东北、西部；东北、东部、西部三个地区呈稳定上升趋势，中部地区呈波动上升趋势；东北地

区上升幅度最大，为39.21%，东部地区上升幅度最小，为20.41%；东北地区科创基地密度与表现最优的东部地区相比还存在较大差距。具体如表2.90所示。

表2.90　2018—2022年四大经济区科创基地密度的平均值

年份	东北 平均值	东北 年排序	东部 平均值	东部 年排序	西部 平均值	西部 年排序	中部 平均值	中部 年排序
2018	134.70	22.0	4417.08	6.9	94.59	23.6	402.91	13.0
2019	182.84	22.0	5606.90	6.7	117.12	23.8	514.05	13.0
2020	244.79	20.7	6669.94	7.0	156.09	23.8	652.60	13.2
2021	297.35	21.0	7585.67	6.8	181.41	23.9	817.13	13.0
2022	345.95	19.3	8022.59	6.9	197.10	23.8	755.33	13.8
平均	241.13	21.0	6460.44	6.9	149.26	23.8	628.41	13.2

2018—2022年，七大地理区科创基地密度由高到低依次为华东、华北、华南、华中、东北、西南、西北；七大地理区中，华南、华中地区呈波动上升趋势，其余地区均呈持续上升趋势；西北地区增幅最大，为41.64%，华南地区增幅最小，为6.26%，东北地区增幅为39.21%；就七大地理区而言，东北地区排序靠后，与表现最优的华东地区相比，有较大差距。具体如表2.91所示。

表2.91　2018—2022年七大地理区科创基地密度的平均值

年份	东北 值/序	华北 值/序	华东 值/序	华南 值/序	华中 值/序	西北 值/序	西南 值/序
2018	134.70/22.0	3431.90/12.8	4006.81/5.8	1337.79/15.3	370.57/13.0	57.84/25.2	147.61/21.4
2019	182.84/22.0	4228.74/12.4	5259.13/5.8	1545.40/15.3	488.12/13.0	76.20/25.2	178.12/21.8
2020	244.79/20.7	4627.41/13.0	6676.18/6.2	1692.65/15.3	624.80/13.0	97.59/25.4	245.77/21.4
2021	297.35/21.0	5099.90/12.8	7741.67/6.0	1931.08/14.7	801.86/12.8	122.24/25.4	275.01/22.2
2022	345.95/19.3	5310.06/13.2	8389.15/6.0	1672.96/15.0	760.24/13.8	154.19/25.2	281.42/22.0
平均	241.13/21.0	4539.60/12.8	6414.59/6.0	1635.98/15.1	609.12/13.1	101.61/25.3	225.59/21.8

④互联网宽带普及率（单位：%）。互联网宽带普及率反映一个地区信息化基础设施建设的发展水平以及居民或企业使用高速互联网服务的能力，是衡量地区科创基础的重要指标，计算公式为地区互联网宽带接入用户数与地区年末人口数的比值。2018—2022年，全国互联网宽带普及率呈稳定上升趋势，东北地区互联网宽带普及率亦呈稳定上升趋势；东北地区低于全国平均水平，且这种差距呈扩大的态势；东北三省普遍呈上升趋势；就东北三省而言，辽宁省较好，黑龙江省次之，吉林省较弱。总体而言，东北地区互联网宽带普及率整体略低于全国平均水平，且差距在逐渐扩大。具体如图2.69所示。

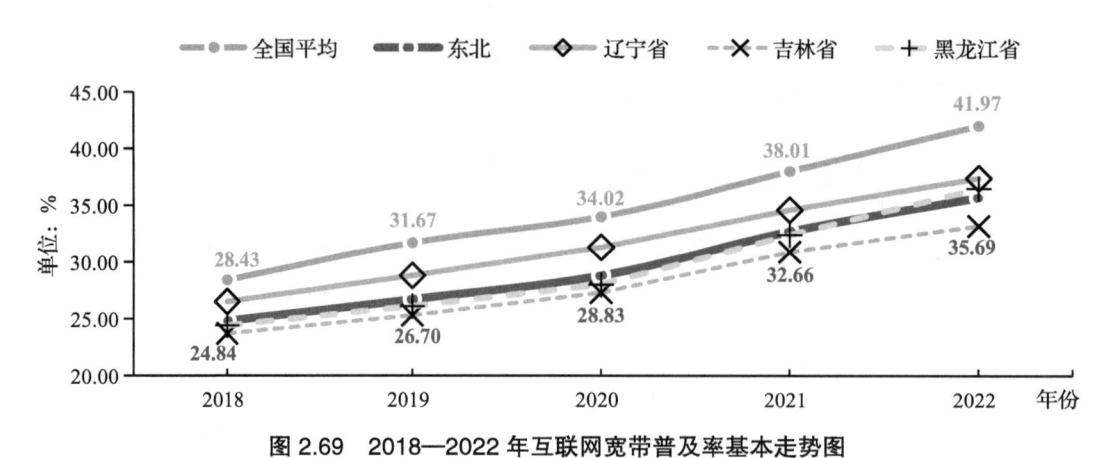

图 2.69　2018—2022 年互联网宽带普及率基本走势图

注：①全国平均指 31 个省市区的平均水平；②全国范围内（可采集到的数据），互联网宽带普及率最大值为 2022 年江苏省的 52.28%，最小值为 2018 年贵州省的 19.15%。

2018—2022 年，东北三省互联网宽带普及率在全国 31 个省市区连续 5 年数据集中的相对位置分布情况如图 2.70 所示。可见，东北三省 5 年（共 15 个数据）互联网宽带普及率的百分比处于 50% 以下的有 12 个，处于 25% 以下的有 8 个；此外，排位的最大值是 2022 年的辽宁省（65.5%），最小值是 2018 年的吉林省（2.5%）。

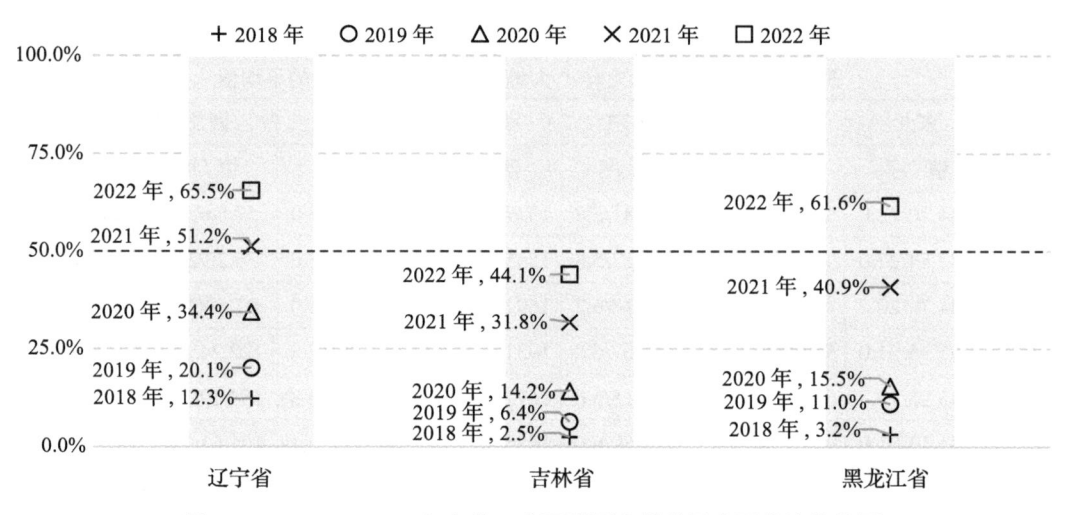

图 2.70　2018—2022 年东北三省互联网宽带普及率百分比数值图

2018—2022 年，6 省互联网宽带普及率由高到低依次为浙江省、江苏省、广东省、辽宁省、黑龙江省、吉林省；东南三省和东北三省均呈缓慢上升趋势；东北三省中水平较高的辽宁省相较于东南三省中水平较低的广东省差距微小；互联网宽带普及率增幅最大的是黑龙江省（12.42%），增幅最小的是浙江省（5.55%），辽宁省的增幅为 10.32%，吉林省的增幅为 10.04%。具体如表 2.92 所示。

表 2.92 2018—2022 年 6 省互联网宽带普及率的原始值

年份	辽宁省 值/序	吉林省 值/序	黑龙江省 值/序	江苏省 值/序	浙江省 值/序	广东省 值/序	全国平均值
2018	26.47/19	23.68/28	24.37/27	39.69/3	42.30/1	29.14/12	28.43
2019	28.77/23	25.26/29	26.06/27	42.34/3	43.59/1	30.44/17	31.67
2020	31.28/22	27.27/28	27.95/27	44.32/2	45.43/1	30.82/24	34.02
2021	34.64/24	30.91/30	32.43/27	47.87/1	47.66/2	33.73/25	38.01
2022	37.40/24	33.19/31	36.48/26	52.28/1	51.70/2	36.57/25	41.97
平均	31.71/22.4	28.06/29.2	29.46/26.8	45.30/2.0	46.14/1.4	32.14/20.6	34.82

2018—2022 年，四大经济区互联网宽带普及率由高到低依次为东部、中部、西部、东北；东部、西部、中部和东北地区均呈缓慢上升趋势；其中，西部地区增幅最大（13.94%），东部地区增幅最小（9.45%），东北地区的增幅为 10.92%；东北地区互联网宽带普及率与表现最优的东部地区相比有一定的差距。具体如表 2.93 所示。

表 2.93 2018—2022 年四大经济区互联网宽带普及率的平均值

年份	东北 平均值	年排序	东部 平均值	年排序	西部 平均值	年排序	中部 平均值	年排序
2018	24.84	24.7	32.90	8.3	26.49	18.6	26.67	19.3
2019	26.70	26.3	36.02	8.6	30.14	18.3	29.98	18.7
2020	28.83	25.7	37.68	10.1	32.69	17.8	33.17	17.3
2021	32.66	27.0	41.57	10.1	36.98	17.3	36.82	17.7
2022	35.69	27.0	45.33	10.9	41.25	16.8	40.93	17.5
平均	29.74	26.1	38.70	9.6	33.51	17.8	33.51	18.1

2018—2022 年，七大地理区互联网宽带普及率由高到低依次为华东、西北、华北、华南、华中、西南、东北；七大地理区均呈缓慢上升趋势；西北地区增幅最大（15.32%），华东地区增幅最小（8.98%），东北地区的增幅为 10.92%；就七大地理区而言，东北地区排序靠后，与表现最优的华东地区相比差距较大。具体如表 2.94 所示。

表 2.94 2018—2022 年七大地理区互联网宽带普及率的平均值

年份	东北 值/序	华北 值/序	华东 值/序	华南 值/序	华中 值/序	西北 值/序	西南 值/序
2018	24.84/24.7	28.83/13.2	34.82/7.3	27.48/17.3	26.09/20.8	27.75/15.4	25.66/20.0
2019	26.70/26.3	32.27/13.4	37.82/7.2	30.66/16.0	29.27/21.3	32.22/14.2	28.65/20.6
2020	28.83/25.7	34.52/14.0	39.81/7.3	32.82/18.0	32.22/20.5	35.21/12.6	30.65/21.2
2021	32.66/27.0	37.79/15.8	43.19/7.5	38.05/16.0	35.97/20.0	40.18/11.0	34.69/21.6
2022	35.69/27.0	41.04/17.4	47.33/7.7	42.25/15.7	39.95/19.8	44.74/9.6	38.89/21.6
平均	29.74/26.1	34.89/14.8	40.59/7.4	34.25/16.6	32.70/20.5	36.02/12.6	31.70/21.0

（2）研发投入。

①研发（R&D）投入强度（单位：%）。研发（R&D）投入强度反映一个地区科技研发基础的水平，是衡量地区在科技创新方面研发投入程度的重要指标，计算公式为地区研发（R&D）经费支出与地区GDP的比值。2018—2022年，全国研发（R&D）投入强度呈平稳上升趋势，东北地区整体发展呈缓慢上升趋势；东北地区研发（R&D）投入强度明显低于全国平均水平；东北三省中，黑龙江省、吉林省和辽宁省整体均呈缓慢上升趋势；就东北三省而言，辽宁省的表现相对较好，吉林省次之，黑龙江省较弱，且辽宁省的表现远优于吉林省和黑龙江省。总体而言，东北地区研发（R&D）投入强度与全国平均水平差距较大。具体如图2.71所示。

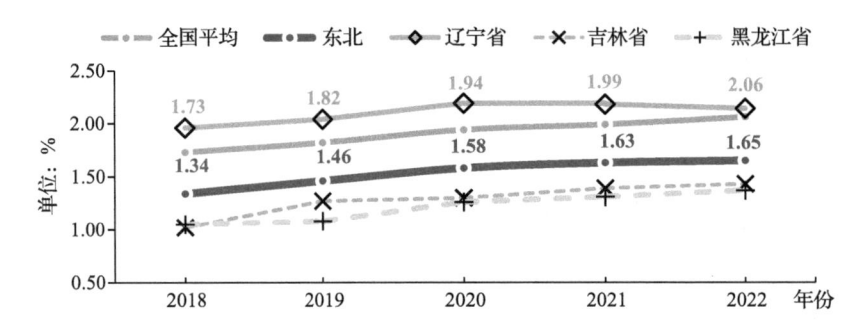

图2.71 2018—2022年研发（R&D）投入强度基本走势图

注：①全国平均指31个省市区的平均水平；②全国范围内（可采集到的数据），研发（R&D）投入强度最大值为2022年北京市的6.83%，最小值为2020年西藏自治区的0.23%。

2018—2022年，东北三省研发（R&D）投入强度在全国31个省市区连续5年数据集中的相对位置分布情况如图2.72所示。可见，东北三省5年（共15个数据）研发（R&D）投入强度的百分比排位位于50%以下的有10个；此外，排位的最大值是2020年的辽宁省（68.1%），最小值是2018年的吉林省（24.6%）。

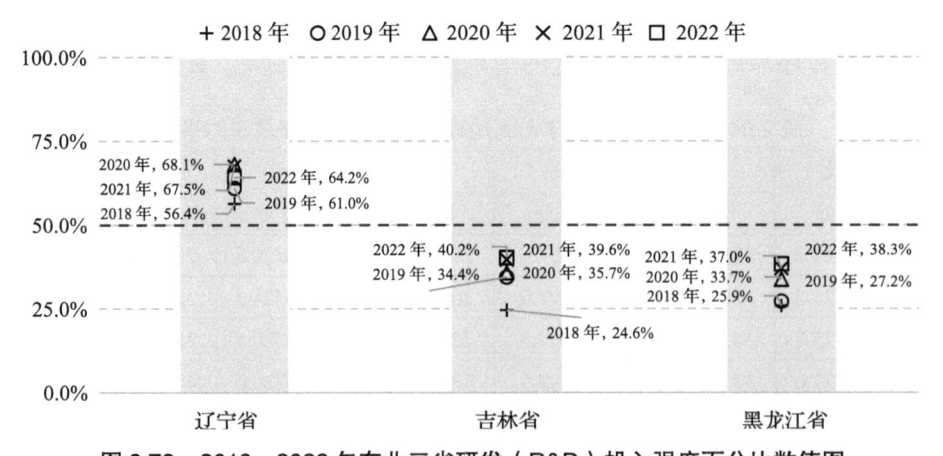

图2.72 2018—2022年东北三省研发（R&D）投入强度百分比数值图

2018—2022年，6省研发（R&D）投入强度由高到低依次为广东省、江苏省、浙江省、辽宁省、吉林省、黑龙江省；东南三省均呈上升趋势，发展势头良好，整体发展水平明显高于东北三省；东北三省发展水平较高的辽宁省弱于东南三省发展水平较低的浙江省；研发（R&D）投入强度增幅最大的是吉林省（10.05%），增幅最小的是辽宁省（2.30%），黑龙江省的增幅为7.62%。具体如表2.95所示。

表2.95 2018—2022年6省研发（R&D）投入强度的原始值

年份	辽宁省 值/序	吉林省 值/序	黑龙江省 值/序	江苏省 值/序	浙江省 值/序	广东省 值/序	全国平均 值
2018	1.96/9	1.02/23	1.05/22	2.69/5	2.49/6	2.71/4	1.73
2019	2.04/10	1.27/20	1.08/23	2.79/5	2.68/6	2.88/4	1.82
2020	2.19/11	1.30/20	1.26/21	2.93/5	2.88/6	3.14/4	1.94
2021	2.18/13	1.39/20	1.31/21	2.95/5	2.94/6	3.22/4	1.99
2022	2.14/13	1.43/20	1.37/21	3.12/5	3.11/6	3.42/4	2.06
平均	2.10/11.2	1.28/20.6	1.21/21.6	2.90/5.0	2.82/6.0	3.07/4.0	1.91

2018—2022年，四大经济区研发（R&D）投入强度由高到低依次为东部、中部、东北、西部；四大经济区均呈平稳上升趋势；东北地区研发（R&D）投入强度与东部地区差距明显。具体如表2.96所示。

表2.96 2018—2022年四大经济区研发（R&D）投入强度的平均值

年份	东北 平均值	东北 年排序	东部 平均值	东部 年排序	西部 平均值	西部 年排序	中部 平均值	中部 年排序
2018	1.34	18.0	2.72	8.8	1.08	22.0	1.58	14.8
2019	1.46	17.7	2.80	8.9	1.14	21.9	1.71	15.0
2020	1.58	17.3	2.96	9.0	1.20	22.1	1.88	14.8
2021	1.63	18.0	3.04	8.9	1.24	22.0	1.91	14.7
2022	1.65	18.0	3.19	8.5	1.26	22.4	2.00	14.5
平均	1.53	17.8	2.94	8.8	1.19	22.1	1.81	14.8

2018—2022年，七大地理区研发（R&D）投入强度由高到低依次为华北、华东、华中、东北、华南、西南、西北；七大地理区均呈平稳上升趋势；华南地区增幅最大（7.81%），东北地区增幅为5.65%；就七大地理区而言，东北地区处于中下水平，与表现最优的华北地区相比，差距较大。具体如表2.97所示。

②科技创新支出强度（单位：%）。科技创新支出强度反映一个地区对科技创新的投入和重视程度，是衡量地区研发投入的重要指标，计算公式为科学技术支出与地方一般财政预算支出的比值。2018—2022年，全国科技创新支出强度整体呈波动上升趋

表 2.97　2018—2022 年七大地理区研发（R&D）投入强度的平均值

年份	东北 值/序	华北 值/序	华东 值/序	华南 值/序	华中 值/序	西北 值/序	西南 值/序
2018	1.34/18.0	2.55/13.2	2.50/7.7	1.33/20.0	1.62/14.3	1.17/21.0	1.11/21.4
2019	1.46/17.7	2.64/13.4	2.56/7.8	1.41/20.0	1.77/14.3	1.23/21.0	1.18/21.2
2020	1.58/17.3	2.75/13.6	2.75/7.8	1.53/20.0	1.95/14.0	1.26/21.2	1.28/21.4
2021	1.63/18.0	2.82/13.6	2.79/7.3	1.59/20.0	2.00/14.3	1.29/21.0	1.33/21.2
2022	1.65/18.0	2.86/14.2	2.96/7.2	1.75/19.0	2.09/14.0	1.30/22.2	1.38/20.6
平均	1.53/17.8	2.72/13.6	2.71/7.6	1.52/19.8	1.88/14.2	1.25/21.3	1.26/21.2

势，东北地区呈波动下降趋势；东北地区明显低于全国平均水平；辽宁省整体呈波动下降趋势，2021 年略有回升，黑龙江省呈波动变化趋势，但整体波动幅度较为平稳，吉林省整体呈波动下降趋势，在 2021—2022 年下降较为明显；就东北三省而言，辽宁省总体情况较好，吉林省次之，黑龙江省较弱。总体而言，东北地区科技创新支出强度与全国平均水平的差距较大，且呈进一步扩大的趋势。具体如图 2.73 所示。

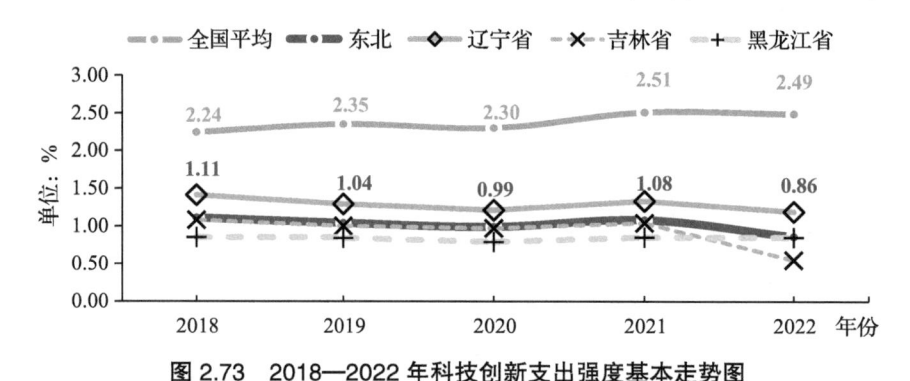

图 2.73　2018—2022 年科技创新支出强度基本走势图

注：①全国平均指 31 个省市区的平均水平；②全国范围内（可采集到的数据），科技创新支出强度最大值为 2019 年广东省的 6.76%，最小值为 2022 年西藏自治区的 0.32%。

2018—2022 年，东北三省科技创新支出强度在全国 31 个省市区连续 5 年数据集中的相对位置分布情况如图 2.74 所示。可见，东北三省 5 年（共 15 个数据）科技创新支出强度的百分比排位均处于 50% 以下，其中，有 8 个位于 25% 以下；此外，排位的最大值是 2018 年的辽宁省（38.9%），最小值是 2022 年的吉林省（5.1%）。

2018—2022 年，6 省科技创新支出强度由高到低依次为广东省、浙江省、江苏省、辽宁省、吉林省、黑龙江省；东南三省中，广东省呈持续下降趋势，江苏省和浙江省呈波动上升趋势；东北三省中，辽宁省和吉林省呈波动下降态势，黑龙江省呈先下降后上升趋势；东南三省中水平较低的江苏省明显优于东北地区水平较高的辽宁省；科技创新支出强度增幅最大的是浙江省（7.19%），降幅最大的是吉林省（−12.24%），黑龙江省和辽宁省的变化幅度分别为 0.22% 和 −3.89%。具体如表 2.98 所示。

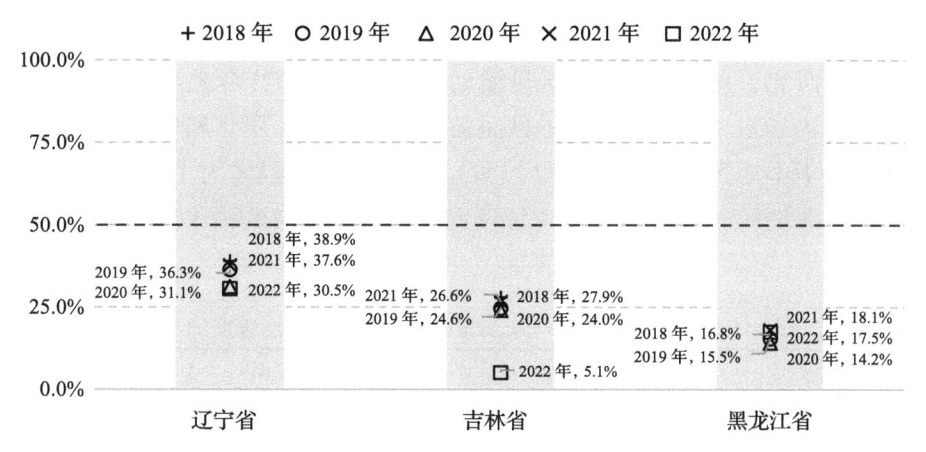

图 2.74 2018—2022 年东北三省科技创新支出强度百分比数值图

表 2.98 2018—2022 年 6 省科技创新支出强度的原始值

年份	辽宁省 值/序	吉林省 值/序	黑龙江省 值/序	江苏省 值/序	浙江省 值/序	广东省 值/序	全国平均 值
2018	1.41/19	1.08/22	0.85/26	4.35/6	4.40/5	6.58/1	2.24
2019	1.29/19	1.00/24	0.84/26	4.55/6	5.13/3	6.76/1	2.35
2020	1.21/20	0.97/23	0.79/26	4.27/6	4.68/5	5.48/2	2.30
2021	1.33/21	1.04/24	0.85/27	4.60/6	5.25/4	5.39/3	2.51
2022	1.19/22	0.55/29	0.85/26	4.55/5	5.67/3	5.31/4	2.49
平均	1.29/20.2	0.93/24.4	0.84/26.2	4.47/5.8	5.03/4.0	5.90/2.2	2.38

2018—2022 年，四大经济区科技创新支出强度由高到低依次为东部、中部、西部、东北；东部、中部地区整体均呈上升趋势；其中，中部地区增幅最大（9.57%），东北地区总体下降态势明显，降幅为 5.56%；东北地区科技创新支出强度与表现较优的东部地区相比差距较大。具体如表 2.99 所示。

表 2.99 2018—2022 年四大经济区科技创新支出强度的平均值

年份	东北 平均值	东北 年排序	东部 平均值	东部 年排序	西部 平均值	西部 年排序	中部 平均值	中部 年排序
2018	1.11	22.3	3.61	9.6	1.21	22.0	2.60	11.5
2019	1.04	23.0	3.83	8.7	1.15	22.6	2.90	11.5
2020	0.99	23.0	3.74	8.2	1.10	23.3	2.94	10.8
2021	1.08	24.0	3.93	8.7	1.25	23.2	3.36	9.8
2022	0.86	25.7	3.83	8.9	1.23	22.4	3.59	10.2
平均	1.02	23.6	3.79	8.8	1.19	22.7	3.08	10.8

2018—2022年，七大地理区科技创新支出强度由高到低依次为华东、华南、华中、华北、西南、西北、东北；东北地区呈波动下降趋势，2021年略有回升，华中地区呈平稳上升趋势，华东、西南和华南地区呈波动上升趋势，西北和华北地区呈波动下降趋势；其中，华中地区增幅最大（12.17%），东北地区降幅最大（-5.56%）；就七大地理区而言，东北地区处于较低水平，与表现最优的华东地区相比差距较大。具体如表2.100所示。

表2.100 2018—2022年七大地理区科技创新支出强度的平均值

年份	东北 值/序	华北 值/序	华东 值/序	华南 值/序	华中 值/序	西北 值/序	西南 值/序
2018	1.11/22.3	2.41/16.6	3.84/6.8	2.89/15.7	2.43/11.3	1.27/22.0	1.28/20.6
2019	1.04/23.0	2.36/16.8	4.17/6.5	3.20/13.3	2.77/10.8	1.10/23.4	1.31/20.8
2020	0.99/23.0	2.51/15.4	4.07/6.5	2.79/13.3	2.85/10.5	0.98/24.8	1.33/21.0
2021	1.08/24.0	2.63/15.8	4.42/6.5	2.89/13.7	3.26/9.8	1.18/24.0	1.46/21.2
2022	0.86/25.7	2.37/17.6	4.28/7.0	3.46/10.0	3.61/8.8	1.12/23.4	1.33/21.4
平均	1.02/23.6	2.46/16.4	4.16/6.7	3.05/13.2	2.99/10.2	1.13/23.5	1.34/21.0

③新产品开发支出占比（单位：%）。新产品开发支出占比可以衡量企业在科技创新和新产品开发方面的投入和重视程度，计算公式为新产品开发经费支出与研发经费的比值。2018—2022年，全国新产品开发支出占比呈上升态势，东北地区整体呈稳定上升趋势；东北地区明显低于全国平均水平，且这种差距呈先缩减后扩大的态势；辽宁省呈波动上升趋势，2019年出现微弱下降，吉林省、黑龙江省呈波动上升态势；就东北三省而言，吉林省整体较好，辽宁省次之，黑龙江省较弱。总体而言，东北地区新产品开发支出占比明显低于全国平均水平，且差距在逐年缩减的基础上有明显扩大的趋势。具体如图2.75所示。

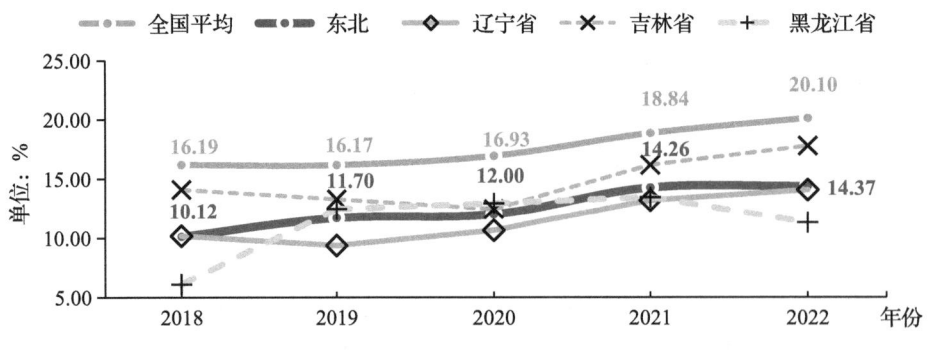

图2.75 2018—2022年新产品开发支出占比基本走势图

注：①全国平均指31个省市区的平均水平；②全国范围内（可采集到的数据），新产品开发支出占比最大值为2019年广东省的69.86%，最小值为2019年新疆维吾尔自治区的2.50%。

2018—2022年，东北三省新产品开发支出占比在全国31个省市区连续5年数据集中的相对位置分布情况如图2.76所示。可见，东北三省5年（共15个数据）新产品开发支出占比的百分比排位处于50%以下的有13个，其中有3个位于25%以下；此外，排位的最大值是2022年的吉林省（57.7%），最小值是2018年的黑龙江省（7.7%）。

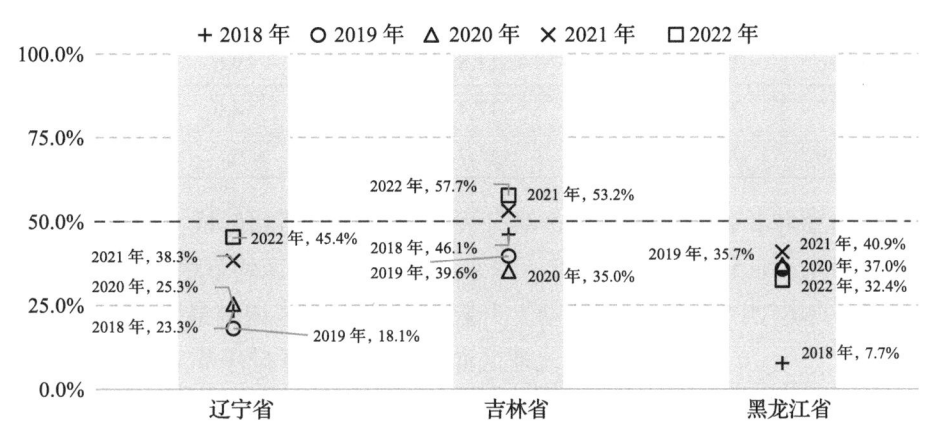

图2.76 2018—2022年东北三省新产品开发支出占比百分比数值图

2018—2022年，6省新产品开发支出占比由高到低依次是广东省、江苏省、浙江省、吉林省、辽宁省、黑龙江省；东南三省中，浙江省与江苏省呈稳定上升的态势，广东省呈先上升后下降的态势；东南三省中水平较低的浙江省优于东北地区水平最高的吉林省；新产品开发支出占比增幅最大的是黑龙江省（21.27%），增幅最小的是广东省（-0.67%），吉林省和辽宁省的增幅分别为6.50%、9.55%。具体如表2.101所示。

表2.101 2018—2022年6省新产品开发支出占比的原始值

年份	辽宁省 值/序	吉林省 值/序	黑龙江省 值/序	江苏省 值/序	浙江省 值/序	广东省 值/序	全国平均 值
2018	10.17/21	14.10/14	6.10/28	26.08/3	20.66/9	65.95/1	16.19
2019	9.36/24	13.28/17	12.45/19	26.85/3	21.54/6	69.86/1	16.17
2020	10.64/23	12.44/19	12.93/18	27.50/3	23.77/5	67.28/1	16.93
2021	13.18/23	16.16/16	13.44/22	29.67/3	27.21/5	63.98/1	18.84
2022	14.06/21	17.77/17	11.30/23	31.72/4	30.17/5	64.18/1	20.10
平均	11.48/22.4	14.75/16.6	11.24/22.0	28.36/3.2	24.67/6.0	66.25/1.0	17.65

2018—2022年，四大经济区新产品开发支出占比由高到低依次是东部、中部、西部、东北；四大经济区均呈上升趋势；东北地区上升幅度最大（10.49%）；东北地区新产品开发支出占比与东部地区相比差距较大。具体如表2.102所示。

表 2.102　2018—2022 年四大经济区新产品开发支出占比的平均值

年份	东北 平均值	东北 年排序	东部 平均值	东部 年排序	西部 平均值	西部 年排序	中部 平均值	中部 年排序
2018	10.12	21.0	21.95	12.3	12.56	19.0	16.88	13.7
2019	11.70	20.0	22.43	11.2	11.36	20.1	17.60	13.8
2020	12.00	20.0	23.17	10.9	12.07	20.8	18.70	13.0
2021	14.26	20.3	24.52	11.8	14.48	19.6	20.38	13.7
2022	14.37	20.3	25.61	12.4	16.25	18.6	21.48	14.7
平均	12.49	20.3	23.53	11.7	13.34	19.6	19.01	13.8

2018—2022 年，七大地理区新产品开发支出占比由高到低依次为华南、华东、华中、西南、西北、东北、华北；东北、华东、华中三个地区均呈稳定上升趋势，西南、华北、西北、华南四个地区均呈波动上升趋势；华南地区增幅最小，为 0.92%，东北地区增幅最大，为 10.49%；就七大地理区而言，东北地区排序靠后，与表现最优的华南地区相比，差距较大。具体如表 2.103 所示。

表 2.103　2018—2022 年七大地理区新产品开发支出占比的平均值

年份	东北 值/序	华北 值/序	华东 值/序	华南 值/序	华中 值/序	西北 值/序	西南 值/序
2018	10.12/21.0	9.86/22.8	19.60/10.3	30.40/13.0	18.42/11.8	13.26/17.8	14.68/16.4
2019	11.70/20.0	8.80/24.2	19.64/8.8	32.30/11.7	20.00/11.3	11.84/19.4	13.68/17.0
2020	12.00/20.0	10.37/22.2	21.03/8.8	31.76/12.7	20.64/10.8	11.36/21.6	15.21/16.6
2021	14.26/20.3	11.45/24.6	23.98/8.2	32.08/12.3	22.10/12.0	14.59/18.6	16.49/17.0
2022	14.37/20.3	12.69/24.0	25.66/9.2	31.51/13.3	23.61/12.5	18.52/16.0	16.20/18.0
平均	12.49/20.3	10.63/23.6	21.98/9.1	31.61/12.6	20.96/11.7	13.91/18.7	15.25/17.0

④高技术产业均企技术改造支出（单位：亿元/个）。高技术产业均企技术改造支出反映高技术产业领域内，平均每家企业在进行技术改造时的投入，是衡量研发投入和科技创新的重要指标，其计算公式为高技术产业技术改造经费与高技术企业数的比值。2018—2022 年，全国高技术产业均企技术改造支出呈现先下降后上升的波动上升趋势；东北地区整体的高技术产业均企技术改造支出呈先上升后下降的趋势，2020 年的表现为 5 年内最佳；总体来说，东北地区整体优于全国平均水平；2019—2021 年，黑龙江省表现最好，辽宁省次之，吉林省表现较差，且三省之间差距较大；2021—2022 年，辽宁省实现反超；就该指标而言，吉林省与其他两省存在较大差距。总体而言，在 2018—2022 年，东北地区高技术产业均企技术改造支出优于全国平均水平。具体如图 2.77 所示。

Ⅱ 评价报告

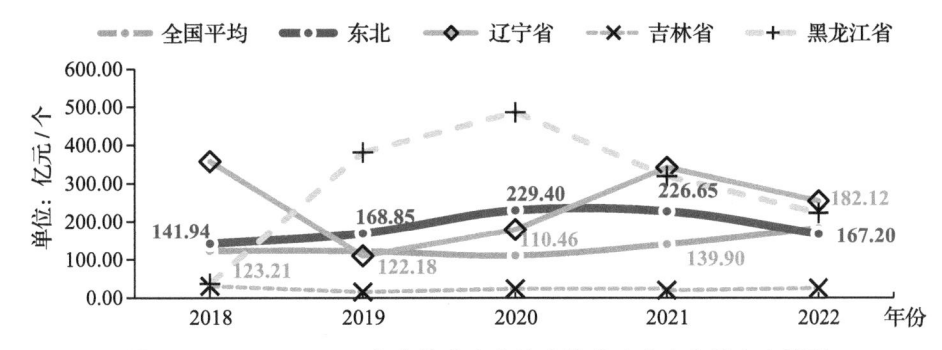

图 2.77 2018—2022 年高技术产业均企技术改造支出基本走势图

注：①全国平均指 31 个省市区的平均水平；②全国范围内（可采集到的数据），高技术产业均企技术改造支出最大值为 2022 年宁夏回族自治区的 1018.12 亿元/个，最小值为 2021 年甘肃省的 0.68 亿元/个。

2018—2022 年，东北三省高技术产业均企技术改造支出在全国 31 个省市区连续 5 年数据集中的相对位置分布情况如图 2.78 所示。可见，东北三省 5 年（共 15 个数据）高技术产业均企技术改造支出的百分比排位处于 50% 以下的有 6 个，且均位于 25% 以下；此外，排位的最大值是 2020 年的黑龙江省（98.6%），最小值是 2019 年的吉林省（6.7%）。

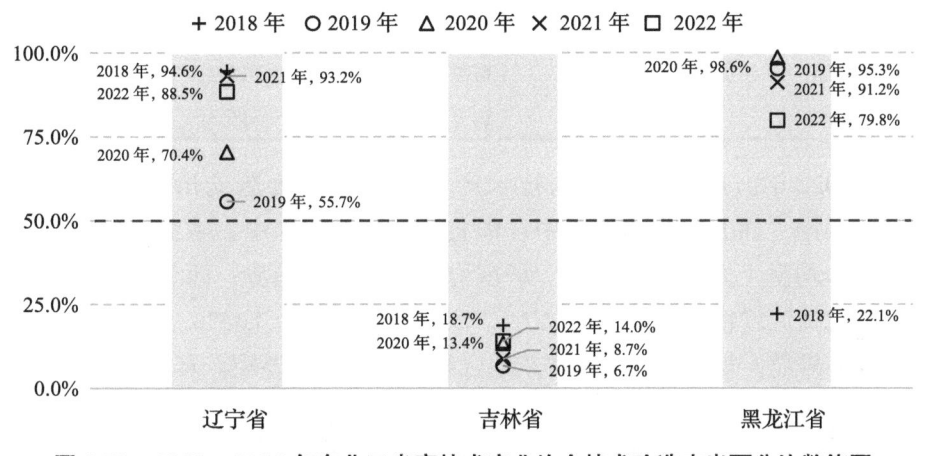

图 2.78 2018—2022 年东北三省高技术产业均企技术改造支出百分比数值图

2018—2022 年，6 省高技术产业均企技术改造支出由高到低依次为黑龙江省、辽宁省、广东省、江苏省、浙江省、吉林省；东南三省中，江苏省与广东省呈波动下降态势，江苏省波动较大，广东省下降较为平缓，浙江省呈波动上升趋势；东北地区水平最高的黑龙江省优于东南三省中水平最优的广东省；黑龙江省增幅最大（124.35%），辽宁省降幅最大（-7.25%），吉林省降幅为 4.64%。具体如表 2.104 所示。

2018—2022 年，四大经济区高技术产业均企技术改造支出由高到低依次为东北、西部、东部、中部；东北、西部、中部地区呈波动上升趋势，东部地区呈波动下降趋势；西部上升幅度最大，为 40.77%，东部地区上升幅度最小，为 -3.70%，东北地区上升幅度为 4.45%；东北地区高技术产业均企技术改造支出优于其他地区。具体如表 2.105 所示。

133

表 2.104　2018—2022 年 6 省高技术产业均企技术改造支出的原始值

年份	辽宁省 值/序	吉林省 值/序	黑龙江省 值/序	江苏省 值/序	浙江省 值/序	广东省 值/序	全国平均值
2018	357.71/2	30.88/26	37.24/25	154.27/10	120.59/12	223.37/4	123.21
2019	110.05/11	15.26/30	381.23/2	119.13/10	103.25/13	227.32/6	122.18
2020	178.73/9	23.51/24	485.95/1	132.19/10	118.89/11	244.48/4	110.46
2021	341.52/3	19.41/27	319.02/4	161.43/13	132.74/14	234.79/9	139.90
2022	253.98/5	25.15/28	222.46/7	125.27/17	149.11/16	194.38/12	182.12
平均	248.40/6.0	22.84/27.0	289.18/7.8	138.46/12.0	124.92/13.2	224.87/7.0	135.57

表 2.105　2018—2022 年四大经济区高技术产业均企技术改造支出的平均值

年份	东北 平均值	年排序	东部 平均值	年排序	西部 平均值	年排序	中部 平均值	年排序
2018	141.94	17.7	163.98	13.4	97.25	16.9	93.50	15.3
2019	168.85	14.3	136.74	13.3	116.91	17.2	84.26	16.7
2020	229.40	11.3	115.44	13.8	86.00	18.5	87.52	15.0
2021	226.65	11.3	129.54	16.3	139.47	15.6	114.60	16.2
2022	167.20	13.3	139.68	17.7	255.83	13.3	125.17	17.2
平均	186.81	13.6	137.07	14.9	139.09	16.3	101.01	16.1

2018—2022 年，七大地理区高技术产业均企技术改造支出由高到低依次为华东、东北、西南、西北、华南、华中、华北；七大地理区中，东北、华南、华中、西北、西南整体均呈上升趋势，华北、华东均呈波动下降趋势；西北地区增幅最大，为 56.58%，华北地区增幅最小，为 -5.60%，东北地区增幅为 4.45%；就七大地理区而言，东北地区排序靠前，与表现最优的华东地区相比，有一定差距。具体如表 2.106 所示。

表 2.106　2018—2022 年七大地理区高技术产业均企技术改造支出的平均值

年份	东北 值/序	华北 值/序	华东 值/序	华南 值/序	华中 值/序	西北 值/序	西南 值/序
2018	141.94/17.7	49.76/21.2	222.87/9.3	131.68/14.0	69.49/17.8	93.27/18.2	136.28/11.5
2019	168.85/14.3	46.75/22.2	181.85/8.7	101.99/17.0	71.71/18.0	109.38/17.6	173.58/12.0
2020	229.40/11.3	29.81/22.6	161.38/9.2	104.31/16.7	73.36/15.5	67.13/20.2	141.54/12.5
2021	226.65/11.3	26.76/25.0	196.49/10.5	119.88/16.7	105.17/16.3	138.34/17.2	183.09/10.5
2022	167.20/13.3	38.62/26.0	202.18/12.3	247.78/11.0	125.68/17.3	304.33/14.2	197.03/12.0
平均	186.81/13.6	38.34/23.4	192.95/10.0	141.13/15.1	89.08/17.0	142.49/17.5	166.30/11.7

（3）技术产出。

①高新技术产业收入占比（单位：%）。高新技术产业收入占比反映一个地区中高

新技术产业的实际收入占比情况，是衡量地区技术产出的重要指标，计算公式为地区高新技术产业主营业务收入与 GDP 的比值。2018—2022 年，全国高新技术产业收入占比呈波动上升态势，东北地区整体亦呈波动上升趋势；东北地区明显低于全国平均水平，且这种差距呈先缩减后扩大的态势；辽宁省呈波动下降趋势，2022 年出现明显下降，吉林省呈现波动上升趋势，黑龙江省呈现波动下降趋势；就东北三省而言，辽宁省较好，吉林省次之，黑龙江省再次之。总体而言，东北地区高新技术产业收入占比明显低于全国平均水平，且差距呈现明显的波动趋势，在 2022 年差距最大。具体如图 2.79 所示。

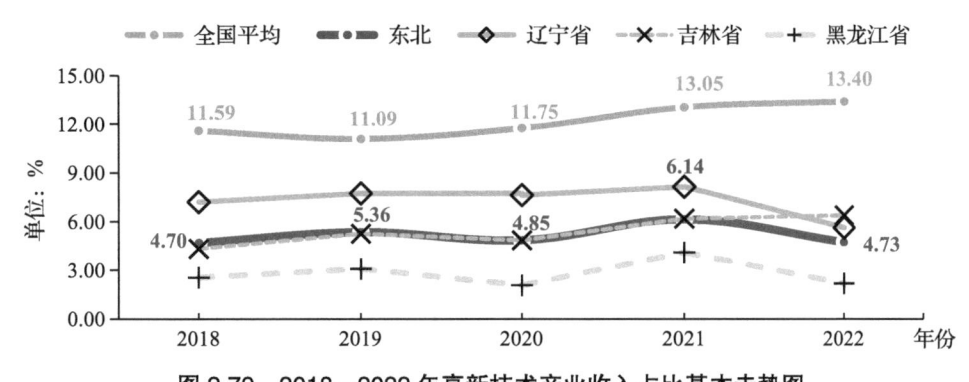

图 2.79　2018—2022 年高新技术产业收入占比基本走势图

注：①全国平均指 31 个省市区的平均水平；②全国范围内（可采集到的数据），高新技术产业收入占比最大值为 2018 年广东省的 48.06%，最小值为 2018 年西藏自治区的 0.74%。

2018—2022 年，东北三省高新技术产业收入占比在全国 31 个省市区连续 5 年数据集中的相对位置分布情况如图 2.80 所示。可见，东北三省 5 年（共 15 个数据）高新技术产业收入占比的百分比排位处于 50% 以下的有 15 个，其中有 7 个位于 25% 以下；此外，排位的最大值是 2021 年的黑龙江省（45.4%），最小值是 2020 年的吉林省（6.4%）。

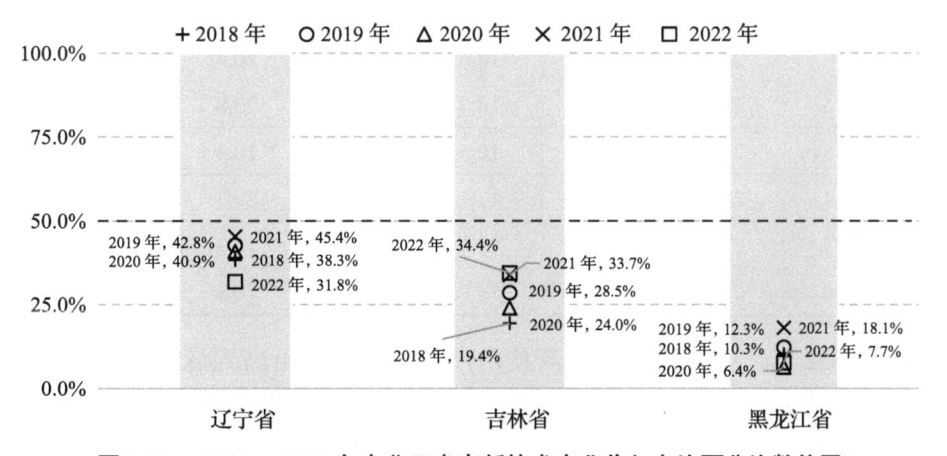

图 2.80　2018—2022 年东北三省高新技术产业收入占比百分比数值图

2018—2022年，6省高新技术产业收入占比由高到低依次是广东省、江苏省、浙江省、辽宁省、吉林省、黑龙江省；东南三省中，广东省呈现波动下降的趋势，浙江省呈现持续上升的趋势，江苏省呈现先下降后上升的趋势；东北三省中，吉林省呈波动上升的趋势，黑龙江省和辽宁省呈波动下降的趋势；东南三省中水平较低的浙江省优于东北地区水平最高的辽宁省；高新技术产业收入占比增幅最大的是吉林省（11.87%），增幅最小的是辽宁省（-5.49%），黑龙江省增幅为-3.71%。具体如表2.107所示。

表2.107 2018—2022年6省高新技术产业收入占比的原始值

年份	辽宁省 值/序	吉林省 值/序	黑龙江省 值/序	江苏省 值/序	浙江省 值/序	广东省 值/序	全国平均值
2018	7.21/19	4.33/24	2.55/28	28.25/2	13.33/10	48.06/1	11.59
2019	7.74/17	5.26/21	3.09/28	24.05/3	13.45/10	43.39/1	11.09
2020	7.63/18	4.85/23	2.07/29	26.47/2	15.69/9	45.31/1	11.75
2021	8.14/18	6.18/22	4.10/27	27.67/3	18.22/9	43.35/1	13.05
2022	5.63/24	6.39/22	2.18/29	28.26/3	18.79/9	41.51/1	13.40
平均	7.27/19.2	5.40/22.4	2.80/28.2	26.94/2.6	15.89/9.4	44.32/1.0	12.17

2018—2022年，四大经济区高新技术产业收入占比由高到低依次是东部、中部、西部、东北；四大经济区中，东部、西部和中部地区均呈波动上升趋势，东北地区呈现波动变化趋势；西部地区上升幅度最大，为10.03%，东北地区上升幅度最小，为0.17%；东北地区高新技术产业收入占比与表现最优的东部地区相比差距较大。具体如表2.108所示。

表2.108 2018—2022年四大经济区高新技术产业收入占比的平均值

年份	东北 平均值	东北 年排序	东部 平均值	东部 年排序	西部 平均值	西部 年排序	中部 平均值	中部 年排序
2018	4.70	23.7	17.94	10.0	7.50	20.8	12.66	12.5
2019	5.36	22.0	16.94	10.4	7.31	20.8	11.76	12.7
2020	4.85	23.3	17.95	10.6	7.75	20.4	12.85	12.5
2021	6.14	22.3	19.20	11.1	8.79	20.3	14.75	12.5
2022	4.73	25.0	18.41	11.6	10.51	18.9	15.17	13.0
平均	5.16	23.3	18.09	10.7	8.37	20.3	13.44	12.6

2018—2022年，七大地理区高新技术产业收入占比由高到低依次为华南、华东、华中、西南、华北、西北、东北；华中、西南、华东、华北四个地区均呈波动上升趋势，华南地区呈波动下降趋势，西北地区呈稳定上升趋势，东北地区呈现波动变化趋势，虽整体变化幅度较小但相邻年份波动较大；西北地区增幅最大，为31.50%，华南

地区增幅最小，为 –3.43%，东北地区增幅为 0.17%；就七大地理区而言，东北地区排序靠后，与表现最优的华南地区相比，差距较大。具体如表 2.109 所示。

表 2.109 2018—2022 年七大地理区高新技术产业收入占比的平均值

年份	东北 值/序	华北 值/序	华东 值/序	华南 值/序	华中 值/序	西北 值/序	西南 值/序
2018	4.70/23.7	9.24/17.0	17.23/8.5	20.09/14.0	13.73/11.5	4.93/23.6	11.19/16.6
2019	5.36/22.0	9.98/17.0	15.28/9.3	18.50/14.0	13.05/11.3	5.15/23.4	10.52/17.0
2020	4.85/23.3	10.81/16.4	16.48/9.2	18.73/15.0	14.10/11.5	5.50/22.8	11.31/16.8
2021	6.14/22.3	12.53/16.8	17.80/9.7	17.94/16.7	16.54/11.0	7.14/21.4	12.17/17.2
2022	4.73/25.0	10.72/18.0	18.36/10.0	17.33/16.0	17.19/11.3	11.15/18.4	12.19/17.2
平均	5.16/23.3	10.66/17.0	17.03/9.3	18.52/15.1	14.92/11.3	6.78/21.9	11.48/17.0

②高新技术产业新产品销售收入占比（单位：%）。新产品销售收入占比反映一个地区的企业对自身扩张和可持续发展的重视程度，是衡量地区技术产出的重要指标，计算公式为高新技术产业新产品销售收入与主营业务收入的比值。2018—2022 年，全国高新技术产业新产品销售收入占比呈波动上升态势，东北地区整体亦呈波动上升趋势；2020 年与 2022 年东北地区的比值高于全国平均水平，其余三年东北地区均低于全国平均水平；东北三省均呈波动上升趋势，其中辽宁省在 2019 年出现微弱下降，黑龙江省在 2021 年出现下降趋势，2018—2022 年黑龙江省整体涨幅明显；就东北三省而言，黑龙江省较好，辽宁省次之，吉林省较弱。总体而言，东北地区高新技术产业新产品销售收入占比与全国平均水平相差不大。具体如图 2.81 所示。

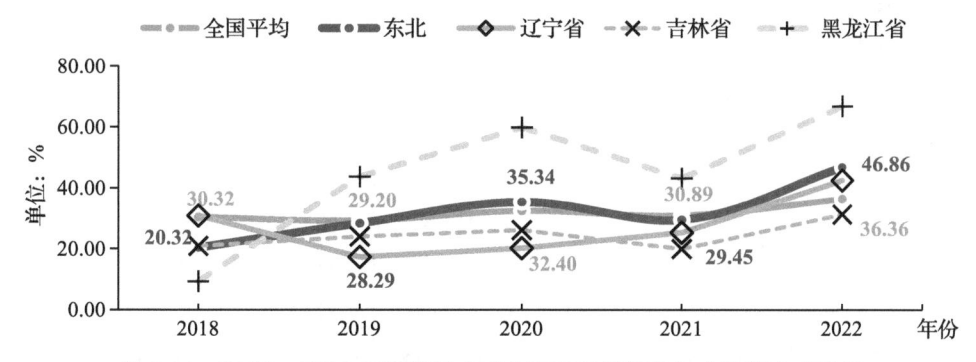

图 2.81 2018—2022 年高新技术产业新产品销售收入占比基本走势图

注：①全国平均指 31 个省市区的平均水平；②全国范围内（可采集到的数据），高新技术产业新产品销售收入占比最大值为 2022 年黑龙江省的 66.82%，最小值为 2019 年海南省的 3.16%。

2018—2022 年，东北三省高新技术产业新产品销售收入占比在全国 31 个省市区连续 5 年数据集中的相对位置分布情况如图 2.82 所示。可见，东北三省 5 年（共 15 个数据）高新技术产业新产品销售收入占比的百分比排位处于50%以下的有10个，其中有4个位于25%以下；此外，排位的最大值是2022年的黑龙江省（100.0%），最小值是2018年的黑龙江省（3.3%）。

图2.82　2018—2022年东北三省高新技术产业新产品销售收入占比百分比数值图

2018—2022年，6省高新技术产业新产品销售收入占比由高到低依次是浙江省、广东省、黑龙江省、江苏省、辽宁省、吉林省；东南三省中，浙江省与江苏省呈波动上升的态势，2021年均出现不同程度的下降，广东省呈先上升后下降的态势，且下降趋势缓慢；东北三省中，辽宁省、吉林省、黑龙江省均呈波动上升的趋势；高新技术产业新产品销售收入占比增幅最大的是黑龙江省（155.08%），增幅最小的是广东省（-1.95%），吉林省和辽宁省的增幅分别为12.45%、9.49%。具体如表2.110所示。

表2.110　2018—2022年6省高新技术产业新产品销售收入占比的原始值

年份	辽宁省 值/序	吉林省 值/序	黑龙江省 值/序	江苏省 值/序	浙江省 值/序	广东省 值/序	全国平均 值
2018	30.81/15	20.87/21	9.28/30	33.67/13	53.69/3	44.60/6	30.32
2019	17.25/24	23.94/18	43.69/5	36.65/10	55.24/2	47.10/4	29.20
2020	20.16/24	26.07/20	59.80/1	43.04/7	56.11/3	46.55/5	32.40
2021	25.28/18	19.92/24	43.15/6	38.74/11	53.99/1	45.61/5	30.89
2022	42.51/9	31.26/21	66.82/1	43.89/8	57.85/4	41.12/11	36.36
平均	27.20/18.0	24.41/20.8	44.55/8.6	39.20/9.8	55.37/2.6	45.00/6.2	31.84

2018—2022年，四大经济区高新技术产业新产品销售收入占比由高到低依次是中部、东部、东北、西部；四大经济区均呈波动上升的发展趋势；东北地区上升幅度最大，为32.66%；东北地区高新技术产业新产品销售收入占比与中部地区相比差距较大。具体如表2.111所示。

表 2.111 2018—2022 年四大经济区高新技术产业新产品销售收入占比的平均值

年份	东北 平均值	东北 年排序	东部 平均值	东部 年排序	西部 平均值	西部 年排序	中部 平均值	中部 年排序
2018	20.32	22.0	34.03	12.6	27.40	17.7	34.51	13.0
2019	28.29	15.7	33.79	12.2	21.88	21.2	35.46	10.5
2020	35.34	15.0	35.58	13.1	25.18	20.2	38.85	11.2
2021	29.45	16.0	38.84	10.3	21.26	21.6	36.02	12.7
2022	46.86	10.3	38.21	14.8	27.58	20.8	44.11	9.5
平均	32.05	15.8	36.09	12.6	24.66	20.3	37.79	11.4

2018—2022 年，七大地理区高新技术产业新产品销售收入占比由高到低依次为华东、华中、华北、东北、西北、华南、西南；华东地区呈现持续上升趋势，华南、华北、华中、东北、西南五个地区均呈波动上升趋势，西北地区均呈波动下降趋势；东北地区增幅最大，为 32.66%，西北地区增幅最小，为 –1.37%；就七大地理区而言，东北地区排序居中，与表现最优的华东地区相比，差距较大。具体如表 2.112 所示。

表 2.112 2018—2022 年七大地理区高新技术产业新产品销售收入占比的平均值

年份	东北 值/序	华北 值/序	华东 值/序	华南 值/序	华中 值/序	西北 值/序	西南 值/序
2018	20.32/22.0	35.56/11.8	36.57/11.0	21.93/21.0	37.06/12.0	33.30/14.2	17.74/23.0
2019	28.29/15.7	27.79/15.8	37.92/10.2	20.69/20.7	35.95/10.0	29.19/16.6	18.24/23.3
2020	35.34/15.0	29.34/17.2	40.09/10.7	21.32/20.7	40.26/10.3	29.93/17.2	26.03/20.3
2021	29.45/16.0	34.12/13.8	41.65/8.7	24.33/20.0	36.15/12.5	23.63/19.8	20.56/21.8
2022	46.86/10.3	38.64/15.0	43.94/10.8	23.25/22.7	43.82/9.3	31.47/18.6	22.71/24.0
平均	32.05/15.8	33.09/14.7	40.03/10.3	22.31/21.0	38.65/10.8	29.50/17.3	21.06/22.5

③技术市场成交额占比（单位：%）。技术市场成交额占比反映一个地区科技创新成果对地区 GDP 的贡献程度，是衡量地区科技创新水平的重要指标，计算公式为地区技术市场成交总额与地区 GDP 的比值。2018—2022 年，全国技术市场成交额占比呈缓慢上升趋势；东北地区呈现波动上升趋势，2018—2020 年，该指标持续上升，后在 2021 年直线下降；2018 年东北地区整体略低于全国平均水平，2019—2020 年实现反超，2021—2022 年整体低于全国平均水平；2018—2020 年，吉林省表现最好，辽宁省次之，黑龙江省表现较弱；2021—2022 年，吉林省下降幅度较大，而辽宁省持续上升，指标表现最佳，黑龙江省缓慢上升。总体而言，在 2018—2020 年，东北地区技术市场成交额占比与全国平均水平相比差距不大且有领先趋势，但在 2020 年之后，差距逐渐拉大，呈现低于全国平均水平的态势。具体如图 2.83 所示。

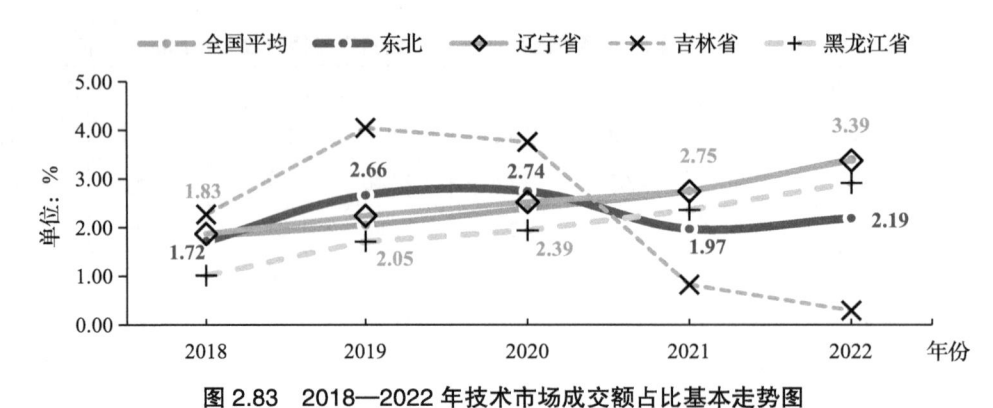

图 2.83　2018—2022 年技术市场成交额占比基本走势图

注：①全国平均指 31 个省市区的平均水平；②全国范围内（可采集到的数据），技术市场成交额占比最大值为 2022 年北京市的 19.13%，最小值为 2018 年西藏自治区的 0.0027%。

2018—2022 年，东北三省技术市场成交额占比在全国 31 个省市区连续 5 年数据集中的相对位置分布情况如图 2.84 所示。可见，东北三省 5 年（共 15 个数据）技术市场成交额占比的百分比排位处于 50% 以下的有 3 个，其中有 1 个位于 25% 以下；此外，排位的最大值是 2019 年的吉林省（85.7%），最小值是 2022 年的吉林省（12.9%）。

图 2.84　2018—2022 年东北三省技术市场成交额占比百分比数值图

2018—2022 年，6 省技术市场成交额占比由高到低依次为广东省/辽宁省、吉林省、浙江省、黑龙江省、江苏省；东南三省中，浙江省和江苏省呈持续上升的态势，广东省呈波动上升态势；浙江省增幅最大（49.20%），吉林省增幅最小（-21.82%），黑龙江省和辽宁省的增幅分别为 46.66%、19.95%。具体如表 2.113 所示。

2018—2022 年，四大经济区技术市场成交额占比由高到低依次为东部、东北、中部、西部；四大经济区整体均呈上升趋势；中部地区上升幅度最大，为 58.76%，东北地区上升幅度最小，为 6.83%；东北地区技术市场成交额占比与东部地区差距较大。具体如表 2.114 所示。

表 2.113　2018—2022 年 6 省技术市场成交额占比的原始值

年份	辽宁省 值/序	吉林省 值/序	黑龙江省 值/序	江苏省 值/序	浙江省 值/序	广东省 值/序	全国平均 值
2018	1.87/10	2.27/8	1.01/17	1.07/15	1.05/16	1.40/11	1.83
2019	2.24/9	4.04/4	1.71/11	1.48/13	1.42/14	2.06/10	2.05
2020	2.52/11	3.75/6	1.94/14	2.03/13	2.17/12	2.95/7	2.39
2021	2.74/12	0.82/21	2.36/15	2.22/16	2.51/14	3.29/8	2.75
2022	3.37/9	0.29/29	2.91/13	2.45/15	3.12/10	3.06/11	3.39
平均	2.55/10.2	2.24/13.6	1.98/14.0	1.85/14.4	2.05/13.2	2.55/9.4	2.48

表 2.114　2018—2022 年四大经济区技术市场成交额占比的平均值

年份	东北 平均值	年排序	东部 平均值	年排序	西部 平均值	年排序	中部 平均值	年排序
2018	1.72	11.7	2.95	13.9	1.28	18.1	1.11	17.5
2019	2.66	8.0	3.44	12.8	1.15	20.4	1.21	16.5
2020	2.74	10.3	4.14	11.3	1.29	20.8	1.53	17.0
2021	1.97	16.0	4.46	12.3	1.73	20.2	2.36	13.8
2022	2.19	17.0	5.37	11.8	1.88	20.7	3.71	13.2
平均	2.26	12.6	4.07	12.4	1.47	20.0	1.98	15.6

2018—2022 年，七大地理区技术市场成交额占比由高到低依次为华北、华东、东北、西北、华中、华南、西南；华北、华中、华东地区均呈持续上升趋势，华南、西北、西南、东北地区均呈波动上升趋势；东北地区增幅最小，为 6.83%；就七大地理区而言，东北地区排序较为靠前，与表现最优的华北地区相比，存在一定差距。具体如表 2.115 所示。

表 2.115　2018—2022 年七大地理区技术市场成交额占比的平均值

年份	东北 值/序	华北 值/序	华东 值/序	华南 值/序	华中 值/序	西北 值/序	西南 值/序
2018	1.72/11.7	4.35/14.8	1.37/14.7	0.62/21.7	1.17/18.0	1.99/14.2	1.01/18.2
2019	2.66/8.0	4.88/13.8	1.62/14.3	0.87/20.3	1.35/15.8	1.74/17.8	0.92/20.8
2020	2.74/10.3	5.45/15.0	2.16/12.8	1.24/18.3	1.80/14.8	2.04/18.0	0.93/21.8
2021	1.97/16.0	5.54/14.4	3.02/12.5	2.49/13.3	2.34/13.8	2.32/18.8	1.04/22.4
2022	2.19/17.0	6.52/14.6	4.14/11.2	1.46/19.3	3.79/12.5	2.72/19.2	1.57/20.2
平均	2.26/12.6	5.35/14.5	2.46/13.1	1.33/18.6	2.09/15.0	2.16/17.6	1.09/20.7

④科技专利授权强度。科技专利授权强度是衡量科技创新水平的重要指标之一，它反映了专利成果被有效利用的程度以及所产生的经济效益和社会效益的大小，计算公式为专利授权数与专利申请数的比值。2018—2022年，全国及东北地区的科技专利授权强度呈波动上升趋势，并均在2021年达到最大值后呈下降趋势；总体来说，东北地区与全国平均水平几乎持平；2018—2022年，辽宁省表现最好，黑龙江省次之，吉林省表现稍差；2018—2021年，三省都呈上升趋势，并在2021年达到最大值；但在2021—2022年，三省都呈下降趋势且差距逐渐拉大，其中辽宁省指标表现最佳，吉林省指标表现最差。总体而言，在2018—2022年，东北地区科技专利授权强度与全国平均水平的差距极小，呈现与全国平均水平基本持平的态势。具体如图2.85所示。

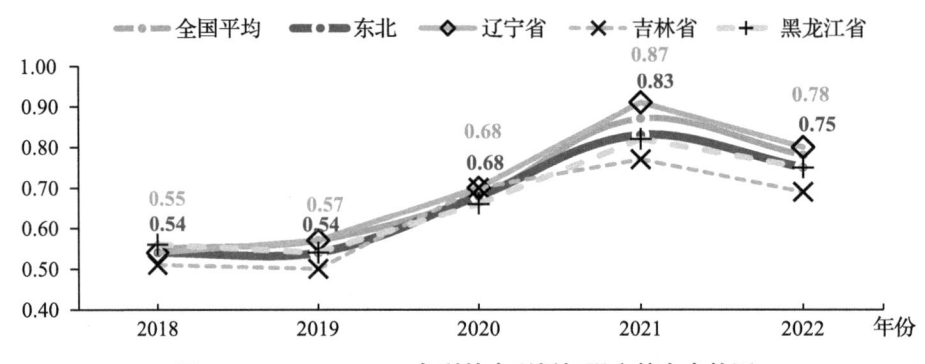

图 2.85 2018—2022年科技专利授权强度基本走势图

注：①全国平均指31个省市区的平均水平；②全国范围内（可采集到的数据），科技专利授权强度最大值为2021年天津市的1.08，最小值为2018年安徽省的0.38。

2018—2022年，东北三省科技专利授权强度在全国31个省市区连续5年数据集中的相对位置分布情况如图2.86所示。可见，东北三省5年（共15个数据）科技专利授权强度的百分比排位处于50%以下的有7个，其中有6个位于25%以下；此外，排位的最大值是2021年的辽宁省（92.8%），最小值是2019年的吉林省（5.1%）。

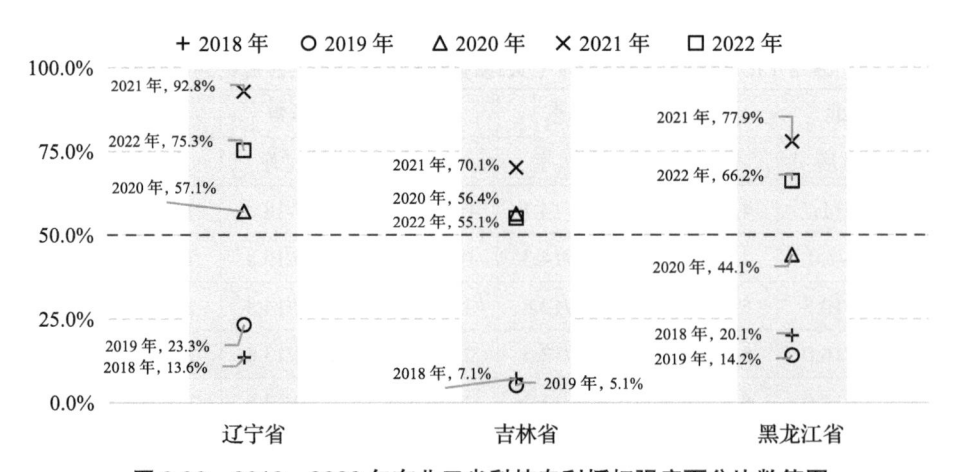

图 2.86 2018—2022年东北三省科技专利授权强度百分比数值图

2018—2022年，6省科技专利授权强度由高到低依次为浙江省、广东省、辽宁省/江苏省、黑龙江省、吉林省；东南三省均呈波动上升的态势；东北三省也均呈波动上升的趋势；东南三省中水平最优的浙江省优于东北地区水平最高的辽宁省；科技专利授权强度增幅最大的是江苏省（16.33%），增幅最小的是黑龙江省（8.16%），辽宁省和吉林省的增幅分别为12.18%、8.81%。具体如表2.116所示。

表2.116　2018—2022年6省科技专利授权强度的原始值

年份	辽宁省 值/序	吉林省 值/序	黑龙江省 值/序	江苏省 值/序	浙江省 值/序	广东省 值/序	全国平均 值
2018	0.54/20	0.51/25	0.56/15	0.51/26	0.62/3	0.60/8	0.55
2019	0.57/15	0.50/27	0.54/21	0.53/22	0.65/1	0.65/2	0.57
2020	0.70/10	0.70/11	0.66/24	0.69/12	0.77/2	0.73/5	0.68
2021	0.91/12	0.77/28	0.82/24	0.92/9	0.93/7	0.89/15	0.87
2022	0.80/13	0.69/28	0.75/22	0.85/4	0.86/2	0.84/5	0.78
平均	0.70/14.0	0.64/23.8	0.66/21.2	0.70/14.6	0.77/3.0	0.74/7.0	0.69

2018—2022年，四大经济区科技专利授权强度由高到低依次为东部、中部/西部、东北；四大经济区均呈波动上升趋势；中部地区上升幅度最大，为13.19%，西部地区增幅最小，为8.73%，东北地区增幅为9.70%；东北地区科技专利授权强度与东部地区相比差距较大。具体如表2.117所示。

表2.117　2018—2022年四大经济区科技专利授权强度的平均值

年份	东北 平均值	东北 年排序	东部 平均值	东部 年排序	西部 平均值	西部 年排序	中部 平均值	中部 年排序
2018	0.54	20.0	0.58	12.1	0.55	16.2	0.52	20.2
2019	0.54	21.0	0.58	13.0	0.57	15.4	0.55	19.7
2020	0.68	15.0	0.71	12.9	0.67	17.3	0.66	19.2
2021	0.83	21.3	0.88	14.6	0.87	17.5	0.89	12.7
2022	0.75	21.0	0.82	9.5	0.75	21.4	0.79	13.5
平均	0.67	19.70	0.71	12.40	0.68	17.60	0.68	17.00

2018—2022年，七大地理区科技专利授权强度由高到低依次为华东、华中/华北、西南、西北/华南、东北；七大地理区均呈波动上升趋势，并均在2021年达到峰值后在2022年呈下降趋势；西北地区增幅最小，为7.01%，华南地区增幅最大，为13.01%，东北地区增幅为9.70%；就七大地理区而言，东北地区排序最后，与表现最优的华东地区相比，存在较大差距。具体如表2.118所示。

表 2.118 2018—2022 年七大地理区科技专利授权强度的平均值

年份	东北 值/序	华北 值/序	华东 值/序	华南 值/序	华中 值/序	西北 值/序	西南 值/序
2018	0.54/20.0	0.58/12.0	0.55/14.0	0.53/21.3	0.55/18.3	0.58/13.8	0.54/17.2
2019	0.54/21.0	0.56/17.0	0.58/14.7	0.56/17.0	0.57/16.5	0.56/15.8	0.58/12.8
2020	0.68/15.0	0.68/16.0	0.71/12.7	0.67/18.7	0.68/16.8	0.66/19.2	0.69/15.2
2021	0.83/21.3	0.89/14.6	0.87/14.7	0.83/21.3	0.91/10.5	0.88/16.8	0.87/16.2
2022	0.75/21.0	0.78/14.2	0.82/9.3	0.80/14.0	0.81/11.3	0.74/22.6	0.75/21.2
平均	0.67/19.7	0.70/14.8	0.71/13.1	0.68/18.5	0.70/14.7	0.68/17.6	0.69/16.5

4. 主要结论

首先，总体而言，东北三省的科技创新指数明显低于全国平均水平。在反映科技创新水平的 3 个方面（科创基础、研发投入、技术产出），东北三省全面落后于东南三省，其中，"科创基础"和"技术产出"方面存在明显差距，"研发投入"方面东北三省和东南三省之间存在的差距最大，这成为东北地区科技创新方面最显著的问题。

其次，动态来看，2018—2022 年，东北地区指数得分的增长速度高于东部地区和西部地区，意味着该地区科技创新能力的不断上升；东北地区的多年连续排序变动情况在全国四大经济区中仅次于中部地区，与其余两个地区的差距在逐渐减小；东北地区的单年排序情况在全国四大经济区中位居第三，且相较于西部地区优势不大，说明该地区科技创新的发展状况较差。

再次，分省来看，辽宁省的科技创新水平较高，吉林省次之，黑龙江省较弱。在全国各省相对排序的竞争中，黑龙江省的排序波动较大，辽宁省和吉林省的排序波动较小。吉林省的"研发投入"和"技术产出"相对较弱，"科创基础"相对较强，辽宁省的"科创基础""研发投入""技术产出"均相对较强，黑龙江省的"科创基础"和"研发投入"相对较弱，"技术产出"相对较强。

最后，单项指标方面，东北地区仅有"高校研发（R&D）人员平均强度""科技专利授权强度""技术市场成交额占比""高新技术产业新产品销售收入占比"等指标与全国平均水平的差距较小；其他各项指标，特别是"科技创新支出强度""高新技术产业收入占比"等指标的发展均比较落后。

（四）区域开放评价报告

1. 区域开放指数总体分析

对区域开放的测度涵盖了区位支撑、投资开放、贸易开放 3 个方面，共 11 项关键指标。汇集中国 31 个省市区 2018—2022 年区域开放方面的指标信息，可以得到连续 5

年的区域开放指数得分。在此基础上,形成多年连续排序和单年排序。其中,多年连续排序用于反映各省市区区域开放的绝对发展水平随时间动态变化的情况(31个省市区5年共155个排位,最高排序为1,最低排序为155),单年排序用于反映各省市区在全国范围内某个单年的相对发展水平(31个省市区每年31个排位,最高排序为1,最低排序为31)。具体而言,31个省市区区域开放指数的总体情况如表2.119所示。

表2.119 2018—2022年31个省市区区域开放指数得分、连续及单年排序

省市区	2018年 值	总	年	2019年 值	总	年	2020年 值	总	年	2021年 值	总	年	2022年 值	总	年
广东	88.6	3	2	87.5	6	2	89.4	1	1	88.5	4	1	87.1	8	1
上海	89.2	2	1	88.2	5	1	87.5	7	2	87.0	9	2	85.8	13	2
江苏	86.6	10	3	86.5	11	3	86.3	12	3	85.4	14	3	84.2	15	3
浙江	80.6	18	4	80.4	20	5	80.3	21	4	81.0	17	4	79.6	24	4
天津	78.0	30	7	77.7	31	7	78.5	27	5	79.2	25	6	77.4	32	5
北京	80.3	22	5	81.2	16	4	78.3	28	6	80.5	19	5	77.2	33	6
山东	66.8	51	11	67.6	50	10	68.2	48	10	73.2	39	9	73.1	40	7
福建	76.5	35	8	76.0	36	8	74.2	38	8	74.5	37	8	72.6	41	8
重庆	79.9	23	6	78.6	26	6	77.0	34	7	78.3	29	7	71.1	42	9
安徽	70.3	44	9	67.8	49	9	69.9	45	9	70.9	43	10	68.5	47	10
海南	54.5	89	17	56.9	78	17	59.8	68	14	60.6	67	14	62.1	62	11
湖北	62.7	60	14	61.5	63	14	60.9	64	13	60.7	66	13	60.9	65	12
江西	63.0	59	13	64.7	56	12	63.9	57	12	63.6	58	12	59.6	70	13
河南	68.8	46	10	65.4	54	11	66.0	52	11	65.9	53	11	59.4	71	14
辽宁	65.0	55	12	62.6	61	13	59.2	73	15	58.8	74	16	58.6	75	15
陕西	59.4	72	15	57.5	76	15	56.4	79	16	59.8	69	15	55.7	81	16
四川	53.4	91	19	53.0	92	19	55.3	84	18	54.6	88	18	55.2	86	17
河北	54.4	90	18	55.6	82	18	55.3	83	17	56.1	80	17	52.8	94	18
广西	50.5	103	21	50.2	105	21	50.3	104	21	51.4	98	19	51.8	96	19
湖南	55.3	85	16	57.0	77	16	55.0	87	19	51.1	100	21	51.4	97	20
山西	51.0	101	20	52.9	93	20	52.8	95	20	51.3	99	20	50.5	102	21
吉林	41.0	111	22	43.4	109	22	46.1	108	22	47.4	107	22	47.7	106	22
宁夏	39.6	114	23	40.7	113	23	38.9	115	23	40.7	112	23	41.4	110	23
云南	34.6	120	26	33.6	122	25	33.8	121	24	33.6	123	24	35.5	119	24
黑龙江	33.4	124	27	32.1	130	26	31.3	133	27	32.0	131	26	33.3	125	25
贵州	36.6	118	25	36.7	117	24	32.4	128	26	32.1	129	25	32.7	126	26

续表

省市区	2018 年 值	总	年	2019 年 值	总	年	2020 年 值	总	年	2021 年 值	总	年	2022 年 值	总	年
内蒙古	37.0	116	24	30.7	135	27	32.4	127	25	30.9	134	27	31.8	132	27
新疆	24.0	147	29	24.4	145	30	25.6	142	29	26.8	140	28	29.7	138	28
甘肃	30.3	137	28	30.3	136	28	28.4	139	28	26.3	141	29	25.3	143	29
西藏	23.1	148	30	25.1	144	29	24.3	146	30	23.0	149	30	22.7	150	30
青海	19.5	151	31	18.8	154	31	19.4	152	31	18.6	155	31	19.4	153	31
平均	56.6	76.6	16	56.3	77.2	16	56.0	78.0	16	56.3	77.7	16	55.3	80.5	16

注：①对于表中的字段名称，"值"表示各省市区对应年份的指数得分，"总"表示各省市区 2018—2022 年多年连续总排序，"年"表示各省市区 5 个单年的排序；②表中 31 个省市区按照 2022 年的指数得分由高到低（降序）排列。

辽宁省的区域开放指数处于全国中等位置，吉林省和黑龙江省处于靠后位置，均落后于东南三省。2018—2022 年，6 省区域开放指数由高到低依次为广东省、江苏省、浙江省、辽宁省、吉林省、黑龙江省；东南三省中，浙江省和广东省呈波动下降趋势，江苏省呈持续下降趋势；东南三省中水平较低的浙江省持续优于东北三省中最优的辽宁省；区域开放指数年均增幅最大的是吉林省（4.06%），降幅最大的是辽宁省（-2.45%），黑龙江省的降幅为 0.08%。就 2022 年而言，东北三省中辽宁省的区域开放指数相对较好，在 31 个省份中的单年排序为 15；吉林省与黑龙江省相对较差，排序分别为 22 和 25。具体如表 2.119 和表 2.120 所示。

表 2.120　2018—2022 年 6 省区域开放指数值及单年排序

年份	辽宁省 值/序	吉林省 值/序	黑龙江省 值/序	江苏省 值/序	浙江省 值/序	广东省 值/序	全国平均 值
2018	65.00/12	41.02/22	33.44/27	86.57/3	80.58/4	88.55/2	56.57
2019	62.62/13	43.44/22	32.06/26	86.47/3	80.39/5	87.50/2	56.27
2020	59.24/15	46.06/22	31.27/27	86.26/3	80.34/4	89.42/1	56.04
2021	58.82/16	47.43/22	31.97/26	85.38/3	81.04/4	88.47/1	56.25
2022	58.63/15	47.69/22	33.33/25	84.17/3	79.61/4	87.14/1	55.29
平均	60.86/14.2	45.13/22.0	32.42/26.2	85.77/3.0	80.39/4.2	88.22/1.4	56.08

2018—2022 年，全国区域开放指数整体呈缓慢波动下降趋势，东北地区呈波动上升态势，且明显低于全国平均水平；辽宁省的区域开放指数高于全国平均水平，整体呈持续下降态势；黑龙江省呈波动下降趋势，2018—2020 年明显下降，随后有所上升；吉林省整体呈持续上升态势。就东北三省而言，辽宁省区域开放水平较高，吉林省次之，黑龙江省较弱。具体如图 2.87 所示。

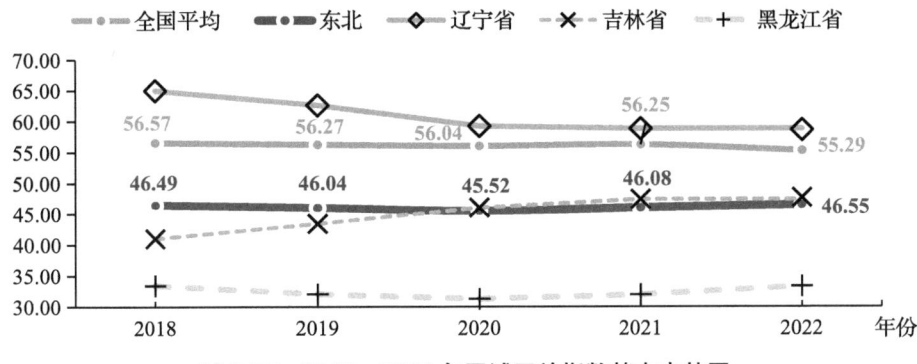

图 2.87 2018—2022 年区域开放指数基本走势图

注：①全国平均指 31 个省市区的平均水平；②全国范围内（可采集到的数据），区域开放指数得分最大值为 2020 年广东省的 89.42，最小值为 2021 年青海省的 18.62。

2018—2022 年，东北三省区域开放指数在全国 31 个省市区连续 5 年数据集（共 155 个指标值）中的相对位置分布情况如图 2.88 所示。可见，东北三省 5 年（共 15 个数据）区域开放指数的百分比排位处于 50% 以下的有 10 个，其中，低于 25% 的有 5 个；此外，排位的最大值是 2018 年的辽宁省（64.9%），最小值是 2020 年的黑龙江省（14.2%）。

图 2.88 2018—2022 年东北三省区域开放指数百分比数值图

2. 全国视角下东北地区区域开放进展分析

2018—2022 年，四大经济区区域开放指数由高到低依次为东部、中部、东北、西部；东部和西部地区整体呈波动下降趋势，中部呈持续下降趋势，东北地区整体呈波动上升态势；中部地区降幅最大（-1.39%），东部地区降幅最小（-0.11%），东北地区增幅为 0.03%；东北地区区域开放水平持续低于东部地区，且与东部地区的差距较大。具体如表 2.121 所示。

2018—2022 年，七大地理区区域开放指数由高到低依次为华东、华南、华中、华

表 2.121　2018—2022 年四大经济区区域开放指数的平均值

年份	东北 平均值	东北 年排序	东部 平均值	东部 年排序	西部 平均值	西部 年排序	中部 平均值	中部 年排序
2018	46.49	20.0	75.53	8.0	40.65	23.1	61.84	13.7
2019	46.04	20.3	75.76	7.5	39.95	23.2	61.54	13.7
2020	45.52	21.3	75.79	7.0	39.53	23.2	61.41	14.0
2021	46.08	21.3	76.59	6.9	39.67	23.0	60.58	14.5
2022	46.55	20.7	75.19	6.5	39.34	23.3	58.40	15.0
平均	46.14	20.8	75.77	7.1	39.83	23.1	60.75	14.2

注：为确保区分度，对于具有平均意义的排序，本研究保留一位小数，以下各表同。

北、东北、西南、西北；东北地区整体呈波动上升趋势，华南地区呈持续上升趋势，华北、华东、西北地区呈波动下降趋势，华中、西南地区呈持续下降趋势；其中，华南地区的增幅最大（0.97%），东北地区的增幅为 0.03%；就七大地理区而言，东北地区处于中下水平，与华东地区相比，差距明显。具体如表 2.122 所示。

表 2.122　2018—2022 年七大地理区区域开放指数的平均值

年份	东北 值/序	华北 值/序	华东 值/序	华南 值/序	华中 值/序	西北 值/序	西南 值/序
2018	46.49/20.3	60.13/14.8	78.31/6.0	64.49/13.3	62.45/13.3	34.53/25.2	45.54/21.2
2019	46.04/20.3	59.61/15.2	77.75/6.0	64.85/13.3	62.15/13.3	34.31/25.4	45.39/20.6
2020	45.52/21.3	59.48/14.6	77.74/6.0	66.50/12.0	61.45/13.8	33.76/25.4	44.56/21.0
2021	46.08/21.3	59.59/15.0	78.67/6.0	66.83/11.3	60.32/14.3	34.44/25.2	44.31/20.8
2022	46.55/20.7	57.93/15.4	77.30/5.7	66.99/10.3	57.85/14.8	34.28/25.4	43.44/21.2
平均	46.14/20.8	59.35/15.0	77.95/5.9	65.93/12.1	60.84/13.9	34.27/25.3	44.65/21.0

为便于直观分析，将指数信息按空间分类、时间排列、优劣序化等方式整理后，形成多年指数得分、连续排序及单年排序的可视化集成图（见图 2.89 至图 2.91），结合表 2.119 的信息，以全国四大经济区为划分标准，对东北三省区域开放方面的振兴进程评价如下。

（1）东北地区区域开放指数得分呈波动上升趋势，整体提升不明显。

从四大经济区平均得分曲线的变化情况（见图 2.89）可以看出，中国在区域开放上成效不显著，四大经济区中东北地区指数得分整体呈波动上升趋势，西部、中部和东部地区指数得分均呈下降趋势。其中，中部地区下降速度最大，年均下降 0.9 分，西部与东部地区年均分别下降 0.3 和 0.1 分；东北地区指数得分上升速度虽大于东部地区，但指数得分在 2018—2022 年持续低于东部地区，与东部地区的整体差距显著。

Ⅱ 评价报告

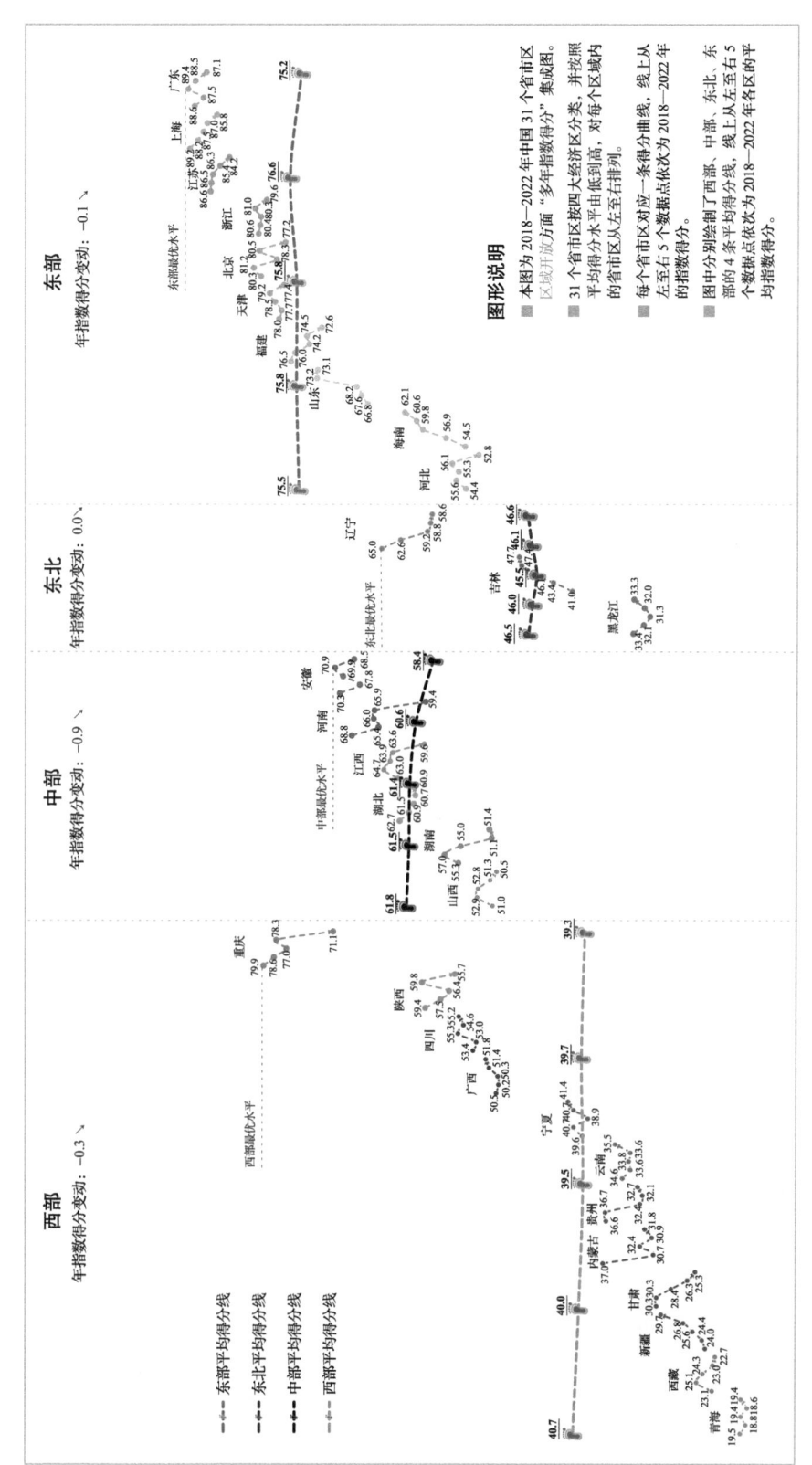

图 2.89 2018—2022 年 31 个省市区区域开放指数得分变动情况

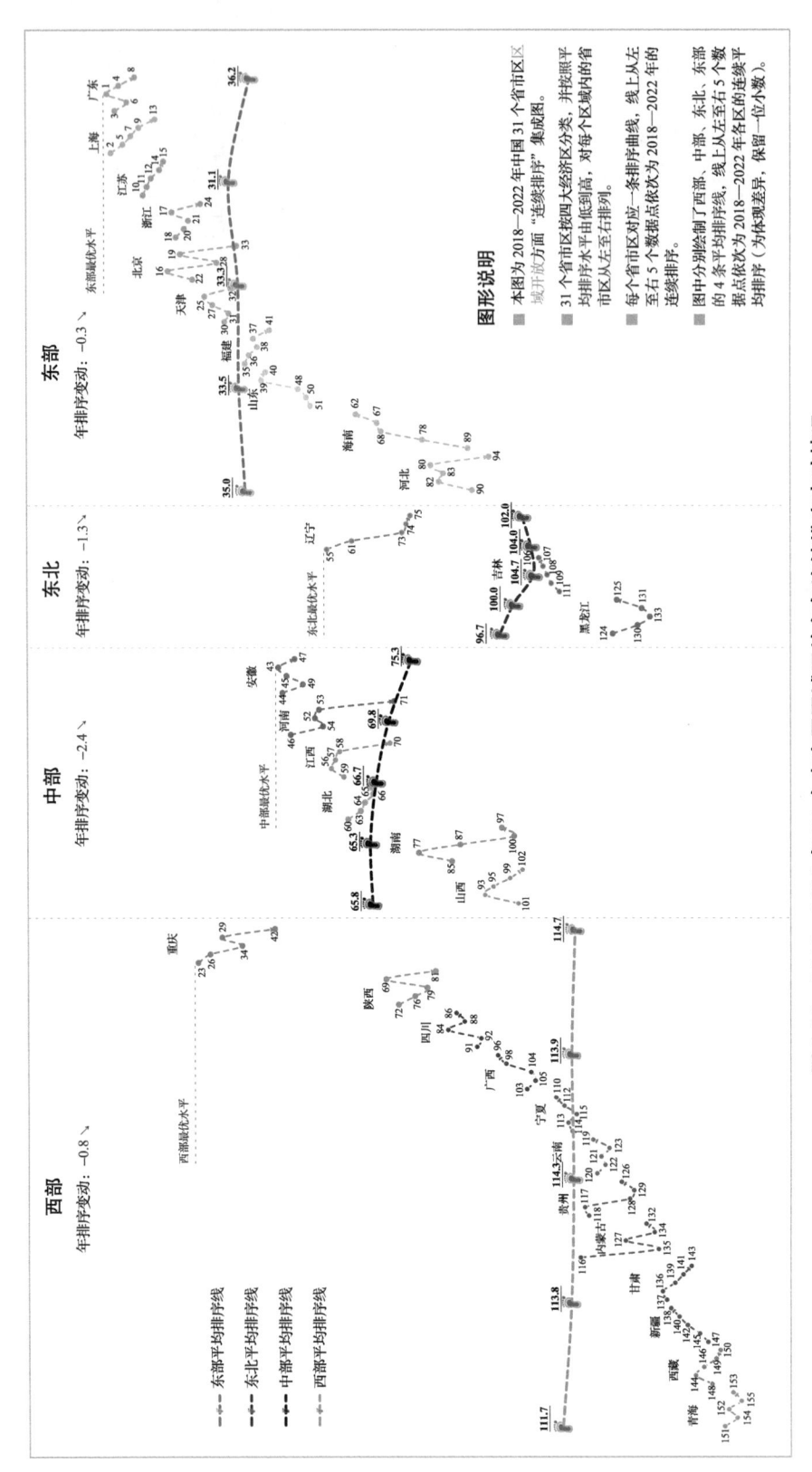

图 2.90 2018—2022 年 31 个省市区区域开放多年连续排序变动情况

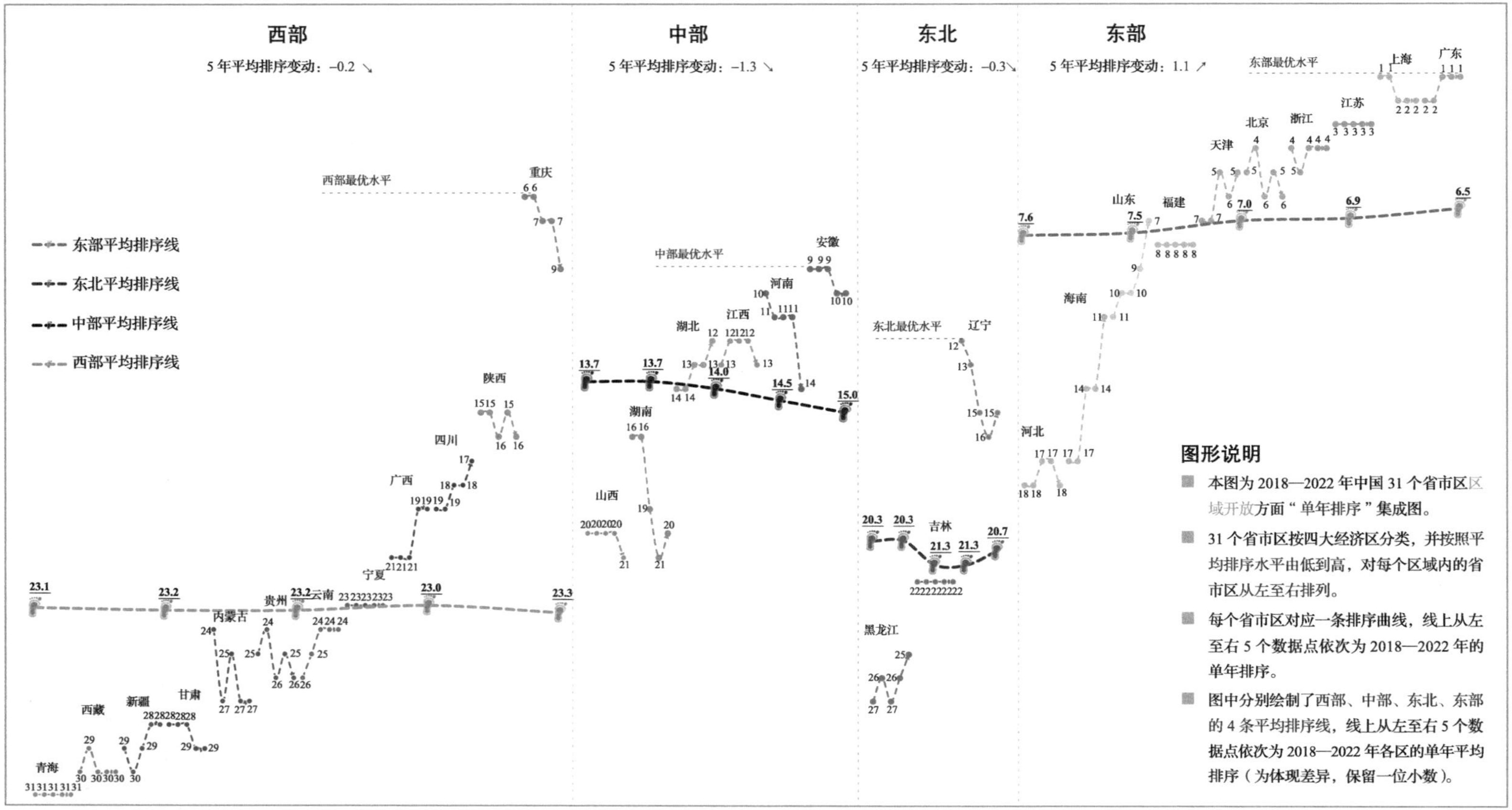

图 2.91 2018—2022 年 31 个省市区区域开放单年排序变动情况

（2）东北地区区域开放绝对水平呈波动下降态势，且下降趋势较大。

从四大经济区多年连续排序曲线的变化情况（见图2.90）可以看出，西部、中部、东北和东部地区均呈下降趋势，下降速度最快的是中部地区，年均下降2.4名，下降最慢的是东部地区，年均下降0.3名，东北地区连续排序年均下降1.3名。东北地区的连续排序持续低于中部和东部地区，具体来说，东北三省中，黑龙江省从2018年的124名降至2020年的133名后，2022年回升至125名；吉林省从2018年的111名升至2022年的106名；辽宁省从2018年的55名降至2022年的75名。

（3）东北地区区域开放相对水平呈波动下降趋势，居四大经济区的第三位。

从四大经济区单年排序曲线的变化情况（见图2.91）可以看出，在相对位次的排序竞争中，东部地区呈上升态势，中部、东北和西部地区呈下降态势，其中，中部地区下降趋势最大，下降幅度为1.3名，东北地区下降趋势较大，下降幅度为0.3名。东北地区的单年排序持续低于中部和东部地区，就东北三省而言，辽宁省的单年排序由12名降至15名，黑龙江省由27名升至25名，吉林省保持在22名。

3. 区域开放分项指数分析

2018—2022年，东北三省3个分项指数均低于东南三省平均水平。辽宁省3个分项中，"区位支撑"和"投资开放"均高于全国平均水平，表现相对较好，吉林省仅"投资开放"高于全国平均水平，黑龙江省3个分项均低于全国平均水平，表现较弱。东南三省的平均值显著高于全国平均值和东北三省平均值，优势明显。分省看，东南三省3个分项指数的发展相对均衡，浙江省的"区位支撑"和"投资开放"略低，广东省的"贸易开放"为全国最优水平；东北三省3个分项指数发展的均衡性较差，辽宁省的"贸易开放"、吉林省的"区位支撑"和黑龙江省的"区位支撑"较弱。就东北三省而言，辽宁省的"区位支撑"和"投资开放"相对较强，"贸易开放"相对较弱，吉林省的"投资开放"相对较强，其他分项指数较为薄弱，黑龙江省各分项指数均薄弱。总体来看，东北三省3个分项指数与东南三省的差距明显。具体如表2.123和图2.92所示。

表2.123　2018—2022年6省区域开放方面分项指数的平均值

	区位支撑	投资开放	贸易开放
辽宁省	61.65	68.72	52.22
吉林省	38.42	55.81	41.16
黑龙江省	26.48	37.94	32.82
江苏省	83.44	84.59	89.29
浙江省	76.22	73.25	91.71
广东省	82.86	85.03	96.76

续表

	区位支撑	投资开放	贸易开放
东北三省平均	42.18	54.16	42.07
东南三省平均	80.84	80.96	92.59
全国各省平均	57.13	53.33	57.80
全国各省最高	104.57	95.59	96.76
全国各省最低	13.03	12.42	24.70

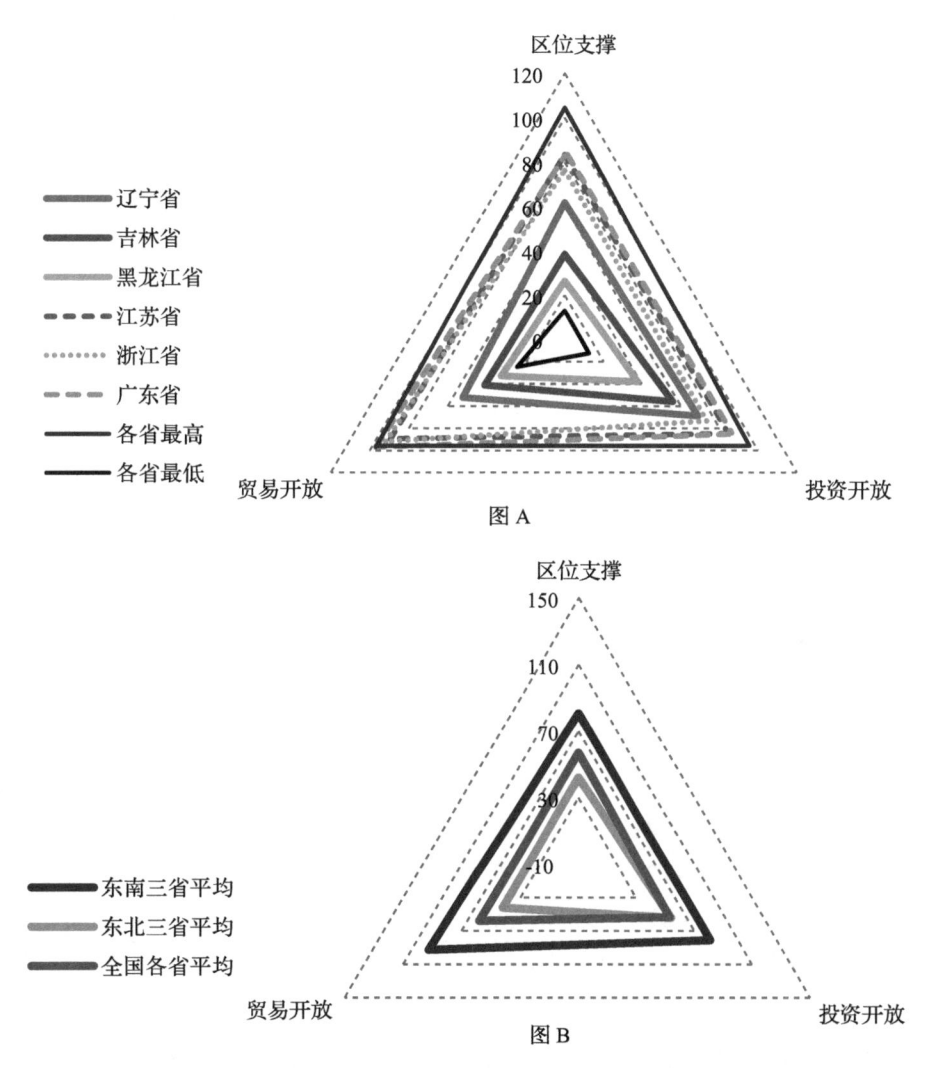

图 2.92 2018—2022 年 6 省区域开放方面分项指数平均值雷达图

2018—2022 年，全国在反映区域开放的 3 个分项指数方面的整体进展良好，其中"区位支撑"和"投资开放"呈波动下降趋势，"贸易开放"呈持续上升趋势。东南三省各分项指数均处于全国前列（从年排序得出），尤其是"贸易开放"，东南三省连续

5年均处于全国前三位。东南三省的"区位支撑""投资开放"整体呈下降趋势,"贸易开放"呈上升趋势。其中,广东省的"投资开放""贸易开放"整体呈波动上升趋势,"区位支撑"呈波动下降趋势;江苏省的"区位支撑"呈波动下降趋势,"投资开放"呈持续下降趋势,"贸易开放"呈波动上升趋势;浙江省的"区位支撑"和"投资开放"呈波动下降趋势,"贸易开放"呈持续上升趋势。就东北三省3个分项指数而言,辽宁省3个分项指数的排序优于吉林省和黑龙江省,但分值均呈下降态势;吉林省的"区位支撑"呈波动下降趋势,其他两项均呈上升趋势;黑龙江省的"区位支撑""投资开放"均呈波动下降趋势,"贸易开放"呈波动上升趋势。具体如表2.124所示。

表 2.124　2018—2022 年 6 省区域开放方面分项指数

分项指数	年份	辽宁省 值/序	吉林省 值/序	黑龙江省 值/序	江苏省 值/序	浙江省 值/序	广东省 值/序	全国平均 值
区位支撑	2018	69.18/12	41.00/23	27.03/28	84.73/5	77.90/9	85.31/4	58.66
	2019	67.86/14 ▽	40.53/23 ▽	27.65/28 ▲	84.48/5 ▽	77.48/9 ▽	85.57/4 ▲	59.07 ▲
	2020	58.63/16 ▽	37.10/24 ▽	25.72/28 ▽	83.66/4 ▽	76.30/8 ▽	83.46/5 ▽	56.13 ▽
	2021	57.84/17 ▽	37.86/24 ▲	26.26/28 ▲	83.75/4 ▲	77.07/8 ▲	81.06/5 ▽	56.82 ▲
	2022	54.75/17 ▽	35.62/24 ▽	25.75/28 ▽	80.57/4 ▽	72.33/8 ▽	78.92/5 ▽	54.95 ▽
投资开放	2018	72.26/9	46.35/20	46.04/21	86.89/3	74.47/7	85.11/4	55.25
	2019	68.29/9 ▽	50.80/19 ▲	36.73/24 ▽	85.89/3 ▽	73.63/6 ▽	80.88/5 ▽	53.81 ▽
	2020	66.82/10 ▽	61.85/13 ▲	39.49/23 ▲	85.36/5 ▽	72.70/6 ▽	86.18/3 ▲	54.98 ▲
	2021	66.61/10 ▽	61.16/13 ▽	34.61/24 ▽	82.95/3 ▽	73.06/7 ▲	86.66/3 ▲	52.70 ▽
	2022	69.60/8 ▲	58.90/11 ▽	32.83/24 ▽	81.84/5 ▽	72.40/7 ▽	86.32/3 ▽	49.90 ▽
贸易开放	2018	53.57/16	35.72/25	27.25/30	88.11/3	89.38/2	95.25/1	55.80
	2019	51.70/20 ▽	39.00/24 ▲	31.81/28 ▲	89.05/3 ▲	90.05/2 ▲	96.06/1 ▲	55.92 ▲
	2020	52.27/19 ▲	39.24/24 ▲	28.59/29 ▽	89.74/3 ▲	92.02/2 ▲	98.62/1 ▲	57.02 ▲
	2021	52.02/21 ▽	43.28/23 ▲	35.04/26 ▲	89.44/3 ▽	93.00/2 ▲	97.69/1 ▽	59.22 ▲
	2022	51.54/22 ▽	48.54/23 ▲	41.42/24 ▲	90.11/3 ▲	94.11/2 ▲	96.19/1 ▽	61.03 ▲

注：表中符号"▲"表示本年的数据相对于前一年是增长的，符号"▽"表示本年的数据相对于前一年是减少的。

进一步统计升降符（▲或▽）的数量,对不同地区的发展态势及稳定性进行分析和对比可知,2018—2022 年,全国3项指数中升符▲的数量大于降符▽的数量。从分项指数来看,全国"区位支撑"升符▲的数量和降符▽的数量持平,"投资开放"升符▲的数量小于降符▽的数量,"贸易开放"升符▲的数量大于降符▽的数量;东北地区各分项指数中,"区位支撑"升符▲的数量与东南三省持平,"投资开放"升符▲的数量大于东南三省,"贸易开放"升符▲的数量小于东南三省。总体而言,东北三省升符▲的总数量为15个,占东北三省升降符总数的41.7%,东南三省为15个,占41.7%。

2018—2022年,辽宁省升符▲的数量为2个,占辽宁省升降符总数的16.7%,吉林省升符▲的数量为7个,占58.3%,黑龙江省升符▲的数量为6个,占50.0%,江苏省升符▲的数量为4个,占33.3%,浙江省升符▲的数量为6个,占50.0%,广东省升符▲的数量为5个,占41.7%;就东北三省而言,吉林省的发展态势相对较好,黑龙江省次之,辽宁省较弱。2018—2022年,东北三省"区位支撑""投资开放"整体发展态势均不理想,"贸易开放"发展态势较好的是吉林省。

(1)区位支撑。

①货运活跃度(单位:万吨·千米/平方千米)。货运活跃度反映一个地区的区位支撑水平,是衡量区域开放程度的必要指标,计算公式为地区货运周转量与地区总面积的比值,其中货运周转量是实际运送货物吨数与货物平均运距的乘积。2018—2022年,全国货运活跃度呈波动上升趋势,东北地区货运活跃度呈持续下降态势;东北地区明显低于全国平均水平;就东北三省而言,辽宁省发展较好,吉林省次之,黑龙江省较弱。总体而言,东北地区货运活跃度明显低于全国平均水平,且差距呈现进一步扩大的趋势。具体如图2.93所示。

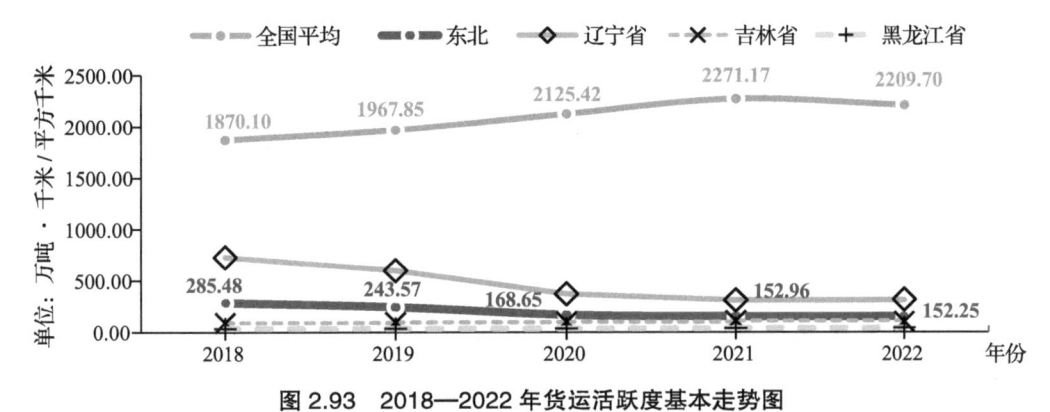

图2.93 2018—2022年货运活跃度基本走势图

注:①全国平均指31个省市区的平均水平;②全国范围内(可采集到的数据),货运活跃度最大值为2021年上海市的54086.67万吨·千米/平方千米,最小值为2022年西藏自治区的1.06万吨·千米/平方千米。

2018—2022年,东北三省货运活跃度在全国31个省市区连续5年数据集中的相对位置分布情况如图2.94所示。可见,东北三省5年(共15个数据)货运活跃度的百分比排位处于50%以下的有10个,其中有5个位于25%以下;此外,排位的最大值是2018年的辽宁省(75.3%),最小值是2019年的黑龙江省(9.7%)。

2018—2022年,6省货运活跃度由高到低依次是广东省、浙江省、江苏省、辽宁省、吉林省、黑龙江省;东南三省中,广东省的货运活跃度最高,整体呈波动下降态

```
         + 2018年    ○ 2019年    △ 2020年    × 2021年    □ 2022年
100.0%
 75.0%   2018年, 75.3%
                         +
         2020年, 55.1%   2019年, 63.6%
                ○
 50.0%   2022年, 51.2%   2021年, 50.6%
                □          ×
                                    2021年, 33.7%
                         2020年, 31.1% 2022年, 31.8%
                                △     □
 25.0%                   2018年, 28.5%  × 2019年, 29.8%
                                                      2021年, 11.6%    2022年, 14.2%
                                                      2018年, 11.0%    □
                                                      2020年, 10.3%  + × 2019年, 9.7%
  0.0%
              辽宁省              吉林省              黑龙江省
```

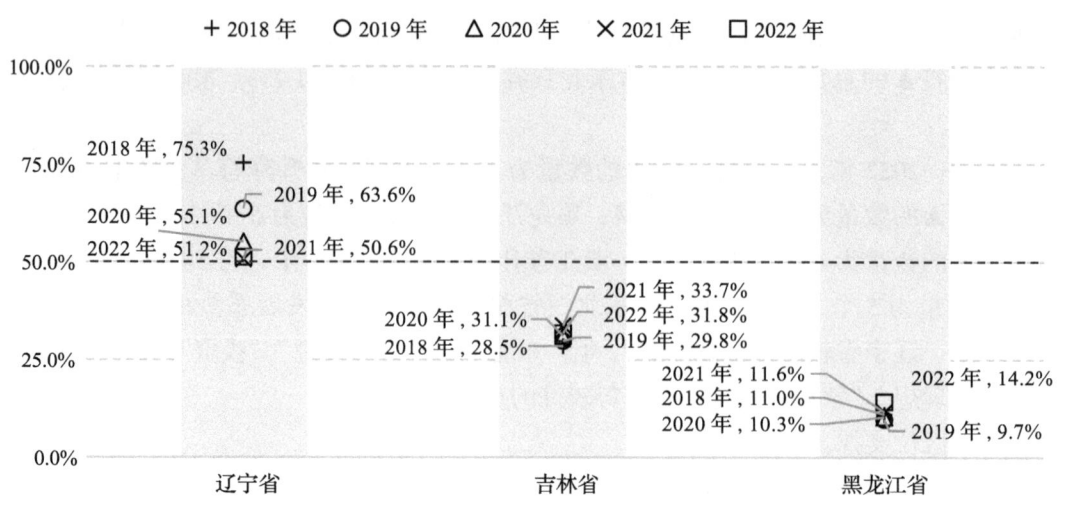

图 2.94 2018—2022 年东北三省货运活跃度百分比数值图

势，浙江省和江苏省保持平稳增长趋势；东北三省中，辽宁省下降明显，吉林省和黑龙江省呈波动增长趋势；东南三省明显优于东北三省，且东南三省中水平相对较低的江苏省优于东北地区水平较高的辽宁省；货运活跃度增幅最大的是江苏省（7.97%），降幅最大的是辽宁省（−14.18%），吉林省和黑龙江省的增幅分别为 2.48% 和 3.91%。具体如表 2.125 所示。

表 2.125 2018—2022 年 6 省货运活跃度的原始值

年份	辽宁省 值/序	吉林省 值/序	黑龙江省 值/序	江苏省 值/序	浙江省 值/序	广东省 值/序	全国平均值
2018	730.26/7	90.97/23	35.21/28	874.20/5	1131.19/4	1574.35/3	1870.10
2019	600.37/11	96.20/22	34.15/28	927.96/5	1174.59/4	1523.09/3	1967.85
2020	371.59/14	99.52/22	34.85/28	1061.96/6	1208.26/4	1511.73/3	2125.42
2021	310.12/16	110.38/22	38.36/28	1148.99/6	1268.38/5	1557.31/4	2271.17
2022	316.05/16	99.98/22	40.71/28	1152.95/6	1327.93/5	1559.90/4	2209.70
平均	465.68/12.8	99.41/22.2	36.66/28.0	1033.21/5.6	1222.07/4.4	1545.27/3.4	2088.85

2018—2022 年，四大经济区货运活跃度由高到低依次是东部、中部、东北、西部；东部、西部和中部地区均呈波动上升趋势，东北地区则呈下降趋势，东部地区货运活跃度显著高于其他地区；东北地区货运活跃度的最高值为 2018 年的 285.48，远远低于东部地区 2018 年的最低值（5330.85）；东部地区的增幅最大（4.95%），东北地区的降幅最大（−11.67%）；东北地区货运活跃度与东部地区相比差距显著。具体如表 2.126 所示。

2018—2022 年，七大地理区货运活跃度由高到低依次为华东、华南、华北、华中、

表 2.126　2018—2022 年四大经济区货运活跃度的平均值

年份	东北 平均值	东北 年排序	东部 平均值	东部 年排序	西部 平均值	西部 年排序	中部 平均值	中部 年排序
2018	285.48	19.3	5330.85	7.0	108.39	23.8	417.90	13.8
2019	243.57	20.3	5683.46	6.2	96.33	23.9	380.38	14.3
2020	168.65	21.3	6191.59	5.8	99.24	23.8	379.22	14.7
2021	152.96	22.0	6598.38	5.8	110.64	23.8	439.30	14.3
2022	152.25	22.0	6386.26	5.9	117.10	23.8	462.70	14.2
平均	200.58	21.0	6038.11	6.1	106.34	23.8	415.90	14.3

东北、西南、西北；华南地区呈现持续上升趋势，华东、华北、华中、西北、西南地区呈现波动上升趋势，东北地区呈现连年下降态势；就七大地理区而言，华南地区的增幅最大（32.62%），东北地区的降幅最大（-11.67%）；东北地区排序靠后，与表现最优的华东地区相比差距显著。具体如表 2.127 所示。

表 2.127　2018—2022 年七大地理区货运活跃度的平均值

年份	东北 值/序	华北 值/序	华东 值/序	华南 值/序	华中 值/序	西北 值/序	西南 值/序
2018	285.48/19.3	721.53/12.6	8174.73/5.8	681.04/13.0	343.81/15.5	77.80/24.8	130.64/23.0
2019	243.57/20.3	799.15/11.8	8661.66/5.7	718.84/11.7	300.52/16.3	68.66/24.4	121.03/24.0
2020	168.65/21.3	797.56/13.0	9411.71/5.8	923.74/9.0	294.20/16.3	74.72/24.6	120.48/23.4
2021	152.96/22.0	836.63/13.0	9818.29/6.0	1448.03/8.3	357.81/16.0	83.26/24.4	132.58/23.4
2022	152.25/22.0	823.03/13.4	9420.48/6.0	1569.86/8.3	388.62/15.5	94.03/24.2	134.35/23.8
平均	200.58/21.0	795.58/12.8	9097.37/5.9	1068.30/10.1	336.99/15.9	79.69/24.5	127.81/23.5

②客运活跃度（单位：万人·千米/平方千米）。客运活跃度反映一个地区的区域开放水平，是衡量区位支撑程度的必要指标，计算公式为地区客运周转量与地区总面积的比值，其中客运周转量是在一定时期内运送旅客数量与平均运距的乘积。2018—2022年，全国客运活跃度呈波动下降态势，东北地区整体亦呈波动下降态势；东北地区明显低于全国平均水平，但差距呈缩小趋势；东北三省均呈平稳下降趋势；就东北三省而言，辽宁省较好，吉林省次之，黑龙江省较弱。总体而言，东北地区客运活跃度明显低于全国平均水平，但差距有明显缩减的趋势。具体如图 2.95 所示。

2018—2022年，东北三省客运活跃度在全国 31 个省市区连续 5 年数据集中的相对位置分布情况如图 2.96 所示。可见，东北三省 5 年（共 15 个数据）客运活跃度的百分比排位处于 50% 以下的有 11 个，其中位于 25% 以下的有 8 个；此外，排位的最大值是 2018 年的辽宁省（76.6%），最小值是 2022 年的黑龙江省（12.3%）。

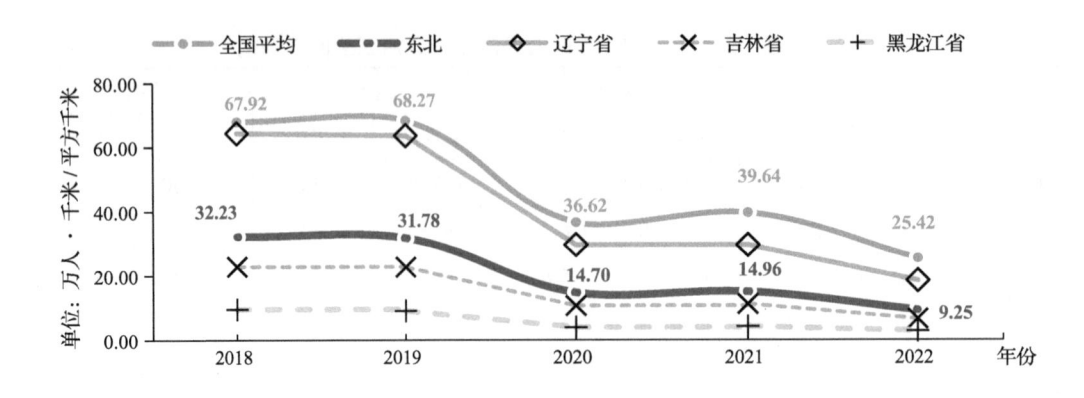

东北老工业基地
全面振兴进程评价报告（2018—2022年）

图 2.95　2018—2022 年客运活跃度基本走势图

注：①全国平均指 31 个省市区的平均水平；②全国范围内（可采集到的数据），客运活跃度最大值为 2019 年上海市的 357.89 万人·千米/平方千米，最小值为 2022 年西藏自治区的 0.18 万人·千米/平方千米。

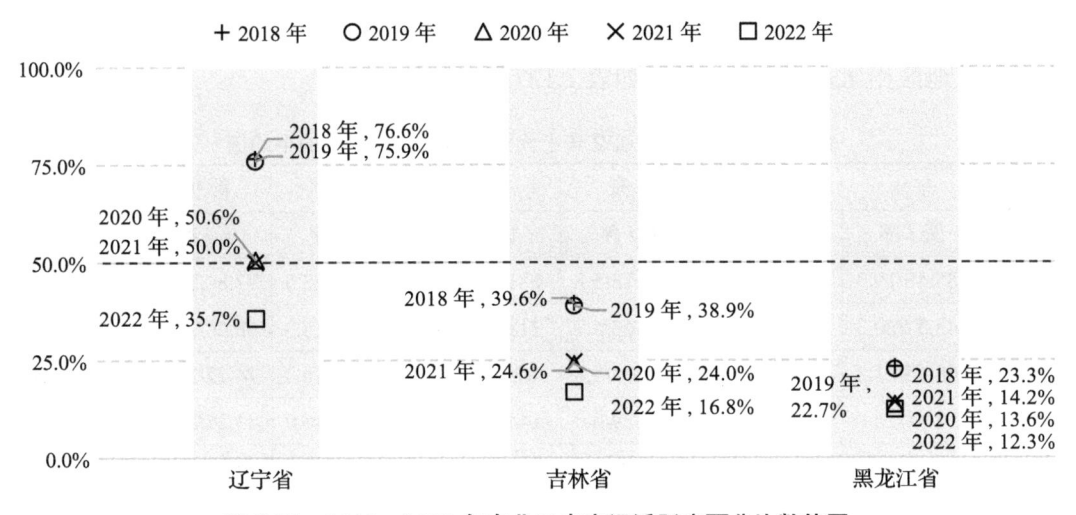

图 2.96　2018—2022 年东北三省客运活跃度百分比数值图

2018—2022 年，6 省客运活跃度从高到低依次为江苏省、浙江省、广东省、辽宁省、吉林省、黑龙江省；东南三省均呈波动下降态势，表现明显优于东北三省，且东南三省中水平相对较低的广东省优于东北地区水平较高的辽宁省；客运活跃度降幅最大的是辽宁省和吉林省（均为 -17.83%），降幅最小的是浙江省（-13.88%），黑龙江省的降幅为 17.72%。具体如表 2.128 所示。

2018—2022 年，四大经济区客运活跃度从高到低依次为东部、中部、东北、西部；东北、东部、中部地区均呈波动下降趋势，西部地区呈持续下降趋势；客运活跃度降幅最大的是东北地区（-17.82%），降幅最小的是西部地区（-14.71%）；东北地区客运活跃度与东部地区相比差距较大。具体如表 2.129 所示。

2018—2022 年，七大地理区客运活跃度从高到低依次为华东、华北、华中、华南、

表 2.128　2018—2022 年 6 省客运活跃度的原始值

年份	辽宁省 值/序	吉林省 值/序	黑龙江省 值/序	江苏省 值/序	浙江省 值/序	广东省 值/序	全国平均 值
2018	64.34/12	22.80/22	9.54/27	150.03/4	108.20/6	115.87/5	67.92
2019	63.61/13	22.67/22	9.07/27	146.06/4	106.98/7	118.28/5	68.27
2020	29.60/14	10.61/23	3.90/27	91.92/3	66.09/6	66.16/5	36.62
2021	29.57/15	11.14/23	4.18/27	96.64/3	69.96/5	52.27/8	39.64
2022	18.45/16	6.54/23	2.78/27	60.50/3	48.11/5	40.16/6	25.42
平均	41.11/14.0	14.75/22.6	5.89/27.0	109.03/3.4	79.87/5.8	78.55/5.8	47.57

表 2.129　2018—2022 年四大经济区客运活跃度的平均值

年份	东北 平均值	东北 年排序	东部 平均值	东部 年排序	西部 平均值	西部 年排序	中部 平均值	中部 年排序
2018	32.23	20.3	135.10	7.8	20.57	23.8	68.52	12.0
2019	31.78	20.7	136.86	7.5	20.40	23.8	67.96	12.3
2020	14.70	21.3	71.67	8.3	12.42	23.1	37.54	12.0
2021	14.96	21.7	80.40	7.9	11.90	23.7	39.53	11.3
2022	9.25	22.0	49.30	7.9	8.46	23.6	27.63	11.3
平均	20.59	21.2	94.67	7.9	14.75	23.6	48.23	11.8

东北、西南、西北；东北、华北、华东、华南、华中、西南地区呈波动下降态势，西北地区呈持续下降趋势；客运活跃度降幅最大的是东北地区（-17.82%），降幅最小的是西南地区（-14.26%）；就七大地理区而言，东北地区排序靠后，与表现最优的华东地区相比，差距较大。具体如表 2.130 所示。

表 2.130　2018—2022 年七大地理区客运活跃度的平均值

年份	东北 值/序	华北 值/序	华东 值/序	华南 值/序	华中 值/序	西北 值/序	西南 值/序
2018	32.23/20.3	97.38/13.4	136.86/7.3	62.95/14.7	75.65/10.8	14.84/25.2	27.04/22.2
2019	31.78/20.7	99.64/12.8	137.72/7.5	63.17/14.7	74.84/11.0	14.33/25.2	27.20/22.2
2020	14.70/21.3	48.06/14.0	75.68/7.5	37.20/14.7	40.21/10.8	8.54/25.2	16.30/20.8
2021	14.96/21.7	57.82/14.0	84.28/7.0	33.61/14.7	42.26/10.0	8.35/25.4	15.50/21.6
2022	9.25/22.0	33.20/14.4	52.04/7.0	24.60/14.3	30.89/9.5	5.34/25.8	11.61/21.2
平均	20.59/21.2	67.22/13.7	97.32/7.3	44.31/14.6	52.77/10.4	10.28/25.4	19.53/21.6

③人均国际旅游收入（单位：美元/人）。人均国际旅游收入是指在一定时期内，国家或地区人均获得的旅游外汇收入额，体现了该国或地区旅游业的吸引力和盈利能

力，计算公式为国际旅游收入与年末人口数的比值。2018—2022年，全国人均国际旅游收入呈波动上升态势，东北地区整体呈持续上升态势；东北地区明显低于全国平均水平，且差距呈持续增大的趋势；东北三省中，吉林省呈波动下降态势，辽宁省与黑龙江省均呈平稳上升趋势；就东北三省而言，辽宁省较好，吉林省次之，黑龙江省较弱。总体而言，东北地区人均国际旅游收入明显低于全国平均水平，且差距有明显增大的趋势。具体如图2.97所示。

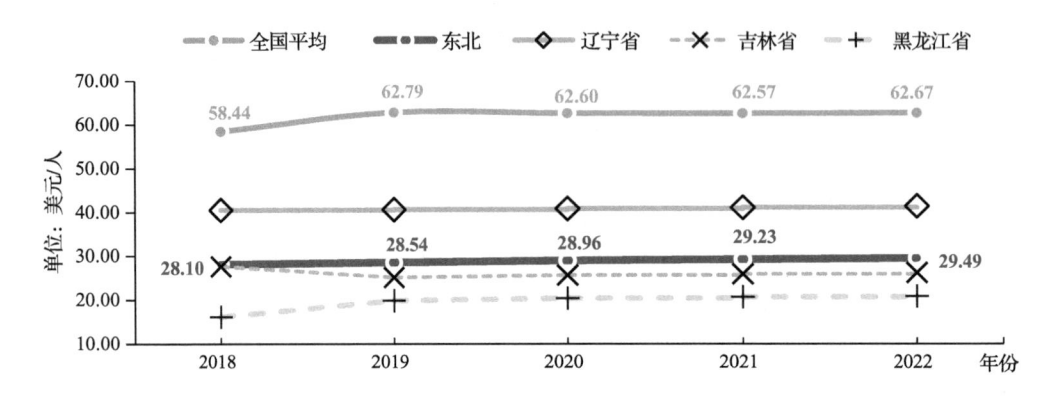

图2.97　2018—2022年人均国际旅游收入基本走势图

注：①全国平均指31个省市区的平均水平；②全国范围内（可采集到的数据），人均国际旅游收入最大值为2022年上海市的333.07美元/人，最小值为2018年甘肃省的1.13美元/人。

2018—2022年，东北三省人均国际旅游收入在全国31个省市区连续5年数据集中的相对位置分布情况如图2.98所示。可见，东北三省5年（共15个数据）人均国际旅游收入的百分比排位处于50%以下的有14个，其中位于25%以下的有1个；此外，排位的最大值是2022年的辽宁省（51.2%），最小值是2018年的黑龙江省（22.7%）。

图2.98　2018—2022年东北三省人均国际旅游收入百分比数值图

2018—2022年，6省人均国际旅游收入从高到低依次为广东省、江苏省、浙江省、辽宁省、吉林省、黑龙江省；东南三省中，广东省、浙江省均呈波动下降态势，江苏省呈波动上升趋势；东北三省中，辽宁省、黑龙江省均呈上升态势，吉林省呈波动下降态势；东南三省明显优于东北三省，且东南三省中水平相对较低的浙江省优于东北地区水平较高的辽宁省；人均国际旅游收入增幅最大的是黑龙江省（7.28%），降幅最大的是吉林省（-1.29%），辽宁省的增幅为0.55%。具体如表2.131所示。

表2.131 2018—2022年6省人均国际旅游收入的原始值

年份	辽宁省 值/序	吉林省 值/序	黑龙江省 值/序	江苏省 值/序	浙江省 值/序	广东省 值/序	全国平均 值
2018	40.54/16	27.61/20	16.14/24	55.04/12	41.38/15	166.11/3	58.44
2019	40.66/17	25.12/20	19.84/22	56.01/12	41.85/16	164.32/3	62.79
2020	40.87/17	25.63/20	20.37/22	55.96/12	41.25/16	162.56/3	62.60
2021	41.12/16	25.89/20	20.67/22	55.77/13	40.80/17	161.79/3	62.57
2022	41.44/16	26.19/20	20.84/22	55.71/13	40.57/17	162.13/3	62.67
平均	40.93/16.4	26.09/20.0	19.57/22.4	55.70/12.4	41.17/16.2	163.38/3.0	61.81

2018—2022年，四大经济区人均国际旅游收入从高到低依次为东部、西部、东北、中部；四大经济区均呈上升趋势，但上升幅度不大；人均国际旅游收入增幅最大的是中部地区（4.17%），增幅最小的是东北地区（1.24%）；东北地区人均国际旅游收入与东部地区相比差距较大。具体如表2.132所示。

表2.132 2018—2022年四大经济区人均国际旅游收入的平均值

年份	东北 平均值	东北 年排序	东部 平均值	东部 年排序	西部 平均值	西部 年排序	中部 平均值	中部 年排序
2018	28.10	20.0	107.66	10.0	41.70	17.3	25.04	21.5
2019	28.54	19.7	114.05	9.9	45.47	18.0	29.12	20.3
2020	28.96	19.7	113.48	9.8	45.26	18.0	29.33	20.5
2021	29.23	19.3	113.29	10.0	45.29	18.0	29.24	20.3
2022	29.49	19.3	113.54	10.0	45.30	18.0	29.21	20.3
平均	28.86	19.6	112.40	9.9	44.60	17.9	28.39	20.6

2018—2022年，七大地理区人均国际旅游收入从高到低依次为华南、华东、华北、西南、东北、华中、西北；华南、华东、西南、华中地区呈波动上升态势，西北地区呈持续下降趋势，东北地区呈现持续上升趋势，华北地区呈现波动下降趋势；人均国际旅游收入增幅最大的是华中地区（6.10%），降幅最大的是西北地区（-2.28%）；就七

大地理区而言，东北地区排序靠后，与表现最优的华南地区相比，差距较大。具体如表 2.133 所示。

表 2.133 2018—2022 年七大地理区人均国际旅游收入的平均值

年份	东北 值/序	华北 值/序	华东 值/序	华南 值/序	华中 值/序	西北 值/序	西南 值/序
2018	28.10/20.0	80.79/14.2	90.64/11.8	100.24/7.0	21.75/22.5	26.45/22.6	51.89/14.0
2019	28.54/19.7	79.93/14.8	100.28/11.5	110.84/6.3	26.85/21.0	24.16/23.6	59.78/14.6
2020	28.96/19.7	79.98/14.4	99.88/11.7	109.53/6.3	27.19/21.0	24.06/23.8	59.41/14.6
2021	29.23/19.3	80.18/14.2	99.65/12.0	108.94/6.3	27.06/20.8	24.05/24.0	59.55/14.6
2022	29.49/19.3	80.42/14.2	99.90/12.0	108.80/6.3	27.05/20.8	24.04/24.0	59.61/14.6
平均	28.86/19.6	80.26/14.4	98.07/11.8	107.67/6.5	25.98/21.2	24.55/23.6	58.05/14.5

④运网密度（单位：千米/平方千米）。运网密度反映一个地区交通运输的发展水平，是衡量地区区位支撑程度的重要指标，计算公式为地区交通线路总长度与地区总面积的比值。2018—2022 年，全国运网密度呈稳定上升态势，东北地区整体呈波动上升趋势；吉林省和黑龙江省的发展趋势较为平稳，辽宁省呈现波动上升趋势；就东北三省而言，辽宁省较好，吉林省次之，黑龙江省较弱。总体而言，东北地区运网密度明显低于全国平均水平，且这种差距呈缓慢扩大的趋势。具体如图 2.99 所示。

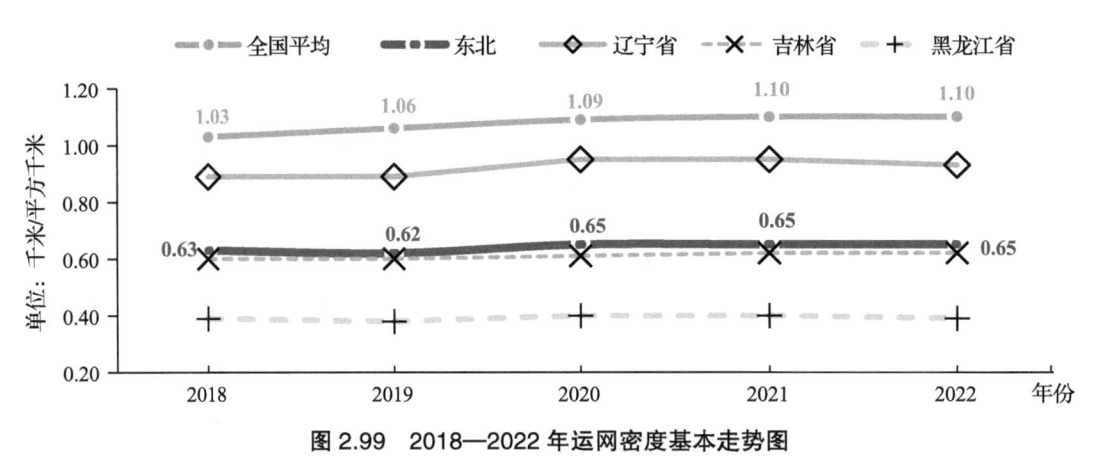

图 2.99 2018—2022 年运网密度基本走势图

注：①全国平均指 31 个省市区的平均水平；②全国范围内（可采集到的数据），运网密度最大值为 2018 年上海市的 2.49 千米/平方千米，最小值为 2018 年西藏自治区的 0.08 千米/平方千米。

2018—2022 年，东北三省运网密度在全国 31 个省市区连续 5 年数据集中的相对位置分布情况如图 2.100 所示。可见，东北三省 5 年（共 15 个数据）运网密度的百分比排位均位于 50% 以下，其中有 7 个位于 25% 以下；此外，排位的最大值是 2021 年的辽宁省（40.2%），最小值是 2019 年的黑龙江省（15.5%）。

```
         + 2018年    ○ 2019年    △ 2020年    × 2021年    □ 2022年
100.0%

75.0%

50.0%
       2020年,39.6%  2021年,40.2%
       2022年,37.6% 2018年,36.3%
       2019年,35.7%                      2022年,27.2%
25.0%                                    2020年,25.9%   2021年,26.6%
                                         2018年,23.3%   2019年,24.0%
                                                              2020年,18.1%  2021年,18.8%
                                                              2018年,17.5%  2022年,16.8%
                                                                            2019年,15.5%
 0.0%
              辽宁省                      吉林省                      黑龙江省
```

图 2.100　2018—2022 年东北三省运网密度百分比数值图

2018—2022 年，6 省运网密度由高到低依次为江苏省、广东省、浙江省、辽宁省、吉林省、黑龙江省；东南三省中，浙江省与江苏省均呈波动下降的态势，在 2020 年均出现不同程度的上升，广东省呈稳定上升的态势；东南三省中水平较低的浙江省优于东北地区水平较高的辽宁省；运网密度增幅最大的是辽宁省（1.10%），降幅最大的是江苏省（-0.99%），黑龙江省的降幅为 0.55%，吉林省的增幅为 1.00%。具体如表 2.134 所示。

表 2.134　2018—2022 年 6 省运网密度的原始值

年份	辽宁省 值/序	吉林省 值/序	黑龙江省 值/序	江苏省 值/序	浙江省 值/序	广东省 值/序	全国平均 值
2018	0.89/20	0.60/23	0.39/26	1.81/4	1.31/10	1.30/11	1.03
2019	0.89/20	0.60/23	0.38/26	1.75/4	1.27/12	1.32/10	1.06
2020	0.95/20	0.61/23	0.40/26	1.82/4	1.33/10	1.33/11	1.09
2021	0.95/20	0.62/24	0.40/26	1.82/4	1.34/10	1.34/11	1.10
2022	0.93/20	0.62/24	0.39/26	1.74/5	1.29/12	1.34/10	1.10
平均	0.92/20.0	0.61/23.4	0.39/26.0	1.79/4.2	1.31/10.8	1.32/10.6	1.07

2018—2022 年，四大经济区运网密度由高到低依次为东部、中部、西部、东北；西部和中部地区呈现持续上升的趋势，东北和东部地区呈现波动上升的趋势；西部地区上升幅度最大，为 3.48%，东北地区的增幅为 0.72%；东北地区运网密度与表现最佳的东部地区相比差距较大。具体如表 2.135 所示。

2018—2022 年，七大地理区运网密度由高到低依次为华东、华中、华南、华北/西南、东北、西北；东北、华北、华东三个地区呈波动上升趋势，华南、华中、西北、西南四个地区均呈持续上升趋势；其中，增幅最大的是西南地区（3.99%），增幅最小

表 2.135　2018—2022 年四大经济区运网密度的平均值

年份	东北 平均值	东北 年排序	东部 平均值	东部 年排序	西部 平均值	西部 年排序	中部 平均值	中部 年排序
2018	0.63	23.0	1.47	9.5	0.62	22.3	1.33	10.7
2019	0.62	23.0	1.47	9.6	0.65	22.7	1.40	9.8
2020	0.65	23.0	1.50	9.4	0.69	22.6	1.43	10.3
2021	0.65	23.3	1.50	9.3	0.70	22.5	1.44	10.5
2022	0.65	23.3	1.49	9.6	0.71	22.5	1.45	10.0
平均	0.64	23.1	1.48	9.5	0.67	22.5	1.41	10.3

的是华东地区（0.40%），东北地区的增幅为 0.72%；就七大地理区而言，东北地区排序靠后，与表现最优的华东地区相比，差距较大。具体如表 2.136 所示。

表 2.136　2018—2022 年七大地理区运网密度的平均值

年份	东北 值/序	华北 值/序	华东 值/序	华南 值/序	华中 值/序	西北 值/序	西南 值/序
2018	0.63/23.0	1.01/15.8	1.66/7.2	0.98/16.3	1.36/10.0	0.42/25.4	0.93/17.8
2019	0.62/23.0	1.03/15.6	1.65/7.3	1.01/16.3	1.46/9.0	0.42/26.0	0.98/18.0
2020	0.65/23.0	1.03/15.8	1.70/7.0	1.05/16.0	1.46/9.8	0.44/25.6	1.05/18.2
2021	0.65/23.3	1.02/16.0	1.71/6.8	1.10/15.7	1.47/9.8	0.44/25.6	1.06/18.2
2022	0.65/23.3	1.03/15.6	1.68/7.2	1.11/15.7	1.49/9.8	0.44/26.0	1.08/17.8
平均	0.64/23.1	1.02/15.8	1.68/7.1	1.05/16.0	1.45/9.7	0.43/25.7	1.02/18.0

（2）投资开放。

①人均实际利用外资额（单位：美元/人）。人均实际利用外资额是指国外商业公司在一个地区的投资项目中，已经到账并投入到商业运作应用的资金在该地区的人均分配情况，它反映了地区人口吸收并有效利用外资的平均水平，是衡量区域开放水平的重要指标，计算公式为实际利用外资额与地区常住人口的比值。2018—2022 年，全国人均实际利用外资额呈波动上升态势，东北地区整体呈波动下降趋势；东北地区明显低于全国平均水平，且这种差距呈先扩大后缩减的态势；辽宁省和吉林省呈波动上升趋势，均在 2019 年出现明显下降，黑龙江省呈波动下降态势；就东北三省而言，辽宁省较好，黑龙江省次之，吉林省较弱。总体而言，东北地区人均实际利用外资额明显低于全国平均水平，且差距在逐年增大的基础上有明显缩减的趋势。具体如图 2.101 所示。

2018—2022 年，东北三省人均实际利用外资额在全国 31 个省市区连续 5 年数据集中的相对位置分布情况如图 2.102 所示。可见，东北三省 5 年（共 15 个数据）人均实

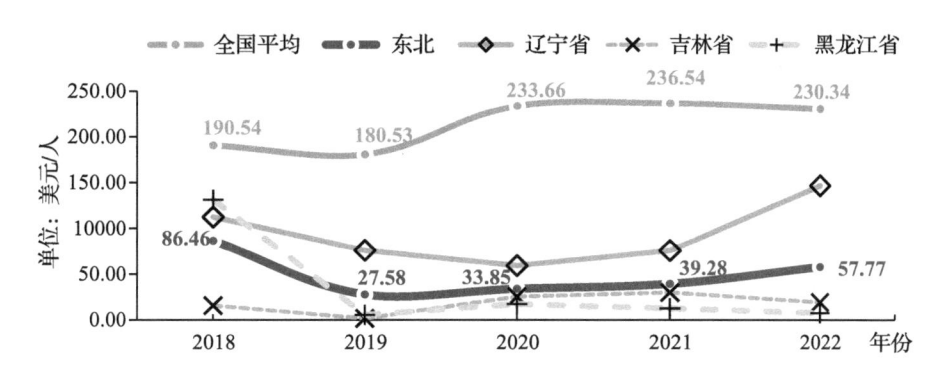

图 2.101 2018—2022 年人均实际利用外资额基本走势图

注：①全国平均指 31 个省市区的平均水平；②全国范围内（可采集到的数据），人均实际利用外资额最大值为 2021 年广东省的 1450.66 美元/人，最小值为 2018 年新疆维吾尔自治区的 0.05 美元/人。

际利用外资额的百分比排位处于 50% 以下的有 14 个，其中有 8 个位于 25% 以下；此外，排位的最大值是 2022 年的辽宁省（51.0%），最小值是 2019 年的吉林省（2.1%）。

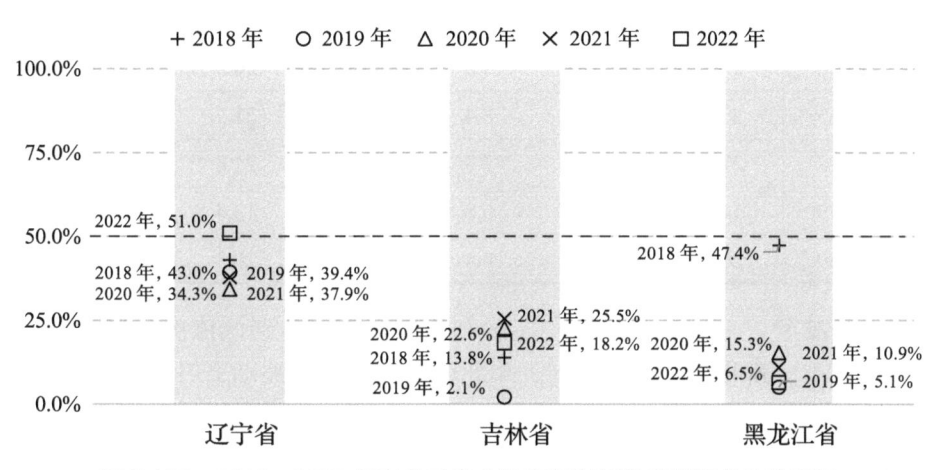

图 2.102 2018—2022 年东北三省人均实际利用外资额百分比数值图

2018—2022 年，6 省人均实际利用外资额由高到低依次是广东省、江苏省、浙江省、辽宁省、黑龙江省、吉林省；东南三省中，江苏省呈持续上升的态势，广东省呈波动上升的态势，浙江省呈波动下降的趋势；东南三省中水平较低的浙江省优于东北地区水平最高的辽宁省；人均实际利用外资额增幅最大的是广东省（115.00%），增幅最小的是黑龙江省（-23.59%），辽宁省和吉林省的增幅分别为 7.63%、5.70%。具体如表 2.137 所示。

2018—2022 年，四大经济区人均实际利用外资额由高到低依次是东部、中部、西部、东北；东部地区呈波动上升趋势，其他地区均呈下降趋势；中部地区下降幅度最大，为 21.25%，东北地区下降幅度为 8.30%；东北地区人均实际利用外资额与东部地区相比差距较大。具体如表 2.138 所示。

表 2.137　2018—2022 年 6 省人均实际利用外资额的原始值

年份	辽宁省 值/序	吉林省 值/序	黑龙江省 值/序	江苏省 值/序	浙江省 值/序	广东省 值/序	全国平均 值/序
2018	112.44/19	15.57/28	131.37/16	318.50/5	324.89/4	256.63/9	190.54
2019	75.88/20	1.51/29	5.35/27	325.36/4	298.64/6	204.49/11	180.53
2020	59.10/21	25.27/24	17.17/25	334.83/5	244.03/11	1283.54/1	233.66
2021	75.60/18	29.79/23	12.46/26	339.25/7	280.41/10	1450.66/1	236.54
2022	146.77/8	19.12/16	7.42/19	358.19/5	293.45/6	1437.17/1	230.34
平均	93.96/17.2	18.25/24.0	34.75/22.6	335.22/5.2	288.28/7.4	926.50/4.6	212.91

表 2.138　2018—2022 年四大经济区人均实际利用外资额的平均值

年份	东北 平均值	年排序	东部 平均值	年排序	西部 平均值	年排序	中部 平均值	年排序
2018	86.46	21.0	318.08	10.2	87.03	21.0	219.79	11.5
2019	27.58	25.3	307.10	9.5	85.97	20.5	219.44	11.5
2020	33.85	23.3	441.19	8.4	83.30	21.2	238.28	11.5
2021	39.28	22.3	492.89	7.9	77.75	21.8	199.01	13.2
2022	57.77	14.3	442.12	5.8	31.64	13.4	32.93	14.0
平均	48.99	21.3	399.42	8.4	78.11	20.3	204.81	12.1

2018—2022 年，七大地理区人均实际利用外资额由高到低依次为华南、华东、华北、华中、西南、西北、东北；华南、华北两个地区均呈波动上升趋势，华东、华中、西南、西北、东北五个地区均呈波动下降趋势；华中地区降幅最大（-21.66%），东北地区降幅为 8.30%；就七大地理区而言，东北地区排序靠后，与表现最优的华南地区相比，差距较大。具体如表 2.139 所示。

表 2.139　2018—2022 年七大地理区人均实际利用外资额的平均值

年份	东北 值/序	华北 值/序	华东 值/序	华南 值/序	华中 值/序	西北 值/序	西南 值/序
2018	86.46/21.0	287.21/12.6	317.84/8.8	108.58/18.7	246.80/10.0	45.46/24.8	143.39/16.5
2019	27.58/25.3	242.73/12.8	324.70/8.5	109.34/17.7	249.58/9.8	49.72/23.8	149.14/15.8
2020	33.85/23.3	256.25/12.4	332.51/9.8	536.54/11.3	264.45/10.0	65.79/23.0	116.93/19.5
2021	39.28/22.3	267.66/13.2	364.93/9.8	609.50/9.7	203.14/12.8	78.26/21.8	99.25/21.2
2022	57.77/14.3	301.89/8.5	248.96/6.8	608.44/6.0	32.93/14.0	37.01/12.0	35.78/14.0
平均	48.99/21.3	269.87/12.0	322.70/8.9	394.48/12.7	217.88/11.0	57.32/22.8	116.09/17.9

②单位GDP外商投资企业数（单位：户/亿元）。单位GDP外商投资企业数反映地区吸引外商投资的能力，是衡量地区投资开放程度的重要指标，计算公式为地区外商投资企业数与地区GDP的比值。2018—2022年，全国单位GDP外商投资企业数呈波动下降趋势，东北地区呈先上升后下降的趋势，与全国平均水平的差距先缩减后增大；吉林省和黑龙江省呈波动上升趋势，辽宁省呈波动下降趋势；就东北三省而言，辽宁省较好，黑龙江省次之，吉林省较弱。总体而言，辽宁省单位GDP外商投资企业数高于全国平均水平，黑龙江省和吉林省单位GDP外商投资企业数与全国平均水平相比存在一定的差距。具体如图2.103所示。

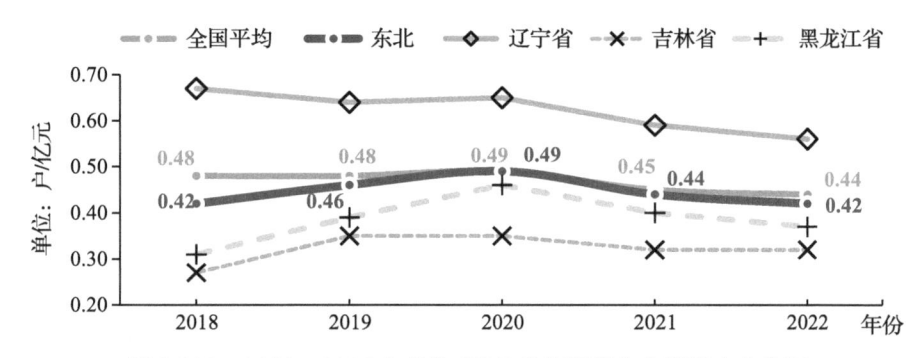

图2.103 2018—2022年单位GDP外商投资企业数基本走势图

注：①全国平均指31个省市区的平均水平；②全国范围内（可采集到的数据），单位GDP外商投资企业数最大值为2018年上海市的2.67户/亿元，最小值为2022年新疆维吾尔自治区的0.11户/亿元。

2018—2022年，东北三省单位GDP外商投资企业数在全国31个省市区连续5年数据集中的相对位置分布情况如图2.104所示。可见，东北三省5年中（共15个数据）单位GDP外商投资企业数的百分比排位位于50%以下的有1个；此外，排位的最大值是2018年的辽宁省（81.1%），最小值是2018年的吉林省（48.0%）。

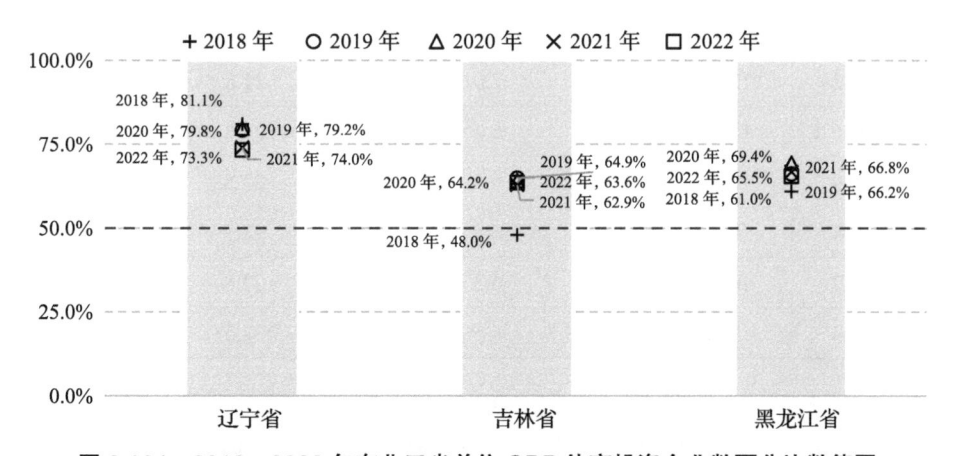

图2.104 2018—2022年东北三省单位GDP外商投资企业数百分比数值图

2018—2022年，6省单位GDP外商投资企业数由高到低依次为广东省、浙江省、辽宁省、江苏省、黑龙江省、吉林省；东南三省均呈持续下降趋势，但仍优于全国平均水平；东北三省中，辽宁省呈波动下降趋势，吉林省和黑龙江省呈上升趋势；东北三省中水平较高的辽宁省优于东南三省中水平较低的江苏省；单位GDP外商投资企业数降幅最大的是江苏省（-4.33%），增幅最大的是吉林省（5.29%），黑龙江省的增幅为4.95%，辽宁省的降幅为4.08%。具体如表2.140所示。

表2.140 2018—2022年6省单位GDP外商投资企业数的原始值

年份	辽宁省 值/序	吉林省 值/序	黑龙江省 值/序	江苏省 值/序	浙江省 值/序	广东省 值/序	全国平均 值
2018	0.67/7	0.27/17	0.31/13	0.64/8	0.72/6	1.76/2	0.48
2019	0.64/7	0.35/12	0.39/11	0.63/8	0.69/6	1.66/2	0.48
2020	0.65/8	0.35/12	0.46/11	0.61/9	0.68/7	1.58/2	0.49
2021	0.59/8	0.32/12	0.40/11	0.55/9	0.62/7	1.49/2	0.45
2022	0.56/8	0.32/12	0.37/11	0.53/9	0.60/7	1.47/2	0.44
平均	0.62/7.6	0.32/13.0	0.38/11.4	0.59/8.6	0.66/6.6	1.59/2.0	0.47

2018—2022年，四大经济区单位GDP外商投资企业数由高到低依次为东部、东北、中部、西部；四大经济区除东北地区波动上升以外，普遍呈下降趋势；东北地区的增幅为0.15%，西部地区降幅最大（-3.20%），东部地区降幅最小（-2.10%）；东北地区单位GDP外商投资企业数与东部地区相比差距较大。具体如表2.141所示。

表2.141 2018—2022年四大经济区单位GDP外商投资企业数的平均值

年份	东北 平均值	东北 年排序	东部 平均值	东部 年排序	西部 平均值	西部 年排序	中部 平均值	中部 年排序
2018	0.42	12.3	0.97	7.0	0.22	21.8	0.24	21.3
2019	0.46	10.0	0.95	6.4	0.23	22.6	0.23	21.8
2020	0.49	10.3	0.95	6.3	0.23	22.5	0.22	22.0
2021	0.44	10.3	0.90	6.4	0.21	22.7	0.22	21.5
2022	0.42	10.3	0.89	6.3	0.19	22.8	0.21	21.5
平均	0.44	10.7	0.93	6.5	0.22	22.5	0.23	21.6

2018—2022年，七大地理区单位GDP外商投资企业数由高到低依次为华南、华东、华北、东北、华中、西南、西北；七大地理区中，华南地区呈波动上升趋势，华北和西北地区呈先上升后下降的趋势，华东、华中和西南地区呈下降趋势；其中，

华南地区增幅最大（2.08%），降幅最大的是华东地区（-4.19%），东北地区的增幅为0.15%；就七大地理区而言，东北地区排序居中，与表现最优的华南地区相比，差距明显。具体如表2.142所示。

表2.142　2018—2022年七大地理区单位GDP外商投资企业数的平均值

年份	东北 值/序	华北 值/序	华东 值/序	华南 值/序	华中 值/序	西北 值/序	西南 值/序
2018	0.42/12.3	0.50/16.2	0.92/8.7	0.86/9.7	0.25/19.8	0.21/23.4	0.23/20.2
2019	0.46/10.0	0.54/14.8	0.86/9.0	0.85/8.3	0.25/20.5	0.22/23.4	0.23/22.8
2020	0.49/10.3	0.53/15.2	0.85/9.7	0.88/6.7	0.25/20.3	0.22/23.0	0.22/23.0
2021	0.44/10.3	0.47/16.4	0.78/9.5	0.90/6.3	0.23/19.3	0.20/24.0	0.21/22.0
2022	0.42/10.3	0.45/16.4	0.76/9.3	0.93/6.0	0.22/19.5	0.18/24.6	0.21/21.6
平均	0.44/10.7	0.50/15.8	0.83/9.2	0.88/7.4	0.24/19.9	0.21/23.7	0.22/21.9

③外商投资企业货物进出口占比（单位：%）。外商投资企业货物进出口占比反映的是地区企业的对外贸易吸引外商投资的能力，是衡量地区投资开放程度的重要指标，计算公式为外商投资企业货物进出口总额与地区货物进出口总额（按境内目的地和货源地分）的比值。2018—2022年，全国外商投资企业货物进出口占比整体呈缓慢下降趋势，东北地区整体呈波动下降趋势；东北地区整体低于全国平均水平，且这种差距呈波动缩减态势；辽宁省呈持续下降趋势，吉林省和黑龙江省呈波动下降趋势，2020年均出现微弱上升；吉林省和辽宁省高于全国平均水平，黑龙江省与全国平均水平差距较大；就东北三省而言，吉林省发展较好，辽宁省次之，黑龙江省较弱。总体而言，东北地区外商投资企业货物进出口占比低于全国平均水平。具体如图2.105所示。

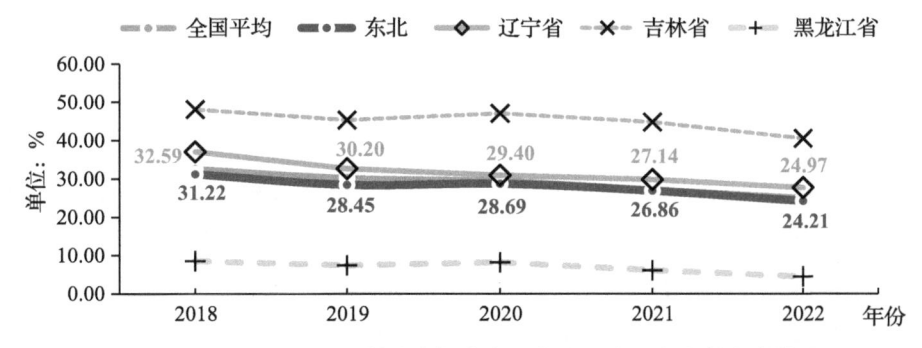

图2.105　2018—2022年外商投资企业货物进出口占比基本走势图

注：①全国平均指31个省市区的平均水平；②全国范围内（可采集到的数据），外商投资企业货物进出口占比最大值为2021年重庆市的86.46%，最小值为2019年西藏自治区的0.12%。

2018—2022年，东北三省外商投资企业货物进出口占比在全国31个省市区连续5年数据集中的相对位置分布情况如图2.106所示。可见，东北三省5年（共15个数据）外商投资企业货物进出口占比的百分比排位位于50%以下的有5个，且全部位于25%以下；此外，排位的最大值是2018年的吉林省（77.2%），最小值是2022年的黑龙江省（15.5%）。

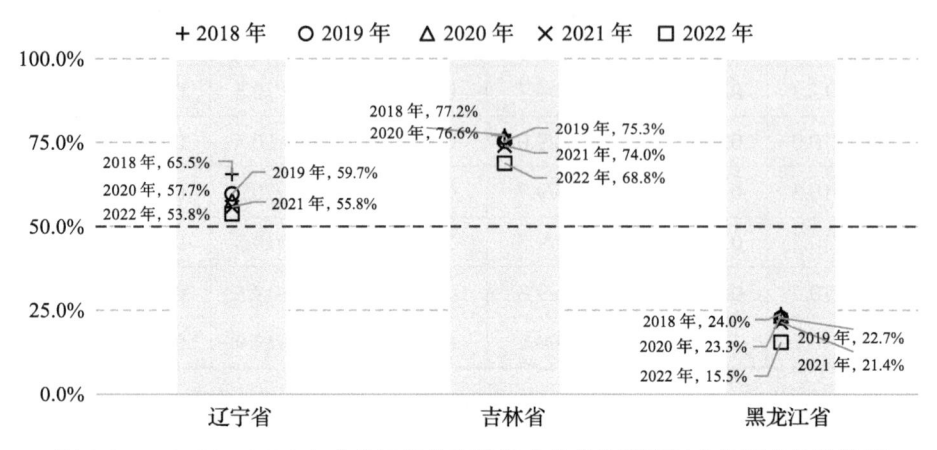

图2.106　2018—2022年东北三省外商投资企业货物进出口占比百分比数值图

2018—2022年，6省外商投资企业货物进出口占比由高到低依次为江苏省、吉林省、广东省、辽宁省、浙江省、黑龙江省；东南三省中，江苏省、广东省和浙江省均呈下降趋势，2020—2022年广东省下降趋势缓慢；东北三省中，辽宁省呈持续下降趋势，黑龙江省和吉林省呈波动下降趋势；东北三省中表现较好的吉林省与东南三省中最优的江苏省差距明显；外商投资企业货物进出口占比降幅最小的是吉林省（-3.95%），降幅最大的是黑龙江省（-11.93%），辽宁省的降幅为6.32%。具体如表2.143所示。

表2.143　2018—2022年6省外商投资企业货物进出口占比的原始值

年份	辽宁省 值/序	吉林省 值/序	黑龙江省 值/序	江苏省 值/序	浙江省 值/序	广东省 值/序	全国平均 值
2018	37.06/14	48.08/10	8.51/25	56.94/7	19.69/22	40.51/12	32.59
2019	32.67/14	45.30/9	7.38/25	55.32/7	18.26/20	36.69/12	30.20
2020	30.90/13	47.00/9	8.15/24	52.75/8	16.86/20	33.42/11	29.40
2021	29.79/12	44.74/7	6.06/24	48.93/5	16.58/19	33.14/11	27.14
2022	27.69/13	40.49/7	4.45/26	46.17/6	14.70/20	32.01/11	24.97
平均	31.62/13.2	45.12/8.4	6.91/24.8	52.02/6.6	17.22/20.2	35.15/11.4	28.86

2018—2022年，四大经济区外商投资企业货物进出口占比从高到低依次为东部、中部、东北、西部；东部和中部地区呈持续下降趋势，东北和西部地区呈波动下降态

势;外商投资企业货物进出口占比降幅最小的是东部地区(-4.41%),降幅最大的是中部地区(-8.53%),东北地区的降幅为5.61%;东北地区外商投资企业货物进出口占比与东部地区相比差距较大。具体如表2.144所示。

表2.144　2018—2022年四大经济区外商投资企业货物进出口占比的平均值

年份	东北		东部		西部		中部	
	平均值	年排序	平均值	年排序	平均值	年排序	平均值	年排序
2018	31.22	16.3	40.77	12.7	23.23	19.9	38.35	13.5
2019	28.45	16.0	39.07	12.0	20.43	20.6	35.86	13.5
2020	28.69	15.3	37.10	12.2	20.69	20.6	34.37	13.5
2021	26.86	14.3	35.02	12.0	19.68	21.0	29.08	13.5
2022	24.21	15.3	33.58	11.8	17.83	20.5	25.27	14.3
平均	27.89	15.5	37.11	12.1	20.37	20.5	32.59	13.7

2018—2022年,七大地理区外商投资企业货物进出口占比由高到低依次为华东、华北、华南、华中、东北、西南、西北;华东、华中、西北地区呈持续下降趋势,华北、华南、东北、西南地区呈波动下降趋势;降幅最大的是华中地区(-10.10%),降幅最小的是华北地区(-1.97%),东北地区降幅为5.61%;就七大地理区而言,东北地区排序靠后,与表现最优的华东地区差距明显。具体如表2.145所示。

表2.145　2018—2022年七大地理区外商投资企业货物进出口占比的平均值

年份	东北	华北	华东	华南	华中	西北	西南
	值/序	值/序	值/序	值/序	值/序	值/序	值/序
2018	31.22/16.3	33.09/15.0	40.11/13.5	38.60/13.0	36.93/14.3	17.92/22.2	31.46/16.8
2019	28.45/16.0	34.24/14.4	37.91/12.5	32.24/14.3	33.06/14.5	16.70/22.0	27.98/18.0
2020	28.69/15.3	36.50/13.6	36.70/12.5	25.64/15.0	29.77/15.3	16.36/23.2	29.00/17.0
2021	26.86/14.3	33.37/13.2	33.50/12.2	24.69/15.7	25.78/15.3	15.98/22.6	27.17/18.6
2022	24.21/15.3	30.49/13.6	31.42/12.5	26.54/13.7	22.02/15.5	15.10/22.2	23.45/18.6
平均	27.89/15.5	33.54/14.0	35.93/12.6	29.54/14.3	29.51/15.0	16.41/22.4	27.81/17.8

④外资工业企业资产比重(单位:%)。外资工业企业资产比重反映一个地区生产开放的水平,是衡量地区投资开放程度的核心指标,计算公式为地区外商投资工业企业资产(包括外商及港澳台投资工业企业资产)与地区工业总产值的比值。2018—2022年,全国外资工业企业资产比重呈波动上升趋势,东北地区亦呈波动上升态势;东北地区优于全国平均水平,且这种差距呈先扩大后趋于平稳的态势;黑龙江省和辽

宁省呈波动下降趋势，吉林省则呈波动上升趋势；就东北三省而言，辽宁省较好，吉林省次之，黑龙江省较弱。总体而言，东北三省中，辽宁省外资工业企业资产比重始终优于全国平均水平，吉林省 2018—2019 年落后于全国平均水平，而 2020—2022 年高于全国平均水平，黑龙江省则始终低于全国平均水平。具体如图 2.107 所示。

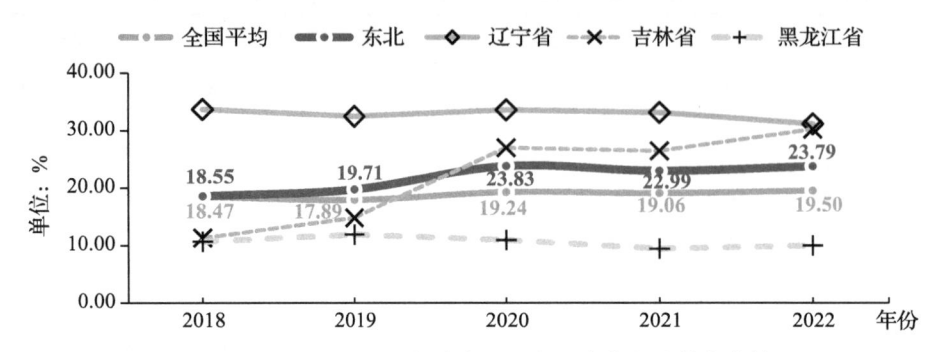

图 2.107　2018—2022 年外资工业企业资产比重基本走势图

注：①全国平均指 31 个省市区的平均水平；②全国范围内（可采集到的数据），外资工业企业资产比重最大值为 2018 年上海市的 57.99%，最小值为 2018 年西藏自治区的 1.92%。

2018—2022 年，东北三省外资工业企业资产比重在全国 31 个省市区连续 5 年数据集中的相对位置分布情况如图 2.108 所示。可见，东北三省 5 年（共 15 个数据）外资工业企业资产比重的百分比排位处于 50% 以下的有 7 个，其中有 1 个位于 25% 以下；排位的最大值是 2018 年的辽宁省（87.6%），最小值是 2021 年的黑龙江省（24.6%）。

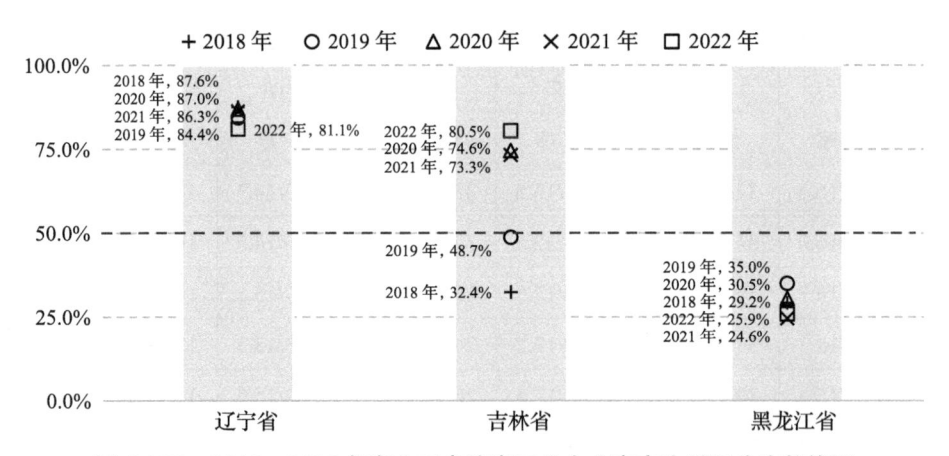

图 2.108　2018—2022 年东北三省外资工业企业资产比重百分比数值图

2018—2022 年，6 省外资工业企业资产比重由高到低排序依次为广东省、江苏省、辽宁省、浙江省、吉林省、黑龙江省；东南三省中，浙江省和广东省呈波动上升趋势，江苏省则呈波动下降趋势；东北三省中，辽宁省和黑龙江省呈波动下降态势，吉林省则呈波动上升态势；东北三省中辽宁省和吉林省与东南三省之间的差距呈缩减趋势，而黑龙江省与东南三省之间的差距则相对较大;外资工业企业资产比重增幅最大的是吉林省(41.91%),降幅最大的是江苏省(-2.67%),辽宁省的降幅为1.88%,黑龙江省的降幅为1.61%。具体如表2.146所示。

表2.146　2018—2022年6省外资工业企业资产比重的原始值

年份	辽宁省 值/序	吉林省 值/序	黑龙江省 值/序	江苏省 值/序	浙江省 值/序	广东省 值/序	全国平均值
2018	33.69/4	11.30/22	10.66/23	45.19/2	29.79/8	44.02/3	18.47
2019	32.47/5	14.78/16	11.88/20	40.43/4	27.91/7	42.70/3	17.89
2020	33.58/5	27.01/9	10.92/22	42.33/4	29.87/6	44.00/3	19.24
2021	33.12/5	26.45/9	9.41/24	39.86/4	31.58/6	45.50/3	19.06
2022	31.15/7	30.24/8	9.97/23	40.37/4	32.90/5	46.32/3	19.50
平均	32.80/5.2	21.96/12.8	10.57/22.4	41.64/3.6	30.41/6.4	44.51/3.0	18.83

2018—2022年,四大经济区外资工业企业资产比重由高到低排序依次为东部、东北、中部、西部;中部地区整体呈波动下降趋势,其余地区均呈波动上升趋势;外资工业企业资产比重增幅最大的是东北地区(7.06%),降幅最大的是中部地区(-4.60%);东北地区外资工业企业资产比重与东部地区的差距相对较大。具体如表2.147所示。

表2.147　2018—2022年四大经济区外资工业企业资产比重的平均值

年份	东北 平均值	年排序	东部 平均值	年排序	西部 平均值	年排序	中部 平均值	年排序
2018	18.55	16.3	32.28	6.9	9.40	22.3	13.57	18.3
2019	19.71	13.7	31.82	6.5	8.82	22.8	11.90	19.3
2020	23.83	12.0	33.17	6.6	9.52	23.0	13.14	19.7
2021	22.99	12.7	34.03	6.4	9.05	23.0	12.17	19.7
2022	23.79	12.7	34.47	6.6	10.17	22.3	11.07	20.8
平均	21.78	13.5	33.15	6.6	9.39	22.7	12.37	19.6

2018—2022年,七大地理区外资工业企业资产比重由高到低排序依次为华东、华南、华北、东北、华中、西南、西北;东北、华南和西北地区呈波动上升趋势,华东、华中和西南地区呈波动下降趋势,华北地区则呈平稳上升态势;外资工业企业资产比重增幅最大的是东北地区(7.06%),降幅最大的是华中地区(-4.78%);就七大地理区而言,东北地区排序居中,与表现最优的华东地区相比,差距较为明显。具体如表2.148所示。

表 2.148　2018—2022 年七大地理区外资工业企业资产比重的平均值

年份	东北 值/序	华北 值/序	华东 值/序	华南 值/序	华中 值/序	西北 值/序	西南 值/序
2018	18.55/16.3	21.93/12.0	32.60/7.7	25.96/9.0	13.06/18.8	7.91/24.2	8.42/23.6
2019	19.71/13.7	23.88/11.0	30.10/7.7	24.91/9.0	10.85/21.3	7.37/24.6	8.10/23.8
2020	23.83/12.0	25.52/10.6	31.40/8.2	25.66/10.0	12.25/20.8	7.56/25.8	9.01/23.2
2021	22.99/12.7	25.89/11.4	31.09/7.2	27.65/9.3	11.18/21.3	7.43/24.6	8.21/24.4
2022	23.79/12.7	26.57/11.4	30.27/8.0	28.75/9.7	10.56/21.5	9.89/23.2	8.14/24.4
平均	21.78/13.5	24.76/11.3	31.09/7.7	26.59/9.4	11.58/20.7	8.03/24.5	8.37/23.9

（3）贸易开放。

①对外贸易依存度。对外贸易依存度反映一个地区对国际市场的依赖程度，是衡量地区贸易开放程度的重要指标，计算公式为进出口总额与地区 GDP 的比值。2018—2022 年，全国对外贸易依存度呈波动上升态势，东北地区整体呈稳定上升趋势；东北地区明显低于全国平均水平，且这种差距较为稳定；辽宁省与黑龙江省呈波动上升趋势，吉林省呈平稳上升态势，2019 年升幅明显；就东北三省而言，辽宁省较好，黑龙江省次之，吉林省较弱。总体而言，东北地区对外贸易依存度明显低于全国平均水平，且差距在缩减后趋于稳定。具体如图 2.109 所示。

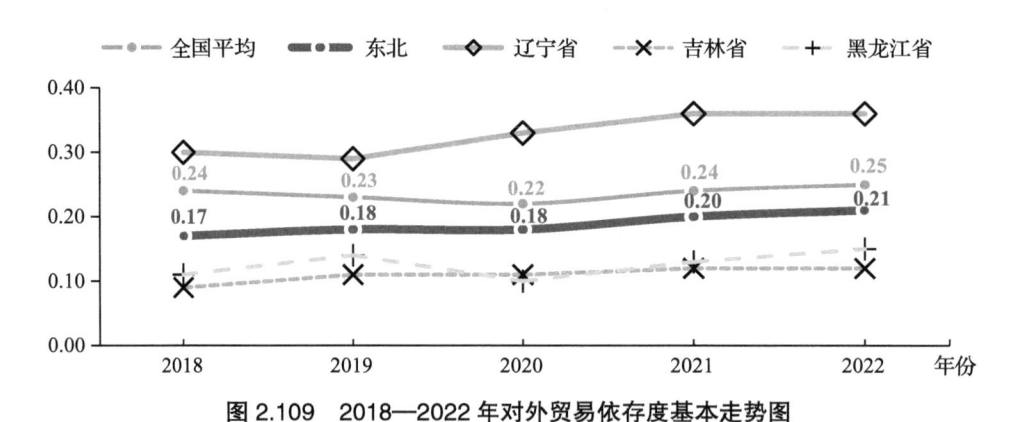

图 2.109　2018—2022 年对外贸易依存度基本走势图

注：①全国平均指 31 个省市区的平均水平；②全国范围内（可采集到的数据），对外贸易依存度最大值为 2018 年上海市的 1.04，最小值为 2020 年青海省的 0.01。

2018—2022 年，东北三省对外贸易依存度在全国 31 个省市区连续 5 年数据集中的相对位置分布情况如图 2.110 所示。可见，东北三省 5 年（共 15 个数据）对外贸易依存度的百分比排位处于 50% 以下的有 9 个，其中有 1 个位于 25% 以下；此外，排位的最大值是 2022 年的辽宁省（81.1%），最小值是 2018 年的吉林省（24.6%）。

Ⅱ 评价报告

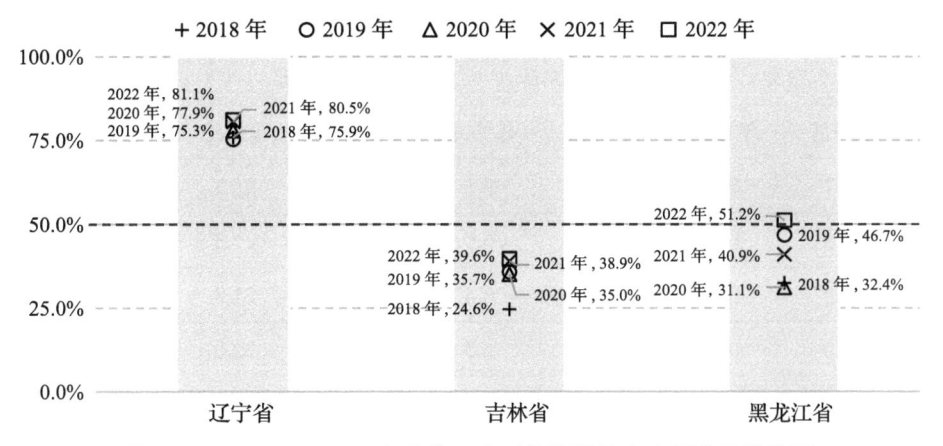

图 2.110　2018—2022 年东北三省对外贸易依存度百分比数值图

2018—2022 年，6 省对外贸易依存度表现由高到低依次为广东省、浙江省、江苏省、辽宁省、黑龙江省、吉林省；东南三省中，浙江省与江苏省呈波动上升的态势，2019 年均出现不同程度的下降，广东省呈波动下降的态势，2019 年降幅较为明显；东南三省中水平较低的江苏省优于东北地区水平最高的辽宁省；对外贸易依存度增幅最大的是黑龙江省（9.12%），降幅最大的是广东省（-0.14%），辽宁省和吉林省的增幅分别为 5.53%、8.17%。具体如表 2.149 所示。

表 2.149　2018—2022 年 6 省对外贸易依存度的原始值

年份	辽宁省 值/序	吉林省 值/序	黑龙江省 值/序	江苏省 值/序	浙江省 值/序	广东省 值/序	全国平均 值
2018	0.30/8	0.09/22	0.11/20	0.47/5	0.51/4	0.74/3	0.24
2019	0.29/8	0.11/20	0.14/15	0.44/6	0.49/5	0.66/3	0.23
2020	0.33/7	0.11/20	0.10/21	0.46/5	0.50/4	0.75/2	0.22
2021	0.36/7	0.12/21	0.13/20	0.48/5	0.54/4	0.76/2	0.24
2022	0.36/7	0.12/21	0.15/19	0.49/5	0.58/4	0.73/2	0.25
平均	0.33/7.4	0.11/20.8	0.12/19.0	0.47/5.2	0.52/4.2	0.73/2.4	0.24

2018—2022 年，四大经济区对外贸易依存度由高到低依次为东部、东北、中部、西部；东北、中部、西部地区均呈稳定上升态势，东部地区呈波动下降趋势；中部地区增幅最大（6.94%），东部地区降幅最大（-0.37%），东北地区增幅为 6.78%；东北地区对外贸易依存度与东部地区相比差距较大。具体如表 2.150 所示。

2018—2022 年，七大地理区对外贸易依存度由高到低依次为华东、华南、华北、东北、华中、西南、西北；东北、华东、华南、华中、西北、西南六个地区均呈上升

表 2.150　2018—2022 年四大经济区对外贸易依存度的平均值

年份	东北 平均值	东北 年排序	东部 平均值	东部 年排序	西部 平均值	西部 年排序	中部 平均值	中部 年排序
2018	0.17	16.7	0.50	7.1	0.10	21.3	0.11	19.8
2019	0.18	14.3	0.47	6.8	0.10	21.8	0.11	20.5
2020	0.18	16.0	0.44	6.4	0.10	21.8	0.11	20.3
2021	0.20	16.0	0.47	6.5	0.11	22.0	0.12	19.8
2022	0.21	15.7	0.49	6.4	0.12	21.9	0.14	20.3
平均	0.19	15.7	0.47	6.6	0.11	21.8	0.12	20.2

态势，华北地区呈波动下降趋势；华中地区增幅最大（8.49%），华北地区降幅最大（−4.10%），东北地区增幅为 6.78%；就七大地理区而言，东北地区排序靠后，与表现最优的华东地区相比，差距较大。具体如表 2.151 所示。

表 2.151　2018—2022 年七大地理区对外贸易依存度的平均值

年份	东北 值/序	华北 值/序	华东 值/序	华南 值/序	华中 值/序	西北 值/序	西南 值/序
2018	0.17/16.7	0.31/16.2	0.46/7.2	0.37/8.7	0.11/19.5	0.08/23.8	0.12/19.8
2019	0.18/14.3	0.32/15.4	0.43/7.5	0.35/8.7	0.11/20.3	0.08/23.8	0.11/21.0
2020	0.18/16.0	0.24/15.0	0.43/6.7	0.39/8.3	0.11/20.5	0.07/24.2	0.11/21.0
2021	0.20/16.0	0.26/14.6	0.47/6.5	0.41/8.0	0.12/20.5	0.08/24.6	0.11/21.4
2022	0.21/15.7	0.26/15.8	0.49/6.8	0.42/7.0	0.14/19.8	0.09/24.0	0.12/21.8
平均	0.19/15.7	0.28/15.4	0.45/6.9	0.39/8.1	0.12/20.1	0.08/24.1	0.11/21.0

②净出口贡献率（单位：%）。净出口贡献率主要反映了净出口（即出口总额减去进口总额后的差额）对经济增长的贡献程度，是衡量地区贸易开放程度的重要指标，计算公式为地区出口额和进口额的差值与地区生产总值（GDP）之间的比值。2018—2022 年，全国净出口贡献率整体呈持续上升趋势，东北地区整体呈波动上升趋势；东北地区整体低于全国平均水平；辽宁省呈波动下降趋势，2022 年出现缓慢上升，吉林省呈波动上升趋势，且 2022 年的上升趋势最为显著，黑龙江省呈波动下降趋势，在 2018—2020 年出现上升，随后出现下滑；吉林省、辽宁省和黑龙江省均低于全国平均水平；就东北三省而言，吉林省较好，黑龙江省次之，辽宁省较弱。总体而言，东北地区净出口贡献率低于全国平均水平。具体如图 2.111 所示。

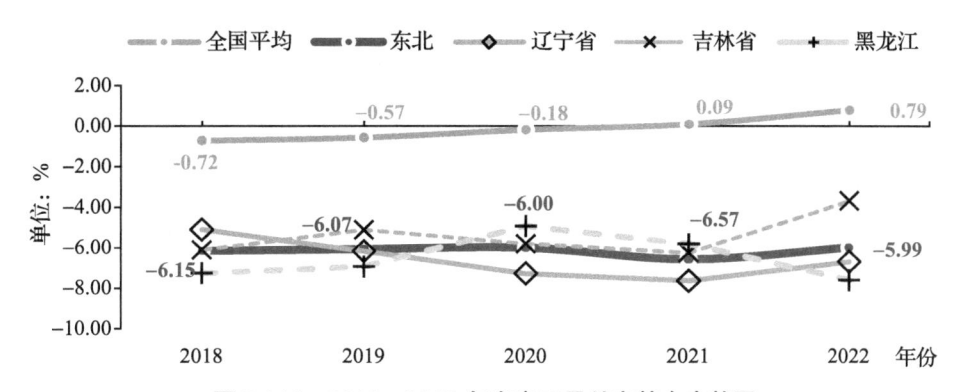

图 2.111　2018—2022 年净出口贡献率基本走势图

注：①全国平均指 31 个省市区的平均水平；②全国范围内（可采集到的数据），净出口贡献率最大值为 2022 年浙江省的 26.63%，最小值为 2021 年上海市的 –29.55%。

2018—2022 年，东北三省净出口贡献率在全国 31 个省市区连续 5 年数据集中的相对位置分布情况如图 2.112 所示。可见，东北三省 5 年（共 15 个数据）净出口贡献率的百分比排位全部位于 50% 以下，位于 25% 以下的有 14 个；此外，排位的最大值是 2022 年的吉林省（25.3%），最小值是 2021 年的辽宁省（14.9%）。

图 2.112　2018—2022 年东北三省净出口贡献率百分比数值图

2018—2022 年，6 省净出口贡献率由高到低依次为浙江省、广东省、江苏省、吉林省、黑龙江省、辽宁省；东南三省中，浙江省呈持续上升趋势，江苏省和广东省呈波动上升趋势；东北三省中，吉林省呈波动上升趋势，黑龙江省与辽宁省呈波动下降趋势；东北三省中表现较好的吉林省与东南三省中表现最差的江苏省相比差距明显；净出口贡献率增幅最大的是辽宁省与广东省（均为 7.86%），增幅最小的是吉林省（–9.91%），黑龙江省的增幅为 1.16%。具体如表 2.152 所示。

2018—2022 年，四大经济区净出口贡献率由高到低依次为中部、西部、东部、东北；东北地区呈波动上升趋势，其余地区呈平稳上升趋势；东北地区净出口贡献率与表现最优的中部地区相比仍有一定差距。具体如表 2.153 所示。

表 2.152 2018—2022 年 6 省净出口贡献率的原始值

年份	辽宁省 值/序	吉林省 值/序	黑龙江省 值/序	江苏省 值/序	浙江省 值/序	广东省 值/序	全国平均 值
2018	−5.09/24	−6.10/25	−7.26/26	8.32/3	24.46/1	13.52/2	−0.72
2019	−6.17/25	−5.11/24	−6.94/26	8.91/3	25.12/1	16.33/2	−0.57
2020	−7.28/26	−5.80/25	−4.92/24	7.46/4	25.57/1	19.03/2	−0.18
2021	−7.63/26	−6.25/25	−5.82/24	7.95/5	26.07/1	17.09/2	0.09
2022	−6.69/25	−3.68/24	−7.60/27	10.61/3	26.63/1	17.77/2	0.79
平均	−6.57/25.2	−5.39/24.6	−6.51/25.4	8.65/3.6	25.57/1.0	16.75/2.0	−0.12

表 2.153 2018—2022 年四大经济区净出口贡献率的平均值

年份	东北 平均值	年排序	东部 平均值	年排序	西部 平均值	年排序	中部 平均值	年排序
2018	−6.15	25.0	−2.01	16.0	−0.05	16.8	2.77	9.8
2019	−6.07	25.0	−1.59	16.6	−0.02	16.7	2.81	9.2
2020	−6.00	25.0	−0.86	16.4	0.14	16.9	3.25	9.0
2021	−6.57	25.0	−0.53	15.9	0.36	17.0	3.94	9.7
2022	−5.99	25.3	−0.23	16.0	1.03	17.1	5.41	9.2
平均	−6.16	25.1	−1.04	16.2	0.29	16.9	3.64	9.4

2018—2022 年，七大地理区净出口贡献率由高到低依次为华中、华东、西南、西北、华南、东北、华北；华东、华中、西南地区呈平稳上升趋势，其他四个地区呈波动上升趋势；西北地区增幅最大（78.24%），东北地区增幅最小（−0.65%）；就七大地理区而言，东北地区处于下游水平，与表现最优的华中地区相比有一定差距。具体如表 2.154 所示。

表 2.154 2018—2022 年七大地理区净出口贡献率的平均值

年份	东北 值/序	华北 值/序	华东 值/序	华南 值/序	华中 值/序	西北 值/序	西南 值/序
2018	−6.15/25.0	−6.98/20.2	2.89/11.5	−2.29/19.0	2.63/10.3	0.43/16.2	1.55/14.4
2019	−6.07/25.0	−7.43/21.6	3.02/11.3	−0.67/19.0	2.80/9.5	0.26/16.6	1.85/13.4
2020	−6.00/25.0	−6.67/22.2	3.26/10.5	0.27/19.0	3.31/9.3	0.12/17.2	2.33/13.4
2021	−6.57/25.0	−5.37/22.0	3.46/9.7	−1.38/19.7	3.89/10.3	0.98/16.4	2.48/14.2
2022	−5.99/25.3	−6.30/22.4	4.87/10.0	0.28/18.7	5.56/9.0	1.79/15.6	2.54/15.6
平均	−6.16/25.1	−6.55/21.7	3.50/10.6	−0.76/19.1	3.64/9.7	0.72/16.4	2.15/14.2

③高新技术产品出口额占比（单位：%）。高新技术产品出口额占比反映了地区一定时期内在高新技术产品领域的生产能力、出口能力和国际市场竞争力，是衡量该地区高新技术产业贸易开放程度的重要指标，计算公式为高新技术产品出口额与地区GDP 的比值。2018—2022 年，全国高新技术产品出口额占比呈波动上升趋势，东北地区亦呈波动上升态势；东北地区明显低于全国平均水平；其中，吉林省上升趋势较为明显，黑龙江省较为稳定，辽宁省持续缓慢下降。总体而言，东北地区高新技术产品出口额占比呈波动上升趋势，但仍远低于全国平均水平。具体如图 2.113 所示。

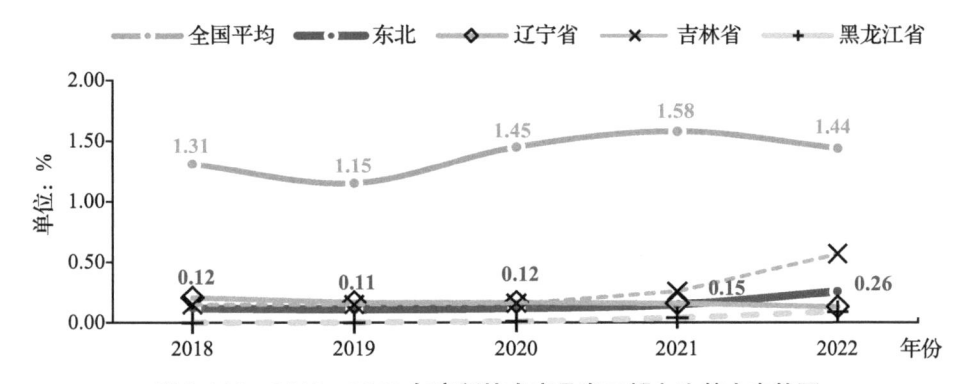

图 2.113　2018—2022 年高新技术产品出口额占比基本走势图

注：①全国平均指 31 个省市区的平均水平；②全国范围内（可采集到的数据），高新技术产品出口额占比最大值为 2020 年广东省的 7.91%，最小值为 2020 年青海市的 0.0002%。

2018—2022 年，东北三省高新技术产品出口额占比在全国 31 个省市区连续 5 年数据集中的相对位置分布情况如图 2.114 所示。可见，东北三省 5 年（共 15 个数据）高新技术产品出口额占比的百分比排位均处于 50% 以下，其中有 9 个位于 25% 以下；此外，排位的最大值是 2022 年的吉林省（49.6%），最小值是 2019 年的黑龙江省（2.7%）。

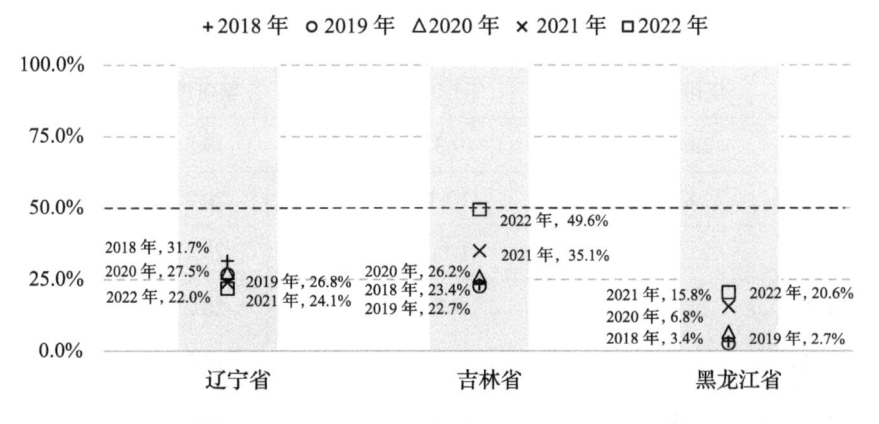

图 2.114　2018—2022 年东北三省高新技术产品出口额占比百分比数值图

2018—2022年，6省高新技术产品出口额占比由高到低依次为广东省、江苏省、浙江省、吉林省、辽宁省、黑龙江省；东北三省高新技术产品出口额占比远低于东南三省；东南三省中，浙江省保持平稳增长趋势，江苏省和广东省呈先上升后下降的态势；东北三省中，辽宁省呈持续下降趋势，吉林省和黑龙江省则呈平稳增长趋势；东南三省中水平较低的浙江省整体上优于东北地区水平最高的吉林省；高新技术产品出口额占比增幅最大的是黑龙江省（867.55%），降幅最大的是辽宁省（−8.92%），吉林省的增幅为70.38%。具体如表2.155所示。

表2.155　2018—2022年6省高新技术产品出口额占比的原始值

年份	辽宁省 值/序	吉林省 值/序	黑龙江省 值/序	江苏省 值/序	浙江省 值/序	广东省 值/序	全国平均 值
2018	0.21/20	0.15/23	0.00/28	3.56/4	1.45/9	6.64/1	1.31
2019	0.17/21	0.15/23	0.00/29	4.39/2	1.54/9	6.98/1	1.15
2020	0.17/21	0.16/22	0.01/28	5.20/2	2.12/8	7.91/1	1.45
2021	0.16/23	0.26/20	0.04/25	4.73/3	2.57/7	7.57/1	1.58
2022	0.13/23	0.57/17	0.09/24	4.54/2	3.10/5	6.33/1	1.44
平均	0.17/21.6	0.26/21.0	0.03/26.8	4.49/2.6	2.16/7.6	7.08/1.0	1.38

2018—2022年，四大经济区高新技术产品出口额占比由高到低依次为东部、中部、西部、东北；四大经济区均呈波动上升趋势；高新技术产品出口额占比增幅最大的是东北地区（30.32%），增幅最小的是中部地区（0.98%）；东部地区的平均水平是东北地区的16.3倍，东北地区高新技术产品出口额占比与东部地区相比差距显著。具体如表2.156所示。

表2.156　2018—2022年四大经济区高新技术产品出口额占比的平均值

年份	东北 平均值	东北 年排序	东部 平均值	东部 年排序	西部 平均值	西部 年排序	中部 平均值	中部 年排序
2018	0.12	23.7	2.21	9.8	0.49	19.5	1.75	11.8
2019	0.11	24.3	2.11	10.3	0.45	20.7	1.36	10.2
2020	0.12	23.7	2.51	10.1	0.58	20.4	1.80	9.8
2021	0.15	22.7	2.90	9.7	0.61	20.2	1.72	11.3
2022	0.26	21.3	2.46	10.3	0.54	20.7	1.82	10.2
平均	0.15	23.1	2.44	10.0	0.53	20.3	1.69	10.7

2018—2022年，七大地理区高新技术产品出口额占比由高到低依次为华南、华东、华中、华北、西南、西北、东北；华北、华东和东北地区呈波动上升趋势，华南和西南地区呈现先上升后下降的发展态势，华中和西北地区呈波动下降态势；东北地区高新技术产品出口额占比在不断增长，但增长较为缓慢；就七大地理区而言，东北地区整体排序末位，与表现最优的华南地区差距显著。具体如表2.157所示。

表2.157　2018—2022年七大地理区高新技术产品出口额占比的平均值

年份	东北	华北	华东	华南	华中	西北	西南
	值/序	值/序	值/序	值/序	值/序	值/序	值/序
2018	0.12/23.7	1.30/14.0	1.90/7.8	2.38/14.3	2.07/10.8	0.22/22.3	0.84/18.0
2019	0.11/24.3	1.03/14.4	1.78/9.5	2.46/15.3	1.62/9.3	0.17/22.2	0.92/17.3
2020	0.12/23.7	1.24/13.4	2.27/9.3	2.80/14.3	2.05/8.8	0.16/22.8	1.16/18.0
2021	0.15/22.7	1.84/13.4	2.53/8.3	2.68/15.0	1.85/10.8	0.17/22.8	1.22/17.8
2022	0.26/21.3	1.35/14.4	2.54/8.0	2.26/15.7	1.83/10.0	0.16/23.0	1.06/18.0
平均	0.15/23.1	1.35/13.9	2.20/8.6	2.52/14.9	1.88/9.9	0.18/22.6	1.04/17.8

4. 主要结论

首先，总体而言，东北三省的区域开放指数低于全国平均水平，但差距相对不大。在反映区域开放水平的3个方面（区位支撑、投资开放、贸易开放），东北三省整体落后于东南三省，尤其值得关注的是，东北三省的"区位支撑""贸易开放"与东南三省差距明显，且低于全国平均水平，这成为东北地区区域开放方面最显著的问题。

其次，动态来看，2018—2022年，东北地区的指数得分呈波动上升趋势，且增长速度高于中部、东部和西部地区，意味着绝对能力进步；从相对排序来看，东北地区区域开放方面的年排序呈波动下降趋势，年排序下降0.3名，其在全国范围内的相对优势缓慢退失。

再次，分省来看，辽宁省的区域开放水平较高，吉林省次之，黑龙江省较弱。在全国各省相对排序的竞争中，辽宁省呈波动下降趋势，黑龙江省呈波动上升趋势，吉林省趋于稳定。辽宁省在区域开放各分项指数上的发展比较均衡，"贸易开放"相对较弱，其他分项指数发展较好；吉林省和黑龙江省在各分项指数上呈不均衡发展态势，吉林省"投资开放"较好，黑龙江省各分项指数发展均较弱。

最后，单项指标方面，东北三省仅在"单位GDP外商投资企业数""外资工业企业资产比重"方面相对于全国平均水平有一定的优势；其他各项指标，尤其是"货运活跃度""客运活跃度""运网密度""人均实际利用外资额""净出口贡献率""高新技术产品出口额占比"等指标的发展比较落后。

（五）绿色质效评价报告

1. 绿色质效指数总体分析

对绿色质效的测度包括绿色生产、绿色治理、绿色生活3个方面，共10项关键指标。汇集中国31个省市区2018—2022年绿色质效方面的指标信息，可以得到连续5年的绿色质效指数得分。在此基础上，形成多年连续排序和单年排序。其中，多年连续排序用于反映各省市区绿色质效的绝对发展水平随时间动态变化的情况（31个省市区5年共155个排位，最高排序为1，最低排序为155），单年排序用于反映各省市区在全国范围内某个单年的相对发展水平（31个省市区每年31个排位，最高排序为1，最低排序为31）。具体来说，31个省市区绿色质效指数的总体情况如表2.158所示。

表2.158　2018—2022年31个省市区绿色质效指数得分、连续及单年排序

省市区	2018年 值	总	年	2019年 值	总	年	2020年 值	总	年	2021年 值	总	年	2022年 值	总	年
福建	81.8	16	2	87.7	1	1	86.3	4	2	86.9	3	1	86.1	5	1
广东	84.9	8	1	84.7	9	2	85.7	6	3	85.5	7	2	84.2	10	2
浙江	77.1	23	3	84.0	11	3	87.4	2	1	82.5	13	3	82.3	14	3
北京	72.6	41	5	75.9	28	6	69.1	50	11	80.3	18	4	82.2	15	4
重庆	73.8	33	4	76.6	24	4	71.4	47	10	77.8	20	6	80.4	17	5
江苏	72.0	46	7	76.0	27	5	77.4	22	5	78.1	19	5	77.8	21	6
上海	72.5	42	6	73.3	35	7	82.7	12	4	76.4	25	7	76.4	26	7
江西	66.8	67	11	73.0	37	8	73.5	34	6	75.5	30	8	75.8	29	8
安徽	69.0	53	8	72.2	45	9	72.3	44	9	74.3	32	9	74.3	31	9
海南	63.7	85	15	68.7	55	12	73.1	36	7	72.8	40	10	73.0	38	10
湖北	60.6	106	17	64.9	76	19	69.1	51	12	67.8	61	12	70.2	48	11
贵州	68.5	56	9	68.1	59	14	61.7	99	16	72.3	43	11	70.0	49	12
湖南	65.8	69	12	68.8	54	11	73.0	39	8	66.8	66	14	68.1	57	13
山东	67.0	64	10	68.1	58	13	58.9	116	23	67.7	62	13	67.9	60	14
四川	58.3	119	21	66.4	68	16	61.5	101	17	65.1	74	15	67.0	65	15
天津	57.8	121	22	67.2	63	15	62.3	96	15	64.2	82	17	64.8	77	16
黑龙江	62.5	94	16	63.5	86	20	63.8	84	13	63.4	87	18	64.7	78	17
广西	60.6	107	18	65.3	72	18	63.2	90	14	64.9	75	16	64.5	79	18

续表

省市区	2018年 值	总	年	2019年 值	总	年	2020年 值	总	年	2021年 值	总	年	2022年 值	总	年
陕西	52.7	141	27	60.5	109	24	60.6	108	19	62.7	92	20	64.4	80	19
宁夏	56.9	124	23	65.5	71	17	59.5	113	21	61.5	102	24	64.3	81	20
云南	65.2	73	14	69.0	52	10	59.3	114	22	61.7	97	22	63.8	83	21
吉林	65.5	70	13	62.4	95	21	60.7	105	18	63.0	91	19	63.3	88	22
河北	56.5	127	24	58.7	117	26	50.8	147	29	62.7	93	21	63.3	89	23
河南	59.0	115	20	61.7	98	22	59.8	112	20	61.6	100	23	61.0	104	24
辽宁	55.1	133	25	57.6	122	27	54.0	137	25	57.5	123	25	58.5	118	25
甘肃	53.6	138	26	60.2	111	25	55.1	134	24	54.7	135	28	58.3	120	26
青海	45.8	154	30	54.2	136	29	52.8	140	27	55.6	130	27	56.7	125	27
内蒙古	60.3	110	19	61.3	103	23	51.3	145	28	55.8	129	26	56.0	128	28
山西	47.5	153	29	52.0	144	30	53.1	139	26	51.2	146	30	55.5	131	29
西藏	44.8	155	31	48.3	152	31	50.7	148	30	52.6	142	29	55.5	132	30
新疆	50.4	149	28	56.6	126	28	49.0	151	31	49.1	150	31	52.2	143	31
平均	62.9	90.1	16	66.9	72.4	16	64.8	84.7	16	66.8	73.8	16	67.8	69.1	16

注：①对于表中的字段名称，"值"表示各省市区对应年份的指数得分，"总"表示各省市区2018—2022年多年连续总排序，"年"表示各省市区5个单年的排序；②表中31个省市区按照2022年的指数得分由高到低（降序）排列。

东北地区的绿色质效指数处于全国较靠后的位置，且总体上远落后于东南三省的发展水平。2018—2022年，6省绿色质效指数由高到低依次为广东省、浙江省、江苏省、黑龙江省、吉林省、辽宁省；东南三省中，江苏省和浙江省的绿色质效指数呈波动上升趋势，广东省则整体呈波动下降趋势；东北三省中，吉林省的绿色质效指数呈波动下行发展态势，其余两省均呈波动上升趋势；东南三省中水平较低的江苏省依然明显优于东北地区最优的黑龙江省；6省中，绿色质效指数年均增幅最大的是江苏省（1.99%），降幅最大的是吉林省（-0.84%），黑龙江省的增幅为0.85%，辽宁省的增幅为1.55%。就2022年而言，东北三省中，黑龙江省的绿色质效指数相对较好，在31个省份中的单年排序为17，辽宁省和黑龙江省相对较差，排序分别为25和22。具体如表2.158和表2.159所示。

2018—2022年，全国绿色质效指数和东北地区绿色质效指数整体均呈波动上升趋势；东北地区绿色质效指数明显低于全国平均水平，差距整体呈扩大趋势；就东北三省而言，吉林省呈波动下降趋势，辽宁省和黑龙江省整体均呈波动上升趋势；就绿色质效指数而言，黑龙江省较好，吉林省次之，辽宁省较弱。具体如图2.115所示。

表 2.159 2018—2022 年 6 省绿色质效指数值及单年排序

年份	辽宁省 值/序	吉林省 值/序	黑龙江省 值/序	江苏省 值/序	浙江省 值/序	广东省 值/序	全国平均 值
2018	55.13/25	65.49/13	62.54/16	72.02/7	77.12/3	84.89/1	62.86
2019	57.55/27	62.42/21	63.51/20	75.98/5	84.00/3	84.68/2	66.85
2020	53.96/25	60.74/18	63.75/13	77.42/5	87.41/1	85.65/3	64.80
2021	57.45/25	62.99/19	63.43/18	78.13/5	82.49/3	85.51/2	66.83
2022	58.54/25	63.29/22	64.68/17	77.76/6	82.32/3	84.18/2	67.82
平均	56.53/25.4	62.99/18.6	63.58/16.8	76.26/5.6	82.67/2.6	84.98/2.0	65.83

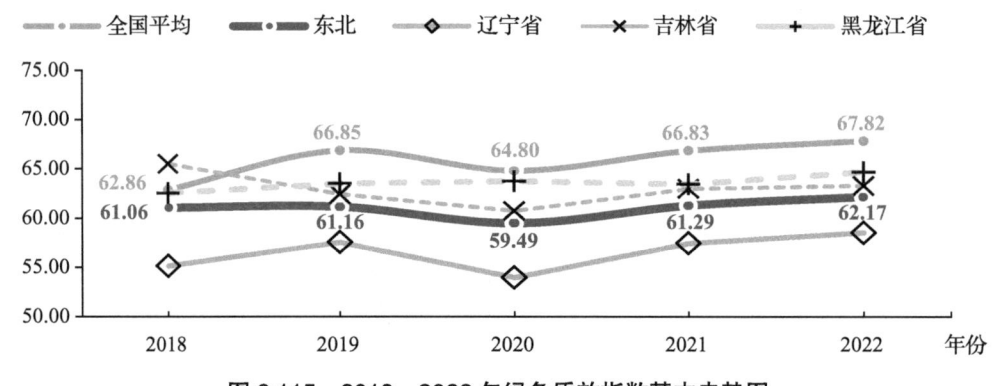

图 2.115 2018—2022 年绿色质效指数基本走势图

注：①全国平均指 31 个省市区的平均水平；②全国范围内（可采集到的数据），绿色质效指数得分最大值为 2019 年福建省的 87.72，最小值为 2018 年西藏自治区的 44.84。

2018—2022 年，东北三省绿色质效指数在全国 31 个省市区连续 5 年数据集（共 155 个指标值）中的相对位置分布情况如图 2.116 所示。可见，东北三省 5 年（共 15 个数据）绿色质效指数的百分比排位处于 50% 以下的有 13 个，处于 25% 以下的有 5 个；排位的最大值是 2018 年的吉林省（55.1%），最小值是 2020 年的辽宁省（11.6%）。

2. 全国视角下东北地区绿色质效进展分析

2018—2022 年，四大经济区绿色质效指数由高到低依次为东部、中部、东北、西部；四大经济区的绿色质效指数均呈波动上升趋势；其中，中部地区上升幅度最大（2.46%），东北地区上升幅度最小（0.46%）；就绿色质效指数而言，东北地区排序靠后，与表现最优的东部地区相比仍有一定差距。具体如表 2.160 所示。

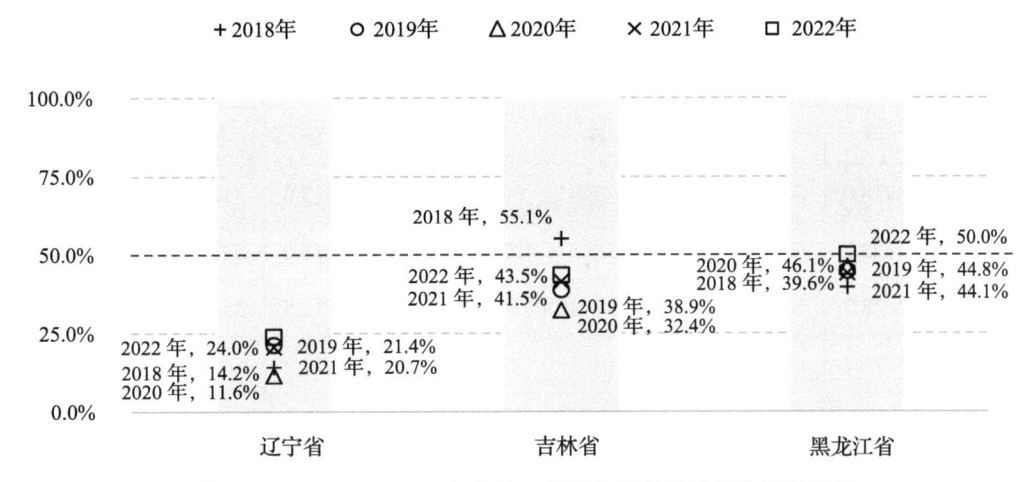

图 2.116　2018—2022 年东北三省绿色质效指数百分比数值图

表 2.160　2018—2022 年四大经济区绿色质效指数的平均值

年份	东北 平均值	东北 年排序	东部 平均值	东部 年排序	西部 平均值	西部 年排序	中部 平均值	中部 年排序
2018	61.06	18.0	70.61	10.0	57.57	20.8	61.43	16.2
2019	61.16	22.7	74.43	9.0	62.66	19.9	65.42	16.5
2020	59.49	18.7	73.36	10.0	58.00	21.6	66.77	13.5
2021	61.29	20.7	75.73	8.3	61.14	21.3	66.14	16.0
2022	62.17	21.3	75.79	8.6	62.75	21.0	67.47	15.7
平均	61.03	20.3	73.99	9.1	60.43	20.9	65.45	15.6

注：为确保区分度，对于具有平均意义的排序，本研究保留一位小数，以下各表同。

2018—2022 年，七大地理区绿色质效指数由高到低依次为华东、华南、华中、西南、华北、东北、西北；七大地理区整体均呈波动上升趋势；其中，西北地区上升幅度最大（3.52%），东北地区增幅最小（0.46%）；就绿色质效指数而言，东北地区处于七大地理区的倒数第二位，与水平最佳的华东地区相比差距较大。具体如表 2.161 所示。

为便于直观分析，将指数信息按空间分类、时间排列、优劣序化等方式整理后，形成多年指数得分、连续排序及单年排序的可视化集成图（见图 2.117 至图 2.119），结合表 2.158 的信息，以全国四大经济区为划分标准，对东北三省绿色质效方面的振兴进程评价如下。

（1）东北地区绿色质效指数得分明显低于东部地区，略低于西部和中部地区。

从四大经济区平均得分曲线的变化情况（见图 2.117）可以看出，东部地区发展相对成熟，基础夯实（2018 年为 70.6 分），且与其他地区的差距还在进一步拉大（2022

表 2.161　2018—2022 年七大地理区绿色质效指数的平均值

年份	东北 值/序	华北 值/序	华东 值/序	华南 值/序	华中 值/序	西北 值/序	西南 值/序
2018	61.06/18.0	58.96/19.8	73.24/6.0	69.74/11.3	63.04/15.0	51.86/26.8	62.11/15.8
2019	61.16/22.7	63.02/20.0	76.88/6.3	72.88/10.7	67.08/15.0	59.39/24.6	65.68/15.0
2020	59.49/18.7	57.32/21.8	77.49/7.3	73.97/8.0	68.83/11.5	55.40/24.4	60.91/19.0
2021	61.29/20.7	62.85/19.6	77.61/6.3	74.42/9.3	67.92/14.3	56.71/26.0	65.90/16.6
2022	62.17/21.3	64.36/20.0	77.46/6.7	73.87/10.0	68.75/14.0	59.16/24.6	67.36/16.6
平均	61.03/20.3	61.30/20.2	76.54/6.5	72.98/9.9	67.12/14.0	56.50/25.3	64.39/16.6

年为 75.8 分），其余三个地区总体水平较为相近，且均呈波动上升趋势。就指数得分而言，东北地区最优水平相对靠后。从地区平均指数得分来看，东北地区的平均指数得分位于 59.5~62.2 分之间，中部地区和东部地区的基础相对较好，平均指数得分分别位于 61.4~67.5 分和 70.6~75.8 分之间；以 2018 年为基点（得分为 61.1 分），东北地区起步条件低于中部和东部地区，2018—2022 年呈波动上升趋势，但 2022 年在四大经济区中仍处于最低水平（得分为 62.2 分），平均年指数得分变动为 0.3，低于其他三个地区的平均年指数得分变动。

（2）东北地区绿色质效多年连续排序上升幅度小，整体水平较为落后。

从四大经济区多年连续排序曲线的变化情况（见图 2.118）可以看出，2018—2022 年，东部地区整体表现最优，基础较好（2018 年平均排序为 57.3），2022 年平均排序上升至 35.5；东北地区呈波动上升趋势，上升幅度最小（4.3）；中部地区整体呈波动上升趋势，略低于东北地区，上升幅度为 27.1；西部地区整体上升幅度（21.5）略低于东部地区（21.8）；东北地区平均水平一直低于东部和中部地区，且与其他三个地区的差距整体有扩大趋势；就最优水平而言，东部和西部地区表现突出，中部其次，东北地区最优水平最低。

（3）东北地区绿色质效相对水平波动下降，与其他三个地区相比仍有一定差距。

从四大经济区单年排序曲线的变化情况（见图 2.119）可以看出，在相对位次的排序竞争中，2018—2022 年，东北和西部地区均呈下降趋势，下降幅度分别为 3.3 和 0.2，而中部和东部地区均呈上升趋势，其中东部地区的提升幅度最大（0.9）。东北地区在 2020 年排序开始回升，随后又出现跌落，依旧低于中部和东部地区，但整体与西部地区的差距不大。就区域最优排序而言，东北地区与其他三个地区相比仍有一定差距，且远低于表现最优的东部地区。

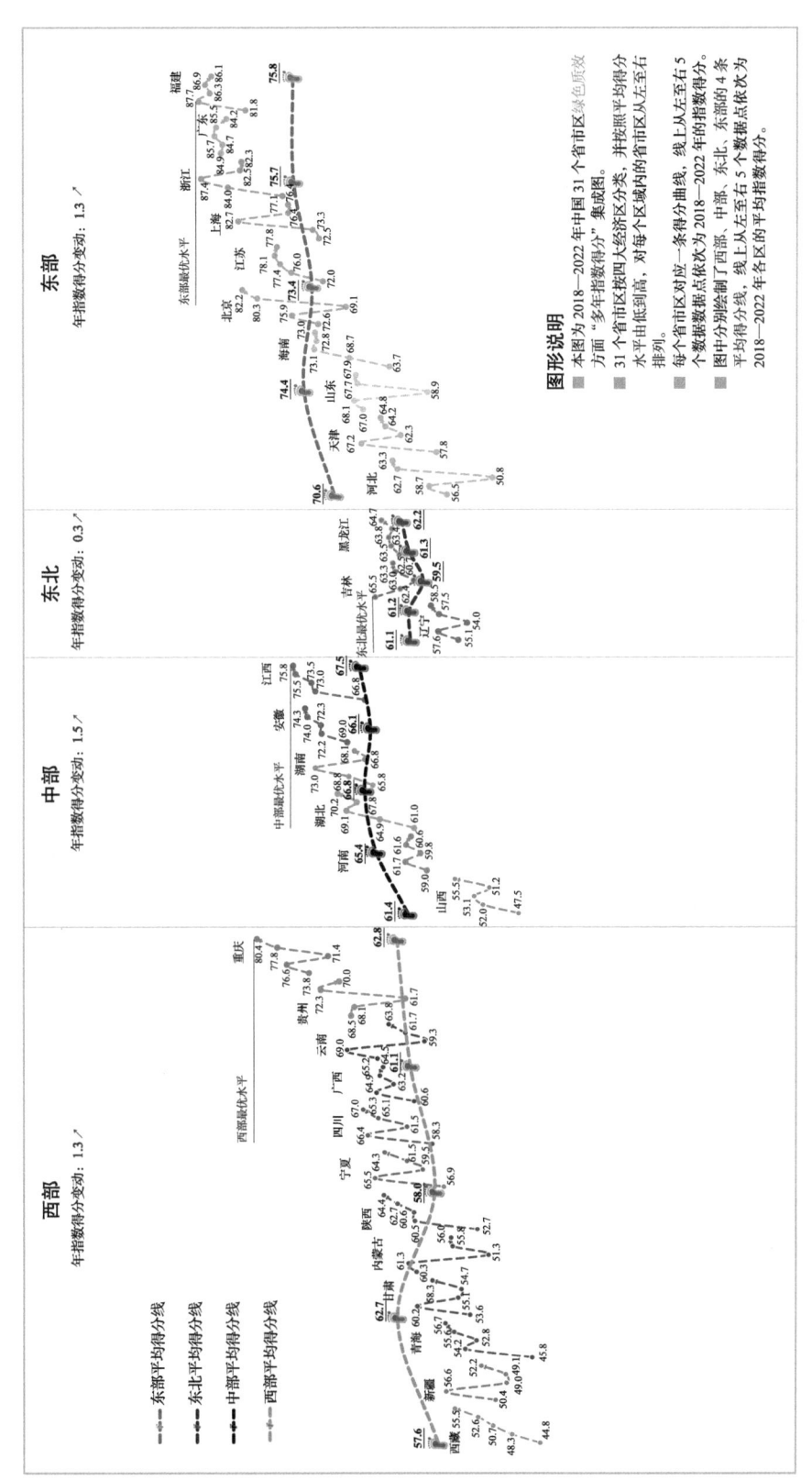

图 2.117 2018—2022 年 31 个省市区绿色质效指数得分变动情况

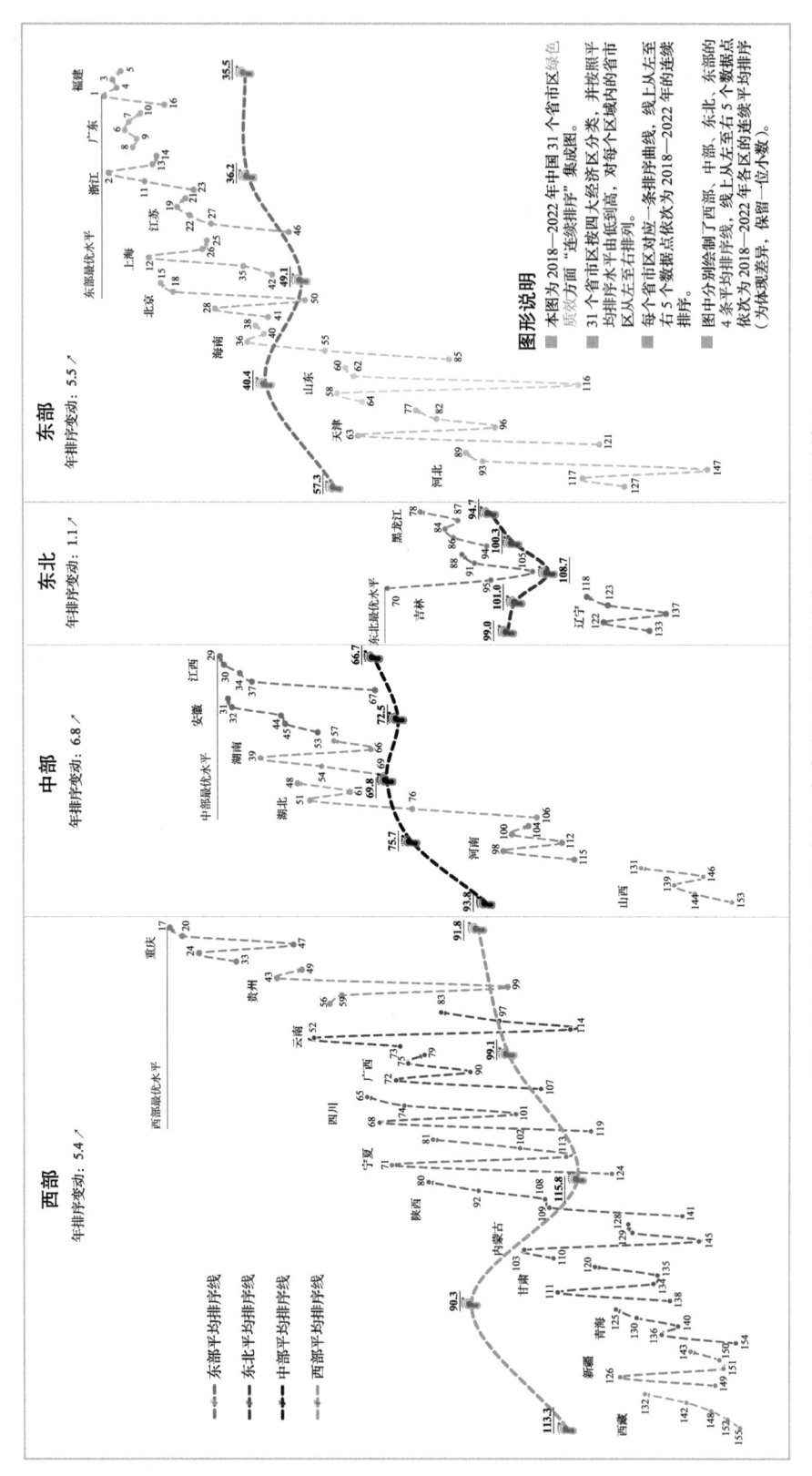

图 2.118 2018—2022 年 31 个省市区绿色质效多年连续排序变动情况

Ⅱ 评价报告

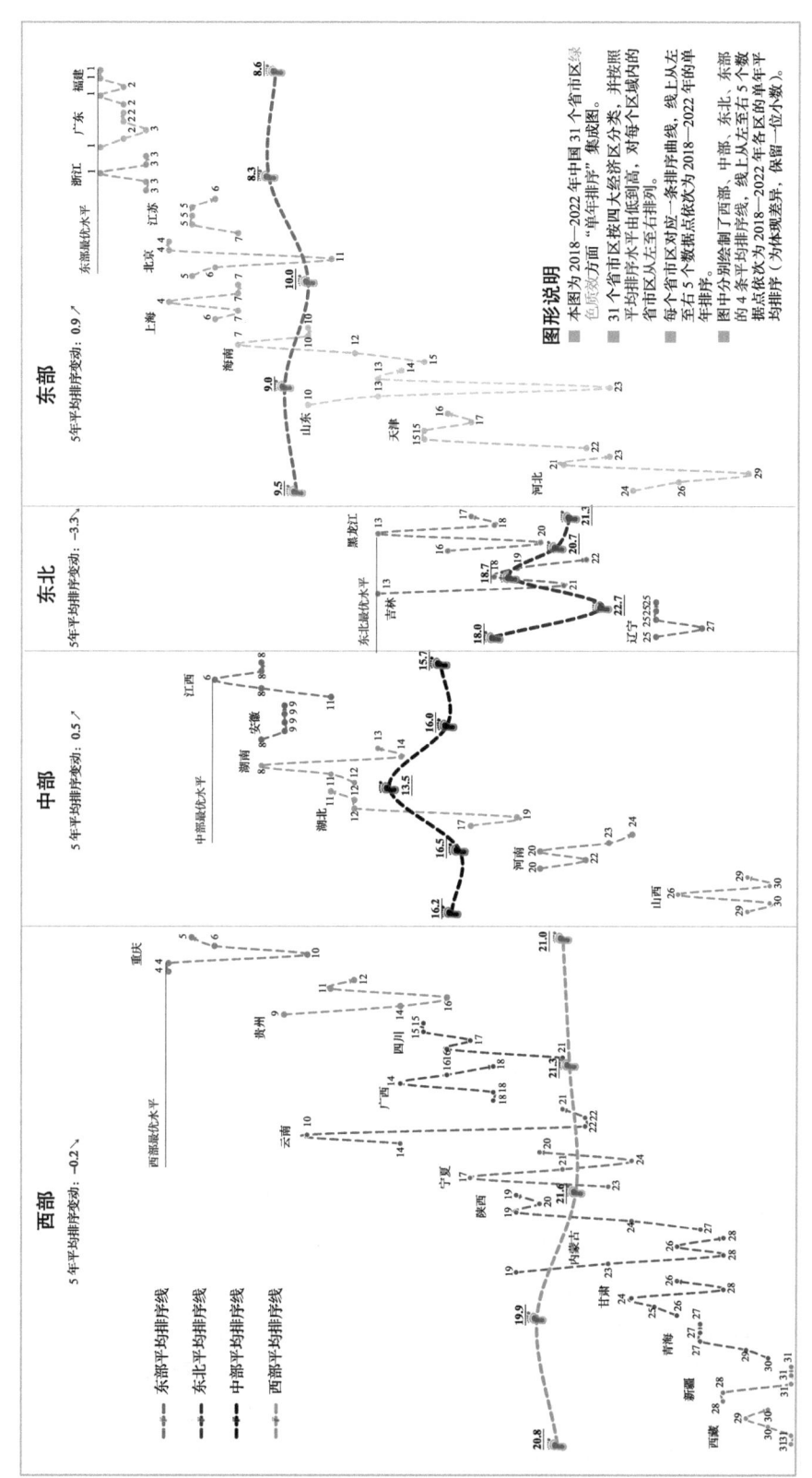

图 2.119 2018—2022 年 31 省市区绿色质效单年排序变动情况

3. 绿色质效分项指数分析

2018—2022年,东北三省在"绿色生产"分项指数下,指数平均值均低于东南三省平均水平和全国平均水平,在"绿色治理"和"绿色生活"两方面低于东南三省平均水平,略高于全国平均水平。东北三省中,吉林省在"绿色生产"方面的指数平均值最高,但远低于全国平均水平;黑龙江省在"绿色治理"和"绿色生活"方面表现比较突出,高于全国平均水平;辽宁省在"绿色治理"和"绿色生活"方面的指数平均值均低于吉林省和黑龙江省,且低于全国平均水平。东南三省"绿色生产"分项指数的发展较好,平均值显著高于东北三省和全国平均水平,优势明显。就东北三省整体而言,在绿色质效方面与东南三省和全国平均情况相比仍有一定差距。具体如表2.162和图2.120所示。

表2.162　2018—2022年6省绿色质效方面分项指数的平均值

	绿色生产	绿色治理	绿色生活
辽宁省	51.88	54.45	63.25
吉林省	55.91	57.54	75.51
黑龙江省	46.69	67.55	76.51
江苏省	96.09	66.17	66.51
浙江省	101.81	66.68	79.52
广东省	97.67	68.13	89.14
东北三省平均	51.49	59.84	71.76
东南三省平均	98.52	67.00	78.39
全国各省平均	70.19	57.44	69.86
全国各省最高	101.81	69.81	93.55
全国各省最低	33.75	30.32	36.17

2018—2022年,全国在反映绿色质效的3个分项指数方面的整体进展较为一般,其中,"绿色生产""绿色治理"整体呈波动下降趋势,"绿色生活"呈平稳上升趋势。除江苏省的"绿色治理""绿色生活"和浙江省的"绿色生活"以外,东南三省各分项指数均处于全国前列(从年排序得出),尤其是浙江省的"绿色生产"连续5年均位于全国紧靠前的位置。就东北三省3个分项指数而言,排序均较为靠后,仅黑龙江省的"绿色治理"表现较佳;2018—2022年,东北三省在"绿色生产""绿色治理""绿色生活"三方面的排序普遍呈波动下降趋势,其中,黑龙江省的"绿色治理"分项指数在2020年表现较好,从2019年的第9名上升到第2名,但随后又下降到第9名。总体而言,东北三省中,吉林省与黑龙江省"绿色生活"的总体表现在全国范围内处中游

图A

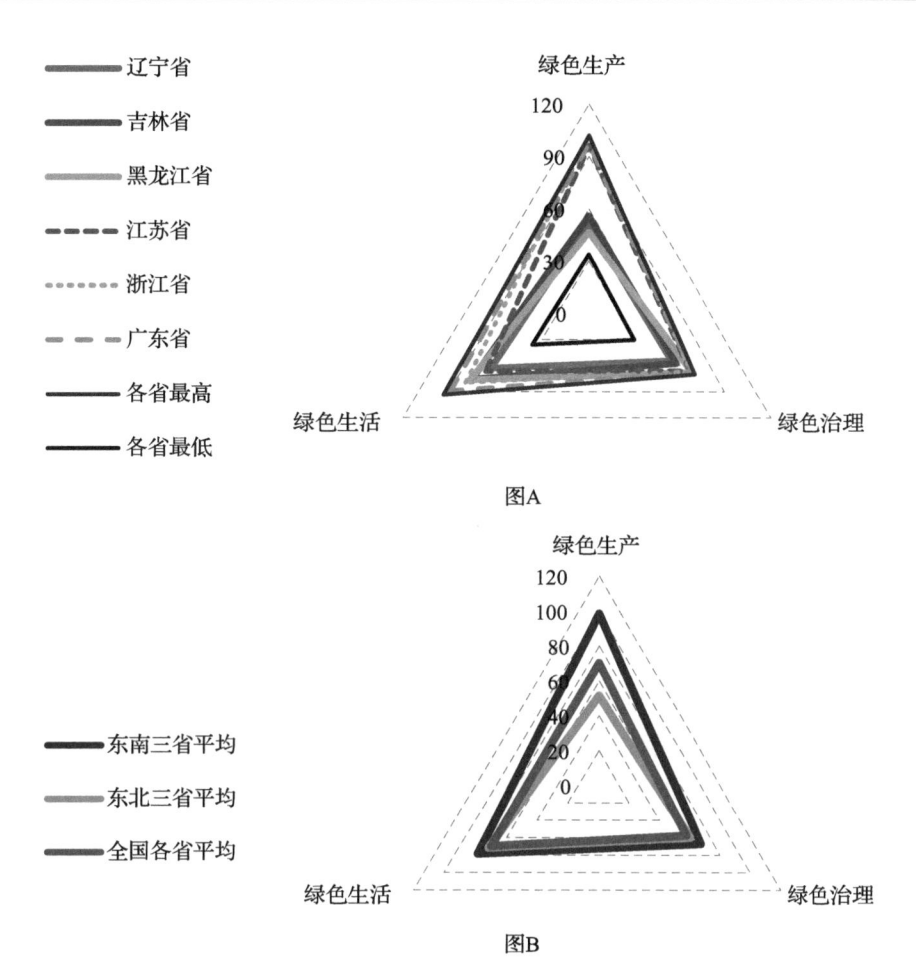

图B

图 2.120　2018—2022 年 6 省绿色质效方面分项指数平均值雷达图

水平，黑龙江省的"绿色治理"处于全国中上游水平，其他分项指数均处于下游水平。具体如表 2.163 所示。

表 2.163　2018—2022 年 6 省绿色质效方面分项指数

分项指数	年份	辽宁省 值/序	吉林省 值/序	黑龙江省 值/序	江苏省 值/序	浙江省 值/序	广东省 值/序	全国平均 值
绿色生产	2018	56.58/22	72.18/17	51.56/24	94.49/6	100.94/1	97.48/3	71.91
	2019	62.77/21 ▲	62.73/22 ▽	53.51/26 ▲	98.25/5 ▲	103.24/1 ▲	100.93/3 ▲	75.64 ▲
	2020	42.79/22 ▽	46.55/21 ▽	40.59/26 ▽	94.16/5 ▽	100.82/2 ▽	95.29/4 ▽	65.08 ▽
	2021	46.00/24 ▲	48.93/23 ▲	43.64/27 ▲	96.43/5 ▲	101.74/2 ▲	97.05/4 ▲	68.50 ▲
	2022	51.28/23 ▲	49.18/24 ▲	44.13/26 ▲	97.13/5 ▲	102.29/2 ▲	97.61/4 ▲	69.82 ▲
绿色治理	2018	53.85/21	55.52/18	66.81/8	70.64/5	64.92/9	70.95/4	57.71
	2019	58.80/18 ▲	58.43/19 ▲	69.84/9 ▲	72.47/4 ▲	70.71/6 ▲	72.63/3 ▲	60.62 ▲

续表

分项指数	年份	辽宁省 值/序	吉林省 值/序	黑龙江省 值/序	江苏省 值/序	浙江省 值/序	广东省 值/序	全国平均 值
绿色治理	2020	53.20/22 ▽	59.45/16 ▲	72.01/2 ▲	65.61/9 ▽	67.40/6 ▽	66.34/7 ▽	57.34 ▽
	2021	56.09/17 ▲	58.59/15 ▽	64.10/9 ▽	63.08/12 ▽	65.29/8 ▽	66.78/6 ▲	55.55 ▽
	2022	50.32/21 ▽	55.68/17 ▽	64.97/9 ▲	59.06/13 ▽	65.09/8 ▽	63.97/10 ▽	55.98 ▲
绿色生活	2018	54.96/17	68.78/12	69.27/11	50.92/21	65.49/13	86.25/3	58.95
	2019	51.09/23 ▽	66.09/17 ▽	67.17/15 ▽	57.21/19 ▲	78.04/9 ▲	80.48/5 ▽	64.27 ▲
	2020	65.91/23 ▲	76.22/15 ▲	78.65/14 ▲	72.50/18 ▲	94.02/3 ▲	95.33/1 ▲	71.98 ▲
	2021	70.25/23 ▲	81.46/13 ▲	82.55/12 ▲	74.86/17 ▲	80.44/14 ▽	92.70/4 ▽	76.43 ▲
	2022	74.02/22 ▲	85.02/12 ▲	84.93/13 ▲	77.07/16 ▲	79.59/15 ▽	90.95/5 ▽	77.65 ▲

注：表中符号"▲"表示本年的数据相对于前一年是增长的，符号"▽"表示本年的数据相对于前一年是减少的。

进一步统计升降符（▲或▽）的数量，对不同地区的发展态势及稳定性进行分析和对比可知，2018—2022年，全国3项指数中升符▲的数量大于降符▽的数量，6个省份的3项指数中升符▲的数量为44，降符▽的数量为28；东北三省3个分项指数中有2项升符▲的总数高于东南三省，东北三省和东南三省的"绿色生产"分别有8个和9个升符▲，"绿色治理"分别有7个和4个升符▲，"绿色生活"分别有9个和7个▲，尽管东北地区的升符总量更多，但总体发展仍劣于东南三省。

2018—2022年，辽宁省升符▲的数量为8个，占辽宁省升降符总数的66.7%，吉林省升符▲的数量为7个，占58.3%，黑龙江省升符▲的数量为9个，占75.0%，江苏省升符▲的数量为8个，占66.7%，浙江省升符▲的数量为6个，占50.0%，广东省升符▲的数量为6个，占50.0%，东北三省中黑龙江省的上升势头超过了东南三省中上升较快的江苏省；就东北三省而言，黑龙江省和吉林省的发展较好，辽宁省较弱。

（1）绿色生产。

①单位GDP二氧化碳排放量（单位：吨/元）。单位GDP二氧化碳排放量是反映地区绿色生产水平的重要指标，用于衡量一个国家或地区每单位国内生产总值（GDP）所产生的二氧化碳排放量。其计算公式为二氧化碳排放量与GDP的比值，是逆向指标。2018—2022年，全国单位GDP二氧化碳排放量整体呈缓慢下降趋势，东北三省亦呈缓慢下降趋势；东北地区单位GDP二氧化碳排放量明显高于全国平均水平；辽宁省和黑龙江省均呈波动下降趋势，吉林省呈缓慢下降趋势；相对而言，吉林省略好，黑龙江省次之，辽宁省较弱。总体而言，东北三省的单位GDP二氧化碳排放量明显高于全国平均水平，且差距保持平稳状态。具体如图2.121所示。

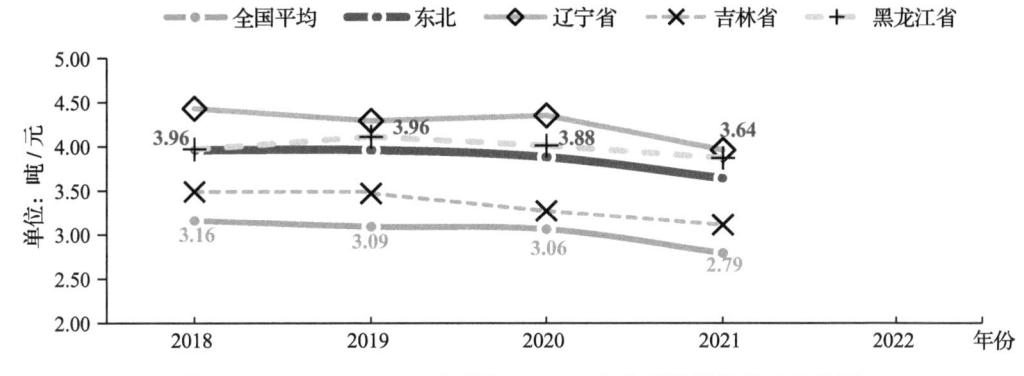

图 2.121 2018—2022 年单位 GDP 二氧化碳排放量基本走势图

注：①全国平均指 31 个省市区的平均水平；②全国范围内（可采集到的数据），单位 GDP 二氧化碳排放量最大值为 2020 年宁夏回族自治区的 11.42 吨/元，最小值为 2021 年北京市的 0.39 吨/元。

2018—2022 年，东北三省单位 GDP 二氧化碳排放量全国 31 个省市区连续 5 年数据集中的相对位置分布情况如图 2.122 所示。可见，东北三省 5 年（共 12 个数据）单位 GDP 二氧化碳排放量的百分比排位均处于 50% 以下；此外，排位的最大值是 2021 年的吉林省（34.5%），最小值是 2018 年的辽宁省（16.0%）。

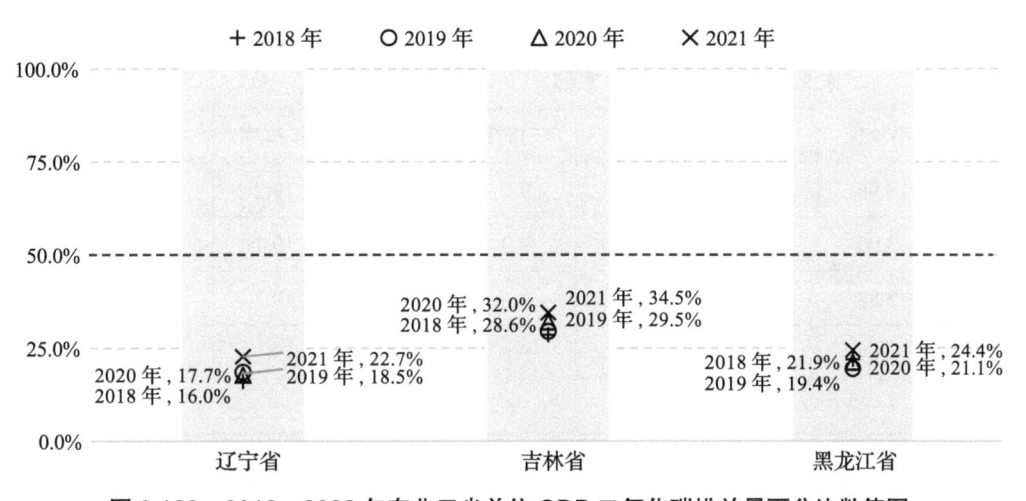

图 2.122 2018—2022 年东北三省单位 GDP 二氧化碳排放量百分比数值图

2018—2022 年，6 省单位 GDP 二氧化碳排放量表现由优到劣排序依次为广东省、浙江省、江苏省、吉林省、黑龙江省、辽宁省；东南三省均呈持续下降趋势；东北三省中，吉林省呈持续下降趋势，其余两省均呈波动下降趋势；东北三省相比于东南三省，仍存在较明显的差距；单位 GDP 二氧化碳排放量降幅最大的是江苏省（-5.01%），最小的是黑龙江省（-0.85%），辽宁省和吉林省的降幅分别为 3.56% 和 3.65%。具体如表 2.164 所示。

表 2.164　2018—2022 年 6 省单位 GDP 二氧化碳排放量的原始值

年份	辽宁省 值/序	吉林省 值/序	黑龙江省 值/序	江苏省 值/序	浙江省 值/序	广东省 值/序	全国平均 值
2018	4.43/25	3.49/21	3.97/23	1.64/9	1.34/4	1.14/3	3.16
2019	4.29/25	3.47/21	4.11/24	1.63/12	1.22/4	1.05/3	3.09
2020	4.35/25	3.27/22	4.01/24	1.51/11	1.20/4	1.02/3	3.06
2021	3.96/25	3.11/21	3.87/24	1.39/9	1.19/6	1.01/3	2.79
2022	—	—	—	—	—	—	—
平均	4.26/25.0	3.33/21.3	3.99/23.8	1.54/10.3	1.24/4.5	1.05/3.0	3.02

2018—2022 年，四大经济区单位 GDP 二氧化碳排放量表现由优到劣排序依次为东部、中部、东北、西部；西部地区呈波动下降趋势，其余三个地区均呈持续下降趋势；中部地区下降幅度最大（5.91%），东北地区降幅为 2.68%；东北地区单位 GDP 二氧化碳排放量与东部地区相比，存在一定差距。具体如表 2.165 所示。

表 2.165　2018—2022 年四大经济区单位 GDP 二氧化碳排放量的平均值

年份	东北 平均值	东北 年排序	东部 平均值	东部 年排序	西部 平均值	西部 年排序	中部 平均值	中部 年排序
2018	3.96	23.0	1.94	9.6	4.28	19.2	2.74	14.8
2019	3.96	23.3	1.85	9.9	4.23	19.1	2.61	14.3
2020	3.88	23.7	1.79	9.6	4.28	19.3	2.55	14.3
2021	3.64	23.3	1.61	9.8	3.91	19.1	2.25	14.5
2022	—	—	—	—	—	—	—	—
平均	3.86	23.3	1.80	9.7	4.18	19.2	2.54	14.5

2018—2022 年，七大地理区单位 GDP 二氧化碳排放量表现由优到劣排序依次为华东、华南、华中、西南、东北、华北、西北；华北、西北地区呈波动下降趋势，其余五个地区呈持续下降趋势；西北地区降幅最小（2.02%），东北地区降幅为 2.68%；就七大地理区而言，东北地区排序靠后，与表现最优的华东地区相比，存在一定差距。具体如表 2.166 所示。

②单位工业企业废气排放量（单位：吨/个）。单位工业企业废气排放量反映一个地区规模以上工业企业的平均废气排放情况，是衡量地区绿色生产水平的重要指标。其计算公式为工业企业废气排放量与规模以上工业企业数量的比值，是逆向指标。

表 2.166 2018—2022 年七大地理区单位 GDP 二氧化碳排放量的平均值

年份	东北 值/序	华北 值/序	华东 值/序	华南 值/序	华中 值/序	西北 值/序	西南 值/序
2018	3.96/23.0	4.84/20.0	1.74/9.3	1.74/10.7	1.82/11.0	5.52/23.6	2.05/11.5
2019	3.96/23.3	4.77/19.8	1.68/9.5	1.66/10.7	1.70/11.0	5.52/24.0	1.85/10.8
2020	3.88/23.7	4.85/19.8	1.61/9.5	1.63/9.7	1.64/11.0	5.53/23.8	1.81/11.5
2021	3.64/23.3	4.02/19.6	1.50/9.8	1.57/10.3	1.53/11.0	5.19/24.0	1.70/10.8
2022	—	—	—	—	—	—	—
平均	3.86/23.3	4.62/19.8	1.63/9.5	1.65/10.3	1.67/11.0	5.44/23.9	1.85/11.1

2018—2022 年，全国与东北地区单位工业企业废气排放量均呈持续下降态势，东北地区单位工业企业废气排放量明显高于全国平均水平；辽宁省呈先上升后下降的趋势，吉林省和黑龙江省呈持续下降趋势，且均在 2021 年降幅明显；相对而言，辽宁省表现略好，吉林省次之，黑龙江省较弱。总体而言，东北地区单位工业企业废气排放量与全国平均水平相比有较大差距，且差距较为稳定。具体如图 2.123 所示。

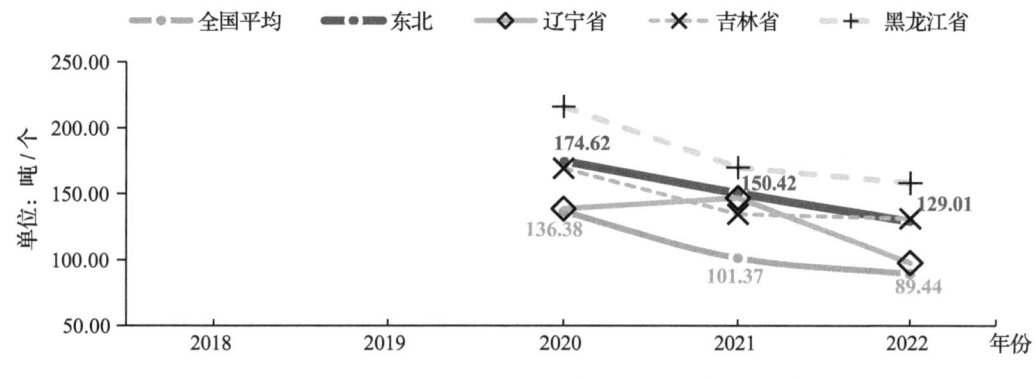

图 2.123 2018—2022 年单位工业企业废气排放量基本走势图

注：①全国平均指 31 个省市区的平均水平；②全国范围内（可采集到的数据），单位工业企业废气排放量最大值为 2020 年贵州省的 507.36 吨/个，最小值为 2022 年浙江省的 8.25 吨/个。

2018—2022 年，东北三省单位工业企业废气排放量在全国 31 个省市区连续 5 年数据集中的相对位置分布情况如图 2.124 所示。可见，东北三省 5 年（共 9 个数据）单位工业企业废气排放量的百分比排位均处于 50% 以下；排位的最大值是 2022 年的辽宁省（37.0%），最小值是 2020 年的黑龙江省（15.3%）。

2018—2022 年，6 省单位工业企业废气排放量表现由优到劣排序依次为浙江省、江苏省、广东省、辽宁省、吉林省、黑龙江省；东南三省均呈持续下降趋势；东北三省中，辽宁省呈先上升后下降的趋势，其余两省均呈持续下降趋势；东北三省

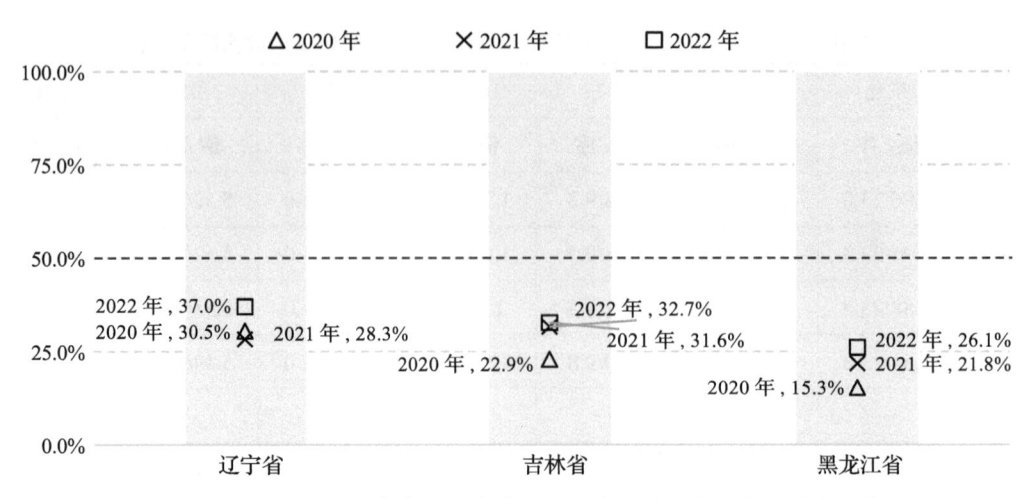

东北老工业基地
全面振兴进程评价报告（2018—2022年）

图 2.124　2018—2022 年东北三省单位工业企业废气排放量百分比数值图

相比于东南三省，存在明显的差距；单位工业企业废气排放量降幅最大的是江苏省（-16.86%），降幅最小的是广东省（-11.05%），辽宁省、吉林省和黑龙江省的降幅分别为 14.75%、11.22% 和 13.41%。具体如表 2.167 所示。

表 2.167　2018—2022 年 6 省单位工业企业废气排放量的原始值

年份	辽宁省 值/序	吉林省 值/序	黑龙江省 值/序	江苏省 值/序	浙江省 值/序	广东省 值/序	全国平均 值
2018	—	—	—	—	—	—	—
2019	—	—	—	—	—	—	—
2020	138.63/20	169.14/21	216.08/24	15.10/3	10.94/1	15.07/2	136.38
2021	146.85/23	134.57/22	169.83/25	11.69/2	9.22/1	13.00/3	101.37
2022	97.74/21	131.19/23	158.12/26	10.01/2	8.25/1	11.74/3	89.44
平均	127.74/21.3	144.97/22.0	181.34/25.0	12.27/2.3	9.47/1.0	13.27/2.7	109.06

2018—2022 年，四大经济区单位工业企业废气排放量表现由优到劣排序依次为东部、中部、东北、西部；四大经济区均呈持续下降趋势；其中，西部和中部地区下降程度均有减缓趋势，中部地区降幅最大（-22.18%）；东北地区单位工业企业废气排放量与表现最佳的东部地区相比，存在较大差距。具体如表 2.168 所示。

2018—2022 年，七大地理区单位工业企业废气排放量表现由优到劣排序依次为华东、华中、华南、华北、东北、西南、西北；七大地理区均呈持续下降趋势；西南地区降幅最大（-25.84%），华北地区降幅最小（-12.01%）；就七大地理区而言，东北地区排序靠后，与表现最优的华东地区相比，有较大差距。具体如表 2.169 所示。

表 2.168　2018—2022 年四大经济区单位工业企业废气排放量的平均值

年份	东北 平均值	东北 年排序	东部 平均值	东部 年排序	西部 平均值	西部 年排序	中部 平均值	中部 年排序
2018	—	—	—	—	—	—	—	—
2019	—	—	—	—	—	—	—	—
2020	174.62	21.7	38.80	7.5	242.41	23.3	67.85	12.8
2021	150.42	23.3	32.88	7.7	173.80	23.1	46.12	12.0
2022	129.01	23.3	26.89	8.0	157.51	23.1	37.76	11.5
平均	151.35	22.8	32.86	7.7	191.24	23.1	50.58	12.1

表 2.169　2018—2022 年七大地理区单位工业企业废气排放量的平均值

年份	东北 值/序	华北 值/序	华东 值/序	华南 值/序	华中 值/序	西北 值/序	西南 值/序
2018	—	—	—	—	—	—	—
2019	—	—	—	—	—	—	—
2020	174.62/21.7	171.29/16.8	24.13/5.8	66.29/12.3	38.64/10.5	228.12/24.6	241.74/22.0
2021	150.42/23.3	150.55/16.8	20.22/5.8	52.70/12.7	29.59/9.8	182.26/25.4	125.86/20.6
2022	129.01/23.3	130.17/17.2	17.75/5.5	40.86/12.7	25.07/9.8	164.29/25.4	116.79/20.6
平均	151.35/22.8	150.67/16.9	20.70/5.7	53.28/12.6	31.10/10.0	191.56/25.1	161.46/21.1

③单位工业企业废水污染物排放量（单位：吨/个）。单位工业企业废水污染物排放量反映一个地区规模以上工业企业的平均废水污染物排放情况，是衡量地区绿色生产水平的重要指标。其计算公式为工业企业废水污染物排放量与规模以上工业企业数量的比值，是逆向指标。2018—2022 年，全国与东北地区单位工业企业废水污染物排放量均呈波动上升态势，东北地区单位工业企业废水污染物排放量略高于全国平均水平；辽宁省和黑龙江省呈先上升后下降的趋势，且均在 2020 年增幅明显，吉林省呈持续上升趋势；相对而言，辽宁省表现略好，吉林省次之，黑龙江省较弱。总体而言，东北地区单位工业企业废水污染物排放量略高于全国平均水平，且差距呈现增大趋势。具体如图 2.125 所示。

2018—2022 年，东北三省单位工业企业废水污染物排放量在全国 31 个省市区连续 5 年数据集中的相对位置分布情况如图 2.126 所示。可见，东北三省 5 年（共 15 个数据）单位工业企业废水污染物排放量的百分比排位处于 50% 以下的有 9 个，位于 75% 以下的有 13 个；排位的最大值是 2018 年的吉林省（85.1%），最小值是 2020 年的黑龙江省（2.6%）。

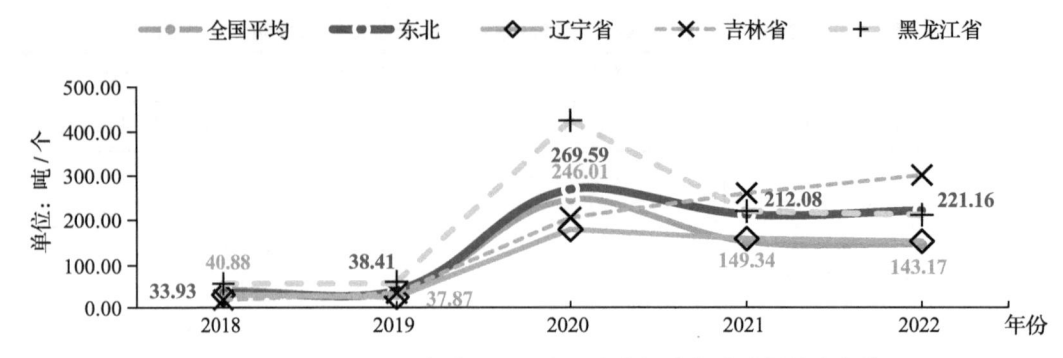

东北老工业基地
全面振兴进程评价报告（2018—2022年）

图 2.125　2018—2022 年单位工业企业废水污染物排放量基本走势图

注：①全国平均指 31 个省市区的平均水平；②全国范围内（可采集到的数据），单位工业企业废水污染物排放量最大值为 2020 年西藏自治区的 3342.52 吨/个，最小值为 2019 年浙江省的 6.01 吨/个。

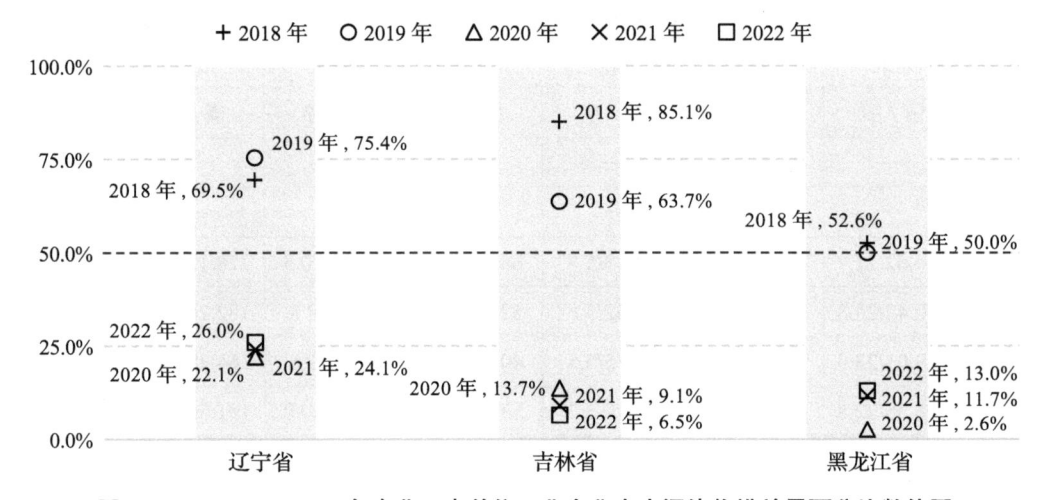

图 2.126　2018—2022 年东北三省单位工业企业废水污染物排放量百分比数值图

　　2018—2022 年，6 省单位工业企业废水污染物排放量表现由优到劣排序依次为浙江省、江苏省、广东省、辽宁省、吉林省、黑龙江省；东南三省均呈波动上升趋势，且于 2020 年出现大幅度上升；东北三省中，辽宁省和黑龙江省均呈波动上升趋势，吉林省呈持续上升趋势；东北三省相比于东南三省，存在明显的差距；单位工业企业废水污染物排放量增幅最大的是吉林省（399.51%），增幅最小的是浙江省（14.43%），辽宁省和黑龙江省的增幅分别为 103.24%、71.64%。具体如表 2.170 所示。

　　2018—2022 年，四大经济区单位工业企业废水污染物排放量表现由优到劣排序依次为东部、中部、东北、西部；四大经济区均呈波动上升趋势，且于 2020 年出现大幅度上升；其中，东北地区增幅最大（137.96%），东部地区增幅最小（24.27%）；东北地区单位工业企业废水污染物排放量与表现最佳的东部地区相比，存在较大差距。具体如表 2.171 所示。

表 2.170　2018—2022 年 6 省单位工业企业废水污染物排放量的原始值

年份	辽宁省 值/序	吉林省 值/序	黑龙江省 值/序	江苏省 值/序	浙江省 值/序	广东省 值/序	全国平均 值
2018	29.38/18	17.76/9	54.65/25	13.62/6	7.07/1	17.54/8	40.88
2019	23.89/15	32.85/21	58.48/26	13.02/5	6.01/1	14.77/7	37.87
2020	177.79/19	205.26/24	425.73/29	29.18/4	14.67/2	34.73/6	246.01
2021	156.35/21	260.38/27	219.52/25	25.43/4	12.49/2	29.80/5	149.34
2022	150.68/20	301.55/28	211.25/25	23.93/4	11.14/1	28.56/5	143.17
平均	107.62/18.6	163.56/21.8	193.93/26.0	21.04/4.6	10.28/1.4	25.08/6.2	123.46

表 2.171　2018—2022 年四大经济区单位工业企业废水污染物排放量的平均值

年份	东北 平均值	东北 年排序	东部 平均值	东部 年排序	西部 平均值	西部 年排序	中部 平均值	中部 年排序
2018	33.93	17.3	32.40	9.0	56.79	21.6	26.68	15.8
2019	38.41	20.7	27.07	8.4	53.25	21.6	24.82	15.2
2020	269.59	24.0	78.80	8.2	453.79	21.5	97.35	14.0
2021	212.08	24.3	70.22	8.3	229.44	21.4	89.65	13.8
2022	221.16	24.3	63.85	8.2	218.10	21.3	86.53	14.3
平均	155.03	22.1	54.47	8.4	202.28	21.5	65.01	14.6

2018—2022 年，七大地理区单位工业企业废水污染物排放量表现由优到劣排序依次为华东、华中、华北、西北、华南、东北、西南；七大地理区均呈波动上升趋势；东北地区增幅最大（137.96%），华南地区增幅最小（20.64%）；就七大地理区而言，东北地区排序靠后，与表现最优的华东地区相比，有较大差距。具体如表 2.172 所示。

表 2.172　2018—2022 年七大地理区单位工业企业废水污染物排放量的平均值

年份	东北 值/序	华北 值/序	华东 值/序	华南 值/序	华中 值/序	西北 值/序	西南 值/序
2018	33.93/17.3	24.83/14.2	13.88/6.0	91.35/22.0	24.70/14.8	58.86/24.2	58.19/18.2
2019	38.41/20.7	21.61/12.2	13.75/6.0	75.01/21.3	23.71/14.5	54.79/23.4	54.85/19.6
2020	269.59/24.0	109.56/13.4	39.00/5.5	221.08/19.3	95.26/14.0	200.52/21.4	797.78/20.6

续表

年份	东北 值/序	华北 值/序	华东 值/序	华南 值/序	华中 值/序	西北 值/序	西南 值/序
2021	212.08/24.3	103.20/13.6	35.10/5.3	185.89/18.3	91.48/14.3	184.39/21.2	284.25/21.0
2022	221.16/24.3	96.81/13.6	33.29/5.3	166.78/18.0	87.71/14.8	184.62/21.8	263.36/20.2
平均	155.03/22.1	71.20/13.4	27.01/5.6	148.02/19.8	64.57/14.5	136.64/22.4	291.69/19.9

（2）绿色治理。

①一般工业固体废物综合利用率（单位：%）。一般工业固体废物综合利用率反映的是一个地区工业生产中固体废物的综合利用程度，是衡量地区固体废物利用效率的重要指标，计算公式为一般工业固体废物综合利用量与一般工业固体废物产生量加贮存量的比值。2018—2022年，全国一般工业固体废物综合利用率整体呈持续上升趋势，东北地区整体呈波动上升趋势；东北地区整体低于全国平均水平；辽宁省呈波动上升趋势，2022年出现下降，吉林省呈持续上升趋势，黑龙江省呈波动下降趋势，2020年出现上升；吉林省、辽宁省和黑龙江省均低于全国平均水平；就东北三省而言，吉林省较好，辽宁省次之，黑龙江省较弱。总体而言，东北地区一般工业固体废物综合利用率低于全国平均水平。具体如图2.127所示。

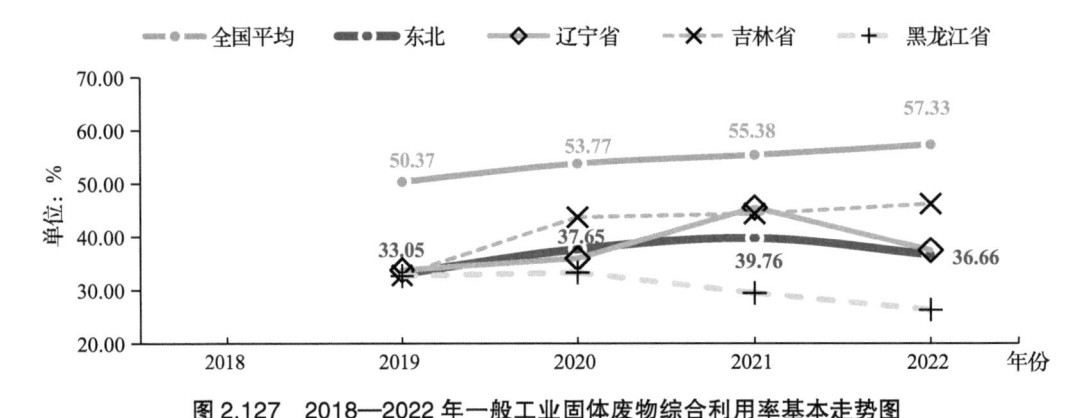

图 2.127　2018—2022 年一般工业固体废物综合利用率基本走势图

注：①全国平均指31个省市区的平均水平；②全国范围内（可采集到的数据），一般工业固体废物综合利用率最大值为2021年浙江省的100.00%，最小值为2019年西藏自治区的1.10%。

2018—2022年，东北三省一般工业固体废物综合利用率在全国31个省市区连续5年数据集中的相对位置分布情况如图2.128所示。可见，东北三省5年（共12个数据）一般工业固体废物综合利用率的百分比排位位于50%以下的有12个，位于25%以下的有6个；此外，排位的最大值是2022年的吉林省（49.5%），最小值是2022年的黑龙江省（6.5%）。

○ 2019 年　△ 2020 年　× 2021 年　□ 2022 年

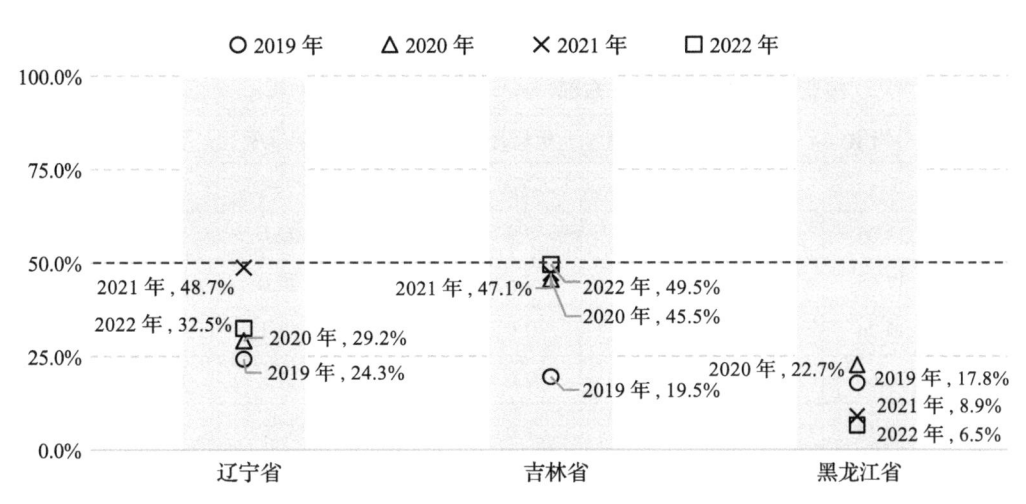

图 2.128　2018—2022 年东北三省一般工业固体废物综合利用率百分比数值图

2018—2022 年，6 省一般工业固体废物综合利用率由高到低依次为浙江省、江苏省、广东省、吉林省、辽宁省、黑龙江省；东南三省中，广东省呈持续上升趋势，江苏省和浙江省呈波动上升趋势，2022 年江苏省和浙江省出现微弱下降；东北三省中，辽宁省呈波动上升趋势，吉林省呈持续上升趋势，黑龙江省呈波动下降趋势；东北三省中表现较好的吉林省与东南三省中最差的广东省相比差距明显；一般工业固体废物综合利用率增幅最大的是吉林省（13.71%），增幅最小的是黑龙江省（-6.49%），辽宁省的增幅为 3.68%。具体如表 2.173 所示。

表 2.173　2018—2022 年 6 省一般工业固体废物综合利用率的原始值

年份	辽宁省 值/序	吉林省 值/序	黑龙江省 值/序	江苏省 值/序	浙江省 值/序	广东省 值/序	全国平均 值
2018	—	—	—	—	—	—	—
2019	33.76/21	32.76/24	32.64/25	89.60/3	87.37/4	74.52/6	50.37
2020	35.94/22	43.72/19	33.28/25	90.62/4	98.70/2	76.62/7	53.77
2021	45.49/16	44.36/17	29.43/29	93.87/3	100.00/1	80.27/6	55.38
2022	37.48/22	46.23/18	26.29/30	92.39/4	99.66/1	80.37/8	57.33
平均	38.17/20.3	41.77/19.5	30.41/27.3	91.62/3.5	96.43/2.0	77.95/6.8	54.21

2018—2022 年，四大经济区一般工业固体废物综合利用率从高到低依次为东部、中部、西部、东北；西部、东部和中部地区呈持续上升趋势，东北地区呈波动上升趋势；四大经济区中增幅最大的是西部地区（7.12%），增幅最小的是东部地区（3.37%），东北地区的增幅是 3.65%；东北地区一般工业固体废物综合利用率与东部地区相比差距较大。具体如表 2.174 所示。

表 2.174　2018—2022 年四大经济区一般工业固体废物综合利用率的平均值

年份	东北 平均值	东北 年排序	东部 平均值	东部 年排序	西部 平均值	西部 年排序	中部 平均值	中部 年排序
2018	—	—	—	—	—	—	—	—
2019	33.05	23.3	73.89	7.3	33.37	22.0	53.84	14.8
2020	37.65	22.0	75.62	7.5	38.45	22.0	56.03	15.2
2021	39.76	20.7	78.22	7.9	38.77	22.1	58.34	15.0
2022	36.66	23.3	81.36	7.6	40.50	21.8	61.28	14.8
平均	36.78	22.3	77.28	7.6	37.77	22.0	57.37	15.0

2018—2022 年，七大地理区一般工业固体废物综合利用率由高到低依次为华东、华南、华中、华北、西南、西北、东北；华东、华中、华南、西北地区呈稳定上升趋势，华北、东北、西南地区呈波动上升趋势，华北地区 2020 年出现微弱下降，东北和西南地区 2022 年均出现一定程度的下降；增幅最大的是西南地区（8.59%），增幅最小的是华东地区（2.31%），东北地区的增幅为 3.65%；就七大地理区而言，东北地区处于下游水平，与表现最优的华东地区相比差距明显。具体如表 2.175 所示。

表 2.175　2018—2022 年七大地理区一般工业固体废物综合利用率的平均值

年份	东北 值/序	华北 值/序	华东 值/序	华南 值/序	华中 值/序	西北 值/序	西南 值/序
2018	—	—	—	—	—	—	—
2019	33.05/23.3	51.83/15.8	81.77/5.3	54.69/12.0	51.91/15.3	34.84/21.8	33.35/21.8
2020	37.65/22.0	51.55/16.8	82.86/5.3	59.71/13.3	55.12/15.8	38.13/22.0	41.72/20.2
2021	39.76/20.7	52.32/18.2	87.42/4.8	59.79/14.7	56.25/15.3	38.19/21.8	43.22/20.0
2022	36.66/23.3	58.59/15.8	87.44/5.7	62.86/14.0	60.96/15.0	41.50/21.6	41.94/20.6
平均	36.78/22.3	53.57/16.7	84.87/5.3	59.26/13.5	56.06/15.3	38.17/21.8	40.06/20.7

②环保治理投入强度（单位：%）。环保治理投入强度反映了一个地区对环境保护的重视程度和投入力度，是衡量地区绿色治理水平的重要指标，计算公式为环保支出与一般公共预算支出的比值。2018—2022 年，全国环保治理投入强度整体呈波动下降趋势，东北地区整体亦呈波动下降趋势；东北地区整体略低于全国平均水平；辽宁省、吉林省和黑龙江省均呈波动下降趋势，辽宁省和吉林省 2019 年出现微弱上升，黑龙江省 2019 年和 2022 年出现上升态势；就东北三省而言，黑龙江省较好，吉林省次之，辽宁省较弱。总体而言，东北地区环保治理投入强度略低于全国平均水平。具体如图 2.129 所示。

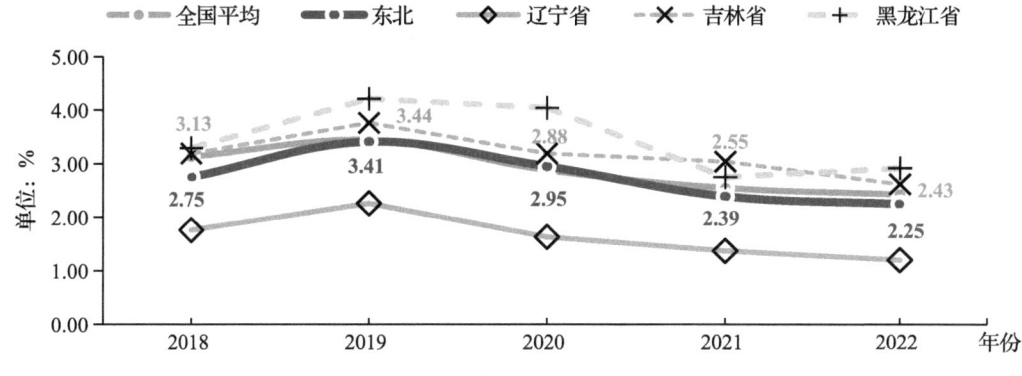

图 2.129 2018—2022 年环保治理投入强度基本走势图

注：①全国平均指 31 个省市区的平均水平；②全国范围内（可采集到的数据），环保治理投入强度最大值为 2019 年天津市的 6.81%，最小值为 2022 年天津市的 1.06%。

2018—2022 年，东北三省环保治理投入强度在全国 31 个省市区连续 5 年数据集中的相对位置分布情况如图 2.130 所示。可见，东北三省 5 年（共 15 个数据）环保治理投入强度的百分比排位位于 50% 以下的有 6 个，位于 25% 以下的有 4 个；此外，排位的最大值是 2019 年的黑龙江省（91.5%），最小值是 2022 年的辽宁省（0.6%）。

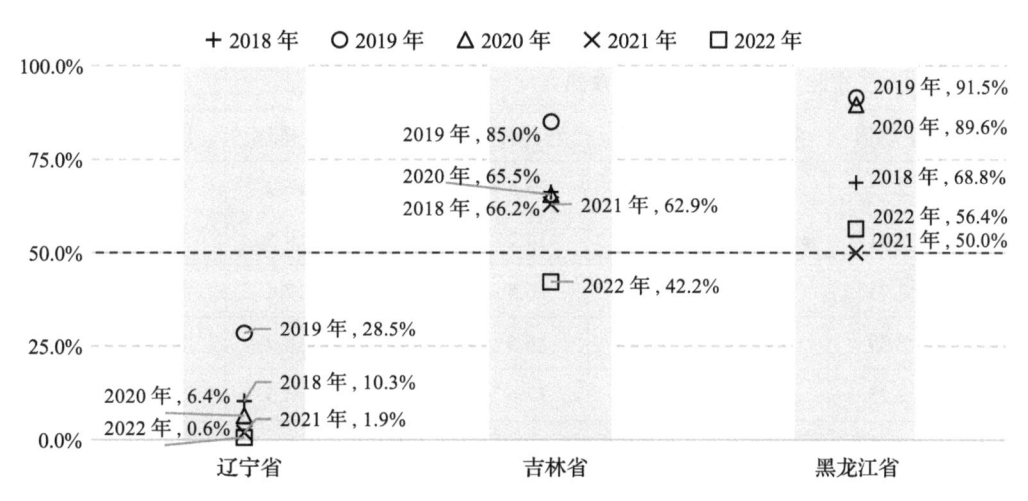

图 2.130 2018—2022 年东北三省环保治理投入强度百分比数值图

2018—2022 年，6 省环保治理投入强度由高到低依次为黑龙江省、广东省、吉林省、江苏省、浙江省、辽宁省；东南三省中，江苏省、广东省和浙江省整体均呈波动下降趋势，2019 年均出现一定程度的上升；东北三省中，辽宁省、吉林省和黑龙江省均呈波动下降趋势；东北三省中表现最好的黑龙江省优于东南三省中表现最好的广东省；环保治理投入强度降幅最小的是黑龙江省（-2.85%），降幅最大的是辽宁省（-7.99%），吉林省的降幅为 4.43%。具体如表 2.176 所示。

表 2.176 2018—2022 年 6 省环保治理投入强度的原始值

年份	辽宁省 值/序	吉林省 值/序	黑龙江省 值/序	江苏省 值/序	浙江省 值/序	广东省 值/序	全国平均 值
2018	1.76/30	3.19/14	3.29/13	2.73/21	2.26/27	3.61/8	3.13
2019	2.26/27	3.76/9	4.21/7	2.96/22	2.68/25	4.32/4	3.44
2020	1.63/30	3.19/10	4.04/3	2.46/22	2.19/27	2.97/12	2.88
2021	1.37/30	3.04/8	2.75/11	2.31/18	1.85/26	2.70/13	2.55
2022	1.20/30	2.62/11	2.92/9	1.87/22	1.86/23	2.51/12	2.43
平均	1.64/29.4	3.16/10.4	3.44/8.6	2.47/21	2.17/25.6	3.22/9.8	2.89

2018—2022 年，四大经济区环保治理投入强度从高到低依次为中部、东部、东北、西部；四大经济区均呈波动下降态势，其中，东部、中部、东北地区 2019 年出现上升趋势，西部地区 2022 年出现上升趋势；四大经济区中降幅最大的是东部地区（-8.40%），降幅最小的是西部地区（-3.37%），东北地区的降幅为 4.56%；东北地区环保治理投入强度与其他地区的差距呈现逐步缩减的趋势。具体如表 2.177 所示。

表 2.177 2018—2022 年四大经济区环保治理投入强度的平均值

年份	东北 平均值	东北 年排序	东部 平均值	东部 年排序	西部 平均值	西部 年排序	中部 平均值	中部 年排序
2018	2.75	19.0	3.35	15.5	3.00	16.9	3.23	13.5
2019	3.41	14.3	3.91	14.2	2.92	19.5	3.68	12.8
2020	2.95	14.3	2.93	16.5	2.68	17.4	3.18	13.2
2021	2.39	16.3	2.52	16.5	2.47	16.9	2.81	13.2
2022	2.25	16.7	2.23	17.6	2.60	14.5	2.55	16.0
平均	2.75	16.1	2.99	16.1	2.74	17.1	3.09	13.7

2018—2022 年，七大地理区环保治理投入强度由高到低依次为华北、西北、华中、东北、华南、西南、华东；七大地理区均呈波动下降趋势；降幅最大的是华北地区（-7.90%），降幅最小的是西北地区（-2.34%）；就七大地理区而言，东北地区处于中等水平，与表现最优的华北地区相比差距明显。具体如表 2.178 所示。

③单位工业产值废水处理能力［单位：（吨/日）/亿元］。单位工业产值废水处理能力反映一个地区在工业生产过程中资源利用的效率和对环境的影响，是衡量该地区绿色治理水平的重要指标，计算公式为工业废水治理设施处理能力与第二产业增加值的比值。2018—2022 年，全国单位工业产值废水处理能力呈先上升后下降的态势，东

表 2.178　2018—2022 年七大地理区环保治理投入强度的平均值

年份	东北 值/序	华北 值/序	华东 值/序	华南 值/序	华中 值/序	西北 值/序	西南 值/序
2018	2.75/19.0	4.09/9.2	2.73/20.7	2.91/15.3	3.06/15.5	3.51/12.0	2.72/20.2
2019	3.41/14.3	4.97/6.8	3.08/19.7	3.17/16.3	3.27/17.0	3.22/16.2	2.84/20.6
2020	2.95/14.3	3.77/10.6	2.51/20.7	2.51/18.0	2.85/14.3	2.92/13.2	2.63/19.8
2021	2.39/16.3	3.19/9.4	2.27/19.5	2.24/19.3	2.50/15.8	2.78/13.8	2.32/18.6
2022	2.25/16.7	2.80/12.2	2.04/20.2	2.16/17.7	2.20/19.8	3.18/8.8	2.26/17.6
平均	2.75/16.1	3.76/9.6	2.53/20.1	2.60/17.3	2.77/16.5	3.12/12.8	2.55/19.4

北地区整体呈持续下降趋势；东北地区明显高于全国平均水平；辽宁省呈波动下降趋势，且在 2020 年降幅明显，吉林省整体变动趋势不明显，且低于全国平均水平，黑龙江省呈先上升后下降的趋势；就东北三省而言，黑龙江省较好，辽宁省次之，吉林省较弱。总体而言，东北地区单位工业产值废水处理能力明显优于全国平均水平，但优势在逐年缩小。具体如图 2.131 所示。

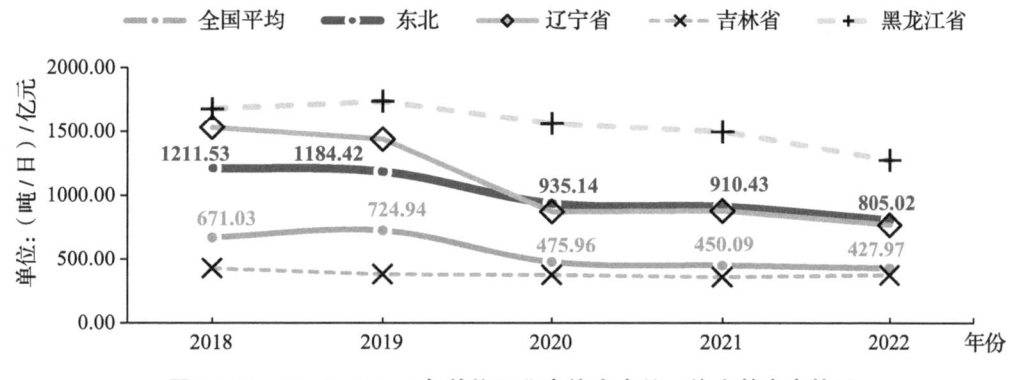

图 2.131　2018—2022 年单位工业产值废水处理能力基本走势图

注：①全国平均指 31 个省市区的平均水平；②全国范围内（可采集到的数据），单位工业产值废水处理能力最大值为 2019 年新疆维吾尔自治区的 2855.11（吨/日）/亿元，最小值为 2022 年西藏自治区的 38.11（吨/日）/亿元。

2018—2022 年，东北三省单位工业产值废水处理能力在全国 31 个省市区连续 5 年数据集中的相对位置分布情况如图 2.132 所示。可见，东北三省 5 年（共 15 个数据）单位工业产值废水处理能力的百分比排位处于 50% 以下的有 5 个，且均为吉林省；此外，排位的最大值是 2019 年的黑龙江省（98.0%），最小值是 2021 年的吉林省（35.0%）。

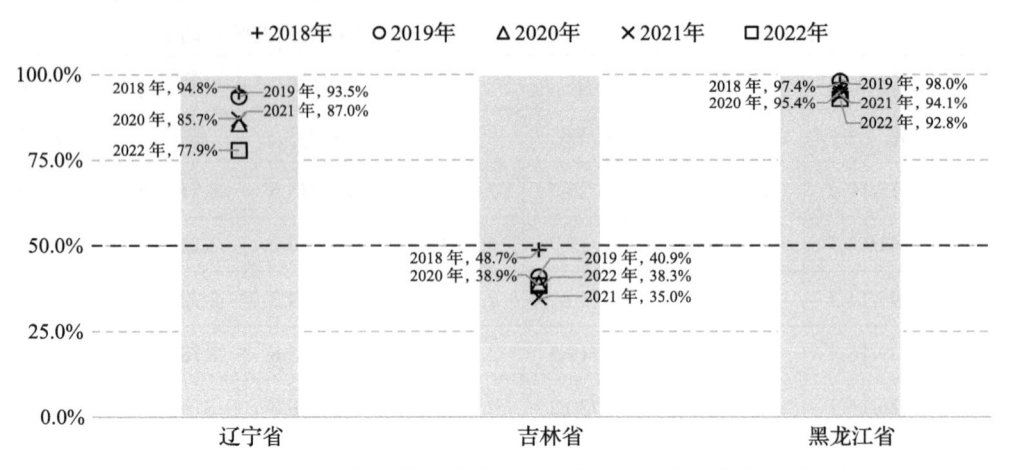

图 2.132　2018—2022 年东北三省单位工业产值废水处理能力百分比数值图

2018—2022 年，6 省单位工业产值废水处理能力由高到低依次是黑龙江省、辽宁省、吉林省、浙江省、江苏省、广东省；东南三省中，江苏省呈持续下降的态势，浙江省呈先上升后下降的趋势，广东省呈波动下降的态势；东北三省中，辽宁省呈波动下降的趋势，吉林省呈先下降后上升的趋势，黑龙江省呈先上升后下降的趋势；东北三省与东南三省相比有较大优势；单位工业产值废水处理能力降幅最大的是江苏省（−13.91%），降幅最小的是吉林省（−3.16%），黑龙江省和辽宁省的降幅分别为 6.01%、12.45%。具体如表 2.179 所示。

表 2.179　2018—2022 年 6 省单位工业产值废水处理能力的原始值

年份	辽宁省 值/序	吉林省 值/序	黑龙江省 值/序	江苏省 值/序	浙江省 值/序	广东省 值/序	全国平均 值/序
2018	1530.56/4	427.00/20	1677.04/2	455.98/18	397.90/21	284.55/25	671.03
2019	1437.33/5	379.70/24	1736.22/3	443.37/19	434.99/20	262.87/25	724.94
2020	870.96/3	375.01/18	1559.47/1	306.74/23	378.58/16	199.69/24	475.96
2021	877.49/4	358.62/17	1495.17/1	229.12/23	329.44/19	205.12/24	450.09
2022	768.24/4	372.98/16	1273.84/1	202.24/24	312.37/20	180.54/25	427.97
平均	1096.92/4.0	382.66/19.0	1548.35/1.6	327.49/21.4	370.66/19.2	226.55/24.6	550.00

2018—2022 年，四大经济区单位工业产值废水处理能力由高到低依次是东北、西部、中部、东部；东北地区呈持续下降趋势，东部地区呈波动下降趋势，西部地区呈先上升后下降的趋势，中部区域呈先下降后上升的趋势；其中，中部地区降幅最大（−10.56%），东北地区降幅最小（−8.39%）；东北地区单位工业产值废水处理能力优势明显。具体如表 2.180 所示。

表 2.180　2018—2022 年四大经济区单位工业产值废水处理能力的平均值

年份	东北 平均值	东北 年排序	东部 平均值	东部 年排序	西部 平均值	西部 年排序	中部 平均值	中部 年排序
2018	1211.53	8.7	552.76	20.4	626.85	15.9	686.28	12.5
2019	1184.42	10.7	505.84	20.3	828.99	14.9	652.29	13.7
2020	935.14	7.3	347.97	19.9	457.06	15.9	497.48	14.0
2021	910.43	7.3	394.87	18.4	415.83	15.9	380.49	16.5
2022	805.02	7.0	365.33	18.8	401.66	16.1	396.47	15.7
平均	1009.31	8.2	433.35	19.6	546.08	15.8	522.60	14.5

2018—2022 年，七大地理区单位工业产值废水处理能力由高到低依次为东北、华南、华北、西北、华中、华东、西南；东北、华东、华南三个地区均呈持续下降趋势，华中地区呈先下降后上升的趋势，华北、西北、西南三个地区均呈波动下降趋势；其中，华北地区降幅最大（-13.94%），华东地区降幅最小（-4.63%）；就七大地理区而言，东北地区排序靠前，优势明显。具体如表 2.181 所示。

表 2.181　2018—2022 年七大地理区单位工业产值废水处理能力的平均值

年份	东北 值/序	华北 值/序	华东 值/序	华南 值/序	华中 值/序	西北 值/序	西南 值/序
2018	1211.53/8.7	902.89/14.6	488.05/18.0	776.78/16.7	586.57/15.0	526.51/17.4	483.12/18.4
2019	1184.42/10.7	823.61/15.0	466.86/18.3	745.67/16.7	557.09/15.8	981.90/15.0	525.18/18.2
2020	935.14/7.3	426.59/16.8	459.73/16.3	553.67/13.0	421.54/17.0	381.26/17.6	360.89/19.4
2021	910.43/7.3	464.96/17.2	400.78/15.8	523.13/13.7	326.55/19.0	329.95/18.4	393.36/16.8
2022	805.02/7.0	399.27/18.4	397.58/16.3	468.24/14.0	360.58/17.0	351.08/17.8	373.55/17.2
平均	1009.31/8.2	603.46/16.4	442.60/17.0	613.50/14.8	450.47/16.8	514.14/17.2	427.22/18.0

④每万人生活垃圾无害化处理能力［单位：（吨/日）/万人］。每万人生活垃圾无害化处理能力是指每万人条件下地区对生活垃圾的无害化处理能力，体现了地区对生活垃圾进行无害化处理的能力和效率，是衡量绿色治理水平的重要指标之一，计算公式为生活垃圾无害化处理能力与某地区常住人口数的比值。2018—2022 年，全国每万人生活垃圾无害化处理能力呈缓慢上升趋势，东北地区呈平稳上升趋势，且整体高于全国平均水平；辽宁省在 2018—2019 年上升显著，2020 年后处于稳定上升趋势；黑龙江省在 2019 年后出现一定的上升，随后趋于平缓；吉林省在 2018—2022 年整体呈现稳定上升态势；就东北三省而言，辽宁省表现较好，吉林省次之，黑龙江省较差。总体而言，东北地区每万人生活垃圾无害化处理能力整体优于全国平均水平，且这种差距在 2021 年扩大，但从 2022 年开始有逐渐减小的趋势。具体如图 2.133 所示。

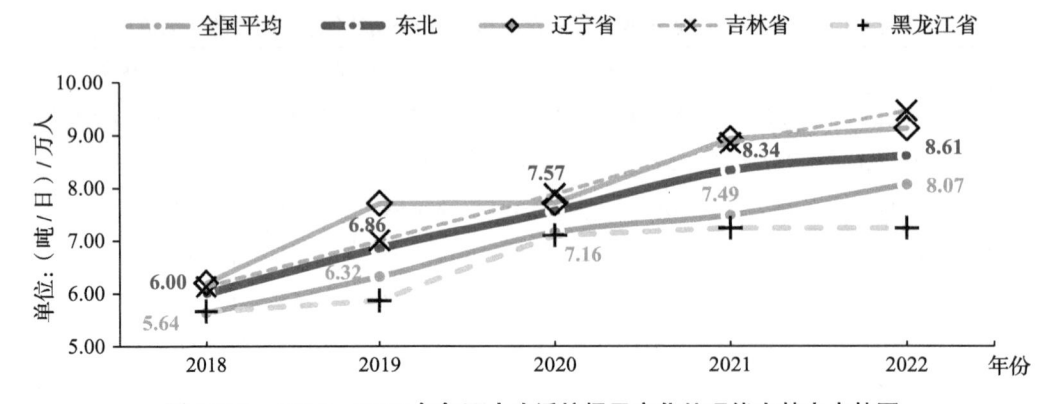

图 2.133　2018—2022 年每万人生活垃圾无害化处理能力基本走势图

注：①全国平均指 31 个省市区的平均水平；②全国范围内（可采集到的数据），每万人生活垃圾无害化处理能力最大值为 2020 年上海市的 16.09（吨/日）/万人，最小值为 2018 年河南省的 2.56（吨/日）/万人。

2018—2022 年，东北三省每万人生活垃圾无害化处理能力在全国 31 个省市区连续 5 年数据集中的相对位置分布情况如图 2.134 所示。可见，东北三省 5 年（共 15 个数据）每万人生活垃圾无害化处理能力的百分比排位处于 50% 以下的有 2 个，分别是 2018 年的黑龙江省（42.2%）、2019 年的黑龙江省（46.7%）；此外，排位的最大值是 2022 年的吉林省（81.8%），最小值是 2018 年的黑龙江省（42.2%）。

图 2.134　2018—2022 年东北三省每万人生活垃圾无害化处理能力百分比数值图

2018—2022 年，6 省每万人生活垃圾无害化处理能力由高到低依次广东省、浙江省、江苏省、辽宁省、吉林省、黑龙江省；东南三省每万人生活垃圾无害化处理能力均呈上升趋势，其中江苏省与广东省的变动趋势较为显著；东北三省均呈持续上升态势；每万人生活垃圾无害化处理能力增幅最大的是广东省（15.62%），增幅最小的是浙江省（5.79%），辽宁省、吉林省、黑龙江省的增幅分别为 11.80%、13.56%、6.99%。具体如表 2.182 所示。

表 2.182　2018—2022 年 6 省每万人生活垃圾无害化处理能力的原始值

年份	辽宁省 值/序	吉林省 值/序	黑龙江省 值/序	江苏省 值/序	浙江省 值/序	广东省 值/序	全国平均 值
2018	6.20/9	6.13/10	5.66/14	7.18/6	10.14/3	8.69/4	5.64
2019	7.71/6	7.00/9	5.87/15	7.55/7	10.52/4	10.77/3	6.32
2020	7.72/11	7.89/10	7.10/12	9.80/6	11.84/4	10.82/5	7.16
2021	8.93/8	8.85/9	7.24/12	9.79/7	12.24/5	13.93/3	7.49
2022	9.13/10	9.46/8	7.24/15	9.22/9	12.49/6	14.12/5	8.07
平均	7.94/8.8	7.87/9.2	6.62/13.6	8.71/7.0	11.45/4.4	11.67/4.0	6.93

2018—2022 年，四大经济区每万人生活垃圾无害化处理能力由高到低依次为东部、东北、西部、中部；四大经济区整体均呈上升态势；中部地区增幅最大（11.25%），东部地区增幅最小（10.56%），东北地区增幅为 10.89%；东北地区每万人生活垃圾无害化处理能力表现相对较好，与表现最优的东部地区差距较小。具体如表 2.183 所示。

表 2.183　2018—2022 年四大经济区每万人生活垃圾无害化处理能力的平均值

年份	东北 平均值	东北 年排序	东部 平均值	东部 年排序	西部 平均值	西部 年排序	中部 平均值	中部 年排序
2018	6.00	11.0	8.02	7.8	4.40	20.3	3.96	23.7
2019	6.86	10.0	9.12	8.5	4.71	21.0	4.62	21.5
2020	7.57	11.0	10.49	8.3	5.34	21.0	5.04	21.3
2021	8.34	9.7	11.06	7.0	5.54	21.3	4.99	23.5
2022	8.61	11.0	11.41	8.4	6.32	19.9	5.74	23.3
平均	7.48	10.5	10.02	8.0	5.26	20.7	4.87	22.7

2018—2022 年，七大地理区每万人生活垃圾无害化处理能力由高到低依次华东、华南、华北、东北、西北、西南、华中；除华北地区整体呈现波动上升趋势外，其余地区均呈平稳上升趋势；华南地区增幅最大（22.08%），华东地区增幅最小（7.05%），东北地区的增幅为 10.89%；就七大地理区而言，东北地区排序居中，与表现最优的华东地区相比，仍有一定差距。具体如表 2.184 所示。

（3）绿色生活。

①细颗粒物年均浓度（单位：微克/立方米）。细颗粒物年均浓度反映一个地区的空气质量，是衡量地区绿色生活水平的重要指标，该指标为逆向指标。2018—2022 年，全国细颗粒物年均浓度呈持续下降趋势，东北地区呈波动下降趋势；2018 年、2019

表 2.184　2018—2022 年七大地理区每万人生活垃圾无害化处理能力的平均值

年份	东北 值/序	华北 值/序	华东 值/序	华南 值/序	华中 值/序	西北 值/序	西南 值/序
2018	6.00/11.0	6.69/14.4	7.49/9.3	6.15/13.0	3.93/24.0	4.90/17.6	3.93/22.4
2019	6.86/10.0	7.45/15.6	8.45/9.5	6.93/13.7	4.64/21.3	5.23/18.6	4.39/22.4
2020	7.57/11.0	8.93/14.4	9.39/9.8	7.73/13.3	5.04/21.5	5.45/20.8	5.52/20.4
2021	8.34/9.7	8.89/14.8	9.39/9.5	9.61/11.7	5.18/23.0	5.62/21.0	5.71/20.8
2022	8.61/11.0	9.13/15.6	9.60/10.8	11.59/9.3	5.68/23.5	6.56/19.2	6.17/20.4
平均	7.48/10.5	8.22/15.0	8.86/9.8	8.40/12.2	4.89/22.7	5.55/19.4	5.15/21.3

年、2022 年东北地区细颗粒物年均浓度小于全国平均水平，2020 年东北地区细颗粒物年均浓度大于全国平均水平，2021 年东北地区细颗粒物年均浓度与全国平均水平基本持平；就东北三省而言，普遍呈波动下降态势，黑龙江省表现最好，吉林省次之，辽宁省较差。总体而言，东北地区细颗粒物年均浓度与全国平均水平的差距呈波动缩小趋势。具体如图 2.135 所示。

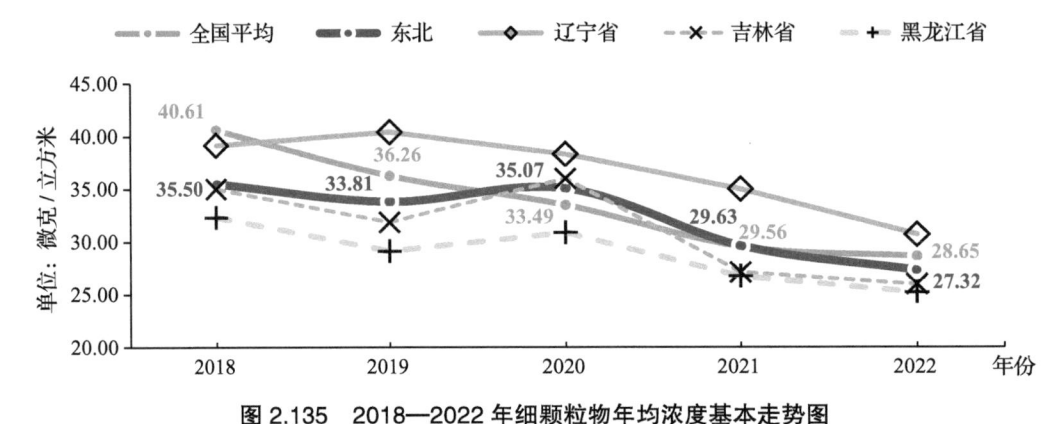

图 2.135　2018—2022 年细颗粒物年均浓度基本走势图

注：①全国平均指 31 个省市区的平均水平；②全国范围内（可采集到的数据），细颗粒物年均浓度最大值为 2018 年河南省的 64.14 微克/立方米，最小值为 2021 年西藏自治区的 8.50 微克/立方米。

2018—2022 年，东北三省细颗粒物年均浓度在全国 31 个省市区连续 5 年数据集中的相对位置分布情况如图 2.136 所示。可见，东北三省 5 年（共 15 个数据）细颗粒物年均浓度的百分比排位位于 50% 以下的有 6 个，其中有 2 个位于 25% 以下；此外，排位的最大值是 2022 年的黑龙江省（79.3%），最小值是 2019 年的辽宁省（20.8%）。

2018—2022 年，6 省细颗粒物年均浓度表现由优到劣依次为广东省、浙江省、黑龙江省、吉林省、辽宁省、江苏省；广东省、江苏省呈持续下降趋势，浙江省呈波

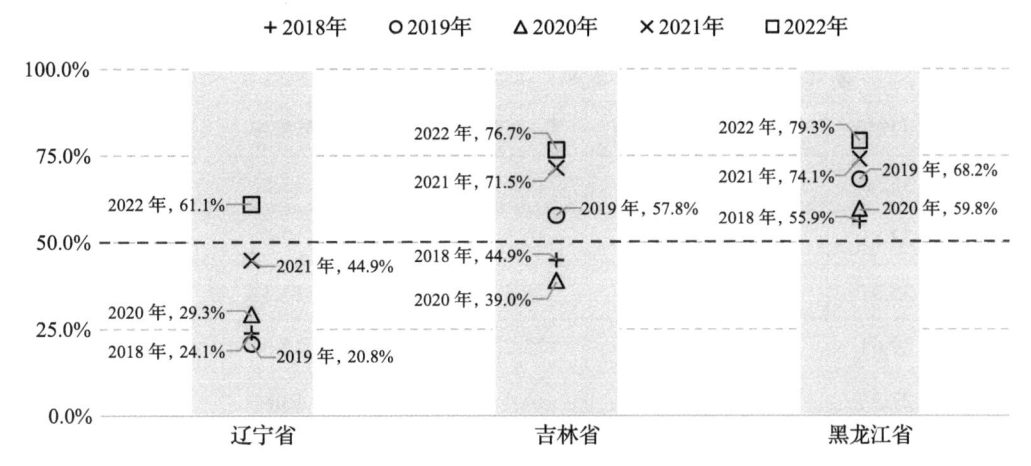

图 2.136　2018—2022 年东北三省细颗粒物年均浓度百分比数值图

动下降趋势；东北三省均呈波动下降趋势；东北地区表现较好的黑龙江省与东南三省中表现较好的广东省相比差距明显；广东省降幅最大（-8.59%），辽宁省降幅最小（-5.40%），吉林省和黑龙江省的降幅分别为 6.43% 和 5.48%。具体如表 2.185 所示。

表 2.185　2018—2022 年 6 省细颗粒物年均浓度的原始值

年份	辽宁省 值/序	吉林省 值/序	黑龙江省 值/序	江苏省 值/序	浙江省 值/序	广东省 值/序	全国平均值
2018	39.17/16	35.00/9	32.33/7	47.89/23	36.20/13	29.67/5	40.61
2019	40.44/21	31.86/11	29.13/8	42.09/23	29.29/9	26.61/6	36.26
2020	38.31/23	36.00/18	30.90/12	37.23/20	24.73/6	21.62/5	33.49
2021	35.00/24	27.13/13	26.75/10	33.36/19	23.27/7	21.55/5	29.56
2022	30.71/19	26.00/13	25.25/10	31.46/21	24.09/8	19.48/5	28.65
平均	36.73/20.6	31.20/12.8	28.87/9.4	38.41/21.2	27.52/8.6	23.78/5.2	33.71

2018—2022 年，四大经济区细颗粒物年均浓度表现由优到劣依次为西部、东北、东部、中部；四大经济区中，东北地区呈波动下降趋势，西部、东部和中部地区呈持续下降趋势，降幅明显；东部地区降幅最大（-8.39%），东北地区降幅最小（-5.76%）；东北地区细颗粒物年均浓度与表现较好的西部地区相比仍存在一定的差距。具体如表 2.186 所示。

2018—2022 年，七大地理区细颗粒物年均浓度表现由优到劣依次为华南、西南、东北、华东、西北、华中、华北；华北、华东和华中地区呈稳定下降趋势，其他地区均呈波动下降趋势；华北地区降幅最大（-8.65%），东北地区降幅最小（-5.76%）；东北地区处于中上水平，与表现最优的华南地区相比差距明显。具体如表 2.187 所示。

表 2.186　2018—2022 年四大经济区细颗粒物年均浓度的平均值

年份	东北 平均值	东北 年排序	东部 平均值	东部 年排序	西部 平均值	西部 年排序	中部 平均值	中部 年排序
2018	35.50	10.7	40.57	16.4	37.41	13.1	49.65	23.3
2019	33.81	13.3	36.51	16.5	31.66	12.3	46.29	23.8
2020	35.07	17.7	32.40	15.4	30.97	13.3	39.55	21.3
2021	29.63	15.7	27.89	15.2	26.77	12.6	36.36	24.0
2022	27.32	14.0	26.95	14.4	26.62	13.8	36.19	24.0
平均	32.26	14.3	33.05	15.6	30.69	13.0	41.61	23.3

表 2.187　2018—2022 年七大地理区细颗粒物年均浓度的平均值

年份	东北 值/序	华北 值/序	华东 值/序	华南 值/序	华中 值/序	西北 值/序	西南 值/序
2018	35.50/10.7	50.92/24.2	40.26/16.2	27.56/5.0	48.70/22.3	42.87/18.0	32.91/9.8
2019	33.81/13.3	45.27/23.8	37.47/17.0	24.98/7.0	45.08/22.3	36.00/16.0	27.26/9.0
2020	35.07/17.7	41.15/22.8	32.87/15.7	20.63/5.3	38.55/19.5	34.16/16.0	28.63/11.8
2021	29.63/15.7	34.74/22.2	29.48/15.5	20.99/7.0	36.18/23.5	29.38/14.2	24.43/11.4
2022	27.32/14.0	33.29/21.4	28.02/15.0	19.32/7.0	35.95/22.8	31.16/18.4	22.79/10.6
平均	32.26/14.3	41.08/22.9	33.62/15.9	22.69/6.3	40.89/22.1	34.71/16.5	27.20/10.5

②空气质量优良天数（单位：天）。空气质量优良天数是指每年中空气质量表现为优良的天数，是衡量绿色生活水平的重要指标。2018—2022 年，全国空气质量优良天数呈波动上升趋势，东北地区也呈波动上升趋势，同时高于全国平均水平；辽宁省、吉林省和黑龙江省均呈波动上升趋势；就东北三省而言，黑龙江省表现较好，吉林省次之，辽宁省较差。总体而言，东北地区空气质量优良天数整体高于全国平均水平。具体如图 2.137 所示。

2018—2022 年，东北三省空气质量优良天数在全国 31 个省市区连续 5 年数据集中的相对位置分布情况如图 2.138 所示。可见，东北三省 5 年（共 12 个数据）空气质量优良天数的百分比排位处于 50% 以下的有 5 个；此外，排位的最大值是 2021 年的黑龙江省（80.0%），最小值是 2019 年的辽宁省（30.0%）。

Ⅱ 评价报告

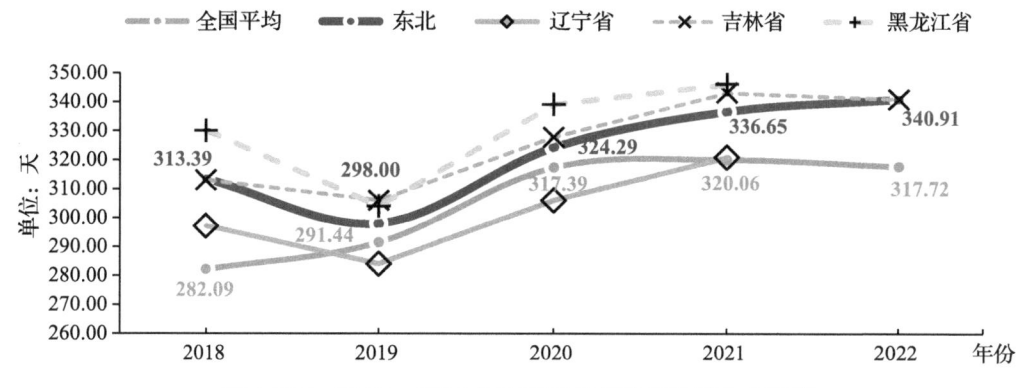

图 2.137 2018—2022 年空气质量优良天数基本走势图

注：①全国平均指 31 个省市区的平均水平；②全国范围内（可采集到的数据），空气质量优良天数最大值为 2021 年西藏自治区的 364.27 天，最小值为 2019 年河南省的 177.00 天。

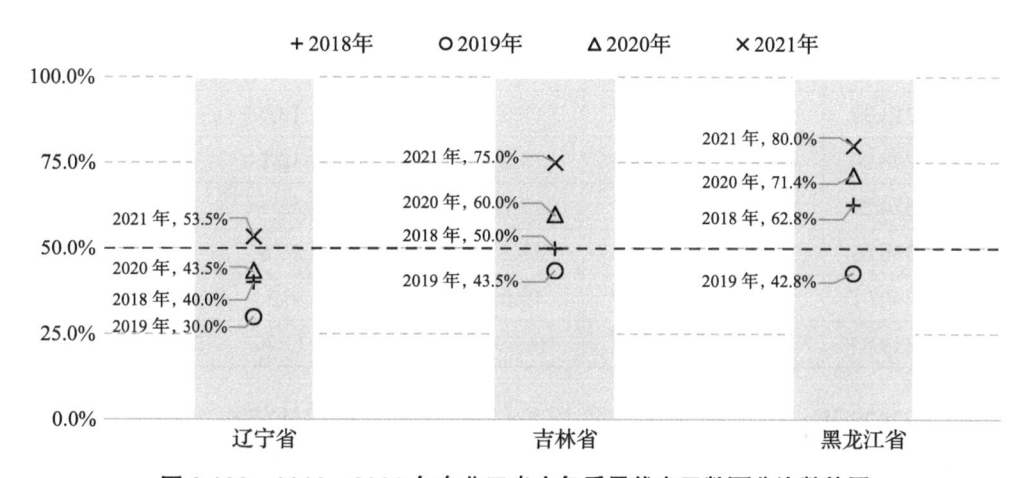

图 2.138 2018—2022 年东北三省空气质量优良天数百分比数值图

2018—2022 年，6 省空气质量优良天数由高到低依次黑龙江省、广东省、吉林省、浙江省、辽宁省、江苏省；东南三省中，除江苏省呈稳步上升趋势外，浙江省和广东省均呈波动上升趋势；东北三省均呈波动上升趋势；空气质量优良天数增幅最大的是江苏省（7.00%），增幅最小的是广东省（0.41%），黑龙江省、吉林省、辽宁省的增幅分别为 1.62%、2.23%、2.65%。具体如表 2.188 所示。

2018—2022 年，四大经济区空气质量优良天数由高到低依次为西部、东北、东部、中部；东部地区呈稳定上升态势，其他三个地区均呈波动上升趋势；东部地区的增幅最大（3.92%），东北地区的增幅最小（2.20%）；东北地区空气质量优良天数与表现最优的西部地区相比有一定差距。具体如表 2.189 所示。

表 2.188　2018—2022 年 6 省空气质量优良天数的原始值

年份	辽宁省 值/序	吉林省 值/序	黑龙江省 值/序	江苏省 值/序	浙江省 值/序	广东省 值/序	全国平均 值
2018	297.17/11	313.00/9	330.00/7	248.56/24	295.80/12	327.83/8	282.09
2019	284.00/19	306.00/15	304.00/16	255.00/24	323.27/10	293.00/17	291.44
2020	306.00/21	327.77/17	339.09/12	295.65/23	340.55/10	348.58/8	317.39
2021	320.84/19	343.10/12	346.02/9	300.76/23	344.56/10	344.20/11	320.06
2022	—	340.91/4	—	—	325.95/10	333.25/7	317.72
平均	302/17.5	326.16/11.4	329.78/11.0	274.99/23.5	326.02/10.4	329.37/10.2	304.55

表 2.189　2018—2022 年四大经济区空气质量优良天数的平均值

年份	东北 平均值	东北 年排序	东部 平均值	东部 年排序	西部 平均值	西部 年排序	中部 平均值	中部 年排序
2018	313.39	9.0	272.37	17.5	298.50	13.7	249.83	21.3
2019	298.00	16.7	276.01	18.2	324.95	10.1	246.85	23.5
2020	324.29	16.7	305.11	17.7	333.58	12.3	302.01	20.0
2021	336.65	13.3	312.86	17.3	329.70	13.6	304.50	20.0
2022	340.91	4.0	315.07	10.0	336.82	6.3	287.26	12.8
平均	319.84	13.20	294.65	16.70	323.36	11.70	277.44	20.00

2018—2022 年，七大地理区空气质量优良天数由高到低依次为华南、西南、东北、西北、华东、华中、华北；华北地区呈平稳上升趋势，其余六个地区均呈波动上升趋势；华北地区增幅最大（7.53%），华南地区增幅最小（0.59%），东北地区增幅为2.20%；就七大地理区而言，东北地区排序较为靠前，但与表现最优的华南地区相比，仍有较大差距。具体如表 2.190 所示。

表 2.190　2018—2022 年七大地理区空气质量优良天数的平均值

年份	东北 值/序	华北 值/序	华东 值/序	华南 值/序	华中 值/序	西北 值/序	西南 值/序
2018	313.39/9.0	223.67/26.0	277.26/17.0	338.69/6.0	261.81/19.0	260.73/20.8	331.15/7.4
2019	298.00/16.7	235.44/25.6	281.90/17.0	330.56/9.3	254.75/22.3	311.46/12.8	340.81/6.6
2020	324.29/16.7	273.15/25.0	311.77/17.7	356.12/5.0	311.62/17.8	313.64/17.6	349.36/8.0
2021	336.65/13.3	281.78/25.0	318.58/16.7	352.23/6.7	313.81/17.8	309.11/19	346.83/9.0
2022	340.91/4.0	291.00/12.5	314.17/11.3	346.75/4.5	289.26/11.5	329.36/8.0	346.86/4.5
平均	319.84/13.2	259.76/23.3	299.24/16.4	344.73/6.4	285.92/18.3	302.73/16.3	342.48/7.5

③人均公园绿地面积（单位：平方米/人）。人均公园绿地面积是指城市中每个居民享有的公园绿地面积，是衡量绿色生活水平的重要指标。2018—2022年，全国人均公园绿地面积呈平稳上升趋势，东北地区呈波动上升趋势，但低于全国平均水平；辽宁省在2020年升幅明显，吉林省在2018—2022年呈波动上升趋势，黑龙江省2018—2022年呈持续上升趋势；就东北三省而言，吉林省表现较好，黑龙江省次之，辽宁省较差。总体而言，东北地区人均公园绿地面积整体低于全国平均水平，差距呈波动扩大的趋势。具体如图2.139所示。

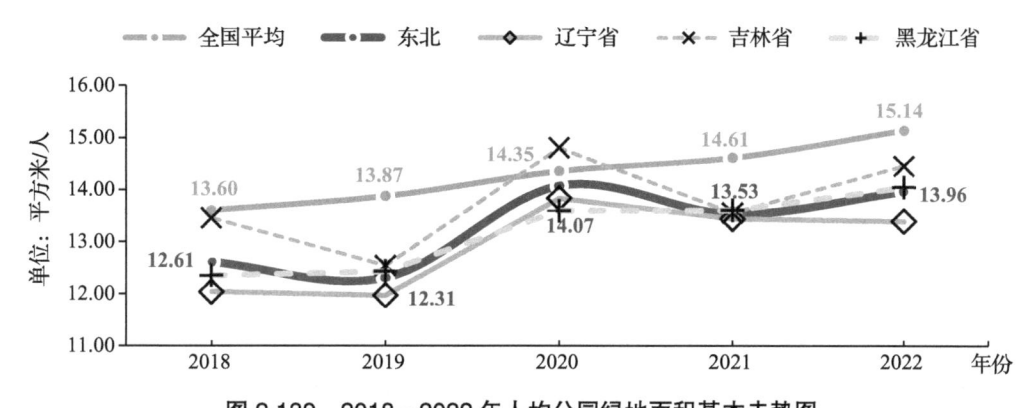

图2.139 2018—2022年人均公园绿地面积基本走势图

注：①全国平均指31个省市区的平均水平；②全国范围内（可采集到的数据），人均公园绿地面积最大值为2022年宁夏回族自治区的22.84平方米/人，最小值为2018年上海市的8.49平方米/人。

2018—2022年，东北三省人均公园绿地面积在全国31个省市区连续5年数据集中的相对位置分布情况如图2.140所示。可见，东北三省5年（共15个数据）人均公园绿地面积的百分比排位处于50%以下的有12个；此外，排位的最大值是2020年的吉林省（60.3%），最小值是2019年的辽宁省（16.8%）。

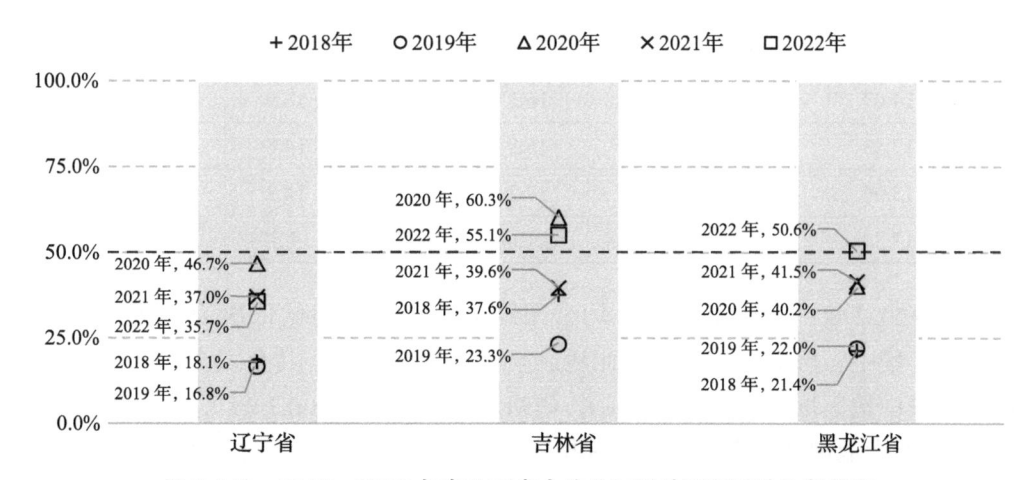

图2.140 2018—2022年东北三省人均公园绿地面积百分比数值图

2018—2022年，6省人均公园绿地面积由高到低依次为广东省、江苏省、浙江省、吉林省、黑龙江省、辽宁省；东南三省中，除广东省呈现波动下降的趋势外，其余两省均呈现波动上升的趋势；东北三省中，辽宁省与吉林省呈波动上升态势，黑龙江省呈持续上升态势；黑龙江省增幅最大（3.42%），广东省增幅最小（-0.53%），辽宁省的增幅为2.80%，吉林省的增幅为1.86%。具体如表2.191所示。

表2.191　2018—2022年6省人均公园绿地面积的原始值

年份	辽宁省 值/序	吉林省 值/序	黑龙江省 值/序	江苏省 值/序	浙江省 值/序	广东省 值/序	全国平均值
2018	12.04/22	13.45/16	12.35/20	14.66/10	13.73/14	18.34/3	13.60
2019	11.97/22	12.54/20	12.43/21	14.98/9	14.03/15	18.13/3	13.87
2020	13.83/17	14.80/13	13.59/18	17.68/4	21.02/1	19.20/2	14.35
2021	13.44/22	13.55/21	13.60/20	15.60/9	12.87/27	17.74/4	14.61
2022	13.39/24	14.45/18	14.04/19	16.02/13	13.79/22	17.95/4	15.14
平均	12.93/21.4	13.76/17.6	13.20/19.6	15.79/9.0	15.09/15.8	18.27/3.2	14.31

2018—2022年，四大经济区人均公园绿地面积由高到低依次为西部、中部、东部、东北；四大经济区均呈波动上升趋势；中部地区的增幅最大（4.88%），东部地区的增幅最小（1.28%），东北地区的增幅为2.67%；东北地区人均公园绿地面积与表现最优的西部地区相比差距较大。具体如表2.192所示。

表2.192　2018—2022年四大经济区人均公园绿地面积的平均值

年份	东北 平均值	东北 年排序	东部 平均值	东部 年排序	西部 平均值	西部 年排序	中部 平均值	中部 年排序
2018	12.61	19.3	13.76	14.9	14.11	15.0	12.80	18.0
2019	12.31	21.0	13.89	14.7	14.56	14.8	13.22	18.0
2020	14.07	16.0	14.60	16.3	13.67	18.9	15.45	9.7
2021	13.53	21.0	14.26	15.8	15.24	14.8	14.45	16.3
2022	13.96	20.3	14.47	17.2	15.93	14.2	15.29	15.3
平均	13.30	19.50	14.20	15.80	14.70	15.50	14.24	15.50

2018—2022年，七大地理区人均公园绿地面积由高到低依次为西北、华东、华南、华北、华中、西南、东北；西北地区呈稳定上升趋势，其余六个地区均呈波动上升趋势；华中地区增幅最大（5.64%），华南地区增幅最小（0.14%），东北地区增幅为2.67%；就七大地理区而言，东北地区排序靠后，与表现最优的西北地区相比，差距较大。具体如表2.193所示。

表 2.193　2018—2022 年七大地理区人均公园绿地面积的平均值

年份	东北 值/序	华北 值/序	华东 值/序	华南 值/序	华中 值/序	西北 值/序	西南 值/序
2018	12.61/19.3	14.14/14.2	13.97/13.0	13.87/16.0	12.46/19.8	14.31/15.6	13.24/16.6
2019	12.31/21.0	14.25/14.0	14.19/13.0	14.07/16.3	12.97/19.5	14.75/15.2	13.74/16.2
2020	14.07/16.0	12.01/24.6	16.54/9.0	15.12/15.3	14.90/11.3	14.81/13.8	12.89/22.2
2021	13.53/21.0	15.02/13.6	14.16/16.5	14.83/15.0	14.64/15.8	15.29/15.8	14.54/15.8
2022	13.96/20.3	15.03/15.8	14.92/15.5	13.95/20.3	15.26/15.5	16.36/14.6	15.64/13.2
平均	13.30/19.5	14.09/16.4	14.76/13.4	14.37/16.6	14.04/16.4	15.11/15.0	14.01/16.8

4. 主要结论

首先，总体而言，东北三省的绿色质效指数明显低于全国平均水平。在反映绿色质效水平的 3 个方面（绿色生产、绿色治理和绿色生活），东北三省全面落后于东南三省，其中，"绿色生产"方面东北三省和东南三省之间存在的差距最大，其余两个方面也存在明显差距。值得关注的是，东北三省的"绿色生产"与东南三省的差距在进一步拉大，这成为东北地区绿色质效方面最显著的问题。

其次，动态来看，2018—2022 年，东北地区指数得分的增长速度低于其他三个地区，意味着相对能力出现下降态势；另外，东北地区的多年连续排序变动在全国四大经济区之中最低，与其余三个地区的差距在逐渐拉大，东北地区的单年排序变动在全国四大经济区之中也是最低的，东北地区绿色质效的发展状况较不理想。

再次，分省来看，黑龙江省的绿色质效水平较高，吉林省次之，辽宁省较弱。在全国各省相对排序的竞争中，吉林省和黑龙江省的排序波动较大，辽宁省的排序波动较小。吉林省的"绿色生活"相对较强，"绿色治理"和"绿色生产"较为薄弱；黑龙江省的"绿色治理"和"绿色生活"较强且高于全国平均水平；辽宁省在"绿色生产""绿色治理""绿色生活"方面均较为薄弱。

最后，单项指标方面，东北地区仅在"空气质量优良天数"指标上优于全国平均水平，"环保治理投入强度""细颗粒物年均浓度"等指标与全国平均水平的差距相对较小；其他各项指标，特别是"一般工业固体废物综合利用率""人均公园绿地面积"等指标的发展均比较落后。

（六）社会民生评价报告

1. 社会民生指数总体分析

对社会民生的测度涵盖了民生基础、社会保障、公共服务 3 个方面，共 11 项关键指标。汇集中国31个省市区2018—2022年社会民生方面的指标信息，可以得到连续5年的指数得分。在此基础上，形成多年连续排序和单年排序。其中，多年连续排序用于反映各省市区社会民生的绝对发展水平随时间动态变化的情况（31个省市区5年共155个排位，最高排序为1，最低排序为155），单年排序用于反映各省市区在全国范围内某个单年的相对发展水平（31个省市区每年31个排位，最高排序为1，最低排序为31）。具体而言，31个省市区社会民生指数的总体情况如表2.194所示。

表2.194　2018—2022年31个省市区社会民生指数得分、连续及单年排序

省市区	2018年 值	总	年	2019年 值	总	年	2020年 值	总	年	2021年 值	总	年	2022年 值	总	年
上海	75.2	57	5	77.7	40	6	78.3	39	6	86.1	9	2	91.8	1	1
北京	82.8	19	1	87.2	7	1	88.7	4	1	86.9	8	1	89.3	2	2
江苏	80.3	34	3	81.4	26	3	81.2	28	4	85.9	10	3	88.9	3	3
浙江	81.5	24	2	82.2	21	2	84.1	15	2	85.5	11	4	88.4	5	4
山东	74.9	60	6	78.4	38	5	82.6	20	3	85.4	12	5	87.5	6	5
重庆	72.6	74	7	76.8	43	7	73.7	66	13	82.2	22	7	85.0	13	6
广东	76.4	45	4	80.8	33	4	81.0	31	5	82.8	18	6	84.4	14	7
湖南	64.5	123	16	71.9	79	10	76.3	46	8	80.9	32	9	83.8	16	8
福建	72.2	78	8	75.1	58	8	76.6	44	7	81.1	30	8	82.9	17	9
江西	63.2	131	21	71.0	82	11	74.4	62	11	80.3	35	10	82.1	23	10
安徽	65.1	120	15	69.5	96	16	75.4	51	10	79.8	37	12	81.4	25	11
湖北	70.8	85	9	73.8	64	9	76.0	48	9	79.9	36	11	81.3	27	12
河北	66.7	110	12	70.3	87	14	70.0	91	15	77.5	41	13	81.2	29	13
海南	65.6	119	14	70.9	84	12	73.7	65	12	75.5	50	14	77.3	42	14
天津	69.1	100	11	68.4	103	19	69.8	93	17	72.5	76	22	76.0	47	15
广西	63.5	130	20	64.9	122	23	66.4	112	24	73.1	72	20	75.6	49	16
四川	64.0	127	19	69.3	98	18	70.2	89	14	73.6	67	17	75.4	52	17
山西	62.0	137	23	65.8	117	22	68.6	102	21	73.8	63	16	75.3	53	18
陕西	66.7	111	13	70.6	86	13	69.6	95	19	75.3	54	15	75.3	55	19
吉林	64.2	126	18	69.3	97	17	69.3	99	17	73.1	70	19	75.2	56	20
新疆	59.2	143	25	63.0	133	25	67.0	106	23	72.5	75	21	75.0	59	21
河南	64.4	124	17	66.3	113	20	68.2	104	22	71.8	80	24	74.4	61	22
黑龙江	56.0	150	28	61.0	140	27	65.8	116	25	72.2	77	23	73.4	68	23
青海	62.6	134	22	66.0	115	21	69.7	94	18	73.3	69	18	73.1	71	24
辽宁	70.3	88	10	70.0	90	15	69.9	92	16	71.3	81	25	72.7	73	25

续表

省市区	2018年 值	总	年	2019年 值	总	年	2020年 值	总	年	2021年 值	总	年	2022年 值	总	年
甘肃	57.2	148	27	62.3	135	26	65.0	121	27	69.0	101	26	71.0	83	26
内蒙古	61.2	138	24	63.5	129	24	65.7	118	26	66.9	107	27	67.7	105	27
云南	54.2	152	30	57.0	149	30	58.7	144	29	64.3	125	28	66.8	108	28
宁夏	56.0	151	29	59.3	142	29	61.2	139	28	63.8	128	29	66.7	109	29
贵州	58.1	146	26	59.4	141	28	58.6	145	30	63.0	132	30	66.3	114	30
西藏	45.9	155	31	50.1	154	31	53.0	153	31	57.8	147	31	62.1	136	31
平均	66.0	107.7	16	69.5	91.0	16	71.2	81.7	16	75.4	60.5	16	77.7	49.1	16

注：①对于表中的字段名称，"值"表示各省市区对应年份的指数得分，"总"表示各省市区2018—2022年多年连续总排序，"年"表示各省市区5个单年的排序；②表中31个省市区按照2022年的指数得分由高到低（降序）排列。

辽宁省、吉林省和黑龙江省的社会民生指数处于中等偏下的位置，均落后于东南三省。2018—2022年，6省社会民生指数由高到低依次为浙江省、江苏省、广东省、辽宁省、吉林省、黑龙江省；东南三省普遍呈上升趋势，明显优于东北三省；东南三省整体水平较低的广东省持续优于东北三省中整体最优的辽宁省；社会民生指数增幅最大的是黑龙江省（7.74%），最小的是辽宁省（0.86%），吉林省的增幅为4.30%；就2022年而言，吉林省的社会民生指数较好，在31个省份中的单年排序为20，黑龙江省和辽宁省相对较差，单年排序分别为23和25。具体如表2.194和表2.195所示。

表2.195　2018—2022年6省社会民生指数值及单年排序

年份	辽宁省 值/序	吉林省 值/序	黑龙江省 值/序	江苏省 值/序	浙江省 值/序	广东省 值/序	全国平均 值
2018	70.27/10	64.18/18	56.04/28	80.33/3	81.45/2	76.35/4	66.01
2019	70.02/15	69.32/17	61.05/27	81.41/3	82.25/2	80.82/4	69.47
2020	69.93/16	69.30/20	65.85/25	81.20/4	84.10/2	81.01/5	71.25
2021	71.29/25	73.09/19	72.25/23	85.93/3	85.49/4	82.84/6	75.40
2022	72.68/25	75.21/20	73.41/23	88.85/3	88.44/4	84.37/7	77.65
平均	70.84/18.2	70.22/18.8	65.72/25.2	83.54/3.2	84.34/2.8	81.08/5.2	71.95

2018—2022年，全国与东北地区的社会民生指数均呈持续上升趋势，东北地区低于全国平均水平，差距基本保持稳定；东北三省均呈明显的上升态势；就东北三省而言，辽宁省和吉林省略高于东北地区平均水平，发展相对较好，黑龙江省较弱，持续低于东北地区平均水平。具体如图2.141所示。

图 2.141　2018—2022 年社会民生指数基本走势图

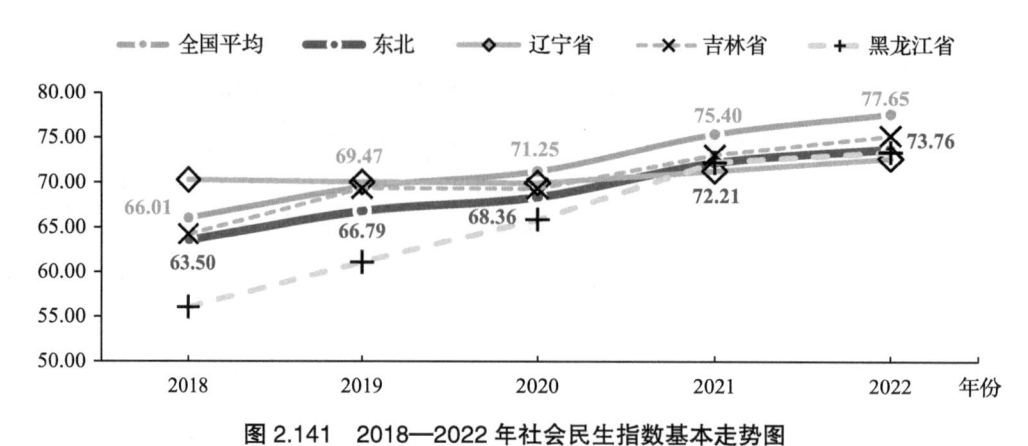

注：①全国平均指 31 个省市区的平均水平；②全国范围内（可采集到的数据），社会民生指数得分最大值为 2022 年上海市的 91.76，最小值为 2018 年西藏自治区的 45.94。

2018—2022 年，东北三省社会民生指数在全国 31 个省市区连续 5 年数据集（共 155 个指标值）中的相对位置分布情况如图 2.142 所示。可见，东北三省 5 年（共 15 个数据）社会民生指数的百分比排位处于 50% 以下的有 10 个，其中有 3 个处于 25% 以下；此外，排位的最大值是 2022 年的吉林省（64.2%），最小值是 2018 年的黑龙江省（3.2%）。

图 2.142　2018—2022 年东北三省社会民生指数百分比数值图

2. 全国视角下东北地区社会民生进展分析

2018—2022 年，四大经济区社会民生指数由高到低依次为东部、中部、东北、西部；四大经济区普遍呈上升趋势；其中，增幅最大的是中部地区（5.67%），最小的是东部地区（3.45%）；东北地区的社会民生指数与东部地区的差距较大。具体如表 2.196 所示。

2018—2022 年，七大地理区社会民生指数由高到低依次为华东、华南、华中、华

表 2.196　2018—2022 年四大经济区社会民生指数的平均值

年份	东北 平均值	东北 年排序	东部 平均值	东部 年排序	西部 平均值	西部 年排序	中部 平均值	中部 年排序
2018	63.50	19.0	74.47	7.0	60.10	22.8	64.99	16.8
2019	66.79	19.7	77.25	7.4	63.52	22.9	69.72	14.7
2020	68.36	20.3	78.60	7.2	64.90	23.5	73.13	13.5
2021	72.21	22.3	81.93	7.8	69.56	22.4	77.76	13.7
2022	73.76	22.7	84.75	7.3	71.66	22.8	79.72	13.5
平均	68.93	20.7	79.40	7.3	65.95	22.9	73.07	14.4

注：为确保区分度，对于具有平均意义的排序，本研究保留一位小数，以下各表同。

北、东北、西北、西南；七大地理区普遍呈上升趋势；其中，增幅最大的是华中地区（5.58%），最小的是华北地区（3.48%）；就七大地理区而言，东北地区排序居中，与华东地区相比，差距较大。具体如表 2.197 所示。

表 2.197　2018—2022 年七大地理区社会民生指数的平均值

年份	东北 值/序	华北 值/序	华东 值/序	华南 值/序	华中 值/序	西北 值/序	西南 值/序
2018	63.50/18.7	68.38/14.2	74.87/6.5	68.48/12.7	65.72/15.8	60.31/23.2	58.98/22.6
2019	66.79/19.7	71.05/16.0	77.40/6.7	72.22/13.0	70.75/12.5	64.23/22.8	62.53/22.8
2020	68.36/20.3	72.55/16.0	79.69/5.3	73.73/13.7	73.71/12.5	66.50/23.0	62.85/23.4
2021	72.21/22.3	75.53/15.8	83.98/5.7	77.12/13.3	78.23/13.5	70.78/21.8	68.19/22.6
2022	73.76/22.7	77.91/15.0	86.80/5.5	79.09/12.3	80.39/13.0	72.22/23.8	71.11/22.4
平均	68.93/20.7	73.08/15.4	80.54/5.9	74.13/13.0	73.76/13.5	66.81/22.9	64.73/22.8

为便于直观分析，将指数信息按空间分类、时间排列、优劣序化等方式整理后，形成多年指数得分、连续排序及单年排序的可视化集成图（见图 2.143 至图 2.145），结合表 2.194 的信息，以全国四大经济区为划分标准，对东北三省社会民生方面的进程评价如下。

（1）东北地区社会民生指数得分有所提升，但提升幅度较小。

从四大经济区平均得分曲线的变化情况（见图 2.143）可以看出，中国在社会民生方面的发展成效显著，四大经济区均呈上升趋势，其中中部地区的提升幅度最大，年均提升 3.7 分，西部、东部和东北地区的提升幅度分别为 2.9 分、2.6 分和 2.6 分，可以看出东北地区与东部地区的提升幅度并列最小。具体而言，东北地区以 2018 年为基点（63.5 分），与起步条件类似的中部地区（基点为 65.0 分）相比，明显表现乏力，发展后劲不足，与中部地区的差距逐渐增大。

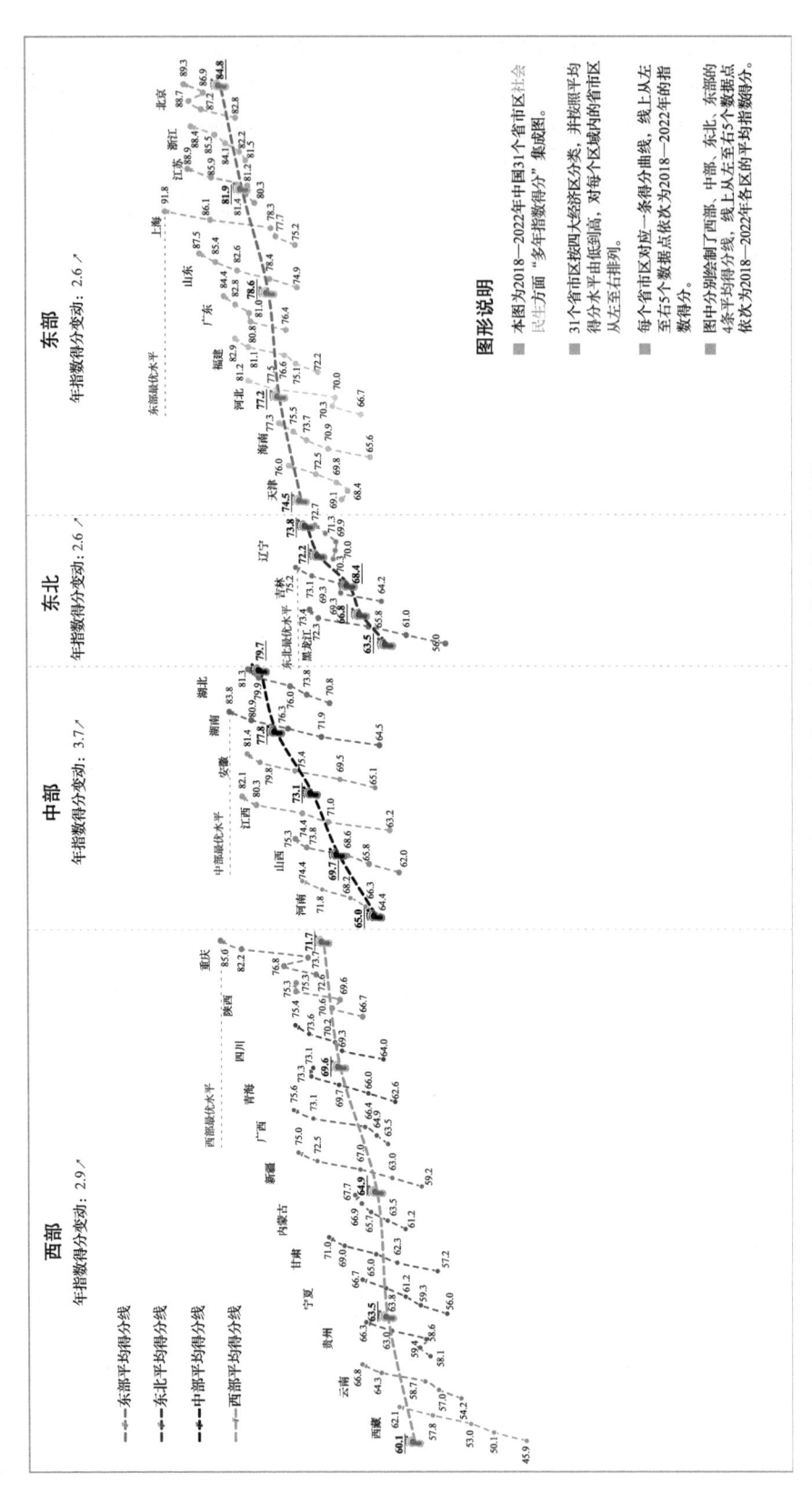

图 2.143 2018—2022 年 31 个省市区社会民生指数得分变动情况

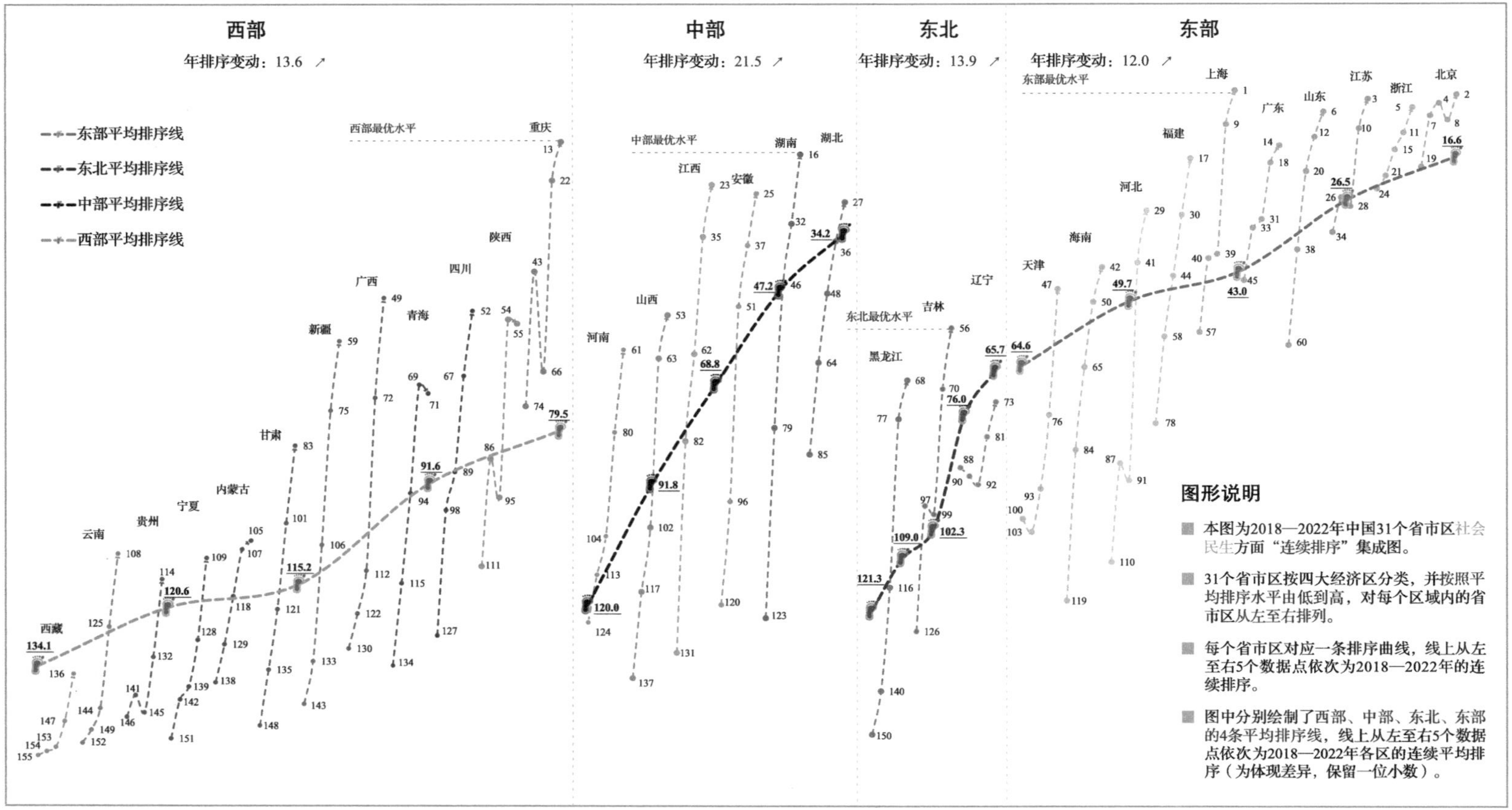

图 2.144 2018—2022 年 31 个省市区社会民生多年连续排序变动情况

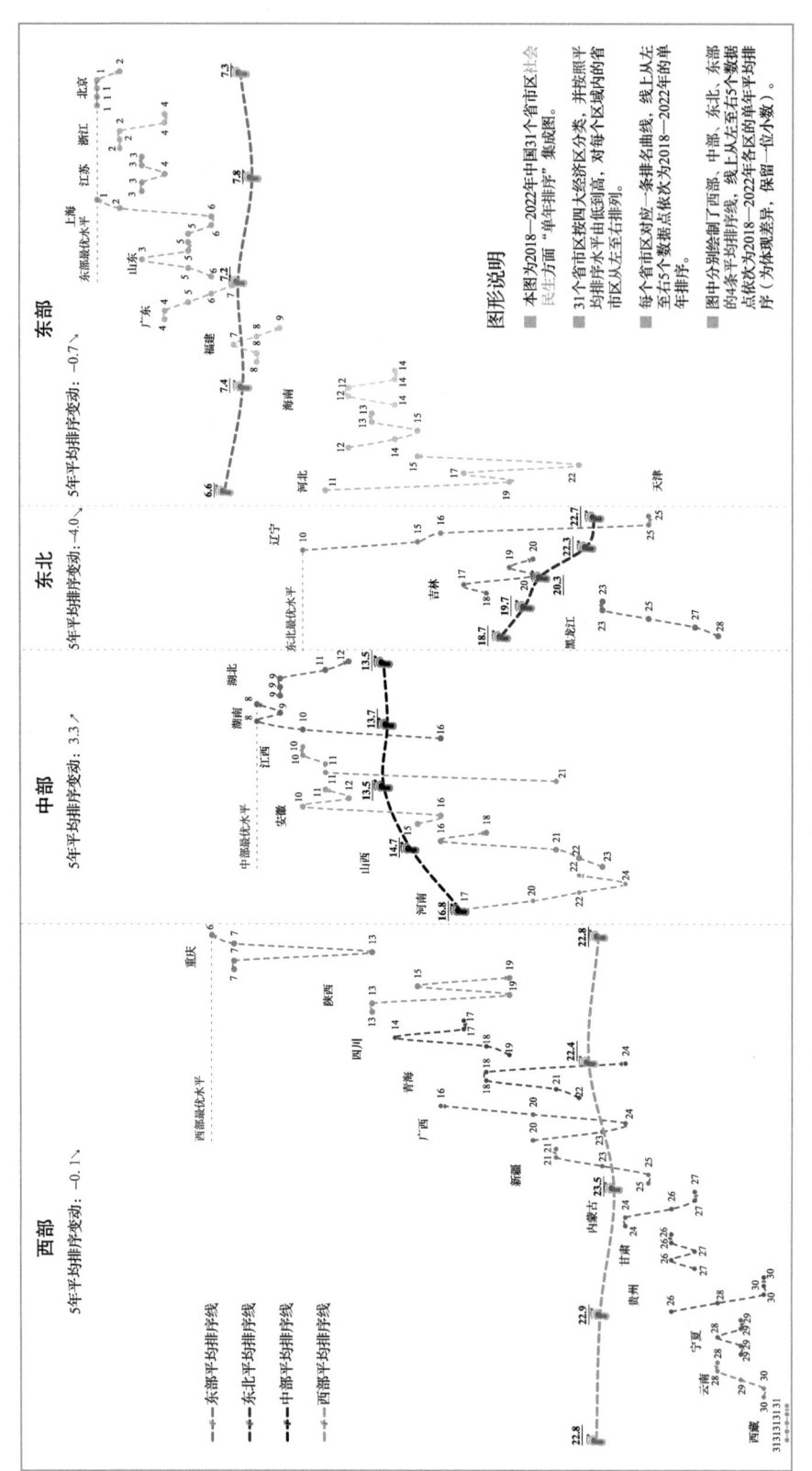

图 2.145 2018—2022 年 31 个省市区社会民生单年排序变动情况

（2）东北地区社会民生绝对水平有所提升，但提升速度较慢。

从四大经济区多年连续排序曲线的变化情况（见图2.144）可以看出，四大经济区整体均呈现上升趋势，其中上升最快的为中部地区，连续排序年均提高21.5名，而东北、西部和东部地区分别提升13.9名、13.6名和12.0名，可以看出中部地区的提升速度相对较快，东北、西部和东部地区的提升速度相近。东北三省中，吉林省的发展水平较高，从2018年的第126名提升为2022年的第56名；黑龙江省的发展水平低于吉林省，从2018年的第150名提升为2022年的第68名；辽宁省的发展水平相对较弱，但呈现一定幅度的提升，从2018年的第88名提升为2022年的第73名。从东北地区的连续排序情况看，其上升幅度较大，但与发展最好的中部地区相比仍有较大差距。

（3）东北地区社会民生相对水平降低，且下降幅度较大。

从四大经济区单年排序曲线的变化情况（见图2.145）可以看出，在相对位次的排序竞争中，东部和西部地区整体变化平稳，基本保持不变，中部地区呈波动上升趋势，2022年较2018年平均单年排序上升幅度为3.3名，东北地区整体呈下降趋势，2018—2022年下降幅度最大（-4.0）。对东北三省而言，辽宁省后退15名（由10名下降到25名），吉林省后退2名（由18名下降到20名），黑龙江省进步5名（由28名上升到23名），东北三省整体相对水平表现出明显的下滑趋势，且下滑幅度较大。就四大经济区单年排序而言，东北地区与其他三个地区相比有一定差距，且远低于表现最优的中部地区。

3. 社会民生分项指数分析

2018—2022年，东北三省社会民生3个分项指数均低于东南三省平均水平。东北三省3个分项指数中的"民生基础"高于全国平均水平，表现较好。东南三省3个分项指数均高于全国平均水平。分省看，东南三省3个分项指数的发展较好且相对均衡。就东北三省而言，辽宁省的"民生基础"相对较强，吉林省的"社会保障"相对较强，黑龙江省的"民生基础"也相对较强。总体来看，东北三省在3个分项指数上与东南三省均有一定的差距，且在"社会保障"和"公共服务"方面差距较大。具体如表2.198和图2.146所示。

表2.198　2018—2022年6省社会民生方面分项指数的平均值

	民生基础	社会保障	公共服务
辽宁省	85.86	66.71	59.94
吉林省	73.27	74.74	62.65
黑龙江省	73.39	67.13	56.64
江苏省	88.82	86.95	74.85
浙江省	92.51	85.18	75.34

续表

	民生基础	社会保障	公共服务
广东省	88.08	80.52	74.63
东北三省平均	77.51	69.53	59.74
东南三省平均	89.81	84.22	74.94
全国各省平均	75.34	73.12	67.40
全国各省最高	102.07	91.66	82.26
全国各省最低	44.79	52.68	42.17

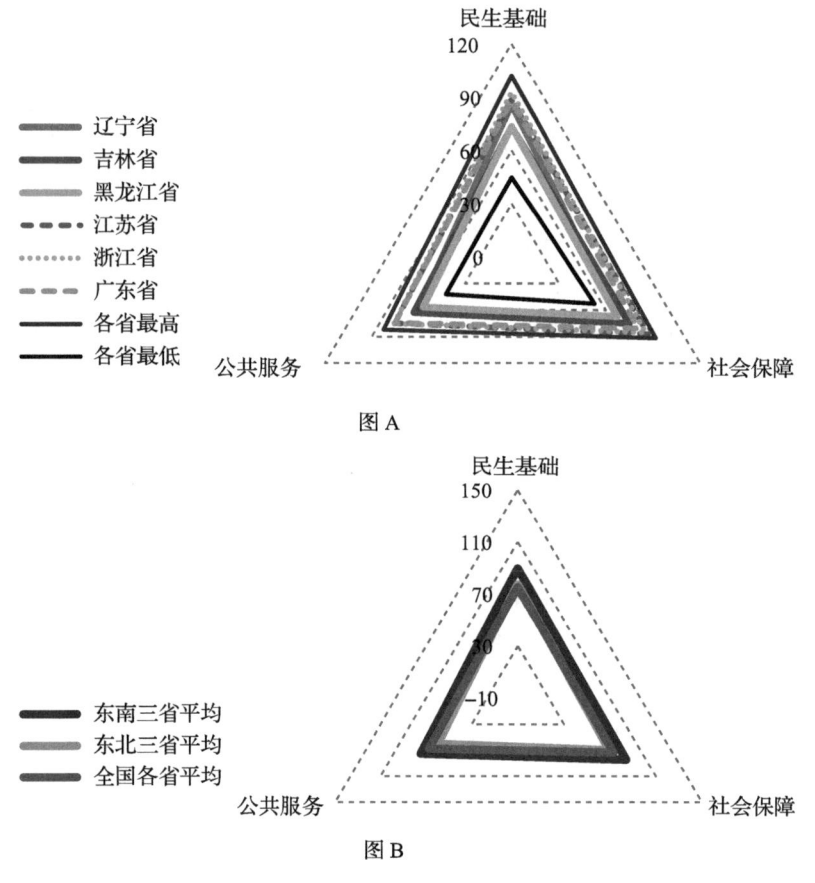

图 2.146　2018—2022 年 6 省社会民生方面分项指数平均值雷达图

2018—2022 年，全国在反映社会民生的 3 个分项指数方面的整体进展良好，特别是在"民生基础"和"公共服务"两个方面发展势头较好；就东南三省而言，除"社会保障"及浙江省的"公共服务"外，其他分项指数得分均呈稳定上升趋势，发展前景良好；东南三省 3 个分项指数均处于全国前列，江苏省"社会保障"处于全国领先位置；就东北三省而言，辽宁省"民生基础"的排序相对靠前，吉林省的"社会保障"

处于中等位置,其他两项表现相对较差,黑龙江省的"民生基础"和"社会保障"处于中等偏下的位置,且"公共服务"排序接近全国末尾(从年排序得出);东北三省社会民生的3个分项指数整体均呈上行发展态势,其中"民生基础"的上升趋势较为稳定。具体如表2.199所示。

表2.199　2018—2022年6省社会民生方面分项指数

分项指数	年份	辽宁省 值/序	吉林省 值/序	黑龙江省 值/序	江苏省 值/序	浙江省 值/序	广东省 值/序	全国平均 值
民生基础	2018	84.05/7	64.15/14	62.07/19	86.03/5	89.16/3	84.49/6	65.94
	2019	85.10/7 ▲	71.96/15 ▲	70.03/19 ▲	87.40/6 ▲	90.99/3 ▲	87.45/5 ▲	72.16 ▲
	2020	85.46/7 ▲	72.70/19 ▲	70.97/21 ▲	87.99/5 ▲	91.63/3 ▲	87.93/6 ▲	74.72 ▲
	2021	87.17/8 ▲	80.05/21 ▲	81.13/19 ▲	90.58/5 ▲	94.39/3 ▲	89.76/6 ▲	80.71 ▲
	2022	87.53/8 ▲	77.49/24 ▽	82.75/20 ▲	92.12/5 ▲	96.40/3 ▲	90.78/6 ▲	83.15 ▲
社会保障	2018	68.73/20	71.19/16	57.82/28	84.70/2	84.11/3	76.31/9	71.13
	2019	67.34/24 ▽	79.00/10 ▲	64.06/27 ▲	84.86/4 ▲	85.13/3 ▲	82.35/6 ▲	74.09 ▲
	2020	64.16/26 ▽	73.46/14 ▽	68.60/20 ▲	83.45/3 ▽	84.74/2 ▽	80.03/6 ▽	71.21 ▽
	2021	66.46/25 ▲	74.60/17 ▲	72.72/22 ▲	90.53/1 ▲	86.20/3 ▲	81.67/8 ▲	74.37 ▲
	2022	66.87/25 ▲	75.46/17 ▲	72.46/22 ▽	91.25/1 ▲	85.71/4 ▽	82.25/8 ▲	74.80 ▲
公共服务	2018	58.04/20	57.21/21	48.24/29	70.25/5	71.09/4	68.26/7	60.96
	2019	57.61/24 ▽	57.01/25 ▽	49.04/29 ▲	71.98/4 ▲	70.62/7 ▽	72.66/3 ▲	62.14 ▲
	2020	60.16/26 ▲	61.73/24 ▲	57.97/29 ▲	72.15/10 ▲	75.93/4 ▲	75.07/5 ▲	67.82 ▲
	2021	60.24/27 ▲	64.61/25 ▲	62.92/26 ▲	76.67/9 ▲	75.87/12 ▽	77.08/8 ▲	71.11 ▲
	2022	63.63/28 ▲	72.68/22 ▲	65.01/26 ▲	83.19/5 ▲	83.2/4 ▲	80.07/13 ▲	74.99 ▲

注:表中符号"▲"表示本年的数据相对于前一年是增长的,符号"▽"表示本年的数据相对于前一年是减少的。

进一步统计升降符(▲或▽)的数量,对不同地区的发展态势及稳定性进行分析和对比可知,2018—2022年,全国3项指数中升符▲的数量大于降符▽的数量,3个分项指数的全国平均水平升符▲的数量均超过(或等于)3个,发展势头良好;东北地区"民生基础"指数升符▲的总量比东南三省少1个,"社会保障"和"公共服务"指数升符▲的总量与东南三省相等,差距相差不大,发展稳定性与东南三省相似;2022年,除"民生基础"外,东北三省其余2项指数升符▲的数量均等于东南三省,2022年的整体发展态势不如东南三省;东北三省升符▲的总数量为29个,占东北三省升降符总数的80.6%,东南三省升符▲的总数量为30个,占83.3%,东北三省与东南三省有一定差距。

2018—2022年,辽宁省升符▲的数量为9个,占辽宁省升降符总数的75.0%,吉林省升符▲的数量为9个，占75.0%，黑龙江省升符▲的数量为11个，占91.7%，江苏省升符▲的数量为11个，占91.7%，浙江省升符▲的数量为8个，占66.7%，广东省升符▲的数量为11个，占91.7%。就东北三省而言，黑龙江省的发展稳定性相对较好，辽宁省和吉林省相对较弱。2018—2022年，"民生基础"发展态势较好的是辽宁省和黑龙江省，"社会保障"发展态势较好的是吉林省和黑龙江省，"公共服务"发展态势较好的是黑龙江省。

（1）民生基础。

①居民人均可支配收入（单位：元/人）。居民人均可支配收入反映一个地区的消费者购买力水平，是衡量地区城乡居民收入水平和生活水平的重要指标。2018—2022年，全国居民人均可支配收入呈持续上升的态势，东北地区整体亦呈逐年上升趋势；东北地区明显低于全国平均水平，且这种差距呈扩大的态势；辽宁省、黑龙江省与吉林省均呈现持续上升的态势；就东北三省而言，辽宁省较好，吉林省次之，黑龙江省较弱。总体而言，东北地区居民人均可支配收入明显低于全国平均水平，且差距有逐年增大的趋势。具体如图2.147所示。

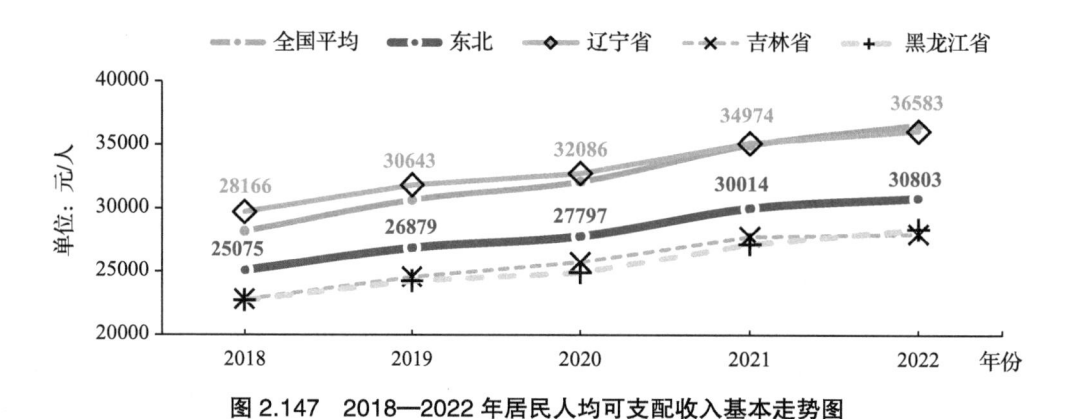

图 2.147　2018—2022年居民人均可支配收入基本走势图

注：①全国平均指31个省市区的平均水平；②全国范围内（可采集到的数据），居民人均可支配收入最大值为2022年上海市的79610元/人，最小值为2018年西藏自治区的17286元/人。

2018—2022年，东北三省居民人均可支配收入在全国31个省市区连续5年数据集中的相对位置分布情况如图2.148所示。可见，东北三省5年（共15个数据）居民人均可支配收入的百分比排位处于50%以上的有6个，其中有1个位于75%以上；此外，排位的最大值是2022年的辽宁省（78.5%），最小值是2018年的黑龙江省（13.6%）。

2018—2022年，6省居民人均可支配收入由高到低依次是浙江省、江苏省、广东省、辽宁省、吉林省、黑龙江省；东南三省呈逐年上升的态势；东南三省中水平较低的广东省优于东北三省中水平最高的辽宁省；居民人均可支配收入增幅最大的是浙江省（7.89%），增幅最小的是辽宁省（5.38%），黑龙江省和吉林省的增幅分别为6.18%、5.68%。具体如表2.200所示。

```
        + 2018年    ○ 2019年    △ 2020年    × 2021年    □ 2022年
```

```
100.0%
 75.0%   2022年, 78.5% □
         2020年, 70.1% △  2021年, 74.6%
                          2019年, 67.5%
         2018年, 59.0% +
 50.0% ─────────────────────────────────────── 2022年, 52.5% □
                     2022年, 48.7% □ 2021年, 46.1%              2021年, 44.1% ×
 25.0%               2020年, 33.1% △
                     2019年, 24.6% ○            2020年, 27.9% △
                                                2019年, 22.7% ○
                     2018年, 14.2% +            2018年, 13.6% +
  0.0%
          辽宁省              吉林省                黑龙江省
```

图 2.148　2018—2022 年东北三省居民人均可支配收入百分比数值图

表 2.200　2018—2022 年 6 省居民人均可支配收入的原始值

年份	辽宁省 值/序	吉林省 值/序	黑龙江省 值/序	江苏省 值/序	浙江省 值/序	广东省 值/序	全国平均值
2018	29701/8	22798/18	22726/19	38096/5	45840/3	35810/6	28166
2019	31820/8	24563/20	24254/22	41400/5	49899/3	39014/6	30643
2020	32738/9	25751/20	24902/23	43390/5	52397/3	41029/6	32086
2021	35112/9	27770/21	27159/23	47498/4	57541/3	44993/6	34974
2022	36089/9	27975/25	28346/22	49862/4	60302/3	47065/6	36583
平均	33092/8.6	25771/20.8	25477/21.8	44049/4.6	53196/3.0	41582/6.0	32491

2018—2022 年，四大经济区居民人均可支配收入由高到低依次是东部、东北、中部、西部；四大经济区均呈逐年上升的态势；西部地区上升幅度最大（8.41%），东北地区上升的幅度为 5.71%；东北地区居民人均可支配收入与表现最优的东部地区相比差距较大。具体如表 2.201 所示。

表 2.201　2018—2022 年四大经济区居民人均可支配收入的平均值

年份	东北 平均值	年排序	东部 平均值	年排序	西部 平均值	年排序	中部 平均值	年排序
2018	25075	15.0	39567	6.8	21598	23.3	23846	17.2
2019	26879	16.7	42947	6.8	23619	22.9	26068	17.2
2020	27797	17.3	44746	6.8	25035	22.9	27234	16.8
2021	30014	17.7	48671	6.9	27405	22.8	29762	16.7
2022	30803	18.7	50573	6.9	28868	22.8	31586	16.3
平均	28114	17.1	45301	6.8	25305	23.0	27699	16.8

2018—2022年，七大地理区居民人均可支配收入由高到低依次为华东、华北、华南、东北、华中、西南、西北；七大地理区均呈现出逐年上升的趋势；其中，西南地区增幅最大（9.75%），东北地区增幅最小（5.71%）；就七大地理区而言，东北地区与表现最优的华东地区相比，差距相对较大。具体如表2.202所示。

表2.202 2018—2022年七大地理区居民人均可支配收入的平均值

年份	东北 值/序	华北 值/序	华东 值/序	华南 值/序	华中 值/序	西北 值/序	西南 值/序
2018	25075/15.0	35136/11.2	38992/6.8	27291/15.3	24275/16	20935/24.8	20929/24.0
2019	26879/16.7	38042/11.4	42395/6.7	29674/15.0	26541/16.0	22788/24.8	23121/23.2
2020	27797/17.3	39427/11.0	44368/6.2	31165/15.3	27522/16.5	24036/24.8	24836/23.2
2021	30014/17.7	42674/11.2	48389/6.0	34059/15.7	30061/16.3	26106/24.6	27499/23.2
2022	30803/18.7	44471/11.0	50533/6.2	35334/15.3	31898/15.8	27410/24.6	29093/23.2
平均	28114/17.1	39950/11.2	44935/6.4	31505/15.3	28059/16.1	24255/24.7	25096/23.4

②居民人均消费支出（单位：元/人）。居民人均消费支出反映了居民在一定时期内用于日常生活消费的全部支出情况，是衡量地区民生基础的重要经济指标。2018—2022年，全国居民人均消费支出呈波动上升的态势，东北地区整体亦呈波动上升趋势，全国和东北地区整体呈波动上升态势，在2020年均出现略微下降；全国平均水平明显高于东北地区，且这种差距呈逐渐扩大的态势；辽宁省、黑龙江省与吉林省均呈现波动上升的态势；就东北三省而言，辽宁省较好，黑龙江省次之，吉林省较弱。总体而言，东北地区居民人均消费支出明显低于全国平均水平，且差距有逐年增大的趋势。具体如图2.149所示。

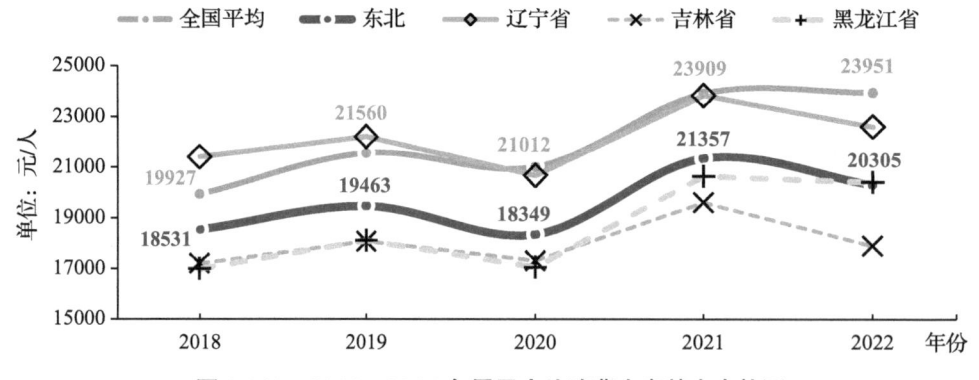

图2.149 2018—2022年居民人均消费支出基本走势图

注：①全国平均指31个省市区的平均水平；②全国范围内（可采集到的数据），居民人均消费支出最大值为2021年上海市的48879元/人，最小值为2018年西藏自治区的11520元/人。

2018—2022年，东北三省居民人均消费支出在全国31个省市区连续5年数据集中的相对位置分布情况如图 2.150 所示。可见，东北三省 5 年（共 15 个数据）居民人均消费支出的百分比排位处于 50% 以下的有 7 个，且有 4 个位于 25% 以下；排位的最大值是 2021 年的辽宁省（74.6%），最小值是 2018 年的黑龙江省（19.4%）。

图 2.150　2018—2022 年东北三省居民人均消费支出百分比数值图

2018—2022 年，6 省居民人均消费支出由高到低依次是浙江省、广东省、江苏省、辽宁省、黑龙江省、吉林省；东南三省均呈波动上升的态势，且都在 2020 年有略微下降的趋势；东南三省中水平较低的江苏省优于东北地区水平最高的辽宁省；居民人均消费支出增幅最大的是浙江省（8.06%），增幅最小的是吉林省（1.01%），辽宁省和黑龙江省的增幅分别为 1.41%、5.03%。具体如表 2.203 所示。

表 2.203　2018—2022 年 6 省居民人均消费支出的原始值

年份	辽宁省 值/序	吉林省 值/序	黑龙江省 值/序	江苏省 值/序	浙江省 值/序	广东省 值/序	全国平均 值
2018	21398/8	17200/16	16994/18	25007/6	29471/4	26054/5	19927
2019	22203/8	18075/19	18111/18	26697/6	32026/3	28995/5	21560
2020	20672/11	17318/22	17056/23	26225/6	31295/3	28492/4	21012
2021	23831/10	19605/21	20636/17	31451/6	36668/3	31589/5	23909
2022	22604/12	17898/27	20412/19	32848/4	38971/3	32169/5	23951
平均	22142/9.8	18019/21.0	18642/19.0	28446/5.6	33686/3.2	29460/4.8	22072

2018—2022 年，四大经济区居民人均消费支出由高到低依次是东部、东北、中部、西部；四大经济区均呈波动上升的态势，且东北、东部和中部三个地区都在 2020 年有下降的趋势，其中东北和西部地区在 2022 年亦有下降的趋势；东部地区上升幅度最大（4.59%），东北地区上升的幅度为 2.39%；东北地区居民人均消费支出与表现最优的东部地区相比差距较大。具体如表 2.204 所示。

表 2.204 2018—2022 年四大经济区居民人均消费支出的平均值

年份	东北 平均值	东北 年排序	东部 平均值	东部 年排序	西部 平均值	西部 年排序	中部 平均值	中部 年排序
2018	18531	14.0	26966	7.5	15944	22.0	16860	19.2
2019	19463	15.0	29150	7.5	17287	22.0	18505	18.7
2020	18349	18.7	27899	7.1	17367	21.2	18159	19.2
2021	21357	16.0	31887	7.3	19485	22.1	20738	18.3
2022	20305	19.3	31911	7.4	19396	22.2	21620	16.3
平均	19601	16.6	29562	7.4	17896	21.9	19176	18.3

2018—2022 年，七大地理区居民人均消费支出由高到低依次为华东、华北、华南、华中、东北、西南、西北；东北、华北、西北地区展现出相似的趋势，具体表现为 2019 年和 2021 年均呈上升趋势，而 2020 年和 2022 年转为下降趋势，华南、华中和华东地区普遍呈波动上升的态势，西南地区呈稳定上升趋势；东北地区增幅最小，增长幅度为 2.39%；就七大地理区而言，东北地区排序靠后，与表现最优的华东地区相比，差距相对较大。具体如表 2.205 所示。

表 2.205 2018—2022 年七大地理区居民人均消费支出的平均值

年份	东北 值/序	华北 值/序	华东 值/序	华南 值/序	华中 值/序	西北 值/序	西南 值/序
2018	18531/14.0	24189/12.0	26108/8.0	19506/15.3	17327/17.8	16049/22.8	15296/23.0
2019	19463/15.0	25897/13.0	28201/7.7	21656/14.7	19007/17.0	17317/22.6	16740/23.0
2020	18349/18.7	24186/13.2	27500/7.2	21274/15.0	18586/17.5	17179/22.0	17270/21.2
2021	21357/16.0	27326/13.8	31695/7.2	23973/15.3	21331/16.3	18962/23.4	19653/21.6
2022	20305/19.3	26946/13.8	32181/6.5	24004/15.3	22410/14.3	18332/25.2	20090/20.2
平均	19601/16.6	25709/13.2	29137/7.3	22082/15.1	19732/16.6	17568/23.2	17810/21.8

③居民人均储蓄额（单位：元/人）。居民人均储蓄额是指每位居民存入银行及农村信用社的储蓄金额，反映了一个地区的消费者购买力水平，是衡量地区城乡居民收入和生活水平的重要指标，计算公式为地区居民人民币储蓄余额与常住人口数的比值。2018—2022 年，全国及东北地区居民人均储蓄额呈持续上升的态势；东北地区明显高于全国平均水平；辽宁省、黑龙江省与吉林省均呈持续上升趋势，且增幅明显；就东北三省而言，辽宁省较好，吉林省次之，黑龙江省较弱。总体而言，东北地区居民人均储蓄额明显高于全国平均水平，且差距在逐年增大的基础上有微弱缩减的趋势。具体如图 2.151 所示。

Ⅱ 评价报告

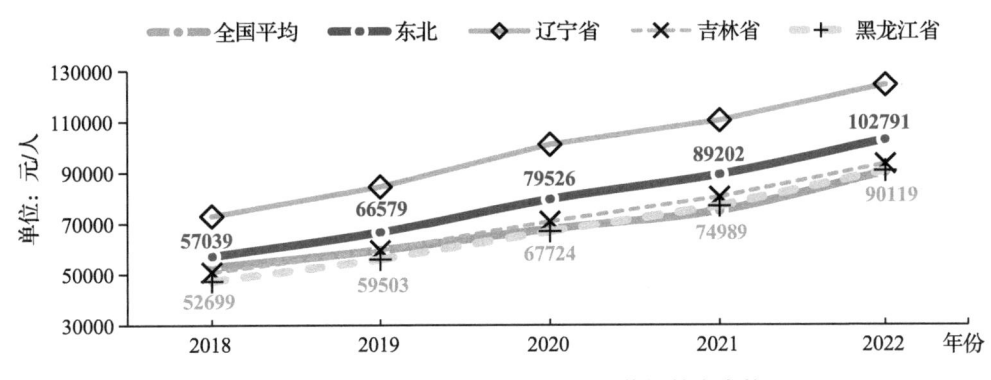

图 2.151 2018—2022 年居民人均储蓄额基本走势图

注：①全国平均指 31 个省市区的平均水平；②全国范围内（可采集到的数据），新居民人均储蓄额最大值为 2022 年北京市的 268413 元 / 人，最小值为 2018 年西藏自治区的 26157 元 / 人。

2018—2022 年，东北三省居民人均储蓄额在全国 31 个省市区连续 5 年数据集中的相对位置分布情况如图 2.152 所示。可见，东北三省 5 年（共 15 个数据）居民人均储蓄额的百分比排位处于 50% 以下的有 3 个，且均位于 25% 以上；排位的最大值是 2022 年的辽宁省（92.8%），最小值是 2018 年的黑龙江省（27.9%）。

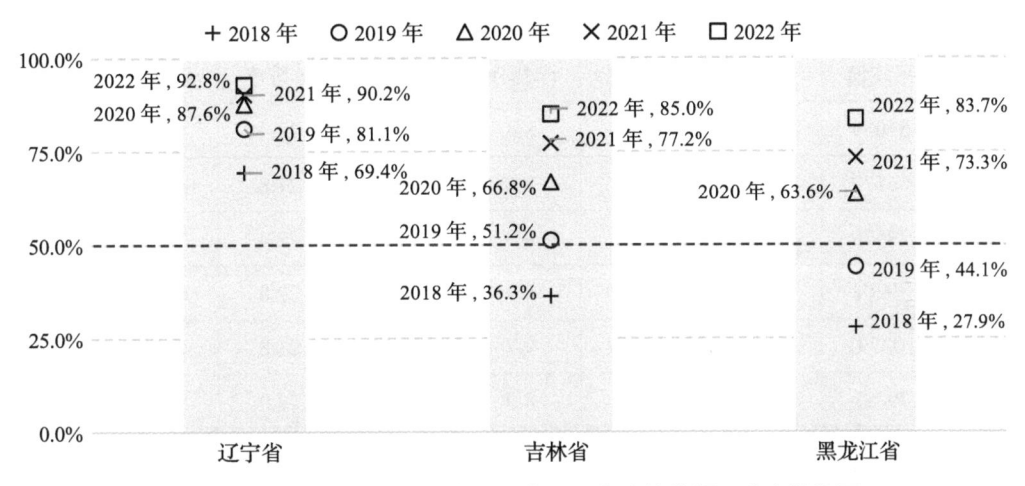

图 2.152 2018—2022 年东北三省居民人均储蓄额百分比数值图

2018—2022 年，6 省居民人均储蓄额由高到低依次是辽宁省、浙江省、江苏省、广东省、吉林省、黑龙江省；东北三省和东南三省均呈持续上升的态势；东北三省居民人均储蓄额的发展水平较为不均衡；东南三省中水平最高的浙江省劣于东北地区水平最高的辽宁省，但东南三省中水平较低的广东省优于东北地区的吉林省和黑龙江省；居民人均储蓄额增幅最大的是黑龙江省（22.88%），增幅最小的是广东省（14.40%），辽宁省和吉林省的增幅分别为 17.61%、20.93%。具体如表 2.206 所示。

表 2.206　2018—2022 年 6 省居民人均储蓄额的原始值

年份	辽宁省 值/序	吉林省 值/序	黑龙江省 值/序	江苏省 值/序	浙江省 值/序	广东省 值/序	全国平均 值
2018	72971/5	50821/11	47326/15	60826/6	74060/4	56927/8	52699
2019	84484/4	59395/10	55856/14	68903/6	84287/5	63223/8	59503
2020	100970/4	70846/9	66760/11	79018/6	95190/5	70482/10	67724
2021	110360/4	80405/9	76839/11	88127/6	103190/5	76946/10	74989
2022	124364/5	93368/10	90641/11	106644/7	125045/4	89717/12	90119
平均	98630/4.4	70967/9.8	67485/12.4	80704/6.2	96354/4.6	71459/9.6	69007

2018—2022 年，四大经济区居民人均储蓄额由高到低依次是东部、东北、中部、西部；四大经济区均呈持续上升的态势；东北地区上升幅度最大，为 20.05%；东北地区居民人均储蓄额与表现最优的东部地区相比差距不大。具体如表 2.207 所示。

表 2.207　2018—2022 年四大经济区居民人均储蓄额的平均值

年份	东北 平均值	年排序	东部 平均值	年排序	西部 平均值	年排序	中部 平均值	年排序
2018	57039	10.0	73265	8.4	39630	21.4	42393	20.7
2019	66579	9.3	83514	8.6	43656	21.8	47641	20.0
2020	79526	8.0	95168	8.9	48520	22.4	54493	19.0
2021	89202	8.0	104990	8.9	53323	22.8	61212	18.3
2022	102791	8.7	125637	9.7	66465	21.8	71895	18.7
平均	79027	8.9	96515	8.9	50319	22.0	55527	19.3

2018—2022 年，七大地理区居民人均储蓄额由高到低依次为华北、华东、东北、西北、华南、华中、西南；七大地理区均呈逐年上升态势；其中，增幅最大的是西北地区（20.21%），增幅最小的是华南地区（12.68%）；就七大地理区而言，东北地区排序靠前，与表现最优的华北地区相比，差距相对较小。具体如表 2.208 所示。

（2）社会保障。

①城乡贫困人数占比（单位：%）。城乡贫困人数占比是衡量社会民生保障水平的重要指标，计算公式为城市和农村最低保障生活人数之和与年末人口数的比值，是逆向指标。总体而言，除 2018 年外，东北地区城乡贫困人数占比均低于全国平均水平，但二者差距较小；2018—2022 年，全国城乡贫困人数占比整体呈下降趋势（整体升降

表 2.208　2018—2022 年七大地理区居民人均储蓄额的平均值

年份	东北 值/序	华北 值/序	华东 值/序	华南 值/序	华中 值/序	西北 值/序	西南 值/序
2018	57039/10.3	79373/6.6	63649/11.3	43617/18.7	39500/23.0	42636/19.6	36356/23.6
2019	66579/9.3	90808/6.4	72770/11.3	47587/18.7	44529/22.5	46917/20.6	39750/23.8
2020	79526/8.0	103771/6.4	83169/11.3	52697/20.0	51047/21.0	51661/21.2	44485/24.4
2021	89202/8.0	115068/6.4	92178/10.8	57656/20.0	57230/20.8	56411/22.0	48939/24.4
2022	102791/8.7	136428/7.0	111756/11.2	65734/21.7	67161/21.0	77095/19.0	56265/24.8
平均	79027/8.9	105089/6.6	84704/11.2	53458/19.8	51893/21.7	54944/20.5	45159/24.2

幅度较为平稳），东北三省中，辽宁省和吉林省呈波动下降趋势，黑龙江省呈持续下降趋势；东北三省略优于全国平均水平；黑龙江省、吉林省和辽宁省整体均呈下降趋势；相对而言，辽宁省略好，吉林省次之，黑龙江省较弱。总体而言，东北三省城乡贫困人数占比略优于全国平均水平。具体如图 2.153 所示。

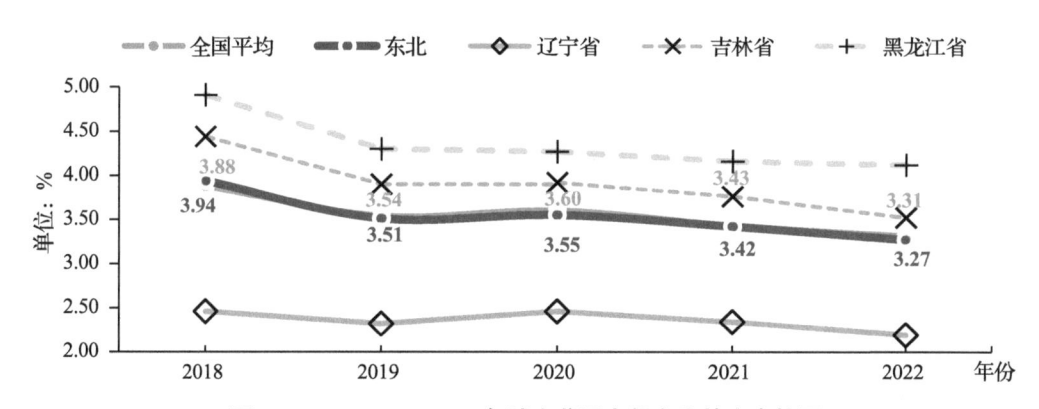

图 2.153　2018—2022 年城乡贫困人数占比基本走势图

注：①全国平均指 31 个省市区的平均水平；②全国范围内（可采集到的数据），城乡贫困人数占比最大值为 2018 年甘肃省的 11.26%，最小值为 2019 年北京市的 0.47%。

2018—2022 年，东北三省城乡贫困人数占比在全国 31 个省市区连续 5 年数据集中的相对位置分布情况如图 2.154 所示。可见，东北三省 5 年（共 15 个数据）城乡贫困人数占比的百分比排位处于 50% 以下的有 10 个；排位的最大值是 2022 年的辽宁省（70.2%），最小值是 2018 年的黑龙江省（29.3%）。

2018—2022 年，6 省城乡贫困人数占比表现由优到劣依次为江苏省、浙江省、广东省、辽宁省、吉林省、黑龙江省；东南三省中，广东省呈稳中有降趋势，其余两省均呈持续下降趋势；东北三省中，辽宁省和吉林省呈波动下降趋势，黑龙江省呈持续

```
           + 2018年   ○ 2019年   △ 2020年   × 2021年   □ 2022年
100.0%
 75.0%
          2019年,68.2%    2022年,70.2%
          2021年,67.6%    2020年,65.0%
 50.0%                   2018年,64.3%
                              2022年,45.5%   2021年,41.6%              2022年,35.8%
                              2019年,39.0%                             2021年,35.1%
                              2018年,30.6%   2020年,38.4%  2020年,33.2%
 25.0%                                                    2019年,31.9%  2018年,29.3%

  0.0%
           辽宁省                   吉林省                    黑龙江省
```

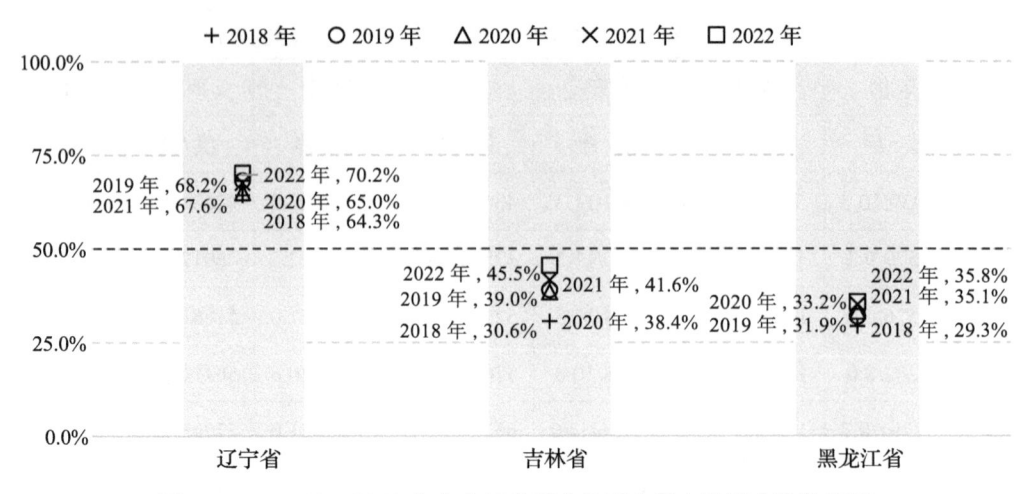

图 2.154 2018—2022 年东北三省城乡贫困人数占比百分比数值图

下降趋势；东北三省相比于东南三省，仍存在较明显的差距；城乡贫困人数占比降幅最大的是江苏省（-7.20%），最小的是广东省（-2.42%），辽宁省、吉林省和黑龙江省的降幅分别为 2.75%、5.20% 和 4.04%。具体如表 2.209 所示。

表 2.209 2018—2022 年 6 省城乡贫困人数占比的原始值

年份	辽宁省 值/序	吉林省 值/序	黑龙江省 值/序	江苏省 值/序	浙江省 值/序	广东省 值/序	全国平均 值
2018	2.46/11	4.44/20	4.91/21	1.06/4	1.16/7	1.14/6	3.88
2019	2.32/10	3.90/19	4.30/21	0.96/3	1.03/5	1.12/6	3.54
2020	2.46/11	3.92/19	4.27/21	0.91/3	0.95/4	1.13/6	3.60
2021	2.34/11	3.76/19	4.16/21	0.85/3	0.91/4	1.12/6	3.43
2022	2.19/10	3.52/19	4.12/21	0.75/3	0.86/4	1.03/6	3.31
平均	2.35/10.6	3.91/19.2	4.35/21.0	0.91/3.2	0.98/4.8	1.11/6.0	3.55

2018—2022 年，四大经济区城乡贫困人数占比表现由优到劣依次为东部、中部、东北、西部；四大经济区均呈波动下降趋势；降幅最小的是东部地区（-1.34%），降幅最大的是东北地区（-4.21%）；东北地区城乡贫困人数占比与东部地区相比，存在一定差距。具体如表 2.210 所示。

2018—2022 年，七大地理区城乡贫困人数占比表现由优到劣依次为华东、华南、华北、华中、东北、西南、西北；华南地区呈波动上升趋势，西北地区呈持续下降趋势，其余地区呈波动下降趋势；七大地理区中，增幅最大的是华南地区（4.14%），增幅最小的是西北地区（-6.21%），东北地区的增幅为 -4.21%；就七大地理区而言，东北地区排序靠后，与表现最优的华东地区相比，有一定差距。具体如表 2.211 所示。

表 2.210　2018—2022 年四大经济区城乡贫困人数占比的平均值

年份	东北 平均值	东北 年排序	东部 平均值	东部 年排序	西部 平均值	西部 年排序	中部 平均值	中部 年排序
2018	3.94	17.3	1.20	5.5	6.24	24.0	3.61	16.8
2019	3.51	16.7	1.20	5.6	5.62	24.2	3.32	16.7
2020	3.55	17.0	1.22	5.5	5.70	24.4	3.41	16.2
2021	3.42	17.0	1.18	5.5	5.39	24.4	3.27	16.2
2022	3.27	16.7	1.13	5.6	5.22	24.5	3.11	16.0
平均	3.54	16.9	1.18	5.5	5.63	24.3	3.34	16.4

表 2.211　2018—2022 年七大地理区城乡贫困人数占比的平均值

年份	东北 值/序	华北 值/序	华东 值/序	华南 值/序	华中 值/序	西北 值/序	西南 值/序
2018	3.94/17.3	2.83/11.8	1.51/7.2	2.35/11.7	3.52/16.5	7.43/25.6	5.40/22.6
2019	3.51/16.7	2.83/12.6	1.45/7.0	2.85/13.0	3.20/16.3	6.00/25.2	5.03/22.2
2020	3.55/17.0	2.88/12.6	1.47/6.8	3.01/13.0	3.33/15.5	6.00/25.4	5.10/22.6
2021	3.42/17.0	2.75/12.8	1.43/6.8	2.80/13.0	3.19/15.5	5.72/25.6	4.78/22.2
2022	3.27/16.7	2.64/12.6	1.37/7.0	2.74/13.0	3.07/15.5	5.58/25.8	4.57/22.2
平均	3.54/16.9	2.79/12.5	1.45/7.0	2.75/12.7	3.26/15.9	6.15/25.5	4.98/22.4

②城镇失业率（单位：%）。城镇失业率反映了城市就业市场的紧张程度和失业问题的严重程度，是衡量社会保障水平的重要指标，且是逆向指标。2018—2022 年，全国城镇失业率整体呈波动变化趋势（整体升降幅度较为平稳），东北三省也呈波动变化趋势，四年间整体变化幅度较为平稳；东北三省明显落后于全国平均水平；辽宁省呈波动上升趋势，吉林省呈波动下降趋势，黑龙江省呈持续下降趋势；相对而言，吉林省略好，黑龙江省次之，辽宁省较弱。总体而言，东北三省的城镇失业率明显高于全国平均水平，但劣势在逐渐缩小。具体如图 2.155 所示。

2018—2022 年，东北三省城镇失业率在全国 31 个省市区连续 5 年数据集中的相对位置分布情况如图 2.156 所示。可见，东北三省 5 年（共 12 个数据）城镇失业率的百分比排位处于 50% 以下的有 11 个；排位的最大值是 2019 年的吉林省（52.9%），最小值是 2020 年的辽宁省（0.0%）。

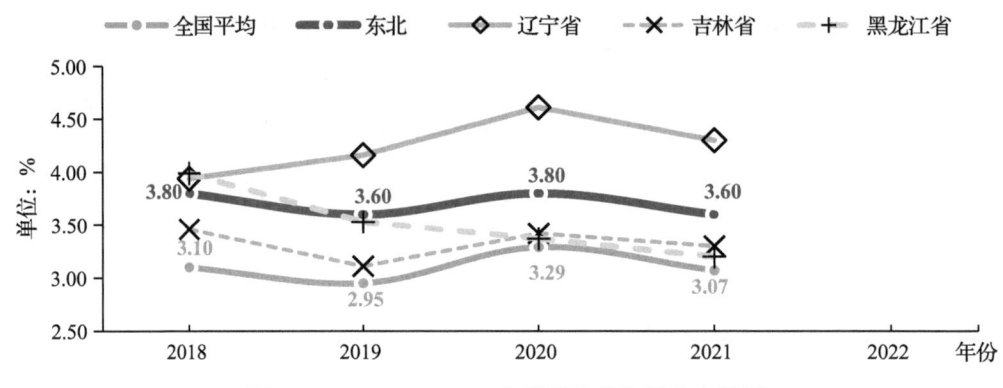

图 2.155　2018—2022 年城镇失业率基本走势图

注：①全国平均指 31 个省市区的平均水平；②全国范围内（可采集到的数据），城镇失业率最大值为 2020 年辽宁省的 4.61%，最小值为 2019 年北京市的 1.30%。

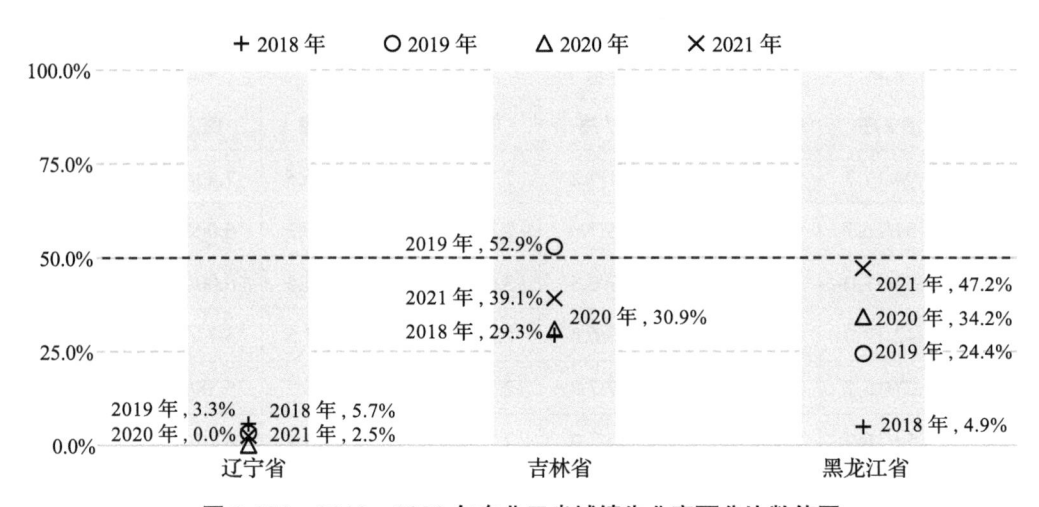

图 2.156　2018—2022 年东北三省城镇失业率百分比数值图

2018—2022 年，6 省城镇失业率表现由优到劣依次为广东省、浙江省、江苏省、吉林省、黑龙江省、辽宁省；东南三省中，江苏省呈先上升后下降的趋势且降幅较大，其余两省均呈波动上升趋势；东北三省中，辽宁省呈波动上升趋势，吉林省呈波动下降趋势，黑龙江省呈持续下降趋势；东北三省相比于东南三省，仍存在较明显的差距；城镇失业率降幅最大的是黑龙江省（-6.60%），增幅最大的是辽宁省（3.05%），吉林省的增幅为 -1.54%。具体如表 2.212 所示。

2018—2022 年，四大经济区城镇失业率表现由优到劣依次为中部、东部、西部、东北；中部和东北地区均呈波动下降趋势，东部和西部地区均呈波动上升趋势；西部地区的增幅最大（1.41%），中部地区的降幅最大（-4.18%）；东北地区城镇失业率与表现最优的中部地区相比，仍存在一定差距。具体如表 2.213 所示。

表 2.212 2018—2022 年 6 省城镇失业率的原始值

年份	辽宁省 值/序	吉林省 值/序	黑龙江省 值/序	江苏省 值/序	浙江省 值/序	广东省 值/序	全国平均 值
2018	3.94/30	3.46/22	3.99/31	2.97/12	2.60/7	2.41/5	3.10
2019	4.16/31	3.11/17	3.53/26	3.03/16	2.52/7	2.25/4	2.95
2020	4.61/31	3.42/19	3.37/18	3.20/14	2.79/8	2.53/3	3.29
2021	4.30/30	3.30/20	3.20/18	2.50/5	2.60/9	2.50/5	3.07
2022							
平均	4.25/30.5	3.32/19.5	3.52/23.3	2.93/11.8	2.63/7.8	2.42/4.3	3.10

表 2.213 2018—2022 年四大经济区城镇失业率的平均值

年份	东北 平均值	年排序	东部 平均值	年排序	西部 平均值	年排序	中部 平均值	年排序
2018	3.80	27.7	2.91	14.1	3.08	14.7	3.11	15.5
2019	3.60	24.7	2.83	15.3	2.98	16.1	2.77	12.2
2010	3.80	22.7	3.15	13.9	3.38	18.0	3.07	11.8
2021	3.60	22.7	2.96	13.9	3.21	17.9	2.72	10.0
2022	—	—	—	—	—	—	—	—
平均	3.70	24.4	2.96	14.3	3.16	16.7	2.92	12.4

2018—2022 年，七大地理区城镇失业率表现由优到劣依次为华南、华中/西北、华东、华北、西南、东北；华北、西南地区呈波动上升趋势，华南地区呈平稳上升趋势，其余四个地区呈波动下降趋势；华东地区的降幅最大（-4.42%），华南地区的增幅最大（4.96%）；就七大地理区而言，东北地区排序靠后，与表现最优的华南地区相比，有一定差距。具体如表 2.214 所示。

表 2.214 2018—2022 年七大地理区城镇失业率的平均值

年份	东北 值/序	华北 值/序	华东 值/序	华南 值/序	华中 值/序	西北 值/序	西南 值/序
2018	3.80/27.7	3.01/17.2	3.17/16.7	2.35/3.3	3.15/16.8	3.04/13.8	3.16/15.6
2019	3.60/24.7	2.87/17.2	3.09/18.2	2.37/5.3	2.82/13.0	2.87/14.2	3.03/17.0
2020	3.80/22.7	3.31/16.6	3.24/15.5	2.69/5.3	3.12/12.5	3.07/13.8	3.74/23.0
2021	3.60/22.7	3.22/18.0	2.75/10.5	2.70/8.7	2.88/13.0	2.96/15.6	3.48/21.0
2022	—	—	—	—	—	—	—
平均	3.70/24.4	3.10/17.3	3.06/15.2	2.53/5.7	2.99/13.8	2.99/14.4	3.35/19.2

③人均养老金支出（单位：元/人）。人均养老金支出反映养老金支付的整体水平和趋势，是用来衡量一个国家或地区社会保障水平的重要指标，计算公式为总的养老金支出金额与年末人口数的比值。2018—2022年，全国人均养老金支出呈持续上升态势，东北地区整体亦呈持续上升态势；东北地区明显高于全国平均水平，且这种差距呈逐渐扩大的趋势；东北三省均呈持续上升的趋势；就东北三省而言，辽宁省较好，黑龙江省次之，吉林省较弱。总体而言，东北地区人均养老金支出明显优于全国平均水平。具体如图2.157所示。

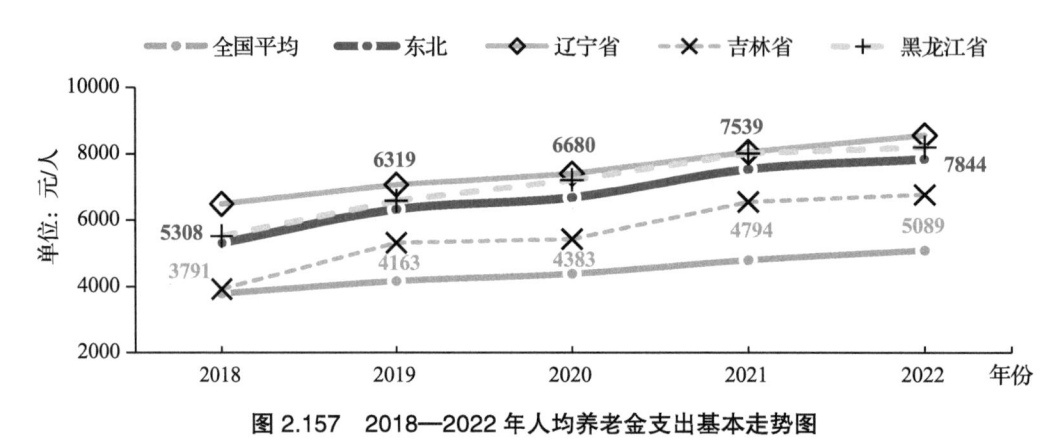

图 2.157　2018—2022年人均养老金支出基本走势图

注：①全国平均指31个省市区的平均水平；②全国范围内（可采集到的数据），人均养老金支出最大值为2022年上海市的14415元/人，最小值为2018年云南省的1626元/人。

2018—2022年，东北三省人均养老金支出在全国31个省市区连续5年数据集中的相对位置分布情况如图2.158所示。可见，东北三省5年（共15个数据）人均养老金支出的百分比排位全部处于50%以上；此外，排位的最大值是2022年的辽宁省（93.5%），最小值是2018年的吉林省（53.2%）。

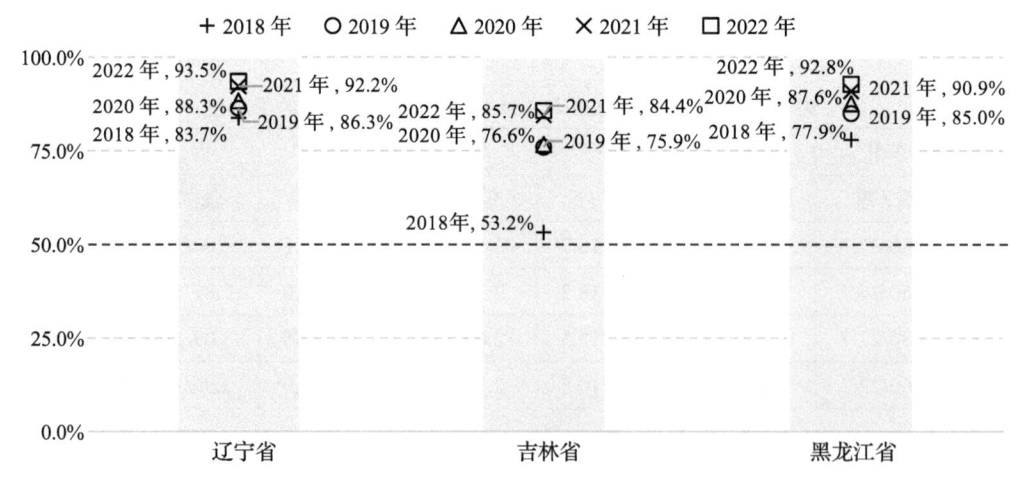

图 2.158　2018—2022年东北三省人均养老金支出百分比数值图

2018—2022年，6省人均养老金支出由高到低依次是辽宁省、黑龙江省、浙江省、吉林省、江苏省、广东省；东南三省中，江苏省、浙江省均呈持续上升的态势，广东省呈波动上升的态势；东北三省中，三省份均呈持续上升的态势；东北三省明显优于东南三省；人均养老金支出增幅最小的是江苏省（6.33%），增幅最大的是吉林省（18.14%），辽宁省和黑龙江省的增幅分别为8.01%和12.18%。具体如表2.215所示。

表2.215 2018—2022年6省人均养老金支出的原始值

年份	辽宁省 值/序	吉林省 值/序	黑龙江省 值/序	江苏省 值/序	浙江省 值/序	广东省 值/序	全国平均值
2018	6484/4	3923/10	5517/5	4354/8	4849/6	2148/27	3791
2019	7064/4	5313/7	6578/5	4354/10	5204/9	3212/19	4163
2020	7402/4	5426/8	7211/5	4625/10	5590/6	2835/23	4383
2021	8058/4	6544/6	8016/5	5179/9	6085/7	2962/25	4794
2022	8560/4	6769/6	8204/5	5456/10	6442/7	3115/25	5089
平均	7514/4.0	5595/7.4	7105/5.0	4794/9.4	5634/7.0	2854/23.8	4444

2018—2022年，四大经济区人均养老金支出由高到低依次是东北、东部、西部、中部；四大经济区均呈持续上升趋势；东北地区上升幅度最大（11.95%），中部地区上升幅度最小（6.08%）；东北地区人均养老金支出明显优于其他地区。具体如表2.216所示。

表2.216 2018—2022年四大经济区人均养老金支出的平均值

年份	东北 平均值	东北 年排序	东部 平均值	东部 年排序	西部 平均值	西部 年排序	中部 平均值	中部 年排序
2018	5308	6.3	4785	13.4	3051	18.5	2855	20.2
2019	6319	5.3	5157	13.3	3436	18.1	2882	21.7
2020	6680	5.7	5445	13.3	3591	17.8	3052	22.2
2021	7539	5.0	5926	13.5	3911	17.8	3302	22.0
2022	7844	5.0	6380	13.5	4093	18.2	3549	21.3
平均	6738	5.5	5537	13.4	3617	18.1	3128	21.5

2018—2022年，七大地理区人均养老金支出由高到低依次为东北、华北、华东、西北、西南、华中、华南；华南地区呈波动上升趋势，其余六个地区均呈持续上升趋势；东北地区增幅最大，为11.95%，华南地区增幅最小，为5.70%；就七大地理区而言，东北地区排序第一，优于其他六个地区。具体如表2.217所示。

表 2.217　2018—2022 年七大地理区人均养老金支出的平均值

年份	东北 值/序	华北 值/序	华东 值/序	华南 值/序	华中 值/序	西北 值/序	西南 值/序
2018	5308/6.3	5221/9.0	4641/13.7	2503/23.3	2656/22.3	3262/16.0	2639/22.2
2019	6319/5.3	5554/9.2	4780/16.0	2857/22.7	2851/22.0	3904/14.6	2832/21.8
2020	6680/5.7	5905/10.0	5138/14.8	2806/23.3	2986/22.8	3944/14.4	3083/21.4
2021	7539/5.0	6477/10.2	5582/14.8	2957/24.0	3230/22.5	4310/14.6	3359/21.2
2022	7844/5.0	7006/10.0	5974/14.8	3074/24.3	3495/21.8	4526/14.8	3502/21.6
平均	6738/5.5	6033/9.7	5223/14.8	2840/23.5	3044/22.3	3989/14.9	3083/21.6

④基本医疗保险参保率（单位：%）。基本医疗保险参保率是指参加基本医疗保险人数的比例。这一比例通常用百分数表示，可以反映出该地区或国家在保障居民医疗保健权利方面的覆盖范围和程度，计算公式为基本医疗保险参保人数与年末人口数的比值。2018—2022 年，全国基本医疗保险参保率呈先上升后下降的趋势，整体升降幅度较为平稳，东北地区整体呈波动下降趋势；东北地区低于全国平均水平，且这种差距呈扩大的态势；辽宁省与吉林省均呈持续下降态势，黑龙江省呈波动上升态势，2020 年升幅明显；就东北三省而言，吉林省较好，辽宁省次之，黑龙省较弱。总体而言，东北地区基本医疗保险参保率低于全国平均水平，且差距在前四年持续增大，在第五年微弱减小。具体如图 2.159 所示。

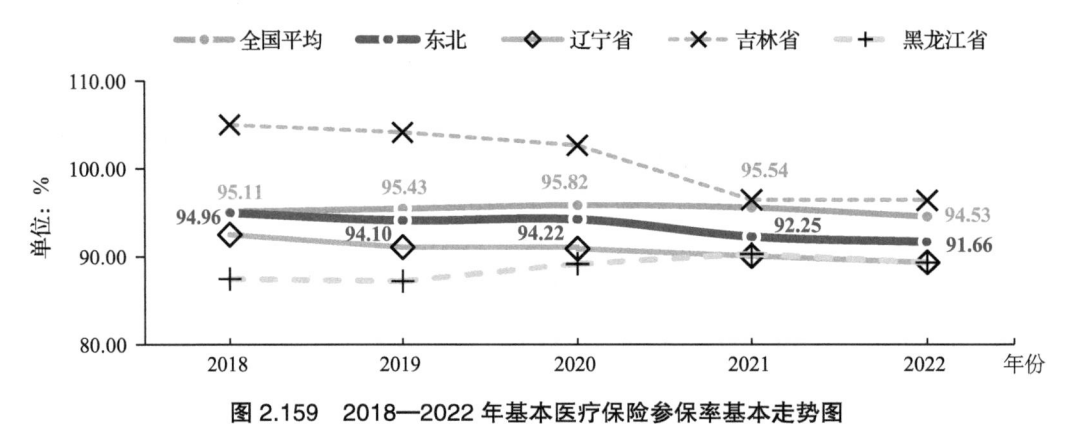

图 2.159　2018—2022 年基本医疗保险参保率基本走势图

注：①全国平均指 31 个省市区的平均水平；②全国范围内（可采集到的数据），基本医疗保险参保率最大值为 2018 年贵州省的 110.77%，最小值为 2018 年上海市的 75.40%。

2018—2022 年，东北三省基本医疗保险参保率在全国 31 个省市区连续 5 年数据集中的相对位置分布情况如图 2.160 所示。可见，东北三省 5 年（共 15 个数据）基本医疗保险参保率的百分比排位处于 50% 以下的有 10 个，其中有 7 个位于 25% 以下；此外，

+ 2018年　○ 2019年　△ 2020年　× 2021年　□ 2022年

图 2.160　2018—2022 年东北三省基本医疗保险参保率百分比数值图

排位的最大值是 2018 年的吉林省（91.5%），最小值是 2019 年的黑龙江省（12.9%）。

2018—2022 年，6 省基本医疗保险参保率由高到低依次是吉林省、江苏省、辽宁省、黑龙江省、广东省、浙江省；东南三省中，江苏省呈持续上升的态势，广东省呈波动上升的态势，浙江省呈波动下降的态势；东北三省中，辽宁省与吉林省均呈持续下降的态势，黑龙江省呈波动上升的态势。基本医疗保险参保率增幅最大的是江苏省（1.07%），降幅最大的是吉林省（-2.05%），黑龙江省和辽宁省的增幅分别为 0.54%、-0.86%。具体如表 2.218 所示。

表 2.218　2018—2022 年 6 省基本医疗保险参保率的原始值

年份	辽宁省 值/序	吉林省 值/序	黑龙江省 值/序	江苏省 值/序	浙江省 值/序	广东省 值/序	全国平均 值
2018	92.49/21	104.97/4	87.42/27	91.42/23	85.58/29	85.97/28	95.11
2019	91.06/23	104.09/5	87.16/27	92.68/20	85.67/29	86.34/28	95.43
2020	90.88/25	102.61/8	89.15/27	93.99/17	85.90/29	87.07/28	95.82
2021	90.05/25	96.43/11	90.28/24	94.81/17	86.46/28	88.87/27	95.54
2022	89.32/25	96.36/11	89.31/26	95.36/13	84.80/30	88.12/27	94.53
平均	90.76/23.8	100.89/7.8	88.66/26.2	93.65/18.0	85.68/29.0	87.27/27.6	95.28

2018—2022 年，四大经济区基本医疗保险参保率由高到低依次是中部、西部、东北、东部；东北、中部、西部地区呈波动下降趋势，东部地区呈波动上升趋势；东部地区上升幅度最大（0.27%），东北地区下降幅度最大（-0.87%）；东北地区基本医疗保险参保率与中部地区相比差距较大。具体如表 2.219 所示。

表 2.219　2018—2022 年四大经济区基本医疗保险参保率的平均值

年份	东北 平均值	东北 年排序	东部 平均值	东部 年排序	西部 平均值	西部 年排序	中部 平均值	中部 年排序
2018	94.96	17.3	88.39	23.6	98.02	12.8	100.56	9.2
2019	94.10	18.3	89.00	22.9	98.10	13.1	101.45	9.2
2020	94.22	20.0	89.97	22.5	98.07	13.4	101.86	8.3
2021	92.25	20.0	89.68	23.3	98.26	12.7	101.50	8.5
2022	91.66	20.7	89.33	23.1	97.00	12.6	99.69	8.7
平均	93.44	19.3	89.27	23.1	97.89	12.9	101.01	8.8

2018—2022 年，七大地理区基本医疗保险参保率由高到低依次为华中、西南、西北、华南、东北、华东、华北。东北、华南、华中、西北、西南五个地区均呈波动下降趋势，华北、华东两个地区呈波动上升趋势；东北地区降幅最大，为 0.87%；就七大地理区而言，东北地区排序靠后，与表现最优的华中地区相比，差距较大。具体如表 2.220 所示。

表 2.220　2018—2022 年七大地理区基本医疗保险参保率的平均值

年份	东北 值/序	华北 值/序	华东 值/序	华南 值/序	华中 值/序	西北 值/序	西南 值/序
2018	94.96/17.3	89.71/22.4	89.87/21.5	94.34/17.0	102.39/7.0	94.45/17.0	102.15/7.8
2019	94.10/18.3	90.79/21.0	91.87/19.7	94.46/17.7	101.21/9.0	95.11/17.4	101.39/8.4
2020	94.22/20.0	91.70/21.0	92.58/19.2	94.45/18.0	102.09/7.5	95.61/16.4	100.79/10.0
2021	92.25/20.0	90.32/23.4	92.99/18.7	95.04/17.3	101.68/7.5	95.83/15.6	100.89/9.4
2022	91.66/20.7	90.18/22.6	92.30/18.3	93.62/18.0	99.85/7.8	94.11/16.6	99.99/8.6
平均	93.44/19.3	90.54/22.1	91.92/19.5	94.38/17.6	101.44/7.8	95.02/16.6	101.04/8.8

（3）公共服务。

①每千人口医疗卫生机构床位数（单位：张/千人）。每千人口医疗卫生机构床位数反映一个地区医疗卫生服务的可及性和承载能力，是衡量地区医疗卫生公共服务水平的重要指标，计算公式为医疗卫生机构床位数与年末人口数的比值。2018—2022 年，全国每千人口医疗卫生机构床位数呈平稳上升趋势，东北地区亦呈平稳上升态势；2018—2022 年，东北地区每千人口医疗卫生机构床位数始终领先于全国平均水平；东北三省均呈平稳上升态势；就东北三省而言，黑龙江省较好，辽宁省次之，吉林省较弱。具体如图 2.161 所示。

Ⅱ 评价报告

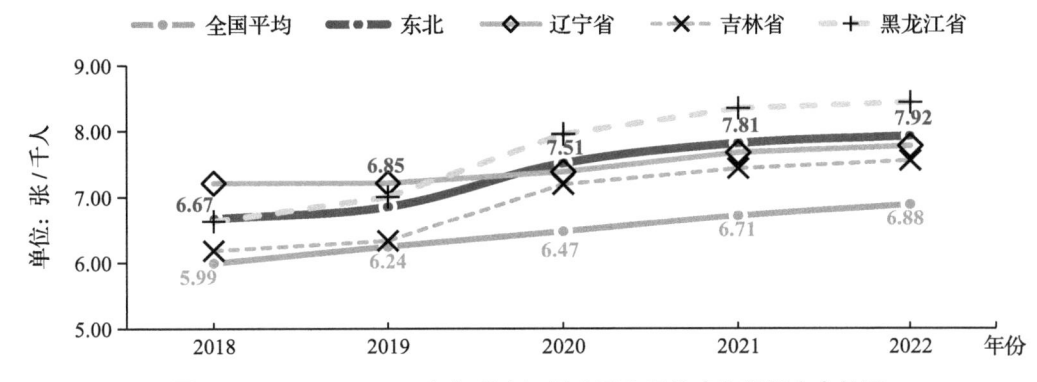

图 2.161　2018—2022 年每千人口医疗卫生机构床位数基本走势图

注：①全国平均指 31 个省市区的平均水平；②全国范围内（可采集到的数据），每千人口医疗卫生机构床位数最大值为 2022 年黑龙江省的 8.43 张/千人，最小值为 2018 年天津市的 4.37 张/千人。

2018—2022 年，东北三省每千人口医疗卫生机构床位数在全国 31 个省市区连续 5 年数据集中的相对位置分布情况如图 2.162 所示。可见，东北三省 5 年（共 15 个数据）每千人口医疗卫生机构床位数的百分比排位处于 50% 以下的有 2 个，且均位于 25% 以上；排位的最大值是 2022 年的黑龙江省（100.0%），最小值是 2018 年的吉林省（38.9%）。

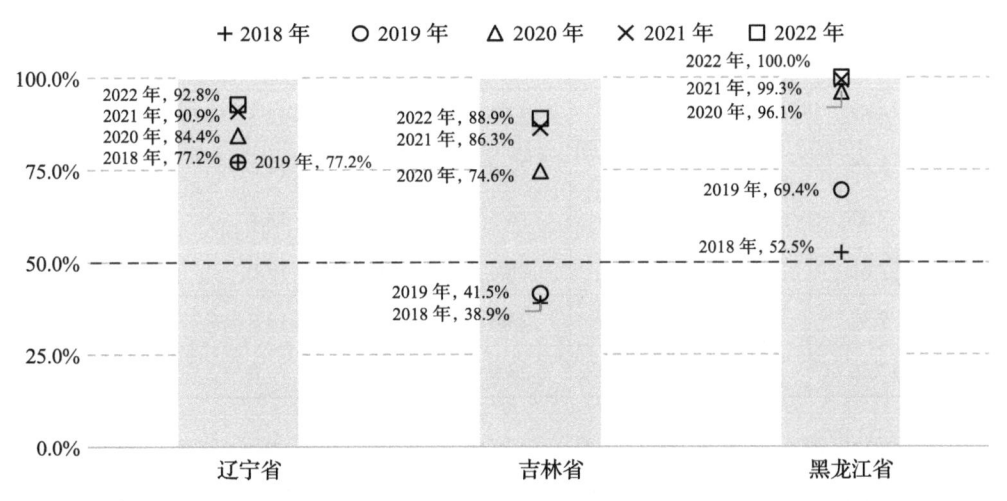

图 2.162　2018—2022 年东北三省每千人口医疗卫生机构床位数百分比数值图

2018—2022 年，6 省每千人口医疗卫生机构床位数由高到低排序依次为黑龙江省、辽宁省、吉林省、江苏省、浙江省、广东省；东南三省均呈波动上升趋势；东北三省则均呈平稳上升态势；每千人口医疗卫生机构床位数增幅最大的是黑龙江省（6.79%），增幅最小的是浙江省（0.04%），辽宁省增幅为 1.94%，吉林省增幅为 5.54%。具体如表 2.221 所示。

表 2.221　2018—2022 年 6 省每千人口医疗卫生机构床位数的原始值

年份	辽宁省 值/序	吉林省 值/序	黑龙江省 值/序	江苏省 值/序	浙江省 值/序	广东省 值/序	全国平均 值
2018	7.21/1	6.18/13	6.63/8	6.11/15	5.79/19	4.56/30	5.99
2019	7.21/6	6.33/16	7.00/7	6.39/14	5.99/19	4.73/30	6.24
2020	7.38/4	7.19/6	7.95/1	6.31/20	5.60/27	4.48/31	6.47
2021	7.67/5	7.43/8	8.34/1	6.45/20	5.66/27	4.64/31	6.71
2022	7.77/6	7.55/10	8.43/1	6.61/21	5.80/26	4.81/31	6.88
平均	7.45/4.4	6.94/10.6	7.67/3.6	6.37/18.0	5.77/23.6	4.64/30.6	6.46

2018—2022 年，四大经济区每千人口医疗卫生机构床位数由高到低排序依次为东北、中部/西部、东部；四大经济区均呈平稳上升态势；中部地区增幅最大（5.67%），东部地区增幅最小（2.95%），东北地区增幅为 4.66%；东北地区每千人口医疗卫生机构床位数表现良好。具体如表 2.222 所示。

表 2.222　2018—2022 年四大经济区每千人口医疗卫生机构床位数的平均值

年份	东北 平均值	东北 年排序	东部 平均值	东部 年排序	西部 平均值	西部 年排序	中部 平均值	中部 年排序
2018	6.67	7.3	5.36	23.0	6.32	12.3	6.02	15.8
2019	6.85	9.7	5.57	22.8	6.61	11.8	6.30	16.3
2020	7.51	3.7	5.65	24.5	6.70	13.4	6.85	12.8
2021	7.81	4.7	5.83	24.6	6.94	13.6	7.15	11.8
2022	7.92	5.7	6.00	24.6	7.11	13.8	7.39	11.3
平均	7.35	6.2	5.68	23.9	6.74	13.0	6.74	13.6

2018—2022 年，七大地理区每千人口医疗卫生机构床位数由高到低排序依次为东北、华中、西南、西北、华东、华北、华南；西北地区呈波动上升趋势，其余地区均呈平稳上升态势；华南地区增幅最大（5.12%），西北地区增幅最小（1.87%），东北地区增幅为 4.66%；就七大地理区而言，东北地区每千人口医疗卫生机构床位数排序居于首位，且增幅较大，与其余地区相比，优势较大。具体如表 2.223 所示。

②卫生健康财政支出占比（单位：%）。卫生健康财政支出占比反映地区政府在卫生健康领域的投入力度，是衡量地区政府对居民健康的重视程度及公共卫生服务水平的重要指标，计算公式为卫生健康支出与一般公共预算支出的比值。2018—2022 年，全国卫生健康财政支出占比呈波动上升趋势，东北地区亦呈波动上升态势；2018—

表 2.223 2018—2022 年七大地理区每千人口医疗卫生机构床位数的平均值

年份	东北 值/序	华北 值/序	华东 值/序	华南 值/序	华中 值/序	西北 值/序	西南 值/序
2018	6.67/7.3	5.51/21.6	5.63/20.5	4.85/28.0	6.34/11.8	6.48/10.6	6.40/11.4
2019	6.85/9.7	5.63/22.4	5.87/20.3	5.20/27.3	6.62/12.5	6.76/10.2	6.71/10.0
2020	7.51/3.7	5.96/21.4	6.05/21.7	5.39/26.0	7.00/11.0	6.70/13.8	6.85/11.0
2021	7.81/4.7	6.12/22.4	6.21/22.0	5.66/25.7	7.40/8.8	6.91/14.2	7.11/11.0
2022	7.92/5.7	6.25/22.8	6.45/21.0	5.85/25.0	7.63/8.3	6.96/15.6	7.35/10.6
平均	7.35/6.2	5.89/22.1	6.04/21.1	5.39/26.4	7.00/10.5	6.76/12.9	6.89/10.8

2022 年，东北地区卫生健康财政支出占比整体落后于全国平均水平；黑龙江省、吉林省和辽宁省均呈波动上升趋势；就东北三省而言，吉林省较好，黑龙江省次之，辽宁省较弱。具体如图 2.163 所示。

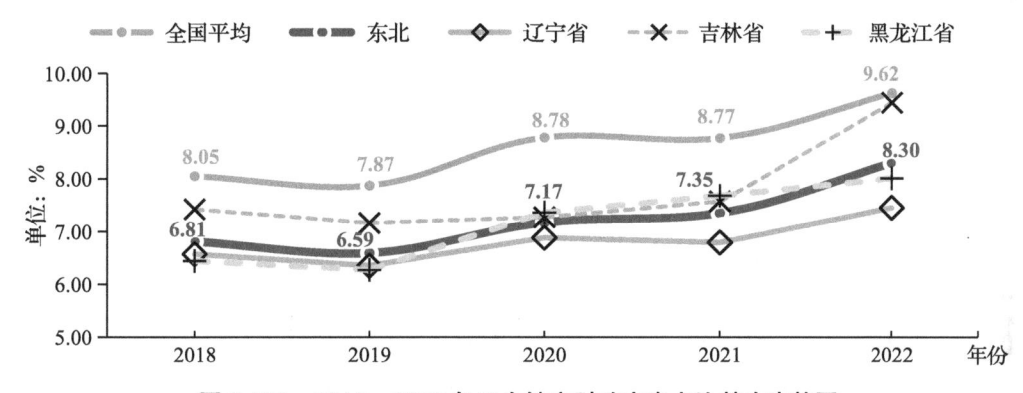

图 2.163 2018—2022 年卫生健康财政支出占比基本走势图

注：①全国平均指 31 个省市区的平均水平；②全国范围内（可采集到的数据），卫生健康财政支出占比最大值为 2022 年上海市的 13.93%，最小值为 2018 年西藏自治区的 5.43%。

2018—2022 年，东北三省卫生健康财政支出占比在全国 31 个省市区连续 5 年数据集中的相对位置分布情况如图 2.164 所示。可见，东北三省 5 年（共 15 个数据）卫生健康财政支出占比的百分比排位处于 50% 以下的有 14 个，其中有 10 个位于 25% 以下；排位的最大值是 2022 年的吉林省（67.5%），最小值是 2019 年的黑龙江省（7.1%）。

2018—2022 年，6 省卫生健康财政支出占比由高到低排序依次为广东省、浙江省、江苏省、吉林省、黑龙江省、辽宁省；东南三省中，浙江省和江苏省呈波动上升趋势，广东省则呈平稳上升态势；东北三省均呈波动上升趋势；卫生健康财政支出占比增幅

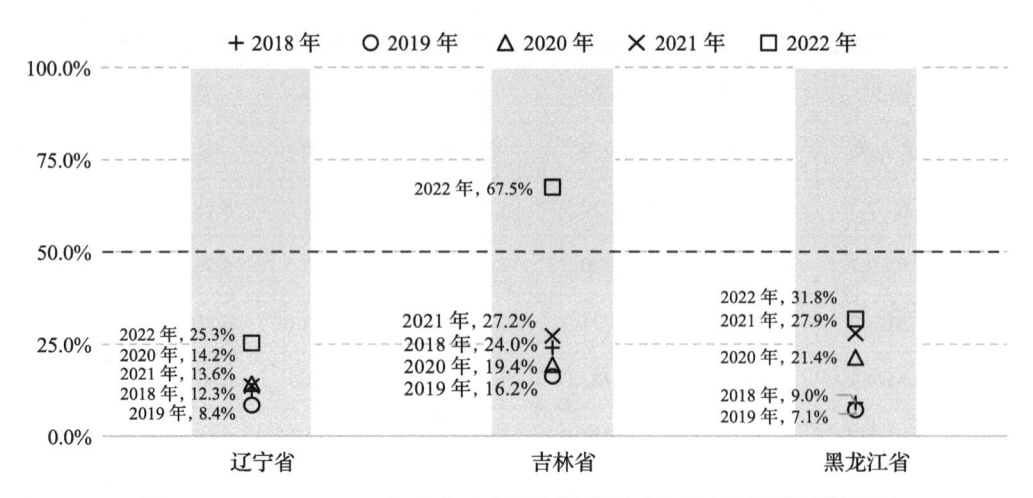

东北老工业基地
全面振兴进程评价报告（2018—2022 年）

图 2.164　2018—2022 年东北三省卫生健康财政支出占比百分比数值图

最大的是浙江省（10.44%），增幅最小的是辽宁省（3.36%），吉林省增幅为 6.79%，黑龙江省增幅为 6.10%。具体如表 2.224 所示。

表 2.224　2018—2022 年 6 省卫生健康财政支出占比的原始值

年份	辽宁省 值/序	吉林省 值/序	黑龙江省 值/序	江苏省 值/序	浙江省 值/序	广东省 值/序	全国平均 值
2018	6.57/24	7.42/21	6.44/27	7.25/23	7.26/22	8.95/9	8.05
2019	6.35/25	7.16/24	6.27/27	7.21/23	7.32/21	9.13/7	7.87
2020	6.88/28	7.27/26	7.36/25	7.36/24	8.32/22	10.17/6	8.78
2021	6.79/29	7.57/26	7.68/25	8.12/23	8.24/22	10.18/5	8.77
2022	7.45/28	9.44/20	8.01/27	9.68/17	10.29/9	11.23/3	9.62
平均	6.81/26.8	7.77/23.4	7.15/26.2	7.92/22.0	8.28/19.2	9.93/6.0	8.62

2018—2022 年，四大经济区卫生健康财政支出占比由高到低排序依次为中部、东部、西部、东北；东北、西部和中部地区呈波动上升态势，东部地区则呈平稳上升趋势；东部地区增幅最大（8.90%），中部地区增幅最小（1.11%），东北地区增幅为5.47%；东北地区卫生健康财政支出占比表现相对较差。具体如表 2.225 所示。

2018—2022 年，七大地理区卫生健康财政支出占比由高到低排序依次为华南、华中、华东、西南、西北、华北、东北；东北、华北、华南、华中、西北和西南地区呈波动上升趋势，华东地区则呈平稳上升态势；华东地区增幅最大（8.82%），华中地区增幅最小（1.56%），东北地区增幅为 5.47%；就七大地理区而言，东北地区排序末位，与表现最优的华南地区相比，差距仍较大。具体如表 2.226 所示。

表 2.225 2018—2022 年四大经济区卫生健康财政支出占比的平均值

年份	东北 平均值	东北 年排序	东部 平均值	东部 年排序	西部 平均值	西部 年排序	中部 平均值	中部 年排序
2018	6.81	24.0	7.72	17.9	8.10	15.5	9.11	9.8
2019	6.59	25.3	7.77	16.6	7.84	16.3	8.74	9.7
2020	7.17	26.3	8.62	16.6	8.73	16.2	9.94	9.5
2021	7.35	26.7	8.77	15.8	8.88	14.9	9.27	13.2
2022	8.30	25.0	10.47	10.0	9.30	17.8	9.51	17.8
平均	7.24	25.5	8.67	15.4	8.57	16.2	9.31	12.0

表 2.226 2018—2022 年七大地理区卫生健康财政支出占比的平均值

年份	东北 值/序	华北 值/序	华东 值/序	华南 值/序	华中 值/序	西北 值/序	西南 值/序
2018	6.81/24.0	7.33/21.0	7.93/16.3	9.26/8.3	9.18/9.5	7.73/18.2	8.35/13.4
2019	6.59/25.3	7.05/21.8	7.93/15.3	9.31/5.3	8.84/9.0	7.49/18.6	8.12/14.8
2020	7.17/26.3	7.75/22.4	8.65/16.5	10.48/5.0	10.24/7.8	8.58/17.8	8.93/14.2
2021	7.35/26.7	7.88/21.4	8.85/16.5	10.20/4.3	9.42/12.0	8.91/15.4	8.90/14.4
2022	8.30/25.0	8.52/21.2	10.73/10.3	11.34/3.7	9.75/15.8	9.12/21.2	9.57/14.6
平均	7.24/25.5	7.70/21.6	8.82/15.0	10.12/5.3	9.49/10.8	8.37/18.2	8.78/14.3

③公共教育财政支出占比（单位：%）。公共教育财政支出占比反映地区政府在教育领域的投入程度，是衡量地区政府对公共服务资源的分配倾向的重要指标，计算公式为公共教育支出与一般公共预算支出的比值。2018—2022 年，全国公共教育财政支出占比呈波动上升趋势，东北地区则呈波动下降态势；2018—2022 年，东北地区公共教育财政支出占比明显落后于全国平均水平；辽宁省、吉林省和黑龙江省整体均呈波动下降趋势；就东北三省而言，吉林省较好，辽宁省次之，黑龙江省较弱。具体如图 2.165 所示。

2018—2022 年，东北三省公共教育财政支出占比在全国 31 个省市区连续 5 年数据集中的相对位置分布情况如图 2.166 所示。可见，东北三省 5 年（共 15 个数据）公共教育财政支出占比的百分比排位均处于 50% 以下，且均位于 25% 以下；排位的最大值是 2018 年的吉林省（24.6%），最小值是 2020 年的黑龙江省（0.0%）。

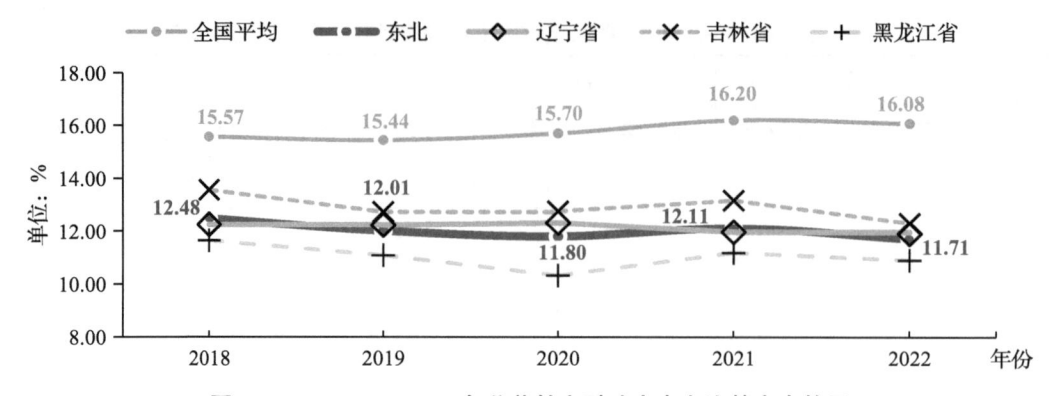

东北老工业基地
全面振兴进程评价报告（2018—2022年）

图2.165　2018—2022年公共教育财政支出占比基本走势图

注：①全国平均指31个省市区的平均水平；②全国范围内（可采集到的数据），公共教育财政支出占比最大值为2022年山东省的21.66%，最小值为2020年黑龙江省的10.32%。

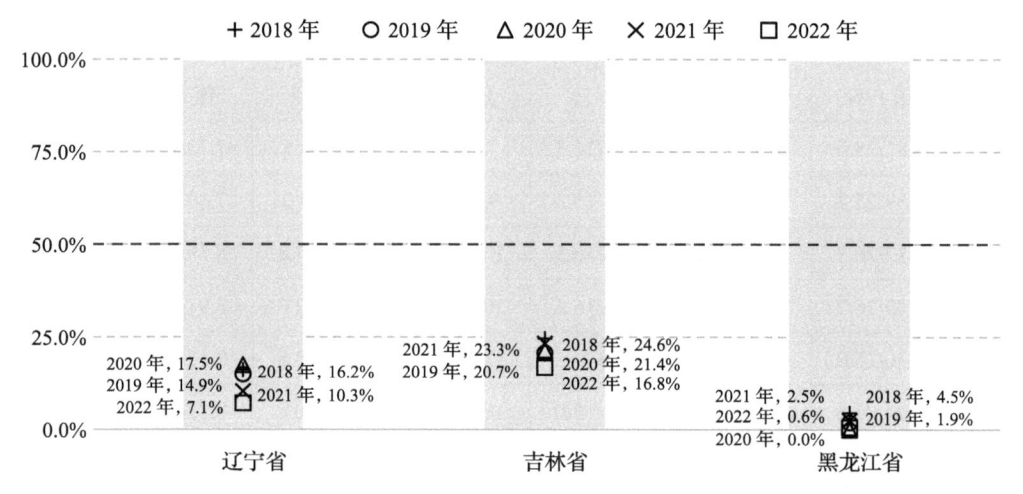

图2.166　2018—2022年东北三省公共教育财政支出占比百分比数值图

2018—2022年，6省公共教育财政支出占比由高到低排序依次为广东省、浙江省、江苏省、吉林省、辽宁省、黑龙江省；东南三省中，广东省呈平稳上升趋势，浙江省呈波动上升趋势，江苏省则呈平稳下降趋势；东北三省均呈波动下降态势；公共教育财政支出占比增幅最大的是广东省（4.41%），降幅最大的是吉林省（-2.30%），辽宁省降幅为0.69%，黑龙江省降幅为1.58%。具体如表2.227所示。

2018—2022年，四大经济区公共教育财政支出占比由高到低排序依次为东部、中部、西部、东北；东北和中部地区呈波动下降态势，西部地区呈波动上升态势，东部地区则呈平稳上升趋势；东部地区增幅最大（2.19%），东北地区降幅最大（-1.55%）；东北地区公共教育财政支出占比表现相对较差。具体如表2.228所示。

表 2.227　2018—2022 年 6 省公共教育财政支出占比的原始值

年份	辽宁省 值/序	吉林省 值/序	黑龙江省 值/序	江苏省 值/序	浙江省 值/序	广东省 值/序	全国平均 值
2018	12.25/25	13.56/24	11.64/30	17.63/10	18.22/5	17.76/8	15.57
2019	12.23/26	12.73/24	11.08/31	17.61/8	17.55/9	18.56/3	15.44
2020	12.32/28	12.76/25	10.32/31	17.59/9	18.66/5	20.14/2	15.70
2021	11.97/29	13.17/25	11.18/31	17.58/10	18.52/6	20.81/1	16.20
2022	11.91/28	12.31/25	10.90/31	17.43/11	18.28/7	20.89/3	16.08
平均	12.14/27.2	12.91/24.6	11.02/30.8	17.57/9.6	18.25/6.4	19.63/3.4	15.80

表 2.228　2018—2022 年四大经济区公共教育财政支出占比的平均值

年份	东北 平均值	东北 年排序	东部 平均值	东部 年排序	西部 平均值	西部 年排序	中部 平均值	中部 年排序
2018	12.48	26.3	16.44	13.0	15.10	17.7	16.62	12.5
2019	12.01	27.0	16.68	11.5	14.89	18.3	16.22	13.5
2020	11.80	28.0	17.16	11.4	15.18	17.8	16.27	14.0
2021	12.11	28.3	17.51	11.9	15.81	17.3	16.85	14.0
2022	11.71	28.0	17.88	10.7	15.46	17.9	16.51	15.0
平均	12.02	27.5	17.13	11.7	15.29	17.8	16.49	13.8

2018—2022 年，七大地理区公共教育财政支出占比由高到低排序依次为华东、华南、华中、西南、华北、西北、东北；华北、华东和华南地区均呈平稳上升趋势，华中、西北和西南地区呈波动上升趋势，东北地区则呈波动下降态势；华南地区增幅最大（2.59%），东北地区降幅最大（−1.55%）；就七大地理区而言，东北地区排序末位，与表现最优的华东地区相比，差距仍较大。具体如表 2.229 所示。

表 2.229　2018—2022 年七大地理区公共教育财政支出占比的平均值

年份	东北 值/序	华北 值/序	华东 值/序	华南 值/序	华中 值/序	西北 值/序	西南 值/序
2018	12.48/26.3	14.73/19.4	17.13/10.3	16.68/13	16.80/11.5	14.49/19.2	15.83/15.4
2019	12.01/27.0	14.75/18.6	17.17/9.8	16.87/11.3	16.50/12.3	14.66/18.6	15.21/17.4
2020	11.80/28.0	14.86/19.4	17.60/9.3	17.44/10.7	16.59/13.0	14.91/19.0	15.65/16.0
2021	12.11/28.3	15.44/19.0	17.85/9.4	18.21/9.7	17.08/13.3	15.30/19.4	16.42/15.6
2022	11.71/28.0	15.73/17.4	17.94/10.2	18.41/9.7	16.86/13.5	14.52/21.0	16.36/15.2
平均	12.02/27.5	15.10/18.8	17.54/9.9	17.52/10.9	16.77/12.7	14.78/19.4	15.90/15.9

④人均公共图书馆藏量（册/人）。人均公共图书馆藏量反映一个地区公共图书馆藏书资源的丰富程度以及人均可享受的图书资源量，是衡量地区公共服务水平的重要指标，计算公式为公共图书馆藏量与年末人口数的比值。2018—2022年，全国人均公共图书馆藏量呈平稳上升趋势，东北地区亦呈平稳上升态势；2018—2019年东北地区人均公共图书馆藏量落后于全国平均水平，2020—2022年东北地区人均公共图书馆藏量以微弱的优势领先于全国平均水平；辽宁省、吉林省和黑龙江省均呈平稳上升趋势；就东北三省而言，辽宁省较好，吉林省次之，黑龙江省较弱。具体如图2.167所示。

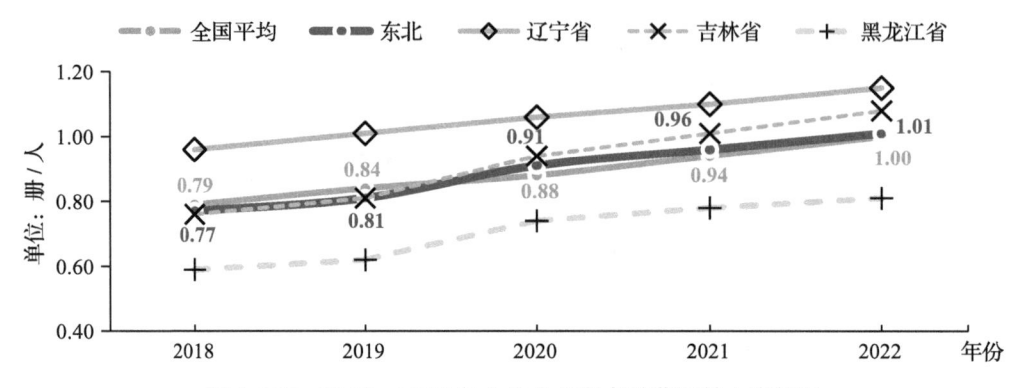

图2.167　2018—2022年人均公共图书馆藏量基本走势图

注：①全国平均指31个省市区的平均水平；②全国范围内（可采集到的数据），人均公共图书馆藏量最大值为2022年上海市的3.33册/人，最小值为2018年河南省的0.33册/人。

2018—2022年，东北三省人均公共图书馆藏量在全国31个省市区连续5年数据集中的相对位置分布情况如图2.168所示。可见，东北三省5年（共15个数据）人均公共图书馆藏量的百分比排位处于50%以下的有2个；排位的最大值是2022年的辽宁省（81.1%），最小值是2018年的黑龙江省（25.9%）。

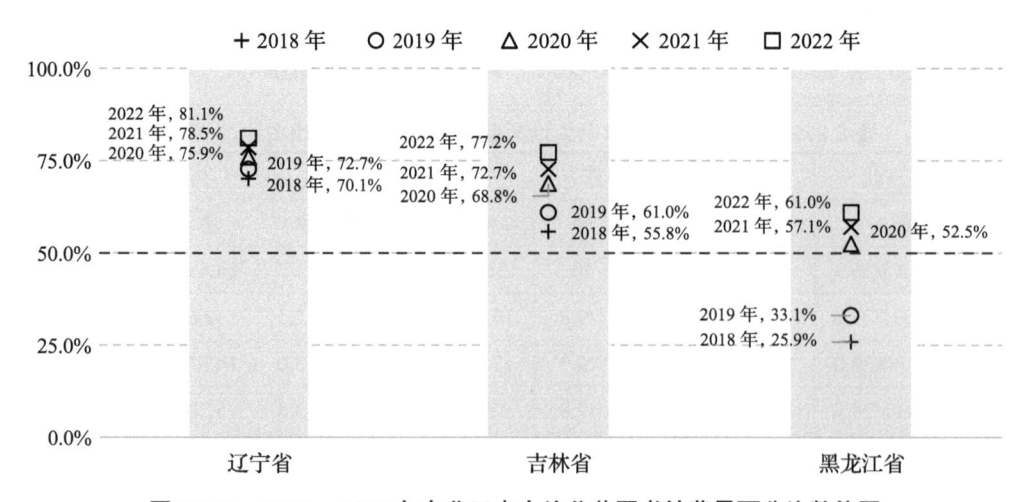

图2.168　2018—2022年东北三省人均公共图书馆藏量百分比数值图

2018—2022年，6省人均公共图书馆藏量由高到低排序依次为浙江省、江苏省、辽宁省、广东省、吉林省、黑龙江省；东南三省中，浙江省呈波动上升趋势，广东省和江苏省则呈平稳上升态势；东北三省均呈平稳上升趋势；人均公共图书馆藏量增幅最大的是吉林省（10.53%），增幅最小的是江苏省（4.09%），辽宁省增幅为4.95%，黑龙江省增幅为9.32%。具体如表2.230所示。

表2.230 2018—2022年6省人均公共图书馆藏量的原始值

年份	辽宁省 值/序	吉林省 值/序	黑龙江省 值/序	江苏省 值/序	浙江省 值/序	广东省 值/序	全国平均 值
2018	0.96/7	0.76/11	0.59/16	1.16/5	1.50/2	0.84/9	0.79
2019	1.01/8	0.81/10	0.62/18	1.23/5	1.61/2	0.92/9	0.84
2020	1.06/8	0.94/10	0.74/14	1.24/5	1.53/3	0.93/11	0.88
2021	1.10/8	1.01/9	0.78/14	1.31/5	1.62/3	1.00/11	0.94
2022	1.15/8	1.08/10	0.81/16	1.35/5	1.76/2	1.13/9	1.00
平均	1.06/7.8	0.92/10.0	0.71/15.6	1.26/5.0	1.60/2.4	0.96/9.8	0.89

2018—2022年，四大经济区人均公共图书馆藏量由高到低排序依次为东部、东北、西部、中部；四大经济区均呈平稳上升趋势；中部地区增幅最大（11.20%），东部地区增幅最小（5.48%），东北地区增幅为7.90%；东北地区人均公共图书馆藏量表现较好。具体如表2.231所示。

表2.231 2018—2022年四大经济区人均公共图书馆藏量的平均值

年份	东北 平均值	东北 年排序	东部 平均值	东部 年排序	西部 平均值	西部 年排序	中部 平均值	中部 年排序
2018	0.77	11.3	1.18	9.3	0.61	18.8	0.50	23.5
2019	0.81	12.0	1.26	9.3	0.65	18.6	0.53	23.5
2020	0.91	10.7	1.29	9.6	0.68	19.7	0.60	22.0
2021	0.96	10.3	1.36	9.7	0.72	19.8	0.65	21.0
2022	1.01	11.3	1.44	9.5	0.77	19.7	0.72	20.7
平均	0.89	11.1	1.31	9.5	0.69	19.3	0.60	22.1

2018—2022年，七大地理区人均公共图书馆藏量由高到低排序依次为华东、华北、东北、西北、华南、华中、西南；七大地理区均呈平稳上升趋势；华中地区增幅最大（10.95%），华东地区增幅最小（4.15%），东北地区增幅为7.90%；就七大地理区而言，东北地区排序相对靠前，但与表现最优的华东地区相比，仍存在一定差距。具体如表2.232所示。

表 2.232　2018—2022 年七大地理区人均公共图书馆藏量的平均值

年份	东北 值/序	华北 值/序	华东 值/序	华南 值/序	华中 值/序	西北 值/序	西南 值/序
2018	0.77/11.3	0.83/14.4	1.33/9.7	0.66/15.3	0.50/22.8	0.70/15.2	0.51/23.2
2019	0.81/12.0	0.89/14.4	1.40/9.5	0.71/15.3	0.54/22.8	0.73/15.0	0.55/23.2
2020	0.91/10.7	0.99/13.6	1.40/9.5	0.73/17.0	0.60/21.5	0.79/16.0	0.55/24.4
2021	0.96/10.3	1.05/13.6	1.47/9.0	0.76/19.0	0.66/20.3	0.83/15.8	0.60/24.4
2022	1.01/11.3	1.13/13.2	1.55/9.3	0.83/18.7	0.72/19.5	0.88/15.6	0.65/24.2
平均	0.89/11.1	0.98/13.8	1.43/9.4	0.74/17.1	0.60/21.4	0.79/15.5	0.57/23.9

4. 主要结论

首先，总体而言，东北地区的社会民生指数整体低于全国平均水平，差距基本保持不变。在反映社会民生发展水平的 3 个方面（民生基础、社会保障、公共服务），东北三省在"民生基础"方面高于全国平均水平，在"社会保障"和"公共服务"方面的发展水平较东南三省差距明显，其中以"公共服务"的差距最大，这是东北地区社会民生方面最显著的问题。

其次，动态来看，2018—2022 年，东北地区的指数得分提升相对较慢，意味着绝对能力的提升幅度较小，同时，东北地区在社会民生方面的相对排序呈下降趋势，意味着相对于全国的比较优势在进一步减弱。

再次，分省来看，辽宁省社会民生水平较高，"民生基础"方面辽宁省优于吉林省，其他方面两省相差不大。在全国各省相对排序的竞争中，辽宁省排序下降最大（从 2018 年的第 10 名下降到 2022 年的第 25 名），吉林省排序下降了 2 名，黑龙江省排序上升了 5 名。东北三省在社会民生各分项指数上呈现不均衡发展态势，其中辽宁省"民生基础"水平相对较强，但"社会保障"和"公共服务"较为薄弱，吉林省"社会保障"水平相对较强，但"民生基础"和"公共服务"相对较弱，黑龙江省"民生基础"水平相对较强，但"社会保障"和"公共服务"较为薄弱。

最后，单项指标方面，东北地区在"居民人均储蓄额""城镇失业率""人均养老金支出""每千人口医疗卫生机构床位数"方面优于全国平均水平；而"居民人均可支配收入""居民人均消费支出""基本医疗保险参保率""卫生健康财政支出占比""公共教育财政支出占比"等指标相对较落后，与全国平均水平存在一定的差距。

（七）安全保障评价报告

1. 安全保障指数总体分析

对安全保障的测度包括粮食安全、生态安全、能源安全、产业安全4个方面，共11项关键指标。汇集中国31个省市区2018—2022年安全保障方面的指标信息，可以得到连续5年的安全保障指数得分。在此基础上，形成多年连续排序和单年排序。其中，多年连续排序用于反映各省市区安全保障的绝对发展水平随时间动态变化的情况（31个省市区5年共155个排位，最高排序为1，最低排序为155），单年排序用于反映各省市区在全国范围内某个单年的相对发展水平（31个省市区每年31个排位，最高排序为1，最低排序为31）。具体来说，31个省市区安全保障指数的总体情况如表2.233所示。

表2.233 2018—2022年31个省市区安全保障指数得分、连续及单年排序

省市区	2018年 值	总	年	2019年 值	总	年	2020年 值	总	年	2021年 值	总	年	2022年 值	总	年
贵州	75.2	14	1	77.8	6	1	83.9	3	1	85.2	2	1	85.7	1	1
云南	68.8	47	2	76.7	9	2	77.2	7	2	79.7	5	2	81.2	4	2
湖南	63.5	83	8	67.4	55	7	74.1	16	3	72.8	25	7	76.7	8	3
黑龙江	68.8	48	3	72.4	29	4	73.4	19	4	75.7	12	3	76.2	10	4
广西	61.2	99	12	63.9	80	14	72.1	32	6	73.9	18	5	75.9	11	5
四川	68.6	51	4	73.0	21	3	73.0	22	5	74.3	15	4	75.4	13	6
河北	60.9	101	14	66.2	67	11	68.2	53	12	69.8	40	12	74.0	17	7
江西	67.5	54	5	68.3	52	6	69.9	39	8	72.8	24	6	73.2	20	8
山西	58.3	112	19	63.1	89	18	69.6	42	10	72.3	30	10	72.9	23	9
甘肃	64.0	76	7	66.7	63	8	69.6	41	9	72.5	28	9	72.6	27	10
宁夏	63.0	90	10	69.3	45	5	66.6	64	16	72.6	26	8	72.0	33	11
陕西	63.3	86	9	66.3	66	10	70.1	38	7	72.2	31	11	71.9	34	12
吉林	62.9	92	11	65.1	69	12	63.5	84	19	68.7	50	15	71.8	35	13
河南	60.4	105	16	63.7	81	15	66.6	61	14	69.4	44	14	71.5	36	14
湖北	61.0	100	13	63.1	88	17	67.0	59	14	69.5	43	13	70.8	37	15
辽宁	57.6	114	21	62.0	96	20	63.5	85	20	66.9	60	16	68.7	49	16

续表

省市区	2018年 值	总	年	2019年 值	总	年	2020年 值	总	年	2021年 值	总	年	2022年 值	总	年
海南	59.5	107	17	62.7	94	19	68.9	46	11	62.8	93	21	67.3	56	17
内蒙古	59.1	110	18	64.9	74	13	63.3	87	21	65.4	71	18	67.2	57	18
重庆	65.1	73	6	66.3	65	9	67.1	58	13	65.6	70	17	66.7	62	19
山东	56.5	119	22	56.6	118	24	60.7	102	23	62.2	95	22	66.1	68	20
安徽	57.7	113	20	61.5	97	21	64.2	75	17	63.0	91	20	65.3	72	21
福建	60.5	104	15	63.7	82	16	64.0	78	18	63.9	79	19	64.0	77	22
西藏	52.1	133	24	56.6	117	23	56.3	120	24	57.0	116	24	59.7	106	23
青海	55.4	124	23	58.7	111	19	61.4	98	22	60.6	103	23	59.4	108	24
浙江	51.7	136	25	53.3	130	25	56.1	121	25	55.9	122	25	59.4	109	25
江苏	49.9	144	27	50.9	139	28	53.1	131	27	54.9	126	27	57.4	115	26
广东	50.0	143	26	51.2	137	26	53.0	132	28	53.4	129	28	55.4	125	27
新疆	48.2	149	28	51.2	138	27	53.5	128	26	55.9	123	26	54.6	127	28
上海	48.0	151	30	47.8	152	30	49.2	145	29	50.2	142	30	51.8	134	29
天津	48.1	150	29	45.4	155	31	47.1	154	31	48.5	148	31	50.7	140	30
北京	47.8	153	31	48.6	147	29	48.7	146	30	51.8	135	29	50.4	141	31
平均	59.2	102.6	16	62.1	86.2	16	64.4	73.7	16	65.8	67.6	16	67.3	59.8	16

注：①对于表中的字段名称，"值"表示各省市区对应年份的指数得分，"总"表示各省市区2018—2022年多年连续总排序，"年"表示各省市区5个单年的排序；②表中31个省市区按照2022年的指数得分由高到低（降序）排列。

东北地区的安全保障指数处于全国前列，且总体上领先于东南三省的发展水平。2018—2022年，6省安全保障指数由高到低依次为黑龙江省、吉林省、辽宁省、浙江省、江苏省、广东省；东南三省安全保障指数的发展普遍呈上升趋势，东北三省中除吉林省安全保障指数的发展呈波动上升趋势之外，其余两省均呈持续上升的趋势；东北三省整体上升幅度高于东南三省，东北地区水平较低的辽宁省明显优于东南三省中最优的浙江省；6省中，安全保障指数年增幅最大的是辽宁省（4.80%），增幅最小的是广东省（2.66%），吉林省的增幅为3.57%，黑龙江省的增幅为2.71%。就2022年而言，东北三省中，黑龙江省安全保障的表现最优，在31个省份中的单年排序为4，辽宁省的单年排序为16，排序明显提升，吉林省单年排序在2020年下降后强势回升，排序13位。具体如表2.233和表2.234所示。

表 2.234　2018—2022 年 6 省安全保障指数值及单年排序

年份	辽宁省 值/序	吉林省 值/序	黑龙江省 值/序	江苏省 值/序	浙江省 值/序	广东省 值/序	全国平均 值
2018	57.63/21	62.86/11	68.78/3	49.91/27	51.70/25	50.04/26	59.18
2019	62.01/20	65.76/12	72.37/4	50.93/28	53.29/25	51.23/26	62.10
2020	63.47/20	63.50/19	73.44/4	53.11/27	56.07/25	53.01/28	64.35
2021	66.87/16	68.68/15	75.69/3	54.87/27	55.93/25	53.39/28	65.78
2022	68.69/16	71.83/13	76.24/4	57.43/26	59.38/25	55.36/27	67.29
平均	63.73/18.6	66.52/14.0	73.30/3.6	53.25/27.0	55.27/25.0	52.60/27.0	63.74

2018—2022 年，全国安全保障指数和东北地区安全保障指数整体均呈上升趋势；东北地区安全保障指数明显高于全国平均水平，差距（2020 年除外）基本保持不变；就东北三省而言，2018—2022 年，辽宁省（2018—2020 年除外）、吉林省（2020 年除外）、黑龙江省的安全保障指数均超过全国平均水平，其中吉林省呈波动上升趋势（2020 年略有下降），辽宁省和黑龙江省整体均呈上升趋势；就安全保障指数而言，黑龙江省较好，吉林省次之，辽宁省较弱。具体如图 2.169 所示。

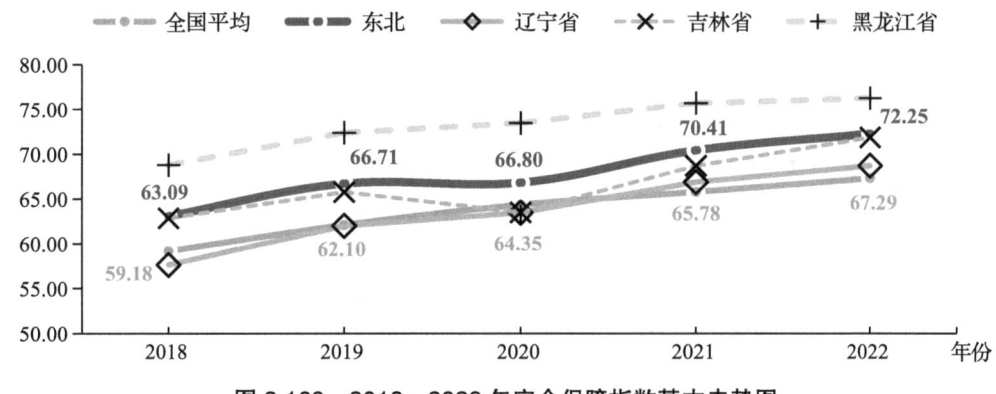

图 2.169　2018—2022 年安全保障指数基本走势图

注：①全国平均指 31 个省市区的平均水平；②全国范围内（可采集到的数据），安全保障指数得分最大值为 2022 年贵州省的 85.65，最小值为 2019 年天津市的 45.37。

2018—2022 年，东北三省安全保障指数在全国 31 个省市区连续 5 年数据集（共 155 个指标值）中的相对位置分布情况如图 2.170 所示。可见，东北三省 5 年（共 15 个数据）安全保障指数的百分比排位处于 50% 以下的有 5 个，处于 50%～75% 的有 5 个，处于 75% 以上的有 5 个，整体表现较好；此外，排位的最大值是 2022 年的黑龙江省（94.1%），最小值是 2018 年的辽宁省（26.6%）。

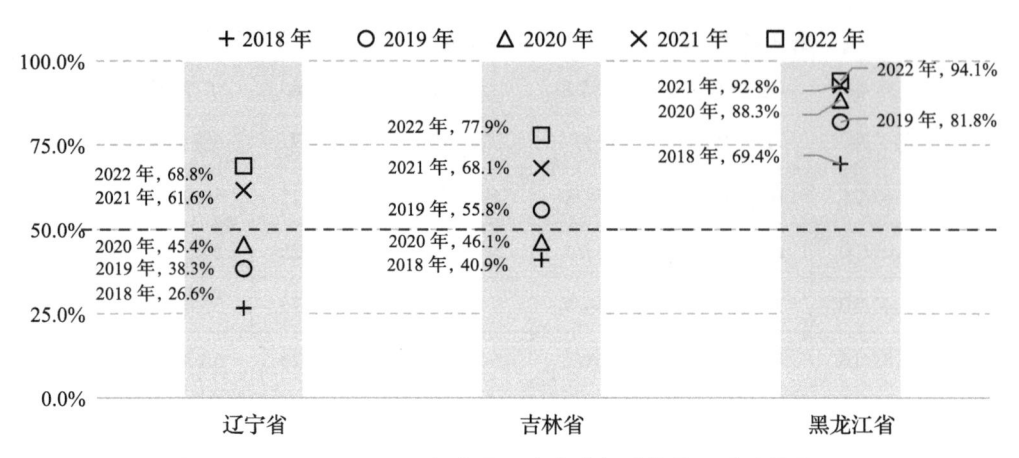

图 2.170　2018—2022 年东北三省安全保障指数百分比数值图

2. 全国视角下东北地区安全保障进展分析

2018—2022 年，四大经济区安全保障指数由高到低依次为东北、中部、西部、东部；四大经济区的安全保障指数均呈上升趋势；其中，中部地区上升幅度最大（4.21%），其次是东北地区（3.63%），东部地区上升幅度最小（2.98%）；就安全保障指数而言，东北地区排序首位，表现明显好于东部地区。具体如表 2.235 所示。

表 2.235　2018—2022 年四大经济区安全保障指数的平均值

年份	东北 平均值	东北 年排序	东部 平均值	东部 年排序	西部 平均值	西部 年排序	中部 平均值	中部 年排序
2018	63.09	12.0	53.29	24.0	61.99	12.0	61.40	13.5
2019	66.71	12.0	54.65	23.9	65.95	11.4	64.52	14.0
2020	66.80	14.3	56.90	23.4	67.84	12.7	68.58	11.2
2021	70.41	11.3	57.33	24.4	69.57	12.3	69.96	11.7
2022	72.25	11.0	59.65	23.4	70.18	13.3	71.75	11.7
平均	67.85	12.1	56.36	23.7	67.11	12.3	67.24	12.4

注：为确保区分度，对于具有平均意义的排序，本研究保留一位小数，以下各表同。

2018—2022 年，七大地理区安全保障指数由高到低依次为西南、华中、东北、西北、华南、华北、华东；七大地理区整体均呈上升趋势；其中，华南地区上升幅度最大（4.08%），其次分别为华中（3.95%）、华北（3.74%）、东北（3.63%）、西北（3.11%）、华东（3.07%），西南地区增幅最低（2.95%）；就安全保障指数而言，东北地区处于七大地理区的靠前位置，与水平较弱的华北、华东地区相比，优势明显。具体如表 2.236 所示。

表 2.236 2018—2022 年七大地理区安全保障指数的平均值

年份	东北 值/序	华北 值/序	华东 值/序	华南 值/序	华中 值/序	西北 值/序	西南 值/序
2018	63.09/11.7	54.84/22.2	54.04/23.2	56.90/18.3	63.10/10.5	58.78/15.4	65.95/7.4
2019	66.71/12.0	57.64/20.4	55.64/24.0	59.27/19.7	65.63/11.3	62.44/14.4	70.09/7.6
2020	66.80/14.3	59.37/20.8	57.86/23.2	64.68/15.0	69.43/10.0	64.25/16.0	71.51/9.0
2021	70.41/11.3	61.55/20.0	58.35/23.8	63.33/18.0	71.13/10.0	66.75/15.4	72.36/9.6
2022	72.25/11.0	63.04/19.0	60.67/23.8	66.19/16.3	73.07/10.0	66.09/17.0	73.73/10.2
平均	67.85/12.1	59.29/20.5	57.31/23.6	62.07/17.5	68.47/10.4	63.66/15.6	70.73/8.8

为便于直观分析，将指数信息按空间分类、时间排列、优劣序化等方式整理后，形成多年指数得分、连续排序及单年排序的可视化集成图（见图 2.171 至图 2.173），结合表 2.233 的信息，以全国四大经济区为划分标准，对东北三省安全保障方面的振兴进程评价如下。

（1）东北地区安全保障指数得分明显高于东部地区，略高于西部和中部地区。

从四大经济区平均得分曲线的变化情况（见图 2.171）可以看出，东北地区发展相对成熟，基础夯实（2018 年为 63.1 分），呈明显的上升趋势，与其他地区的差距在进一步拉大。其余三个地区均呈平稳上升趋势，东部地区表现较弱，与东北、中部、西部地区差距明显，中部和西部地区水平相近，但中部地区的发展势头更为强劲。就指数得分而言，西部地区最优水平位列首位，中部地区最优水平和东北地区最优水平差距不大。从区域平均指数得分来看，东北地区的平均指数得分位于 63~73 分之间，中部地区的平均指数得分位于 61~72 分之间，西部地区的平均指数得分位于 62~71 分之间；以 2018 年为基点（得分为 63.1 分），东北地区的基础条件优于其他地区，2018—2022 年呈平稳上升趋势，2022 年在四大经济区中仍处于最高水平（得分为 72.3 分），平均年指数得分变动为 2.3，高于东部和西部地区的数值。

（2）东北地区安全保障多年连续排序持续上升，且整体位于前列。

从四大经济区多年连续排序曲线的变化情况（见图 2.172）可以看出，2018—2022年，东北地区整体表现最优，基础较好（2018 年平均排序为 84.7），2022 年平均排序上升至 31.3；中部地区呈上升趋势，上升幅度最大（15.5）；西部地区整体呈上升趋势，上升幅度为 9.8，略低于东北地区和中部地区，增长势头趋于平缓；东部地区整体上升幅度（8.2）低于西部地区；东北地区平均水平一直高于东部、西部和中部地区，与东部和西部地区的差距呈现扩大趋势，与中部地区的差距呈缩小趋势；就最优水平而言，西部地区的贵州省和中部地区的湖南省表现突出，其次是东北地区的黑龙江省。

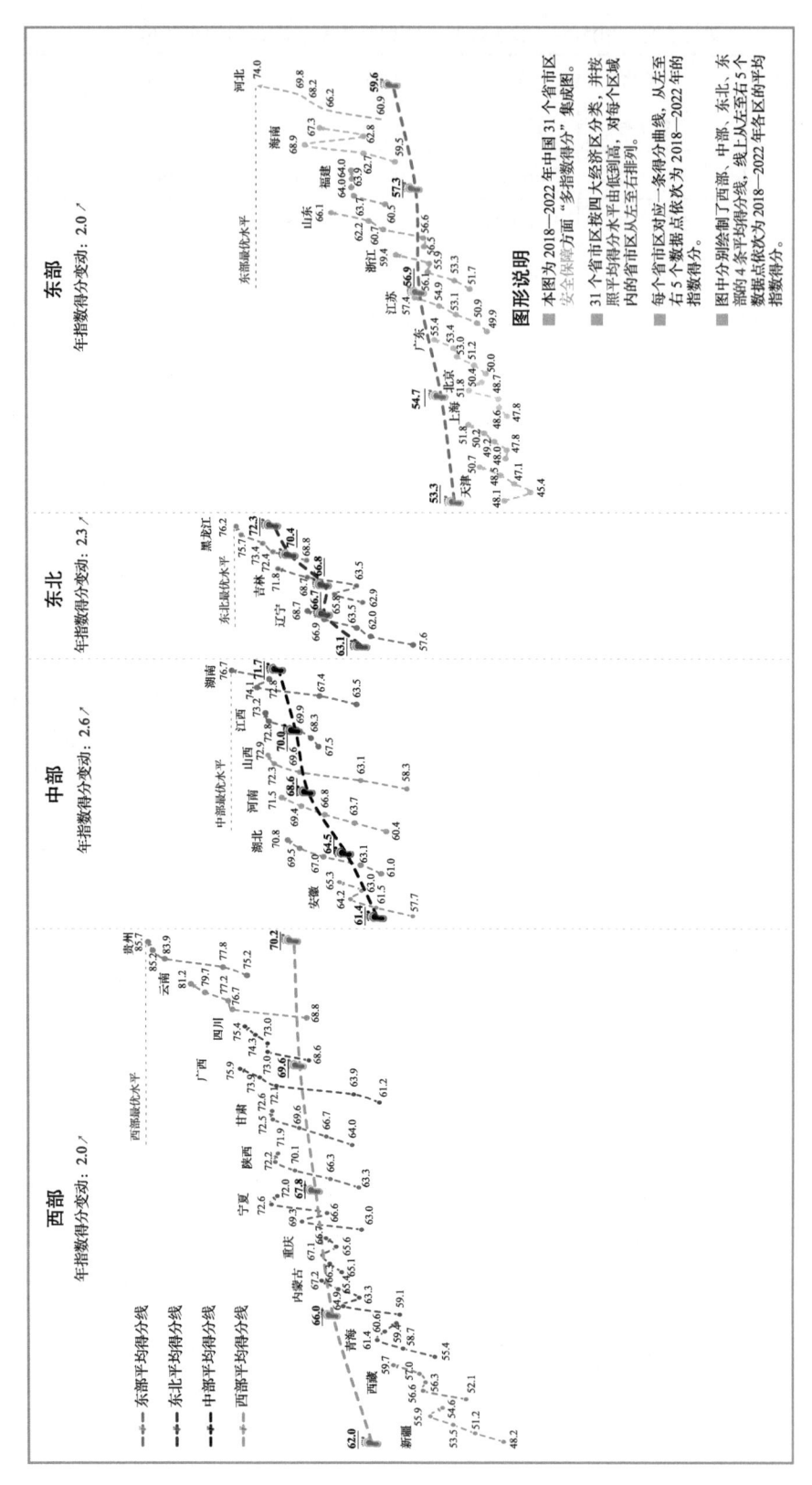

图 2.171 2018—2022 年 31 个省市区安全保障指数得分变动情况

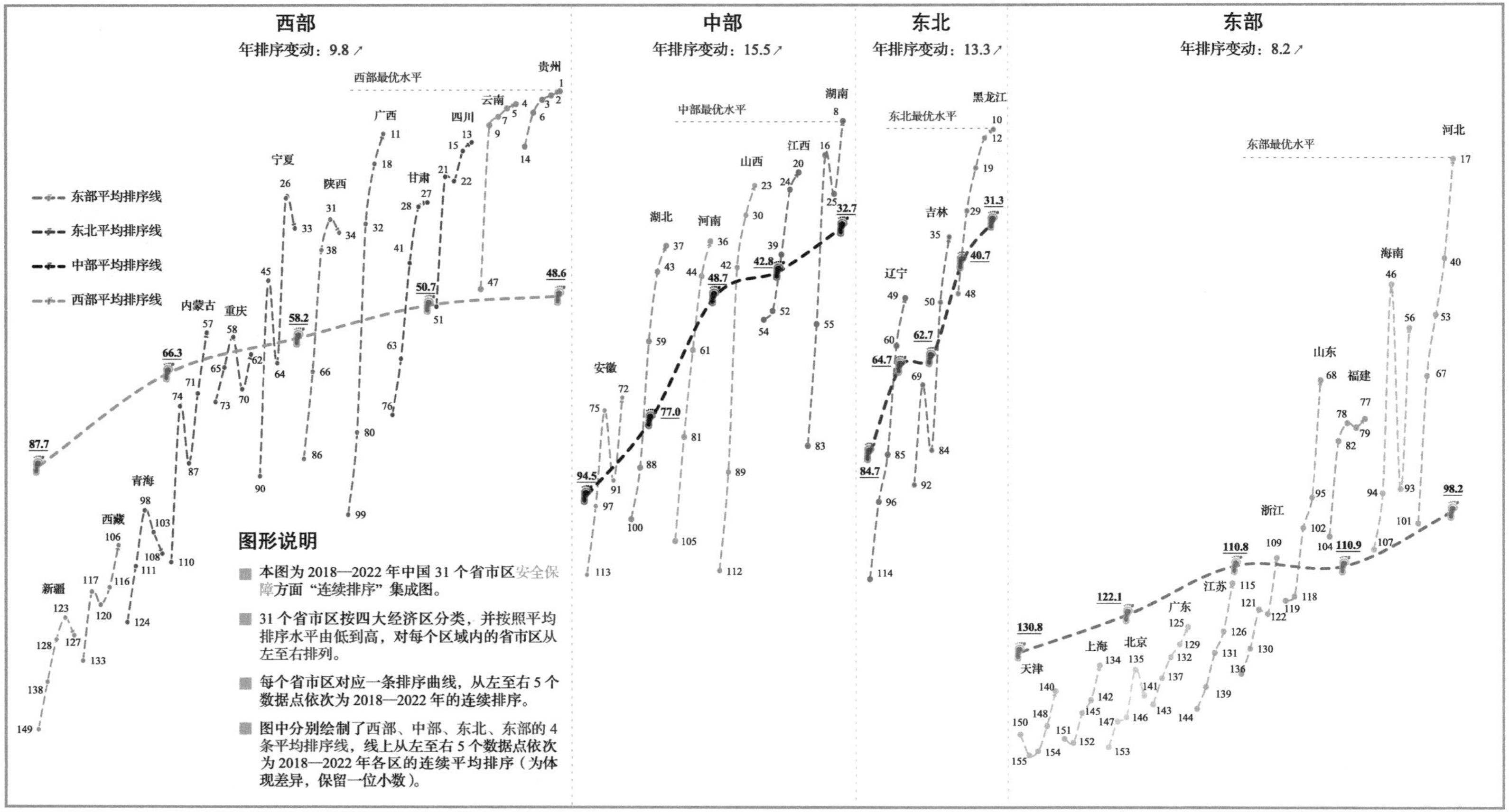

图 2.172 2018—2022 年 31 个省市区安全保障多年连续排序变动情况

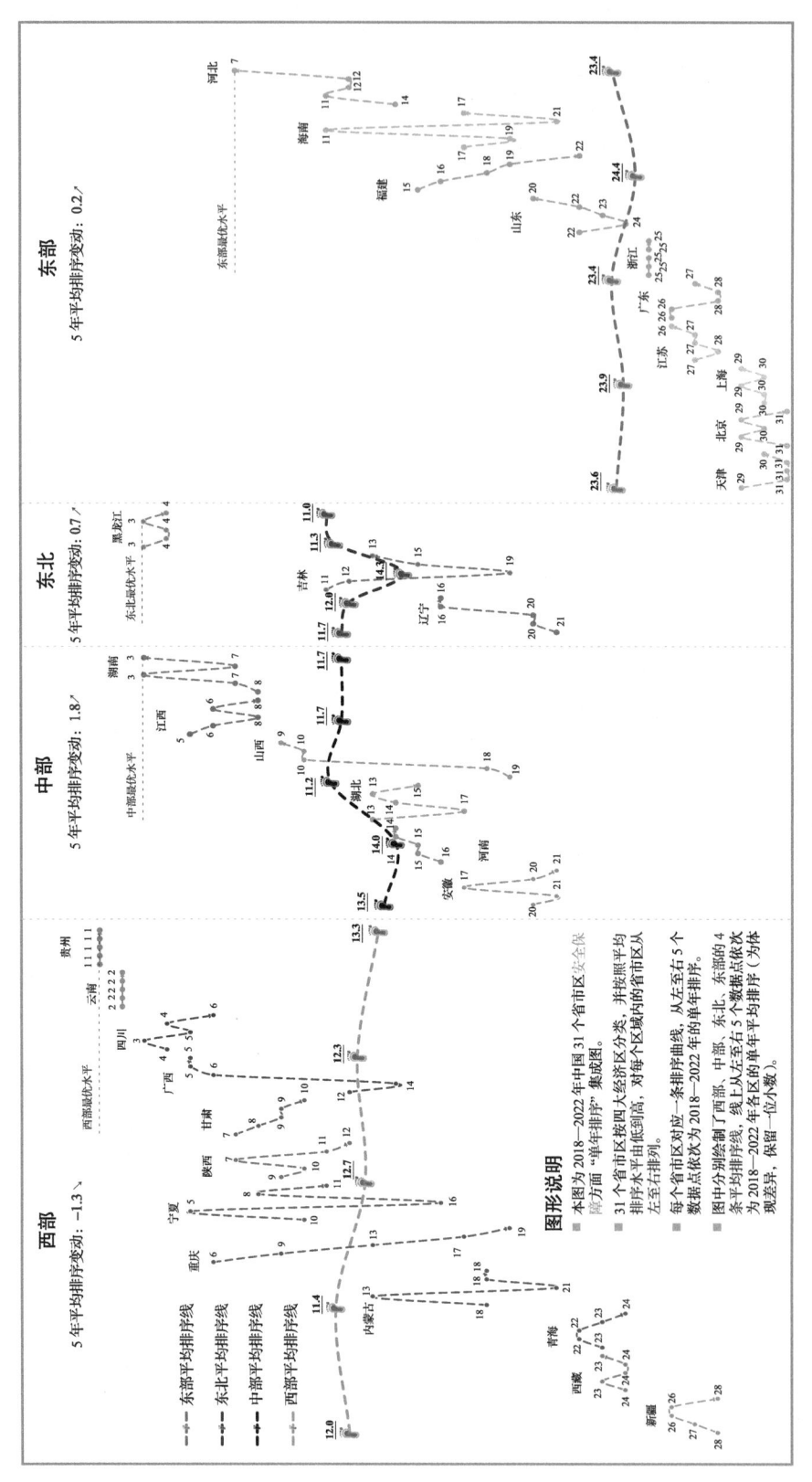

东北老工业基地
全面振兴进程评价报告（2018—2022 年）

图 2.173 2018—2022 年 31 个省市区安全保障单年排序变动情况

（3）东北地区安全保障相对水平呈先降后升趋势，优于其他三个地区。

从四大经济区单年排序曲线的变化情况（见图2.173）可以看出，在相对位次的排序竞争中，2018—2022年，西部地区呈缓慢下降趋势，下降幅度为1.3，东部地区呈波动上升趋势，上升幅度较小（0.2），中部和东北地区均呈上升趋势，其中中部地区的提升幅度最大（1.8）。东北地区从2020年开始，排序开始回升，上升至11.0，高于其他三个地区。就区域最优排序而言，东北地区最优单年排序为3，与东部地区相比，具有明显的优势。

3. 安全保障分项指数分析

2018—2022年，东北三省在"粮食安全""生态安全"2个分项指数下，指数平均值均高于东南三省平均水平和全国平均水平，在"能源安全"和"产业安全"2个分项指数下，均低于东南三省平均水平和全国平均水平。东北三省中，黑龙江省在"粮食安全"方面的指数平均值最高，为全国最高水平，在"产业安全"方面为6省最优水平，但低于全国平均水平；吉林省在"生态安全"方面的表现比较突出，高于全国平均水平，在"能源安全"方面的表现仅次于6省中的广东省，但与全国平均水平还有一定的差距。就东北三省而言，黑龙江省在"粮食安全""产业安全"方面的指数平均值均高于吉林省和辽宁省，吉林省在"生态安全""能源安全"方面的指数平均值均高于辽宁省和黑龙江省。东北三省4个分项指数，除"产业安全"外，其余3个分项指数均发展较好，尤其在"粮食安全""生态安全"方面优势明显，高于全国平均水平。就整体而言，东北三省明显好于东南三省。具体如表2.237和图2.174所示。

表2.237　2018—2022年6省安全保障方面分项指数的平均值

	粮食安全	生态安全	能源安全	产业安全
辽宁省	70.80	70.10	61.68	52.35
吉林省	73.63	75.30	61.98	55.19
黑龙江省	101.67	63.11	60.48	67.94
江苏省	58.52	35.62	59.70	59.16
浙江省	38.09	59.29	61.88	61.84
广东省	27.38	61.79	66.07	55.17
东北三省平均	82.03	69.50	61.38	58.50
东南三省平均	41.33	52.23	62.55	58.72
全国各省平均	62.11	60.07	63.45	69.34
全国各省最高	101.67	85.61	79.15	89.09
全国各省最低	13.36	14.24	49.13	51.08

图 A

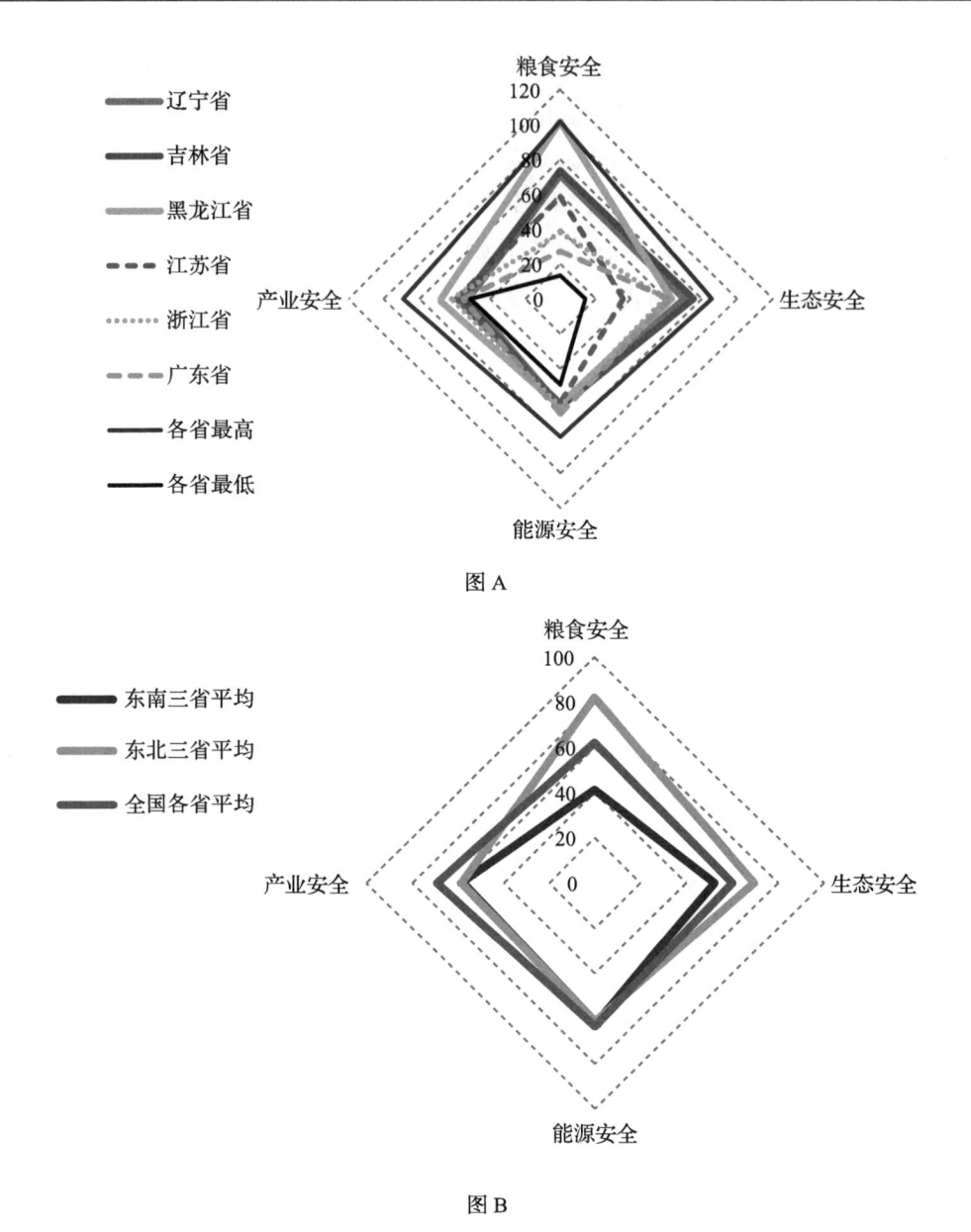

图 B

图 2.174　2018—2022 年安全保障方面分项指数平均值雷达图

2018—2022 年，全国在反映安全保障的 4 个分项指数方面的整体进展较为良好，其中，"粮食安全""生态安全""能源安全"整体呈平稳上升趋势，"产业安全"的增幅相对较高，2018 年以来呈上升趋势，在 2022 年出现小幅下降。广东省和浙江省的"粮食安全"，以及江苏省的"生态安全"均处于全国靠后水平（从年排序得出），江苏省和浙江省的"能源安全"处于全国中后水平，广东省的"产业安全"虽然处于上升趋势，但仍位于全国靠后水平。就东北三省 4 个分项指数而言，黑龙江省的"粮食安全"位于全国领先水平，"生态安全""能源安全""产业安全"处于全国中游水平，排序变动较小；吉林省的"粮食安全""生态安全"处于全国靠前位置，"能源安全"下降趋势明显，从 2018 年的第 9 名下降至 2022 年的第 16 名，"产业安全"虽然在全国排位靠后，但从 2018 年的第 30 名上升至 2022 年的第 25 名；辽宁省的"粮食安全""生态安全""能源安全"处于全国中游靠前的水平，并呈现继续提升的趋势，其中"粮食安全"从 2018 年的第 14 名提升至 2022 年的第 6 名，"生态安全"从 2018 年的第 15 名提升至 2022 年的第 10 名，"能源安全"从 2018 年的第 23 名提升至 2022 年的第 14 名，但辽宁省在"产业安全"方面的排序接近末尾，2022 年排序第 30 名。具体如表 2.238 所示。

表 2.238 2018—2022 年 6 省安全保障方面分项指数

分项指数	年份	辽宁省 值/序	吉林省 值/序	黑龙江省 值/序	江苏省 值/序	浙江省 值/序	广东省 值/序	全国平均 值
粮食安全	2018	62.03/14	70.12/6	99.24/1	54.68/22	30.41/28	24.93/29	57.26
	2019	67.14/13 ▲	71.97/6 ▲	100.85/1 ▲	55.66/22 ▲	35.39/27 ▲	26.09/30 ▲	59.26 ▲
	2020	69.72/13 ▲	72.91/8 ▲	101.84/1 ▲	57.59/22 ▲	38.18/27 ▲	27.30/30 ▲	61.66 ▲
	2021	74.17/11 ▲	75.10/8 ▲	102.89/1 ▲	59.71/23 ▲	38.95/27 ▲	28.39/30 ▲	64.09 ▲
	2022	80.93/6 ▲	78.03/12 ▲	103.56/1 ▲	64.97/23 ▲	47.54/27 ▲	30.18/30 ▲	68.26 ▲
生态安全	2018	61.97/15	68.58/10	57.42/18	35.01/27	60.20/17	66.27/11	57.09
	2019	66.56/12 ▲	70.97/11 ▲	62.74/14 ▲	33.35/29 ▽	59.12/19 ▽	61.80/16 ▽	59.41 ▲
	2020	71.06/12 ▲	76.00/6 ▲	62.92/16 ▲	35.07/29 ▲	59.67/19 ▲	61.33/18 ▽	60.41 ▲
	2021	75.01/10 ▲	79.21/7 ▲	67.17/14 ▲	36.40/29 ▲	58.69/20 ▽	59.39/19 ▽	61.41 ▲
	2022	75.93/10 ▲	81.73/5 ▲	65.31/16 ▽	38.26/28 ▲	58.74/20 ▲	60.18/19 ▲	62.02 ▲
能源安全	2018	58.02/23	67.22/9	60.55/18	54.28/27	60.35/20	63.68/14	62.37
	2019	60.46/17 ▲	57.88/22 ▽	57.64/23 ▽	58.36/19 ▲	60.44/18 ▲	66.50/10 ▲	62.47 ▲
	2020	60.17/18 ▽	58.67/20 ▲	58.64/21 ▲	58.85/19 ▲	61.31/16 ▲	66.56/12 ▲	62.64 ▲
	2021	63.32/16 ▲	60.84/22 ▲	60.59/23 ▲	62.70/17 ▲	63.38/15 ▲	65.80/13 ▽	64.22 ▲
	2022	66.43/14 ▲	65.30/16 ▲	64.98/18 ▲	64.33/20 ▲	63.91/21 ▲	67.81/12 ▲	65.55 ▲
产业安全	2018	48.51/28	45.51/30	57.91/18	55.67/21	55.85/20	45.26/31	59.98
	2019	53.89/28 ▲	62.22/19 ▲	68.24/16 ▲	56.35/24 ▲	58.20/22 ▲	50.52/31 ▲	67.27 ▲
	2020	52.93/28 ▽	46.40/31 ▽	70.35/16 ▲	60.95/23 ▲	65.13/22 ▲	56.85/27 ▲	72.71 ▲
	2021	54.96/29 ▲	59.59/27 ▲	72.12/15 ▲	60.66/25 ▽	62.69/23 ▽	59.95/26 ▲	73.40 ▲
	2022	51.47/30 ▽	62.24/25 ▲	71.11/18 ▽	62.16/26 ▲	67.31/21 ▲	63.27/23 ▲	73.32 ▽

注：表中符号"▲"表示本年的数据相对于前一年是增长的，符号"▽"表示本年的数据相对于前一年是减少的。

进一步统计升降符（▲或▽）的数量，对不同地区的发展态势及稳定性进行分析和对比可知，2018—2022年，全国4项指数中升符▲的数量远远大于降符▽的数量，6个省份的4项指数中升符▲的数量为79，降符▽的数量为17，升符▲的数量约为降符▽的4倍；东北三省4个分项指数中升符▲的总数高于东南三省，东北三省和东南三省的"粮食安全"均有12个升符▲，"生态安全"分别有11个和6个升符▲，"能源安全"分别有9个和11个升符▲，"产业安全"分别有8个和10个升符▲，东北地区总体发展水平高于东南三省。

2018—2022年，辽宁省升符▲的数量为13个，占81.25%，吉林省升符▲的数量为14个，占87.50%，黑龙江省升符▲的数量为13个，占81.25%，江苏省升符▲的数量为14个，占87.50%，浙江省升符▲的数量为13个，占81.25%，广东省升符▲的数量为12个，占75.00%，东北三省的上升势头均超过了东南三省中的广东省；就东北三省而言，吉林省发展势头较好，黑龙江省和辽宁省相对较弱。

（1）粮食安全。

①人均农产品产量（单位：千克/人）。人均农产品产量反映了某地区每个居民平均生产的农产品数量，是衡量地区粮食安全的重要指标，计算公式为粮食总产量与蔬菜、水果、肉禽蛋等产量之和与年末总人口数的比值。2018—2022年，全国人均农产品产量呈持续上升态势，东北地区整体亦呈持续上升趋势且表现明显优于全国平均水平；辽宁省、吉林省、黑龙江省均呈平稳上升态势；相对而言，黑龙江省表现最好，吉林省次之，辽宁省较弱。总体而言，东北三省的人均农产品产量与全国平均水平相比，有着明显的领先优势。具体如图2.175所示。

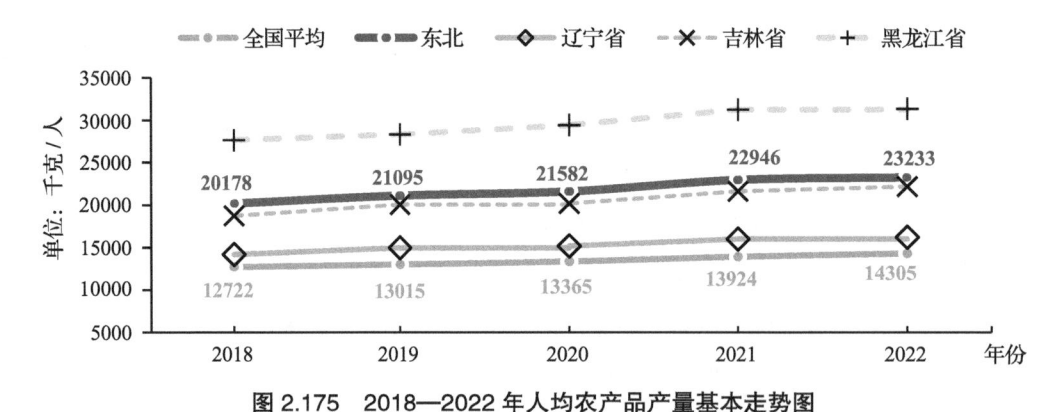

图2.175 2018—2022年人均农产品产量基本走势图

注：①全国平均指31个省市区的平均水平；②全国范围内（可采集到的数据），人均农产品产量最大值为2022年黑龙江省的31324千克/人，最小值为2019年北京市的1199千克/人。

2018—2022年，东北三省人均农产品产量在全国31个省市区连续5年数据集中的相对位置分布情况如图2.176所示。可见，东北三省5年（共15个数据）人均农产品产量的百分比排位均处于50%以上，且有10个处于75%以上；排位的最大值是2022

　　　　　　　　　　+ 2018年　　○ 2019年　　△ 2020年　　× 2021年　　□ 2022年

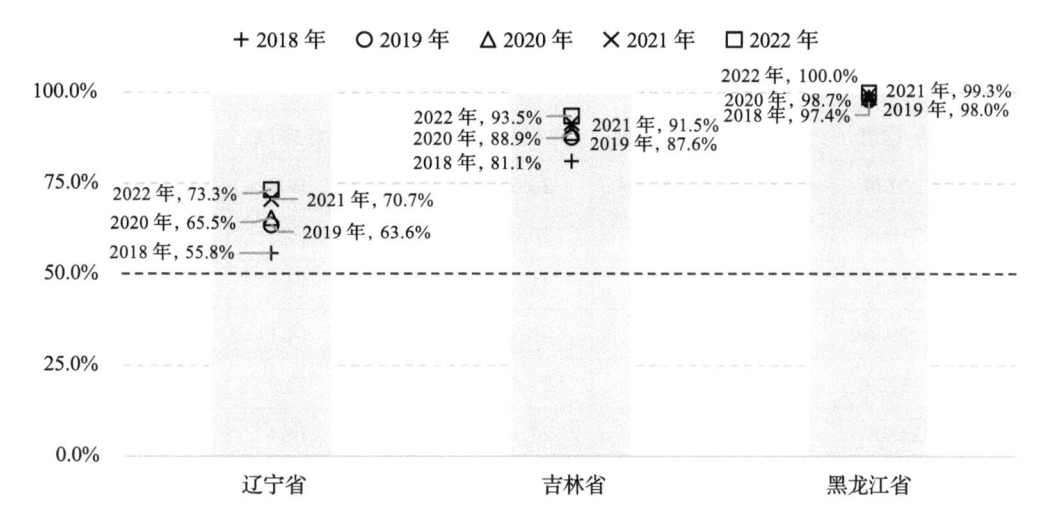

图 2.176　2018—2022 年东北三省人均农产品产量百分比数值图

年的黑龙江省（100.0%），最小值是 2018 年的辽宁省（55.8%）。

2018—2022 年，6 省人均农产品产量由高到低排序依次为黑龙江省、吉林省、辽宁省、江苏省、广东省、浙江省；东南三省中，江苏省和广东省呈持续上升态势，浙江省呈波动下降态势；东北三省则均呈持续上升态势；东北三省相比于东南三省，有着明显的优势；人均农产品产量增幅最大的是吉林省（4.58%），降幅最大的是浙江省（-0.49%），辽宁省和黑龙江省的增幅分别为 3.56% 和 3.36%。具体如表 2.239 所示。

表 2.239　2018—2022 年 6 省人均农产品产量的原始值

年份	辽宁省 值/序	吉林省 值/序	黑龙江省 值/序	江苏省 值/序	浙江省 值/序	广东省 值/序	全国平均 值
2018	14194/12	18728/5	27612/1	13346/13	6333/26	6105/27	12722
2019	14966/10	20039/4	28279/1	13422/15	6211/27	6303/26	13015
2020	15180/11	20165/4	29402/1	13548/16	6243/27	6490/26	13365
2021	16002/11	21604/3	31231/1	13718/18	6161/27	6698/26	13924
2022	16215/11	22159/3	31324/1	13941/18	6209/27	6922/26	14305
平均	15311/11.0	20539/3.8	29570/1.0	13595/16.0	6231/26.8	6504/26.2	13466

2018—2022 年，四大经济区人均农产品产量由高到低排序依次为东北、西部、中部、东部；东北、西部、中部地区均呈持续上升态势，东部地区在 2019 年出现微弱下降后也呈持续上升态势；其中，西部地区增幅最大（4.09%），东部地区增幅最小（1.67%），东北地区的增幅为 3.79%；东北地区与另外三个地区相比，有着显著的优势。具体如表 2.240 所示。

表 2.240　2018—2022 年四大经济区人均农产品产量的平均值

年份	东北 平均值	东北 年排序	东部 平均值	东部 年排序	西部 平均值	西部 年排序	中部 平均值	中部 年排序
2018	20178	6.0	9160	20.6	13590	14.9	13197	15.5
2019	21095	5.0	9141	20.9	14067	14.7	13326	16.0
2020	21582	5.3	9292	21.1	14545	14.6	13683	15.7
2021	22946	5.0	9491	21.3	15274	14.1	14103	16.5
2022	23233	5.0	9772	21.4	15811	13.9	14383	16.7
平均	21807	5.3	9371	21.1	14657	14.4	13738	16.1

2018—2022 年，七大地理区人均农产品产量由高到低排序依次为东北、西北、华中、华南、西南、华北、华东；七大地理区均呈持续上升态势；其中，西南地区增幅最大（4.33%），华东地区增幅最小（1.56%），东北地区增幅为 3.79%；就七大地理区而言，东北地区处于领先地位，具有一定的领先优势。具体如表 2.241 所示。

表 2.241　2018—2022 年七大地理区人均农产品产量的平均值

年份	东北 值/序	华北 值/序	华东 值/序	华南 值/序	华中 值/序	西北 值/序	西南 值/序
2018	20178/6.0	10902/18.8	10345/19.3	12000/15.3	14357/13.3	14054/13.2	10715/20.6
2019	21095/5.0	11114/18.8	10380/19.8	12333/15.3	14388/14.0	14586/12.6	10969/20.6
2020	21582/5.3	11361/18.8	10528/20.0	12725/15.7	14745/13.5	15021/12.4	11466/20.6
2021	22946/5.0	11680/18.8	10767/20.7	13339/15.3	15087/14.3	15660/12.2	12228/19.8
2022	23233/5.0	12049/19.0	10992/20.7	13910/15.3	15359/14.5	16303/12.0	12574/19.6
平均	21807/5.3	11421/18.8	10602/20.1	12861/15.4	14787/13.9	15125/12.5	11591/20.2

②粮食生产农化密度（单位：万吨/千公顷）。粮食生产农化密度是指某地区开展农业生产过程中化肥、农药和农用塑料薄膜的使用密度，反映了播种土地的可持续发展程度，是衡量地区粮食安全的重要指标，计算公式为农药施用量、农用化肥使用量、农用塑料薄膜使用量三者之和与农作物总播种面积的比值，是逆向指标。2018—2022 年，全国粮食生产农化密度整体呈下降趋势，东北地区亦呈下降趋势，但下降幅度低于全国平均水平；东北三省明显优于全国平均水平；辽宁省、吉林省均呈持续下降趋势，黑龙江省呈波动下降趋势；相对而言，黑龙江省最好，明显低于全国平均水平，辽宁省次之，略低于全国平均水平，下降幅度与全国平均水平基本保持一致，吉林省较弱，下降幅度缓慢，由最初略低于全国平均水平到逐渐高于全国平均水平，且差距

逐渐明显。总体而言，东北三省的粮食生产农化密度明显优于全国平均水平，但优势在逐渐缩小。具体如图 2.177 所示。

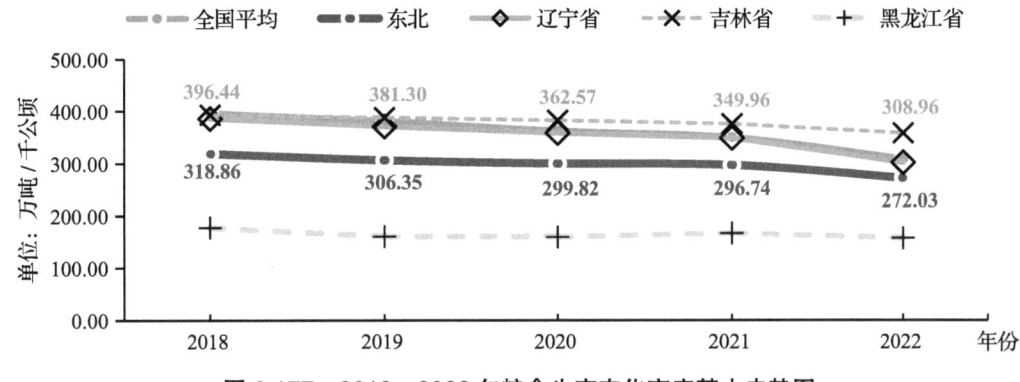

图 2.177　2018—2022 年粮食生产农化密度基本走势图

注：①全国平均指 31 个省市区的平均水平；②全国范围内（可采集到的数据），粮食生产农化密度最大值为 2019 年北京市的 812.14 万吨 / 千公顷，最小值为 2022 年青海省的 80.18 万吨 / 千公顷。

2018—2022 年，东北三省粮食生产农化密度在全国 31 个省市区连续 5 年数据集中的相对位置分布情况如图 2.178 所示。可见，东北三省 5 年（共 15 个数据）粮食生产农化密度的百分比排位处于 50% 以下的有 8 个；排位的最大值是 2022 年的黑龙江省（94.9%），最小值是 2018 年的吉林省（32.5%）。

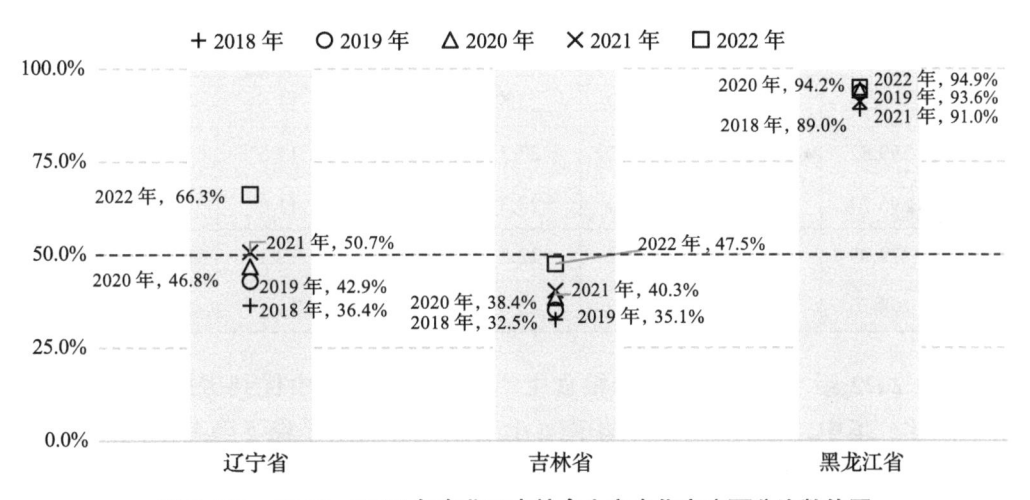

图 2.178　2018—2022 年东北三省粮食生产农化密度百分比数值图

2018—2022 年，6 省粮食生产农化密度表现由优到劣排序依次为黑龙江省、辽宁省、吉林省、江苏省、浙江省、广东省；东南三省均呈平稳下降趋势；东北三省中，辽宁省和吉林省呈平稳下降趋势，黑龙江省呈波动下降趋势；东北三省相比于东南三省存在较明显的优势；浙江省降幅最大（-6.64%），吉林省降幅最小（-2.25%），辽宁省和黑龙江省的降幅分别为 5.46% 和 2.94%。具体如表 2.242 所示。

表 2.242　2018—2022 年 6 省粮食生产农化密度的原始值

年份	辽宁省 值/序	吉林省 值/序	黑龙江省 值/序	江苏省 值/序	浙江省 值/序	广东省 值/序	全国平均值
2018	385.79/16	393.07/18	177.71/3	413.64/20	450.02/24	572.86/27	396.44
2019	370.77/17	387.89/19	160.40/2	408.94/21	415.24/22	548.34/28	381.30
2020	358.02/17	382.26/19	159.17/3	399.21/23	396.85/22	521.99/28	362.57
2021	348.30/17	375.42/20	166.49/4	389.30/22	390.77/23	500.06/28	349.96
2022	301.61/14	357.67/22	156.81/4	358.50/23	330.51/19	458.33/27	308.96
平均	352.90/16.2	379.26/19.6	164.12/3.2	393.92/21.8	396.68/22.0	520.32/27.6	359.85

2018—2022 年，四大经济区粮食生产农化密度表现由优到劣排序依次为西部、东北、中部、东部；四大经济区均呈平稳下降趋势；其中，东部地区降幅最大（-6.45%），东北地区降幅最小（-3.67%）；东北地区与中部和东部地区相比具有明显优势，但是与表现最佳的西部地区相比，还存在一定差距。具体如表 2.243 所示。

表 2.243　2018—2022 年四大经济区粮食生产农化密度的平均值

年份	东北 平均值	年排序	东部 平均值	年排序	西部 平均值	年排序	中部 平均值	年排序
2018	318.86	12.0	535.88	23.7	318.26	11.5	359.21	14.0
2019	306.35	12.7	522.60	23.5	300.75	11.6	344.35	14.0
2020	299.82	13.0	489.42	23.5	288.33	11.5	331.03	14.0
2021	296.74	13.7	462.30	23.3	284.19	11.6	320.85	13.8
2022	272.03	13.3	397.52	22.5	252.29	12.1	293.18	14.3
平均	298.76	13.0	481.55	23.3	288.76	11.7	329.72	14.0

2018—2022 年，七大地理区的粮食生产农化密度表现由优到劣排序依次为西南、东北、西北、华中、华北、华东、华南；七大地理区均呈平稳下降趋势；其中，西南地区降幅最大（-6.34%），东北地区降幅最小（-3.67%）；就七大地理区而言，东北地区排序靠前，但与表现最优的西南地区相比，还存在一定差距。具体如表 2.244 所示。

（2）生态安全。

①物种密度（单位：种/万平方千米）。物种密度是指一定区域内物种的密集程度或分散状况，是衡量地区生态安全的一个关键指标，计算公式为物种数量与地区面积的比值。2018—2022 年，全国物种密度呈波动上升态势，2019 年出现微弱下降，东北地区则整体呈稳定上升趋势；东北地区明显低于全国平均水平，且这种差距呈先缩减

表 2.244　2018—2022 年七大地理区粮食生产农化密度的平均值

年份	东北 值/序	华北 值/序	华东 值/序	华南 值/序	华中 值/序	西北 值/序	西南 值/序
2018	318.86/12.3	445.06/18.0	464.90/20.7	587.98/26.3	362.08/14.5	365.69/15.0	255.55/6.6
2019	306.35/12.7	441.06/18.2	443.35/20.0	583.30/27.3	344.10/14.3	341.38/15.0	240.50/6.6
2020	299.82/13.0	410.33/17.8	422.99/20.3	550.12/27.3	328.06/14.3	328.83/15.0	228.79/6.4
2021	296.74/13.7	392.32/18.4	405.68/20.2	532.91/28.0	317.61/13.8	318.01/14.6	220.71/6.0
2022	272.03/13.3	337.93/18.8	354.27/19.0	472.47/27.7	289.71/14.3	283.32/15.0	190.74/6.6
平均	298.76/13.0	405.34/18.2	418.24/20.0	545.36/27.3	328.31/14.2	327.45/14.9	227.26/6.4

后扩大的态势；辽宁省、吉林省和黑龙江省均呈稳定上升趋势，2020 年升幅明显；就东北三省而言，辽宁省较好，吉林省次之，黑龙江省较弱。总体而言，东北地区物种密度明显低于全国平均水平，且差距有明显扩大的趋势。具体如图 2.179 所示。

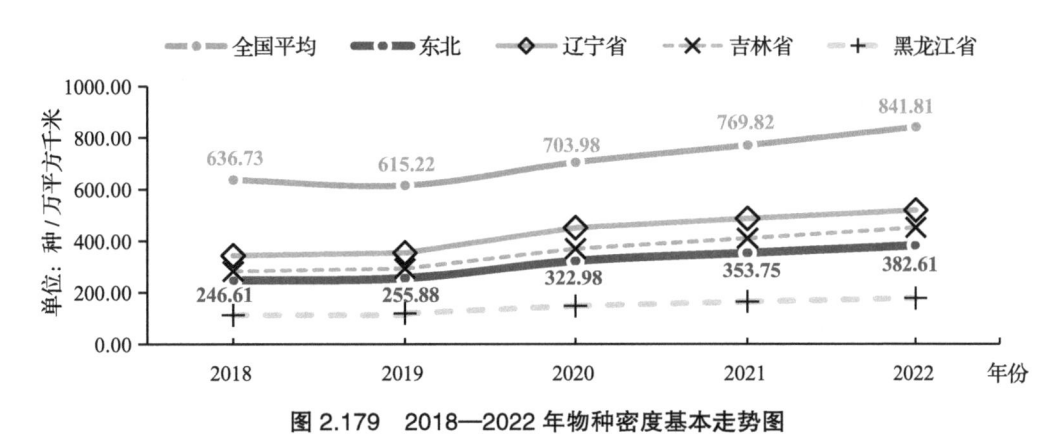

图 2.179　2018—2022 年物种密度基本走势图

注：①全国平均指 31 个省市区的平均水平；②全国范围内（可采集到的数据），物种密度最大值为 2022 年海南省的 3986.61 种 / 万平方千米，最小值为 2018 年内蒙古自治区的 48.95 种 / 万平方千米。

2018—2022 年，东北三省物种密度在全国 31 个省市区连续 5 年数据集中的相对位置分布情况如图 2.180 所示。可见，东北三省 5 年（共 15 个数据）物种密度的百分比排位处于 50% 以下的有 13 个，其中有 7 个位于 25% 以下；此外，排位的最大值是 2022 年的辽宁省（58.4%），最小值是 2018 年的黑龙江省（10.3%）。

2018—2022 年，6 省物种密度由高到低依次是浙江省、广东省、江苏省、辽宁省、吉林省、黑龙江省；东南三省中，浙江省呈稳定上升的态势，其他两省呈先下降后上升的态势，2019 年均出现不同程度的下降；东南三省中水平较低的江苏省优于东北地区水平最高的辽宁省；吉林省增幅最大（14.93%），广东省增幅最小（6.03%），辽宁省和黑龙江省的增幅分别为 12.67%、14.33%。具体如表 2.245 所示。

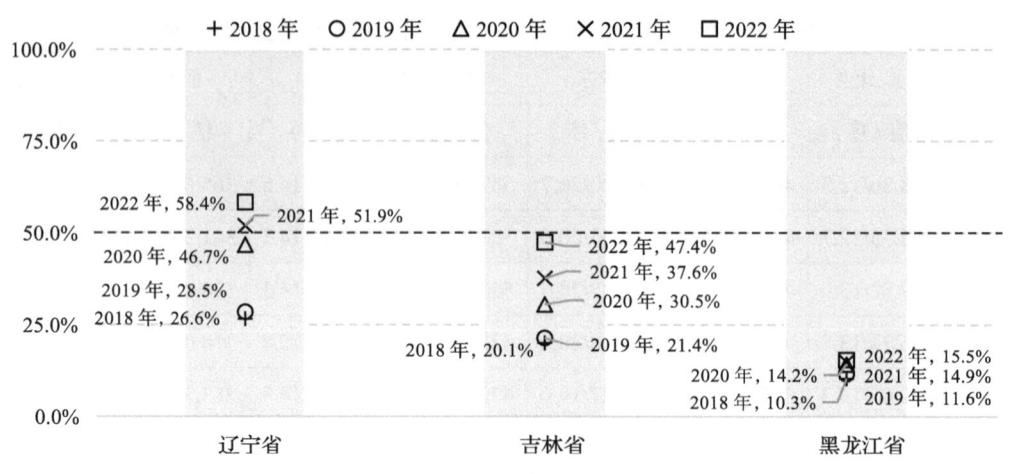

图 2.180　2018—2022 年东北三省物种密度百分比数值图

表 2.245　2018—2022 年 6 省物种密度的原始值

年份	辽宁省 值/序	吉林省 值/序	黑龙江省 值/序	江苏省 值/序	浙江省 值/序	广东省 值/序	全国平均 值/序
2018	344.38/20	282.76/24	112.68/27	487.97/11	916.48/5	681.81/8	636.73
2019	354.67/20	293.65/24	119.31/27	470.71/12	931.06/4	634.87/9	615.22
2020	451.18/18	370.22/21	147.55/27	526.77/12	1041.95/4	720.08/8	703.98
2021	486.62/19	410.35/21	164.27/27	574.07/12	1118.28/4	775.92/8	769.82
2022	518.90/19	451.65/21	177.27/27	626.31/12	1237.03/4	846.27/8	841.81
平均	431.15/19.2	361.73/22.2	144.21/27.0	537.16/11.8	1048.96/4.2	731.79/8.2	713.51

2018—2022 年，四大经济区物种密度由高到低依次是东部、中部、西部、东北；东部地区呈波动上升趋势，2019 年出现微弱下降，其余地区均呈持续上升趋势；东北地区上升幅度最大，为 13.79%，东部地区上升幅度最小，为 7.49%；东北地区与表现最优的东部地区相比差距较大。具体如表 2.246 所示。

表 2.246　2018—2022 年四大经济区物种密度的平均值

年份	东北 平均值	年排序	东部 平均值	年排序	西部 平均值	年排序	中部 平均值	年排序
2018	246.61	23.7	1265.34	8.4	342.02	19.5	373.55	17.8
2019	255.88	23.7	1176.40	8.7	351.21	19.2	387.63	18.0
2020	322.98	22.0	1358.76	8.8	392.66	19.0	425.84	19.0
2021	353.75	22.3	1492.87	8.8	426.12	18.8	460.16	19.2
2022	382.61	22.3	1644.57	8.8	458.04	19.1	501.02	18.7
平均	312.36	22.8	1387.59	8.7	394.01	19.1	429.64	18.5

2018—2022年，七大地理区物种密度由高到低依次为华南、华东、华北、西南、华中、东北、西北；华南、华东两个地区均呈波动上升趋势，华北、西南、华中、东北、西北五个地区均呈稳定上升趋势；华南地区增幅最小，为4.32%，华北地区增幅最大，为18.27%，东北地区的增幅为13.79%；就七大地理区而言，东北地区排序靠后，与表现最优的华南地区相比，差距较大。具体如表2.247所示。

表2.247 2018—2022年七大地理区物种密度的平均值

年份	东北	华北	华东	华南	华中	西北	西南
	值/序	值/序	值/序	值/序	值/序	值/序	值/序
2018	246.61/23.7	596.39/17.2	1039.72/10.5	1588.05/6.3	395.58/16.0	233.59/23.0	452.86/15.6
2019	255.88/23.7	657.81/17.2	889.97/10.7	1486.76/6.7	412.67/16.3	243.96/22.6	468.93/15.4
2020	322.98/22.0	787.56/16.8	1045.02/11.3	1622.00/6.3	445.32/17.8	283.90/22.0	515.97/15.6
2021	353.75/22.3	897.23/16.8	1149.60/11.3	1718.34/6.3	479.11/18.0	304.79/22.0	564.82/15.2
2022	382.61/22.3	1032.26/17.0	1238.89/11.3	1862.77/6.3	524.67/17.0	326.90/22.2	606.43/15.6
平均	312.36/22.8	794.25/17.0	1072.64/11.0	1655.58/6.4	451.47/17.0	278.63/22.4	521.80/15.5

②新增水土流失治理面积占比（单位：%）。新增水土流失治理面积占比反映了地区生态环境改善成效和土地资源可持续利用能力，是衡量地区生态安全的重要指标，计算公式为新增水土流失治理面积与地区面积的比值。2018—2022年，全国新增水土流失治理面积占比呈波动上升态势，东北地区整体亦呈波动上升趋势；东北地区高于全国平均水平，且这种差距呈先缩减后扩大的态势；辽宁省和黑龙江省均呈波动上升趋势，2020年出现微弱下降，2021年出现明显上升，吉林省呈平稳上升态势，2018—2020年保持了稳定的水平，未呈现任何显著的升幅或降幅，2021年升幅明显；就东北三省而言，辽宁省较好，吉林省次之，黑龙江省较弱。总体而言，东北地区新增水土流失治理面积占比高于全国平均水平，且差距在逐年缩小的基础上有扩大的趋势。具体如图2.181所示。

2018—2022年，东北三省新增水土流失治理面积占比在全国31个省市区连续5年数据集中的相对位置分布情况如图2.182所示。可见，东北三省5年（共15个数据）新增水土流失治理面积占比的百分比排位均处于50%以上，其中有2个位于75%以上；此外，排位的最大值是2021年和2022年的辽宁省（79.8%），最小值是2020年的黑龙江省（50.3%）。

2018—2022年，6省新增水土流失治理面积占比由高到低依次是辽宁省、吉林省、黑龙江省、广东省、浙江省、江苏省；东南三省呈波动下降的态势，2021年均出现不同程度的下降，其中，广东省先连续下降，2022年出现上升的态势，浙江省在2019年和2020年呈微弱的上升态势，江苏省则在2020年保持了稳定的水平；东北三省中水

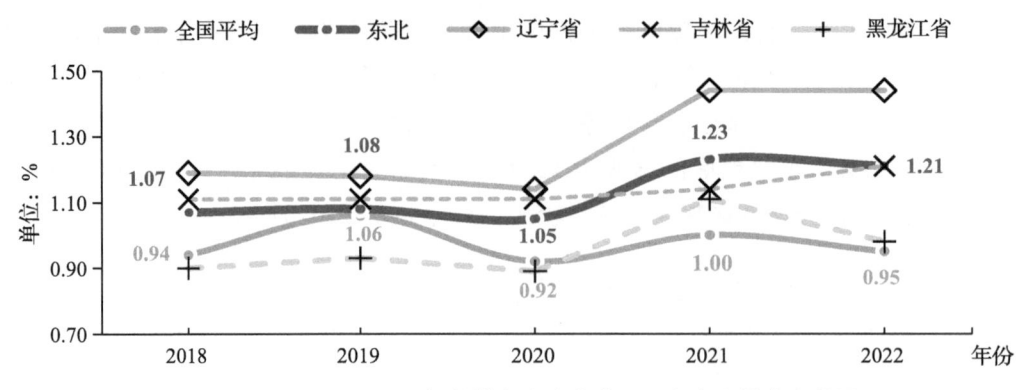

东北老工业基地
全面振兴进程评价报告（2018—2022年）

图 2.181　2018—2022 年新增水土流失治理面积占比基本走势图

注：①全国平均指 31 个省市区的平均水平；②全国范围内（可采集到的数据），新增水土流失治理面积占比最大值为 2019 年北京市的 5.05%，最小值为 2022 年天津市的 0.04%。

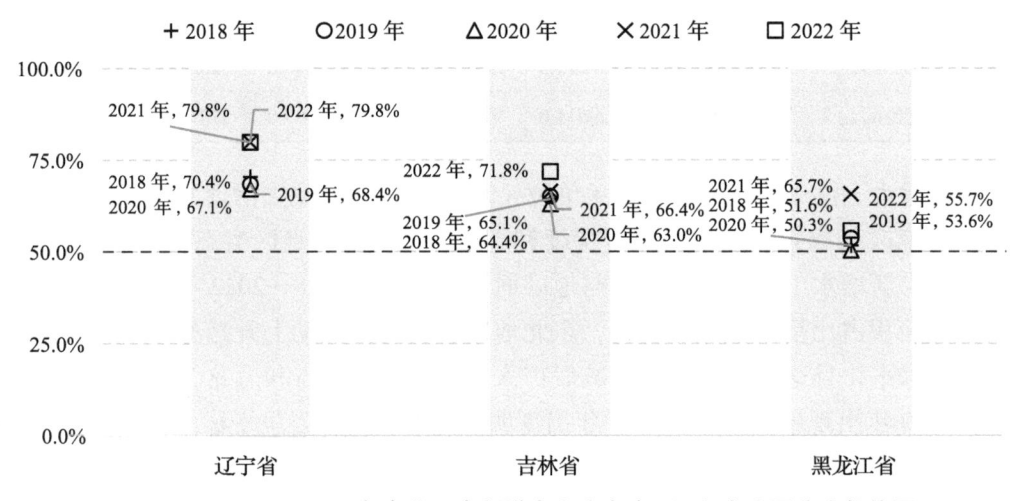

图 2.182　2018—2022 年东北三省新增水土流失治理面积占比百分比数值图

平较低的黑龙江省优于东南地区水平最高的广东省；新增水土流失治理面积占比增幅最大的是辽宁省（5.28%），降幅最大的是广东省（-6.77%），吉林省和黑龙江省的增幅分别为 2.16%、2.13%。具体如表 2.248 所示。

2018—2022 年，四大经济区新增水土流失治理面积占比由高到低依次是东北、西部、中部、东部；东北、西部和中部三个地区均呈波动上升趋势，东部地区呈波动下降趋势；东北地区上升幅度最大，为 3.31%，东部地区增幅最小，表现为 -5.57% 的负增长；东北地区新增水土流失治理面积占比在四大经济区中表现最优。具体如表 2.249 所示。

表 2.248 2018—2022 年 6 省新增水土流失治理面积占比的原始值

年份	辽宁省 值/序	吉林省 值/序	黑龙江省 值/序	江苏省 值/序	浙江省 值/序	广东省 值/序	全国平均 值
2018	1.19/9	1.11/11	0.90/15	0.11/28	0.43/23	0.66/21	0.94
2019	1.18/10	1.11/11	0.93/14	0.10/28	0.44/25	0.62/22	1.06
2020	1.14/11	1.11/12	0.89/15	0.10/29	0.46/24	0.53/23	0.92
2021	1.44/7	1.14/10	1.11/11	0.09/29	0.41/24	0.45/22	1.00
2022	1.44/7	1.21/9	0.98/13	0.10/28	0.40/24	0.48/22	0.95
平均	1.28/8.8	1.14/10.6	0.96/13.6	0.10/28.4	0.43/24.0	0.55/22.0	0.97

表 2.249 2018—2022 年四大经济区新增水土流失治理面积占比的平均值

年份	东北 平均值	东北 年排序	东部 平均值	东部 年排序	西部 平均值	西部 年排序	中部 平均值	中部 年排序
2018	1.07	11.7	0.76	18.7	1.03	13.8	0.96	16.0
2019	1.08	11.7	1.13	18.4	1.01	14.1	1.05	15.8
2020	1.05	12.7	0.74	18.3	0.99	13.8	1.00	16.0
2021	1.23	9.3	0.83	18.4	1.03	14.7	1.06	15.8
2022	1.21	9.7	0.59	20.7	1.10	13.3	1.05	15.2
平均	1.13	11.0	0.81	18.9	1.03	13.9	1.02	15.8

2018—2022 年，七大地理区新增水土流失治理面积占比由高到低依次为华北、西南、东北、西北、华中、华东、华南；西南、东北、西北、华中、华东五个地区均呈波动上升趋势，华北和华南两个地区均呈波动下降趋势；东北地区增幅最大，为 3.31%，华北地区增幅最小，表现为 -4.40% 的负增长；就七大地理区而言，东北地区排序靠前，与表现最优的华北地区相比，仍有一定差距。具体如表 2.250 所示。

表 2.250 2018—2022 年七大地理区新增水土流失治理面积占比的平均值

年份	东北 值/序	华北 值/序	华东 值/序	华南 值/序	华中 值/序	西北 值/序	西南 值/序
2018	1.07/11.7	1.25/13.2	0.56/20.6	0.56/21.0	0.78/17.8	0.97/14.0	1.24/11.4
2019	1.08/11.7	1.81/13.8	0.69/19.8	0.68/20.7	0.83/18.0	1.00/14.2	1.16/11.4
2020	1.05/12.7	1.15/12.8	0.68/19.4	0.58/21.3	0.78/18.5	0.98/13.4	1.11/12.2
2021	1.23/9.3	1.50/11.8	0.58/21.1	0.50/22.0	0.87/17.5	1.08/13.8	1.10/13.4
2022	1.21/9.7	1.03/16.4	0.58/20.4	0.55/21.3	0.84/16.8	1.09/13.2	1.27/11.0
平均	1.13/11.0	1.35/13.6	0.62/20.3	0.57/21.3	0.82/17.7	1.02/13.7	1.18/11.9

③生态土地占比（单位：%）。生态土地占比反映特定地区内生态环境质量及自然资源保护状况，是衡量地区生态安全的重要指标，计算公式为耕地面积、园地面积、林地面积、草地面积、湿地面积之和与地区面积的比值。2018—2022年，全国生态土地占比呈平缓下降态势，东北地区整体亦呈平缓下降的趋势；东北地区明显高于全国平均水平，且这种差距相对稳定；黑龙江省、吉林省和辽宁省均呈平缓微弱下降趋势，总体趋势相对稳定；就东北三省而言，黑龙江省较好，吉林省次之，辽宁省较弱。总体而言，东北地区生态土地占比明显高于全国平均水平，且差距呈现相对稳定的趋势。具体如图2.183所示。

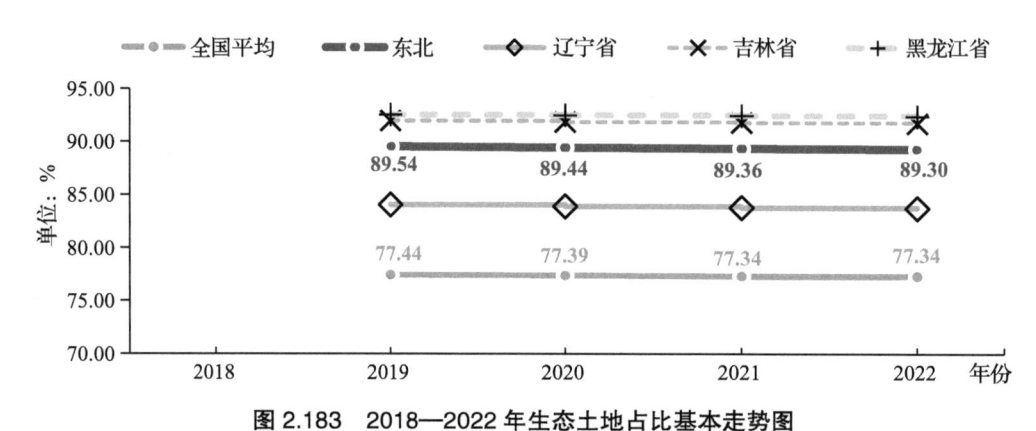

图2.183　2018—2022年生态土地占比基本走势图

注：①全国平均指31个省市区的平均水平；②全国范围内（可采集到的数据），生态土地占比最大值为2019年黑龙江省的92.56%，最小值为2021年新疆维吾尔自治区的44.35%。

2018—2022年，东北三省生态土地占比在全国31个省市区连续5年数据集中的相对位置分布情况如图2.184所示。可见，东北三省5年（共12个数据）生态土地占比的百分比排位均处于50%以上，其中有8个位于75%以上；此外，排位的最大值是

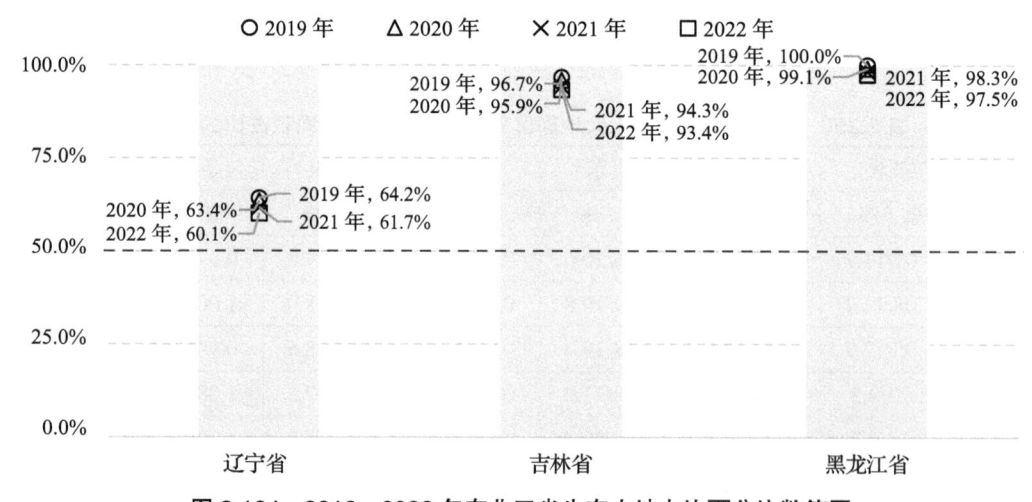

图2.184　2018—2022年东北三省生态土地占比百分比数值图

2019年的黑龙江省（100.0%），最小值是2022年的辽宁省（60.1%）。

2018—2022年，6省生态土地占比由高到低依次是黑龙江省、吉林省、辽宁省、广东省、浙江省、江苏省；东南三省中，广东省与浙江省均呈稳定下降的态势，且下降态势相对平缓微弱，江苏省呈先下降后上升的态势，2020年出现微弱下降；东北三省中水平较低的辽宁省优于东南地区水平最高的广东省；生态土地占比降幅最小的是黑龙江省（-0.05%），降幅最大的是广东省（-0.21%），吉林省和辽宁省的降幅分别为0.09%、0.13%。具体如表2.251所示。

表2.251　2018—2022年6省生态土地占比的原始值

年份	辽宁省 值/序	吉林省 值/序	黑龙江省 值/序	江苏省 值/序	浙江省 值/序	广东省 值/序	全国平均值
2018	—	—	—	—	—	—	—
2019	84.06/12	91.99/2	92.56/1	52.40/29	79.29/19	80.29/17	77.44
2020	83.91/12	91.88/2	92.52/1	52.17/29	79.14/19	80.13/17	77.39
2021	83.79/12	91.82/2	92.48/1	52.41/29	79.03/19	79.91/17	77.34
2022	83.73/12	91.75/2	92.42/1	52.52/29	78.89/19	79.79/17	77.34
平均	83.87/12.0	91.86/2.0	92.49/1.0	52.37/29.0	79.09/19.0	80.03/17.0	77.38

2018—2022年，四大经济区生态土地占比由高到低依次是东北、中部、西部、东部；东北和西部地区呈平稳下降趋势，中部和东部地区均呈波动下降趋势；东北地区降幅最大，为0.09%，中部地区降幅最小，为0.02%；东北地区生态土地占比排序靠前，表现优异。具体如表2.252所示。

表2.252　2018—2022年四大经济区生态土地占比的平均值

年份	东北 平均值	年排序	东部 平均值	年排序	西部 平均值	年排序	中部 平均值	年排序
2018	—	—	—	—	—	—	—	—
2019	89.54	5.0	71.20	20.1	78.29	15.0	80.09	16.7
2020	89.44	5.0	71.10	20.2	78.23	15.0	80.15	16.5
2021	89.36	5.0	71.07	20.3	78.19	14.9	80.09	16.5
2022	89.30	5.0	71.14	20.3	78.15	14.9	80.04	16.5
平均	89.41	5.0	71.13	20.2	78.22	15.0	80.10	16.5

2018—2022年，七大地理区生态土地占比由高到低依次为东北、西南、华南、华中、华北、华东、西北；东北、西南、华南、西北四个地区均呈持续下降趋势，华东地区呈波动下降趋势，华中地区呈波动上升趋势，华北地区呈下降趋势，2020年保持

稳定水平；华中地区增幅最大，为0.01%，华南地区增幅最小，表现为-0.19%的负增长，东北地区的增幅为-0.09%；就七大地理区而言，东北地区排序靠前，与排序第二的西南地区相比，差距不大。具体如表2.253所示。

表2.253　2018—2022年七大地理区生态土地占比的平均值

年份	东北 值/序	华北 值/序	华东 值/序	华南 值/序	华中 值/序	西北 值/序	西南 值/序
2018	—	—	—	—	—	—	—
2019	89.54/5.0	74.02/18.6	69.17/21.5	85.55/10.3	80.15/17.5	67.63/22.2	86.31/9.4
2020	89.44/5.0	74.02/18.6	69.01/21.7	85.38/10.3	80.31/17.3	67.59/22.0	86.26/9.6
2021	89.36/5.0	74.01/18.6	69.01/21.8	85.18/10.3	80.23/17.3	67.56/22.0	86.23/9.4
2022	89.30/5.0	74.00/18.6	69.15/21.8	85.07/10.3	80.18/17.3	67.54/22.0	86.19/9.4
平均	89.41/5.0	74.01/18.6	69.09/21.7	85.30/10.3	80.21/17.3	67.58/22.1	86.25/9.5

（3）能源安全。

①人均能源综合生产能力（单位：吨/人）。人均能源综合生产能力反映国内煤炭、石油、天然气、非化石能源等一次能源的综合生产能力的人均占有情况，是衡量国家能源安全保障能力的重要指标，计算公式为原煤、焦炭、原油、汽油、煤油、柴油、燃料油和天然气生产量的总和与年末总人口数的比值。2018—2022年，全国人均能源综合生产能力呈波动上升态势，东北地区整体亦呈波动上升趋势；东北地区明显低于全国平均水平，且这种差距呈波动扩大的态势；辽宁省与黑龙江省呈波动上升趋势，吉林省呈波动下降态势；就东北三省而言，黑龙江省较好，辽宁省次之，吉林省较弱。总体而言，东北地区人均能源综合生产能力明显低于全国水平，且差距呈波动增大的趋势。具体如图2.185所示。

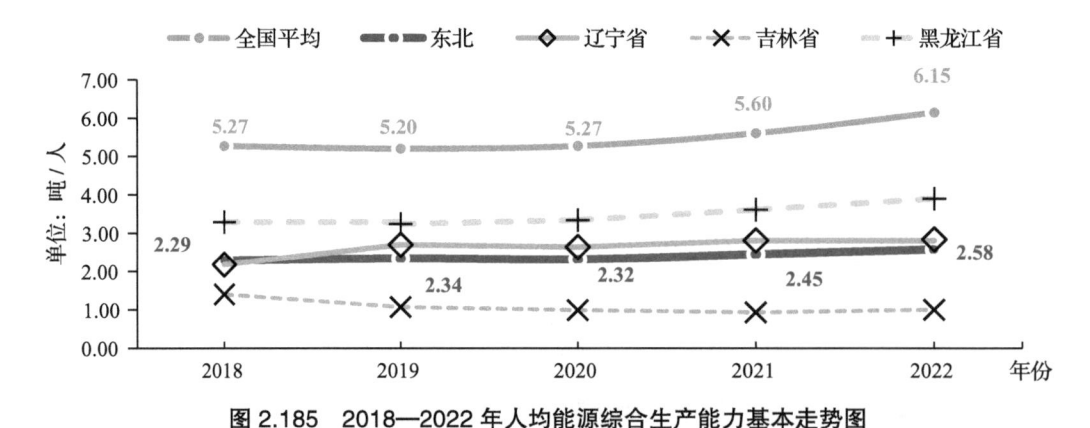

图2.185　2018—2022年人均能源综合生产能力基本走势图

注：①全国平均指31个省市区的平均水平；②全国范围内（可采集到的数据），人均能源综合生产能力最大值为2022年内蒙古自治区的52.77吨/人，最小值为2021年重庆市的0.12吨/人。

2018—2022年，东北三省人均能源综合生产能力在全国31个省市区连续5年数据集中的相对位置分布情况如图2.186所示。可见，东北三省5年（共15个数据）人均能源综合生产能力的百分比排位处于75%以下的有10个，其中有4个位于50%以下；此外，排位的最大值是2022年的黑龙江省（81.3%），最小值是2021年的吉林省（41.3%）。

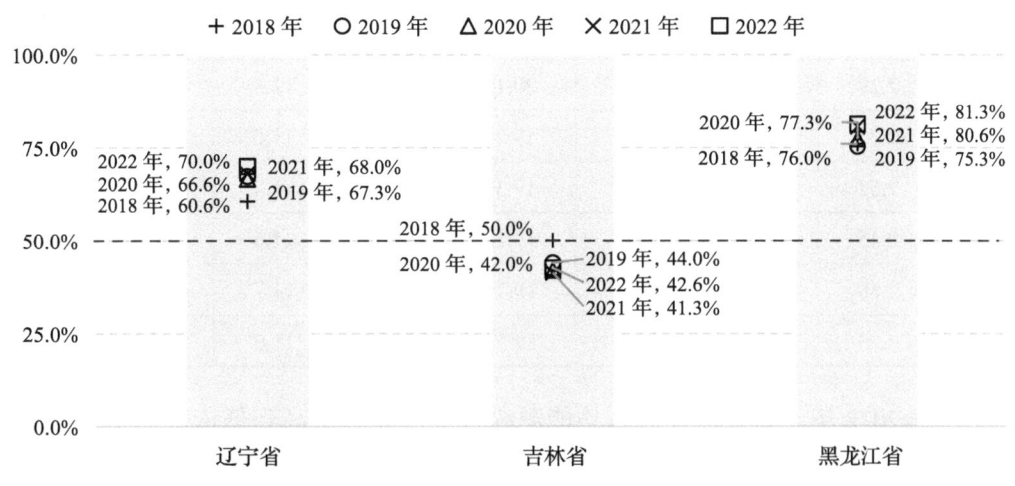

图2.186 2018—2022年东北三省人均能源综合生产能力百分比数值图

2018—2022年，6省人均能源综合生产能力由高到低依次是黑龙江省、辽宁省、吉林省、江苏省、广东省、浙江省；东南三省均呈波动上升态势；东北三省中，辽宁省和黑龙江省均呈波动上升态势，吉林省呈波动下降趋势；东南三省中水平较高的江苏省劣于东北地区水平最低的吉林省；人均能源综合生产能力增幅最大的是辽宁省（7.66%），降幅最大的是吉林省（-7.12%），黑龙江省降幅为4.62%。具体如表2.254所示。

表2.254 2018—2022年6省人均能源综合生产能力的原始值

年份	辽宁省 值/序	吉林省 值/序	黑龙江省 值/序	江苏省 值/序	浙江省 值/序	广东省 值/序	全国平均 值/序
2018	2.18/13	1.40/16	3.29/10	0.45/28	0.40/29	0.48/25	5.27
2019	2.70/10	1.07/17	3.24/7	0.59/22	0.31/30	0.47/25	5.20
2020	2.64/10	0.99/17	3.34/6	0.53/20	0.35/26	0.49/23	5.27
2021	2.81/11	0.93/17	3.61/6	0.54/20	0.46/25	0.54/21	5.60
2022	2.84/10	1.00/17	3.90/6	0.56/21	0.48/24	0.57/20	6.15
平均	2.63/10.8	1.08/16.8	3.48/7.0	0.54/22.2	0.40/26.8	0.51/22.8	5.49

2018—2022年，四大经济区人均能源综合生产能力由高到低依次是西部、中部、东北、东部；东部地区呈波动下降趋势，东北地区呈波动上升态势，西部、中部地区

呈稳定上升趋势；中部地区增幅最大（9.42%），东部地区降幅最大（-8.18%），东北地区增幅为3.19%；东北地区人均能源综合生产能力与表现最优的西部地区相比差距较大。具体如表2.255所示。

表2.255 2018—2022年四大经济区人均能源综合生产能力的平均值

年份	东北 平均值	东北 年排序	东部 平均值	东部 年排序	西部 平均值	西部 年排序	中部 平均值	中部 年排序
2018	2.29	13.0	1.62	20.1	8.96	12.3	5.46	18.2
2019	2.34	11.3	1.13	19.8	9.28	11.0	5.94	18.7
2020	2.32	11.0	1.06	19.3	9.28	11.3	6.39	19.2
2021	2.45	11.3	1.07	19.1	9.84	11.6	6.95	18.7
2022	2.58	11.0	1.09	19.1	10.98	11.7	7.52	18.7
平均	2.39	11.5	1.19	19.5	9.65	11.6	6.45	18.7

2018—2022年，七大地理区人均能源综合生产能力由高到低依次为华北、西北、东北、西南、华东、华中、华南；华北和西北地区均呈持续上升趋势，华东地区呈持续下降趋势，华南、华中和西南地区呈波动下降趋势，东北地区呈波动上升趋势；西北地区增幅最大（7.51%），西南地区降幅最大（-14.51%），东北地区增幅为3.19%；就七大地理区而言，东北地区排序靠前，但与表现最优的华北地区相比仍有一定差距。具体如表2.256所示。

表2.256 2018—2022年七大地理区人均能源综合生产能力的平均值

年份	东北 值/序	华北 值/序	华东 值/序	华南 值/序	华中 值/序	西北 值/序	西南 值/序
2018	2.29/13.0	15.77/9.6	1.20/20.7	0.63/25.3	0.83/23.3	9.45/7.4	3.57/15.8
2019	2.34/11.3	16.59/11.0	1.17/19.2	0.60/22.3	0.63/24.3	9.69/6.4	1.56/16.3
2020	2.32/11.0	16.67/11.2	1.10/18.5	0.58/22.0	0.58/25.0	10.26/6.4	1.43/16.8
2021	2.45/11.3	17.82/11.0	1.10/18.8	0.63/20.3	0.53/24.3	10.99/6.2	1.47/18.5
2022	2.58/11.0	19.74/11.0	1.09/18.8	0.61/20.3	0.56/24.3	12.29/6.4	1.50/18.5
平均	2.39/11.5	17.32/10.8	1.13/19.2	0.61/22.1	0.62/24.2	10.54/6.6	1.99/17.1

②单位GDP能源消费量（单位：吨标准煤/万元）。单位GDP能源消费量反映一个地区在一定时期内每生产一个单位的国内（地区）生产总值所消费的能源量，是衡量地区能源安全的重要指标，计算公式为能源消费量与地区GDP的比值，是逆向指标。2018—2022年，全国单位GDP能源消费量呈稳定下降趋势，东北三省整体呈波

动上升趋势；东北地区单位 GDP 能源消费量高于全国平均水平，表现则劣于全国平均水平；黑龙江省、吉林省整体均呈波动上升趋势，辽宁省呈波动下降趋势；相对而言，吉林省略好，黑龙江省次之，辽宁省较弱。具体如图 2.187 所示。

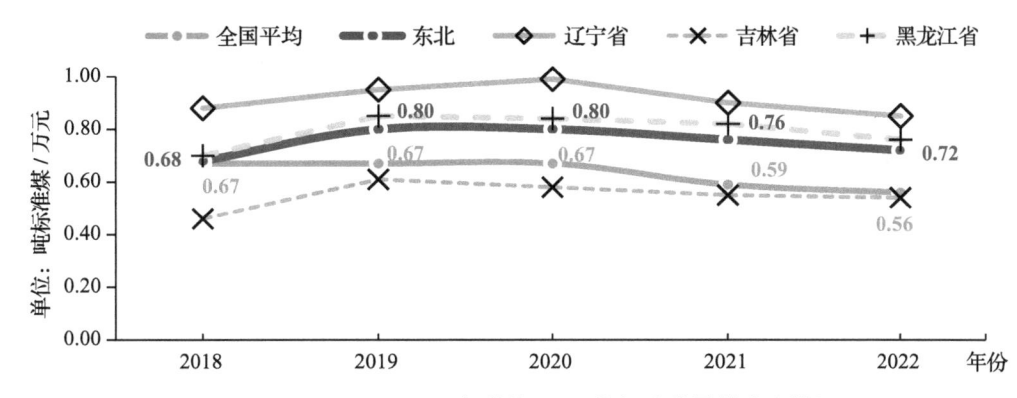

图 2.187　2018—2022 年单位 GDP 能源消费量基本走势图

注：①全国平均指 31 个省市区的平均水平；②全国范围内（可采集到的数据），单位 GDP 能源消费量最大值为 2019 年宁夏回族自治区的 2.04 吨标准煤 / 万元，最小值为 2022 年北京市的 0.17 吨标准煤 / 万元。

2018—2022 年，东北三省单位 GDP 能源消费量在全国 31 个省市区连续 5 年数据集中的相对位置分布情况如图 2.188 所示。可见，东北三省 5 年（共 15 个数据）单位 GDP 能源消费量的百分比排位处于 50% 以下的有 14 个，其中有 7 个位于 25% 以下；排位的最大值是 2018 年的吉林省（53.1%），最小值是 2020 年的辽宁省（14.3%）。

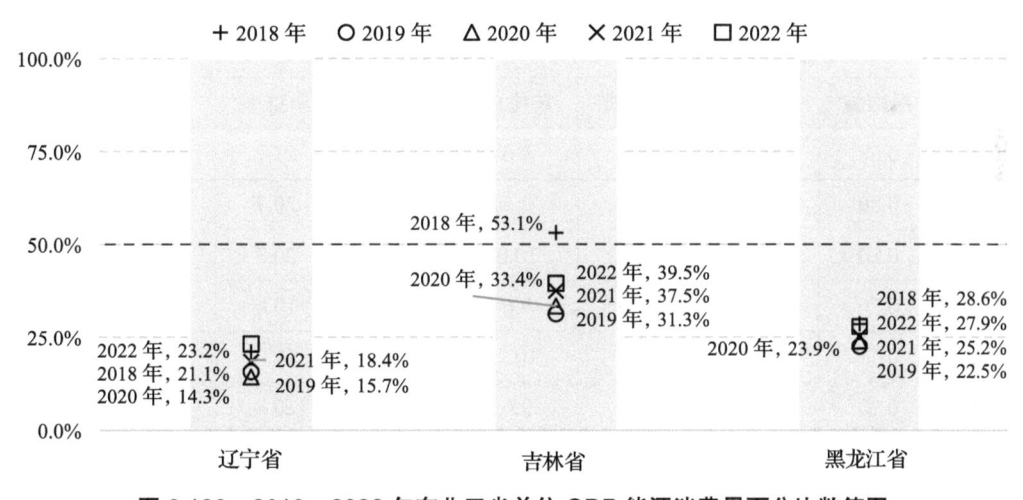

图 2.188　2018—2022 年东北三省单位 GDP 能源消费量百分比数值图

2018—2022 年，6 省单位 GDP 能源消费量表现由优到劣排序依次为江苏省 / 广东省、浙江省、吉林省、黑龙江省、辽宁省；东南三省中，广东省呈平稳下降趋势，其余两省均呈波动下降趋势；东北三省中，辽宁省呈波动下降趋势，其余两省均呈波动上升趋势；东北三省中表现最好的吉林省与东南三省中表现最差的浙江省仍有一定差

281

距；单位 GDP 能源消费量增幅最大的是吉林省（3.95%），最小的是广东省（-4.19%），辽宁省和黑龙江省的增幅分别为 -0.82% 和 2.07%。具体如表 2.257 所示。

表 2.257　2018—2022 年 6 省单位 GDP 能源消费量的原始值

年份	辽宁省 值/序	吉林省 值/序	黑龙江省 值/序	江苏省 值/序	浙江省 值/序	广东省 值/序	全国平均 值
2018	0.88/23	0.46/14	0.70/22	0.34/2	0.39/6	0.34/3	0.67
2019	0.95/25	0.61/20	0.85/22	0.33/5	0.36/6	0.32/3	0.67
2020	0.99/25	0.58/20	0.84/22	0.32/6	0.38/9	0.31/4	0.67
2021	0.90/25	0.55/20	0.82/23	0.28/3	0.36/9	0.30/5	0.59
2022	0.85/25	0.54/19	0.76/22	0.29/6	0.37/12	0.29/4	0.56
平均	0.92/24.6	0.55/18.6	0.79/22.2	0.31/4.4	0.37/8.4	0.31/3.8	0.63

2018—2022 年，四大经济区单位 GDP 能源消费量表现由优到劣排序依次为东部、中部、东北、西部；东北地区呈波动上升趋势，东部地区呈波动下降趋势，其他地区呈平稳下降趋势；东北地区增幅最大（1.25%），中部地区降幅最大（-5.54%）；东北地区单位 GDP 能源消费量与表现最优的东部地区相比，存在一定差距。具体如表 2.258 所示。

表 2.258　2018—2022 年四大经济区单位 GDP 能源消费量的平均值

年份	东北 平均值	年排序	东部 平均值	年排序	西部 平均值	年排序	中部 平均值	年排序
2018	0.68	19.7	0.43	8.6	0.95	21.7	0.56	13.5
2019	0.80	22.3	0.44	9.5	0.93	20.7	0.53	12.5
2020	0.80	22.3	0.43	10.0	0.92	20.3	0.52	12.5
2021	0.76	22.7	0.39	9.6	0.81	19.6	0.47	12.5
2022	0.72	22.0	0.38	10.2	0.77	19.3	0.44	12.3
平均	0.75	21.8	0.41	9.6	0.88	20.4	0.50	12.7

2018—2022 年，七大地理区单位 GDP 能源消费量表现由优到劣排序依次为华东、华中、华南、西南、东北、华北、西北；东北地区呈波动上升趋势，华北地区呈波动下降态势，其余地区呈平稳下降趋势；东北地区增幅最大（1.25%），西南地区增幅最小（-5.92%）；就七大地理区而言，东北地区排序靠后，与表现最优的华东地区相比，有一定差距。具体如表 2.259 所示。

表 2.259　2018—2022 年七大地理区单位 GDP 能源消费量的平均值

年份	东北 值/序	华北 值/序	华东 值/序	华南 值/序	华中 值/序	西北 值/序	西南 值/序
2018	0.68/19.7	0.82/17.6	0.40/7.8	0.44/11.7	0.44/10.8	1.27/25.8	0.56/16.0
2019	0.80/22.3	0.88/19.8	0.38/7.0	0.42/11.0	0.40/10.5	1.25/24.6	0.49/14.8
2020	0.80/22.3	0.88/19.6	0.38/8.2	0.42/11.0	0.39/10.3	1.24/24.6	0.47/13.5
2021	0.76/22.7	0.76/18.6	0.35/7.8	0.40/11.7	0.37/10.3	1.12/24.0	0.44/13.8
2022	0.72/22.0	0.69/18.8	0.35/9.3	0.38/11.0	0.36/9.5	1.08/24.3	0.43/12.8
平均	0.75/21.8	0.81/18.9	0.37/8.0	0.41/11.3	0.39/10.3	1.20/24.7	0.48/14.2

③新能源发电量占比（单位：%）。新能源发电量占比反映地区能源转型情况和绿色发展成效，是衡量地区能源安全的重要指标，计算公式为水力发电量和核能、风力、太阳能发电量的总和与总发电量的比值。2018—2022 年，全国新能源发电量占比呈稳定上升态势，东北地区整体亦呈稳定上升趋势；东北地区明显低于全国平均水平，但这种差距呈逐年缩减的态势；辽宁省、吉林省与黑龙江省均呈稳定上升态势，2022 年升幅明显；就东北三省而言，辽宁省较好，吉林省次之，黑龙江省较弱。总体而言，东北地区新能源发电量占比明显低于全国平均水平，但差距呈逐年缩减得趋势。具体如图 2.189 所示。

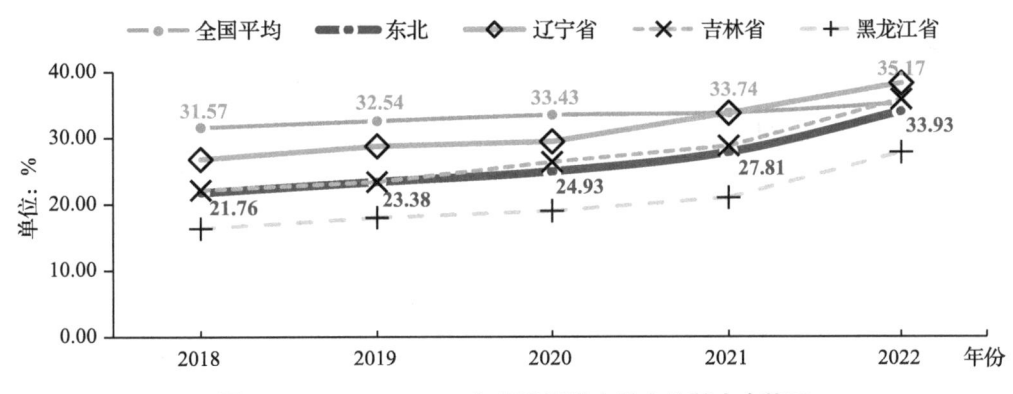

图 2.189　2018—2022 年新能源发电量占比基本走势图

注：①全国平均指 31 个省市区的平均水平；②全国范围内（可采集到的数据），新能源发电量占比最大值为 2022 年西藏自治区的 97.69%，最小值为 2018 年天津市的 2.25%。

2018—2022 年，东北三省新能源发电量占比在全国 31 个省市区连续 5 年数据集中的相对位置分布情况如图 2.190 所示。可见，东北三省 5 年（共 15 个数据）新能源发电量占比的百分比排位处于 50% 以下的有 6 个；此外，排位的最大值是 2022 年的辽宁省（65.5%），最小值是 2018 年的黑龙江省（26.6%）。

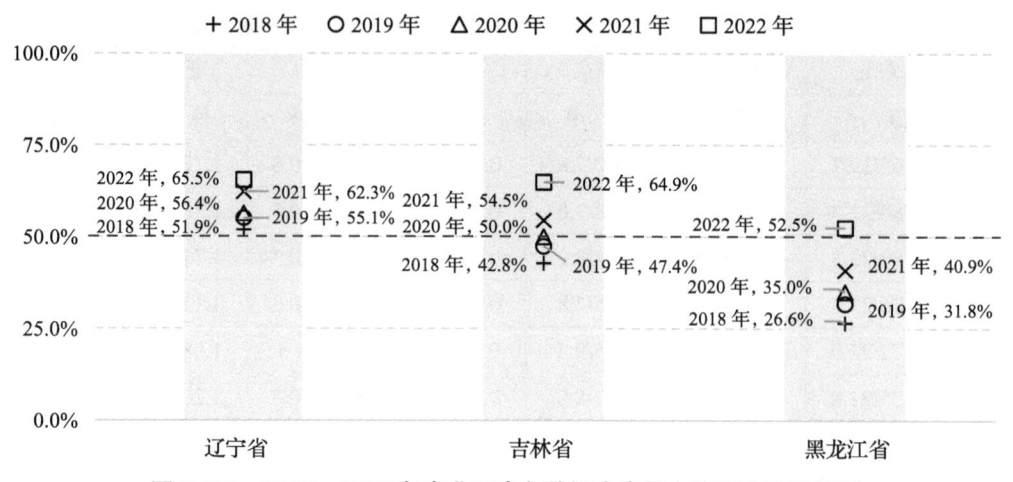

图 2.190 2018—2022 年东北三省新能源发电量占比百分比数值图

2018—2022 年，6 省新能源发电量占比由高到低依次是辽宁省、广东省、浙江省、吉林省、黑龙江省、江苏省；东南三省中，浙江省与广东省呈波动上升的态势，2021 年均出现不同程度的下降，江苏省呈持续上升的态势；东北三省中辽宁省的新能源发电量占比高于东南三省；新能源发电量占比增幅最大的是江苏省（24.39%），增幅最小的是广东省（3.13%），辽宁省、吉林省和黑龙江省的增幅分别为 10.66%、15.38%、17.54%。具体如表 2.260 所示。

表 2.260 2018—2022 年 6 省新能源发电量占比的原始值

年份	辽宁省 值/序	吉林省 值/序	黑龙江省 值/序	江苏省 值/序	浙江省 值/序	广东省 值/序	全国平均 值/序
2018	26.79/13	22.15/17	16.34/20	11.03/24	25.70/15	26.48/14	31.57
2019	28.76/15	23.38/16	17.99/20	13.50/24	29.30/14	32.02/12	32.54
2020	29.43/15	26.36/16	18.99/19	15.02/23	30.83/14	31.05/13	33.43
2021	33.69/12	28.76/14	20.97/20	18.89/24	27.81/15	26.45/16	33.74
2022	38.22/12	35.77/13	27.80/17	21.80/22	29.60/15	29.79/14	35.17
平均	31.38/13.4	27.28/15.2	20.42/19.2	16.05/23.4	28.65/14.6	29.16/13.8	33.29

2018—2022 年，四大经济区新能源发电量占比由高到低依次是西部、东北、中部、东部；东北和东部地区均呈稳定上升趋势，中部地区呈波动上升趋势，西部地区呈波动下降趋势；东北地区增幅最大（13.98%），西部地区增幅最小（−0.33%）；东北地区新能源发电量占比与表现最优的西部地区相比仍有一定差距。具体如表 2.261 所示。

表 2.261　2018—2022 年四大经济区新能源发电量占比的平均值

年份	东北 平均值	东北 年排序	东部 平均值	东部 年排序	西部 平均值	西部 年排序	中部 平均值	中部 年排序
2018	21.76	17.0	17.03	21.3	50.23	10.2	23.40	18.5
2019	23.38	17.0	19.49	20.8	50.08	10.4	23.81	18.7
2020	24.93	16.7	19.69	20.9	50.40	10.6	26.63	18.3
2021	27.81	15.3	20.11	21.0	49.68	10.8	27.53	18.3
2022	33.93	14.0	23.08	19.9	49.57	11.9	27.13	18.7
平均	26.36	15.9	19.88	20.8	49.99	10.8	25.70	18.5

2018—2022 年，七大地理区新能源发电量占比由高到低依次为西南、西北、华南、华中、东北、华东、华北；东北、华东、华北地区均呈持续上升趋势，华南、华中、西北地区呈波动上升趋势，西南地区呈波动下降趋势；华北地区增幅最大（16.98%），西北地区增幅最小（0.70%），东北地区的增幅为 13.98%；就七大地理区而言，东北地区排序靠后，与表现最优的西南地区相比差距较大。具体如表 2.262 所示。

表 2.262　2018—2022 年七大地理区新能源发电量占比的平均值

年份	东北 值/序	华北 值/序	华东 值/序	华南 值/序	华中 值/序	西北 值/序	西南 值/序
2018	21.76/16.7	9.17/25.8	16.23/22.0	38.08/10.3	30.49/14.8	37.48/13.4	69.33/5.6
2019	23.38/17.0	10.22/25.4	18.17/22.0	38.67/10.0	30.81/14.8	39.18/13.4	68.69/6.0
2020	24.93/16.7	11.22/25.6	18.43/22.2	38.44/10.3	34.33/14.0	38.65/13.8	69.79/5.8
2021	27.81/15.3	14.16/24.8	19.62/22.3	34.69/11.3	34.08/14.3	38.67/14.4	68.03/5.8
2022	33.93/14.0	15.40/25.0	22.32/21.3	39.25/10.0	33.50/14.5	38.54/15.4	66.61/7.2
平均	26.36/15.9	12.03/25.3	18.95/22.0	37.82/10.4	32.64/14.5	38.50/14.1	68.49/6.1

（4）产业安全。

①产业分布泰尔指数。产业分布泰尔指数是衡量一个地区产业结构安全的核心指标，是一个逆向指标，指标值越大意味着地区产业结构越不合理。2018—2022 年，全国产业分布泰尔指数呈波动下降趋势，东北地区产业分布泰尔指数呈先下降后上升的趋势，由最初低于全国平均水平到逐渐高于全国平均水平；辽宁省整体和东北地区的发展趋势一致，吉林省和黑龙江省的产业分布泰尔指数呈逐年上升趋势；相对而言，黑龙江省表现较好，且低于全国平均水平，辽宁省次之，与全国平均水平接近，吉林省最弱，与全国平均水平和东北平均水平差距较大。总体而言，东北三省的产业分布泰尔指数逐渐高于全国平均水平，且差距较为明显。具体如图 2.191 所示。

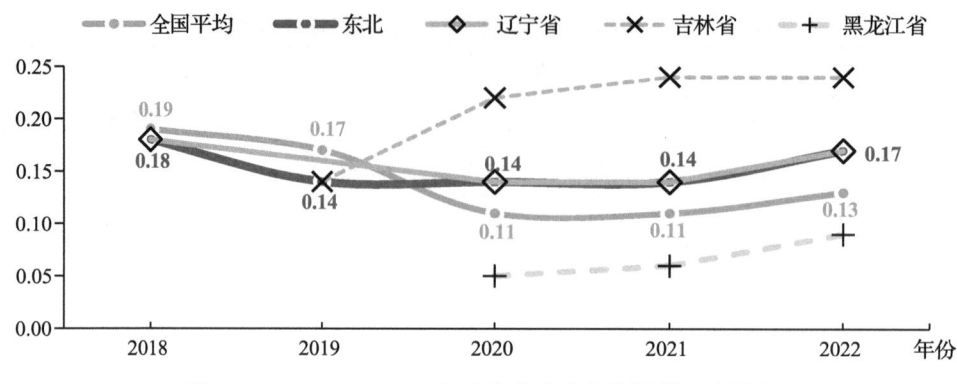

东北老工业基地
全面振兴进程评价报告（2018—2022年）

图 2.191　2018—2022 年产业分布泰尔指数基本走势图

注：①全国平均指 31 个省市区的平均水平；②全国范围内（可采集到的数据），产业分布泰尔指数最大值为 2018 年陕西省的 0.41，最小值为 2021 年北京市的 –0.004。

2018—2022 年，东北三省产业分布泰尔指数在全国 31 个省市区连续 5 年数据集中的相对位置分布情况如图 2.192 所示。可见，东北三省 5 年（共 11 个数据）产业分布泰尔指数的百分比排位处于 50% 以下的有 8 个；排位的最大值是 2020 年的黑龙江省（81.5%），最小值是 2022 年的吉林省（15.8%）。

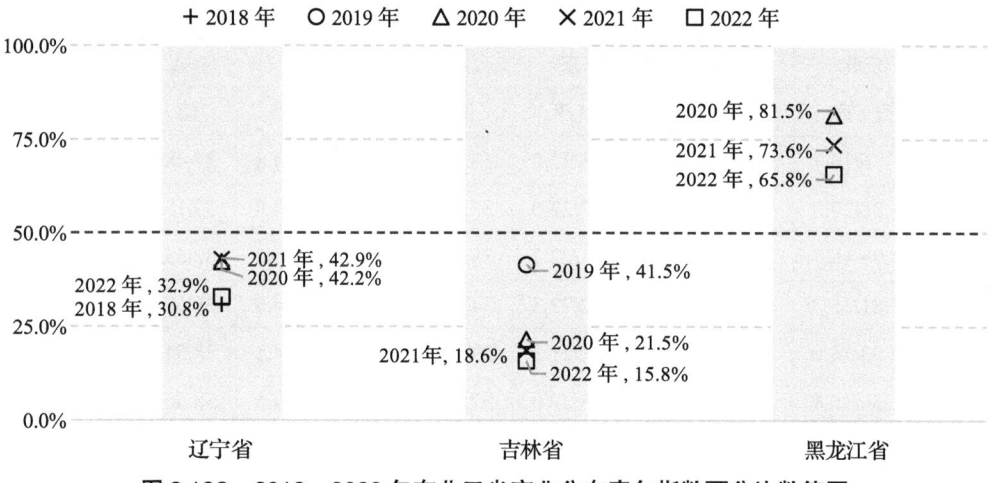

图 2.192　2018—2022 年东北三省产业分布泰尔指数百分比数值图

2018—2022 年，6 省产业分布泰尔指数表现由优到劣依次为浙江省、江苏省、广东省/黑龙江省、辽宁省、吉林省；东南三省产业分布泰尔指数均呈现先下降后上升的趋势，且三省排序均处于全国前列，东南三省明显优于东北三省；产业分布泰尔指数降幅最大的是浙江省（–21.43%），增幅最大的是黑龙江省（44.24%），辽宁省的降幅为 1.44%，吉林省的增幅为 24.28%。具体如表 2.263 所示。

表 2.263 2018—2022 年 6 省产业分布泰尔指数的原始值

年份	辽宁省 值/序	吉林省 值/序	黑龙江省 值/序	江苏省 值/序	浙江省 值/序	广东省 值/序	全国平均值
2018	0.18/13	—	—	0.07/4	0.05/3	0.13/8	0.19
2019	—	0.14/10	—	0.07/5	0.04/4	0.09/7	0.17
2020	0.14/23	0.22/28	0.05/7	0.05/8	0.01/1	0.02/4	0.11
2021	0.14/23	0.24/29	0.06/12	0.04/6	0.00/2	0.03/5	0.11
2022	0.17/22	0.24/25	0.09/13	0.05/6	0.01/1	0.03/5	0.13
平均	0.15/20.3	0.21/23.0	0.06/10.7	0.05/5.8	0.02/2.2	0.06/5.8	0.14

2018—2022 年，四大经济区产业分布泰尔指数表现由优到劣依次为东部、中部、东北、西部；四大经济区产业分布泰尔指数均呈现先下降后上升的趋势；其中，东部地区降幅最大（-12.77%），东北地区降幅最小（-1.50%），西部和中部地区的降幅均显著高于东北地区，分别为 6.36% 和 10.20%；东北地区产业分布泰尔指数与表现最佳的东部地区相比差距较大。具体如表 2.264 所示。

表 2.264 2018—2022 年四大经济区产业分布泰尔指数的平均值

年份	东北 平均值	东北 年排序	东部 平均值	东部 年排序	西部 平均值	西部 年排序	中部 平均值	中部 年排序
2018	0.18	13.0	0.08	4.8	0.28	18.4	0.20	13.8
2019	0.14	10.0	0.07	5.2	0.26	18.6	0.20	15.7
2020	0.14	19.3	0.04	6.9	0.17	22.2	0.10	17.2
2021	0.14	21.3	0.03	6.4	0.16	22.6	0.10	16.2
2022	0.17	20.0	0.04	6.2	0.21	23.5	0.12	15.3
平均	0.15	18.6	0.05	6.0	0.21	21.4	0.14	15.6

2018—2022 年，七大地理区产业分布泰尔指数表现由优到劣依次为华东、华南、华北/华中、东北、西南、西北；华北地区呈波动下降趋势，其余六个地区均呈先下降后上升的趋势；其中，华南地区降幅最大（-17.13%），东北地区降幅最小（-1.50%）；就七大地理区而言，东北地区产业分布泰尔指数排序靠后，与表现最优的华东地区相比差距较大。具体如表 2.265 所示。

表 2.265　2018—2022 年七大地理区产业分布泰尔指数的平均值

年份	东北 值/序	华北 值/序	华东 值/序	华南 值/序	华中 值/序	西北 值/序	西南 值/序
2018	0.18/13.0	0.16/10.8	0.10/6.4	0.17/11.3	0.19/13.3	0.35/21.0	0.23/15.5
2019	0.14/10.0	0.17/11.5	0.09/7.0	0.14/10.7	0.18/15.0	0.31/20.7	0.21/16.0
2020	0.14/19.3	0.10/14.2	0.06/10.2	0.05/7.3	0.09/14.8	0.16/22.8	0.17/22.2
2021	0.14/21.3	0.10/14.0	0.05/9.3	0.04/8.0	0.08/13.0	0.17/23.2	0.16/22.8
2022	0.17/20.0	0.13/13.8	0.06/8.3	0.05/7.7	0.09/13.5	0.24/25.8	0.19/22.2
平均	0.15/18.6	0.13/13.0	0.07/8.3	0.09/9.0	0.13/13.9	0.23/23.0	0.19/20.3

②外商控股企业占比（单位：%）。外商控股企业占比是指地区外商控股企业在地区企业中所占的比重，反映了地区对企业的控制程度，是衡量地区产业安全的重要指标，计算公式为外商控股企业数与企业总数的比值，是逆向指标。2018—2022 年，全国外商控股企业占比呈稳定下降趋势，东北三省整体亦呈稳定下降趋势；东北地区外商控股企业占比略低于全国平均水平；黑龙江省和辽宁省整体均呈波动下降趋势，吉林省呈持续下降趋势；相对而言，黑龙江省略好，吉林省次之，吉林省和黑龙江省的外商控股企业占比明显低于全国平均水平，辽宁省较弱，与全国平均水平和东北平均水平差距较大。总体而言，东北地区外商控股企业占比低于全国平均水平，但差距较小。具体如图 2.193 所示。

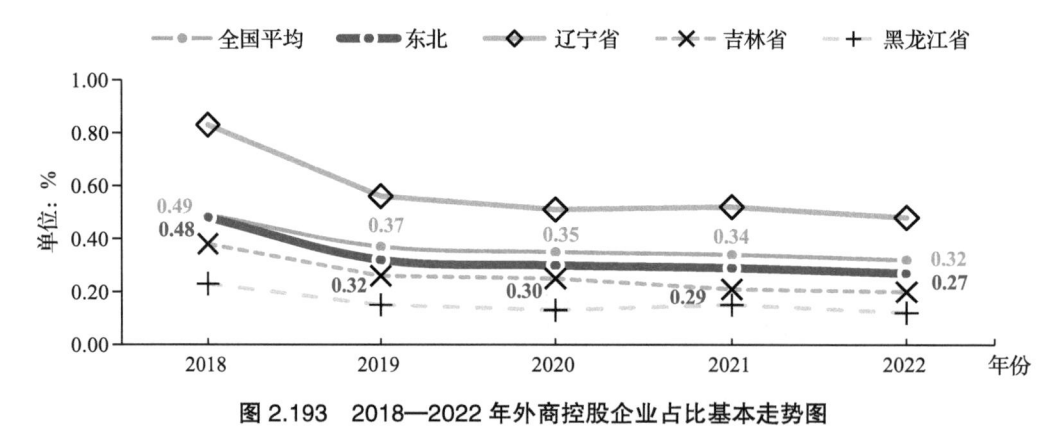

图 2.193　2018—2022 年外商控股企业占比基本走势图

注：①全国平均指 31 个省市区的平均水平；②全国范围内（可采集到的数据），外商控股企业占比最大值为 2018 年上海市的 4.54%，最小值为 2022 年甘肃省的 0.03%。

2018—2022 年，东北三省外商控股企业占比在全国 31 个省市区连续 5 年数据集中的相对位置分布情况如图 2.194 所示。可见，东北三省 5 年（共 15 个数据）外商控股企业占比的百分比排位处于 50% 以下的有 11 个，其中有 5 个位于 25% 以下；排位的最大值是 2022 年的黑龙江省（63.0%），最小值是 2018 年的辽宁省（7.2%）。

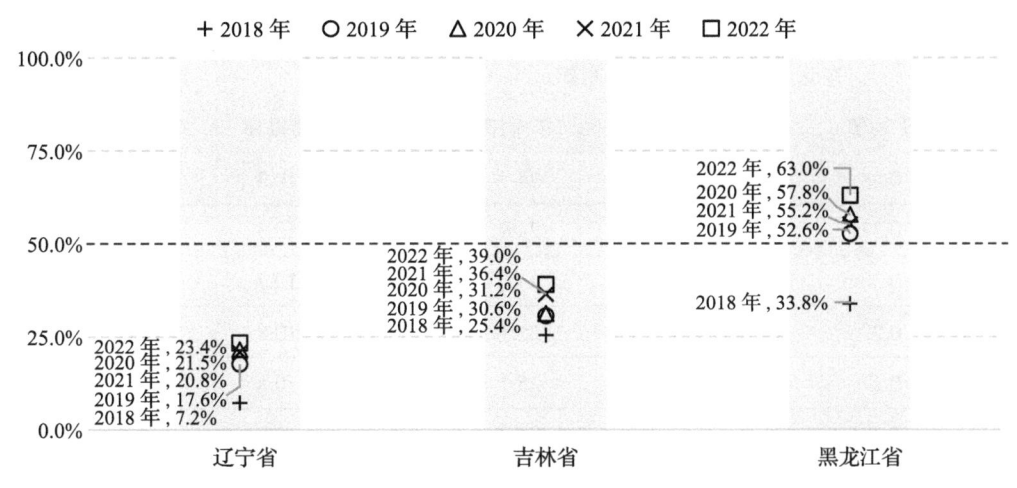

```
          + 2018年    ○ 2019年    △ 2020年    × 2021年    □ 2022年
100.0%
 75.0%
                                                              2022年,63.0%
                                                              2020年,57.8%
                                                              2021年,55.2%
 50.0%                                                        2019年,52.6%
                                    2022年,39.0%
                                    2021年,36.4%
                                    2020年,31.2%              2018年,33.8% +
                                    2019年,30.6%
        2022年,23.4%                 2018年,25.4%
 25.0%  2020年,21.5%
        2021年,20.8%
        2019年,17.6% +
  0.0%  2018年,7.2%
             辽宁省                       吉林省                    黑龙江省
```

图 2.194 2018—2022 年东北三省外商控股企业占比百分比数值图

2018—2022 年，6 省外商控股企业占比表现由优到劣排序依次为黑龙江省、吉林省、辽宁省、广东省、浙江省、江苏省；东南三省均呈持续下降趋势；东北三省中，辽宁省和黑龙江省均呈波动下降趋势，吉林省呈持续下降趋势；东北三省与东南三省相比，表现较好，东北三省中表现较差的辽宁省优于东南三省表现最好的广东省；外商控股企业占比降幅最大的是黑龙江省（-12.12%），降幅最小的是浙江省（-3.78%），辽宁省和吉林省的降幅分别为 10.48% 和 12.06%。具体如表 2.266 所示。

表 2.266 2018—2022 年 6 省外商控股企业占比的原始值

年份	辽宁省 值/序	吉林省 值/序	黑龙江省 值/序	江苏省 值/序	浙江省 值/序	广东省 值/序	全国平均 值
2018	0.83/27	0.38/22	0.23/17	0.83/26	0.69/25	0.90/28	0.49
2019	0.56/26	0.26/22	0.15/16	0.67/27	0.68/28	0.53/25	0.37
2020	0.51/25	0.25/22	0.13/14	0.63/28	0.62/27	0.52/26	0.35
2021	0.52/26	0.21/22	0.15/15	0.55/27	0.60/28	0.51/25	0.34
2022	0.48/25	0.20/21	0.12/14	0.52/27	0.59/28	0.50/26	0.32
平均	0.58/25.8	0.26/21.8	0.16/15.2	0.64/27.0	0.63/27.2	0.59/26.0	0.37

2018—2022 年，四大经济区外商控股企业占比表现由优到劣排序依次为中部、西部、东北、东部；东北、东部和中部三个地区均呈持续下降趋势，西部地区呈波动下降趋势；东北地区降幅最大（-11.16%），东部地区降幅最小（-7.90%）；东北地区外商控股企业占比与表现最优的中部地区相比，存在一定差距。具体如表 2.267 所示。

表 2.267　2018—2022 年四大经济区外商控股企业占比的平均值

年份	东北 平均值	东北 年排序	东部 平均值	东部 年排序	西部 平均值	西部 年排序	中部 平均值	中部 年排序
2018	0.48	22.0	1.10	24.7	0.15	10.3	0.14	9.8
2019	0.32	21.3	0.86	24.9	0.10	10.3	0.10	10.0
2020	0.30	20.3	0.81	24.9	0.11	10.7	0.09	9.7
2021	0.29	21.0	0.79	25.1	0.11	10.8	0.09	8.8
2022	0.27	20.0	0.75	25.1	0.10	10.8	0.08	9.3
平均	0.33	20.9	0.86	24.9	0.11	10.6	0.10	9.5

2018—2022 年，七大地理区外商控股企业占比表现由优到劣排序依次为西北、华中、西南、东北、华南、华北、华东；七大地理区均呈平稳下降趋势；西北地区降幅最大（-11.55%），华东地区降幅最小（-7.48%），东北地区降幅为 11.16%；就七大地理区而言，东北地区排序居中，与表现最优的西北地区相比，有一定差距。具体如表 2.268 所示。

表 2.268　2018—2022 年七大地理区外商控股企业占比的平均值

年份	东北 值/序	华北 值/序	华东 值/序	华南 值/序	华中 值/序	西北 值/序	西南 值/序
2018	0.48/22.0	0.53/15.2	1.24/23.3	0.48/23.0	0.16/11.3	0.13/7.8	0.17/12.2
2019	0.32/21.3	0.41/16.4	1.01/24.0	0.31/21.7	0.11/11.3	0.09/8.4	0.11/10.8
2020	0.30/20.3	0.38/15.6	0.95/23.7	0.30/21.7	0.11/11.8	0.08/8.0	0.13/12.6
2021	0.29/21.0	0.38/17.2	0.92/23.8	0.30/22.0	0.10/10.3	0.08/7.4	0.12/12.0
2022	0.27/20.0	0.36/16.8	0.87/24.3	0.29/22.7	0.09/10.3	0.07/7.6	0.10/11.8
平均	0.33/20.9	0.41/16.2	1.00/23.8	0.34/22.2	0.11/11.0	0.09/7.8	0.13/11.9

③技术对外依存度（单位：%）。技术对外依存度是指地区的技术创新对国外技术的依赖程度，是衡量地区产业安全的重要指标，计算公式为国外技术引进合同金额与研发（R&D）投入经费的比值，是逆向指标。2018—2022 年，全国技术对外依存度呈波动下降趋势，东北地区整体呈稳定下降趋势；东北地区技术对外依存度与全国平均水平的差距呈波动缩小趋势；黑龙江省和吉林省整体均呈波动下降趋势，辽宁省呈波动上升趋势；相对而言，辽宁省略好，吉林省次之，黑龙江省较弱。总体而言，东北地区技术对外依存度与全国平均水平的差距呈波动减小趋势。具体如图 2.195 所示。

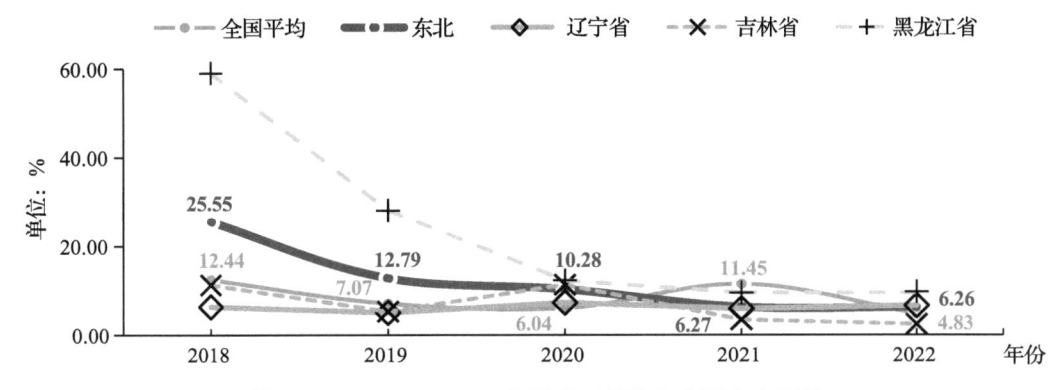

图 2.195 2018—2022 年技术对外依存度基本走势图

注：①全国平均指 31 个省市区的平均水平；②全国范围内（可采集到的数据），技术对外依存度最大值为 2021 年西藏自治区的 156.96%，最小值为 2022 年贵州省的 0.03%。

2018—2022 年，东北三省技术对外依存度在全国 31 个省市区连续 5 年数据集中的相对位置分布情况如图 2.196 所示。可见，东北三省 5 年（共 15 个数据）技术对外依存度的百分比排位处于 50% 以下的有 13 个，其中有 7 个位于 25% 以下；排位的最大值是 2022 年的吉林省（67.4%），最小值是 2018 年的黑龙江省（1.4%）。

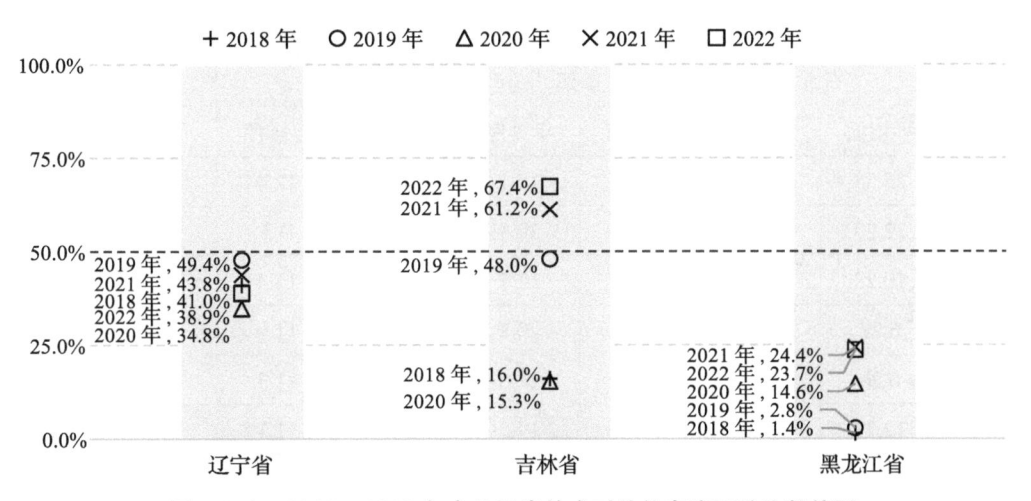

图 2.196 2018—2022 年东北三省技术对外依存度百分比数值图

2018—2022 年，6 省技术对外依存度表现由优到劣排序依次为辽宁省、吉林省、江苏省/浙江省、广东省、黑龙江省；东南三省均呈波动下降趋势；东北三省中，辽宁省呈波动上升态势，吉林省和黑龙江省呈波动下降态势；东北三省中辽宁省和吉林省的表现优于东南三省，而黑龙江省的表现劣于东南三省；技术对外依存度降幅最大的是黑龙江省（-20.88%），最小的是江苏省（-5.88%），辽宁省的增幅为 1.18%，吉林省的降幅为 19.63%。具体如表 2.269 所示。

表 2.269　2018—2022 年 6 省技术对外依存度的原始值

年份	辽宁省 值/序	吉林省 值/序	黑龙江省 值/序	江苏省 值/序	浙江省 值/序	广东省 值/序	全国平均 值
2018	6.33/15	11.26/23	59.06/28	9.30/18	10.62/21	13.11/24	12.44
2019	5.02/15	5.28/16	28.08/29	9.25/21	9.32/22	13.13/25	7.07
2020	7.26/20	11.30/24	12.27/25	7.00/19	6.64/17	16.10/26	6.04
2021	5.89/16	3.43/11	9.49/23	8.38/19	9.01/21	10.51/24	11.45
2022	6.62/21	2.42/13	9.72/27	7.11/22	5.45/18	7.96/25	4.83
平均	6.22/17.4	6.74/17.4	23.72/26.4	8.21/19.8	8.21/19.8	12.16/24.8	8.36

2018—2022 年，四大经济区技术对外依存度表现由优到劣排序依次为中部、西部、东部、东北；东北地区呈持续下降趋势，东部、西部、中部三个地区呈波动下降趋势；西部地区降幅最大（-18.93%），东部地区降幅最小（-8.62%），东北地区降幅为 18.88%；东北地区技术对外依存度与表现最优的中部地区相比，存在一定差距。具体如表 2.270 所示。

表 2.270　2018—2022 年四大经济区技术对外依存度的平均值

年份	东北 平均值	东北 年排序	东部 平均值	东部 年排序	西部 平均值	西部 年排序	中部 平均值	中部 年排序
2018	25.55	22.0	11.06	17.1	14.12	12.4	5.39	12.3
2019	12.79	20.0	11.64	20.9	2.97	9.3	3.42	12.2
2020	10.28	23.0	7.96	17.7	5.01	11.4	2.28	9.5
2021	6.27	16.7	10.40	20.8	18.88	11.0	3.42	11.2
2022	6.26	20.3	7.25	21.0	3.43	11.3	2.66	11.7
平均	12.23	20.4	9.66	19.5	8.85	11.1	3.44	11.4

2018—2022 年，七大地理区技术对外依存度表现由优到劣排序依次为西北、华中、华北、华东、华南、东北、西南；东北、华北两个地区呈持续下降趋势，华东、华南、华中、西北、西南五个地区呈波动下降态势；东北地区降幅最大（-18.88%），华东地区降幅最小（-2.39%）；就七大地理区而言，东北地区排序靠后，与表现最优的西北地区相比，有一定差距。具体如表 2.271 所示。

4. 主要结论

首先，总体而言，东北三省的安全保障指数明显高于全国平均水平。在反映安全保障水平的 4 个方面（粮食安全、生态安全、能源安全、产业安全），东北三省在"粮食安

表2.271 2018—2022年七大地理区技术对外依存度的平均值

年份	东北 值/序	华北 值/序	华东 值/序	华南 值/序	华中 值/序	西北 值/序	西南 值/序
2018	25.55/22.0	7.34/15.4	8.87/14.8	15.08/20.3	5.77/12.8	1.74/4.0	24.16/15.8
2019	12.79/20.0	6.89/14.8	9.95/19.0	12.30/23.0	3.34/12.3	2.18/7.8	3.37/9.5
2020	10.28/23.0	6.04/15.2	7.31/17.0	5.85/13.0	2.31/10.0	3.43/11.3	6.81/11.5
2021	6.27/16.7	5.43/13.6	10.21/20.5	9.28/19.0	2.80/11.0	0.28/4.3	46.21/19.0
2022	6.26/20.3	4.07/15.2	8.02/21.3	4.55/15.3	1.92/10.5	1.22/9.0	6.31/15.2
平均	12.23/20.4	5.95/14.8	8.87/18.5	9.41/18.1	3.23/11.3	1.68/7.2	17.18/14.3

全"和"生态安全"方面好于东南三省,其中,"粮食安全"方面东北三省和东南三省之间存在的差距最大,"能源安全"和"产业安全"方面,东南三省以微弱优势好于东北三省。因此,"粮食安全"和"生态安全"成为东北地区安全保障方面最突出的优势。

其次,动态来看,2018—2022年,东北地区指数得分的增长速度高于东部地区和西部地区,意味着相对能力的不断上升;东北地区的连续排序向上变动情况好于东部地区和西部地区,虽然略低于中部地区,但平均排位领先于中部地区;东北地区的单年排序整体优于其他三个地区,并呈上升态势,说明东北地区安全保障的发展状况较为理想。

再次,分省来看,黑龙江省的安全保障水平较高,吉林省次之,辽宁省较弱。在全国各省相对排序的竞争中,辽宁省排序波动较大,吉林省和黑龙江省排序波动较小。吉林省和辽宁省的"粮食安全"和"生态安全"相对较强,"能源安全"和"产业安全"相对较弱,黑龙江省的"粮食安全"相对较强,"生态安全""能源安全""产业安全"均较为薄弱。

最后,单项指标方面,东北地区仅有"人均农产品产量""粮食生产农化密度""新增水土流失治理面积占比""生态土地占比""外商控股企业占比"优于全国平均水平;"物种密度""人均能源综合生产能力""单位GDP能源消费量""新能源发电量占比"等指标的发展均劣于全国平均水平。

(八)东北地区地市级振兴进程评价报告

1. 各地市振兴指数总体分析

对东北三省34个地级市[①]的综合测度涵括经济发展、政市治理、科技创新、区

---

① 黑龙江省的大兴安岭和吉林省的延边两个地区统计数据缺失较多,故暂未列入评价。

域开放、社会民生、绿色质效6个方面,共38项关键指标[①]。汇集东北三省地级市2018—2022年6个方面的指标信息,可以得到连续5年的振兴指数得分。表2.272给出了2018—2022年东北三省34个地级市的振兴指数得分及各年的排序变化情况。基于此,将指数信息按空间分类、时间排列、优劣序化等方式整理后,形成多年指数得分、连续排序及单年排序的可视化集成图(见图2.197至图2.199),综合所有信息,给出如下分析。

表2.272　2018—2022东北三省34个地级市振兴指数得分及单年排序

地级市	所属省	2018年 值	2018年 序	2019年 值	2019年 序	2020年 值	2020年 序	2021年 值	2021年 序	2022年 值	2022年 序	得分变动	名次变动
沈阳	辽宁	83.7	1	79.6	1	108.6	1	114.6	1	116.9	1	33.3	0
大连	辽宁	76.9	2	75.4	3	104.9	2	112.1	2	112.4	2	35.5	0
哈尔滨	黑龙江	62.9	9	67.5	4	65.8	4	72.9	3	74.0	3	11.2	6
长春	吉林	72.2	3	75.7	2	64.5	6	69.0	5	70.2	4	−2.0	−1
盘锦	辽宁	65.8	5	63.2	5	64.6	5	69.6	4	68.4	5	2.6	0
营口	辽宁	63.0	8	61.9	7	64.2	7	66.0	8	66.8	6	3.8	2
辽阳	辽宁	63.3	7	62.6	6	68.6	3	66.1	7	66.0	7	2.7	0
鞍山	辽宁	66.4	4	58.9	10	63.4	8	66.2	6	64.6	8	−1.8	−4
大庆	黑龙江	63.7	6	59.7	9	58.6	9	58.5	10	63.0	9	−0.7	−3
锦州	辽宁	59.9	10	61.2	8	58.0	10	63.5	9	62.6	10	2.7	0
丹东	辽宁	52.2	20	53.3	15	55.2	12	57.0	11	60.1	11	7.9	9
佳木斯	黑龙江	50.9	23	51.2	19	50.3	18	54.5	14	56.1	12	5.2	11
鸡西	黑龙江	48.5	27	47.8	25	49.7	20	52.2	18	55.8	13	7.3	14
牡丹江	黑龙江	50.1	25	49.8	21	52.4	15	55.3	12	55.5	14	5.3	11
阜新	辽宁	54.2	17	51.5	18	50.6	16	53.2	16	55.4	15	1.2	2
葫芦岛	辽宁	53.4	18	49.3	22	56.9	11	55.0	13	55.4	16	2.0	2
抚顺	辽宁	57.3	13	54.3	13	49.8	19	52.7	17	54.5	17	−2.8	−4
铁岭	辽宁	48.7	26	47.9	24	50.3	17	52.0	19	53.6	18	4.8	8
齐齐哈尔	黑龙江	55.7	15	46.7	26	45.8	22	50.0	20	51.8	19	−3.8	−4
本溪	辽宁	55.9	14	57.0	11	52.6	14	53.6	15	50.9	20	−5.0	−6
朝阳	辽宁	46.8	29	44.9	27	45.6	23	49.3	21	50.5	21	3.7	8

---

① 本报告尽量保持了地市级指标体系与省级指标体系的一致性,但囿于数据的可获得性及完备性,地市级指标体系相对于省级指标体系仍有缩减,仅保留了6个分项(安全保障除外),共计38项指标,这38项指标在6个分项中的分布基本均衡。

续表

地级市	所属省	2018年值	序	2019年值	序	2020年值	序	2021年值	序	2022年值	序	得分变动	名次变动
鹤岗	黑龙江	41.0	33	40.6	31	44.5	26	47.5	23	50.1	22	9.1	11
辽源	吉林	58.3	11	51.9	17	45.9	21	47.5	24	49.0	23	−9.4	−12
吉林	吉林	57.7	12	53.2	16	45.4	25	48.5	22	48.8	24	−8.9	−12
伊春	黑龙江	47.3	28	41.9	29	45.6	24	46.6	27	48.5	25	1.2	3
七台河	黑龙江	43.3	31	36.4	34	41.7	31	46.2	28	48.1	26	4.8	5
双鸭山	黑龙江	42.3	32	41.3	30	41.6	32	47.2	25	47.4	27	5.2	5
黑河	黑龙江	40.4	34	39.8	32	39.9	34	43.4	30	46.3	28	5.9	6
松原	吉林	52.1	21	50.7	20	43.9	27	44.6	29	45.2	29	−6.9	−8
绥化	黑龙江	43.7	30	39.3	33	41.8	30	43.2	31	45.1	30	1.4	0
通化	吉林	55.1	16	55.1	12	53.7	13	47.1	26	45.1	31	−10.1	−15
四平	吉林	51.4	22	49.1	23	41.8	29	42.9	32	44.6	32	−6.9	−10
白山	吉林	53.4	19	53.9	14	43.7	28	42.3	33	44.2	33	−9.2	−14
白城	吉林	50.4	24	44.2	28	39.9	33	41.8	34	43.0	34	−7.4	−10

注：①得分变动为2022年与2018年的差值，正值表示成长，负值表示衰退；②名次变动为2022年与2018年的差值，正值为名次提升，负值为名次后退。

（1）东北三省地级市发展水平参差不齐，多数地级市的发展水平均有待进一步提升。

比较2022年各省指数得分最高城市和最低城市之间的差异，如黑龙江省的哈尔滨市和绥化市相差28.9分、吉林省的长春市和白城市相差27.2分、辽宁省的沈阳市和朝阳市相差66.4分，可以看出34个地级市的发展水平在省内及省际之间差异明显。此外，东北三省34个地级市的指数得分大部分分布在39~55分区间，最高指数得分超过60分的有11个城市（占比为32.4%），目前只有沈阳和大连2个地级市的最高指数得分超过110分，表明地级市的发展水平不均衡，最高指数得分低于50分的城市有5个（占比为14.7%），说明东北三省地级市的发展水平有待进一步提升。具体而言，黑龙江省最高指数得分超过60分的有哈尔滨、大庆2个城市，占比为16.7%；吉林省最高指数得分超过60分的仅有长春1个城市，占比为12.5%；辽宁省最高指数得分超过60分的有沈阳、大连、盘锦、辽阳、营口、鞍山、锦州、丹东8个城市，占比为57.1%。东北三省各省振兴指数得分最高的城市分别为2022年的沈阳市（116.9分）、2019年的长春市（75.7分）和2022年的哈尔滨市（74.0分）。

（2）黑龙江省和辽宁省的地级市总体呈现向上发展的态势，吉林省的地级市下滑明显，但2020年之后呈现回升趋势。

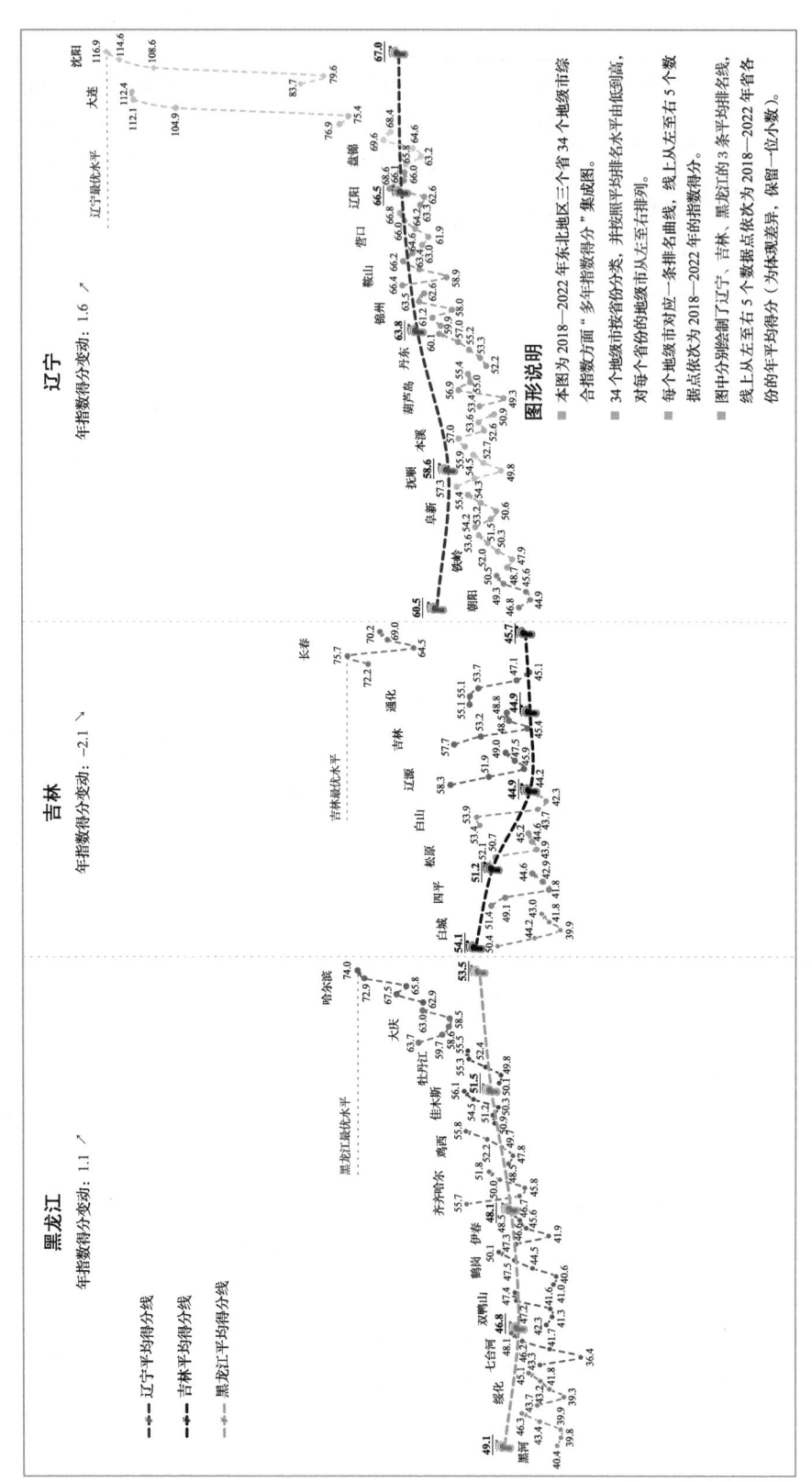

东北老工业基地
全面振兴进程评价报告（2018—2022年）

图 2.197　2018—2022 年东北三省 34 个地级市振兴指数得分变动情况

296

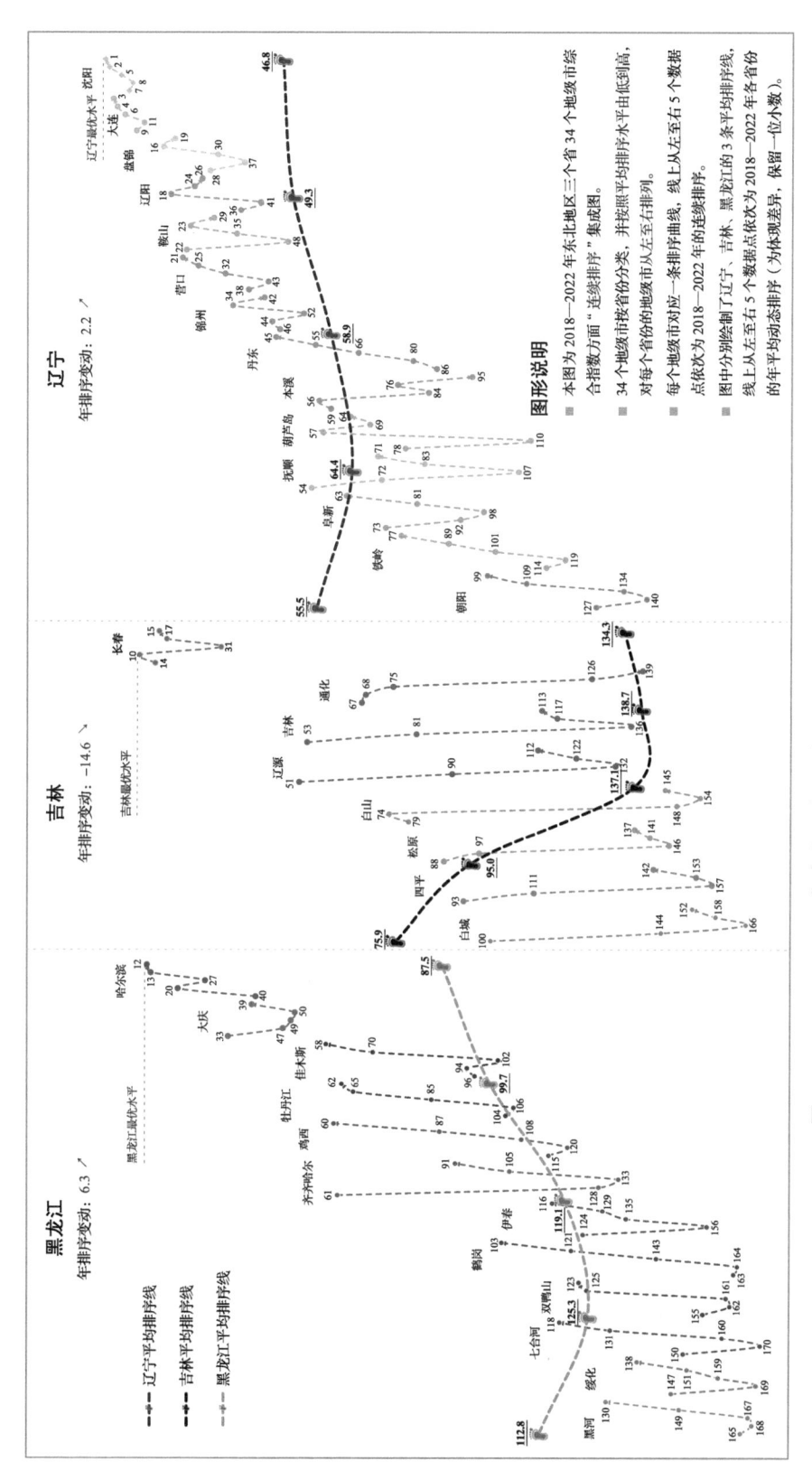

图 2.198　2018—2022 年东北三省 34 个地级市振兴指数多年连续排序变动情况

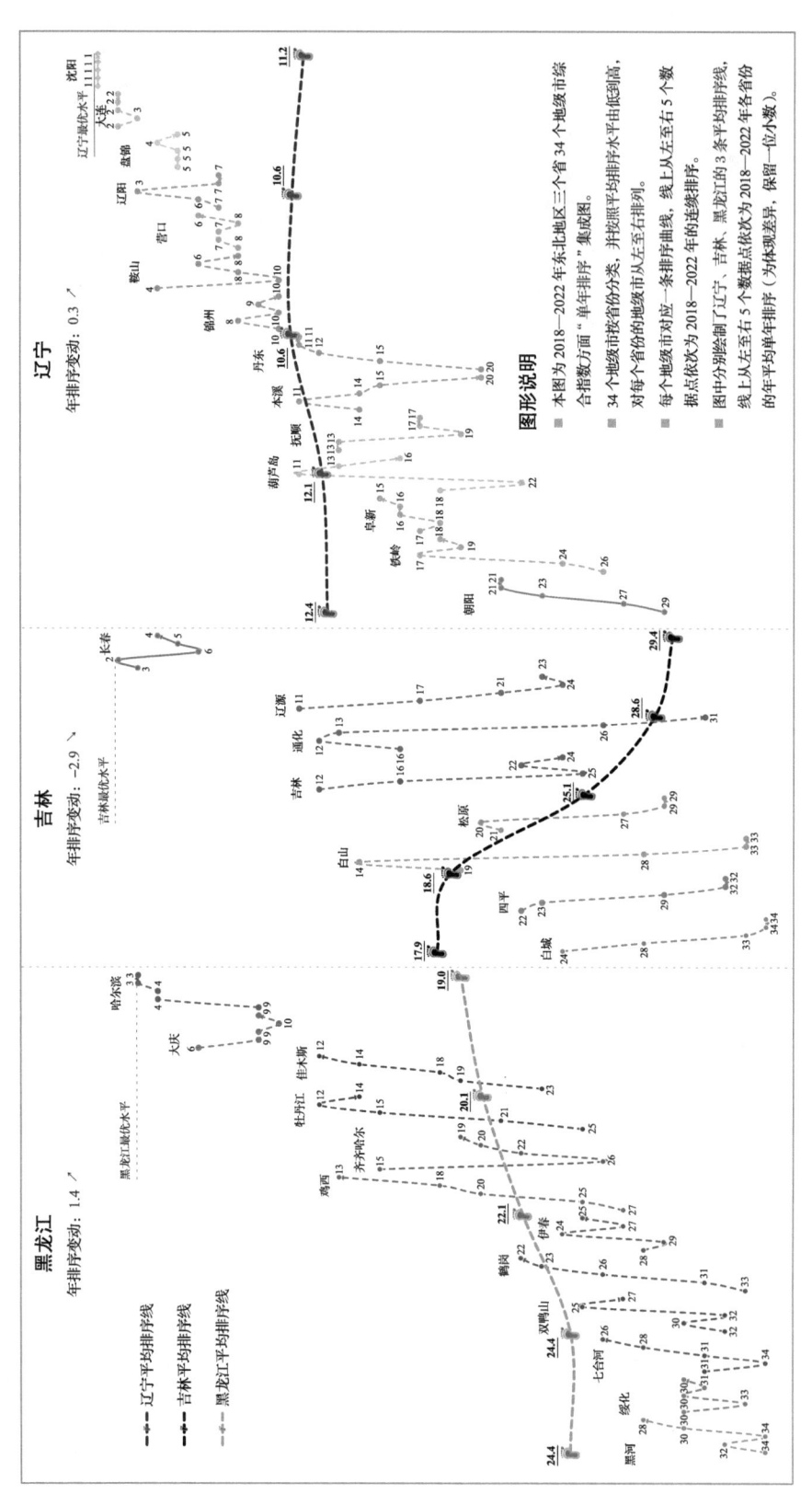

图 2.199 2018—2022 年东北三省 34 个地级市振兴指数单年排序变动情况

东北三省 34 个地级市 2022 年的连续排序较 2018 年有所提升的城市有 21 个，占比为 61.8%，表明各地级市的总体发展态势较好。其中，吉林省表现较弱，所有城市的连续排序均呈下降趋势；辽宁省有 10 个城市（沈阳、大连、盘锦、辽阳、营口、锦州、丹东、葫芦岛、阜新、朝阳，占比为 71.4%）呈上升趋势，鞍山、本溪、抚顺均呈波动下降趋势，抚顺、本溪 2022 年较 2018 年的连续排序分别下滑 17 名、36 名；黑龙江省有 10 个城市整体呈现上升态势，占比为 83.3%，且有 7 个城市在 2018—2022 年连续排序上升超过 30 位。东北三省各省最优连续排序分别为 2022 年的沈阳市（第 1 名）、2019 年的长春市（第 10 名）和 2022 年的哈尔滨市（第 12 名）。整体而言，2018—2022 年，黑龙江省和辽宁省的连续排序呈现先下降后稳步增长的趋势，吉林省连续排序整体下降明显，但在 2020 年之后出现缓慢回升。黑龙江省连续排序年均提升幅度最大，为 6.3 名，辽宁省连续排序年均提升 2.2 名，吉林省下降明显，年均排序下降了 14.6 名。

（3）5 年中，东北三省有近半数地级市的相对排序上升，反映出相对优势在提升。

单年排序的变化是相对能力此消彼长的反映，东北三省中有 15 个地级市（占 44.1%）的单年排序呈现上升趋势，相对发展能力进一步提升。具体而言，辽宁省的 14 个地级市中，单年排序上升的 6 个（占 42.9%），排序退后的有 3 个（占 21.4%），排序保持不变的有 5 个（占 35.7%），其中丹东市相对排序上升 9 名，本溪市下降 6 名，分别为辽宁省上升与下降最快的城市；吉林省 8 个地级市的单年排序均下降，其中通化市相对排序下降 15 名，长春市下降 1 名，分别为吉林省下降最快和最慢的两个城市；黑龙江省的 12 个地级市中，单年排序上升的有 9 个（占 75.0%），后退的有 2 个（占 16.7%），排序保持不变的有 1 个（占 8.3%），其中鸡西市上升 14 名，齐齐哈尔市下降 4 名，分别为黑龙江省上升和下降最快的两个城市。

（4）副省级及以上城市的发展水平明显优于其他城市，区域内发展呈现明显的分化现象。

大连、沈阳、长春、哈尔滨 4 个副省级及以上城市的发展水平明显优于其他城市，地级市的发展出现了较明显的区域分化现象。从图 2.197 可见，辽宁省的断层出现在省内平均排序第二的大连市和排序第三的盘锦市之间，尤其在 2020—2022 年差距明显拉大；吉林省的断层出现在省内平均排序第一的长春市和排序第二的通化市之间，各年差距呈现波动上升趋势；黑龙江省的断层出现在省内平均排序第二的大庆市和排序第三的牡丹江市之间，2018 年差距最大，之后年份差距逐渐缩小。

综上可以判断，东北三省 34 个地级市之间的发展水平差异明显，副省级及以上城市的发展水平明显优于其他城市，且大部分城市的发展水平不高（有 12 个城市的指数得分低于 55 分），东北三省地级市的发展水平有待进一步提升。此外，虽然大部分城市的绝对发展水平呈现上升趋势，但有 13 个地级市的连续排序和单年竞争性排序均下降，出现了实质性退步，其中吉林省地级市涉及面最广。从地市级指标体系及数据分析的结果来看，辽宁省呈现波动上升的发展态势，单年排序于2019年开始出现回升；吉林省整体呈现下降趋势，2018—2022年相对能力下跌，且连续排序出现下滑，出现了实质性退步；黑龙江省整体呈先下降后上升的态势，2020—2022年单年排序开始上升，2022年回升态势明显。

2. 地市级振兴分项指数分析

对相关数据进行统计得到2018—2022年东北三省地级市振兴分项指数得分及单年排序，如表2.273所示。

表2.273　东北三省地级市振兴分项指数得分及单年排序

省/市	经济发展	政市治理	科技创新	区域开放	绿色质效	社会民生	振兴指数
辽宁省	49.17/17.3	83.96/9.4	61.79/15.0	43.21/10.0	65.99/18.8	75.62/13.3	63.29/11.4
鞍山市	56.83/11.4	84.96/5.2	54.33/15.0	53.34/6.0	57.21/30.0	76.78/10.0	63.91/7.2
2018	55.57/16	73.24/5	51.52/15	94.99/1	48.11/29	74.71/5	66.36/4
2019	56.64/10	65.42/8	56.11/10	46.35/9	54.48/27	74.59/9	58.93/10
2020	55.10/11	99.80/4	53.43/19	39.97/10	55.19/32	77.07/8	63.43/8
2021	58.40/10	95.20/5	55.67/16	50.42/2	60.85/32	76.90/13	66.24/6
2022	58.42/10	91.16/4	54.93/15	34.99/8	67.43/30	80.66/15	64.60/8
本溪市	49.00/14.4	56.11/14.8	54.93/14.2	43.11/9.0	42.58/33.8	78.20/8.2	53.99/14.8
2018	56.47/14	63.50/12	41.56/27	65.88/4	39.92/34	67.85/14	55.87/14
2019	56.75/9	61.60/11	61.29/7	43.66/10	43.11/33	75.32/6	56.96/11
2020	42.72/15	55.68/14	54.87/15	42.85/4	41.18/34	78.51/6	52.64/14
2021	44.24/16	55.22/16	61.90/8	32.37/12	44.20/34	83.45/4	53.57/15
2022	44.83/18	44.54/21	55.03/14	30.78/15	44.46/34	85.88/11	50.92/20
朝阳市	30.28/30.8	63.05/13.4	39.23/30.6	30.28/20.0	66.76/17.8	54.88/31.0	47.41/24.2
2018	30.44/32	61.25/15	35.14/30	43.17/19	53.24/25	57.38/27	46.77/29
2019	34.07/28	55.81/18	35.63/31	30.93/20	65.78/13	47.13/32	44.89/27
2020	26.41/32	60.37/12	41.05/31	25.96/19	68.25/14	51.45/32	45.58/23
2021	28.98/30	66.05/12	45.63/29	26.34/20	71.03/20	57.93/31	49.33/21
2022	31.48/32	71.79/10	38.70/32	25.02/22	75.50/17	60.53/33	50.50/21
大连市	70.64/5.6	150.26/4.2	122.39/1.4	60.43/1.2	85.19/2.0	89.12/2.0	96.34/2.2
2018	88.50/1	67.89/9	73.27/3	73.11/2	79.35/2	79.18/2	76.88/2
2019	44.70/18	71.02/6	105.78/1	64.19/1	82.52/3	84.44/2	75.44/3
2020	70.90/4	201.62/2	126.13/1	53.86/1	87.53/1	89.09/2	104.86/2

续表

省/市	经济发展	政市治理	科技创新	区域开放	绿色质效	社会民生	振兴指数
2021	74.22/3	211.05/2	149.59/1	55.76/1	88.23/2	93.85/2	112.12/2
2022	74.89/2	199.74/2	157.20/1	55.24/1	88.30/2	99.04/2	112.40/2
丹东市	41.15/21.6	63.10/14.4	54.20/14.4	40.50/9.6	56.75/30.0	77.63/9.2	55.55/13.8
2018	49.24/20	53.22/23	45.37/25	47.78/14	48.24/28	69.51/10	52.23/20
2019	36.69/25	57.10/16	53.34/13	48.04/6	49.68/31	74.91/8	53.29/15
2020	36.50/21	65.33/11	56.31/9	36.26/11	60.46/30	76.12/10	55.16/12
2021	41.53/20	68.90/11	58.02/13	35.51/8	56.73/33	81.29/9	57.00/11
2022	41.78/22	70.97/11	57.95/12	34.89/9	68.63/28	86.31/9	60.09/11
抚顺市	41.82/21.8	57.33/13.6	51.14/19.6	37.27/12.4	55.87/31.4	78.76/7.4	53.70/15.8
2018	55.80/15	68.05/8	49.95/19	53.99/11	43.78/31	72.04/8	57.27/13
2019	51.27/15	60.59/12	47.76/19	42.07/11	49.01/32	74.93/7	54.27/13
2020	32.74/25	52.56/15	51.15/21	26.25/18	57.78/31	78.17/7	49.77/19
2021	33.70/25	52.44/18	53.15/20	28.74/15	65.67/30	82.63/5	52.72/17
2022	35.59/29	53.00/15	53.69/19	35.32/7	63.10/33	86.02/10	54.45/17
阜新市	33.27/27.6	64.95/10.6	54.88/13.8	31.49/19.8	67.19/18.6	65.97/22.0	52.96/16.4
2018	31.69/30	68.17/7	51.02/16	46.62/15	63.54/15	63.88/18	54.15/17
2019	37.01/24	62.15/10	51.88/14	34.05/17	59.53/23	64.35/19	51.49/18
2020	28.49/30	67.05/10	53.73/18	22.48/27	66.36/18	65.27/24	50.56/16
2021	33.26/26	63.68/13	59.04/10	25.61/22	72.16/17	65.51/25	53.21/16
2022	35.91/28	63.70/13	58.75/11	28.71/18	74.36/20	70.84/24	55.38/15
葫芦岛市	33.23/27.8	75.40/8.4	46.62/23.4	35.78/14.6	68.44/15.6	64.48/24.0	53.99/16.0
2018	38.16/24	65.80/11	50.19/18	45.33/16	57.60/21	63.32/21	53.40/18
2019	41.18/22	60.15/13	41.33/24	32.59/18	56.22/25	64.31/21	49.30/22
2020	28.40/31	84.35/6	48.11/23	40.04/9	72.24/11	68.44/22	56.93/11
2021	29.01/29	83.23/6	46.37/27	33.23/11	76.24/11	61.85/28	54.99/13
2022	29.43/33	83.48/6	47.12/25	27.72/19	79.91/10	64.47/28	55.35/16
锦州市	45.90/18.0	86.14/4.2	57.28/13.6	45.56/7.6	68.21/16.4	63.18/26.0	61.05/9.4
2018	52.49/18	80.24/2	47.85/22	58.14/10	64.37/13	56.13/30	59.87/10
2019	51.19/16	82.04/3	68.42/6	46.55/8	59.97/21	59.17/24	61.22/8
2020	38.59/19	85.71/5	54.51/16	40.18/8	66.13/19	63.14/27	58.04/10
2021	42.74/18	99.76/4	56.18/15	42.26/6	72.61/16	67.38/23	63.49/9
2022	44.51/19	82.94/7	59.44/9	40.68/6	77.96/13	70.10/26	62.61/10

续表

省/市	经济发展	政市治理	科技创新	区域开放	绿色质效	社会民生	振兴指数
辽阳市	50.32/14.6	97.53/3.0	52.25/17.2	44.20/7.8	68.66/17.4	78.97/7.4	65.32/6.0
2018	48.36/21	73.91/4	57.70/9	61.93/7	65.77/11	72.14/7	63.30/7
2019	49.10/17	84.65/2	49.36/16	47.22/7	72.86/7	72.66/11	62.64/6
2020	48.69/12	125.05/3	51.54/20	42.42/6	62.38/26	81.36/5	68.57/3
2021	51.62/11	107.01/3	55.49/17	34.56/9	66.34/28	81.55/7	66.09/7
2022	53.82/12	97.04/3	47.17/24	34.89/10	75.94/15	87.13/7	66.00/7
盘锦市	80.24/1.2	59.21/18.2	58.00/9.2	45.58/6.8	73.05/10.0	81.61/5.0	66.28/4.8
2018	80.00/2	45.39/30	58.14/7	63.57/6	68.72/8	78.69/3	65.75/5
2019	81.18/1	52.31/23	49.05/17	49.30/5	67.76/11	79.31/3	63.15/5
2020	79.58/1	51.55/16	56.93/8	42.47/5	74.32/9	82.57/4	64.57/5
2021	80.72/1	75.94/10	65.38/6	39.77/7	76.35/10	79.19/12	69.56/4
2022	79.71/1	70.87/12	60.52/8	32.80/11	78.08/12	88.28/3	68.38/5
沈阳市	71.35/4.8	174.72/1.0	118.74/1.8	52.40/3.4	77.65/6.2	109.24/1.0	100.68/1.0
2018	70.78/6	83.10/1	76.40/1	64.37/5	73.39/4	133.88/1	83.65/1
2019	74.40/3	86.59/1	101.29/2	53.51/3	72.89/6	89.01/1	79.61/1
2020	67.34/5	235.56/1	123.17/2	45.41/3	77.74/6	102.28/1	108.58/1
2021	71.88/5	231.01/1	149.52/2	47.61/4	80.30/8	107.55/1	114.64/1
2022	72.36/5	237.32/1	143.32/2	51.11/2	83.95/7	113.50/1	116.93/1
铁岭市	24.17/33.2	70.96/12.4	43.43/25.8	32.70/17.2	72.73/10.4	59.00/27.8	50.50/20.8
2018	27.89/34	55.30/21	36.72/28	44.78/18	67.77/10	59.93/24	48.73/26
2019	28.68/30	53.17/21	41.88/23	39.04/12	65.58/14	58.98/25	47.89/24
2020	19.64/34	78.54/8	46.11/26	28.13/14	68.42/13	60.95/28	50.30/17
2021	21.57/34	82.72/7	46.49/26	26.88/19	80.85/7	53.61/32	52.02/19
2022	23.05/34	85.06/5	45.96/26	24.68/23	81.04/8	61.52/30	53.55/18
营口市	60.17/9.4	71.74/8.8	57.61/9.6	52.31/4.0	63.53/23.2	80.89/5.2	64.38/7.2
2018	61.51/12	67.46/10	53.34/12	72.52/3	54.31/23	68.83/11	63.00/8
2019	62.34/7	63.28/9	50.31/15	53.71/2	64.85/16	77.05/4	61.92/7
2020	55.87/10	78.83/7	57.36/7	40.73/7	65.82/20	86.44/3	64.18/7
2021	60.99/9	77.34/9	61.24/9	45.28/5	66.87/26	84.34/3	66.01/8
2022	60.15/9	71.82/9	65.80/5	49.32/3	65.78/31	87.76/5	66.77/6
吉林省	54.12/13.1	24.79/25.8	53.94/18.5	30.77/19.5	73.74/12.0	68.13/19.3	50.92/21.4
白城市	41.39/21.8	22.01/28.6	47.55/21.6	28.33/19.8	68.51/15.6	55.35/31.0	43.86/30.6

续表

省/市	经济发展	政市治理	科技创新	区域开放	绿色质效	社会民生	振兴指数
2018	51.36/19	53.74/22	56.56/10	29.41/28	61.43/16	49.82/31	50.39/24
2019	40.88/23	50.84/25	41.27/25	24.28/29	59.66/22	48.11/31	44.17/28
2020	33.55/23	7.44/32	42.21/29	27.48/15	70.80/12	57.90/31	39.90/33
2021	38.57/23	0.43/32	48.26/23	28.85/14	75.08/12	59.62/30	41.80/34
2022	42.60/21	−2.43/32	49.47/21	31.65/13	75.56/16	61.28/32	43.02/34
白山市	62.81/7.4	−0.25/32.0	43.36/26.4	23.43/28.0	82.01/4.0	73.55/14.4	47.49/25.4
2018	69.70/7	45.92/29	36.19/29	28.91/29	72.50/6	67.05/16	53.38/19
2019	63.57/6	42.21/29	42.98/22	24.61/28	82.98/2	67.17/15	53.92/14
2020	58.40/8	−20.55/34	48.03/24	22.58/26	82.25/4	71.32/17	43.67/28
2021	61.67/8	−34.80/34	44.20/30	18.50/30	84.43/5	79.79/11	42.30/33
2022	60.73/8	−34.01/34	45.40/27	22.54/27	87.90/3	82.43/13	44.16/33
吉林市	53.75/12.2	26.28/24.6	53.37/15.6	33.28/15.0	64.30/22.6	73.28/14.2	50.71/19.8
2018	68.44/9	63.31/13	45.69/23	38.27/21	59.83/17	70.82/9	57.73/12
2019	53.59/13	57.35/15	53.54/12	32.52/19	53.12/28	69.13/13	53.21/16
2020	45.37/14	7.14/33	55.00/14	29.81/13	64.37/23	70.45/18	45.36/25
2021	50.93/12	1.00/31	58.22/12	33.39/10	70.50/22	76.74/15	48.46/22
2022	50.42/13	2.62/31	54.40/17	32.40/12	73.67/23	79.26/16	48.80/24
辽源市	54.42/11.8	27.72/25.6	49.15/20.6	31.41/16.6	70.32/13.6	70.05/17.4	50.52/19.2
2018	65.52/11	58.45/16	65.57/4	31.55/26	68.66/9	60.26/23	58.34/11
2019	56.58/11	48.15/27	38.09/28	34.95/16	65.05/15	68.39/14	51.87/17
2020	46.18/13	12.73/28	46.30/25	31.49/12	67.11/15	71.81/15	45.94/21
2021	49.66/13	12.57/28	46.73/24	29.09/13	73.34/15	73.34/16	47.45/24
2022	54.16/11	6.70/29	49.09/22	29.97/16	77.46/14	76.48/19	48.98/23
四平市	40.45/21.6	26.02/25.0	52.49/16.0	26.57/25.0	65.66/21.6	64.48/24.4	45.95/27.6
2018	43.34/22	62.26/14	48.38/21	39.77/20	56.78/22	58.11/26	51.44/22
2019	42.57/20	53.85/20	44.42/21	27.92/25	67.38/12	58.30/26	49.07/23
2020	35.78/22	8.17/31	55.93/11	22.73/25	61.22/28	67.08/23	41.82/29
2021	39.73/21	3.03/30	56.88/14	21.17/26	69.15/24	67.15/24	42.85/32
2022	40.84/23	2.81/30	56.85/13	21.25/29	73.79/22	71.74/23	44.55/32
松原市	52.16/13.8	25.42/27.4	35.56/32.4	28.05/21.4	86.34/1.4	56.21/30.2	47.29/25.2
2018	68.37/10	50.86/25	29.24/32	34.38/24	80.88/1	48.75/32	52.08/21
2019	56.25/12	50.63/26	32.44/32	29.54/21	84.13/1	51.38/30	50.73/20

续表

省/市	经济发展	政市治理	科技创新	区域开放	绿色质效	社会民生	振兴指数
2020	42.03/16	11.47/29	38.18/32	27.09/16	86.22/3	58.19/29	43.86/27
2021	45.96/15	4.42/29	40.43/33	25.72/21	89.77/1	61.27/29	44.59/29
2022	48.19/16	9.74/28	37.50/33	23.49/25	90.73/1	61.45/31	45.18/29
通化市	52.13/13.6	27.50/25.2	56.96/11.2	24.46/25.8	71.98/12.4	74.22/13.6	51.21/19.6
2018	53.91/17	57.57/17	48.71/20	33.06/25	70.08/7	67.38/15	55.12/16
2019	52.92/14	57.05/17	56.62/8	29.27/22	70.28/9	64.32/20	55.08/12
2020	56.53/9	32.11/26	60.98/5	23.88/22	72.34/10	76.02/11	53.65/13
2021	47.54/14	-0.78/33	63.82/7	19.05/29	71.77/18	81.47/8	47.14/26
2022	49.77/14	-8.44/33	54.68/16	17.04/31	75.41/18	81.91/14	45.06/31
长春市	75.83/2.6	43.60/18.0	93.08/3.8	50.64/4.4	80.83/4.6	77.87/8.8	70.31/4.0
2018	78.49/3	78.93/3	61.24/6	60.06/9	79.14/3	75.54/4	72.23/3
2019	77.43/2	79.88/4	92.61/3	50.82/4	76.93/4	76.29/5	75.66/2
2020	73.87/2	10.13/30	100.40/3	47.99/2	80.02/5	74.34/13	64.46/6
2021	75.44/2	19.88/27	110.84/3	48.34/3	82.46/6	76.79/14	68.96/5
2022	73.92/4	29.16/26	100.31/4	46.01/4	85.62/5	86.38/8	70.23/4
黑龙江省	43.88/20.7	48.29/21.4	50.10/19.8	25.10/25.0	65.94/19.7	65.53/21.2	49.80/22.0
大庆市	74.10/3.6	46.63/24.0	63.05/6.6	34.94/18.8	67.40/18.6	78.04/8.2	60.69/8.6
2018	77.04/4	48.61/26	56.47/11	61.55/8	65.41/12	72.98/6	63.67/6
2019	73.14/4	47.69/28	69.59/5	27.33/26	69.02/10	71.42/12	59.70/9
2020	71.88/3	45.95/21	60.15/6	20.92/28	76.31/8	76.53/9	58.62/9
2021	73.82/4	46.56/23	67.30/5	20.55/27	61.47/31	81.26/10	58.49/10
2022	74.63/3	44.32/22	61.73/6	44.35/5	64.77/32	88.01/4	62.97/9
哈尔滨市	70.33/5.6	75.66/7.2	85.69/6.4	33.30/16.4	69.32/15.8	77.34/9.2	68.60/4.6
2018	75.64/5	68.29/6	50.87/17	50.25/12	63.89/14	68.26/12	62.87/9
2019	70.12/5	73.79/5	80.13/4	36.39/14	70.97/8	73.32/10	67.45/4
2020	67.14/6	75.56/9	86.24/4	27.00/17	63.56/24	75.20/12	65.78/4
2021	69.49/6	79.50/8	104.78/4	27.77/18	73.73/14	82.15/6	72.90/3
2022	69.25/6	81.15/8	106.44/3	25.11/21	74.44/19	87.75/6	74.02/3
鹤岗市	37.04/24.2	45.05/24.0	39.81/29.8	16.67/32.4	59.15/26.4	70.88/17.2	44.76/27.0
2018	36.03/26	46.37/28	29.77/31	21.53/33	46.69/30	65.88/17	41.04/33
2019	41.84/21	40.31/31	36.73/30	16.51/33	42.70/34	65.52/17	40.60/31
2020	32.38/26	40.95/23	42.12/30	15.58/31	65.65/21	70.36/19	44.51/26

续表

省/市	经济发展	政市治理	科技创新	区域开放	绿色质效	社会民生	振兴指数
2021	34.17/24	49.40/21	46.17/28	16.06/32	69.81/23	69.59/21	47.53/23
2022	40.81/24	48.21/17	44.26/30	13.66/33	70.87/24	83.04/12	50.14/22
黑河市	37.78/23.4	38.11/27.4	24.00/33.8	24.83/26.0	78.87/5.4	48.08/33.4	41.95/31.6
2018	30.58/31	43.82/31	23.89/33	36.16/22	73.24/5	34.89/34	40.43/34
2019	34.93/26	40.13/32	20.53/34	25.52/27	74.37/5	43.32/33	39.80/32
2020	39.73/18	35.55/24	17.63/34	18.39/30	77.06/7	50.79/33	39.86/34
2021	39.31/22	37.15/25	26.50/34	21.34/25	84.46/4	51.34/33	43.35/30
2022	44.33/20	33.91/25	31.45/34	22.75/26	85.25/6	60.06/34	46.29/28
鸡西市	41.60/19.8	52.83/18.8	46.50/24.0	33.10/16.4	61.76/23.6	68.94/19.4	50.79/20.6
2018	41.09/23	55.98/20	45.69/24	44.78/17	41.82/33	61.78/22	48.53/27
2019	34.59/27	52.23/24	37.99/29	35.41/15	60.18/20	66.30/16	47.78/25
2020	40.31/17	50.54/17	50.13/22	25.82/20	61.17/29	70.19/20	49.69/20
2021	43.08/17	53.65/17	49.87/22	28.67/16	67.36/25	70.40/19	52.17/18
2022	48.92/15	51.77/16	48.83/23	30.85/14	78.28/11	76.03/20	55.78/13
佳木斯市	45.17/17.6	60.53/13.2	53.91/14.8	26.39/23.6	69.08/15.0	60.36/27.8	52.57/17.2
2018	57.33/13	57.31/18	51.68/14	27.77/31	54.03/24	57.17/29	50.88/23
2019	43.24/19	65.57/7	48.92/18	28.76/23	64.51/17	56.00/27	51.17/19
2020	38.12/20	59.81/13	55.14/13	23.91/21	66.71/16	57.91/30	50.27/18
2021	41.67/19	62.01/14	54.45/19	24.70/23	79.85/9	64.19/26	54.48/14
2022	45.49/17	57.95/14	59.34/10	26.81/20	80.30/9	66.52/27	56.07/12
牡丹江市	65.41/7.4	41.22/26.4	56.37/10.8	25.65/24.4	59.79/26.2	67.28/20.8	52.62/17.4
2018	69.54/8	41.28/32	52.20/13	31.25/27	43.13/32	63.33/20	50.12/25
2019	60.40/8	42.18/30	54.88/11	28.12/24	52.12/29	61.19/23	49.81/21
2020	63.64/7	41.00/22	55.29/12	23.07/23	63.10/25	68.49/21	52.43/15
2021	65.68/7	41.97/24	58.91/11	22.32/24	71.44/19	71.32/18	55.27/12
2022	67.79/7	39.67/24	60.56/7	23.52/24	69.19/26	72.06/22	55.46/14
七台河市	30.16/30.0	38.62/27.4	48.16/22.2	15.77/33.2	61.17/27.0	64.97/23.8	43.14/30.0
2018	33.22/28	40.24/33	45.09/26	28.79/30	53.06/26	59.43/25	43.3/31
2019	23.73/33	30.61/34	38.53/27	13.62/34	57.58/24	54.54/28	36.44/34
2020	25.75/33	32.75/25	54.19/17	10.89/34	61.72/27	64.86/25	41.69/31
2021	28.98/31	48.02/22	51.96/21	12.27/34	65.71/29	70.38/20	46.22/28
2022	39.11/25	41.46/23	51.04/20	13.29/34	67.77/29	75.65/21	48.05/26

305

续表

省/市	经济发展	政市治理	科技创新	区域开放	绿色质效	社会民生	振兴指数
齐齐哈尔市	31.17/29.6	53.58/16.8	59.15/11.4	33.76/16.8	61.00/25.0	61.27/27.0	49.99/20.4
2018	37.37/25	56.20/19	73.86/2	49.85/13	59.23/20	57.37/28	55.65/15
2019	23.07/34	58.27/14	56.41/9	38.12/13	51.59/30	52.63/29	46.68/26
2020	31.76/27	50.30/18	56.08/10	22.97/24	49.77/33	63.99/26	45.81/22
2021	28.29/32	55.36/15	55.25/18	28.49/17	70.50/21	62.06/27	49.99/20
2022	35.35/30	47.79/18	54.13/18	29.37/17	73.91/21	70.30/25	51.81/19
双鸭山市	32.26/28.0	50.26/20.4	30.32/31.2	16.07/32.4	65.03/21.2	69.70/17.6	43.94/29.2
2018	34.54/27	51.96/24	20.56/34	23.51/32	59.49/19	63.43/19	42.25/32
2019	27.47/31	53.86/19	21.25/33	17.04/32	63.34/18	64.80/18	41.29/30
2020	30.42/28	49.50/19	20.72/33	11.16/33	66.38/17	71.34/16	41.58/32
2021	31.99/27	51.18/20	46.66/25	14.52/33	66.69/27	71.97/17	47.17/25
2022	36.91/27	44.81/20	42.39/31	14.12/32	69.25/25	76.97/18	47.41/27
绥化市	30.17/30.2	48.80/21.4	45.94/24.2	17.53/31.6	64.41/21.2	48.95/32.8	42.63/30.8
2018	32.14/29	47.28/27	57.86/8	20.71/34	59.53/18	44.88/33	43.73/30
2019	31.40/29	52.63/22	40.21/26	18.06/31	54.82/26	38.69/34	39.30/33
2020	29.98/29	46.79/20	44.31/27	14.33/32	64.91/22	50.24/34	41.76/30
2021	25.62/33	52.01/19	42.22/32	16.27/31	73.91/13	49.35/34	43.23/31
2022	31.72/31	45.27/19	45.10/28	18.26/30	68.88/27	61.60/29	45.14/30
伊春市	31.33/28.6	28.16/29.4	48.30/22.6	23.12/27.6	74.31/11.0	70.52/17.6	45.96/26.6
2018	28.50/33	39.99/34	62.94/5	34.57/23	49.53/27	67.94/13	47.25/28
2019	26.34/32	32.32/33	45.69/20	20.75/30	62.48/19	63.59/22	41.86/29
2020	32.84/24	17.18/27	43.73/28	19.06/29	86.93/2	73.63/14	45.56/24
2021	31.63/28	30.64/26	44.06/31	19.71/28	84.84/3	68.88/22	46.63/27
2022	37.32/26	20.67/27	45.05/29	21.53/28	87.77/4	78.58/17	48.49/25
三省平均	48.47/17.5	57.45/17.5	55.82/17.5	33.89/17.5	67.80/17.5	70.30/17.5	55.62/17.5

（1）34个地级市在6个分项指数的平衡发展上存在较大差异。

由图 2.200 可以看出，东北三省 34 个地级市在 6 个分项指数的平衡发展上存在较大差异，其中各方面发展比较好的城市有沈阳、大连、长春、盘锦、哈尔滨、辽阳、松原等，发展较不均衡的有白山、双鸭山、七台河、鹤岗、黑河等。在分项指数上发展水平较高（指数得分超过80分）的有盘锦的"经济发展"，沈阳、大连、鞍山、辽阳的"政市治理"，沈阳、大连、长春、哈尔滨的"科技创新"。此外，可以看出，黑龙江省的"区域开放"和吉林省的"政市治理""区域开放"有待进一步提升,它们的指数得分均低于40分。就东北三省而言,辽宁省的"政市治理""社会民生"较强,平均值分别为83.96和75.62;吉林省的"绿色质效""社会民生"较强,平均值分别为73.74和68.13;黑龙江省的"绿色质效""社会民生"较好,平均值分别为65.94和65.53;三省均在"区域开放"方面表现较差,辽宁省、吉林省、黑龙江省在该分项指数上的平均值分别为43.21、30.77和25.10。

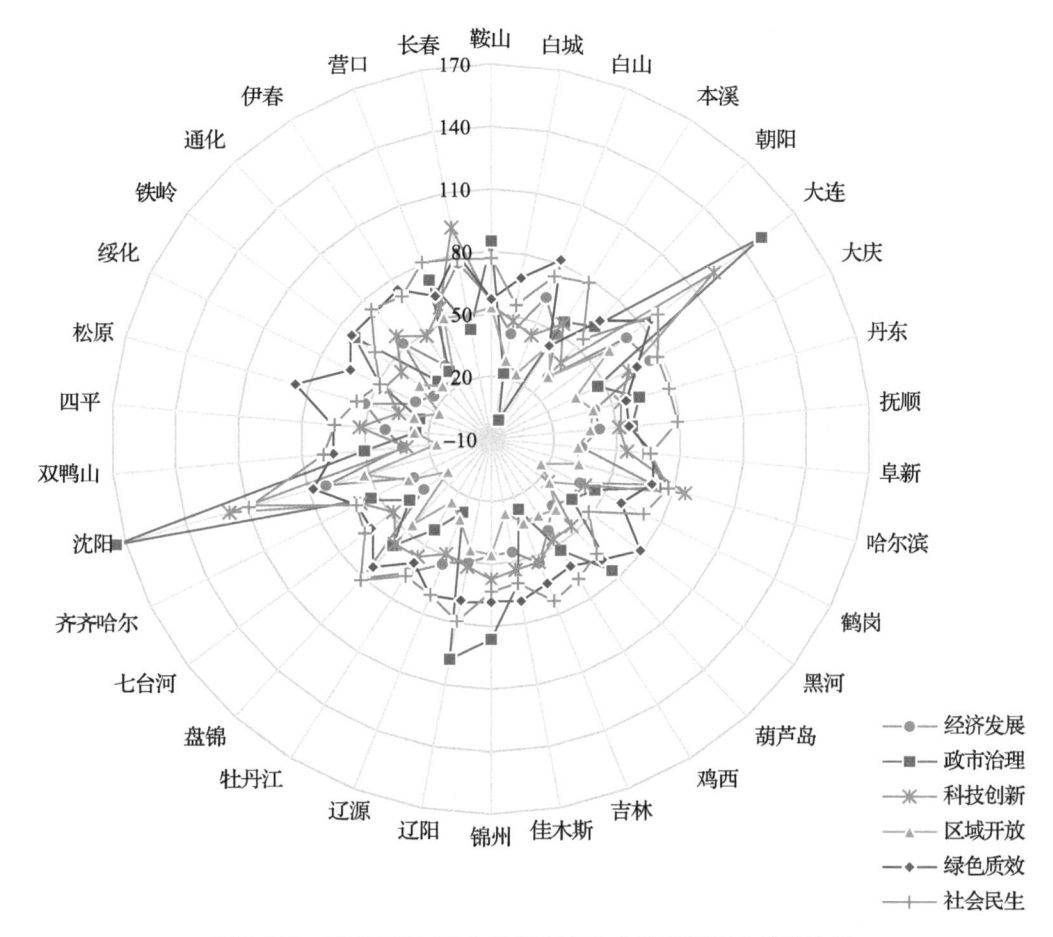

图2.200　东北三省34个地级市在6个分项指数上的平均值

（2）振兴进展较大的地级市和振兴乏力的地级市之间的优劣势存在较大差别。

通过对振兴总指数的分析可以发现,振兴进展较快的地级市包括沈阳、大连、朝阳、长春、哈尔滨等,这些地级市几乎在所有6个分项指数上均有所增长,且在某些方面增长较快,表现出"一专多强"的特征。例如,沈阳和大连在"政市治理"方面表现突出,在"经济发展""科技创新""绿色质效""社会民生"分项指数上均有所增长,哈尔滨在"政市治理""科技创新""绿色质效""社会民生",以及白城在"区域开放""绿色质效""社会民生"方面的增长较为明显。本溪、抚顺、长春、吉林、大庆等市表现出明显的振兴乏力特征,在"经济发展""政市治理""区域开放"3个分项指数上均呈现下滑趋势,尤其在"区域开放"方面的下滑较为显著。

(3)经济发展、政市治理和区域开放水平不足成为东北三省地级市振兴乏力的主要原因。

在"经济发展""政市治理""区域开放"方面,许多地级市表现出持续下滑或止步不前的态势,这成为振兴乏力的主要原因,尤其是"区域开放"方面,除白城外的其余33个城市全部呈现下降态势。分省看,辽宁省的地级市在"经济发展""区域开放"方面下滑明显;吉林省的地级市在"经济发展""政市治理""区域开放"方面下滑明显;黑龙江省的地级市在"区域开放"方面下滑明显。

3. 主要结论

首先,从发展水平看,东北三省34个地级市之间的发展水平存在较大差异。最高指数得分超过60分的有11个城市(占32.4%),且只有沈阳和大连的最高指数得分超过110分,表明地级市发展水平不均衡。副省级及以上城市的发展水平明显优于其他城市,东北三省地级市的发展出现了较明显的分化现象。

其次,从发展动态看,东北三省34个地级市2022的连续排序较2018年有所提升的城市有21个,占比61.8%,表明各地级市总体上有着较好的发展态势。通过对相对优势的分析可知,有15个地级市(占44.1%)的单年排序呈现上升趋势,说明这些城市的相对发展能力进一步提升。然而,有13个地级市已出现实质性退步(占38.2%),分别为齐齐哈尔、大庆、鞍山、白城、四平、松原、白山、通化、辽源、吉林、长春、抚顺、本溪。

再次,东北三省34个地级市在6个分项指数的平衡发展上存在较大差异,其中发展比较均衡的城市有沈阳、大连、朝阳、长春、哈尔滨等,发展较不均衡的有佳木斯、白城、四平、通化、松原、铁岭等。就东北三省而言,辽宁省的"政市治理""社会民生"较强,吉林省和黑龙江省的"绿色质效""社会民生"较好,三省均在"区域开放"方面表现较差。

最后,不同地级市的振兴进展有着明显差异,如沈阳和大连在"政市治理"方面表现突出,振兴进展较快,表现出"一专多强"的特征;而佳木斯、白城等市呈现出明显的振兴乏力特征。通过对分项指数的增长状况进行分析,发现"经济发展""政市治理""区域开放"是导致振兴乏力的主要原因,表现为大部分地级市在该3项指数上呈现出持续下滑或止步不前的态势,尤其是在"区域开放"方面,34个城市均呈现下降态势。

Ⅲ 附 录

一、东北老工业基地全面振兴进程评价指标选择依据

新发展理念（创新、协调、绿色、开放、共享）相互贯通、相互促进，构成了新时代中国发展的总体框架和行动指南。其中，创新是推动发展的核心动力，协调是确保发展均衡的关键，绿色是实现可持续发展的基础，开放是融入全球化浪潮的必由之路，而共享则体现了社会发展的公平与正义。这些理念经过深入贯彻和实施，成为国家及区域发展的共识性指引。在新发展理念的重要指引下，东北地区作为我国承载着独特安全保障使命的重要区域，其稳定与否直接关系到国家的整体安全。因此，加强东北地区的安全防范，既是区域发展的需要，也是国家安全的战略要求。此外，东北地区作为我国最大的重工业基地，已经形成了石油、机械、化学和钢铁冶金产业等门类齐全的工业体系，其营商环境具有鲜明的特点，对于吸引国内外投资、促进产业升级和经济增长至关重要。

在上述背景下，以《中共中央 国务院关于全面振兴东北地区等老工业基地的若干意见》（以下简称为中发〔2016〕7号文件）、《东北全面振兴"十四五"实施方案》等政策文件为指导，考虑新发展理念、东北区位使命、营商环境等重要因素，结合指标体系构建原则与东北地区发展实情，课题组构建了东北老工业基地全面振兴进程评价指标体系，构建框架如图3.1所示。

该指标体系以"优化经济发展布局、强化政市治理环境、激发科技创新活力、调整对外开放格局、提升绿色发展质效、改善社会民生条件以及稳固安全防护防线"为着眼点，以综合反映东北地区的经济、资源、社会、环境状况为基准，既突出准确的政策导向，又体现科学要求，强调指导性、针对性与实效性，通过科学论证而确定。针对"东北老工业基地全面振兴进程评价"这一总目标，设置出"经济发展、政市治理、科技创新、区域开放、绿色质效、社会民生、安全保障"七个测度模块，并依次构建出三级指标及下属的基础测度指标。

评价数据主要来源于国家统计局、统计年鉴、相关官方网站等，其中统计年鉴涉及中国统计年鉴、中国城市统计年鉴、分专题统计年鉴、各省市统计年鉴等多个类别。

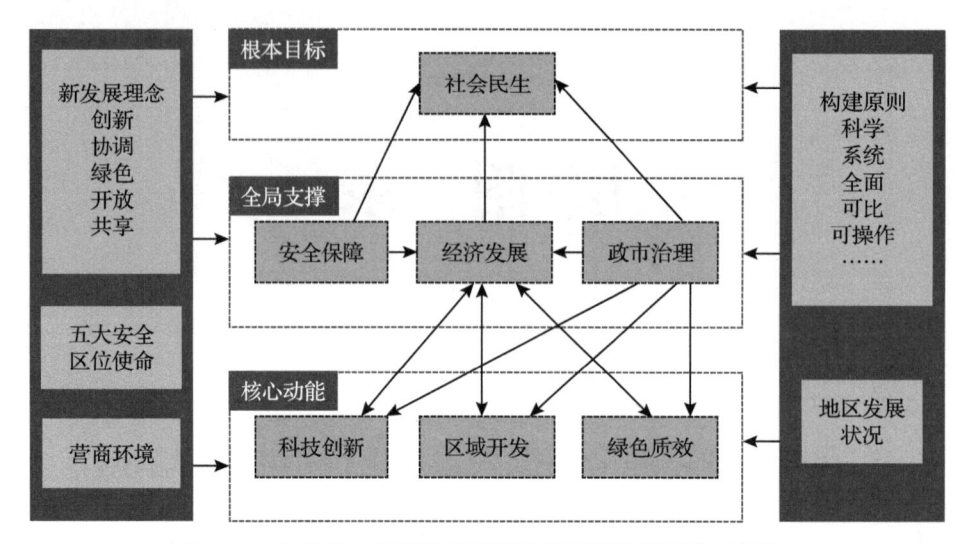

图 3.1　东北老工业基地全面振兴进程评价指标体系框架

（一）经济发展评价指标选择依据

经济发展是一个国家或地区在一定时期内，通过技术进步、制度变革、结构优化等多种方式，实现经济总量持续增长、经济结构不断优化升级、人民生活水平不断提高、社会福利逐步增进的过程。经济发展是区域发展成效的集中体现，也是推动东北老工业基地全面振兴的核心环节。经济基础是形成区域经济发展现实差异的重要原因之一，也是衡量区域综合发展水平、激发经济活力、推动社会进步及构筑长期竞争优势的重要因素（冯兴华等，2015）。同时，推动产业结构的战略性调整与升级，是新一轮东北振兴的主要发展路径（王士君和马丽，2021），也是区域协调发展的关键所在（高相铎和李诚固，2006）。在此基础上，依托国有企业，尤其是战略性支撑产业的主体优势，有利于引领、带动各类所有制企业加大战略性新兴产业投资布局力度（刘威和张丹，2022）。除此之外，还应正视东北地区民营企业发展相对滞后的现状，认识到民营企业的迅速壮大是增强地区市场活力的关键因素（陈晓东，2018）。

从上述论述中可以发现，经济发展水平是东北老工业基地全面振兴成效的重要体现。中发〔2016〕7号文件对此也有表述，"我国经济发展进入新常态，东北地区经济下行压力增大，部分行业和企业生产经营困难……国有企业活力仍然不足，民营经济发展不充分……人民生活水平和质量普遍提高，城乡居民收入增长和经济发展同步，基本公共服务水平大幅提升……进一步推进国资国企改革……大力支持民营经济发展……大力促进产业多元化发展……大力发展以生产性服务业为重点的现代服务业……加快发展现代化大农业"。

鉴于上述内容，本研究在构建经济发展评价维度时，遵循了层次分明的原则，以确保评估的全面性与准确性。在宏观层面，以"经济基础"作为三级指标，选择了人均 GDP、人均固定资产投资额、人均社会消费品零售总额以及社会融资规模增量等测度指标，这些指标综合反映了东北地区经济发展的整体状况，揭示了该地区经济实力与市场潜力的核心基础。在中观层面，以"产业发展"作为三级指标，通过人均工业增加值、人均服务业产值及人均第一产业增加值等测度指标，细致衡量区域产业布局的优化程度以及产业升级的实际成效。在微观层面，聚焦"企业活力"评价维度，选取万人新增企业数、民企数量占比以及国企主营业务收入增长率等测度指标，深入剖析企业群体的经营状况以及市场竞争力。

（二）政市治理评价指标选择依据

政市治理，是政府治理与市场治理的统称，是市场主体在准入、运营至退出的全生命周期中所面临的政务、市场、法治等多重外部因素与条件的综合体现，其优劣直接关系到区域经济发展的活力与潜力。良好的政市治理能够驱动政府角色向更高效能、更高透明度及更强服务导向的模式转变，通过完善法律制度体系、提高政府服务效率等措施，激发市场主体活力和创造力，促进企业营商环境良性发展，为东北地区经济的持续增长注入动力。

政府治理是指在市场经济条件下，政府对公共事务进行管理的一系列活动。由于传统计划经济下企业对政府依附关系的延续，东北地区政府与市场的关系仍带有"大政府""小市场"的特征（夏德仁，2024）。王小鲁等（2017）认为，东北经济下行的最主要原因在于政府与市场关系不合理，营商环境建设滞后，实施新一轮东北振兴战略的关键是厘清政府与市场的关系。刘柏（2015）认为，目前东北主要是由"看得见的手"在主导市场，市场在很大程度上仍是计划出来的，根本矛盾在于如何处理好政府与市场的关系。中发〔2016〕7号文件也强调，"……加快转变政府职能。进一步理顺政府和市场关系，着力解决政府直接配置资源、管得过多过细以及职能错位、越位、缺位、不到位等问题……"，应把"充分发挥市场在资源配置中的决定性作用，更好发挥政府作用"作为目标和原则，推动有效市场与有为政府更好结合。另外，推动东北地区生产型政府向服务型政府转变的重要措施是提升政府服务效率。东北地区政府部门及其内部架构主要遵循功能性"区块化"原则构建，每个部门专注于某一特定功能领域。在功能界限模糊的情形下，各部门及机构倾向于扩大自身职责范围，从而可能会导致管制权重叠使用（武靖州，2017），出现审批盖章多、审批周期长等现象（张国勇和娄成武，2018）。对此，相关政府文件给出了指示，如中发〔2016〕7号文件指出，"……以建设法治政府、创新政府、廉洁政府、服务型政府为目标，进一步推动简政放权、放管结合、优化服务。继续深化行政审批制度改革，大幅减少行政审批事项，凡能取消的一律取消，凡能下放的一律下放，着力简化办事流程，压缩审批时限，提高审批效率，同步强化事中事后监管……"。综上可以看出，在东北老工业基地全面振兴进程评价中考虑政府治理符合地区实情。对此，本研究以政务水平为测度维度，考虑市场干预、政府规模等因素，对东北地区政府治理现状进行测度。

市场治理是指依据市场上已经形成的组织安排和交易规范，调控和监管市场秩序，目的是激活区域市场活力，为国企、民企发展提供良好的生态环境。东北地区传统产业的发展惯性限制了地区经济社会的转型，政府管理对市场经济的过度干预使得东北地区民营企业经常面临融资难、融资贵等问题（焦方义和姜帅，2019）。此外，东北地区的市场化程度较低，国有经济比重偏高，企业制度相对落后，企业缺乏活力和竞争力（任淑玉等，2003）。常修泽（2015）认为，东北要真的振兴，就得真刀真枪地推进体制和结构改革，重点在于以"壮士断腕"之气魄，"啃国企改革硬骨头"，建议设立"东北国企改革先行试验区"。因此，在本研究中，市场治理在侧重国企改革的同时，也着力强调充分发挥民营企业等非国有经济的作用。相较于东南沿海地区，东北地区在民营企业的发展上展现出了相对滞后的特点。林文强等（2004）深入研究了两大区域间的差异，明确指出了一系列影响东北民营企业进步的关键因素，如政策扶持环境的差异、技术导向型企业在市场开拓与管理效能上的水平、企业集群与市场动态间的相互作用等。卜长莉和邴正（2006）建议加快国企改制步伐，推动东北民营经济发展。上述观点在政府文件中也得到充分体现，例如，中发〔2016〕7号文件中指出，"进一步推进国资国企改革。……大力支持民营经济发展。加快转变发展理念，建立健全体制机制，支持民营经济做大做强，使民营企业成为推动发展、增强活力的重要力量"。贯彻落实好《东北全面振兴"十四五"实施方案》，应坚持"围绕优化营商环境深化'放管服'改革，培育壮大市场主体，更大激发市场主体活力，促进民营经济持续健康发展"。基于上述内容，结合东北地区面临的问题与挑战，本研究以市场环境为测度维度，侧重民营企业发展，对东北地区市场治理现状进行测度。

法治环境是指地区在法律制度建立、执行、监督以及法律文化、法律意识等方面的综合状况，它为政府、市场等主体制定及执行规则提供了公平公正的法律保障，是政府治理与市场治理的环境基础。就东北地区而言，营商环境存在法律法规尚未完善、司法服务与保障范围相对较窄、整体法治意识不强等问题（刘思辰，2020）。各类企业投资项目管理负面清单制度、产权保护制度以及市场准入负面清单制度亟待建立健全，"法治东北、信用东北"的建设程度依旧亟待提高，缺乏营商环境的法治分类成为东北地区经济发展的掣肘因素之一（李洪山和邢思远，2021）。魏建国（2017）指出，可以通过贯彻依法治国战略、开展大众化普法与法律援助、建设民间组织等方式推动东北法治文化建设。杨海坤（2018）认为以政府法治论为行政法治实践抓手，从立法层面的治理限权、行政问责层面的治理改良、善治取向层面的治理多元、平权层面的治理职能等维度推进，有助于走出"东北困境"。杨丽娟（2007）从中微观视角出发，认为东北地区应进一步完善市场主体方面的法律，树立大市场观念，积极推行现代企业制度，以竞争促进传统制造业改造。对此，中发〔2016〕7号文件指出，"……依法履行政府职能，加快建立和完善权力清单、责任清单、负面清单管理模式。健全依法决策机制,强化对权力的约束和监督……"。2023年9月7日,习近平总书记在新时代推动东北全面振兴座谈会上强调,"要进一步优化政治生态,营造良好营商环境","为各类经营主体创造稳定、透明、规范、可预期的法治环境","重塑健康金融环境"。基于以上内容,本研究以法治基础为测度维度,考虑法治人员规模、法治水平等因素,评价东北地区的法治环境。

综上所述,本研究从政务水平、市场环境、法治基础3个方面,选择9项基础测度指标对政市治理水平进行衡量。具体地,在政务水平方面,选择了"政府分配资源的比重""政府人员规模""行政成本比重"3项测度指标;在市场环境方面,选择了"民间固定资产投资增速""银行不良资产比率""民企与国企资产负债率比""亿元以上商品交易市场成交额占比"4项测度指标;在法治基础方面,选择了"律师和公证员占就业人员比重"与"每万人民事诉讼案件数"2项测度指标。

(三)科技创新评价指标选择依据

科技创新是指为了满足社会进步与发展的需求,通过科学研究和技术开发,创造和应用新知识、新技术,以推动经济和社会发展的一系列活动。东北地区曾是我国较早实现工业化的地区,然而,改革开放以来,东北老工业基地面临着产业结构老化、经济相对衰退等问题,这些问题的根源之一便是科技创新能力的不足。有关科技创新,朱艳丽(2016)认为东北地区应加大战略性新兴产业、现代服务业以及生态技术产业创新力度,进一步完善区域创新机制和政策体系,实施"创新驱动"战略,走出中国特色的技术改造之路。许欣(2017)认为提升创新引领支撑能力是全面振兴东北老工业基地的决胜之要,应把创新作为培育东北老工业基地内生发展动力的主要生成点。辜胜阻等(2018)认为推动核心技术创新有利于促进经济高质量发展、维护国家安全与抢占全球科技发展先机。孙涛(2020)认为科技创新不能自我循环,要融入现代经济社会发展全过程。对于东北地区而言,要实现全面振兴的宏伟目标,需将科技创新摆在发展全局的核心位置,通过科技创新引领产业、管理、商业模式等全方位创新,形成创新驱动发展的新格局。

中发〔2016〕7号文件指出,"要大力实施创新驱动发展战略,把创新作为培育东北老工业基地内生发展动力的主要生成点,加快形成以创新为主要引领和支撑的经济体系和发展模式"。2023年9月7日,习近平总书记在新时代推动东北全面振兴座谈会上也强调,"要以科技创新推动产业创新,加快构建具有东北特色优势的现代化产业体系。推动东北全面振兴,根基在实体经济,关键在科技创新,方向是产业升级"。因此,将科技创新作为评价东北老工业基地全面振兴进程的测度模块之一符合东北地区实情,是基于历史经验与新时代发展要求的必然选择。

综上所述,本研究从科创基础、研发投入和技术产出3个方面,选择12项基础测度指标对科技创新水平进行测度。其中,科创基础是科技创新活动的支撑条件,能够为科技创新活动提供必要的物质保障和智力支持，对此，本研究选择了"研发（R&D）人员占比""高校研发（R&D）人员平均强度""科创基地密度""互联网宽带普及率"4项测度指标。研发投入是科技创新活动的核心要素之一，直接关系到科技创新的质量和效果，针对该方面，本研究选择了"研发（R&D）投入强度""科技创新支出强度""新产品开发支出占比""高技术产业均企技术改造支出"4项指标进行测度。技术产出是科技创新活动的直接成果，可以直观地体现东北地区在科技创新方面的实际成效和创新能力，对此，本研究选择了"高新技术产业收入占比""高新技术产业新产品销售收入占比""技术市场成交额占比""科技专利授权强度"4项指标进行测度。

（四）区域开放评价指标选择依据

区域开放作为促进地方经济融入全球经济体系、提升国际竞争力的重要途径，其深度和广度直接影响着一个地区的经济发展活力和潜力。周英东（2019）认为对外开放是东北振兴的短板，扩大开放是东北振兴的必由之路。在东北振兴过程中，要在对内对外开放合作上有更多创新，让开放合作结出更多"振兴硕果"（陈耀，2017）。"打造对外开放新前沿"与"补齐开放合作短板"，是东北地区实现全面振兴的必然选择，是加快形成全面开放新格局的重要一环，也是我国致力推动构建开放型经济、共建人类命运共同体的坚定行动（胡伟等，2020）。从区位环境来看，沿海地区的北方内河在冬季容易结冰，且东北地区依托的一些出海口并非位于我国境内，因而东南沿海地区在发展出口导向型制造业方面具备更为显著的比较优势（孙久文和程芸倩，2024）。从投资开放看，东北老工业基地存在引资方式比较落后、投资环境欠缺、外商投资产业结构和地区分布不合理等问题（潘宏，2015）。从贸易开放看，尽管东北地区对外贸易的整体规模持续增长，但进口总额的增长速度明显快于出口总额，进出口差额呈逐渐扩大趋势，使得东北地区在融入国际大循环方面呈现"进口强劲、出口相对较弱"的特点（周绍杰等，2024）。

进入"十四五"时期，东北地区要深化与俄罗斯、韩国、日本等周边国家的经贸合作，推动建设高水平自由贸易试验区，打造东北亚区域合作新高地。2023年9月7日，习近平总书记在新时代推动东北全面振兴座谈会上强调："要增强前沿意识、开放意识，加强与东部沿海和京津冀的联系，深度融入共建'一带一路'，在畅通国内大循环、联通国内国际双循环中发挥更大作用。"

综上所述，本研究从区位支撑、投资开放、贸易开放3个方面，选择11项基础测度指标对区域开放水平进行衡量。具体地，在区位支撑方面，主要考虑物流能力、旅游吸引力以及交通运输等要素，选择了"货运活跃度""客运活跃度""人均国际旅游收入""运网密度"4项测度指标；在投资开放方面，主要考虑外资利用情况、外资企业数量及贡献等因素，选择了"人均实际利用外资额""单位GDP外商投资企业数""外商投资企业货物进出口占比""外资工业企业资产比重"4项测度指标；在贸易开放方面，主要考虑市场依赖度、出口竞争力、出口产品结构优化等因素，选择了"对外贸易依存度""净出口贡献率""高新技术产品出口额占比"3项测度指标。

（五）绿色质效评价指标选择依据

绿色质效是衡量绿色发展成果的重要标准之一，强调在保护生产生活环境、资源节约利用的前提下实现经济可持续发展与社会和谐进步。绿色质效是地区低碳可持续发展的必然要求，是东北老工业基地全面振兴的重要一环。周宏春（2018）指出，新时代的东北振兴要坚持绿色发展，以尽可能少的资源环境代价发展经济，以尽可能少的资金投入保护生态环境。东北地区应依据习近平生态文明思想、当地的技术水平及地域特征，合理调整产业结构，加强污染物治理，借助行政手段来发展新型、可持续工业，以提高东北地区的绿色经济发展水平（李燕，2019）。周英东（2019）指出，绿色发展是促进产业转型升级的重要动力，绿色质效可有效衡量东北地区当前的绿色发展水平。

2018年9月28日，习近平总书记在深入推进东北振兴座谈会上强调，东北地区要"更好支持生态建设和粮食生产，巩固提升绿色发展优势"。中发〔2016〕7号文件也指出，"生态环境也是民生。牢固树立绿色发展理念，坚决摒弃损害甚至破坏生态环境的发展模式和做法，努力使东北地区天更蓝、山更绿、水更清，生态环境更美好。……全面推行绿色制造，强化节能减排，推进清洁生产……搞好大气、水和土壤污染防治……加强渤海入海河流及排污口的环境治理"。由此可见，针对绿色质效的测度，一方面要紧密关注日常生产生活中污染物的排放情况，并着重强调对废物、废气、废水的有效治理能力，另一方面要衡量地区环境质量状况，以此作为检验污染治理成效的标尺，反映地区绿色发展水平。

综上所述，本研究从绿色生产、绿色治理和绿色生活3个方面，选择10项基础测度指标对绿色质效水平进行衡量。具体地，在绿色生产方面，聚焦工业生产过程中废水及废气的排放情况，选择了"单位GDP二氧化碳排放量""单位工业企业废气排放量""单位工业企业废水污染物排放量"3项测度指标；在绿色治理方面，主要考虑废物利用与处理、环保投入等因素，选择了"一般工业固体废物综合利用率""环保治理投入强度""单位工业产值废水处理能力""每万人生活垃圾无害化处理能力"4项测度指标；在绿色生活方面，选择了"细颗粒物年均浓度""空气质量优良天数""人均公园绿地面积"3项指标综合衡量地区的环境质量。

（六）社会民生评价指标选择依据

社会民生是东北地区振兴发展的根本目的，有关社会民生的议题具体可分为宏观与微观两大维度。在宏观层面，一般将强化民生基础作为战略核心，通过科学规划来确立整体发展框架与长远目标，为社会的和谐稳定与持续繁荣奠定坚实基础；在微观层面，则聚焦社会保障体系的完善与公共服务质量的提升，以此作为增进民生福祉的直接路径。国务院发展研究中心"中国民生指数研究"课题组（2015）设计了中国民生指数，该指数由"民生客观指数"和"民生主观指数"两部分构成。考虑指标客观性和数据来源限制，本研究主要借鉴该指数的客观指数部分。对于东北地区宏观层面的民生问题，部分研究分析出东北地区民生基础是东北地区社会和谐的关键。刘爱军（2012）指出民生基础与社会和谐之间是相互依存和相互融合的关系，东北地区社会和谐的构建成功与否往往取决于能否切实解决普遍性的和特殊性的民生问题。在老工业基地振兴战略的推进下，东北地区的产业结构虽然实现了优化升级，但从社会保障的角度观察，这一进程却意外地扩大了城乡居民之间的收入差距。城乡间劳动力流动的壁垒依旧坚固，加之农村居民收入途径单一、匮乏，使得城乡间发展不平衡的状况愈发凸显（董洪梅，2020）。从公共服务来看，医疗服务尤其是包含医疗服务在内的养老服务，已经成为东北地区的焦点问题。受人口大量外流、经济收入水平偏低等多重因素制约，东北地区养老服务质量面临挑战，具体表现为老年人互助意识薄弱、养老机构参与度不高以及医疗服务需求庞大等问题。这些因素共同阻碍了东北地区民生向高质量发展迈进的步伐（沈万根和张博天，2024）。

中发〔2016〕7号文件指出，"抓民生也是抓发展，人民生活水平不断提高是判断东北老工业基地振兴成功的重要标准。……切实解决好社保、就业等重点民生问题。加大民生建设资金投入，全力解决好人民群众关心的教育、就业、收入、社保、医疗卫生、食品安全等问题，保障民生链正常运转"。《东北全面振兴"十四五"实施方案》提出的重点任务之一是"完善基础设施补齐民生短板，完善区域基础设施网络……提升民生保障能力"。2023年9月7日，习近平总书记在新时代推动东北全面振兴座谈会上强调："要加快建设现代化基础设施体系"，"加快论证和建设油气管道、高铁网和铁路网、新型电网和电力外送通道、新一代移动通信和数据网"。

综上所述，本研究从民生基础、社会保障和公共服务3个方面，选择11项基础测度指标对社会民生水平进行衡量。具体地，在民生基础方面，主要考虑居民收入、支出、储蓄等要素，选择了"居民人均可支配收入""居民人均消费支出""居民人均储蓄额"3项测度指标；在社会保障方面，主要考虑脱贫、就业、养老与医疗等要素，选择了"城乡贫困人数占比""城镇失业率""人均养老金支出""基本医疗保险参保率"4项测度指标；在公共服务方面，主要考虑基础设施、科教文卫服务等要素，选择了"每千人口医疗卫生机构床位数""卫生健康财政支出占比""公共教育财政支出占比""人均公共图书馆藏量"4项测度指标。

（七）安全保障评价指标选择依据

安全，在全球化风险挑战错综复杂的时代，作为发展的坚实基石与一切活动不可或缺的先决条件，成为国家发展的核心议题。2014年4月15日，习近平总书记在中央国家安全委员会会议首次提出了总体国家安全观，深刻阐述了国家安全的基本内涵、指导思想和贯彻原则。自总体国家安全观提出以来，这一战略思想在实践中不断得到丰富和发展。2015年1月23日，《国家安全战略纲要》经中央政治局审议通过，明确了国家安全战略的总体目标、主要任务和保障措施。此后，随着国内外形势的深刻变化，国家安全工作面临着新的挑战和机遇，总体国家安全观也在不断拓展和延伸。2018年4月17日，习近平总书记在十九届中央国家安全委员会第一次会议上提出"坚持人民安全、政治安全、国家利益至上的有机统一"。这一重要论述不仅深刻揭示了国家安全的核心要义，也为新时代国家安全工作指明了方向。2021年11月18日，中共中央政治局审议通过《国家安全战略（2021—2025年）》并提出了"加快构建新安全格局"的要求，将系统思维下不同领域的"大安全格局"上升为贯穿中国发展与建设的全领域全过程全方位的"新安全格局"。党的二十大报告针对"新安全格局"进一步深化强调了坚持"以人民安全为宗旨、以政治安全为根本、以经济安全为基础、以军事科技文化社会安全为保障、以促进国际安全为依托"的五大要点和统筹"外部安全和内部安全、国土安全和国民安全、传统安全和非传统安全、自身安全和共同安全"的四类关系。这些要点和关系的提出，为构建新安全格局提供了坚实的理论基础和实践指导（唐琦等，2024）。

在统筹推进以新安全格局保障新发展格局的战略部署下，2023年9月7日，习近平总书记在新时代推动东北全面振兴座谈会上强调："东北三省及内蒙古在推动东北振兴方面取得新进展新成效，国家粮食安全'压舱石'作用进一步夯实，产业安全基础不断巩固，能源安全保障作用不断强化，生态安全屏障不断筑牢，国防安全保障能力稳步提升，改革开放呈现新气象。"具体而言，粮食安全是确保国家发展的底线与基础，生态安全为经济社会发展提供了绿色载体，能源安全保障了国家经济社会稳定运行的能源供给，产业安全是维护国家经济独立性与竞争力的重要支撑，国防安全是统筹发展和安全的重要保障（孙杰光，2024）。

在构建新安全格局的宏观框架下，粮食安全、生态安全、能源安全、产业安全、国防安全这五大关键领域，是衡量东北老工业基地综合安全保障实力的重要维度，它们相互关联、相互促进，共同构筑起国家安全的坚固防线。鉴于国防安全相关指标数据在公共权威平台上较难获取，本研究未将"国防安全"直接纳入地区安全保障评价维度中，但仍将其作为重要保留项，期望未来可以通过多元化的数据挖掘路径来完善并扩展安全保障评价体系。具体地，在粮食安全方面，选择了"人均农产品产量""粮食生产农化密度"等测度指标；在生态安全方面，选择了"物种密度""新增水土流失治理面积占比""生态土地占比"等测度指标；在能源安全方面，选择了"人均能源综合生产能力""单位GDP能源消费量""新能源发电量占比"等测度指标；在产业安全方面，选择了"产业分布泰尔指数""外商控股企业占比""技术对外依存度"等测度指标。

综上所述，东北老工业基地全面振兴进程评价指标具体如表 3.1 或表 3.2 所示。

表 3.1　东北老工业基地全面振兴进程评价（省域）指标体系及数据来源

二级	三级	基础测度指标	数据来源
经济发展	经济基础	人均 GDP 人均固定资产投资额 人均社会消费品零售总额 社会融资规模增量	《中国统计年鉴》,《中国金融年鉴》，中国人民银行
	产业发展	人均工业增加值 人均服务业产值 人均第一产业增加值	《中国统计年鉴》
	企业活力	万人新增企业数 民企数量占比 国企主营业务收入增长率	《中国统计年鉴》《中国劳动统计年鉴》
政市治理	政务水平	政府分配资源的比重（逆） 政府人员规模（逆） 行政成本比重（逆）	《中国劳动统计年鉴》《中国统计年鉴》
	市场环境	民间固定资产投资增速 银行不良资产比率（逆） 民企与国企资产负债率比 亿元以上商品交易市场成交额占比	《中国统计年鉴》《中国金融年鉴》《中国贸易外经统计年鉴》
	法治基础	律师和公证员占就业人员比重 每万人民事诉讼案件数	《中国法律年鉴》，中国裁判文书网
科技创新	科创基础	研发（R&D）人员占比 高校 R&D 人员平均强度 科创基地密度 互联网宽带普及率	《中国科技统计年鉴》《中国统计年鉴》《中国火炬统计年鉴》
	研发投入	研发（R&D）投入强度 科技创新支出强度 新产品开发支出占比 高技术产业均企技术改造支出	《中国科技统计年鉴》《中国统计年鉴》
	技术产出	高新技术产业收入占比 高新技术产业新产品销售收入占比 技术市场成交额占比 科技专利授权强度	《中国科技统计年鉴》《中国统计年鉴》
区域开放	区位支撑	货运活跃度 客运活跃度 人均国际旅游收入 运网密度	《中国统计年鉴》

续表

二级	三级	基础测度指标	数据来源
区域开放	投资开放	人均实际利用外资额 单位GDP外商投资企业数 外商投资企业货物进出口占比 外资工业企业资产比重	《中国统计年鉴》
	贸易开放	对外贸易依存度 净出口贡献率 高新技术产品出口额占比	《中国统计年鉴》《中国科技统计年鉴》
绿色质效	绿色生产	单位GDP二氧化碳排放量（逆） 单位工业企业废气排放量（逆） 单位工业企业废水污染物排放量（逆）	中国碳核算数据库，《中国环境统计年鉴》，《中国统计年鉴》
	绿色治理	一般工业固体废物综合利用率 环保治理投入强度 单位工业产值废水处理能力 每万人生活垃圾无害化处理能力	《中国环境统计年鉴》《中国统计年鉴》
	绿色生活	细颗粒物年均浓度（逆） 空气质量优良天数 人均公园绿地面积	各省统计年鉴，《中国统计年鉴》
社会民生	民生基础	居民人均可支配收入 居民人均消费支出 居民人均储蓄额	《中国统计年鉴》，各省统计年鉴
	社会保障	城乡贫困人数占比（逆） 城镇失业率（逆） 人均养老金支出 基本医疗保险参保率	《中国社会统计年鉴》《中国统计年鉴》
	公共服务	每千人口医疗卫生机构床位数 卫生健康财政支出占比 公共教育财政支出占比 人均公共图书馆藏量	《中国统计年鉴》
安全保障	粮食安全	人均农产品产量 粮食生产农化密度（逆）	《中国统计年鉴》《中国农村统计年鉴》
	生态安全	物种密度 新增水土流失治理面积占比 生态土地占比	《中国生物物种名录》《中国环境统计年鉴》《中国统计年鉴》
	能源安全	人均能源综合生产能力 单位GDP能源消费量（逆） 新能源发电量占比	《中国能源统计年鉴》《中国统计年鉴》
	产业安全	产业分布泰尔指数（逆） 外商控股企业占比（逆） 技术对外依存度（逆）	《中国统计年鉴》《中国科技统计年鉴》

指标计算公式

1. 人均 GDP：直接摘录
2. 人均固定资产投资额 = 固定资产投资额 / 年末人口数
3. 人均社会消费品零售总额 = 社会消费品零售总额 / 年末人口数
4. 社会融资规模增量：直接摘录
5. 人均工业增加值 = 工业增加值 / 年末人口数
6. 人均服务业产值 = 服务业产值 / 年末人口数
7. 人均第一产业增加值 = 第一产业增加值 / 年末人口数
8. 万人新增企业数 =（当年企业数 – 上一年企业数）/ 年末人口数
9. 民企数量占比 = 私营企业法人单位数 / 企业法人单位数 ×100%
10. 国企主营业务收入增长率 =（当年国有控股工业企业主营业务收入 – 上一年国有控股工业企业主营业务收入）/ 上一年国有控股工业企业主营业务收入 ×100%
11. 政府分配资源的比重 = 扣除教科文卫和社会保障后的财政支出 / 地区 GDP ×100%
12. 政府人员规模 = 公共管理部门年底职工人数 / 地区人口 ×100%
13. 行政成本比重 = 财政支出中的一般公共服务支出 / 地区 GDP ×100%
14. 民间固定资产投资增速 =（当年民间固定资产投资 – 上一年民间固定资产投资）/ 上一年民间固定资产投资 ×100%
15. 银行不良资产比率 = 银行不良资产期末余额 / 总资产期末余额 ×100%
16. 民企与国企资产负债率比 = 民企资产负债率 / 国企资产负债率
17. 亿元以上商品交易市场成交额占比 = 亿元以上商品交易市场成交额 / GDP ×100%
18. 律师和公证员占就业人员比重 = 律师和公证员数 / 就业人员数 ×100%
19. 每万人民事诉讼案件数 = 民事诉讼案件数量 / 年末人口数
20. 研发（R&D）人员占比 = 研发人员数 / 地区年末人口数 ×100%
21. 高校研发（R&D）人员平均强度 = 高校 R&D 人员总数 / 高校总数
22. 科创基地密度 =（科技企业孵化器数 + 高新技术企业数 + 众创空间数 + 国家大学科技园数 + 研发机构数）/ 地区面积
23. 互联网宽带普及率 = 互联网宽带接入用户数 / 年末人口数 ×100%
24. 研发（R&D）投入强度 = 研发（R&D）经费支出 / 地区 GDP ×100%
25. 科技创新支出强度 = 科学技术支出 / 地方一般财政预算支出 ×100%
26. 新产品开发支出占比 = 新产品开发经费支出 / 研发经费 ×100%
27. 高技术产业均企技术改造支出 = 高技术产业技术改造经费 / 高技术企业数
28. 高新技术产业收入占比 = 高技术产业主营业务收入 / 地区 GDP ×100%

29. 高新技术产业新产品销售收入占比 = 高技术产业新产品销售收入 / 高技术产业主营业务收入 ×100%

30. 技术市场成交额占比 = 技术市场成交额 / 地区 GDP ×100%

31. 科技专利授权强度 = 专利授权数 / 专利申请数

32. 货运活跃度 = 地区货运周转量 / 地区总面积

33. 客运活跃度 = 地区客运周转量 / 地区总面积

34. 人均国际旅游收入 = 国际旅游收入 / 年末人口数

35. 运网密度 =（铁路营业里程 + 内河航道里程 + 公路里程）/ 地区总面积

36. 人均实际利用外资额 = 实际利用外资额 / 年末人口数

37. 单位 GDP 外商投资企业数 = 外商投资企业数 / 地区 GDP ×100%

38. 外商投资企业货物进出口占比 = 外商投资企业货物进出口总额 / 地区货物进出口总额 ×100%（该公式按境内目的地和货源地分）

39. 外资工业企业资产比重 =（港澳台商投资的工业企业总资产 + 外商投资的工业企业总资产）/ 地区 GDP ×100%

40. 对外贸易依存度 = 进出口总额 / 地区 GDP

41. 净出口贡献率 =（出口额 – 进口额）/ 地区 GDP ×100%

42. 高新技术产品出口额占比 = 高新技术新产品出口额 / 地区 GDP ×100%

43. 单位 GDP 二氧化碳排放量 = 二氧化碳排放量 / 地区 GDP

44. 单位工业企业废气排放量 = 工业企业废气排放量 / 规模以上工业企业数量

45. 单位工业企业废水污染物排放量 = 工业企业废水污染物排放量 / 规模以上工业企业数量

46. 一般工业固体废物综合利用率 = 一般工业固体废物综合利用量 /（一般工业固体废物产生量 + 贮存量）×100%

47. 环保治理投入强度 = 环保支出 / 一般公共预算支出 ×100%

48. 单位工业产值废水处理能力 = 工业废水治理设施处理能力 / 第二产业增加值 ×100%

49. 每万人生活垃圾无害化处理能力 = 生活垃圾无害化处理总量 / 年末人口数

50. 细颗粒物年均浓度：直接摘录

51. 空气质量优良天数：直接摘录

52. 人均公园绿地面积：直接摘录

53. 居民人均可支配收入：直接摘录

54. 居民人均消费支出：直接摘录

55. 居民人均储蓄额 = 年末金融机构人民币住户存款额 / 年末人口数

56. 城乡贫困人数占比 =（城市最低保障生活人数 + 农村最低保障生活人数）/ 年末人口数 ×100%

57. 城镇失业率：直接摘录

58. 人均养老金支出 =（城镇职工基本养老保险支出 + 城乡居民基本养老保险支出）/ 年末人口数

59. 基本医疗保险参保率 = 基本医疗保险参保人数 / 年末人口数 ×100%

60. 每千人口医疗卫生机构床位数 = 医疗卫生机构床位数 / 年末人口数 ×100%

61. 卫生健康财政支出占比 = 卫生健康支出 / 一般公共预算支出 ×100%

62. 公共教育财政支出占比 = 公共教育支出 / 一般公共预算支出 ×100%

63. 人均公共图书馆藏量 = 公共图书馆藏量 / 年末人口数

64. 人均农产品产量 =（粮食总产量 + 蔬菜、水果、肉禽蛋等产量）/ 年末总人口数

65. 粮食生产农化密度 =（农药施用量 + 农用化肥使用量 + 农用塑料薄膜使用量）/ 农作物总播种面积

66. 物种密度 = 物种数量 / 地区面积

67. 新增水土流失治理面积占比 = 新增水土流失治理面积 / 地区面积 ×100%

68. 生态土地占比 =（耕地 + 园地 + 林地 + 草地 + 湿地）/ 地区面积 ×100%

69. 人均能源综合生产能力 =（原煤生产量 + 焦炭生产量 + 原油生产量 + 汽油生产量 + 煤油生产量 + 柴油生产量 + 燃料油生产量 + 天然气生产量）/ 年末人口数

70. 单位 GDP 能源消费量 = 能源消费量 /GDP

71. 新能源发电量占比 =（水力发电量 + 核能发电量 + 风力发电量 + 太阳能发电量）/ 总发电量 ×100%

72. 产业分布泰尔指数 = $\sum_{i=1}^{3}$（产业增加值$_i$/GDP）×ln［（产业增加值$_i$/产业就业$_i$）/（GDP/ 总就业）］

73. 外商控股企业占比 = 外商控股企业数 / 企业总数 ×100%

74. 技术对外依存度 = 国外技术引进合同金额 / 研发（R&D）投入经费 ×100%

表 3.2 东北老工业基地全面振兴进程评价（地市级）指标体系及数据来源

二级指标	三级指标	基础测度指标	数据来源
经济发展	经济基础	人均 GDP	《黑龙江统计年鉴》《吉林统计年鉴》《辽宁统计年鉴》《中国城市统计年鉴》
		人均固定资产投资额	
	产业发展	人均第二产业增加值	《黑龙江统计年鉴》《吉林统计年鉴》《辽宁统计年鉴》
		人均服务业产值	
		人均第一产业增加值	
	市场活力	人均社会消费品零售总额	《黑龙江统计年鉴》《吉林统计年鉴》《辽宁统计年鉴》《中国城市统计年鉴》

续表

二级指标	三级指标	基础测度指标	数据来源
政市治理	政务水平	政府分配资源的比重（逆）	《黑龙江统计年鉴》《吉林统计年鉴》《辽宁统计年鉴》
		政府人员规模（逆）	
		行政成本比重（逆）	
	企业环境	国企利润率	《黑龙江统计年鉴》《吉林统计年鉴》《辽宁统计年鉴》《中国城市统计年鉴》
		均企利润额	
		民营企业数占比	
	信贷环境	银行信贷比	《黑龙江统计年鉴》《吉林统计年鉴》《辽宁统计年鉴》《中国城市统计年鉴》
科技创新	研发基础	信息技术从业人员占比	《中国城市统计年鉴》
		科技投入占比	
	教育支撑	每十万人高等学校在校生数	《中国城市统计年鉴》
		高等学校师生比	
	创新成效	每万人专利授权数	《中国城市统计年鉴》
区域开放	区位支撑	客运活跃度	《中国城市统计年鉴》
		货运活跃度	
	贸易开放	对外贸易依存度	《黑龙江统计年鉴》《吉林统计年鉴》《辽宁统计年鉴》
		净出口贡献率	
	投资开放	外商投资工业企业占比	《黑龙江统计年鉴》《吉林统计年鉴》《辽宁统计年鉴》《中国城市统计年鉴》
		人均实际利用外资额	
绿色质效	绿色生产	单位工业企业废气排放量	中国碳核算数据库，《中国城市统计年鉴》
		单位GDP二氧化碳排放量	
	绿色生活	人均公园绿地面积	《黑龙江统计年鉴》《吉林统计年鉴》《辽宁统计年鉴》《中国城市统计年鉴》
		细颗粒物年均浓度	
	绿色治理	污水处理厂集中处理率	《中国城市统计年鉴》
社会民生	民生基础	城乡居民收入水平	《黑龙江统计年鉴》《吉林统计年鉴》《辽宁统计年鉴》
		居民人均存款余额	
	社会保障	社会保障和就业支出占地方公共财政支出比重	《黑龙江统计年鉴》《吉林统计年鉴》《辽宁统计年鉴》《中国城市统计年鉴》
		基本医疗保险参保率	
		城镇职工养老保险参保率	

续表

二级指标	三级指标	基础测度指标	数据来源
社会民生	公共服务	万人拥有公共汽电车辆数	《黑龙江统计年鉴》《吉林统计年鉴》《辽宁统计年鉴》《中国城市统计年鉴》
		每千人口医疗卫生机构床位数	
		卫生健康财政支出占比	
		公共教育财政支出占比	

指标计算公式

1. 人均 GDP：直接摘录

2. 人均固定资产投资额 = 固定资产投资额 / 年末人口数

3. 人均第二产业增加值 = 第二产业增加值 / 年末人口数

4. 人均服务业产值 = 服务业产值 / 年末人口数

5. 人均第一产业增加值 = 第一产业增加值 / 年末人口数

6. 人均社会消费品零售总额 = 社会消费品零售总额 / 年末人口数

7. 政府分配资源的比重 = 扣除教科文卫和社会保障后的财政支出 / 地区 GDP ×100%

8. 政府人员规模 = 公共管理部门年底职工人数 / 年末人口数 ×100%

9. 行政成本比重 = 财政支出中的一般公共服务支出 / 地区 GDP ×100%

10. 国企利润率 = 国企利润 / 国企收入 ×100%

11. 均企利润额 = 利润总额 / 工业企业数

12. 民营企业数占比 =（内资企业数 – 国有企业数）/ 工业企业数 ×100%

13. 银行信贷比 = 金融机构人民币贷款余额 / 地区 GDP ×100%

14. 信息技术从业人员占比 = 信息传输、计算机服务和软件业从业人员数 / 城镇单位从业人员数 ×100%

15. 科技投入占比 = 科学技术支出 / 公共财政支出 ×100%

16. 每十万人高等学校在校生数 = 在校学生数 / 年末人口数

17. 高等学校师生比 = 专任教师数 / 在校学生数

18. 每万人专利授权数 = 专利授权数 / 年末人口数

19. 客运活跃度 = 公路客运量 / 地区面积

20. 货运活跃度 = 公路货运量 / 地区面积

21. 对外贸易依存度 = 进出口总额 / 地区 GDP

22. 净出口贡献率 =（出口额 – 进口额）/ 地区 GDP ×100%

23. 外商投资工业企业占比 = 外商投资工业企业数 / 规模以上工业企业数 ×100%

24. 人均实际利用外资额 = 实际利用外资额 / 年末人口数

25. 单位工业企业废气排放量 = 工业企业废气排放量 / 规模以上工业企业数

26. 单位 GDP 二氧化碳排放量 = 二氧化碳排放量 / 地区 GDP

27. 人均公园绿地面积：直接摘录

28. 细颗粒物年均浓度：直接摘录

29. 污水处理厂集中处理率：直接摘录

30. 城乡居民收入水平 =（城市居民收入水平 × 城镇人口数 + 农村居民收入水平 × 乡村人口数）/（城镇人口数 + 乡村人口数）

31. 居民人均存款余额 = 年末金融机构住户存款余额 / 年末人口数

32. 社会保障和就业支出占地方公共财政支出比重 = 社会保障和就业支出 / 公共财政支出 × 100%

33. 基本医疗保险参保率 = 基本医疗保险参保人数 / 年末人口数 × 100%

34. 城镇职工养老保险参保率 = 城镇职工养老保险参保人数 / 年末人口数 × 100%

35. 万人拥有公共汽电车辆数 = 公共汽电车辆数 / 年末人口数

36. 每千人口医疗卫生机构床位数 = 医疗卫生机构床位数 / 年末人口数

37. 卫生健康财政支出占比 = 卫生健康支出 / 公共财政支出 × 100%

38. 公共教育财政支出占比 = 公共教育支出 / 公共财政支出 × 100%

二、往期评价报告回顾与总结

《东北老工业基地全面振兴进程评价报告》（以下简称《评价报告》），从 2016 年至 2020 年，连续五年编纂发布。《评价报告》以 2011—2015 年为基准期，运用 2011—2019 年历史数据，客观、系统地评估了东北地区全面振兴战略的实施成效与进展轨迹。这一系列报告不仅展示了东北地区在优化政府治理能力、重塑企业生态、深化区域开放合作、推动产业升级转型、激发创新创业活力、改善社会民生福祉等方面的积极探索与初步成果，而且深刻揭示了传统老工业基地转型升级过程中面临的复杂性与艰巨挑战。

在全球经济形势日益复杂多变、国内经济结构深刻调整的宏观背景下，对东北老工业基地全面振兴提出了新的挑战与要求。为了反映东北老工业基地全面振兴新阶段的发展特征，科学评估东北地区在新发展格局下的适应性与竞争力，课题组对原有指标体系进行了全面优化，在保留科技创新、区域开放、社会民生等关键维度的基础上，新增了经济发展、政市治理、绿色质效、安全保障等符合新时代发展要求的评价维度，力求全方位、多角度地评价并推动东北老工业基地的全面振兴进程。

（一）评价指标体系

在《评价报告》中，东北地区全面振兴指标体系的构建主要以《中共中央 国务院关于全面振兴东北地区等老工业基地的若干意见》等政策为依据，以"完善体制机制、推进结构调整、鼓励创新创业、保障和改善民生"为着力点，以综合反映东北地区的经济、社会、环境等状况为基准，设置出"政府治理、企态优化、区域开放、产业发展、创新创业、社会民生"6个二级指标。基于二级指标，进一步构建了30个三级指标以及60个四级测度指标，具体内容如表3.3所示。

表3.3 东北老工业基地全面振兴进程评价指标体系

一级	二级	三级	基础测度指标
东北老工业基地全面振兴进程评价	政府治理	市场干预	政府分配资源的比重（逆）
		政府规模	政府人员规模（逆） 行政成本比重（逆）
		简政放权	社会服务机构规模
		监管水平	银行不良资产比率（逆） 生产安全事故死亡率（逆）
		营商环境	万人新增企业数 民间固定资产投资增速
	企态优化	国企效率	国企劳均主营业务收入
		国企保增值	国企利润率
		企业实力	百万人上市公司数 上市公司资产比重
		民企规模	民企资产占比 民企数量占比 民企就业占比
		民企融资	民企与国企资产负债率比
	区域开放	贸易开放	对外贸易依存度 净出口贡献率
		投资开放	人均实际利用外资额 外商投资进出口货物占比
		生产开放	外资工业企业资产比重
		市场开放	单位GDP外商投资企业数 货运活跃度 客运活跃度
		区位支撑	城市化水平 运网密度 国际旅游收入比
	产业发展	产业均衡	产业分布泰尔指数（逆）

续表

一级	二级	三级	基础测度指标
东北老工业基地全面振兴进程评价	产业发展	服务业发展	服务业增加值比重 服务业增长率 金融业增加值比重
		重化工调整	重化工业比重（逆） 产能过剩产业比重（逆）
		金融深化	银行信贷占比 社会融资规模增量
		现代农业	农业综合机械化水平 农业劳动生产率
	创新创业	研发基础	研发（R&D）投入强度 科技创新支出强度
		人才基础	研发（R&D）人员占比 高校研发（R&D）人员平均强度
		技术转化	技术市场成交额占比 科技人员专利申请强度 科技人员专利批准强度
		技术产出	高新技术产业收入占比 新产品销售收入占比
		创业成效	千人私营企业数 百万人非主板上市企业数
	社会民生	居民收入	城乡居民收入水平 居民人均存款额
		居民消费	城乡居民消费水平 人均社会消费品零售额
		社会保障	城镇职工基本养老保险抚养比 人均养老金支出
		社会公平	城乡居民收入比（逆） 城乡每千人卫生技术人员比（逆） 城乡中小学人均教师资源比（逆）
		生态环境	人均公园绿地面积 PM2.5平均浓度（逆） 空气质量达到及好于二级的天数

（二）主要评价结论

东北地区全面振兴进程评价涵盖了政府治理、企态优化、区域开放、产业发展、创新创业及社会民生等6个方面（二级指标），下设30个三级指标及60个四级测度指标。汇集中国31个省市区2011—2019年的指标信息[①]，可以得到连续9年的振兴指数得分。在此基础上，形成多年连续排序和单年排序。其中，多年连续排序用于反映各省市区绝对发展水平随时间动态变化的情况（31个省市区9年共279个排位，最高排序为1，最低排序为279），单年排序用于反映各省市区在全国范围内某个单年的相对发展水平（31个省市区每年31个排位，最高排序为1，最低排序为31）。囿于篇幅，本部分中的图表仅展示双年份数据结果，31个省市区在振兴指数得分上的总体情况如表3.4所示。

表 3.4　2011—2019年（双年份）31个省市区振兴指数得分、连续及单年排序

省市区	2011年 值	总	年	2013年 值	总	年	2015年 值	总	年	2017年 值	总	年	2019年 值	总	年
上海	77.7	19	1	81.4	11	1	84.4	7	1	89.4	3	1	92.6	1	1
北京	76.9	22	2	77.9	18	2	80.3	13	2	82.1	10	4	91.2	2	2
江苏	74.3	27	3	77.4	21	3	79.2	15	4	85.4	6	2	87.3	4	3
浙江	73.6	29	4	76.4	24	5	79.9	14	3	82.5	8	3	87.3	5	4
重庆	62.5	52	9	65.6	45	8	67.2	41	8	73.4	30	6	82.4	9	5
广东	72.9	33	5	76.5	23	4	79.1	16	5	78.8	17	5	80.8	12	6
福建	67.4	40	7	70.1	38	7	72.9	34	7	73.3	31	7	77.5	20	7
天津	71.1	35	6	73.8	28	6	75.1	25	6	73.1	32	8	74.3	26	8
安徽	57.2	66	10	61.5	54	10	63.9	49	10	66.7	43	10	70.8	36	9
山东	63.5	50	8	65.4	47	9	67.0	42	9	68.5	39	9	70.5	37	10
湖北	55.2	76	12	59.9	59	11	63.0	51	11	65.6	46	11	66.7	44	11
江西	48.2	114	17	52.4	89	14	55.7	73	15	59.6	60	13	64.1	48	12
四川	50.1	98	14	52.9	86	13	56.2	72	14	58.0	63	14	61.7	53	13
辽宁	56.5	70	11	57.0	67	12	60.0	57	12	61.4	55	12	60.5	56	14
陕西	48.9	108	15	50.0	99	18	54.1	81	17	55.2	77	18	60.0	58	15
河北	48.3	112	16	52.0	92	15	56.3	71	13	56.7	68	15	58.9	61	16
湖南	46.2	124	21	49.9	100	19	54.5	79	16	56.6	69	16	58.6	62	17
海南	52.3	90	13	50.7	97	17	53.2	82	18	55.3	75	17	57.5	64	18
河南	47.7	117	19	48.3	113	21	53.1	84	19	55.1	78	19	57.4	65	19
广西	44.4	127	22	46.7	120	22	51.7	93	22	53.1	83	20	55.6	74	20
吉林	47.8	116	18	51.5	95	16	49.9	101	21	52.8	87	21	54.4	80	21
贵州	38.2	145	27	41.4	136	26	46.3	122	26	49.4	103	24	53.0	85	22

---

① 以2011—2015年的评价数据为基础，融入2016—2019年的数据展开滚动评价。不同于直接对2011—2019年的数据进行评价，滚动式的评价有助于指数信息的连续稳定观测，以吻合持续跟踪研究的内在需求。

续表

省市区	2011年 值	总	年	2013年 值	总	年	2015年 值	总	年	2017年 值	总	年	2019年 值	总	年
山西	47.7	118	20	49.0	107	20	48.7	111	24	51.5	94	22	52.8	88	23
宁夏	43.8	131	24	46.3	121	23	49.2	105	22	49.4	102	23	52.1	91	24
黑龙江	43.9	130	23	46.3	123	24	48.8	109	23	49.2	106	25	51.4	96	25
云南	37.7	146	28	39.1	142	28	43.9	129	28	44.4	126	27	49.3	104	26
内蒙古	39.2	141	26	43.2	132	25	47.2	119	25	48.1	115	26	48.8	110	27
新疆	39.6	140	25	40.3	139	27	44.2	128	27	42.8	133	28	44.9	125	28
甘肃	34.1	153	30	35.7	149	30	37.4	147	30	38.9	144	30	41.2	137	29
青海	34.4	152	29	36.9	148	29	41.6	135	29	42.2	134	29	40.6	138	30
西藏	26.8	155	31	31.6	154	31	34.8	150	31	34.5	151	31	39.1	143	31
平均	45.8	103	16	49.9	89.9	16	52.5	80.9	16	58.0	63.6	16	62.7	52.5	16

注：①对于表中的字段名称，"值"表示各省市区对应年份的指数得分，"总"表示各省市区2011—2019年多年连续总排序，"年"表示各省市区5个单年的排序；②表中31个省市区按照2019年的指数得分由高到低（降序）排列。

进一步考虑到东南三省（江苏省、浙江省、广东省）为国务院确定的东北三省对接合作省份，作为学习的标杆，将东北三省与其进行了对标，具体如表3.5所示。2011—2019年（双年份），6省振兴指数由高到低依次为江苏省、浙江省、广东省、辽宁省、吉林省、黑龙江省；东南三省总体呈上升发展态势，其中江苏省和浙江省的发展优于广东省；东北三省总体呈上升发展趋势，但只有辽宁省在2011—2019年的发展水平均突破50分（临界线），吉林省2018年（52.5分）和2019年突破50分，黑龙江省在2019年突破50分；相比东南三省中发展水平稍低的广东省，差距依然很大；吉林省和黑龙江省振兴指数的整体增长幅度高于东南三省，其中吉林省的增幅为9.15%，黑龙江省的增幅为6.22%，辽宁省振兴指数的整体增长幅度在6省中最低，为3.80%。

表3.5 2011—2019年（双年份）6省振兴指数值及单年排序

年份	辽宁省 值/序	吉林省 值/序	黑龙江省 值/序	江苏省 值/序	浙江省 值/序	广东省 值/序	全国平均 值
2011	52.52/9	39.80/16	41.17/14	71.02/4	71.22/3	66.93/6	45.84
2013	55.06/10	42.48/20	44.64/16	72.82/3	72.66/4	70.47/6	49.89
2015	56.46/11	47.83/18	43.87/23	74.34/3	73.59/4	72.91/5	52.52
2017	59.95/12	49.88/21	48.84/23	79.21/4	79.94/4	79.11/5	58.03
2019	60.51/14	54.37/21	51.41/25	87.34/3	87.31/4	80.80/6	62.69
平均	56.90/11.2	46.87/19.2	45.98/20.2	76.948/3.4	76.946/3.6	74.04/5.6	53.80

2011—2019年（双年份），全国平均水平呈平稳上升趋势，东北地区亦呈平稳上升趋势，但上升相对缓慢；东北地区的发展水平（2011—2015年未超过50分）低于全国平均水平，且差距有进一步扩大的趋势；辽宁省整体优于全国及东北地区的平均水平，但优势在逐渐减小，2019年低于全国平均水平；黑龙江省在经历2015年的下滑后于2016年开始缓慢回升；吉林省整体呈上升趋势，2011—2019年持续上升发展，2015年超越黑龙江省；相对其他两省，辽宁省起点较高，情况稍好一些，吉林省的整体发展水平优于黑龙江省。具体如图3.2所示。

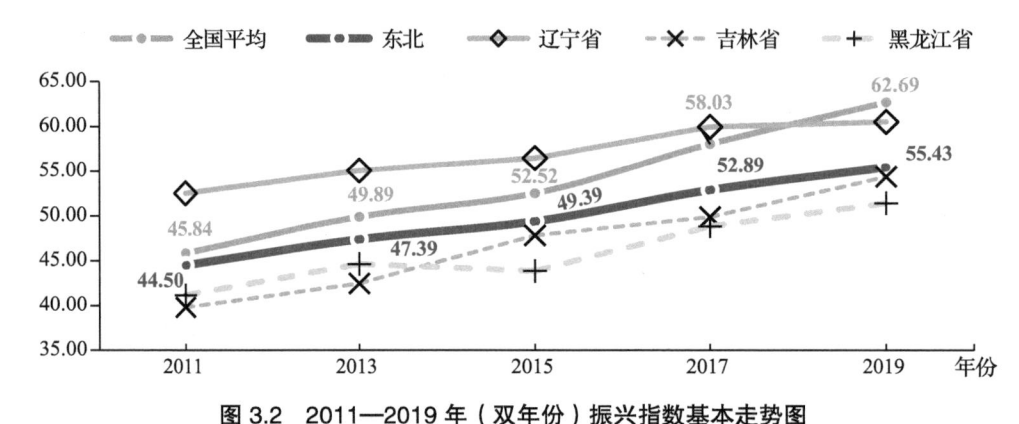

图3.2 2011—2019年（双年份）振兴指数基本走势图

注：①全国平均指31个省市区的平均水平；②全国范围内（可采集到的数据），振兴指数最大值为2019年上海市的92.63，最小值为2011年西藏自治区的25.49。

2011—2019年（双年份），东北三省振兴指数在全国31个省市区双年份数据集（共155个指标值）中的相对位置分布情况如图3.3所示。可见，东北三省双年份（5年，共15个数据）振兴指数的百分比排位处于65%以上的仅有2个，处于50%以下的有9个；排位的最大值是2017年的辽宁省（69.4%），最小值是2019年的吉林省（21.4%）。可见，东北三省的整体发展位次亟待提升。

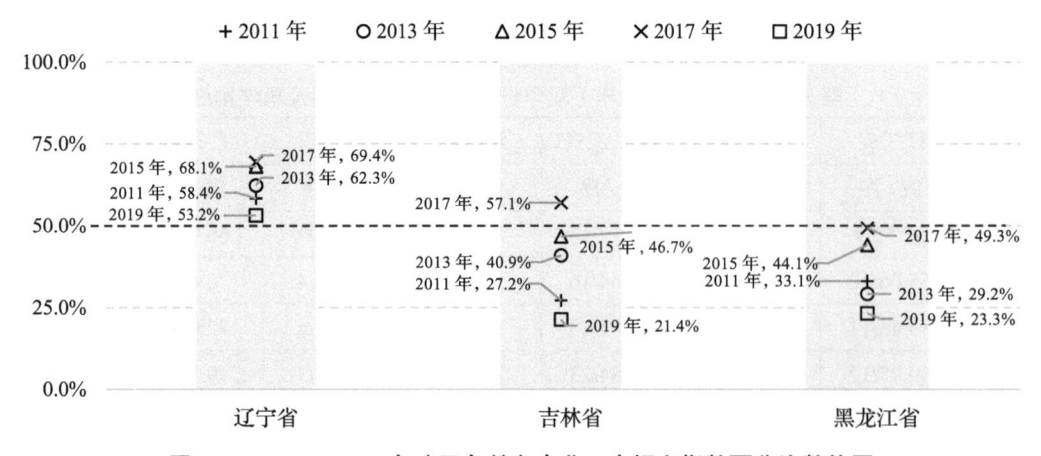

图3.3 2011—2019年（双年份）东北三省振兴指数百分比数值图

2011—2019年（双年份），四大经济区振兴指数由高到低依次为东部、中部、东北、西部；四大经济区均呈现逐年上升的发展趋势，但整体发展水平有待进一步提升（四大经济区的平均值均未超过70分）；相对而言，东部地区优势明显，中部和西部地区的发展势头较好（增幅较大，分别为13.15%和13.57%），东北地区的增幅为6.14%；东北地区的发展水平与东部地区相比有明显差距。具体如表3.6所示。

表3.6 2011—2019年（双年份）四大经济区振兴指数的平均值

年份	东北 平均值	东北 年排序	东部 平均值	东部 年排序	西部 平均值	西部 年排序	中部 平均值	中部 年排序
2011	44.50	13.0	63.72	6.0	33.96	23.8	40.46	18.0
2013	47.39	15.3	65.93	6.6	39.09	23.4	46.00	17.2
2015	49.39	17.3	67.82	6.5	41.64	23.3	50.37	16.5
2017	52.89	18.7	72.74	6.8	47.83	23.1	56.48	15.8
2019	55.43	20.0	77.80	7.5	52.40	22.5	61.74	15.2
平均	49.92	16.9	69.60	6.8	42.98	23.2	51.01	16.5

注：为确保区分度，对于具有平均意义的排序，保留一位小数，以下各表同。

2011—2019年（双年份），七大地理区振兴指数由高到低依次为华东、华北、华南、华中、东北、西南、西北；七大地理区均呈现平稳上升的发展趋势，但整体发展水平有待提升（除华东地区外，其他六个地区的振兴指数得分均未超过70分）；相对而言，华东地区优势明显，西北、华中和西南地区发展势头较好（增幅较大，分别为11.64%、13.97%和15.69%）；在七大地理区中，东北地区排序相对靠后，与表现最优的华东地区相比差距明显。具体如表3.7所示。

表3.7 2011—2019年（双年份）年七大地理区振兴指数的平均值

年份	东北 值/序	华北 值/序	华东 值/序	华南 值/序	华中 值/序	西北 值/序	西南 值/序
2011	44.50/13.0	51.30/13.8	64.37/5.8	49.34/14.3	39.60/18.8	32.59/24.8	35.08/22.2
2013	47.39/15.3	54.74/13.4	66.60/5.7	53.55/14.3	45.02/18.5	37.76/24.6	40.31/21.8
2015	49.39/17.3	56.66/14.0	68.96/5.5	56.53/13.3	49.33/17.3	40.16/24.6	43.06/21.8
2017	52.89/18.7	61.53/14.0	74.54/5.7	61.32/14.3	56.57/15.3	45.32/25.0	49.69/21.4
2019	55.43/20.0	65.20/15.2	81.02/5.7	64.63/14.7	61.72/14.8	47.77/25.2	57.10/19.4
平均	49.92/16.9	57.89/14.1	71.10/5.7	57.07/14.2	50.45/16.9	40.72/24.8	45.05/21.3

为便于直观分析，将指数信息按空间分类、时间排列、优劣序化等方式整理后，形成多年指数得分、连续排序及单年排序的可视化集成图（见图3.4至图3.6），结合表

3.4 的信息,以全国四大经济区为划分标准,对东北三省全面振兴进程综合评价如下。

(1) 中部地区平均得分发展增速较快,2015 年实现了对东北地区的超越,但均未达到全国平均水平。

从西部、中部、东北、东部四大经济区振兴指数平均得分曲线的变化情况(见图 3.4)可以看出,中部起点较低,但增速较快,2015 年实现了对东北地区的反超,且从得分增长情况看仍有较大发展空间;西部地区基础相对薄弱,振兴指数 2011—2019 年(双年份)始终未达到全国平均水平,但整体水平稳中有增,其中重庆的发展已远超全国平均水平;东部地区发展较为成熟,遥遥领先于其他三个地区;东北地区指数得分的年均增幅在四大经济区中排序最末,发展相对乏力。

(2) 东北地区指数得分虽持续增长,但增幅相对较低。

如图 3.4 所示,中国四大经济区综合发展状况总体良好,保持平稳的增长势头;2011—2019 年(双年份),四大经济区振兴指数均呈上升趋势,指数得分的年均增幅由高到低依次为中部(2.7 分)、西部(2.3 分)、东部(1.8 分)、东北(1.4 分);东北地区的指数得分略高于西部地区,但西部地区最优水平明显高于东北和中部地区;西部地区的指数得分直到 2019 年才实现对 50 分这条临界线的突破;中部和东北地区分别于 2015 年和 2016 年实现对 50 分的跨越。

(3) 相对于全国绝大部分省份的大踏步前行,东北三省均有起伏,安徽省(中部最优水平)于 2015 年实现对辽宁省(东北最优水平)的超越。

如图 3.5 所示,2011—2019 年(双年份),四大经济区振兴指数连续排序均呈上升趋势,年均排序改进幅度由高到低依次为中部(16.9 名)、西部(13.3 名)、东北(9.5 名)、东部(6.8 名);中部地区排序提升最快的是江西省、河南省和湖南省(9 年间分别提升 162 位、153 位、144 位),中部最优水平(安徽省 2015 年的 99 名)已超越东北最优水平(辽宁省 2015 年的 104 名);西部地区排序提升最快的是广西壮族自治区(从 2011 年的 262 名提升至 2019 年的 108 名),西部最优水平(重庆市 2019 年的 9 名)优于中部最优水平;东部地区排序提升最快的是河北省(从 2011 年的 228 名提升至 2019 年的 92 名),但与东部大部分省份的差距依然明显;在东北三省中,黑龙江省从 2011 年的 218 名上升至 2013 年的 189 名后,2015 年下跌至 198 名,之后强势反弹至 2019 年的 140 名,吉林省从 2011 年的 224 名升至 2019 年的 118 名,为东北地区排序提升最快的省份,辽宁省整体水平优于吉林省、黑龙江省,9 年间排序整体呈现上升趋势,最终排序上升了 43 名。

(4) 近年来,东北地区单年平均排序退步明显,持续改进压力较大,相对于全国其他地区,东北的相对优势退失明显。

单年排序的变化体现了此消彼长的相对竞争能力。如图 3.5 所示,2011—2019 年(双年份),在西部地区 12 个省份中,西藏自治区、甘肃省、青海省单年排序维持不变,排序退后的有 3 个(占 25%),排序提升的有 6 个(占 50%),其中广西壮族自治区和

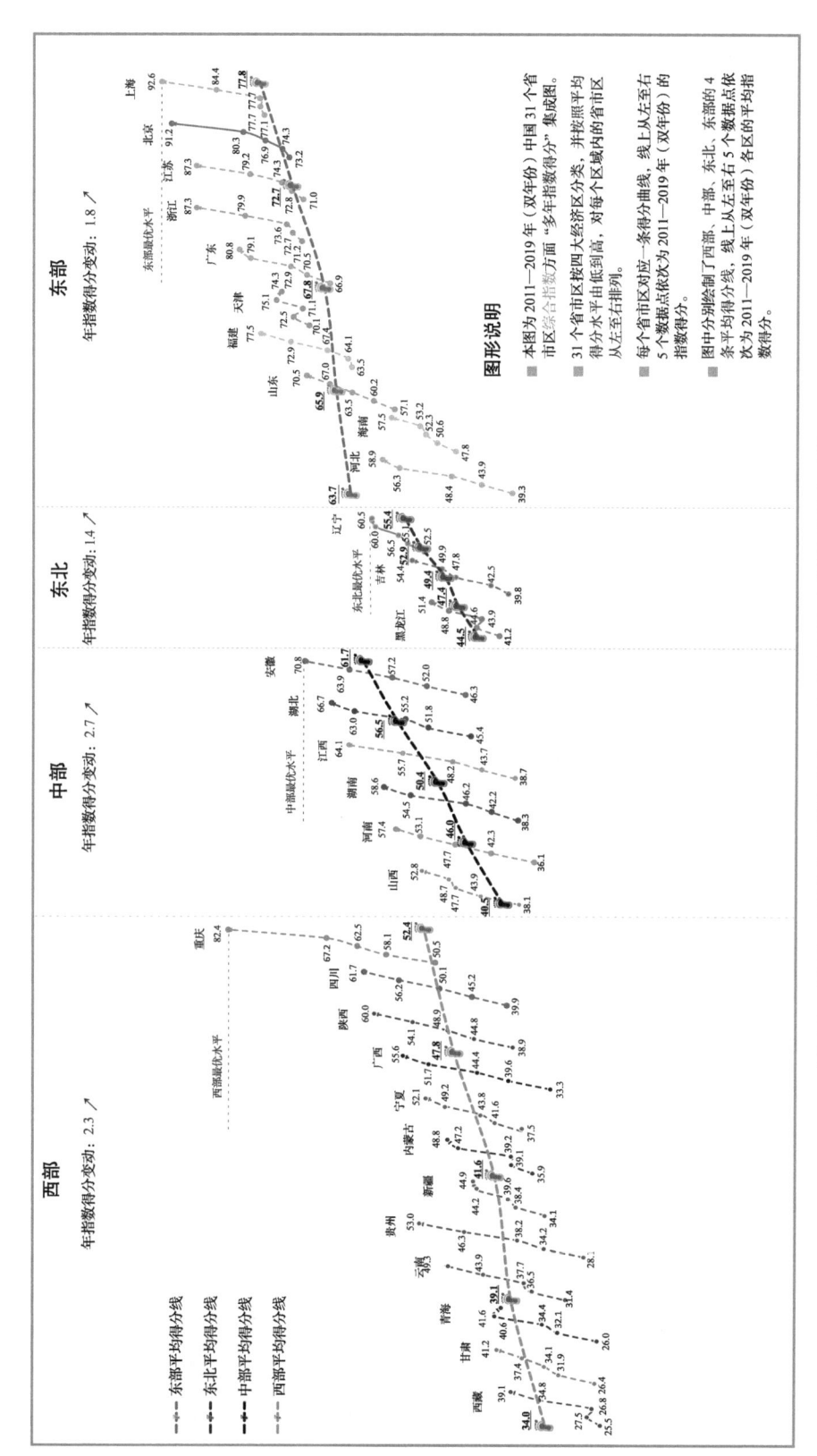

图 3.4 2011—2019 年（双年份）31 个省市区振兴指数得分变动情况

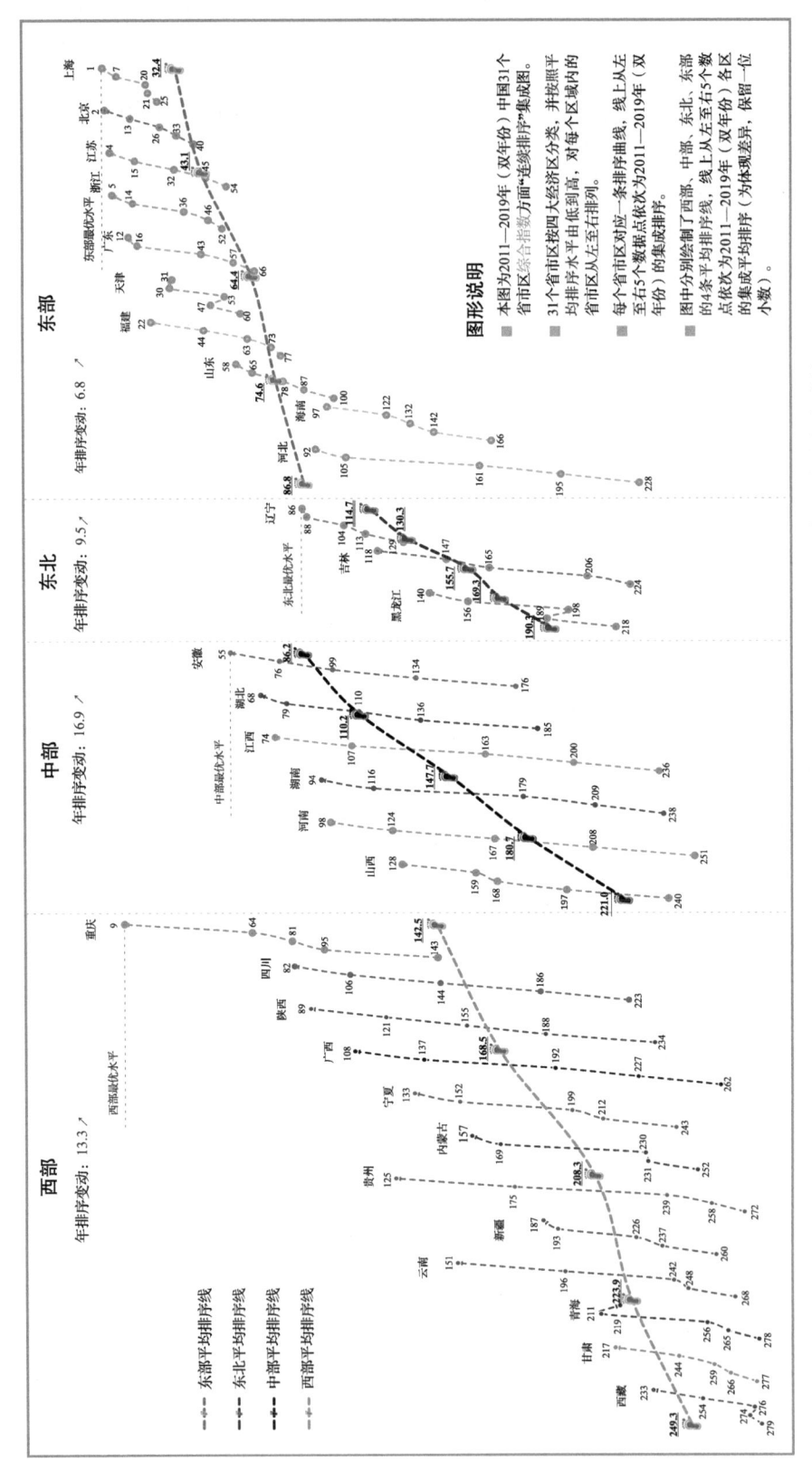

图 3.5 2011—2019 年（双年份）31 个省市区综合发展水平多年连续排序变动情况

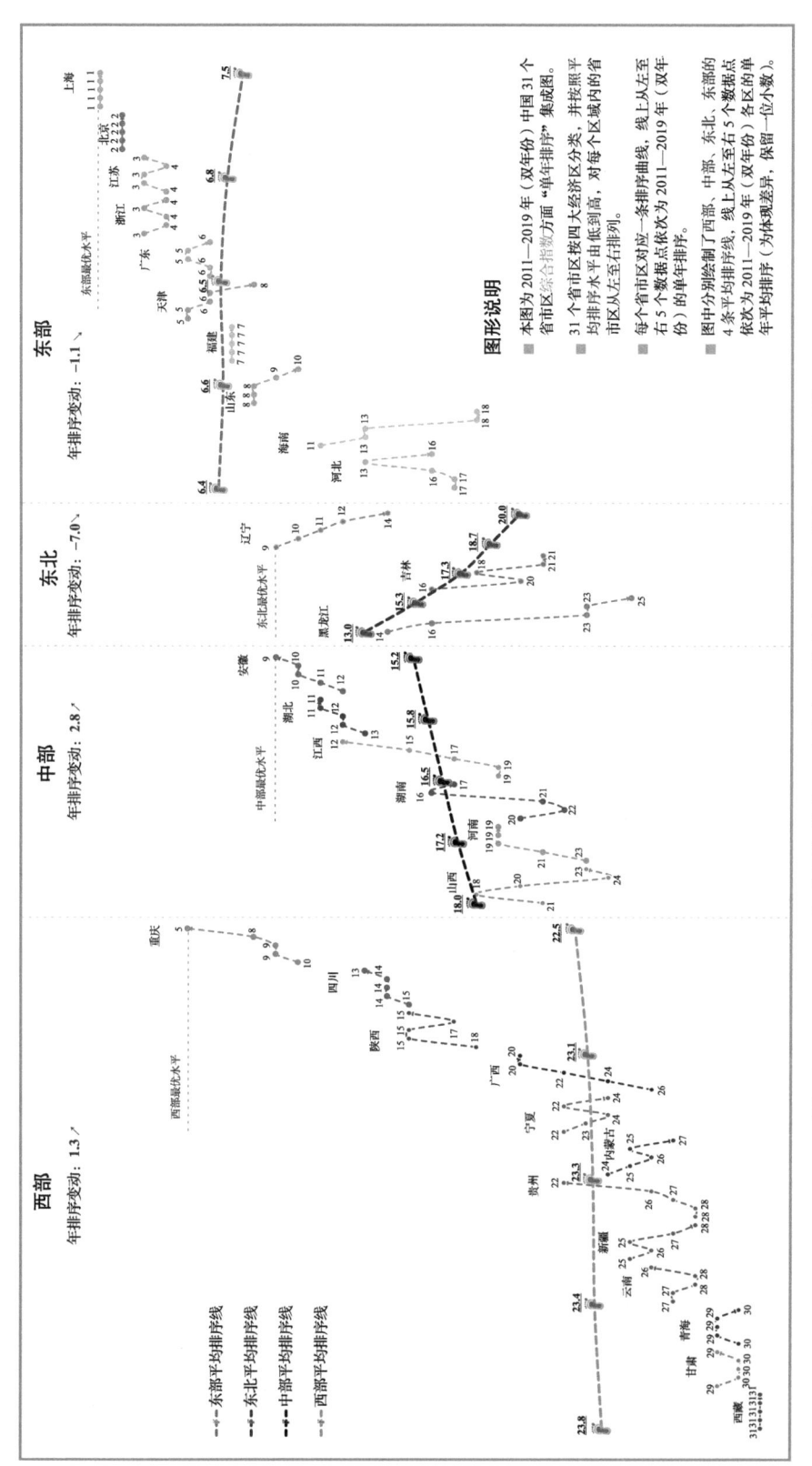

图 3.6 2011—2019 年（双年份）31 个省市区综合发展水平单年排序变动情况

贵州省相对排序提升6名，新疆维吾尔自治区和内蒙古自治区均下降3名，分别为西部地区上升与下降最快的省份；在中部地区6个省份中，单年排序提升的有5个（占83.33%），排序后退的有1个（占16.67%），其中江西省相对排序提升7名，山西省下降2名，分别为中部地区上升与下降最快的省份；在东部地区10个省份中，单年排序维持不变的有4个（占40%），排序退后的有4个（占40%），排序提升的有2个（占20%），其中河北省和江苏省相对排序提升1名，海南省下降7名，分别为东部地区上升与下降最快的省份；在东北地区，辽宁省的单年排序倒退5名（跌出前10名），吉林省排序倒退5名，黑龙江省倒退11名。东北地区平均排序下降幅度最大（9年平均排序下降7名），与中部地区形成强烈反差（9年平均排序上升2.8名），虽然于2016年略有回升，但总体来说，相对优势退失明显。

（5）2011—2019年（双年份），在东北地区整体发展缓慢，相对优势下滑明显的共同背景下，依然需警惕由相对能力下降而引发绝对能力衰退的可能。

从中部、西部、东部及东北的四条发展曲线可以看出，2011—2019年（双年份），四大经济区的绝对能力均有程度不一的提升（见图3.4和图3.5），但部分地区（东部和东北）的相对能力出现下降（见图3.6）。由于东部地区大部分省份普遍处于前列，基础夯实，发展水平高，出现微弱下滑（9年平均排序下滑1.1名）是正常的调整，与东北地区的大幅下跌性质迥异，中部地区处于持续提升、加速发力的良好状态中，西部基础偏弱，但整体处于稳定发展的过程中，因而在全国四大经济区里，东北地区的衰退特征相对明显。比较省份之间的发展，辽宁省、吉林省和黑龙江省的相对优势退失较为明显，虽然指数得分出现了缓慢提升，但单年排序均呈下降态势，因而就综合发展水平而言，东北地区在相对能力上的改善依然不显著，仍需警惕引发实质性倒退的可能（表现为单年排序得分出现负增长）。

主要参考文献

[1] 卜长莉,邴正.以国企改制推动东北民营经济发展——对吉林省通化市48家民营企业的调查[J].经济纵横,2006(3):51-54.

[2] 常修泽."再振兴"东北战略思路探讨[J].人民论坛,2015(31):18-21.

[3] 陈晓东.深化东北老工业基地体制机制改革的六大着力点[J].经济纵横,2018(5):54-60.

[4] 陈耀.新一轮东北振兴战略要思考的几个关键问题[J].经济纵横,2017(1):8-12.

[5] 迟福林.二次开放:全球化十字路口的中国选择[M].北京:中国工人出版社,2017.

[6] 董洪梅,章磷,董大朋.老工业基地产业结构升级、城镇化与城乡收入差距——基于东北地区城市的实证分析[J].农业技术经济,2020(5):107-118.

[7] 冯兴华,钟业喜,李建新,等.长江流域区域经济差异及其成因分析[J].世界地理研究,2015,24(3):100-109.

[8] 高相铎,李诚固.东北老工业基地区域产业协调的机制与对策研究[J].东北亚论坛,2006(1):43-47.

[9] 辜胜阻,吴华君,吴沁沁,等.创新驱动与核心技术突破是高质量发展的基石[J].中国软科学,2018(10):9-18.

[10] 郭亚军.综合评价理论、方法及应用[M].北京:科学出版社,2007.

[11] 国务院发展研究中心"中国民生指数研究"课题组.我国民生发展状况及民生主要诉求研究——"中国民生指数研究"综合报告[J].管理世界,2015(2):1-11.

[12] 胡伟,夏成,陈竹.东北建设成为对外开放新前沿的现实基础与路径选择[J].经济纵横,2020(2):81-90.

[13] 黄继忠.东北老工业基地产业结构调整优化研究[M].北京:经济科学出版社,2011.

[14] 焦方义,姜帅.东北地区营商环境的现状及优化路径研究[J].北方论丛,2019(1):9-14.

[15] 李洪山，邢思远．东北地区营商环境问题分析及其优化策略研究［J］．商业经济，2021（5）：1-2，26．

[16] 李伟伟，易平涛，李玲玉．综合评价中异常值的识别及无量纲化处理方法［J］．运筹与管理，2018，27（4）：173-178．

[17] 李向平，王希文，陈萍．东北老工业基地振兴政策研究［M］．北京：社会科学文献出版社，2008．

[18] 李燕．新时代背景下东北振兴的绿色发展措施［J］．中外企业家，2019（17）：41．

[19] 林文强，礼宾，张玲，等．影响东北中小型民营制造企业发展的关键因素及对策［J］．东北大学学报（社会科学版），2004（3）：192-194．

[20] 刘爱军．论东北老工业基地振兴中的民生与社会和谐向度［J］．东北亚论坛，2012，21（3）：121-129．

[21] 刘柏．对东北经济衰退的深度解读［J］．人民论坛，2015（24）：26-27．

[22] 刘凤朝，马荣康．东北老工业基地创新驱动发展研究［M］．北京：科学出版社，2016．

[23] 刘思辰．优化营商法治环境助力东北经济振兴［J］．法制博览，2020（11）：216-217．

[24] 刘威，张丹．东北振兴再出发：从问题思维到优势视角［J］．理论探讨，2022（3）：157-166．

[25] 吕政．振兴东北老工业基地科技支撑战略研究［M］．北京：经济管理出版社，2012．

[26] 马国霞，石敏俊，李娜．中国制造业产业间集聚度及产业间集聚机制［J］．管理世界，2007（8）：58-65，172．

[27] 潘宏．创新国际直接投资体系推动东北老工业基地对外开放水平的提高［J］．财经理论研究，2015（4）：64-72．

[28] 任淑玉，贾中海，王洪．振兴东北老工业基地的难点及对策［J］．宏观经济研究，2003（10）：13-15，18．

[29] 沈万根，张博天．东北边疆民族地区农村养老服务高质量发展研究——基于吉林省延边朝鲜族自治州的实地考察［J］．税务与经济，2024（2）：106-112．

[30] 孙杰光．夯实国家"五大安全"基石 开拓东北全面振兴新局面［J］．当代经济研究，2024（2）：18-19．

[31] 孙久文，程芸倩．统一大市场建设中的分工与协调：对东北经济的思考［J］．经济纵横，2024（6）：63-71．

[32] 孙涛．我国老工业基地科技成果转化效率评价研究——以东北地区为例［J］．

中国软科学，2020（1）：164-170.

[33] 唐琦，张辉，王桂军.以新安全格局保障新发展格局——基于统筹发展和安全视角的研究[J].政治经济学评论，2024，15（4）：21-43.

[34] 王士君，马丽.基于宏观形势和地域优势的"十四五"东北振兴战略思考[J].地理科学，2021，41（11）：1935-1946.

[35] 王小鲁，樊纲，余静文.中国分省份市场化指数报告（2016）[M].北京：社会科学文献出版社，2017.

[36] 魏建国.东北振兴的法治文化建设[J].社会科学战线，2017（9）：202-214.

[37] 武靖州.振兴东北应从优化营商环境做起[J].经济纵横，2017（1）：31-35.

[38] 夏德仁.以全面深化改革推进东北全面振兴[J/OL].东北大学学报（社会科学版），1-10[2024-09-30].

[39] 肖兴志.中国老工业基地产业结构调整研究[M].北京：科学出版社，2013.

[40] 许欣.东北振兴战略演进轨迹及其未来展望[J].改革，2017（12）：15-24.

[41] 杨海坤.政府法治论在摆脱"东北困境"中的意义和作用[J].社会科学辑刊，2018（6）：65-71.

[42] 杨丽娟.东北老工业基地创新法治环境构建[J].科技与法律，2007（1）：16-19.

[43] 易平涛，李伟伟，郭亚军.综合评价理论与方法（第二版）[M].北京：经济管理出版社，2019.

[44] 张国勇，娄成武.基于制度嵌入性的营商环境优化研究——以辽宁省为例[J].东北大学学报（社会科学版），2018，20（3）：277-283.

[45] 张虹.东北老工业基地经济与社会可持续发展研究[M].北京：经济科学出版社，2011.

[46] 周宏春.新时代东北振兴的绿色发展路径探讨[J].经济纵横，2018（9）：64-72，2.

[47] 周绍杰，张泽邦，王拓.新发展格局下的东北全面振兴：特征事实与对策建议[J].经济纵横，2024（6）：80-88.

[48] 周英东.东北振兴的行动指南：途径探究与思想方法刍议——深刻领会习近平总书记关于东北振兴的重要论述[J].北方论丛，2019（2）：1-7.

[49] 朱艳丽.东北老工业基地可持续发展研究——基于内生经济增长理论[J].人口学刊，2016，38（6）：46-53.